U0358349

/ 教育治理与领导力丛书 /　　　王定华 总主编

［美］

戴尔·H·申克
Dale H. Schunk

著

————————————————————

周宇芬

译

教育视角下的
学习理论

Learning Theories :
An Educational Perspective

(Seventh Edition)

华东师范大学出版社
全国百佳图书出版单位
上海

第7版
上

图书在版编目(CIP)数据

教育视角下的学习理论:第7版/(美)戴尔·H.申克著;周宇芬译.
—上海:华东师范大学出版社,2022
(教育治理与领导力丛书)
ISBN 978-7-5760-3196-6

Ⅰ.①教… Ⅱ.①戴… ②周… Ⅲ.①学习理论(心理学)—研究
Ⅳ.①G442

中国版本图书馆 CIP 数据核字(2022)第 158066 号

教育治理与领导力丛书
教育视角下的学习理论(第7版)

丛书总主编　王定华
著　　　者　[美]戴尔·H.申克
译　　　者　周宇芬

策 划 编 辑　王　焰
责 任 编 辑　曾　睿
特 约 审 读　唐　铭
责 任 校 对　时东明
装 帧 设 计　膏泽文化

出 版 发 行　华东师范大学出版社
社　　　址　上海市中山北路 3663 号　邮编　200062
网　　　址　www.ecnupress.com.cn
电　　　话　021-60821666　行政传真　021-62572105
客 服 电 话　021-62865537
门市(邮购)电话　021-62869887
地　　　址　上海市中山北路 3663 号华东师范大学校内先锋路口
网　　　店　http://hdsdcbs.tmall.com

印 刷 者　青岛双星华信印刷有限公司
开　　本　16 开
印　　张　47
字　　数　746 千字
版　　次　2022 年 9 月第 1 版
印　　次　2022 年 9 月第 1 次
书　　号　ISBN 978-7-5760-3196-6
定　　价　188.00 元

出 版 人　王　焰

(如发现本版图书有印订质量问题,请寄回本社客服中心调换或电话 021-62865537 联系)

Authorized translation from the English language edition, entitled LEARNING THEORIES: AN EDUCATIONAL PERSPECTIVE, LOOSE – LEAF VERSION, 9780133599725, 7th Edition by SCHUNK, DALE H., published by Pearson Education, Inc., Copyright © 2016.

All rights reserved. No part of this book may be reproduced or transmitted in any form or by any means, electronic or mechanical, including photocopying, recording or by any information storage retrieval system, without permission from Pearson Education, Inc.

CHINESE SIMPLIFIED language edition published by EAST CHINA NORMAL UNIVERSITY PRESS LTD., Copyright © 2022.

本书译自 Pearson Education, Inc. 2016 年出版的 LEARNING THEORIES: AN EDUCATION-AL PERSPECTIVE, LOOSE – LEAF VERSION, 7th Edition by SCHUNK, DALE H. 。

版权所有。未经 Pearson Education, Inc. 许可,不得通过任何途径以任何形式复制、传播本书的任何部分。

简体中文版 © 华东师范大学出版社有限公司,2022。

本书封面贴有 Pearson Education(培生教育出版集团)激光防伪标签,无标签者不能销售。

上海市版权局著作权合同登记 图字:09 – 2018 – 201 号

总　序

　　人类社会进入 21 世纪第 3 个十年后,国际政治巨变不已,科技革命加深加广,人工智能扑面而来,工业 4.0 时代渐成现实,各种思想思潮交流、交融、交锋,人们的学习方式、工作方式和生活方式发生很大变化。中国正在日益走上世界舞台中央,华夏儿女应该放眼世界,胸怀全局,不忘本来,吸收外来,继往开来,创造未来。只是,2020 年在全球蔓延的新冠肺炎疫情,波及范围之广、影响领域之深,历史罕见,给人类生命安全和身体健康带来巨大威胁,给我国和各国的经济社会发展带来巨大挑战,对世界经济与全球治理造成重大干扰。教育作为其中的重要领域,也受到剧烈冲击。这是一次危机,也是一次大考。教育部门、各类学校、出版行业必须化危为机,抓住机遇,迎接挑战,与各国同行、国际组织良性互动,把教育治理及各项工作做得更好。

　　一切生命都需要新陈代谢,否则必然灭亡;任何文明都应当交流互鉴,否则就会僵化。一种文明只有同其他文明取长补短,才能保持旺盛活力。① 习近平总书记深刻指出:"改革开放已走过千山万水,但仍需跋山涉水,摆在全党全国各族人民面前的使命更光荣、任务更艰巨、挑战更严峻、工作更伟大。……必须坚持扩大开放,不断推动共建人类命运共同体。……我们必须高举和平、发展、

---

　　① 习近平:《深化文明交流借鉴 共建亚洲命运共同体——在亚洲文明对话开幕式上的主旨演讲》,光明日报,2019 年 5 月 16 日。

合作、共赢的旗帜,……维护国际公平正义。"①这些重要指示为新时代各行各业改革发展、砥砺前行、建功立业指明方向、提供遵循。

在我国深化教育改革和改进学校治理过程中,必须立足中国、自力更生、锐意进取、创新实践,同时也应当放眼世界、知己知彼、相互学习、实现超越。我国教育治理的优势和不足有哪些?我国中小学校长如何提升办学治校能力、打造高品质学校?②美国等西方国家的教育是如何治理的?其管理部门、督导机构、各类学校的权利与义务情况如何?西方国家的中小学校长、社区、家长是如何相互配合的?其教师、教材、教法、学生、学习是怎样协调统一的?诸如此类的问题,值得以广阔的国际视野,全面观察、逐步聚焦、深入研究;值得用中华民族的情怀,去粗取精、厚德载物、悦己达人;值得用现代法治精神,正视剖析、知微见著、发现规律。

现代法治精神与传统法治精神、西方法治精神既有相通之处,又有不同之点。现代法治精神是传统法治精神的现代化,同时也是西方法治精神的中国化。在新时代,现代法治精神包括丰富内涵:第一,全面依法治国。各行各业都要树立法治精神,严格依法办事;无论官民都要守法,官要带头,民要自觉,人人敬畏法律、了解法律、遵守法律,全体人民都成为法治的忠实崇尚者、自觉遵守者、坚定捍卫者,人民权益靠法律保障,法律权威靠人民维护;做到有法可依、有法必依、执法必严、违法必究,自觉守法,遇事找法,解决问题靠法。第二,彰显宪法价值。宪法是最广大人民共同意志的体现,规定国家和社会的根本制度,具有最高法律效力。全面贯彻实施宪法是建设社会主义法治国家的首要任务和基础性工作。第三,体现人文品质。法律是治国之重器,良法是善治之前提。法治依据的法律应是良法,维护大多数人利益,照顾弱势群体权益,符合社会发展方向;执法的行为应当连贯,注重依法行政的全局性、整体性和系统性;法律、

---

①习近平:《在庆祝改革开放 40 周年大会上的讲话》,新华网,2018 年 12 月 18 日。

②2018 年 1 月《中共中央国务院关于全面深化新时代教师队伍建设改革的意见》提出"提升校长办学治校能力,打造高品质学校"。

法规、政策的关系应当妥处,既严格依法办事,又适当顾及基本国情。第四,具有中国特色。坚定不移地走中国特色社会主义法治道路,坚持党的领导、人民当家作主、依法治国有机统一,不断促进国家治理体系和治理能力现代化,为实现"两个一百年"奋斗目标、实现中华民族伟大复兴的中国梦提供有力的法治保障。第五,做到与时俱进。顺应时代潮流,根据现代化建设需要,总结我国历史上和新中国成立后法治的经验教训,参照其他国家法治的有益做法,及时提出立、改、废、释的意见建议,促进物质、精神、政治、社会、生态等五个文明建设,调整公共权力与公民权利的关系结构,约束、规范公共权力,维护、保障公民权利。

树立现代法治精神,必须切实用法治精神推进社会治理创新。过去人们强调管理(Management),现在更提倡治理(Governance)。强调管理时,一般体现为自上而下用权,发指示,提要求;而强调治理,则主要期冀调动方方面面积极性,讲协同,重引领。治理是各种公共的或私人的机构,或者个人管理其共同事务的许多方式的总和,是使相互冲突的或不同的利益得以调和并且采取联合行动的持续过程。① 治理的实质是建立在市场原则、公共利益和认同之上的合作。它所拥有的管理机制不单是依靠政府的权威,还依赖合作网络的权威,其权力是多元的、相互的,而非单一或自上而下。② 治理是公共利益最大化的社会管理过程,其最终目的是实现善治,本质是政府和公民对社会公共生活的合作管理,体现政府、社会组织与公民的新型关系。

政府部门改作风、转职能,实质上都是完善治理体系、提高治理能力。在完善治理体系中,应优先完善公共服务的治理体系;在提高治理能力时,须着力提升公共事务的治理能力。教育是重要的公共事务,基础教育又是其重中之重。基础教育作为法定的基本国民教育,面向全体适龄儿童少年,关乎国民素质提

①李阳春:《治理创新视阈下政府与社会的新型关系》,中共中央党校学报,2014 年第 5 期。

②Anthony R. T. et al: *Governance as a trialogue:government-society-science in transition*. Berlin:The Springer Press,2007:29.

升,关乎中华民族伟大复兴,是国家亟需以现代法治精神引领的最重要的公共服务,是政府亟待致力于治理创新的最基本的公共事务。

创新社会治理的体系方式、实现基础教育的科学治理,就是要实行基础教育的善治,其特点是合法性、透明性、责任性、适切性和稳定性,实现基础教育治理体系和治理能力现代化。实行善治有一些基本要求,每项要求均可对改善基础教育治理以一定启迪。一是形成正确社会治理理念,解决治理为了谁的问题。基础教育为的是全体适龄儿童少年的现在和未来,让他们享受到公平而有质量的教育,实现全面发展和健康成长。二是强化政府主导服务功能,解决过与不及的问题。基础教育阶段要处理好政府、教育部门、学校之间的关系,各级政府依法提供充分保障,教育部门依法制定有效政策,学校依法开展自主办学,各方履职应恰如其分、相得益彰,过与不及都会欲速不达、事倍功半。三是建好社区公共服务平台,解决部分时段或部分群体无人照料的问题。可依托城乡社区构建课后教育与看护机制,关心进城随迁子女,照顾农村留守儿童。还可运用信息技术、人工智能,助力少年儿童安全保护。四是培育相关社会支撑组织,解决社会治理缺乏资源的问题。根据情况采取政府委托、购买、补贴方式,发挥社会组织对中小学校的支撑作用或辅助配合和拾遗补缺作用,也可让其参与民办学校发展,为家长和学生提供一定教育选择。五是吸纳各方相关人士参加,解决不能形成合力的问题。中小学校在外部应普遍建立家长委员会,发挥其参谋、监督、助手作用;在内部应调动教师、学生的参加,听其意见,为其服务。总之,要加快实现从等级制管理向网络化治理的转变,从把人当作资源和工具向把人作为参与者的转变,从命令式信号发布向协商合作转变,在加快推进教育现代化进程中形成我国基础教育治理的可喜局面。

2019 年初,中共中央、国务院印发了《中国教育现代化 2035》。作为亲身参与这个重要文献起草的教育工作者,我十分欣慰,深受鼓舞。《中国教育现代化 2035》提出推进教育现代化的指导思想:以习近平新时代中国特色社会主义思想为指导,全面贯彻党的十九大和十九届二中、三中全会精神,坚定实施科教兴国战略、人才强国战略，紧紧围绕统筹推进"五位一体"总体布局和协调推进"四个全面"战略布局，坚定"四个自信"，在党的坚强领导下，全面贯彻党的教育方针，坚持马克思主义指导地位，坚持中国特色社会主义教育发展道路，坚持社会主义办学方向，立足基本国情，遵循教育规律，坚持改革创新，以凝聚人心、完善人格、开发人力、培育人才、造福人民为工作目标，培养德、智、体、美、劳全面发展的社会主义建设者和接班人，加快推进教育现代化、建设教育强国、办好人民满意的教育。将服务中华民族伟大复兴作为教育的重要使命，坚持教育为人民服务、为中国共产党治国理政服务、为巩固和发展中国特色社会主义制度服务、为改革开放和社会主义现代化建设服务，优先发展教育，大力推进教育理念、体系、制度、内容、方法、治理现代化，着力提高教育质量，促进教育公平，优化教育结构，为决胜全面建成小康社会、实现新时代中国特色社会主义发展的奋斗目标提供有力支撑。

《中国教育现代化2035》提出了推进教育现代化的八大基本理念：更加注重以德为先，更加注重全面发展，更加注重面向人人，更加注重终身学习，更加注重因材施教，更加注重知行合一，更加注重融合发展，更加注重共建共享。明确了推进教育现代化的基本原则：坚持党的领导、坚持中国特色、坚持优先发展、坚持服务人民、坚持改革创新、坚持依法治教、坚持统筹推进。

《中国教育现代化2035》提出，到2035年，我国将总体实现教育现代化，迈入教育强国，推动我国成为学习大国、人力资源强国和人才强国，为到本世纪中叶建成富强、民主、文明、和谐、美丽的社会主义现代化强国奠定坚实基础。建成服务全民终身学习的现代教育体系、普及有质量的学前教育、实现优质均衡的义务教育、全面普及高中阶段教育、职业教育服务能力显著提升、高等教育竞争力明显提升、残疾儿童少年享有适合的教育、形成全社会共同参与的教育治理新格局。

立足新时代、推进教育治理体系和治理能力现代化，应当积极推进教育治理方式变革，加快形成现代化的教育管理与监测体系，推进管理精准化和决策科学化。提高教育法治化水平,构建完备的教育法律法规体系,健全学校办学法律支持体系。健全教育法律实施和监管机制。提升政府综合运用法律、标准、信息服务等现代治理手段的能力和水平。健全教育督导体制机制,提高教育督导的权威性和实效性。提高学校自主管理能力,完善学校治理结构。鼓励民办学校按照非营利性和营利性两种组织属性开展现代学校制度改革创新。推动社会参与教育治理常态化,建立健全社会参与学校管理和教育评价监管机制。要开创教育对外开放新格局。全面提升国际交流合作水平,推动我国同其他国家学历学位互认、标准互通、经验互鉴。扎实推进"一带一路"教育行动,加强与联合国教科文组织等国际组织和多边组织的合作,提升中外合作办学质量。完善教育质量标准体系,制定覆盖全学段、体现世界先进水平、符合不同层次类型教育特点的教育质量标准,明确学生发展核心素养要求。优化出国留学服务。实施留学中国计划,建立并完善来华留学教育质量保障机制,全面提升来华留学质量。推进中外高级别人文交流机制建设,拓展人文交流领域,促进中外民心相通和文明交流互鉴,鼓励大胆探索、积极改革创新,形成充满活力、富有效率、更加开放、有利于高质量发展的教育体制机制。

立足新时代、推进教育治理体系和治理能力现代化,应当全面落实立德树人根本任务。广泛开展理想信念教育,厚植爱国主义情怀,加强品德修养,增长知识见识,培养奋斗精神,不断提高学生思想水平、政治觉悟、道德品质、文化素养。树立健康第一理念,防范新冠病毒和各种传染病;强化学校体育,增强学生体质;加强学校美育,提高审美素养;确立劳动教育地位,凝练劳动教育方略,强化学生劳动精神陶冶和动手实践能力培养。[①] 建立健全中小学各学科学业质量标准和体质健康标准。加强课程教材体系建设,科学规划大中小学课程,分类制定课程标准,充分利用现代信息技术,丰富创新课程形式。创新人才培养方式,推行启发式、探究式、参与式、合作式等教学方式,培养学生创新精神与实

---

① 王定华:《试论新时代劳动教育的意蕴与方略》,课程·教材·教法,2020 年第 5 期。

践能力。建设新型智能校园,提炼网络教学经验,统筹建设一体化智能化教学、管理与服务平台。利用现代技术加快推动人才培养模式改革,实现规模化教育与个性化培养的有机结合。创新教育服务业态,建立数字教育资源共建共享机制,完善利益分配机制、知识产权保护制度和新型教育服务监管制度。

立足新时代、推进教育治理体系和治理能力现代化,应当特别关注广大教师的成长诉求。百年大计,教育为本;教育大计,教师为本。教师是人类灵魂的工程师,是时代进步的先行者,承担着传播知识、传播思想、传播真理的历史使命,肩负着塑造灵魂、塑造生命、塑造新人的时代重任,是教育改革发展的第一资源,是实现中华民族伟大复兴的重要基石。当前,工业化、信息化、新型城镇化、农业现代化迅速发展,国际竞争日趋激烈,国家经济社会发展对高素质人才的渴求愈发迫切,人民群众对"上好学"的需求更加旺盛,教育发展、国家繁荣、民族振兴,亟需一批又一批的好教师。所以,必须从战略高度充分认识教师工作的极端重要性,优先规划,优先投入,优先保障,创新教师治理体系,解决编制、职称、待遇的制约,真正加强教师队伍建设,造就师德高尚、业务精湛、结构合理、充满活力的高素质专业化创新型教师队伍。广大教师和教育工作者需要学习了解西方教育发达国家的新的教育理念和教育思想,并应当在此基础上敢于超越、善于创新。校长是教师中的关键少数。各方应加强统筹,加强中小学校长队伍建设,努力造就一支政治过硬、品德高尚、业务精湛、治校有方的校长队伍。

"教育治理与领导力丛书"是华东师范大学出版社为适应中国教育改革和创新的要求、推动中国教育现代化进程,而重点打造的旨在提高教师必备职业素养的精品图书。为了做好丛书的引进、翻译、编辑、付梓,华东师大出版社相关同志做了大量扎实有效的工作。首先,精心论证选题。会同培生教育出版集团(Pearson Education)共同邀约中外专家,精心论证选题。所精选的教育学、心理学原著均为培生教育出版集团和国内外学术机构推荐图书,享有较高学术声誉,被200多所国际知名大学广泛采用,曾被译为十多种语言。丛书每一本皆为权威著作,引进都是原作最新版次。其次,认真组织翻译。好的版权书,加上好的翻译,方可珠联璧合。参加丛书翻译的同志主要来自北京大学、北京外国语大学、北京师范大学、华东师范大学、浙江大学、南京大学等"双一流"高校,他们均对教育理论或实践有一定研究,具备深厚学术造诣,这为图书翻译质量提供了切实保障。再次,诚聘核稿专家。聘请国内相关专业的专家学者组建丛书审定委员会,囊括了部分学术界名家、出版界编审、一线教研员,以保证这套丛书的学术水准和编校质量。"教育治理与领导力丛书"起始于翻译,又不止于翻译,这套丛书是开放式的。西方优秀教育译作诚然助力我国教育治理改进,而本国优秀教育创作亦将推动我国学校领导力增强。

华东师范大学出版社王焰社长、曾睿编辑邀请我担任丛书主编,而我因学识有限、工作又忙,故而一度犹豫,最终好意难却、接受邀约。在丛书翻译、统校过程中,我和相关同志主观上尽心尽力、不辱使命,客观上可能仍未避免书稿瑕疵。如读者发现错误,请不吝赐教,我们当虚心接受,仔细订正。同时,我们深信,这套丛书力求以其现代化教育思维、前瞻性学术理念、创新性研究视角和多样化表述方式,展示教育治理与领导力的理论和实践,是教育现代化进程中广大教师、校长和教育工作者所需要的,值得大家参阅。

王定华

2020 年夏于北京

(王定华,北京外国语大学党委书记,国际教育学院教授、博士生导师,国家督学、国家教师教育专家咨询委员会副主任委员,曾任教育部基础教育一司司长、教育部教师工作司司长、中国驻纽约总领事馆教育领事。)

前　言

　　学习是教育过程中的基本活动。对学习理解得越透彻,就越能创造合适的条件促进学习活动的开展。值得庆幸的是,近年来,相关学习研究层出不穷,在廓清学习理论、启发研究思路、促进教育实践等方面起到了不小的助益作用。

　　本书已是第 7 版,前几版书的出版宗旨都有着重要意义,而随着我们对于学习过程的认知不断加深,同样有必要了解这一版的出版宗旨,主要包括:(1)帮助学生了解学习(特别是与教育相关的学习)的理论原则、概念和研究成果;(2)展示这些学习理论原则和概念在教学和学习过程中的实际应用。本书的讨论涉及行为主义理论,但重点理论视角是认知主义,认知主义理论与当下盛行的建构主义理论一脉相承,都十分强调学习者的作用,认为他们在学习过程中具有很大的主体性,是寻获与形成知识、技能、策略和信念并对它们做出调整的主导者。

本书结构

　　本书共十二章,结构编排如下:第一章介绍学习理论、研究方法、相关问题及相关学习研究的历史渊源。第二章介绍与学习相关的神经科学,以帮助读者更好地了解后文提到的大脑功能和认知主义与建构主义学习原则之间的关联。第三章介绍在学习领域盛行多年的行为主义理论。随后五章介绍当下流行的认知和建构主义学习理论:社会认知理论;信息处理理论:编码和存储;信息处理理论:提取和遗忘;认知学习过程;建构主义理论等。接下来三章介绍与学习理论紧密关联的相关话题:学习动机、自我调节学习、情境影响等。末章总结回顾全书,并引导学生自行确定学习研究的视角。

本书的新颖之处

熟悉前几版的读者会发现本书第7版在内容和结构编排上与前几版有较大不同,这也反映了相关学习理论和研究重点的不断变化。前几版书中只占一章篇幅的信息处理理论在本书中分成了两章介绍,因为这一理论的相关文献资料繁多,增加篇幅来介绍这一理论确有必要,也有助于阐释清楚其之于学习的重要意义。关于技术手段的介绍也作了大幅扩展,以涵盖该领域的最新进展及关于社交媒体学习的相关内容。不过,最大的不同或许是新增了一章来介绍情境对于学习的影响。之前几版也介绍过相关内容,但鉴于这方面的研究资料日益丰富,本书对这部分内容的介绍作了扩充。与成长发展相关的内容,在之前几版书里专门用了一章来介绍,而本书则将其拆散融入了不同的章节中。除以上所述外,读过前几版的读者还会发现有些章节的先后顺序作了调整,章节内容也有一些变动,这些都是为了使本书内容编排更加合理。鉴于学术性学习相关研究不断涌现,本书术语表中新增了众多新词汇,还增加了250多条新的文献资料,同时删除了若干过时的文献信息。

同前几版书一样,本书提供了众多学习概念和原则的应用实例。除了第一章和末章外,各章都有一节内容用以指导实际应用。本书各章都以一个小场景开篇,场景内容涉及本章介绍的部分原理,每章还给出很多非正式的实例,并详细讨论实际应用,这些实际应用主要针对K-12(指美国、加拿大等国的幼儿园到十二年级,相当于国内的幼儿园到高中)阶段的教育,但也涉及其他学习背景。

本书的适用对象为教育学或相关学科的研究生或对教育感兴趣的高年级本科生,学生大多应该已经修读过教育学或心理学的相关课程并正从事或准备从事相关教育工作。除了关于学习的课程,本书也适用于如学习动机、学习心理学、人类发展、教学设计等所有对学习作深入探讨的课程。

致谢

本书能付梓出版,是很多人辛勤付出的结果,我谨在此表示感谢。我的同事们启发了我关于学习过程和学习应用的思考,我深以为幸,感谢阿尔伯特·班杜拉、弗·贝姆贝努蒂、柯特·邦克、比尔·伯萨克、詹姆士·查普曼、赫柏·克拉克、林恩·科莫、玛丽亚·迪本那德托、佩格·埃特默、多琳·弗尔科、纳特·盖奇(已故)、玛里琳·哈林、卡洛琳·贾卡辛恩斯、马克·莱帕特、戴夫·洛曼、朱迪斯·米斯、山姆·米勒、卡洛尔·马伦、约翰·尼科尔斯(已故)、弗莱克·帕加尔斯(已故)、保罗·平特里奇(已故)、道·莱斯、埃伦·乌谢尔、伯纳德·韦纳、克莱尔·埃伦·温斯坦、艾伦·韦格菲尔德、菲尔·温纳、巴利·齐默尔曼等。我要感谢一些专业机构给予我的帮助,特别是美国教育研究协会旗下的教育激励和研究与自我调节学习特殊兴趣小组,以及美国心理学协会15分部(教育心理学),与他们的交流让我受益匪浅。我还要感谢与我合作过的几位特别出色的学生、教师、顾问、行政人员和主管,他们拓展了我的学习视野。我还要感谢众多与我一起完成研究的研究生和本科生同学。多年来,培生教育集团负责帮我校稿的一直是凯文·戴维斯。凯文是一位特别出色的人,我非常怀念我们一起共事的日子并对此深怀感激。他提出了很多意见和建议,给予了我极大支持,保证了本书的质量。我还要感谢保罗·史密斯,正是因为他对上一版书的审校,才有了本书的出版。感谢培生教育集团的凯特琳·格里斯科姆、卡丽·摩勒特、劳伦·卡尔森,感谢他们的审校。感谢以下对第6版书做出评论的专家学者:波尔州立大学的杰尔·凯萨达、圣安东尼奥市德克萨斯大学的卡洛琳·奥兰奇、北德克萨斯大学的凯瑟琳·K.惠特森。本书的顺利出版还要感谢格林斯博罗北卡罗来纳大学的梅莉莎·埃德蒙兹－库鲁珀、莉斯·米克斯、托米·雷吉斯特和安妮·史密斯,感谢他们在行政上给予我的支持和帮助。

是我已故的父母米尔和艾尔·申克的爱和鼓励促使我完成了第1版书,而多年来,众多朋友给了我继续前行的动力,激励我一版一版地修改。最后我要对我的女儿劳拉表达我的爱和感谢,25年来她一直都在不停地学习,让我见证了学习的能量到底有多大。

简明目录

目　　录

（上）

（下）

第一章　学习研究简介

罗斯·尼兰开设了一门关于学习与认知的教育专业研究生课程,临近期末的一天,他上完课,有三个学生来找他:耶里·肯德尔、马特·鲍尔斯、特丽莎·帕塞拉。

耶里:尼兰博士,能向你请教些问题吗?课快结束了,但我们还是有问题想不明白。

罗斯:什么问题?

耶里:是这样的,我们一直都在研读相关学者的理论学说,这些学说看上去似乎说的都不是一回事,但事实好像并非如此。像班杜拉、斯金纳、维果斯基,还有其他一些学者,他们论述的观点互不相同,但其中有些内容好像彼此重合。

马特:我也有这方面的困惑。读了这些学者的书,我觉得自己很赞同他们的观点。但问题是我好像什么都赞同!一直以来我都觉得理论的东西应该是排他的,你认同了某种理论和观点,就不能再认同其他的理论和观点。但事实是不同的理论之间会有很多重合。

罗斯:你说得对,马特,不同的理论会有重合。我们课上讲到的大多数理论都属于认知理论,这些理论都认为学习涵盖了认知领域——如知识、技能、信念等层面——的变化,在这点上它们是共通的。多数学者还指出学习者会建构自身的知识和观念体系,他们并不是自动地接受他人告知的内容。所以,是的,不同理论之间会有重合。

特丽莎:那我们应该怎么办?是不是就只能拥护其中一种理论,像信息处理理论?或是社会认知理论?建构主义理论?这个问题让我很困惑。

罗斯:不是的,不一定要追求唯一性。可能相比其他理论,会有一种理论让你更为赞赏,但这个理论可能并不能如你所愿地解答所有的问题。这种情况下,你就可以借鉴其他理论以取长补短。我就是个很好的例子。我读研的时候,跟着一位教授做认知学习方面的研究,同时我还认识一位做发展研究的教授。可能因为我曾经做过教师,对学习的发展进程,特别是孩童从小学到中学的发展过程很感兴趣,所以我对她的研究领域很感兴趣,结果就是我研究的是学习理论,但也会从发展研究的理论中汲取营养,直到现在,依然如此。这么做是完全可行的!

耶里:嗯,你这么说,让我感觉好多了。但是课快结束了,我想知道我接下来该做些什么。

罗斯:嘿——下堂课我会花些时间讲讲这个。比较合适的做法是不要一上来就确定你准备拥护哪个理论流派,而是确定你对学习的理解是什么,你对哪类学习感兴趣。然后你就会知道哪种理论最契合你的理解和假设,可能,你也会像我一样——博采众多理论之"长",以补自己领域之"短"。

马特:这样会不会有点折中主义的嫌疑?

罗斯:或许,但你这么做的时候,还是偏向其中一种理论的,只是依据需要有所调适而已,这么做是可以的。事实上,理论就是通过这种途径得以完善的——吸收理论中本不存在的想法和观点。

特丽莎:谢谢你,尼兰博士。你说得太有启发性了。

学习指知识、技能、策略、信念、态度和行为的习得和调整的过程。人们学习认知、语言、运动和社会技能,这些技能会有不同的表现形式。简单的表现形式如孩子学会求"2+2=?",会找出"daddy"这个单词中的 y 字母,会绑鞋带,会与同伴一起玩,而高级一些的表现形式包括学生学会解答长除法问题,会写学期论文,会骑自行车,与他人合作完成小组任务等。

本书侧重于讨论人类学习行为的发生机制、影响因素、学习原则在教学中的实际应用等问题。动物的学习行为不是本书的重点,这并非因为这部分内容不重要——事实上,我们关于学习行为的很多认识都是由动物的相关研究中获得的,而是因为人类的学习行为相比动物的学习行为有很多本质性的差异——前者更为复杂精细,历时短,而且最主要的是涉及语言。

本章是对学习研究的一个综述,其基本框架如下:首先在特定情境中对学习进行定义和考察;回顾一些重要的哲学和心理学相关理论,这些理论可视为当代学习理论的奠基石,奠定了学习理论应用于教育的理论基础;讨论学习理论和研究的作用,介绍学习评估的常用方法;阐释学习理论和教学之间的联系;指出学习研究中的核心问题。

本章开头小剧场中描述的情景会是很多修读学习、教学、动机相关课程的学生的切身体验,在上课过程中他们会接触众多理论,学生们往往觉得自己应该只能认同一种理论,全盘吸收该理论的观点,但与此同时,他们会感觉到不同理论之间有相通之处,因而产生困惑。

正如罗斯博士所说,不同理论之间互有重合是一种常见现象。不同理论在基本假设和指导原则等众多方面固然存在差异,但多数都源于认知这一共同基石。本书旨在对各种学习认知理论做出解析。这些理论都认为学习涵盖了学习者想法、信念、知识、策略和技能等层面的变化,但在学习行为如何发生、哪些学习行为比较重要、更为重视学习过程中哪些方面等问题上,他们给出的解答不尽相同。此外,有些理论侧重于基础学习,有些理论侧重于应用性学习(包括不同学科领域的应用性学习);有些理论强调发展的意义,有些更看重教学的效用,还有些则强调动机的重要性(Bruner,1985)。

罗斯建议他的学生先弄清楚自己对学习的理解和假设是什么,而不是先确定自己是哪种理论的拥护者,这是一个很好的建议。我们一旦清楚自己关于学习的一个大体的立场,相关的理论视角(或许不止一个)就会自然显现。有鉴于此,本书旨在帮助你厘清自己关于学习认知和假设的思考,并明确这些认知和假设如何跟理论相联系。

本章主要帮助你理解什么是学习,了解一些有助于解析当代学习理论的背景资料,从而为接下来关于学习的深入研究做好准备。学完本章后,你应该可以:

■ 定义什么是学习并辨别习得和未习得行为;

■ 区别理性主义和经验主义并阐释其主要原则;

■ 分析冯特、艾宾浩斯、结构主义流派、机能主义流派等学说如何使心理学成为一门科学；

■ 介绍不同研究范式的主要特点；

■ 分析不同学习评估方法的主要特点及标准；

■ 解释什么是学习增值性评估及如何将它用于学生学习进步测评；

■ 解释学习理论同教育实践如何相辅相成；

■ 解释在学习研究中的若干问题上行为理论和认知理论有何差异。

学习的定义

学习很重要,关于这点,没有人会不赞同,但论起学习的成因、过程和结果,大家的意见就五花八门了(Alexander, Schallert, & Reynolds, 2009)。关于学习,迄今还没有一个可以让学者、研究者和教育工作者一致认同的定义(Shuell, 1986)。不过,虽然大家对于学习的本质到底是什么意见不一,我们在本书侧重认知的基础上,结合大多数教育专家提出的学习的核心标准,给学习作了一个基本定义。

学习是经由实践或其他形式的体验而产生的行为或以特定方式施行行为能力上的一种持久性改变。

下面我们来详细解读下这个定义,这个定义涵盖学习的三个界定标准(见表1.1)。

其一,学习衍生改变——行为或施行行为的能力上的改变。改变是学习行为的主要构成要素(Alexander et al., 2009)。如果有人能够以新的方式做某件事,就完成了学习行为。我们并不直接观察学习行为本身,我们观察的是学习行为的产物或结果。换句话说,学习具有推论性——通过人们的所言、所写、所为显现出来。这个定义指出学习衍生的改变还包括以特定方式施行行为能力的改变,人们在学习技能、知识、观念或行为时可能并没有展示所学到的技能、知识、观念或行为的机会(第四章)。

表 1.1 学习的界定标准

■ 学习衍生改变
■ 学习结果具有持续性
■ 学习经由体验产生

其二,学习结果具有持续性。这就排除了由药物、酒精、劳累等因素造成的暂时性的行为改变(如口齿不清),这些改变只是暂时的,因为只要引发这些改变的因素不复存在,行为就会回归旧态。学习的结果则具有持续性,不过,因为会出现遗忘,所以这种持续并不是永久性的。关于改变必须持续多长时间才能被认定为习得,研究者们的意见并没有达成统一,但多数人认为短时(如几秒钟)的改变并不能被界定为习得。

其三,学习经由体验(如实践、观察他人等)产生。这一标准排除了主要因遗传因素产生的行为改变,如爬行、站立等儿童的生长性行为改变。但是,对于生长性行为改变和学习引发的行为改变有时并不能做出清晰的区分。有些人可能先天更易于施行某些行为,但特定行为能力的真正发展还是取决于环境因素。语言学习就是一个很好的例子。随着人类发音器官的日渐成熟,人开始具备发声的能力,但我们实际掌握的词汇是在与他人的交流中习得的。虽然先天因素对儿童的语言习得很重要,但悉心教导,还有与家长、教师、同伴的交流也有着非常重要的影响(Mashburn, Justice, Downer, & Pianta, 2009)。与之相似,儿童会爬会站是自然的生理成长现象,但也必须要有适宜的环境来促使这些行为的产生。如果儿童身处一个无法自由交流、自由爬站的环境,他们的语言和运动能力也不会正常发展。

当代学习理论的基石

当代学习理论的根源可以追溯到遥远的过去,当今研究者们试图解答的许多问题其实都不是新问题,而只是人们渴求了解自己、他人以及所处世界的愿望的折射。

本节在阐述知识来源及其与外在环境关系问题中的哲学立场的基础上,追溯了当代学习理论的根源,并总结了早期的一些关于学习的心理学观点。这里只是选取了部分内容进行回顾,回顾的内容多为关于教育性学习的历史文献。读者如想全面了解这方面的内容,请参阅其他资料(Bower & Hilgard, 1981;Heidbreder, 1933;Hunt, 1993)。

学习理论和哲学

从哲学的角度来看,学习属于认识论(即关于知识的来源、本质、范围和方法的研究)的范畴。我们如何获得知识?如何学习新事物?知识来源于什么?人类学习是一个复杂的过程,这点早在柏拉图(公元前427—前347)的《美诺》中就有阐述:

> 美诺,我明白你的意思……你是说人对于他所知道或不知道的都不会去探究,如果他知道,就没有必要去探究,而如果不知道,也就无从探究,因为他对要探究的那个问题一无所知。(Plato, 1965, p.16)

在知识来源及其与外在环境的关系问题上,有两大哲学立场,分别是理性主义和经验主义,这两大哲学流派在当今的学习理论中依然有迹可循。

理性主义。理性主义主张知识源于理性,而非感性。在人类知识来源这一问题上,理性主义哲学流派最主要的一个主张就是心物之分,而这一理论主张可追溯到柏拉图,他对通过感官获得的知识和通过理性思考获得的知识做出了区分。柏拉图认为事物(如房屋、树等)通过感官呈现给我们,而观念则通过理性推断或思考获得。人对世界形成观念,而观念的形成基于对观念的不断思考。理性思考是最高级的智力表现,人通过理性思考挖掘抽象的观念。只有思考房屋和树的观念性认知,我们才能真正理解房屋和树的本质。

柏拉图没有陷入《美诺》中提到的困境,他认为真正的知识——或者说观念——是与生俱来的,它经由思维进入我们的意识层面。学习就是回忆头脑中已有的内容。通过察、闻、尝、嗅、触等感官体验获得的信息构成的只是原材料而非观念。人的头脑构造生来赋予我们思考的能力,使我们能够对获得的感官信息进行意义梳理。

法国哲学家和数学家勒内·笛卡尔(1596—1650)也是理性主义学说的拥趸。笛卡尔把怀疑作为一种探究真理的方法,通过怀疑得出符合绝对真理、不容辩驳的结论。

他的"普遍怀疑"的方法,最终使他认识到了思想的存在,因而有了"我思故我在"之言。笛卡尔通过一般到具体的演绎推理,证实了上帝的存在,得出了通过思考获得的观念必然正确这一结论。

笛卡尔主张心物二元论,在这点上他与柏拉图是一致的。不过,笛卡尔认为外部世界是一种机械存在,就像动物的行为举动是机械的一样,而人类具有思维能力,人的心灵——或者说思维能力——能够支配身体的机械行为,反过来身体会带来感官体验,从而对心灵产生作用。笛卡尔主张心物二分,但同时也肯定了心物两者间的交互作用。

德国哲学家伊曼努尔·康德(1724—1804)对理性主义理论学说作了深化发展。康德在著作《纯粹理性批判》(1781)一书中也提出了某种二元论,他指出外部世界本是无序的,但人对世界的认知是有序的,是思想赋予了其有序性。思想借助感官获得关于外部世界的认识,然后依据主体先天固有的法则对外部世界进行改造。人的认知赋予了世界有序性。康德重申了理性思考作为知识来源的重要作用,但同时认为理性思考通过经验发挥作用。不受外部世界影响的绝对知识是不存在的,事实上,人从外部世界获取信息,然后由思想对其进行阐释,从这个意义上说,知识具有经验主义特性。

综上所述,理性主义学说主张知识是思维的产物。虽然存在一个外部世界,人从外部世界获取感官信息,但观念来源于思考。笛卡尔和康德都认为理性思考作用于取自外部世界的信息,而柏拉图认为知识具有绝对性,经由纯粹理性而获得。

经验主义。与理性主义学说相反,经验主义学说主张经验是知识的唯一来源。这一主张始自亚里士多德(公元前384—前322),亚里士多德是柏拉图的学生,也是柏拉图思想的继承人,但他没有对心与物作明确区分。在他看来,外部世界是人类获得感官印象的基础,而人类的理性思考又反过来对感官印象做出合乎法则(一致、不变)的阐释。人通过理性思考而非感官印象挖掘自然法则,这是因为我们的头脑接收来自外部环境的信息。跟柏拉图不同,亚里士多德认为观念不可能独立于外部世界而存在,外部世界是一切知识的源泉。

亚里士多德之于心理学的贡献在于他的联想原则在记忆方面的应用。对某个物体或观念的记忆,会引发对其他物体或观念的记忆,被引发记忆的物体或观念与源物体或源观念具有相似性或相异性,或依据经验两者在时空上是相近的。两个物体或观念间的关联性越强,则彼此引发记忆的可能性越大。众多学习理论都借鉴了这一联想学习原则(Shanks, 2010)。

经验主义流派另一位深具影响力的人物是英国哲学家约翰·洛克(1632—1704),洛克创立了非纯粹实证主义的经验主义流派(Heidbreder, 1933)。在其所著的《人类理解论》(1690)中,洛克指出,并不存在生而有之的观念,一切知识源自两种经验:关于外部世界的感官经验和自我意识。人的心灵在出生时就像一块"白板",人通过感官印象和对感官印象的自我反思形成观念。心灵源于感官,由众多观念构成,这些观念以不同的形式互相交织。要理解心灵,需要将观念拆分成简单的单位,这一原子论式的观点就是联想理论;复杂观念是简单观念的联结。

洛克的主张遭到了乔治·贝克莱(1695—1753)、大卫·休谟(1711—1776)、约翰·斯图尔特·密尔(1806—1873)等大思想家们的抨击。贝克莱认为心灵是唯一真实的东西,他是经验主义论者,认为观念源于经验。休谟赞成人永远不可能对外部世界有确定性的认识,而且他认为人的自我观念也是不确定的。人通过观念体验外部世界,这是唯一真实存在的东西。与此同时,休谟认同经验主义关于观念源于经验并且彼此关联的主张。密尔是一名经验主义论者,也是一名联想论者,但他不认同简单观念经过有序组合构成复杂观念的论点。他认为复杂观念不一定由简单观念构成,但简单观念可以构成复杂观念,若干简单观念可以组合构成一个复杂观念,这个复杂观念可能与组成它的简单观念并无多大相关性。密尔的观点其实就是整体大于局部之和,这正是格式塔心理学的主要假设(第五章)。

总而言之,经验主义主张经验是知识的唯一表现形式,从亚里士多德开始,经验主义论者认为外部世界是人获得印象的基础,大多数经验主义论者认同物体或观念彼此联结构成复杂的刺激或心智模式。洛克、贝克莱、休谟和密尔是经验主义论者中赫赫有名的哲学家。

虽然哲学流派和学习理论之间并没有清晰的映射关系,但条件作用理论(第三章)

主要以经验主义为导向,而认知理论(第四—八章)则偏理性主义。不过,重合的情况时有发生,例如,大多数学习理论都认为学习产生于关联。认知理论强调记忆认知之间的关联,而条件作用理论强调刺激同反应和结果之间的关联。

学习心理学研究的发端

虽然 19 世纪后半期开始出现关于学习的较为系统的心理学研究,但关于学习的心理学研究正式始于何时,我们很难给出一个明确的回答(Mueller, 1979)。有两位心理学家对学习理论产生了深刻影响,他们是冯特和艾宾浩斯。

冯特的心理实验室。1879 年,威廉·冯特(1832—1920)在哈佛大学教学实验室成立四年之后,在德国莱比锡城创立了史上第一个心理实验室(Dewsbury, 2000)。冯特希望能将心理学发展成为一门新兴科学,他的实验室参观者众多,蜚声海内外,除此以外,他还创办了一本期刊用以刊登心理学研究结果。美国本土第一家心理研究实验室由 G. 斯坦德利·霍尔于 1883 年创立(Dewsbury, 2000)。

心理实验室的创立具有重大意义,标志着学习研究从哲学理论层面的探究向侧重实验和实测的转变(Evans, 2000)。冯特的实验室招揽了一批学者,他们的研究旨在对现象做出科学解释(Benjamin, 2000)。冯特在《生理心理学原理》(1874)一书中指出心理学是研究心理的科学。心理学方法应当后于生理学方法,也就是说,应当从受控刺激因素和实测反应等方面对研究过程作实验性考察。

冯特及其研究者对感觉、知觉、反应时间、词语联想、注意力、感情、情绪等现象做了研究。此外,冯特还培养了很多位心理学家,后来他们在美国也都创建了实验室(Benjamin, Durkin, Link, Vestal, & Acord, 1992)。冯特的实验室并没有做出惊人的心理学发现或重大实验,但它奠定了心理学成为一门学科的基础,使得实验法成为了获取、完善知识的主要方法。

艾宾浩斯的言语学习理论。赫尔曼·艾宾浩斯(1850—1909)是德国心理学家,正是在他的推动下,实验法成为公认的研究方法,心理学正式成为一门科学。艾宾浩斯通过研究记忆来观察较高级的心理活动,他赞同联想原则,认为学习和学习内容记忆取决于接触材料的频率。如想有效测试这一假设是否成立,需要使用受试者不太熟悉的材料作为测试内容。艾宾浩斯自创了由三个字母（两个辅音夹一个元音）组成的无意义音节（例 cew, tij 等）。

艾宾浩斯常把自己作为受试对象。在一个较为典型的实验中，艾宾浩斯设计了一张无意义音节列表，他需要快速看完一个音节，停顿，然后看下一个音节。他想通过这个实验观察自己要反复多少遍（尝试）才能把所有音节都记住。结果表明不断反复可以使错误率下降；所学音节越多，尝试次数越多；一开始遗忘速度很快，但越到后来，遗忘速度越慢；学习已学过的音节比学习新的音节，尝试次数要少。他还在学完后隔了一段时间再来研究，并统计节约分值（指再学习所用时间或次数与初次学习时所用时间或次数之比），结果发现学习有意义的内容比学习无意义的内容要简单。这些研究结果都汇总在了他的《关于记忆》一书中（1885/1964）。

这一实验具有重大的历史意义，但并不全然令人信服，最根本的问题是这个实验只有一个受试（即艾宾浩斯本人），很难说他不会失之偏颇，而且他的情况并不一定具有代表性。其他问题可能还包括实验研究的是无意义音节，这个研究结果多大程度上适用有意义的学习（如文章）？不过，艾宾浩斯是一名严谨的研究者，他的许多研究结果都被后来的实验证实是可信的，可以说他是将更为抽象复杂的心理活动纳入实验研究范畴的先驱。

结构主义和机能主义

冯特和艾宾浩斯的研究较为系统，但只局限于特定的领域，对心理学理论发展的影响颇微。19、20 世纪交替之际，心理学有了长足发展，开始迎来百花齐放的时代，涌现出了两大主流流派，分别是结构主义和机能主义。在今天看来，结构主义和机能主义都不构成统一的理论学说，但这两大理论流派在学习心理学史上影响深远。

结构主义。爱德华·B. 蒂奇纳（1867—1927）是冯特的学生，德国莱比锡人。1982 年，蒂奇纳任康奈尔大学心理实验室主任，他把冯特的实验法引入了美国的心理学研究。

蒂奇纳主导的心理学流派——后来被定名为结构主义——是联想论和实验法合二为一的产物。结构主义者们认为人类意识是科学研究的合法领域，他们研究的对象是心理活动的结构或构造,认为人的心理由一系列观念联想所构成,必须将它们拆分成单一观念加以研究(Titchener,1909)。

冯特、蒂奇纳,还有其他结构主义者经常采用的实验方法是内省法,即一种自我剖析的研究方法。参与内省研究的受试者们对接触物体或事件后的直接体验做出口头报告。例如,给受试者看一张表格,受试者可能会描述他们感知到的形状、大小、颜色和质地等,内省实验要求受试者不要分析或报告他们获得的物体知识或知觉意义,因为如果受试者们在看到一张表格的同时将"表格"口头描述出来,他们关注的是外部刺激而非意识活动。

内省是一项独特的心理活动,也是心理学和其他学科的分界所在,这一研究方法具有很强的专业性,只有经过训练的研究者才能判断受试者何时在审视自己的心理活动,何时在阐述现象。

不过可惜的是,内省研究法问题很多,不甚可靠。指望人无视意义和归类,难以做到,也不切实际。看到表格时,人很自然会说出"表格",想到表格的用途,并运用相关知识。人的大脑构造并不能使之对信息作有序划分,在这点上来看,内省研究者们忽略了意义的存在,也就忽略了思想中最核心的部分。沃森(第三章)就呼吁弃用内省法,内省法隐含的问题将研究者们的视线重新引向了以可观察行为为研究对象的客观心理学(Heidbreder,1933)。著名心理学家爱德华·L. 桑代克(第三章)指出教育应当基于科学事实而非观点(Popkewitz,1998)。有鉴于此,心理学研究开始转向行为心理学,整个 20 世纪上半期,美国心理学研究都以行为心理学为基础。

结构主义流派的另一个问题是结构主义者研究观念联想,但他们说不出这些联想是通过何种途径获得的。此外,关于内省法是否适合用于研究推理和解决问题等较直接感觉和知觉体验更为复杂的心理活动,也尚未可知。

机能主义。早在蒂奇纳尚在康奈尔大学任教的时候,其他很多理论流派开始兴起,对结构主义构成了不小的冲击,其中之一就是机能主义流派。机能主义心理学认为有机体的心理活动和行为的共同作用帮助有机体适应环境(Heidbreder,1933)。这一理论流派兴于芝加哥大学,倡始人是约翰·杜威(1859—1952)和詹姆斯·安吉尔

(1869—1949)。该流派另一名领军人物是威廉·詹姆斯(1842—1910)。从 19 世纪 90 年代起,直到第一次世界大战,机能主义心理学成为美国心理学的中流砥柱(Green, 2009)。

詹姆斯的主要论著是两卷本的《心理学原理》(1890),这本书被认为是有史以来最伟大的心理学论著(Hall,2003),后来出版了简略本以作课堂教学之用(James,1892)。詹姆斯是经验主义论者,他认为经验是思想和观察的起点,但他并不认同关联论。在他看来,简单观念并不是对环境刺激的消极模仿,而是抽象思维和研习的产物(Pajares,2003)。

詹姆斯(1890)提出意识是一个连续的过程,而不是零散信息的组合。人的"思想流"随着经验的变化而变化。"自我们出生之日起,意识就是各种物体和关系的复合体,我们称之为简单感觉的东西其实是我们关注不同物体和关系的产物,只是被高度提炼了而已。"(Vol. I, p.224)

机能主义心理学家们把詹姆斯的观点融进了自己的学说。杜威(1896)指出心理活动不能割裂为零散的片断,意识必须被视作一个整体。"刺激"和"反应"可用来描述物体或事件所起的作用,但这些作用不能割离整体实际(Bredo,2003)。杜威还引用了詹姆斯所举的一个例子(1890),例子中的婴儿看到燃烧的蜡烛,伸出手去抓蜡烛,结果手被烧了。从刺激—反应机制来看,看到蜡烛是刺激物,伸手去抓是反应,而被火烧(疼痛)则是缩回手这一反应的刺激物。杜威还指出我们最好将这一系列动作看作是一个大的协同行为,其中,看见和伸出手去等动作互相影响。

机能主义心理学家们深受达尔文进化论的影响,他们研究心理活动如何帮助有机体适应环境,得以生存(Bredo,2003;Green,2009)。他们还研究心理活动如何作用、有何产出、如何随环境变化而变化。除此以外,他们认为心理和躯体并不是互相独立的存在,而是相互作用、相互影响。

机能主义心理学家们反对内省研究,但他们并非反对研究意识,他们反对的是研究意识的内省方式。内省研究试图将意识拆解成零散的片断,这是他们所不能接受的。割裂地研究某种现象并不能反映这种现象如何有助于有机体生存。

杜威(1900)认为心理实验的结果应当能够应用于教育和日常生活。不过,这一目标虽然值得称道,但也暴露出了一个问题——机能主义心理学的研究目标过于宏大,导致重点不清晰。这一缺陷为行为主义学派崛起成为美国心理学的主流学派奠定了基础(第三章)。行为主义采用实验法,其重视实验和可观察现象的做法牢牢捍卫了心理学作为一门独立科学的地位(Asher,2003;Tweney & Budzynski,2000)。

学习理论与研究

理论与研究是学习研究的核心内容。本节旨在介绍理论的一般功能以及研究过程中的重点内容。

理论的功用

理论是一套科学性的原理法则,可用以解释某种现象。理论为解释实际观察所得提供模本,并成为研究和教学之间的联系纽带(Suppes,1974)。我们可以对研究结果作条理性的分析,并使之与理论相联系,而且这种联系是体系化的。如果没有理论,研究者无法给出指导性的框架模本来解释数据,因此研究结果可能会被视为毫无条理的数据汇总。即便研究发现似乎并不直接与理论相关联,研究者仍然需要对数据做出解释,判断数据是否支持理论预期。

理论反映环境性现象,并通过假设(即可通过实证检验的假定)衍生新的研究。假设可以是对关系的描述,如"X 与 Y 呈正相关的关系",也可以是"如果—那么"的描述(如"如果我实施了 X 行为,那么就会出现 Y 结果"),这里的 X 可以是"告知学生其学习有进步",Y 可以是"激发学习动力"。因而,我们可以对以下这个假设进行验证:"如果告知学生其学习有进步,他们应该会比没有被告知进步的学生表现出更强的学习动力。"如果假设获得了实证结果的支撑,该理论就被证明是有效的。反之,如果实证结果不能支持假设,则需要修正理论。

研究者往往会选取那些理论很不完善的领域开展研究,这种情况下,他们会先明确研究目的或所研究问题。而无论研究者是验证假设还是研究问题,都需要尽可能地细化研究。因为研究是理论发展的基础,对于教学实践具有重要意义,我们将在下一节讨论研究类别和研究过程。

开展研究

为了细化研究，研究者需要回答诸如以下问题：参与者是谁？开展研究的场所是哪里？开展研究的流程是怎样的？评估的变量因素有哪些？结果如何？

研究者必须通过概念性或操作性定义明确界定研究现象。操作性定义以所采用的措施和过程界定现象，例如，自我效能（见第四章）的概念性定义可以是某人认为自己具备的学习或实施某项任务的能力，其操作性定义可以是研究过程中用以评估自我效能的措施和过程（如在未接受相关辅导前学生独立完成30题问卷的得分情况）。关于研究的情况描述越详细越好，方便其他研究者依据描述复制研究。

学习相关的研究有不同的范式（或模本，见表1.2）。下面介绍关联范式、实验范式和定性研究范式、实验室研究以及实地研究的相关内容。

表1.2　学习研究范式

类别	特性
关联研究	研究变量间的关系
实验研究	在改变一个或多个变量的情况下评估这一变化对其他变量的作用
定性研究	描述实际、阐述意义
实验室研究	在受控环境中开展的研究
实地研究	在自然环境（如学校、居家、工作）中开展的研究

关联研究。关联研究研究变量间的关系。研究者可能假设自我效能同成绩表现正相关，即自我效能越强，成绩表现越佳。为了验证这一关系是否属实，研究者可能会对学生解数学题的自我效能进行测试，然后评估解题的结果，他会将两者间的关联性作统计分析，以得出是正相关还是负相关以及相关性强弱（强、中、弱）的结论。

关联研究能够表明变量间的关系，其研究结果也往往为后续研究指明方向。如果研究者发现自我效能和成绩表现间有着很强的正相关关系，那接下来可以作一个实验研究，在增强学生自我效能的基础上研究这一举措能否促成学生成绩的提高。

关联研究的一大局限在于其无法判明因果。自我效能和学习结果是正相关的关系，这只能表明（a）自我效能影响学习结果；（b）学习结果影响自我效能；（c）自我效能和学习结果互为影响；或（d）自我效能和学习结果都受其他未涉及的变量（如家长、教师等）影响。在这种情况下，需要开展实验研究以明确两者间的因果关系。

实验研究。实验研究中，研究者改变一个或多个（自）变量，以分析其对其他（因）变量的作用。研究者可以把学生分成两组，增强第一组学生的自我效能认知，另一组学生不变，最后分析两组学生的学习表现。如果第一组学生表现更好，研究者可以得出自我效能影响学习结果这一结论。不过研究者在改变变量以判断其对结果的影响时，必须保证其他可能会影响结果的变量（如学习条件）恒定。

实验研究可以判明因果，有助于我们理解学习的本质。但这类研究往往在广度方面比较受限。一般而言，实验研究只能着眼于少数变量，而且需要将其他变量的影响控制到最小，实施难度较大，也往往会不切实际。教室和其他学习场所都是很复杂的环境，会有许多变量同时发生作用。如果说结果是一或两个变量作用的产物可能会夸大其重要性，所以有必要多次开展相同的实验，将其他变量纳入研究范畴，才能对变量的作用有一个更准确的了解。

定性研究。定性研究（描述性研究）的特点是深入研究、描述实际、阐释要义。相关理论和方法名目众多，包括定性研究、民族志研究、参与观察研究、现象性研究、建构主义研究和阐释性研究等（Erickson，1986）。

在下列情况下，定性研究特别有意义：研究者只对事件构成而非事件的整体部署感兴趣；个体意义解读和观点十分重要；实验不切实际或不合乎伦理；研究者迫切希望发现实验研究所没有发现的新的可能的因果关联（Erickson，1986）。定性研究种类繁多，不一而足，可以是单一课程范畴内对言语和非言语交流的分析，也可以是长期的深度观察和访谈。定性研究方法包括观察、采用已有记录、访谈和有声思考（例如，参与者一边实施任务一边大声报告自己的所思和状态）等。不过定性研究的独特之处并不在于研究方法的选用——所有上述方法都可以用于关联或实验研究，而在于数据解析的深度和质量。

定性研究者可能会想知道自我效能如何有助于技能的掌握,他/她可以同一小组学生一起待上几个星期,其间通过观察、访谈或者其他数据采集方式,来考查学生们的学习自我效能如何随着其读写和数学技能的提高而变化。

定性研究的数据来源十分丰富,在深度和广度上都是关联或实验研究的数据所无法比拟的。定性研究还能走出传统研究的盲区,提出新问题,对老问题提出新的视角。不过定性研究也有潜在的局限性,那就是此类研究只能涵盖部分参与者,可能无法代表广泛的学生和教师群体,这一局限导致研究结果可能只对该研究有效,无法推论到更广泛的群体。定性研究的另一个局限是数据采集、分析和解释可能会很费时,因而对于一心想毕业的学生和想尽早出成果并发表的教师而言就会很不实际!不过,定性研究在获取数据方面独树一帜,足堪借鉴。

实验室和实地研究。实验室研究是在受控环境中开展的研究,而实地研究是在参与者生活、工作或学习的环境中开展的研究。20世纪前半期,大多数学习研究都是在实验室里以动物为受试对象开展的,而现如今,大多数学习研究以人为对象,多在实际环境中开展。前面所列的任何一类研究(实验研究、关联研究、定性研究)的方法都可用于实验室或实地研究。

实验室能够颇为有效地控制可能会影响研究结果的一些外来因素,如电话铃声、人们的交谈声、可眺望的窗户、其他不参与研究的室内人员等,而灯光、声音、温度等因素也可以调控。实验室里研究者架好的设备可以长时间免遭破坏,材料准备充分,要用随时都有。

而这些便利条件在实地研究中就不可想象了。学校环境很嘈杂,可能要找个能做事的地方都不容易。干扰事项数不胜数:师生会不时走过,打铃了,学校广播通知,举行火灾演习等。房间不是太亮就是太暗,不是太冷就是太热,或者被挪作他用了,弄得研究者只能每次重新架设设备。在存在这些干扰项的前提下解析研究结果会是一个很大的问题。

实地研究的一大优势在于,因为是在典型的学习场所开展的研究,其结果对于近似环境具有高度的普遍适用性。不过,实验研究的结果不一定适用于实地研究。通过实验研究,人们已经获得了很多关于学习的重要认知,研究者也会有心将实验室研究结果搬到实地研究中,观察前者是否适用于后者。

在实验室还是在实际环境中开展研究取决于研究目的、参与者、成本、研究结果的应用途径等因素。实验室研究可以有效控制相关因素,但缺乏普遍适用性,而实地研究则刚好相反。实地研究中,研究者需要将外来因素的影响减至最小,才能自信满满地宣告研究结果是基于所考察的变量而得出的。

学习评估

学习是一种推理性的行为,我们并不直接观察学习本身,而是通过其产物——学习者的所言所行——来观察学习。研究者和教学人员可能觉得学生们已经学会,但还必须对学习的结果作评估以确保结论可信。

评估指"依据教育变量判断学生状况的一种正式做法"(Popham, 2014, p. 8)。在学校环境中,最常见的教育变量是学生各门学科(如阅读、写作、数学、科学等)的成绩。学生的学习成绩一向被看得很重,而2001年美国联邦政府颁布的《不让一个孩子掉队法案》再次强调了成绩的重要性(Shaul & Ganson, 2005)。这一法案通过了很多条款,其中最有意义的就是要求对三到八年级以及高中阶段的孩子每年开展阅读和数学科目测试,同时要求学校拿出证据证明学生们在这些科目上每年有长足的进步。再近些,许多州都采纳了《英语语言艺术和数学州级通用核心标准》(全国州长示范协会中心和州首席校务主管委员会,2010),这些标准确保学生的学习评估持续得到关注。

本书主要关注两点。学习评估机制往往会将测试作为评估的主要手段,但事实上评估手段远不限于测试这一项(详见下文)。研究和教学人员想知道学习行为是否已经发生,除了测试以外还可以有很多途径和方法(Popham, 2014),此其一。其二,学生对于知识性学科的技能掌握通常以学习结果为依据,但相关研究和教学人员可能还会对学习的其他方面感兴趣。比如他们可能想知道学生的学习态度是否产生变化,是否掌握了自主学习的相关策略,他们的兴趣、价值判断、自我效能认知和动机等是否因为知识性学习而有所提升。

本节介绍学习结果的评估途径。这些途径方法包括直接观察、书面反馈、口头反馈、他人评定和自我报告等(见表1.3)。

表1.3 学习评估方法

方法	定义
直接观察	学习行为的相关表现
书面反馈	测试、小测验、家庭作业、论文和项目等书面呈现
口头反馈	学习过程中以言语呈现的问题、评价和意见反馈等
他人评定	观察者对学习者学习相关要素的判断
自我报告	自我判断
■ 问卷	书面呈现的选项评分或问题回答
■ 访谈	问题的口头回答
■ 刺激性回忆	回忆特定时间与某个行为表现同时出现的想法
■ 有声思考	实施某项任务的同时自言自语地说出自己的想法、举止和感受
■ 对话	两人或多人间的谈话

直接观察

直接观察指我们对学生的行为进行观察以评估学习行为是否发生的方法。(直接观察有别于报告性观察,后者是他人告知我们他们观察到的学生行为。)教师经常用到直接观察法。化学教师想让学生们学会实验的操作流程,他/她会观察实验室里的学生以判断其实验步骤是否正确。体育教师会观察学生篮球运球的情况以评估他们是否掌握运球技巧。小学教师会观察学生们的课堂表现以衡量他们是否学会遵守课堂规则。

如果直接观察是当面并且在观察者几乎没有干预的情形下进行的,那会是很有效的学习评估途径,当期望行为可以具体化并成为观察学生行为的标准时,直接观察法收效最佳。

直接观察法的一大弊端在于它只关注可以观察到的行为,而忽略了行为背后的认知和情感因素。比如说,化学教师知道学生已经学会了实验操作流程,但他/她不知道学生们在实施这些步骤时心里的想法或他们对于正确完成实验步骤有多大把握。

第二个弊端是虽然观察到某种行为可以表明学习行为已经发生,但如若没有观察到某些恰当行为并不表明学习行为没有发生。学习同行为表现不是一回事。除了学习以外,还有很多因素会影响行为表现的结果。学生们可能会因为缺乏动机、身体不适或忙于他务而没有实施已习得的行为。我们必须在撤除这些他因的前提下才能根据某种行为的缺失得出学习行为没有发生的结论。这一结论有一个假设前提,那就是学生往往会尽力表现出最好的一面,如果他们没有做到,那就是没有学会,但有时候这个前提并不是万无一失的。

书面反馈

通常,学习通过学生的测试、测验、家庭作业、学期论文和报告文书等书面形式予以评估。教师们依据书面反馈反映出的掌握程度判断学生是已经充分掌握所学内容,还是没有充分理解和掌握,因而需要进一步指导。比如有位教师正在准备关于夏威夷地理的讲课内容,一开始教师假定学生们对此所知甚少,他/她可以在开始讲课前给学生们做个测验,如果学生们分数很低,那就证明他/她的假定是正确的。内容讲完后,教师再给学生们做个测验,如果分数上去了,教师就可以得出结论:学生们已经习得了一些知识。

相对而言,这种学习评估方法使用方便,能涵盖各类学科内容,从而成为了大家心目中最适宜的学习评估手段。现今,由于技术手段(如电脑、点击装置等)的革新,书面反馈的结果大多可以电子记录。书面反馈可以反映学习状况,但我们必须意识到即使学生已经掌握所学内容,仍有许多因素会影响其行为表现。书面反馈评估法是基于这样的一个假设前提,即学生们全力以赴,力求表现最佳,没有外在因素(如劳累、疾病、作弊等)的干扰,他们的书面反馈是他们学习状况的真实呈现。因此,我们必须能够识别出那些会影响表现和学习评估结果的外在因素。

口头反馈

口头反馈是学校教学体系的核心内容。教师鼓励学生回答问题并根据回答评估学生的学习情况。学生同样也会在教学过程中提问,如果他们的提问表明他们对所学内容并没有良好掌握,这就意味着恰适的学习行为并没有发生。

就像书面反馈一般,我们假定口头反馈能有效反映学生们掌握的知识,但其实并不然。此外,口头表达也是一项任务,部分学生可能因为术语不熟、说话紧张或语言障碍等因素而不善于把他们的所知通过口头方式表达出来,这时教师可能会用自己的话重新组织学生所言,但重新组织后的话语可能并不能准确反映学生真正的所思所想。

他人评定

学习评估的另一个途径是由个人(如教师、父母、学校行政人员、研究者、同伴等)对学生学习的质或量做出评定。这些他人评定(如"蒂姆解诸如'52∶36＝?'之类题目时表现如何?""过去半年里奥莉维娅的印刷技艺有多大进步?")提供了有效信息,有助于筛选出有特别需求的学生(如"马特每隔多久需要花额外的时间进行补习?""杰妮完成作业的效率怎样?"等)。

他人评定这一评估方法的一大优势在于,相比学生对于自我学习情况的评定(自我报告,下节讨论),观察人员做出的评定会更为客观。他人评定还能针对构成行为基础的学习过程(如理解、动机、态度等因素)做出评定,而这些信息是直接观察所无法获取的,如"赛斯对于二战爆发原因的理解程度"。不过相比直接观察,他人评定需要更多借助推断,因此可能无法准确判断学生的学习难易程度、理解好坏和学习态度等。此外,他人评定要求观察人员熟记学生的行为,如果评定人员在这方面有所偏向,只倾向于积极行为或消极行为,就会导致评定结果有所偏差。

自我报告

自我报告是人们对自身行为或状况的评估和表述。自我报告有不同的呈现方式:调查问卷、访谈、刺激性回忆、有声思考和对话等。

调查问卷给出选项或问题要求应答者根据自己的想法和行为作答,而应答者记录他们参与的活动,自我评估能力等级,并判断参与活动的频率和时间长度(如"你学西班牙语多久了?""你觉得几何定理学起来难吗?"等)。很多自我报告评估方式要求应答者给出分值评定("10 分制的评分模式中,1 表示最低,10 表示最高,请对你解约分题的情况打分"）。

访谈也是调查问卷的一种，只是这种形式下，采访者提出问题或可供讨论的观点，而应答者口头回答。虽然也有群体性访谈，但访谈多以个体为对象。研究者可能先描述某个学习情景，然后问学生在该情景下一般会作何表现（如"法语课开始时，你会想些什么？你觉得自己能学多好？"）。如果应答者的回答过于简洁或不够到位，采访者可能需要对应答者作一些引导。

刺激性回忆要求人们实施某项任务，然后回忆他们在任务不同阶段的想法。采访者会对他们提问（如"你在这里卡壳的时候想了些什么？"）。如果应答者完成任务的过程是被录像的，他们往往会先观看任务录像然后做出回忆，尤其是当采访者停止播放录像并提问的时候。不过需要注意的是，回忆过程最好在任务完成后不久进行，以确保应答者还对他们当时的想法记忆犹新。

有声思考是学生在实施任务的时候将他们的想法、行为和感受宣之于口的过程，观察人员会把学生们所说的话录音，然后对他们的掌握程度打分。这一评估方式要求学生将他们的想法、行为和感受大声说出口，但有不少学生不习惯在学习场景中大声自言自语。此外，可能有些人会觉得这种方式颇为尴尬，他们会感觉很不自在或者不善于表达自己的想法。如果学生没有大声表达，观察人员需要鼓励引导学生。

还有一种自我报告的方式是对话，就是两个或两个以上的人在学习过程中进行的交谈。跟有声思考一样，对话也可以先录音，然后针对与学习相关的表述或能够影响特定环境下学习的相关因素进行分析。不过，虽然对话反映的是学生在完成某项任务时的实际交流，但在分析对话时，往往需要作一些阐述，这些阐述可能超出实际情境涉及的相关要素。

自我报告评估方式的选择应当与评估目的相匹配。调查问卷涵盖的内容范围比较广，而访谈更适用于对某些问题作深度剖析。刺激性回忆让应答者回想他们在实施行为时的想法，而有声思考则着眼于即时的想法。对话为社会交流性调查提供了可取之法。

一般而言，自我报告的评估方式在设计和操作方面都较为简易，问卷的完成和评估难度都不高。不过,一旦需要对学生的应答做出推断,可能就会出现问题,因此可靠的评估机制非常重要。其他需要注意的事项还包括学生给出的是否是流于世俗而并非与他们的信念相一致的回答,年少孩子是否有准确自我报告的能力等。不过,只要确保信息是保密的,研究者可以鼓励学生们给出真实的回答。如想提高自我报告评估方式的有效性,一个很好的方法就是交叉应用多种评估方式(如自我报告、直接观察、口头和书面反馈等)。有证据表明从三年级开始,自我报告就能有效切实地反映所要评估的想法和行为(Assor & Connel 1992),但是研究者在使用自我评估方式时仍然不能掉以轻心,需要尽可能避免可能产生的问题。

相关评估问题

当前教育关注的焦点是学习评估,因此我们必须正视与评估相关的一系列问题。本节讨论评估标准和增值评估相关问题。

评估标准。无论采用何种评估手段,都离不开三大评估标准:可靠性、有效性和公正性(Popham, 2014)。

可靠性指评估的一致性问题(Popham, 2014),也就是说在没有发生可能影响学习的干扰事项的前提下,不同情境下做出的评估结果具有可比性。比如说,学生在同一天上午和下午进行了内容相同的代数测试,两场测试间没有发生泄题,如果每名学生的两场测验结果都相差无几,则这场测试是可靠的。可靠性是非常重要的一项标准,因为不具可靠性的评估会影响研究结果,误导研究者得出错误的结论。

有效性指能表明关于学生的相关解释是否正确的证据的信度(Popham, 2014)。有效性与评估自身无关,而是跟评估结果的解释相关。比方说,关于学生知识性学科(如阅读)或心理变量(如兴趣)的评估,研究者依据学生的得分得出结论。因此,如果某名学生在兴趣评估中得分较低,研究者希望能很有底气地得出该生兴趣不高这一结论。有效性也是一项十分重要的指标,因为如果测试旨在评估某个变量,但实际评估的是其他变量,那这种情形下,研究者会对评估结果做出错误的解释。

第三个标准是公正性,指评估时不会因学生的群体性特点(如性别、民族、宗教等)而出现不利于他们的评估结果(Popham, 2014)。公正性标准也非常重要,如果评估失之偏颇,结果可能会因为学生的个人因素而产生偏差(偏高或偏低)。正因为此,如果数学测试中出现跟足球有关的题目,可能就会有利于那些熟悉这项运动的学生,虽然这跟要评估的数学知识点毫无关系。

增值性评估。增值性评估在教育领域已经备受青睐,这类评估旨在确定学生学习进步的原因(Popham, 2014),评估会对学生的前期基础和背景因素(如社会经济状况、性别等)做出统计性的控制处理,从而只关注促进学习进步的教学性因素(如学校、教师等)。因而所谓的"增值"指的是得益于学校或教师而取得的收获,这就为教学成果评估提供了可能性。学校可以采纳这一评估体系作为绩效评价和提供资助的基础。

虽然增值性评估大行其道,但也存在一些问题。学习的影响因素极其复杂,跟学校或教师相关的只占其中一部分,要对所有可能的相关因素作统计性的控制处理,难度相当大。此外,将学生的学习进步归功于学校或教师也是件风险之事,这是因为这类评估结果只是对学校或教师所起作用的一个估计性结果,并不具确定性。还有一点就是这类评估将学习等同于学习成果,对学习的理解十分局限,事实上,正如上文解释过的,学习成果是对学习表现的评价,但并不一定就能全然反映学习情况。

采用增值性评估时,最好要追踪较长时间段内学生的进步,而不能只评估某个时间点上的进步(Anderman, Anderman, Yough, & Gimbert, 2010)。跟踪学生的发展和进步能够帮助教师更好地因材、因需施教,从而更好地激励学生(Anderman et al., 2010)。此外,涵盖众多学习指标的多样化评估(如测试、论文、课堂参与等)应当能够更加准确地反映学生的学习情况。应当设计测试项目,并通报测试结果,以便准确了解每名学生对各门课程学习目标的掌握情况(William, 2010),这就要求测试符合可靠性、有效性和公正性的标准。

学习与教学的关系

理论和研究发现有助于促进学生学习,但其最终目的必须有助于提升教学。虽然看来有点奇怪,但纵观历史,学习和教学两者之间很少有交集(Shuell, 1988; Sztajn, Confrey, Wilson, & Edgington, 2012)。原因之一可能是这两个领域的领军人物历来兴趣各异。大多数学习理论家和研究者都是心理学学者,早期的学习研究很多都用非人类物种作为研究对象,动物研究很有借鉴意义,但在动物身上很难对教学过程进行观察研究。与之相反,教学则是教育者们擅长的领域,他们最感兴趣的就是将教学方法应用于课堂和其他学习场合,因为侧重于实际应用,难免就不够关注学习如何受教学因素变化的影响。

原因之二源于这样一种观点,即教学是一门艺术,而不是像心理学一般的科学。海耶特(1950)写道:"[本书]定名为《教学的艺术》,这是因为我认为教学是一门艺术,而非科学。于我而言,将科学学科的目标和方法赋予人类个体是非常危险的事。"(p. vii)不过他也指出教学与学习密不可分。加格(1978)指出把教学说成是"艺术"是比喻的说法。事实上,作为艺术的教学也可以同其他艺术形式(如绘画和音乐创作)一样,接受细致和科学性的观察。

第三个可能的原因是,大家会认为教学与学习分属两个领域,涉及不同的理论和原理。斯滕伯格(1986)认为认知(或学习)和教学适用不同的理论。就学习和教学自身而言,这种观点可能无可厚非,但正如舒埃尔(1988)所指出的,"教学性学习跟传统的学习和教学概念并不相同,后者把两者分开,各成阵营"(p. 282)。当前的研究者把教学性学习看作是学习者和教学背景(如教师、材料、环境等)交互作用的过程。比方说,教学材料的先后次序影响学习者的认知构成和记忆结构的发展,反过来,认知和记忆结构的形成和发展又会影响教师的教学行为。如果教师意识到教学内容并没有为学生所理解,就会修正自己的教学方法,反之,如果学生理解了教学内容,教师们就可以继续采用现有的教学方法。就像开场小剧场所揭示的,学习理论必须不时地修正以适用特定的教学情境。

第四,传统研究方法可能不足以同时研究教学和学习。多数学习研究用的是实验性的研究方法,实验中一些条件参数发生变化,结果必然也就不同,而在教学研究中,教学方法往往是固定不变的,只是一些变量发生变化,这与教学变化多端的本质是背道而驰的。20世纪七八十年代,教育领域兴起了过程—结果研究,这类研究将教学过程中的变化(如问题的数量和类型,获得的关爱和鼓励等)与学生或学习结果(如成绩、态度等)联系起来(Pianta & Hamre, 2009)。虽然这一研究模式得出了很多有用的研究结果,但却忽略了教师和学生想法的重要作用。因而,我们可能知道哪类问题有助于学生取得更好的成绩,但却不知其所以然(即问题如何引起学生思考方式的变化)。另外,过程—结果类研究主要侧重于学生成绩,却忽略了学习相关的其他一些表现因素(如期望、价值判断等)。简而言之,这一研究模式并不能充分揭示学生学习的全过程。

不过,情况出现了好转。研究者日益认识到教学是学习环境的营造者,学生在营造的学习环境中展开认知活动,发展相关技巧和推理能力(Floden, 2001)。当前,研究者着眼于通过观察知识类学科教学——特别是在学校和其他典型的学习场合——来研究学生的学习(Pellegrino, Baxter & Glaser, 1999;Pianta & Hamre, 2009)。现如今,研究者关注的重点转向了分析教学模式,而不再是分散的教学行为(Seidel & Shavelson, 2007)。儿童的学习行为也日益受到关注(Seidel, 2000, 2005),越来越多的研究聚焦校内所学内容与校外环境中所需重要技能之间的关联(Anderson, Reder, & Simon, 1996)。

不同理论背景出身的研究者都接受了这个观点:教学和学习互相影响,需要结合起来研究。一项大有前景的研究就是鉴定学生的学习轨迹,也即他们从起点到完成预期学习目标的路径(Stzajn, et al., 2012)。在此基础上,教师可以将他们对这些轨迹的认识和具体的环境因素相结合,以做出恰当的教学决策。教学研究会对学习理论以及应用学习理论以促进学生学习产生深刻影响(Glaser, 1990;Pianta & Hamre, 2009)。

本书旨在帮助你了解学习理论和教学实践如何实现互补。学习理论无法替代实践,缺乏实践的理论可能会低估情境因素的影响从而产生误导。但是,如果应用得当,理论可以成为教学决策的坚实基础。

反之,缺乏理论指导的实践往往会造成资源浪费,具有潜在的破坏性。实践如果缺乏理论指导,即意味着任何情境都是独一无二的,必然导致决策只能在反复试错中不断摸索行之有效的决策。而学习如何教学也是学习如何在特定情境中行事的过程。

理论和实践还彼此影响。许多理论发展到最后都落实到了课堂实践中。当代的很多教学实践——如合作学习、交互学习、因材施教等——都有着深厚的理论背景和研究支撑。虽然学习研究的结果有时会与常规的教学做法相冲突(Rohrer & Pashler, 2010),但学习研究必然会对教学实践产生持续影响。

教学实践也会反过来影响理论发展。实践可以验证理论假设是否正确,是否需要修订。当研究和实践给出了相悖的证据或表明有必要考虑更多因素时,就会对理论加以调整。早期的信息处理理论只关注知识处理相关的因素,因而并不能直接适用在校学习。后来认知心理学家开始关注教学内容后,才修正了理论,把个人和环境相关的因素纳入了研究范围。

教育家应当努力将理论、研究和实践三者结合起来。我们必须思考学习理论和研究结果是否适用于校内和校外环境,同时,也必须根据已知教学实践的结果更新理论认识。

学习理论的核心问题

原则上,专家学者大多认同本章开头所给出的学习的定义,但当涉及许多具体的学习问题,可能意见就不那么统一了。本节会列述一些核心问题(见表1.4),然后会在随后各章介绍不同的学习理论时作详细阐述。不过,在讨论这些问题前,我们先来简单了解下行为和认知理论,这些理论为梳理学习理论提供了参照,有助于我们更好地理解学习理论。

表1.4 学习研究中的核心问题

■ 学习如何发生?

■ 记忆力的作用?

■ 动机的作用?

■ 迁移如何发生?

■ 自我调节学习如何进行?

■ 对教学的启示?

行为理论认为学习是速率、发生频率、行为或回应方式上的变化,环境因素是促使其发生的主要原因(第三章)。行为理论更是主张学习是刺激和反应间联结形成的过程。斯金纳(1953)指出,先期的反应训练会导致后期越来越有可能出现刺激性反应:强化措施使得反应出现的可能性增大,而惩罚措施使得反应出现的可能性减小。

行为主义理论在20世纪前半期的心理学界占据了重要地位。行为主义理论主要依据可观察的现象对学习做出阐述,主张这一理论的学者们认为在阐释学习行为时,不必考虑内在因素(如想法、信念、感受等),不是因为这些因素不存在(这些因素是切实存在的——即使行为理论家们都不得不思考他们所主张的理论!),而是因为学习行为源于一些可观察的环境因素。

与之相反,认知理论强调知识和技能的形成、心理结构和记忆联结的构成、信息和信念的认知过程等。学习是内在的心理现象,可从人们的言语和行为做出推断,其中一个核心内容就是信息的心理处理过程:构建、获取、组织、编码、演练、记忆存储、记忆检索等。第四章到第八章讨论的理论及其后各章讨论的学习原则都属于认知理论的范畴。

关于学习的两大理论流派——行为理论和认知理论——对教学实践有着重要意义。行为理论暗示教师应当妥善安排教学环境以便学生对刺激做出合适的反应,而认知理论强调学习行为应当有意义,并需要综合考虑学习者对自身、他人和学习环境的认识,同时教师需要思考教学如何影响学生在学习过程中的思维。

学习如何发生?

行为理论和认知理论一致认为学习者的个体差异和环境差异会影响学习,但对两者的侧重不同。行为理论强调环境——确切地说,是设计和呈现刺激以及强化反应的方式——的作用。相比认知理论,行为理论较少关注学习者的差异,在行为理论范畴内,跟学习者相关的两个变量是强化历史(过去个人为实施相同或相近行为所接受的强化刺激度)和发展态势(个人依据现在的发展水平能够完成的行为)。因此,认知障碍会阻碍复杂技能的学习,身体残疾也可能会影响运动行为的学习。

认知理论则强调情境和环境因素对学习行为的影响。教学性讲解和展示对那些在实践和反馈中构建知识体系、形成学习能力的学生来说构成了环境输入。认知理论认为教学自身并不足以解释学生的学习行为。学生们对知识的处理——他们关注、演练、转换、编码、存储和检索知识的方式——十分重要。学习者的知识处理方式决定了他们学习的内容、时间、方式以及知识运用等。

认知理论强调学习者的想法、信念、态度和价值判断对学习有重要意义。那些怀疑自身学习能力的学习者可能无法妥善处理学习或不能全身心投入，从而造成学习迟缓。而诸如"为什么我要学这个？""我做得怎么样？"等想法也会影响学习，需要在设计教学方案时予以考虑。

记忆如何作用？

关于记忆的作用，行为理论和认知理论观点殊异。一些行为理论认为记忆与神经联结有关，是行为与外部刺激相联系的产物。在行为理论的范畴内，学者们更多关注的是反应习惯的形成，而较少关注这些行为模式如何在记忆中留存并在外界因素的作用下激活。大多数行为理论认为，遗忘是因为缺乏跨时反应训练而引起的。

认知理论则认为记忆在学习过程中起了十分重要的作用。信息处理理论的拥护者们把学习等同于编码——即在记忆中有序、有意义地存储知识的过程，当接收提示激活相应的记忆结构时，知识就从记忆中提取了出来，而当因为干扰、记忆缺失或缺乏足够的信息检索提示而导致知识无法被提取，就产生了遗忘。记忆对于学习具有至关重要的意义，习得信息的方式决定了其记忆存储及提取的方式。

关于记忆作用的认识对于教学有重要启示。行为理论认为定期的间隔性的复习能够强化学习者对所学知识的反应，而认知理论则更强调所学内容的呈现方式——学习者能够有序组织、联系其已知知识，能有意义地进行记忆。

动机的作用？

动机贯穿学习和行为表现的全过程（第九章）。行为理论将动机定义为行为发生速率或可能性的增加，源于刺激反应或强化训练下的行为重复。斯金纳（1968）的操作性条件作用理论沿用了旧的理论解释，认为动机性行为是经强化而来的加强性或持续性行为。学生表现出动机性行为的理由是，一来他们之前受过相关的强化刺激，二来存在有效的强化刺激物。

与之相反，认知理论认为动机和学习彼此关联，但不尽相同。有人有很强的动机，但没学会所学内容，也有人缺乏动机，但学会了。认知理论认为动机有助于引导注意力，并影响知识的建构方式。虽然强化刺激可以促使学生学习，但其效果并不是自动自发的，而是取决于学生们对刺激的理解。如果强化历史（学生过去接受强化刺激实施某种行为的训练）同人们现在的信念相冲突，人们更有可能按照他们现在的信念行事（Bandura，1986；Brewer，1974）。研究已经发现了很多能刺激学生学习的认知模式，比如目标、社会比较、自我效能、价值判断、兴趣等。教师们需要思考教学实践和环境因素的刺激效果，以确保学生能持续获得学习动力。

迁移如何发生？

迁移指以新的方式、内容，或在新的情境中应用知识和技能（第六章）。迁移也可以解释为以往学习行为对新的学习行为的影响——前者对后者产生积极、消极还是零影响。迁移是一个十分重要的概念，如果没有它，所有的学习行为都将受限于特定的环境。迁移是我们教育体制的核心（Bransford & Schwartz，1999）。

行为理论强调迁移取决于相同或相似的情境因素（刺激物）。如果新旧情境相同，则行为实现迁移（泛化）。因此，当学生知道了 $6 \times 3 = 18$，就应当能在不同的情境中（学校、家庭）解出出现相同数字（6 和 3）相乘的题目（如 $36 \times 23 = ?$）。

认知理论认为迁移指学习者了解如何在不同环境中应用知识，在此过程中信息的记忆存储具有重要意义。知识的用法同知识本身一起存储在记忆中，或者可以轻易地通过另外的记忆存储路径获取。而情境并不需要具有相似性。

这两种观点对教育的启示有较大差异。从行为理论出发，教师应当强化学习环境之间的相似性，指出两者间的共同点。而从认知理论出发，环境相似性是第二位的，最为重要的是对学习价值的认识。为了加深学生的这部分认识，教师可以在讲课过程中加入不同情况下运用相同知识的相关介绍，也可以给学生讲解法则和过程，然后给出不同的情境，以判断需要哪种知识，还可以以反馈的形式告诉学生技能和策略会以不同的方式帮助他们。

自我调节学习如何实现？

自我调节学习指学习者充分调动思想、情绪和行为以实现学习目标的过程（Zimmerman & Schunk，2001）。行为理论和认知理论阵营的研究者都认为自我调节学习过程包含以下内容：确定目的或目标；实施以实现目标为导向的行为；监控策略和行为；调整策略和行为以确保学习任务成功完成。不过，在学生调节行为的认知、元认知、动机和行为机制方面，不同理论有不同的主张。

在行为理论看来，自我调节学习主要在于建立自己的强化刺激，即激励人做出反应的刺激物及其反应的结果，自我调节行为包括学习者的自我监控、自我引导和自我强化等三个方面，并没有新的内容。

而认知理论强调注意力、计划、演练、目标设立、学习策略应用、理解监控等心理活动，同时也强调自我效能、结果和学习价值判断等动机性理念（Schunk，2001）。其中一个核心内容是选择：为了实现自我调节学习，学习者必然会在动机、学习方法、学习时长、学习标准、学习场合、社会环境等方面面临选择（Zimmerman，1994，1998，2000）。如果学习者面临的选择不多，那他们的行为很大程度上受外部调节而非自我调节。

对教学有何启示？

理论旨在对各类学习行为做出解释，但其解释力会有差异（Bruner，1985）。行为理论强调刺激物与反应之间经由正确反应的选择性强化刺激来建立联系，这就使得行为理论似乎更适用于解释较简单的联系性的学习行为，比如乘法、外语单词的意思和国家首都等。

认知理论利用知识构建、信息处理、记忆网络、学生对课堂因素（教师、同伴、材料、组织等）的感知和理解等因素来解释学习行为，因而更适合用来解释如解数学应用题、根据课文内容推断、写文章等较复杂的学习行为。

不过，不同的学习行为往往有相通之处（Bruner，1985）。从本质上讲，学习阅读同学习拉小提琴完全是两码事，但两者都需要全心投入、付出努力，并且持之以恒。学习写学期论文同学习投标枪看起来也并不是一回事，但这两种学习行为都涉及目标设立、过程自我监控、教师和教练意见反馈、动机等内容。

　　有效的教学要求我们能够针对学习类型选择最合适的理论,了解其对教学的意义。当强化训练对学习具有重要意义时,教师应当安排适量的强化训练。而当学习问题解决策略具有重要意义时,我们应当细心研究信息处理理论。对于研究者来说,一大挑战就是要明确各种学习行为间的异同,并找到有针对性的行之有效的教学方法,这将是一项长期的挑战。

小结

　　人类学习研究侧重于个人如何获取并调整其知识、技能、策略、信念和行为等。学习是源于实践或其他经历的行为或特定行为能力的长久性改变。根据这一定义,疾病、劳累或药物引起的暂时性行为改变,或和遗传和自然成长相关的行为,并不是学习行为,虽然这些行为很多也会在反应环境中展现出来。

　　关于学习的科学研究最早可以追溯到柏拉图和亚里士多德时代,他们的著作中已经有了相关论述。而关于获取知识的途径,有两大理论阵营,分别是理性主义和经验主义。学习的心理学研究始于19世纪末,而在20世纪初的时候,结构主义和机能主义成为最活跃的两大理论流派,代表人物有蒂奇纳、杜威和詹姆斯,但这些理论流派都有一定的局限性,不能广泛适用于心理学研究。

　　理论为理解特定环境下发生的行为提供框架,在研究和教学实践之间架起沟通的桥梁,并帮助梳理研究成果并转化为教育实践的指导纲领。按类别分,研究主要有关联研究、实验研究和定性研究等。研究可以在实验室也可以在实地环境中开展。评估学习的常规途径包括直接观察、书面和口头反馈、他人评定和自我报告。评估应当具有可靠性、有效性和公正性。增值性评估追踪学生的学习进步,可作为对学生因需施教的理论基础。

　　学习理论和教育实践往往被当作是两码事,但事实上两者互相促进,互为补充。如想确保教学和学习取得良好效果,只重其一是不够的。脱离实践的理论可能无法全然领会环境因素的重要性,而缺乏理论支撑的实践只适用于特定情境,无法形成具有指导意义的理论框架以整合教学和学习。

行为理论从观察外在行为的角度对学习行为做出解释,而认知理论在观察外在行为的同时还将学习者的认知、信念、价值判断和其他影响因素纳入研究范畴。不同流派的学习理论关于核心问题的讨论不尽相同。较为重要的一些学习问题包括:学习如何发生、记忆如何作用、动机有何作用、迁移如何发生、自我调节学习如何实现、对教学有何启示等。

扩展阅读

Alexander, P. A., Schallert, D. L., & Reynolds, R. E. (2009). What is learning anyway? A topographical perspective considered. *Educational Psychologist*, 44, 176 – 192.

Anderman, E. M., Anderman, L. H., Yough, M. S., & Gimbert, B. G. (2010). Value – added models of assessment: Implications for motivation and accountability. *Educational Psychologist*, 45, 123 – 137.

Bruner, J. (1985). Models of the learner. *Educational Researcher*, 14(6), 5 – 8.

Popham, W. J. (2014). *Classroom assessment: What teachers need to know* (7th ed.). Boston, MA: Allyn & Bacon.

Sztajn, P., Confrey, J., Wilson, P. H., & Edgington, C. (2012). Learning trajectory based instruction: Toward a theory of teaching. *Educational Researcher*, 41, 147 – 156.

Tweney, R. D., & Budzynski, C. A. (2000). The scientific status of American psychology in 1900. *American Psychologist*, 55, 1014 – 1017.

第二章　学习神经科学

塔里敦联合学区为辖区内的教师和学校行政人员组织了一场为期一天的研讨会，主题是"利用大脑研究成果 促进有效教学"。下午茶歇期间，四名与会人员正在就这天研讨会所讲的内容展开讨论，他们分别是：乔·米凯拉，北塔里敦中学副校长；克劳迪娅·奥罗登兹，泰姆普林顿小学校长；艾玛·托马斯，塔里敦中心高中教师；布莱恩·杨，南塔里敦中学教师。

乔：听到现在，你们觉得怎么样？

布莱恩：越听越混乱。今天早上讲的大脑不同分区的功能，我都听明白了，但不知道怎么跟我的教学实践联系起来。

艾玛：我也是。研讨会上所讲的东西跟我所想的是相左的。之前我听说每个学生的大脑都有发达的一面，我们要做的就是找到学生大脑发达的那一面，然后根据个人情况设计教学，但研讨会上的发言人完全否定了这种说法。

乔：我觉得他们并没有完全否定这种说法。我的理解是大脑的不同区域有不同的主导功能，但很多区域是交叉的，学习行为是大脑诸多区域同时作用的产物。

克劳迪娅：我听到的也是这样。但我的想法跟布莱恩的一样——听完反而不知道教师应该怎么做了。如果说所要做的就是调动整个大脑，那这不就是我们教师正努力在做的吗？多年来我们一直告诫教师在设计教学时要因材施教，要适应不同学生的学习风格——视觉型的、听觉型的、触觉型的。这似乎跟大脑研究说的是一回事。

乔:尤其是他们着重强调了视觉的重要性。我一直跟教师讲上课时不要讲太多,这不是学习的有效途径。

布莱恩:是的,乔。另外,他们还提到了青少年大脑发育的规律,也让我大为震惊。我本来以为这个年龄段的孩子行为怪异,只是荷尔蒙在作祟呢。不过我现在明白了需要给予他们更多的帮助,好让他们做出正确的决定。

艾玛:这部分内容倒真的令我有茅塞顿开之感,我知道了大脑是如何接收、应用信息的。但太复杂了!对我而言,所要做的就是在组织展示教学内容、设计教学活动时要以大脑的功能为依据。

克劳迪娅:跟你们说了这会话,我有了很多问题要问。我知道有很多东西研究人员也还不清楚,但我已经准备好与我们学校的教师一起利用大脑研究成果来促进教学,让我们的孩子受益。

本书以下各章将着重介绍各种学习理论和行为。行为理论(第三章)侧重外部行为和结果,而认知理论——本书重点——认为学习主要是内部行为。认知行为包括想法、信念和情感等,所有这些都与神经科学有关。

本章讨论学习神经科学,即揭示神经系统与学习、行为关系的科学。虽然神经科学并不是学习理论,但了解神经科学的相关内容有助于我们更好地理解以下各章将要介绍的学习理论。

本章的重点内容是中枢神经系统(CNS),由大脑和脊髓构成,其中重点讨论大脑功能。另外,也会不时提到自主神经系统(ANS)的相关内容,这一系统主要负责管理自主性行为(如呼吸、分泌等)。

大脑在学习和行为过程中起着重要作用,这是大家早就知道的,但近年来教育界对这个话题的关注度日益上升。教育界一直对大脑有所关注,因为教育工作者的职责本就跟学习相关,而学习是大脑行为,但大量大脑研究的内容主要是大脑功能障碍。在某种程度上,这类研究跟教育息息相关,因为教师可能会遇上患有大脑功能障碍的学生。不过,因为大部分学生是正常的,所以这部分大脑研究的结果还没有引起足够的重视,大家会觉得这类研究结果并不适用于典型学习者。

技术进步已经催生了新的方法,借此可以展示人们在实施学习和记忆等行为时大脑是如何作用的。这些内容与课堂教学和学习密切相关,对学习、动机和发展有高度启发。教育者们希望找到有效途径以提高以全体学生为目标的教学和学习,因此对神经科学研究的结果十分感兴趣(Brynes, 2012)。这一点在本章开头的小剧场中清晰可见。

本章首先回顾大脑中与学习、动机和发展相关的神经组织和主要结构,然后论述大脑结构的定位和互连,以及大脑研究方法等内容。随后介绍与学习相关的神经生理学内容,主要包括信息处理、记忆网络、语言学习等神经组织。大脑发育这一重要话题也有所述及,主要包括发育的影响因素、发育各个阶段、发育关键期、语言发展和技术因素等。本章还解释了动机和情感在大脑中的表现机制。最后,讨论了大脑研究对教学和学习的主要启发。

正如艾玛在开头小剧场中所说的那样,中枢神经系统(CNS)的相关内容真的非常复杂,牵涉到许许多多的结构和科技术语,而其作用机制也十分复杂。本章关于中枢神经系统(CNS)的介绍力求简明易懂,但出于准确性的需要,仍然会有一定的专业性。如有读者想更详细地了解与学习、动机、自我调节、发展相关的中枢神经系统(CNS)结构和作用,可参阅其他文献资料(Byrnes, 2001, 2012;教育研究和创新中心,2007;Heatherton, 2011;Jensen, 2005;国家研究委员会,2000;Wang & Morris, 2010;Wolfe, 2010)。

读完本章,你应该可以:

■ 描述神经轴突、神经元树突和神经胶质细胞的神经组织和作用;

■ 介绍大脑主要区域的主要功能;

■ 了解大脑左右半球的功能;

■ 讨论各种大脑研究技术的应用;

■ 从神经科学的角度解释学习行为的发生机制,包括固化和记忆网络等;

■ 了解语言习得和应用过程中神经联结的形成和互动机制;

■ 了解自然成长和经历体验过程中大脑发育的主要变化和关键期;

■ 解释动机和情感管理过程中大脑的作用；

■ 讨论大脑研究对教学和学习的启发。

组织和结构

中枢神经系统(CNS)由大脑和脊髓组成,是人体控制意识行为(如思考、动作等)的中枢系统,而自主神经系统(ANS)管理人体的非意识行为,如消化、呼吸、血液循环等。不过这两大系统并不是全然独立的,比方说,人们调整心跳频率,就是在有意识地控制非意识行为。

脊髓约18英寸长,食指那么宽,从大脑底部延伸至后背中部,可视作大脑的扩展。其主要功能是向大脑来回传送信号,是大脑和人体其他部位的信息传输中枢。脊髓上端将身体各部位的信号传回大脑,下端则将大脑的指令传送到目标人体部位(比如,做出某个举动)。脊髓还跟某些不受大脑控制的反应相关(如膝跳反射)。如果脊髓受损——如发生事故,可能会导致一系列症状,轻则四肢麻木,重则全身瘫痪(Jensen,2005；Wolfe,2010)。

神经组织

中枢神经系统(CNS)由分布在大脑和脊髓内数以十亿计的细胞组成,这些细胞主要分成两大类:神经元细胞和神经胶质细胞。神经元细胞结构图示参见图2.1。

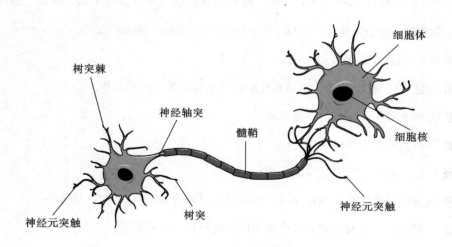

图2.1 神经元细胞结构

神经元细胞。大脑和脊髓约含 1 千亿个神经元细胞,在肌肉和器官间传递信息(Wolfe,2010),而人体的神经元细胞大多位于中枢神经系统(CNS)。神经元细胞同其他人体细胞(如皮肤、血液细胞等)不同,主要表现在两个方面。首先,大多数人体细胞会定期再生,这一持续性更新对我们人体有利,比方说,我们不小心割伤了,这时新的细胞会再生出来,替换受损的那些细胞。但神经元细胞不会,因中风、疾病或事故而受损的大脑和脊髓细胞可能永远无法恢复。不过,有证据表明神经元细胞也有再生的可能,这是个好消息(Kempermann & Gage,1999),虽然神经元细胞再生的程度以及再生机制目前还不清楚。

第二个不同表现在神经元细胞通过电信号和化学反应互相交流,其组织方式不同于其他人体细胞,这一组织结构后面将予以介绍。

神经胶质细胞。中枢神经系统(CNS)中的第二类细胞是神经胶质细胞。神经胶质细胞数量远远超过神经元细胞,起到支持辅助后者的作用,可看作是后者的支持细胞。神经胶质细胞不像神经元细胞那样直接参与信号传送,但在此过程中起辅助作用。

神经胶质细胞在很多方面发挥作用。其中的一个核心作用是为神经元细胞营造良好的作业环境。神经胶质细胞会清除可能干扰神经元细胞作业的化学物质,还会清除死亡的脑细胞。还有一个重要的作用就是神经胶质细胞能对髓鞘脂——神经轴突外面鞘质样的包裹物,有助于大脑信号传送(下节讨论)——作有效记录。神经胶质细胞还在胎脑发展过程中发挥重要作用(Wolfe,2010)。简而言之,神经胶质细胞与神经元细胞共同作用,确保中枢神经系统(CNS)的有效运作。

神经元突触。图 2.1 展示了神经元细胞的结构,主要由细胞体、神经轴突和神经元树突构成。每个神经元细胞都包含一个细胞体,上千个短的树突和一个神经轴突。神经元树突是一种细长形的组织,负责接收其他细胞的信息。神经轴突也是一种组织,呈长线形,负责向其他细胞传送信息。髓鞘是神经轴突的外围组织,辅助信号的传送。

每个神经轴突末端都有一个呈树枝状的结构,这些树枝状结构末梢同树突末梢相联结,构成了神经元突触。这些相互交织的结构正是神经元细胞传送信息的关键所在,信息通过突触上的神经元细胞来回传递。

神经元细胞的作用过程极为复杂。每个神经轴突的末端都有化学性的神经递质,它们并不直接与另一个细胞的树突相连,它们之间形成的空隙称为突触间隙。当电信号和化学信号到达极高水平时,神经递质释放进入突触间隙,随后激活或阻挠与相接触的树突发生反应。因此,整个作用过程从神经元和轴突的电反应开始,然后转化为突触间隙的化学反应,再进而转化为树突的电反应。突触间隙的神经递质对学习有着极为重要的意义,下文会再讲到。从神经科学的角度来看,学习就是细胞接受性的变化,这种变化源于神经联结,神经细胞在作用过程中与其他神经细胞彼此相连,建立并强化神经联结(Jensen,2005;Wolfe,2010)。

大脑结构

成人大脑约为三磅重,大小约同一个哈密瓜或大柚子(Tolson,2006;Wolfe,2010)。大脑外表呈凹凸状,表面有褶皱,很像花椰菜。大脑的主要组成物质是水(78%),余下是脂肪和蛋白质,质地松软。图2.2展示了与学习相关的大脑结构(Byrnes,2001;Jensen,2005;Wolfe,2010),让我们来了解下。

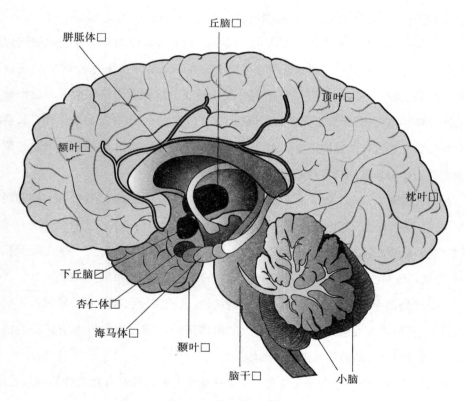

图2.2　大脑的主要结构

大脑皮层。大脑最外面的是大脑皮层,很薄,仅有橘子皮那么厚(不到四分之一英寸)。大脑皮层是大脑的"灰质",呈褶皱状,这种构造为大脑皮层赢得了更大的表面积,可以容纳更多数量的神经元和神经联结。大脑皮层分为两个半区(左半区和右半区),每个半区都有四个脑叶(枕叶、顶叶、颞叶、额叶)。皮层是学习、记忆和感官信息处理的核心区域。

脑干和网状结构。脑干位于大脑底部,呈网状结构,脑干就是通过其网状结构处理自主神经系统(ANS)的非意识行为。脑干的网状结构由神经元细胞和纤维构成,管理呼吸、心跳、血压、眼球转动、流口水、味觉等人体基本功能。人的清醒度(比如睡眠、清醒)也与脑干的网状结构有关。比方说,当你来到安静漆黑的室内,脑干的网状结构就会降低大脑的活跃度,让你进入睡眠。网状结构还控制我们的感官输入。我们会不断收到外界刺激,而网状结构能够让我们只关注那些相关性大的刺激。这对于注意力和感觉的训练(第五章)极为重要,是人类信息处理系统中的核心要素。最后,脑干的网状结构能够分泌出许多化学物质,促进大脑的信息传递。

小脑。小脑位于大脑反面,管理身体平衡、肌肉控制、运动和身体姿势等。虽然这些行为很大程度上受到意识的控制(因此属于皮层的管辖范围),但皮层组织并不具备管辖所需的全部要素,因而需要同小脑合力来协调人体动作。小脑是运动能力发展的关键所在。许多技能(如弹钢琴、开车等)可以通过练习变成自主行为。这种自主现象之所以会发生,就是因为小脑的控制力度比较大,这样一来,皮层就可以只负责那些需要运用意识的行为(如思考、解决问题等)。

丘脑和下丘脑。脑干上面是两个核桃大小的结构——丘脑和下丘脑。丘脑是感官(除了嗅觉)向皮层输入信息的桥梁。下丘脑是自主神经系统(ANS)的组成部分,控制维持人体平衡所需的机能,如体温、睡眠、水分、食物等。我们受到惊吓或感到紧张时,心跳会加速,呼吸变得急促,这些也都受下丘脑的控制。

杏仁体。杏仁体负责情感和攻击行为控制。输入的感官信息(嗅觉除外,嗅觉信息输送到皮层)先被输送到丘脑,丘脑再把信息输送到皮层的合适部位和杏仁体。杏仁体的功能就是评估感官输入是否有害。如果杏仁体识别出具有潜在伤害的刺激,会传递信号给下丘脑,由下丘脑完成上面所讲的情绪变化(如心跳加速,血压上升等)。

海马体。海马体是负责即时记忆的脑体结构。即时指多长时间?我们会在第五、六章讨论这个问题,但其实关于即时和长期(永久)记忆,并没有客观的衡量标准。很显然,海马体有助于在长期记忆(存储于大脑皮层中)中建立信息,但主要通过激活所需信息发挥作用。因此,海马体更可能跟当前活跃(工作)记忆相关。一旦信息全部在长期记忆中完成编码,海马体也就完成了自己的使命。

胼胝体。胼胝体是贯通大脑前后的横向纤维束,它将大脑分为两个半区或半球,并将两个半球联结起来进行神经作业。胼胝体具有重要意义,因为很多脑力活动都不是在大脑的一个部位内完成的,往往需要涉及两个脑半球。

枕叶。大脑枕叶主要跟视觉信息的处理相关,因此也被称为视觉皮层。视觉刺激首先被丘脑接收,然后丘脑再将这些信号传送至枕叶。动作、颜色、深度、距离以及其他一些视觉特征的判断很多都在枕叶完成。枕叶完成视觉判断后,大脑再将这些视觉刺激同存储在记忆中的相关项进行对比,从而完成识别(感知)。如果目标物体同存储在记忆中的模式相匹配,就会被识别确认;如果匹配不成功,新的刺激物就会存储到记忆中。视觉皮层在判断视觉刺激物是否与存储模式相匹配时,必须与其他脑系统协作(Gazzaniga, Ivry, & Mangun, 1998)。视觉处理对于学习具有重要意义,开头小剧场中乔所说的话明确揭示了这一点。

我们可以强迫自己关注环境的某些特征而有意忽略其他特征,以此来控制我们的视觉感知。例如,我们要在人群里找到朋友,可以忽略一大群视觉刺激物,而只关注那些能帮助我们判断朋友是否在人群中的视觉刺激物(如面部特征)。教师在开始上课时要求学生注意看展示的视觉信息,告诉他们学习的目标,采用的就是这一原理。

顶叶。顶叶位于大脑顶部,负责触觉、身体姿势和视觉信息整合。顶叶包括前、后两个部分,顶叶前部负责从人体接收关于触觉、温度、身体姿势的信息,以及对疼痛、压力的感知(Wolfe, 2010)。人体各个部分都在顶叶前部有相应的反应区,可以接收相关信息,做出准确识别。

顶叶后部负责整合触觉信息,提供人体的空间感知——即人体各部位位于何处的感觉。顶叶还负责人体各部位的注意力分配。比方说,你腿疼的信息会被顶叶接收识别,但如果你当时正在看电影,看得津津有味,可能就不会感觉到腿疼。

颞叶。颞叶位于大脑外侧,负责处理听觉信息。当收到听觉输入时——如说话声或其他声响——颞叶会处理信息,然后将信息传送到听觉记忆以作识别。识别结果可以引发相应的动作回应。例如,教师让学生把书收拾好,到门口排队,这时颞叶会处理并识别这一听觉信息,然后学生们就会做出相应的动作。

皮层左半球枕叶、顶叶和颞叶交汇的地方被称为韦尼克区,帮助我们理解他人讲话,以及自己讲话时正确使用句法。韦尼克区同大脑左半球额叶的另一个区域合起来被称为布罗卡氏区,是人体的言语中枢。负责语言处理的区域主要分布在大脑的左半球(有些人的布罗卡氏区位于右半球,见下文解释),但事实上,语言的理解和生成需要调动大脑许多部位共同作用。下文会对语言现象作深入探讨。

额叶。额叶位于大脑前端,是大脑皮层占位最大的区域,主要负责处理与记忆、计划、决策、目标设立创造性行为有关的信息。额叶还包含初级运动皮层,管理肌肉运动。

可以说大脑额叶是人类与低等动物,甚至是现代人与远古祖先之间最鲜明的分界线。在长期的进化过程中,额叶甚至进化出了更为复杂的机能。正是在额叶的作用下,我们能够制订计划、做出决策、解决问题、同他人交流。此外,额叶还帮助我们了解自己的思维和其他心理活动,这正是元认知的一种表现(第七章)。

大脑顶部向下到耳朵有一狭长形细胞带,这就是初级运动皮层。这一区域主要负责控制人体动作。在跳"Hokey Pokey"时,你想着"把我的右脚放进去",这就是运动皮层在给你发出指令,让你把右脚放进去。人体各个部位在运动皮层都有反应区,因此当皮层相应部位发出信号,人体就会做出相应的动作。

运动皮层前方就是布罗卡氏区,这是言语输出的中枢。95%的人的布罗卡氏区都位于左半球,但另外5%的人(其中又有30%的人是左撇子)的布罗卡氏区位于右半球(Wolfe,2010)。布罗卡氏区与位于左颞叶由神经纤维构成的韦尼克区相连,这一点不奇怪。韦尼克区生成言语,然后输送到布罗卡氏区输出(Wolfe,2010)。

前额皮层位于额叶前方，因为人的体积比动物大，所以人的前额皮层也比动物的大。前额皮层是最高级心理活动发生的区域（Ackerman，1992）。第五章将讨论大脑如何建立认知信息处理网络。前额皮层对建立这些网络具有极其重要的意义，因为感官接收到的信息需要跟记忆中的知识存储相联系。简而言之，学习行为的始发地应该就是前额皮层。前额皮层同时也负责意识管理，让我们对自己的所思所想所感所为有清晰的认识。此外，前额皮层还跟情感管理相关，这个我们后面再解释。表2.1汇总了大脑主要分区的核心功能（Byrnes，2010；教育研究和创新中心，2007；Jensen，2005；Wolfe，2010）。不过在看这张表时，大家必须牢记大脑是一个协调工作的统一整体，没有哪一个区域是独立作用的，信息（以神经冲动的形式）在大脑各区域间快速传递。大脑功能很多都跟特定区域相关，但即便是一些简单任务，也需要大脑各区协同作用。因此，将任何一项大脑功能归结于某个特定的区域，并没有多大意义，开头小剧场中艾玛所说的话正揭示了这一点。

表2.1　大脑各区的主要功能

区域	主要功能
大脑皮层	处理感官信息；管理各种学习和记忆机能
网状系统	控制人体机能（如呼吸和血压），唤起、睡眠—觉醒
小脑	管理人体平衡、姿势、肌肉控制、动作、运动技能学习
丘脑	将感官（嗅觉除外）的信号输入发送到皮层
下丘脑	控制人体机能平衡（如温度、睡眠、水分、食物等）；遇到压力时加速心跳和呼吸
杏仁体	控制情感和进攻行为；评估感官输入的危害
海马体	负责即时和工作记忆；确定长期记忆信息
胼胝体	联结大脑左右半球
枕叶	处理视觉信息
顶叶	处理触觉信息；确定身体姿势；整合视觉信息
颞叶	处理听觉信息

额叶	处理与记忆、计划、决策、目标设立、创造性行为有关的信息;管理肌肉动作(初级运动皮层)
布罗卡氏区	控制言语产生
韦尼卡区	理解言语;管理讲话时语言规则的应用

定位和互连

今天,我们对大脑工作机制的了解远甚以往,但长久以来,大脑左右半球的功能一直是一个争议性很大的话题。约公元前 400 年,希波克拉底提出大脑具有二元性 (Wolfe,210)。1870 年,有人对头部受伤的动物和士兵做了研究,以通电的方式刺激他(它)们大脑的不同区域(Cowey,1998),结果发现大脑特定区域的刺激会引起人体不同部位的动作。而早在 1874 年,就有人提出大脑有一个主导性的半球(Binney & Janson,1990)。

一般而言,大脑的左半球控制人体右边的视觉区域和部位,而右半球控制人体左边的视觉区域和部位。不过,纤维束把两个半球连在一起,其中最大的纤维束就是胼胝体。加扎尼加、博根和斯佩里(1962)的研究表明语言主要受左半球的控制。研究中,病人的左手拿着一个他们看不见的东西,当胼胝体被阻断时,病人报告说他们手里并没有拿着东西。很显然,在没有视觉刺激的前提下,因为左手与右半球沟通,所以当右半球接收到输入信号时,无法为手中的东西命名(因为语言中枢位于左半球),此其一。其二,因为胼胝体被阻断,信息无法传送到左半球。

大脑研究还确定了其他一些定位性的大脑功能。例如,分析性思考主要在左半球完成,而空间、听觉、情感和艺术处理等则发生在右半球(但很明显,右半球主要负责处理负面情绪,而左半球负责处理正面情绪;Ornstein,1997)。右半球更擅长处理音乐和方位相关的信息,至于脸部识别处理,则左半球更为擅长。

右半球还对正确理解语境含义起重要作用(Wolfe,2010)。例如,有人听了新闻后评论说"太好了!",这句话可以指这个人觉得新闻非常好,也可以指觉得新闻非常糟糕。语境决定正确的理解(如,说话人是诚恳还是讥讽的态度)。我们可以从语调、说话人的面部表情、手势以及其他情境因素认知等途径获取语境信息。就这点来看，右半球是整合语境信息以做出正确理解的主要区域。

因为大脑的不同功能跟不同分区相对应，具有定位性，我们可能很容易得出结论，认为那些能言善道的人主要受到左半球（左脑）的控制，而那些艺术才能比较出众、情感丰富的人则主要受到右半球（右脑）的控制。但事实上，正如本章开头小剧场中的教育专家们所指出的，这个结论过于简单，非常具有误导性。虽然大脑的左右半球定位管理不同功能，但它们是相连的，两个半球之间有着频繁的信息传递（神经刺激）。只有极少数的心理活动只发生在一个半球（Ornstein，1997）。此外，我们可能会问，那些既能言善道又情感丰富的人（如慷慨激昂的演讲者）是受到哪个半球的控制呢？

大脑的左右半球是协同"作战"的，它们总是同步接收信息，言语行为就是一个非常好的例子。在你和朋友交谈时，你的左半球负责输出讲话，你的右半球负责解读语境，帮助你领会意思。

不过，在大脑功能偏侧化程度这个问题上，神经科学家们意见不一。有人认为特定的认知功能发生在大脑的特定部位，也有人认为大脑的各不同区域能够实施多样化任务（Byrnes & Fox，1998）。这一争论也投射到了认知心理学（第五章和第六章）的两大流派上：一派秉承传统观点，认为知识编码具有定位性，发生在大脑的特定区域，另一派则主张并行分布处理观点，认为知识编码并不局限于某一区域，而是贯穿很多记忆网络（Bowers，2009）。

这两种观点都得到了研究的支持。大脑的不同部位有不同的功能，但这些功能并不完全局限于某个区域，即使有，也是极个别的情况。一些复杂的心理活动尤其如此，这些活动由若干个基础心理活动组合而成，其功能可能涉及好几个区域。例如，神经科学研究者们发现创造力并不是一项单一的心理活动，也不仅仅发生在大脑的某个区域（Dietrick & Kanso，2010）。采用核磁共振技术的研究表明，皮层刺激的神经反射具有四处扩散的特点（Rissman & Wagner，2012），从而有力佐证了神经网络紧密相连的观点。"几乎所有任务都要求左右半球同时参与，但某个半球可能会在处理某类信息上更为擅长"（Byrnes & Fox，1998，p.310）。针对大脑不同部位（右脑、左脑）开展教学的做法并没有获得实证研究的支持。关于互连性和偏侧化观点的实际应用案例请参见实际应用 2.1。

实际应用 2.1

针对大脑左右半球的教学

大脑研究表明学术性内容的处理大多在左半球完成,而右半球负责处理情境相关信息。在教学中我们经常能听到有人抱怨教学过于侧重知识内容而忽略了情境,从而导致学生学的都是脱离了实际生活的意义不大的东西。这表明,为了让学习富有意义——即要同时开发大脑的左右半球,建立更为广泛的神经联结——教师们应当尽可能将内容和情境结合起来。

斯通女士是一名三年级的教师,正在讲关于蝴蝶的单元。孩子们看了书本,还看了网上的蝴蝶图片。为了让这个单元的学习同实际情境相联系,她设计了其他一些活动。本地有一家博物馆,里面有一个专门的蝴蝶展区,展区对环境做了监护处理,蝴蝶可以在那里生活。斯通女士带孩子们参观了博物馆,让他们亲眼看一看蝴蝶生活的环境。展区还介绍了蝴蝶生长的不同阶段。这些活动帮助孩子们在蝴蝶特性和情境因素(包括蝴蝶的生长过程和生活环境等)之间建立起了有机的联系。

马歇尔先生是一名中学历史教师,他知道让学生机械地了解历史事件没有多大意义,且会十分无趣。近年来,许多国家领导人都在积极寻求世界和平。在美国历史课上讲到威尔逊总统致力于建立国际联盟的相关内容时,马歇尔先生把国际联盟同联合国以及当代各国政府为消除侵略而采取的一些措施(如核裁军)相联系,把国际联盟带入了一个现实的情境中。班级讨论的时候,他让学生把国际联盟的目的、组织结构及其所面临的问题与当前的一些事件相联系,以分析国际联盟之于联合国和"全球侵略警戒"的先导意义。

在学习心理发展过程相关内容时,脱离实际语境,单一机械地学习会让学生不解:

这些发展过程如何体现在具体的人的身上？布朗博士给本科生上教育心理学课程,在讲到皮亚杰的心理发展(如自我中心)理论时,她让学生们在实习过程中记录表现出这些心理发展特点的孩子们的行为。在上到其他单元时,她也采用了相同的教学方法,旨在让内容性学习能够同实际情境(如心理发展过程可以在行为上表现出来)联系起来。

大脑研究方法

相比过去,我们对中枢神经系统(CNS)工作机制的了解已经有了长足的进展,部分是因为不同领域的研究人员对大脑研究有着共同的兴趣。过去,研究大脑的人员主要来自医学、生物学和心理学界,而近年来,其他领域的研究人员对大脑研究日益表现出浓厚的兴趣,认为大脑研究结果对推动他们学科领域的发展具有重要意义。今天,我们看到教育工作者、社会学家、社会工作者、顾问人员、政府工作者(尤其是那些在司法部门工作的人员)等都对大脑研究感兴趣。而另一方面,大脑研究获得的资助也日益增多,甚至连原本主要资助非大脑研究项目的一些机构(如教育机构)也开始抛出橄榄枝。

我们之所以对大脑工作机制的了解日益深刻,还得益于大脑研究技术的日臻成熟。多年前,研究大脑的唯一方法就是解剖。虽然研究死人的大脑也会带来一些有用的发现,但这类研究不能告诉我们大脑如何工作,如何构建知识。如想知道大脑在学习过程中有何变化,如何将所学转化为行动,需要对活人的大脑进行研究。

表2.2 大脑研究方法

方法	描述
X光	高频电磁波,用于诊断固态结构(如骨头)是否异常
计算机轴向断层(CAT)扫描	加强图像(三层),用于诊断人体异常(如肿瘤)

脑电图仪（EEG）	监测因神经细胞活动引起的电子图谱；用于诊断各种脑失调现象（如语言和睡眠方面的障碍）
正电子发射断层（PET）扫描	测算心理活动产生的伽马射线；展示心理活动的完整图谱，但速度较慢，有辐射
磁共振影像（MRI）	无线电波促使大脑生成映射信号；用于诊断肿瘤、损伤和其他异常
磁共振功能影像（fMRI）	大脑在实施任务时神经细胞变得活跃，血液流动，电磁流发生变化；同静止时的大脑影像作对比，可判断出活动区域
近红外光学剖析图（NIR－OT）	观察高阶大脑功能的非侵袭性技术，研究中，放射近红外光线到头皮上，光线渗入头皮，经皮层反射后经由头皮传回

表 2.2 汇总了大脑研究中的一些有效技术，下面我们逐一介绍。这些技术基本按照由简及难的顺序排列。

X 光。X 光由高频电磁波构成，可为人体吸收，能穿透非金属类物体（Wolfe，2010），而未被吸收的 X 光打到感光板上。我们可以根据亮区和暗区（不同深浅的灰色）来解析 X 光片。X 光是二维性的，对于固态结构诊断最为有效，比如可以看出骨头是否断裂。X 光可以诊断颅骨（骨结构）是否受损，但由于颅内多为软组织，整体而言，X 光对于颅内诊断意义不大。

CAT 扫描。CAT 扫描（计算机轴向断层扫描）技术始于 20 世纪 70 年代早期，主要用于增强 X 光片的灰色深浅区分度。CAT 扫描采用的也是 X 光技术，但增强了影像的维度，从二维扩展到了三维。CAT 扫描主要用于诊断肿瘤和其他异常，但跟 X 光一样，CAT 扫描同样不能给出大脑工作的详细信息。

EEG。EEG（脑电图仪）是监测神经细胞活动产生的电子图谱的一种影像技术（Wolfe，2010）。把电极安放到头皮上，就可以探测到经头骨传送的神经冲动。EEG 技术可以扩大信号，并在监测仪或纸页图表（脑电波）上记录下来。大脑活动时，脑电波（振动）的频率增强，睡眠时，频率降低。EEG 已经被证实能有效诊断某些脑失调状况（如癫痫、语言障碍等），也可以监测睡眠障碍（Wolfe，2010）。EEG 技术能够通过事件相关电位检测出有意义的时间信息(见语言发展一节),但无法检测出深入观察学习所需的空间信息(如活动发生的场所)。

EEG 技术已被用于检测认知负荷(第五章),即学习过程中学生工作记忆负载的需求强度。认知负荷的检测十分重要,其目的就是减少与学习非直接相关的外源性负荷,好让学习者能将全部认知资源用于学习。无线 EEG 新技术使学习者的活动幅度变大,设备更为小巧,还可以同时用于好几位学习者(Antonenko, Paas, Grabner, & van God, 2010),因而研究结果能更加客观反映学习者在学习过程中的认知过程。

PET 扫描。PET 扫描(正电子发射断层扫描)可以用来观测我们完成任务时的大脑活动情况。扫描前,观测对象需要先注射小剂量的放射性葡萄糖,经血液输送到大脑,然后观测对象进入 PET 扫描仪实施脑力任务。大脑相应的作用区域需要消耗更多葡萄糖,产生伽马射线,扫描仪可以检测到这些伽马射线,生成计算机有色影像(显示图),这些影像告诉我们哪些区域参与了脑力任务。

PET 扫描是头颅影像技术上的一大进步,但仍存在一定的局限性,主要在于扫描过程需要注射放射性物质,所以扫描时长和影像数量会比较受限制。此外,影像生成的速度相对较慢,无法全然跟上神经细胞活动的速度。还有一点就是,PET 扫描技术能全面呈现大脑的活动,但无法详细展示特定区域的活动(Wolfe, 2010)。

MRI 和 fMRI。磁共振影像(MRI)和磁共振功能影像(fMRI)这两种头颅影像技术可以解决 PET 扫描存在的问题。做 MRI 时,先向大脑发射一束无线电波。大脑里大多是水,含有氢原子。在无线电波的作用下,氢原子产生无线电信号,这些信号被传感器捕获然后绘制成计算机影像。MRI 扫描对细节的捕捉远远高于 CAT 扫描,广泛用于肿瘤、损伤和其他异常的诊断(Wofle, 2010)。

fMRI 的工作原理跟 MRI 非常相似,但有一点不同:在实施心理或行为任务时,大脑相关部位的神经细胞会变得活跃,导致更多血液流向这些部位。血流导致磁场的变化,因此信号会变强。fMRI 扫描仪捕捉到这些变化,绘制成计算机影像。这个影像不仅可以记录大脑活动的全貌,甚至可以逐秒记录血流变化引起的脑部实时变化(Pine, 2006)。fMRI 一秒钟可以记录四张影像(Wolfe, 2010)。不过,因为血液变化往往需要几秒钟的时间,会存在时间差(Varma, McCandliss, & Schwartz, 2008)。

同其他技术相比,fMRI 有许多优势。fMRI 不需要注射放射性物质;效率高,可以准确监测大脑活动;可以几秒钟内扫描成像,比其他技术手段快速得多;可以反复扫描而不会有任何问题。

使用这些技术研究大脑也有不足,主要是这些技术只能在非自然环境(如实验室)中应用,而且需要用到特殊设备(如 CAT 扫描仪),因而无法展现教室里或其他学习场景中的学习情况。不过,如果在大脑实验中给受试者布置学习任务,或者在受试者体验过不同的课堂学习情境后立马利用这些技术对他们进行监测,可以在一定程度解决以上所说的问题(Varma et al., 2008)。

NIR – OT。NIR – OT(近红外光学剖析图)是较新的非侵袭性技术,已被用于大脑研究,以观察高级认知处理和学习行为。光纤维传导近红外光线,而近红外光线辐射到头皮上。有些近红外光线可渗透进头皮近 30 毫米。大脑皮层反射近红外光线,并通过头皮传递回来,随后被渗透点附近的另外一束光纤维捕捉。NIR – OT 监测大脑中的脱氧血红蛋白浓度,从而反应大脑的活跃度(教育研究和创新中心,2007)。

相比其他技术,NIR – OT 有许多优势。这一技术可用于教室、家庭和工作场所等自然学习场合。使用这一技术时,对活动度没有限制,受试者可以四处自由移动。NIR – OT 的分析设备是一台移动半导体,可以长期使用,不会产生严重的副作用。最后,这一技术可以同时用于多个研究对象,因此可以记录交流引起的脑部变化。

大脑研究领域的发展十分迅猛,研究技术不断更新换代(如无线 EEG、手持 NIR – OT 集成电路等)。可以预见今后随着技术日益完善,大脑研究可以在自然学习环境中给予学习者更多的自由,从而更加准确地描述学习过程中大脑的作用过程。接下来让我们去了解下学习神经生理学——主要研究人脑的知识加工、整合和应用等的科学。

学习神经生理学

本节讨论学习过程中的大脑处理机制,以第五章的信息处理模式为理论参照。学习过程中的大脑处理机制极为复杂(开场小剧场正揭示了这一点),而这里所讨论的只是一些核心内容。如有读者想从神经生理学的角度详细了解学习和记忆的相关内容,可参阅其他文献资料(Byrnes,2001,2012;Jensen,2005;Rose,1998;Wolfe,2010)。

信息处理系统

信息处理系统的核心要素是感官收录、工作记忆(WM)和长期记忆(LTM)。感官收录接收输入信息,在持续几分之一秒的时间后把信息丢掉或传递到工作记忆(WM)。因为感官收录的信息量太大,这些信息大多会被丢弃。

在上文中,我们了解到所有的感官输入信息(除了嗅觉信息)都直接传送到丘脑,然后至少有部分信息会被传送到大脑皮层的相应部位进行处理(如处理相关感官信息的脑叶)。不过,这些信息的传送方式与它们被接收的方式并不相同,它们在传送时,已变成了神经"感知"。例如,丘脑接收到的听觉刺激会被转化为刺激物感知的神经等效体。这一感知还负责把信息与记忆存储相匹配,这一过程被称为模式识别(见第五章)。因此,如果视觉刺激物是课堂教师,传送到皮层的感知就会匹配存储在记忆中的这名教师的形象,然后教师就被识别了。

感知之所以有意义,部分在于大脑的网状激活系统会过滤信息,筛除非重要信息,着眼于重要信息(Wolfe,2010)。这是一个选择性的过程,因为若关注每一条输入信息就意味着无法专注于某项特定信息。有几个因素影响这一过滤过程。重要性感知——例如,教师说这份资料非常重要(如考试会考到)——很能吸引学生的注意力。新奇性也会吸引注意力:大脑倾向于专注那些比较新奇或跟预期不同的输入信息。还有一个因素是强度:那些声音更响、色彩更亮丽、语气更为坚定的刺激会获得更多的注意。最后一个吸引注意的因素是动作。虽然这些注意力系统很大程度上是无意识的,但我们可以运用上述手段把学生的注意力集中在教室里,比方说,可以使用亮度较高、较为新颖的视觉展示。实际应用2.2给出了一些实用案例。

实际应用2.2

唤起、保持学生的注意力

认知神经科学研究表明,不同环境因素可以唤起并保持人们的注意力。这些因素包括重要性、新颖性、强度和动作。教师在设计教学时,可以选择恰当的方式,把这些因素融入他们的讲课和学生活动中。

重要性

庇伯尔斯女士教孩子们概括段落大意,她想让孩子们只关注大意,而不要因有趣的细节信息分散了心神。孩子们先提问"这个故事主要讲了什么?",然后读这个故事,接着再问一遍这个问题。接下来,孩子们从文中选出一句最切题的句子。庇伯尔斯女士回顾了其他一些问题,让孩子们明白细节的东西可以支撑主要思想,但并不是对主要思想的阐述。

一名中学教师正在讲解关于本国历史的内容,书本中有很多细节,而教师希望孩子们只关注主要事件和创造历史的关键人物。每讲一节内容前,他会给学生们一组关于事件和人物的关键词,学生们必须给每个关键词写一句简短的解释。

新奇性

一名五年级教师联系一名当地大学的昆虫学教授,他是蟑螂研究专家。这名教师把她的学生带到了教授的实验室,在实验室里学生们见到了各种各样的蟑螂,实验室里还有各种设备仪器,借此可以亲眼观察蟑螂的生活习性,比如,它们能跑多快,吃些什么等。

一名高中网球教练找来了一台发球器,可以以不同速率和弧度发球,让球员练习接球。教练一改平时让球员反复练习接球的训练方式,把每次练习设计成一次比赛(球员 vs 发球器),每次都由发球器发球。如果球员成功接到发球器发出的球,球员得分;如果球员没有接到球,发球器得分。整个训练过程采用比赛标准计分(0 - 15 - 30 - 40)。

强度

很多小学生在学习减法退位时会遇到困难,往往不能正确判断每个数位上数的大小。为了帮助孩子们纠正这个问题,金凯德先生让学生在做减法前,先把每个数位上的数字从上到下画个箭头,如果顶数较小,学生们就沿相邻数位顶数到被减数位顶数的方向画箭头,表示需要退位。使用箭头强调了位序性。

拉麦克尔女士想让学生们记熟盖茨堡演讲,并能抑扬顿挫地背诵。她先作了朗读示范,并选了轻柔器乐版的《共和国战歌》作为背景乐。当读到关键内容(如"民治、民有、民享")时,她加入了一些身体姿势和手势语,声调也变得激昂,以此来强调某些用词。

动作

关于鸟类和动物的书本学习会比较枯燥,只看文字也无法掌握它们的生活习性。有一名小学教师利用网络资源和互动性的影像资料向学生们展示了鸟类和动物们的自然生活常态。学生们可以看到它们如何寻找捕猎食物、如何养育幼儿、如何迁徙等。

察乌罗博士是一名小学教学技巧培训教师,她跟培训生讲了上课或与孩子们交流的过程中教师应该怎么走动。博士让每名培训生充当教师,给其他培训生上课,在讲课的过程中,他们不能一直固定地站或坐在教室前面的某个位置,而是应该在教室中走来走去。如果讲课用到投影,不能站在屏幕旁边。接着她又讲了座位任务监控——即学生们在完成个人或小组任务时,教师怎么在教室里有效走动以查看学生们的任务进展情况。

大脑研究让我们了解了注意力缺陷/多动障碍(ADHD)孩子的注意力作用过程以及同正常孩子的差异。这些孩子的注意力问题主要表现在忽视细节、不能长时间集中注意力、注意力很容易分散等(Byrnes,2012)。MRI 和 fMRI 研究表明这些问题跟大脑的某些部位密切相关,主要包括前额皮层、丘脑,以及颞叶、枕叶、顶叶相连部位。工作记忆(WM)缺陷问题往往也源于这些部位,而毫不意外,患有 ADHD 的孩子往往也存

在工作记忆缺陷。ADHD孩子在制订计划、采取策略、自我管理等方面也有障碍,这些都跟前额皮层活动有关(Byrnes,2012)。

我们来总结一下。感官输入信息先在大脑的感官记忆相关部位进行加工处理,那些长时间留存的信息被传送到工作记忆(WM)。工作记忆存在于大脑的多个部位,但主要位于额叶的前额皮层(Wolfe,2010)。我们在第五章可以了解到,工作记忆中的信息如果没有经过演练或被传送到长期记忆(LTM),几秒钟内就会消失。因此,必须要有神经信号发出让工作记忆留存信息的指令,即某些信息被认为是以后需要用到的重要信息。

大脑中主要负责记忆和信息处理的区域是皮层和内颞叶(Wolfe,2010)。看起来,大脑处理存储记忆的方式跟一开始大脑接收和处理信息的方式极为相似。大脑负责处理长期记忆(LTM)的区域因信息不同而不同。信息处理理论将长期记忆分为陈述性记忆(事实、定义、事件等)和程序性记忆(流程、策略等),而大脑中处理这两类记忆的区域是不同的。

关于陈述性记忆,大脑皮层的感官收录(如视觉、听觉等)先接收输入信息,然后将信息传送到海马体和邻近的内颞叶。收录信息时,信息保持原来的显现模式(如,视觉或听觉刺激)。海马体并不是存储的最终场所,它负责输入信息的加工和输送。我们会在下节看到,那些反复显现的信息往往会建立起更加牢固的神经联结。经过多次激活后,记忆构成神经网络,牢固地嵌入额叶和颞叶皮层。就这样,关于陈述性信息的长期记忆就留存在了额叶和颞叶皮层里。

程序性信息多为自动化信息,无需意识或只需极少意识就可以完成程序过程(如打字、骑车等)。最开始学习程序时,需要调动前额皮层、顶叶和小脑等部位,确保我们能有意识地关注动作或步骤,以及这些动作/步骤的准确组合。而当应用程序时,这些部位活跃度相对低,而其他部位(如运动皮层)活跃度变高(Wolfe,2010)。

观察性学习会在第四章讨论。认知神经科学支持所学即所察的观点(Bandura,1986)。研究表明,我们在观察他人的某个行为时,大脑中负责实施相同行为的皮层回路也会做出反应(van Gon,Paas,Marcus,Ayres,& Sweller,2009)。

关于非运动性程序学习（如解码词汇、简单加法），视觉皮层表现得最为活跃。重复的确可以改变视觉皮层的神经结构。这些改变使得我们可以在不必有意识领会意思的前提下就能快速识别出视觉刺激（如单词、数字等）。正因为如此，此类认知任务大多变得惯性化。而信息的意识性处理（如停下来思考所读文章的大意）需要调动大脑其他部位参与。

不过，如果输入信息没有意义，情形又会怎样？如果接收的信息虽然被认定是重要的（如教师说"注意"），但在记忆中找不到配对，情形又会怎样？这种情形下，需要创建新的记忆网络，下面我们就来了解下。

记忆网络

随着刺激或信息反复出现，神经网络得到增强，神经反应速度加快。从认知神经科学的角度看，学习指神经联结和网络（突触联结）的形成和增强过程。这一定义同当前信息处理理论对定义的学习（第五章）是相一致的。

赫伯理论。多年来，科学家们一直致力于研究突触联结和网络的形成机制。赫伯（1949）的神经生理学学习理论指出，学习主要与两个皮层组织密切相关：细胞集群和相位序列。细胞集群是由皮层和皮层下中心的细胞构成的组织（Hilgard，1956）。基本而言，一个细胞集群就是一个简单联结的神经对等体，因为重复刺激而形成。当特定刺激再次发生时，细胞集群被唤醒。赫伯认为细胞集群被唤醒后会促进其他系统的神经反应和运动反应。

在赫伯那个年代，观察大脑活动的技术手段十分有限，所以他只能推测细胞集群的形成机制。赫伯觉得重复刺激可以促使突触节变大，从而增强轴突和树突之间的接触（Hilgard，1956）。细胞集群经重复刺激后被自动激活，进而加速神经处理。

相位序列是细胞集群系列的合成。受到重复刺激的细胞集群形成一个模式或序列，神经作用过程因而变得有组织性。例如，我们在看朋友的脸时，受到的视觉刺激是多重的，这就好比有多个细胞集群，一个细胞集群负责脸的一个部位（如左眼角、右耳底部等）。我们不停地盯着朋友的脸看，不同的细胞集群同时作用，组合起来构成了一个协调的相位序列，使各个部位变得有序（因而，我们在看右耳底部时，不会看向左眼角）。相位序列使得这样一个协调的整体获得有意义和有意识的感知。

神经联结。赫伯的观点虽然形成于 65 年前,但却与现代的学习和记忆理论惊人地吻合。我们在下节讨论大脑发育时会了解到,我们出生时大脑就已经有了丰富的神经(突触)联结,而之后我们的经历会增强并优化这些联结。

神经联结被选中,或被无视、增强或丢弃,也可能因为新的经历而增多和得到修正(国家研究委员会,2000)。

需要指出的是,突触联结(学习)的形成和增强会改变大脑的物理结构和功能组织(国家研究委员会,2000)。学习性任务在与任务相关的大脑区域产生定位性变化,这些变化会在大脑中形成新的组织体系。我们可能会认为是大脑决定学习,但事实上,大脑的可塑性——即大脑因经历而改变结构和功能的能力——构成了两者相辅相成的关系(Begley,2007;教育研究与创新中心,2007)。

虽然关于这方面的大脑研究还在继续,但有信息表明,记忆并不是在学习的早期就全部建构完成的。相反,记忆形成是一个长期的过程,是神经联结变得长期稳定的过程(Wolfe,2010)。

神经(突触)联结稳定和增强的过程被称为固化(Wang & Morris,2010)。海马体并不存储记忆,但在记忆的固化过程中发挥重要作用。

哪些因素可以增强固化效果? 梳理、演练和阐释分析可以起到结构建构的效果。研究表明,大脑并不是信息的被动接收者和记录者,它在信息的存储和提取过程中发挥着积极作用(国家研究委员会,2000)。

总而言之,刺激或输入信息激活大脑相关区域,生成突触联结。重复使得这些联结变得更加庞大而稳固,意味着它们作用的自动化程度和彼此沟通的能力增强。学习会使任务相关的大脑特定区域发生变化(国家研究委员会,2000)。经历对于学习具有极其重要的意义,表现在两个方面:环境(视觉和听觉刺激)和心理活动(思想等)。

大脑会对输入信息作结构性整合,这种整合结构有助于促进记忆。可以说,简单的固化和记忆并不足以保证学习持续进行。教学应当发挥重要作用以帮助学生建立结构性学习。实际应用 2.3 将给出一些教师帮助学生巩固记忆的具体实例。

实际应用2.3

巩固记忆教学

梳理、演练、阐释分析等手段可以帮助大脑对学习构建起结构体系,巩固记忆的神经联结。教师们可以通过不同的方式将这些付诸教学实践。

梳理

斯坦达女士的学生正在学习美国革命的相关内容,她没有让学生记很多的时间点,而是画了一个由关键事件串起来的时间轴,并给学生们解释了事件之间的因果关系。就这样,通过揭示事件的内在逻辑关联,帮助学生按先后对关键事件作了有序梳理。

康威尔女士是一名高中统计学教师,在统计学课上,她用正态曲线对正态分布的数据信息做了梳理。她在曲线上标出了平均值和超出/低于平均值的标准偏差。此外,她还在曲线各段下面标上了百分比,好让学生把平均值和标准偏差同分布比例联系起来。这样一种视觉性的数据整理相比于对这些内容的文字解释更有效。

演练

卢昂哥先生是一名小学教师,感恩节的时候班上的孩子要为家长们表演一出轻喜剧。学生们必须熟记台词还有走位。卢昂哥先生把剧本分成了好些部分,每天排练一个部分,然后两个部分一起练,三个部分一起练……这样一来,学生们获得了大量排练的机会,就连整出戏都完整地排练了好几次。

高迈兹先生是九年级的英语教师,他让学生通过演练的方式掌握词汇。每张词汇表上的单词,学生都要先抄写一遍,再写一遍意思,然后再用这个词造句。此外,学生每周还要写几篇短文,每篇短文都至少要用到 5 个本年度所学的词汇。这样的演练有助于建立单词的拼写、意义和用法之间的记忆网络。

阐释分析

阐释分析是扩充信息使其变得有意义的过程,有助于建立记忆网络,并与其他相关信息相联系。

杰克逊先生知道学生们会觉得微积分预修课程同其他课程没什么关系,于是他对学生做了番调查,了解他们的兴趣所在以及他们所上的其他课程。在此基础上,他把修读微积分预修课程的同学生们的兴趣和其他课程内容联系了起来。例如,对于上物理课的那些学生,他把运动定律和万有引力定律与圆锥曲线和二次方程联系了起来。

凯女士是一名中学教师,她的学生正在学习运用批判性思维对个人责任的相关话题进行分析。学生们先看插画,然后讨论。

凯女士并没有让学生简单表态自己是同意还是不同意故事人物的选择,而是要求他们思考以下这些问题,然后做详细的阐述:这个选择会对他人有什么影响? 如果故事人物做了不同的选择,可能会有什么结果? 如果换作是你的话,你会怎么做? 为什么?

语言学习

大脑的不同部位和突触联结交互作用,这一点在语言学习,特别是阅读过程中尤为清晰可见。研究人员可以利用当代技术实时观测语言技能习得和应用过程中大脑的作用机制,但此类研究多以遭受脑损伤、丧失部分语言能力的人为研究对象。这些研究能够帮助我们了解损伤会影响大脑特定区域的哪些功能,但却不能帮助我们了解儿童大脑发育过程中语言的习得和应用情况。

脑损伤研究表明大脑皮层左侧是阅读的控制中枢,而左半球后皮层联络区是语言理解与应用及常规阅读的重要控制区域(Vellutino & Denckla, 1996)。阅读障碍往往是左后皮层受损表现出的症状,有阅读障碍史的青少年的大脑解剖结果证实左半球的结构存在异常。阅读障碍有时也跟前叶——语言控制区——的脑损伤相关,虽然有证据表明这类障碍更多与后叶的异常有关。因为这些结果来源于可靠的研究——研究的对象是具备阅读能力(不同程度)、阅读能力部分或全部丧失的人,我们可以得出结论:与语言、言语密切相关的大脑左侧区域对于阅读能力具有极其重要的意义。

不过,我们要记住大脑中并没有单一的阅读控制中枢。事实上,阅读涵盖多个方面(如字母和词汇识别、句法、语义等),因而涉及大脑的不同部位和突触联结,需要其共同作用才能成功完成阅读任务(Vellutino & Dnckla,1996)。下面我们来看看正常阅读人群和阅读障碍人群的大脑相关结构分别如何相互联络,共同作用。有一种观点是协调的阅读需要形成神经集群,即已彼此建立突触联结的神经群集合(Bynes,2001)。神经集群的概念似乎与赫伯的细胞集群和相位序列相似。

神经科学研究结果表明,大脑的不同部位分别与阅读所需的字形、语音、语义或句法处理相关联(Byrnes,2001)。字形(如字母、汉字等)处理过程与主要视觉区息息相关,语音处理(如音素、音节等)与上颞叶相关,语义(如意思)处理与位于额叶的布罗卡氏区和左半球的内颞叶相关,句法处理(如句子结构)也发生在布罗卡氏区。

上文提到过,大脑中有两个核心区域跟语言相关。布罗卡氏区在生成合乎语法的言语过程中发挥重要作用,而韦尼克区(位于大脑外侧裂底下的颞叶左侧)对正确选词和发声具有重要意义。如果有人韦尼克区存在缺陷,可能会选用并不十分恰当但意思相近的词(比如,应该用"叉"却说成了"刀")。

语言和阅读需要大脑的不同区域协调作用。这种协调源于神经纤维束的作用,神经纤维束将语言控制区域连成一片,并与左右半球的大脑皮层其他部位相连(Geschwind,1998)。胼胝体是最大的纤维束,但也还有其他纤维束。纤维束受损或受毁会阻断大脑语言功能区彼此之间的交流,从而导致语言障碍。大脑研究的主要课题之一就是障碍如何产生,在受损的情况下大脑如何继续作用。

我们会在下节进一步讨论这个话题,因为它与大脑发育密切相关。而对教育工作者来说,了解大脑的发育进程具有重要意义,因为在设计教学时,为了保证学生能够有效学习,必须考虑大脑的发展性变化因素。

大脑发育

我们了解了成人的中枢神经系统(CNS)作用机制,但是许多教育工作者服务的对象是幼儿、儿童和青少年等大脑未发育成熟的人群。大脑发育是个很引人关注的课题,不仅在于其本身,而且在于大脑发育程度决定其对教学和学习的启发性。在开头小剧场中,布莱恩指出教育者需要了解大脑发育规律,而本节将着重讨论大脑发育的影响因素、大脑发育进程、大脑发育敏感期、大脑发育对语言习得和应用的作用、技术影响等内容。

影响因素

人的大脑结构大多相似,但个体之间也会存在差异。影响大脑发育的因素有五个,分别是遗传、环境刺激、营养、类固醇和畸胎原(Byrnes,2001;表2.3)。这些因素在人的胚胎时期就开始作用(Paul,2010)。

表2.3　影响大脑发育的因素

- ■ 遗传
- ■ 环境刺激
- ■ 营养
- ■ 类固醇
- ■ 畸胎原

遗传。人脑的大小和构造异于动物。虽然人类基因组和最类人动物(如猩猩)的基因组差异度仅为1.23%(Lemonick & Dorfman,2006),但就是这一差异,再加上其他基因变异,造就了人类这样一种可以设计建造桥梁、创作音乐小说、解决复杂方程式的动物。

人脑的遗传结构大致相同,但个体之间在脑的大小和构造上会有差异。研究表明,即使是单卵双胞胎,大脑结构也可能完全不同(Byrnes,2001)。遗传信息决定了大脑的大小、结构和神经联结度。大多时候,这些遗传性差异并不会导致脑功能异常,不过大脑研究仍在致力发掘遗传性差异如何导致畸形。

环境刺激。大脑发育需要外部环境的刺激。早在胎儿期,大脑中能够接收、处理刺激和经历的神经元回路就开始发育,也就是说,人从胎儿时期就开始了学习。这些刺激和经历使得突触数量增多,突触形状改变,从而促进神经元回路的形成。比方说,孕妇对肚里的宝宝说话唱歌可以帮助宝宝的大脑建立起神经联结(Wolfe,2010),而当这些刺激和经历缺失或极少时,大脑会发育迟缓。虽然大脑的发育有一些特定的关键时期,在这些关键时期,外部刺激会产生深远影响(Jensen,2005),但研究表明,刺激对促进大脑发育的重要作用贯穿人的一生。

营养。缺乏足够营养会对大脑发育产生严重影响,而具体是哪种影响取决于营养不良发生于哪个阶段(Byrnes,2001)。胎儿期如果缺乏营养,会导致神经元细胞和神经胶质细胞生成和发育缓慢,其中最关键的一个时段是孕期4—7个月,这是大部分脑细胞生成的时期(Jensen,2005),而之后如果营养不足,则会延缓细胞生长和髓鞘生成的速度。后一阶段的问题可以通过改善饮食予以纠正,但前一阶段的问题无法纠正,因为生成的细胞数量太少了。这就是为什么医生会建议孕妇避免服药、饮酒、吸烟;妥善饮食;避免压力(压力也会对正在发育的胚胎带来不良影响)。

类固醇。类固醇是一类能影响人体功能(包括性发育和压力应对)的激素(Byrnes,2001)。类固醇可在许多方面影响大脑发育。大脑有激素受体。雌性激素和皮层醇等激素如在胎儿期为大脑所吸收,可能会改变大脑的结构,而过量的应激激素可能会导致神经元细胞死亡。研究人员还对性别和性取向是否部分由类固醇差异引起这一问题做了研究。虽然关于大脑发育过程中类固醇的影响,并没有如营养那样得出有力的结论,但类固醇对大脑有影响这一点是毋庸置疑的。

畸胎原。畸胎原指会引发胚胎发育畸形的外部物质(如酒精、病毒等)(Byrnes,2001)。只要研究表明某种物质如果在实际可能的范围内高度摄取会影响大脑发育,该物质就会被认定是畸胎原。少量咖啡因可能不会是畸胎原,但如果摄入量达到一定程度,可能就会引发危险。畸胎原会影响神经元细胞和神经胶质细胞的发育和互连,极少的一些畸胎原(如风疹病毒)可能还会导致胎儿先天畸形。

大脑发育阶段

胎儿发育期间,大脑的大小和结构也会随之发展变化,神经元细胞、神经胶质细胞和神经联结(突触)的数量日益增多。胎儿的大脑发育速度很快,这是因为胎儿大脑发育在 9 个月内就大体完成,而大部分细胞在 4—7 个月的时候就生成了(Jensen,2005)。细胞沿着神经管在大脑内四处游走,形成神经联结。据估计,胚胎最快每分钟可生成 25 万个脑细胞。

出生时,人脑有超过 100 万条神经联结,约占人一生所形成的突触最高数量的 60%(Jensen,2005)。如此看来,也就不难理解胎儿时期的大脑发育是何等重要了。这个时期的大脑变化会产生深远的、永久性的影响。

婴儿时期的大脑也会快速发育。两岁的婴儿,其脑内的突触数量已等同于成人,而到了三岁,婴儿脑内的突触数量比成人还要多数十亿。少儿的大脑结构十分厚密,有很多复杂的神经联结,其数量为一生之最(Trawick–Smith,2003)。

事实上,少儿脑内的突触数量之多令人惊叹。婴儿 60% 的能量都被大脑所用,而成人只有 20%—25%(Brunton,2007)。而随着大脑的发育,青少年儿童脑内的突触会有所消亡,其数量超过所生成的突触数量。而到了 18 岁的时候,他们脑内婴儿时期形成的突触消亡近一半,那些未经使用或不被需要的神经联结会直接消失。被使用的神经联结得到增强和巩固,而没使用过的神经联结永远消失,这就构成了大脑"用则强,不用则弃"的策略决断。

5 岁儿童的大脑已经掌握了一门语言,有了感官运动技能和其他能力。之前大脑的快速发育自此开始减缓,但仍在不断生成新的突触,而随着突触的彼此联结,神经网络日益错综,这一过程贯穿整个发育过程始终。

正如布莱恩在开头小剧场中所指出的,十几岁的孩子身上会发生明显的变化,这是因为他们的大脑结构正经历着重大变化(Jensen,2005)。大脑负责处理抽象推理和问题解决的额叶日趋成熟,顶叶变大,而负责控制判断和冲动行为的前额皮层发育缓慢(Shute,2009)。神经递质(特别是多巴胺)——这些物质能够增强大脑对毒品、酒精等物所产生愉悦感的敏感度——也有所变化。神经细胞增厚,突触大幅重组,使得这一时期成为学习的关键期。大脑的相关区域在实践过程(如弹钢琴使得控制手指的大脑区域的神经元细胞增厚;Wallis,2004)中得到增强,这就产生了上文提到的大脑"用则强,不用则弃"的策略决断。

有鉴于大脑的这些变化,也就不奇怪青少年为什么往往会做出错误决定而沉迷于吸毒、酗酒、性交等高危行为了。教学策略需要考虑到这些变化因素,实际应用2.4给出了一些相关的实用案例。

实际应用2.4

青少年教育

青少年儿童的大脑发生着快速而广泛的变化,这就要求我们不能把他们当成成年人来看待(也不能当成幼儿来看待)。下面是一些基于大脑研究得出的关于青少年教育的意见和建议。

指令力求简洁直接

格伦先生是一名10年级的英文教师,他知道学生凭记忆力可能无法记住很多抽象观点,所以他要求学生每读一篇小说,必须读完几章就写一篇分析文学性的文章(如情节回顾、文学手法、主要人物剖析等)。每次格伦先生都会先认真阅读这些章节,然后跟学生讲怎么写,并给出一到两个范例。

给出示范

学生能够更好地处理以多样化方式——视觉、听觉、触觉等——呈现的信息。卡基那女士是一名化学教师,她想让学生们掌握实验步骤。她先对每个步骤作了详细的讲解和示范,然后让学生两人一组演练步骤。在学生们演练的过程中,她会走到学生中间,看到学生做得不规范的地方就指出并纠正。

确保学生的能力发展

动机理论和研究表明,学生不想自己表现无能(第九章),这对于自我感知意识蓬勃发展的青少年儿童来说,尤为如此。帕特森女士是一名微积分教师,而微积分对部分学生来说很难。所以帕特森女士通过小测验、家庭作业和课堂作业等方式了解哪些学生有困难。她开了一个辅导班,每天上学前帮学生补习功课,她向这些有困难的学生委婉表达了希望他们参加补习的想法。

融入决策

青少年大脑所发生的重大变化意味着他们往往会做出错误的决定。他们可能会基于不完整的信息或为了取悦朋友就做出某个决定,而不会考虑可能的后果。曼利先生在上海洋科学课时,融入了很多让学生做出决定并讨论可能结果的内容。学生们在学习全球变暖和水污染等话题时,曼利先生给孩子们展示了很多案例(如一名船长想向海里倾倒垃圾)并让孩子们讨论。他还让孩子们思考可行性行为的可能后果以及其他解决途径等问题。

敏感期

有些育儿书上会着重强调发育的关键期(如婴儿2—3岁的时期),指出如果在此期间某些经历不发生,儿童的发育就会永远滞后。这虽然有些言过其实,但还是有一定道理的。相比关键期,一个更为准确的说法是敏感期,也就是说在此期间发育进展迅速,但以后发育也仍会进行。大脑发育有五个敏感期,涉及五个层面,分别是语言、情感、感知运动发育、听觉发育和视觉发育(Jensen,2005;表2.4)。我们回头再讨论语言和情感,先来了解下其他三个敏感期。

表2.4 大脑发育敏感期的相关层面

■ 感知运动

■ 听觉

■ 视觉

■ 情感

■ 语言

感知运动发育。人的视觉、听觉和运动系统发育主要发生在1—2岁的时候,由于经历的作用而变得完善。位于内耳的前庭系统影响运动和平衡感知,并影响其他感官系统。有证据表明如果婴幼儿时期前庭的刺激不够,会导致以后的一系列学习问题(Jensen,2005)。

不过,婴幼儿所处的环境通常刺激性不大,尤其是那些托付给日托中心看护的婴幼儿(日托中心大多只负责看护)。此外,很多儿童大多待在汽车、学步器里或电视机前,无法获得这些环境以外的足够刺激。只要孩子们动起来,甚至连轻轻地晃动他们,都可以构成刺激,而约60%的婴幼儿平均每天花费一到两个小时(Courage & Setliff,2009)在看电视或录像上。虽然这些媒介也能让孩子们学到东西,但不能把简单的看当作学习。只有当家长们在旁边给出描述和解释的时候,孩子的理解和学习才能得到强化(Courage & Setliff,2009)。

听觉发育。1—2岁是听觉发育的黄金期。6个月的时候,婴儿就可以辨别出所处环境中的大多数声音(Jensen,2005)。而在1—2岁的时候,儿童的听觉系统无论是在听到声音的广度还是识别声音的能力方面都日臻成熟。听觉有问题可能导致语言学习产生问题,因为语言学习大多依赖于儿童对所处环境中他人说话的听辨。

视觉。出生后的第一年——特别是4个月之后,视觉系统就基本发育完善。视觉系统的突触密度急剧加大,包括管理颜色、深度、运动和色度感知的神经联结。良好的视觉发育要求有一个视觉呈现丰富的环境,在这个环境中,婴儿可以探索不同的物体和运动。电视和电影则是糟糕的替代物,虽然它们也包含色彩和动作,但这些色彩和动作是二维的,而大脑发育需要立体深度。此外,电视和电影中的动作持续时间过短,使得婴儿无法对这些色彩和动作形成专注(Jensen,2005)。

简而言之,1—2岁对于感官运动、视觉和听觉系统的发育至关重要,在此期间,如果婴儿能处在一个丰富的环境中,可以体验不同的动作、图像和声音,会对这些系统的发育带来极大帮助。但与此同时,大脑发育也是一个终生的过程;2岁以后大脑仍需要刺激促进发育。大脑不断地增加、删除、重组突触联结,引发大脑的结构性变化。虽然研究已经表明大脑的某些方面在某些时期发育相比其他时期要快,但无论是哪个年龄段,大脑都可以因为刺激性环境而获得发育。

语言发展

上文中我们了解了大脑语言功能的作用机制。研究者对涉及不同内容和不同心理活动的大脑作用过程做了研究,但语言习得和运用的研究占了很大比例。这是认知发展的核心内容,对学习有着深刻的启发。

上文指出过,关于语言的大脑研究大多以遭受脑损伤并有一定程度语言能力缺失的人为研究对象。此类研究有助于我们了解脑损伤会造成大脑相关区域哪些功能受损,但并不能阐明儿童大脑发育过程中的语言习得和运用情况。

发育儿童的大脑研究虽然还不普遍,但却对我们深入理解大脑的语言功能发展有着重要意义。此类研究往往会把正常发育的儿童同有学习障碍的儿童作对比。不同于研究脑损伤或已故病人所采用的外科手术技术,这些研究采用的多为本章前面提到的侵害性较小的技术手段。研究人员通常会监测事件相关电位(或激发性电位)——即研究对象在预测或实施不同任务时脑电波的变化(Halliday,1998)。事件相关电位的不同可以有效区别表现低于平均水平的学生、普通生和绩优生(Molfese et al.,2006)。发育正常的儿童,其大脑语言和言语行为区域的两侧和前皮层活跃范围较广,左侧活跃度特别强烈。与阅读能力维系不同,阅读能力的发展也取决于大脑前端——可能是大脑两侧前端——的活跃度(Vellutino & Denckla,1996)。另有研究表明有左脑功能障碍的中儿童会学习用右脑阅读,从而部分弥补左脑功能缺陷,这种情形非常明显。右脑可能会对阅读起到辅助和支撑作用,但这一转换必须发生在语言能力形成以前,左脑受损的成人,其右脑并不具有语言功能。

语言发展的一个敏感期是从出生到 5 岁,在此期间,儿童大脑的语言能力大多发育成型,而 19 到 31 个月是词汇的快速发展期(Jensen,2005)。如果这时儿童能够身处丰富的语言环境中,家长和他人多跟孩子说话,孩子语言能力的发展会得到增强。从出生到 2 岁,语言发展的敏感期同听觉的敏感期出现重合。

除了这一时期外,语言发展也是大脑自然发育过程的一部分。我们已经了解了听觉和视觉系统的发育为语言发展提供输入渠道,而与此相并行的一个过程就是大脑获得感知音素——即最小的语音单位(如"bet""pet"这两个单词中的"b"和"p"的发音）——的能力。孩子在所处环境中听到这些音素，就能学习或掌握；但如果孩子所处环境中没有这些音素，他们就无从学习。有鉴于此，突触联结形成可能会有敏感期，但必须有一个前提，那就是环境中有这些输入信息。简而言之，儿童的大脑可能会随着大脑发育水平在不同时间段"准备好"（"预配好"）学习语言的不同方面（国家研究委员会，2000）。

适宜的引导可以促进语言发展，这点对于教育具有重要意义。学习语言时，大脑的不同区域（如控制视觉、听觉、言语和思考的相关部位）必须共同作用（Byrnes，2001；国家研究委员会，2000）。语言习得和运用是一项综合性活动。人们聆听他人讲话，阅读文字，思考所听或所读的内容，然后组织句子写下来或说出来。这意味着协调这些功能——即能调动视觉、听觉、言语和思考的经历——可以促进语言发展（见实际应用2.5）。

实际应用2.5

促进语言发展

虽然出生到5岁是语言发展的敏感期，但语言的习得和运用更是一项终身性的活动。不管是哪个年龄段的学生，教师都可以帮助他们发展语言技能，而理想的教学应当把视、听、说、思各项功能综合起来。

一名幼儿园教师教孩子们学习音素。为了帮助孩子们识别含有"at"的单词（如mat，hat，pat，cat，sat）中的不同音素，她把每个单词都写在幻灯片上，把音素部分标成红色，把"at"部分标成黑色。她一边展示幻灯片，一边让孩子们练习，让他们把单词读出来，然后每个人选择一个合适的单词完成句子。

奥尼尔夫人在教三年级的孩子动物名字和拼写时，把动物图片和名字拼写展示在一张幻灯片上，然后再介绍两到三桩关于这个动物的趣事（例如，动物生活在哪里，以什么为食等）。她让孩子们把动物的名字读几遍，大声拼出来，然后再用这个词写一个简短的句子。这一做法对孩子们掌握比较难读或难拼的动物名词(如长颈鹿 giraffe、河马 hippopotamus 等)特别有效。

凯特琳女士是一名中学数学教师,她正在跟孩子讲位值的相关内容。有些学生很难掌握这部分内容,无法将数字按从小到大的顺序正确排列(如 0.007、$\frac{7}{100}$、$\frac{7}{10}$ 和 7)。凯特琳女士拿了三根很大的磁力数轴,每根数轴范围都在 0 到 1 之间,分别划分了十分位、百分位和千分位。她先让学生们把磁棒放到相应的数轴上(如 $\frac{7}{100}$,就把磁棒放在百分位数轴的 7 上面),然后把学生分成小组,给每个小组分配任务,让他们用数轴或饼图展示每个数字应该出现的位置,好让他们正确排序。接下来,她又让学生们把所有这些数字转换成公分母(如 $\frac{7}{10}=\frac{70}{100}$),再在同一块板上(如千分位板)标出,这样学生们就能清楚地看到正确的排序。

布什内尔先生是一名十年级教师,他正在给学生讲美国历史上的重要文献资料(如《独立宣言》《美国宪法》《人权法案》等)。为了让学生有多重感官体验,他把这些文献的摹本带到了课堂上,然后让学生们作角色扮演,朗读文献中的片段,在朗读过程中,他会指出哪些部分重要,应该予以重视。

华博士的儿童发展课上,有很多学生难以理解并正确使用一些心理学术语(如同化、餍足、最近发展区等)。他找来了演示这些概念的视频资料(如儿童完成皮亚杰任务),给了学生一些相关案例,然后让学生在课堂上讨论。例如,有个关于餍足的案例是讲学生在课堂上屡屡受到教师表扬,最后这名学生对教师的表扬产生了餍足情绪,直接对教师说不需要一再表扬他做得很好。

总而言之,虽然左脑对语言发展的作用一般来讲要大于右脑,但正常发育儿童大脑的不同区域都会参与语言发展。而随着人的成长,语言功能主要归结于左脑的作用,阅读技能尤其受左脑的控制。不过我们还需要更多研究以全面了解大脑功能与语言和阅读技能发展之间的联系。

跟大脑发育的其他方面一样,语言习得同样反映了遗传因素和第一章所讨论的环境间的交互作用。婴幼儿的文化经历会在很大程度上决定他们大脑留存的突触。如果文化强调的是运动功能,则这些功能会得到强化;而如果文化强调的是认知过程,则这些过程会得到提升。如果幼儿有机会接触素材丰富的、重视口头表达和书面文字的语言环境,那这些幼儿的语言能力相比没有机会接触此类环境的幼儿要发展迅速。

大脑早期发育规律告诉我们要为婴幼儿提供丰富的经历,强调感知、运动和语言功能,这在出生后的第一年特别重要,这些经历会促进突触联结和网络的形成。还有证据表明,在子宫内经受过苦难(如母亲吸毒或酗酒)以及那些存在发育障碍(如发育迟缓、自闭症)的婴儿也可以因为 1—3 岁间的积极干预而出现好转(Shore,1997)。

技术影响

我们已经知道大脑具有神经可塑性,即其神经联结可以因为经历而得以形成、强化或弱化。近年来科技有了长足发展,并且渗透了我们的日常生活,从而创造了新的、以往未曾有过的经历模式。我们可能要问这些新兴技术会如何影响大脑发育。

在回答这一问题前,我们应该先思考人们,尤其是学生,是如何应用这些技术的。我们生活的时代是一个科技化的时代,科技赋予了我们多任务处理的生活方式! 我们有台式电脑、手提电脑、电话、平板以及其他个人设备,同时使用几台设备并不是什么新鲜事。一名学生可能用电脑上网,用个人设备发电邮,用电话发短信,他可能会不停地在这几个设备间来回穿梭。而不管是哪个设备,科技可以在极短的时间内呈现给我们大量信息。比如说,人们上网时,主要就是做些快速而粗浅的阅读,不停点击链接。文本信息也仅限于一些短消息,几分钟内就可以收发好几条。

网络环境使得人们的阅读变得浅薄,思考时往往草草了事,无心多想,学习也成了表面文章(Carr,2011)。当然,在网上也可以做深入的、缓慢的思考,但问题是网络机制并不鼓励我们这么做。网络给予的感官和认知刺激往往重复而强烈,需要上网者的积极配合。上网者快速地重复相同或相似动作(如点击链接),对所给的提示做出回应。有些提示要求物理回应(如打字、旋转屏幕),但有些给出的则是大量的视觉和听觉输入。这些行为往往会获得奖励;点击链接或回复相关信息会获得迅速回应和新的信息输入,就是这种奖励的迅速反馈机制使得人们沉迷于网络。

我们会在第五章中讨论,我们能分配给刺激的注意力是很有限的。大量的科技应用会对我们的注意力造成疲劳轰炸,从而形成过度负荷。引起注意的刺激会被传送到工作记忆中作处理。如果要处理的刺激数量太大,工作记忆会因为高强度的认知负荷而变得不堪重负(第五章),这就意味着大多数信息会丢失,因为工作记忆无法对它们进行充分加工或把它们与长期记忆中的信息对接。凯尔(2011)指出,互联网吸引我们注意力的方式就是分散我们的注意力。因此,基于互联网的学习必然是收效甚微的。没有演练的信息最终会丢失,而在网络环境中我们很容易忘记要去演练。此外,即便知识留存下来,也可能无法与自身或长期记忆中的知识形成良好对接。

从神经科学的角度看,不同的认知行为显示了大脑的不同活动机制。斯摩尔、穆迪、辛达斯、布克海默(2009)发现读书(要求持续性的注意力和深度思考)和上网所引发的大脑活动是不同的。读书引发的是大脑语言、记忆和视觉作用相关区域的活动,而上网引发的是与决策和解决问题相关的前额区的活动。此外,这样一种给大脑"重新布线"(rewiring)的活动只有在上网几小时后才会发生(Small & Vorgan, 2008)。

这些任务的目的导向是相反的。评估链接、做出导向选择需要脑力协调和决策机制,这会让大脑分心而无从对文本或其他信息做出阐释,因而会阻碍理解和记忆。虽然我们也可以在网上做深度阅读,但这样做往往需要克服很多会分散我们心神的考验。深度阅读需要深入思考,在思考过程中我们摒弃杂念,屏蔽了额叶的决策功能。但当同时使用多个设备时,扰乱心神的因素变多,由此学习到的内容也往往会变得碎片化。

当然,快速浏览并不是错误的行为,事实上,在很多情形下——包括网络环境以外的很多情形——快速浏览都是十分有用的技能。通常我们并不需要深入阅读或思考;我们只对获取大意或快速浏览以找到想要的信息感兴趣。神经科学的证据证明,网络浏览对于视觉—空间能力发展有益(Carr, 2011)。我们工作的环境是一个忙碌的网络环境,我们用于快速浏览和多任务处理的神经回路正得到延伸和增强。不过其弊端在于:如果快速浏览成为主要模式——即成为常规性的操作模式——用于深入思考和集中注意力的突触可能就会弱化。从进化的角度来看,我们或许可以说,网络环境下的成功造就忙者生存!

我们需要注意的另外一点就是长期记忆需要对引起注意并被工作记忆加工过的事件进行固化,这是一个需要一定时间以形成较强记忆的过程。如果太多信息急速涌入,就不可能进行有效的固化并与长期记忆中的已有知识相关联。如要增加、增强、维系突触,在一段时间内,学生必须要抽离快节奏的网络环境,思考所读的内容。只有在信息出现停顿的时候,记忆的固化过程才会继续进行。

从本质上讲,很难说技术的应用是好事还是坏事(Wolfe,2010)。神经科学研究对教育的启示在于大脑不同认知功能的开发要求学生实践不同的活动。快速浏览、解决问题和决策都是十分有用的技能,但反思、深思以及信息评估和解释也同样是有用的技能。因此,教师可以设计涉及不同技能的教学活动,以确保学生不会花太多时间沉迷上网,否则学生会没有充足时间将知识整合成一个有机的整体。

动机与情感

研究者对大脑活动与不同认知功能的衔接机制做了深入研究,但事实上,大脑活动还与一些非认知功能密切相关,主要包括动机与情感。下面我们就来讨论一下这两种非认知功能。

动机

第九章中我们把动机定义为激励目标性活动发生并持续的过程。动机性行为包括愿意实施任务,能够付出努力,面对困难时坚持不懈,并能取得良好结果。第九章还讨论了动机的可能影响因素,包括目标、自我效能、需求、价值判断、控制知觉等。

当代理论认为动机性行为含有认知元素。自我效能就是一个例子。自我效能指自我感知的学习或实施某种行为达到指定水平的能力,很明显这是一种认知信念,因此很可能会表现出本章上文所讨论的相关的神经显现。虽然这一领域的研究还比较欠缺,但我们可以想见,自我效能必然也与大脑中的神经网络相关,这一神经网络将学习目标(如分数、小说阅读等)同当前的感官输入相连接。其他动机性行为还可能与突触网络相关,比如自我调节学习机制(第十章)。更多关于动机和自我管理变量的神经生理学研究将帮助我们更好理解教育与神经科学之间的联系。

从认知神经科学的角度看,动机至少有两个神经对等机制:奖励和动机状态。

奖励。奖励历来是动机研究的重要内容,也是行为理论(第三章)的核心元素。行为理论认为如果行为得到强化(奖励),可能会在以后反复出现。动机主要表现为行为频率、强度或持续时间的增加。

认知和建构主义动机理论认为不是奖励本身而是对奖励的期望激发了行为。如果奖励取决于学习过程中表现出的能力或取得的进步,就能够持续性地激发动机行为。而当人们意识到奖励控制了他们的行为时(如他们完成某项任务是为了获得奖励),随着时间的推移,动机就会变得越来越弱。此外,当事情与期望有所出入时,会旋即产生新的学习行为,旧的神经联结被破坏,取而代之的是新的能够反映回应和结果之间新关联的神经联结(Tucker & Luu,2007)。

大脑似乎有专门的奖励处理机制(Jensen,2005),但同其他大脑功能一样,这个机制非常复杂,涉及若干大脑构成,包括下丘脑、前额皮层、杏仁体等。大脑自身也会分泌鸦片剂式的奖励性物质,使得人陷入一种天然的兴奋状态。这表明大脑或许生性就有体验并维持愉悦结果的倾向。凭能力或进步可以获得奖励的期望会激活这一愉悦神经网络,分泌出一种叫多巴胺的神经递质。或许作为神经网络的一个组成部分,大脑会把行为奖励期望存储在脑中。事实上,不仅愉悦行为本身,而且愉悦期望(对奖励的期盼)也会分泌多巴胺。当期望奖励和现实奖励不一致时(如一个人期望能得到很大的奖励,但实际得到的奖励很小),多巴胺的分泌量会有所增加。多巴胺分泌系统能够帮助我们调节期望值,这也是一种学习(Varma et al.,2008)。

值得注意的是致瘾物质(如毒品、酒精)也会导致多巴胺的分泌量上升(Lemonick,2007b),从而给人带来更大的愉悦。当致瘾物质反复使用,扰乱了控制奖励、认知和记忆的突触联结的正常平衡时,就会产生上瘾行为。

大脑也可能会对奖励产生餍足,即奖励期望或奖励获得无法再产生与以往同等的愉悦。这可能是因为多巴胺分泌需要更大的奖励期望,而在没能实现的情况下,奖励期望就失去了往日的效果。这可以解释为什么某种奖励会随着时间的推移而变得不再具有激励性。

我们还需要通过研究来弄清其他认知动机因素——如目标和学习进步感知等——是否也会引起多巴胺反应,从而具有神经生理学参照意义。因为多巴胺分泌因人而异,所以同等程度的奖励或奖励期望可能对不同学生的激励并不完全一样。这表明动机还包含其他大脑活动,这对于教学实践的启发非常大。如果有教师想采用奖励机制,必须先了解每位学生所适用的激励行为,再依据学生的偏好建立奖励机制。

动机状态。动机状态是情感、认知和行为构成的复杂神经联结(Jensen,2005)。不同的情形会产生不同的状态。如果离上一次进餐已经好几个小时了,我们很可能会觉得很饿。当面对棘手的问题时,我们会焦虑,而如果事情进展顺利,我们会开怀。相似地,动机状态包含驱动学习的情感、认知和行为。同其他状态一样,动机状态也是由心理、身体和行为构成的一个统一体,最终与突触联结的网状结构相关联。

状态是多变的;会因为内在(如想法)和外在(如环境)情况而发生变化,任何一种动机状态都可以强化、弱化或转换为另一种动机状态。突触联结的多变属性与动机的本质属性相重合(第九章讨论);也就是说,动机更多的是一种行为过程,而非结果。作为行为过程的动机是不稳定的,会有起伏波动。学习的核心就是最佳程度地维持动机。

教师大多凭直觉理解动机状态。他们的目的是想让学生处于学习的动机状态中。但实际情况是,不管什么时候,都只有部分学生是在动机状态中,而其他学生受到不同状态的干扰,如不感兴趣、难过、多动、分心等。为了改变这些状态,教师必须先了解学生们当下的状态(如关心基拉为什么难过),然后再想办法把孩子的注意力转移到手头任务上来。

神经科学提出的认知、情感和行为的统一这一概念具有十分重要的意义。理想状态的学习并不是个别因素作用的结果。比方说,有些学生认为自己想学,也在情感上做好了准备,但如果没有付诸行动,结果还是学习蹉跎。相似地,如果动机性行为没有清晰的以学习为重的认知,也只会是无用之功。而有些学生心理压力很重,但又很想学,也付诸行动了,还是会发现学习事倍而功半,这是因为情感因素阻碍了突触联结的形成和固化。

情感

同动机还没有获得神经生理学的充分证明的情况相似,情感在人脑中枢神经系统中的作用机制目前也还不完全清楚。关于人类情感的理论五花八门(Byrnes,2010)。

一种理论与上文关于动机的观点相一致,认为情感也跟神经网络相关(Halgren & Marinkovic,1995)。这一理论认为情感反应由四个互有交叉的阶段构成:定向组合、情感事件合成、反应选择、情感维系等。定向组合是一种自动的反应过程,在此过程中,个体把注意力引向某个刺激物或事件,然后调动资源予以应对。定向组合会产生神经反应,传递到其他阶段。情感事件合成过程将这一刺激物或事件与工作记忆和长期记忆中的相关信息[比如与刺激物(或事件)及情境这两者的定义(或意义)有关的信息相整合]。

第三个阶段(反应选择),个体赋予刺激物或事件认知意义,然后将认知意义与情感因素相关联,识别出积极行为,从中做出选择。最后,在情感维系阶段,个体的情绪与先前各阶段的输出相衔接。每个阶段都与特定的神经区域相关联。例如,情感维系阶段似乎与大脑额叶的神经活动有关(Halgren & Marinkovic,1995)。

不过,事实上,情感的作用机制远比上面的分析复杂,这是因为同一事件有可能会触发不同的情绪。有人看完新闻后说"我不知道该哭还是该笑"就是一个很好的例证。神经科学关于情感管理的研究表明前额皮层是杏仁体的控制中枢(Heatherton,2011)。当前额皮层作用于情感管理时,杏仁体的活跃度降低。

此外,初级情感和文化情感的大脑作用机制可能也不同(Byrnes,2001)。初级情感(如恐惧、愤怒、惊讶等)可能与位于右脑中部的某个神经区域相关,这一区域是大脑所固有的,负责管理自动神经系统(ANS)的大部分操作处理。而涉及文化含义的情感(如对人们所说的话可以做出不同的解释)可能更多由左脑所控制,与左脑的语言功能相关。

情感能够调节注意力,这对学习来说必需的(Phelps,2006)。来自外部环境的信息被传送到丘脑,然后再传送到杏仁体和额叶皮层,由杏仁体决定刺激的情感意义(Wolfe,2010)。这一决定会促成行为的实施,告诉我们是跑开、寻求庇护、攻击还是保持镇定。额叶皮层负责对刺激物做出认知解释,但这需要额外的时间。从某种意义上说,"情感控制"的意思并不是简单地对情感意义做出回应(虽然在安全堪忧的情况下,需要如此做),而是延迟行动,直到做出恰当的情感解析。

除了能调节注意力,情感还对学习和记忆有影响(Phelps,2006)。肾上腺素和降肾上腺素是肾上腺皮层分泌的两种激素,可以自动生成情感反应,这两种激素会增强大脑颞叶区关于引发性刺激或事件的记忆(Wolfe,2010),在它们的作用下,关于情感状态的有意识的记忆变得更加稳固。

不过,我们说情感可以促进学习,并不是说教师应该把学习变成一件很有压力的事。我们在上文已经了解到,过多压力会阻碍神经网络的形成和固化。但是,一定的压力对记忆和学习有促进作用。在学习技能时,学习者可以进行封闭式训练——学习者反复训练相同技能(如处理若干同类问题),也可以是交叉式训练——学习者处理不同任务,训练不同技能(如处理若干非同类问题)。因为交叉式训练不那么无聊,因此会带来更大压力,而这种压力会引起激素变化,使得突触增强(Gregory,2013)。

如能善加利用,动机和情感可以成为促进学习的有效手段。教师滔滔不绝地讲课并不能引发学生的情感参与。但是,如果教师能让学生积极参与到学习中来,他们的情感兴趣会上升。相比教师讲课,角色扮演、上网查找资料、讨论和演示等活动可以产生更加强烈的动机和情感,从而提高学习效果(实际应用2.6)。

实际应用2.6

学习中的情感融合

奥尔蒂斯夫人是一名小学教师,她希望孩子们能喜欢上学,她知道首要任务就是要激发孩子们的学习热情。她把学习内容和孩子们的生活经历联系起来,这样,与这些经历相关的正面情绪也被投射到了学习中。当孩子们读到一篇讲一个小孩旅行的故事时,她会让孩子们讲一讲他们自己探望亲戚、度假等旅行经历。在讲数学减法时,她会让孩子们联想可以分成小块的东西(如派、蛋糕等),几个人可以一起分享。

勒图尔诺先生是一名历史教师,他不光想让学生们学习历史,还想让他们能够感同身受般地体会重要历史事件中所蕴含的情感。学生们可以不带任何情感地阅读关于一战和经济大萧条等历史事件的资料,但对于当时身处其中的人来说,这些还有其他很多事件都是承载了强烈情感的重大事件。他协助学生把自己身处当时可能会有的情感表达出来。在以经济大萧条为背景的一次角色扮演中,有名学生扮演求职者,其他学生扮演雇主。在求职屡屡遭拒后,这名求职者变得越来越沮丧,最后开始抽泣,说道:"我只想找一份工作,可以养活我的家人。我希望我的孩子们不要经历这样的生活!"

史密斯-伯顿博士知道有些学生可能会觉得她的初级社会研究方法课无聊乏味。为了激发学生们的上课热情,每周她都会让学生们选取一到两个概念,然后让他们结合自己的学校实习进行解答。例如,阅读关于学习的书本内容会比较无聊,而实地观察孩子的学习就会有趣得多。因为学生们都在学校实习,他们会记录下孩子们学习过程中的行为和反应。学生报告说,当自己辅导孩子,而可以看出学生掌握了一些什么时,自己是多么兴奋。有名学生报告说:"我辅导基南,听到他跟我说'哦,我懂了',并且他真的懂了的时候,我甭提有多高兴了!"

不过,学习过程中的情感增强只在一定程度内起作用,如果情感长期处于一个较高的水平(如压力过大)会引发一系列负面的副作用(如血压升高、免疫系统低下),因而并不可取。学生如果长期处于紧张状态中会变得无比焦虑,从而产生一些有碍学习的想法。

压力或胁迫之所以会带来这些负作用,部分原因在于一种叫皮层醇的激素,这种激素跟肾上腺素和降肾上腺素一样,也由肾上腺分泌(Lemonick,2007a)。肾上腺素和降肾上腺素作用很快,但皮层醇作用时间比较长,是前者的后盾。如果体内的皮层醇分泌量长时间处于较高水平,会损伤海马体,导致认知功能下降(Wolfe, 2010)。

皮层醇在大脑发育过程中也有着极其重要的意义。婴儿在情感上会非常依恋父母或照顾他们的人。当婴儿感到压力时,他们体内的皮层醇水平会升高。皮层醇会导致突触数量减少,使神经元细胞变得易于遭到破坏,从而延缓大脑发育(Trawick – Smith, 2003)。相反,当婴儿形成情感依恋,并且这份依恋能长期保持时,他们体内的皮层醇水平不会升高(Gunnar, 1996)。如果依恋非常牢固,即使是在有压力的情况下,皮层醇水平也不会上升至危险水平。因此,要让幼儿相信父母或照顾者会爱他们,会好好照顾他们,这点非常重要。

总而言之,我们可以看到动机和情感都与认知处理和神经活动相关联。此外,本节归纳的证据清楚地表明当动机和情感得到妥善管理时,会对注意力、学习和记忆产生积极的影响。接下来我们来看一些神经科学应用于教育的实际案例。

教学应用

大脑研究的关联性

近几年,研究人员对神经生理学领域内大脑发育和作用机制研究的兴趣日渐浓厚。许多教育界人士也对大脑研究表现出浓厚兴趣,认为这些研究可以为教育指明方向,能够指导教师依据孩子们的信息处理和学习模式来设计教学内容和方法。

不过可惜的是,行为科学的发展史表明大脑研究和学习理论之间存在脱节。不同理论背景的学者一方面承认大脑研究具有重要意义,但另一方面却在无视大脑研究结果的基础上构建、验证其理论。

但是,这种情况很明显正在发生变化。教育研究人员越来越清楚地认识到,了解大脑作用过程有助于我们更深刻地理解学习和发展的本质(Byrnes & Fox, 1998)。从认知角度对学习做出的解释(如记忆知识的激活、信息从工作记忆到长期记忆的转移;第五章)涵盖了中枢神经系统(CNS)的作用过程,而大脑心理学已经开始探究学习和记忆过程的作用机制。事实上,大脑研究的结果已经有力地佐证了学习和记忆的相关研究结果（Byrnes，2012；教育研究和创新中心，2007）。

遗憾的是，有些教育工作者对大脑研究的结果做了过分笼统的解读，提出了一些缺乏依据的理论主张。虽然大脑功能在某种程度上具有定位性——与大脑特定区域相关联，但有很多证据表明所有任务都是左右脑共同作用的结果，左右脑之间的差异是相对而非绝对的（Byrnes & Fox，1998）。"右脑型"学生和"左脑型"学生往往是基于非正式的观察而不是依据科学有效、可靠的仪器和评估方法而做出的区分。其结果就是，有些教育方法之所以被采用，不是因为它们已被证实对学习是有效的，而是基于对学生大脑偏向性假设的认同。

关于大脑的误识

大脑研究十分复杂，人们多半难以理解。因为这个原因，再加上人们对大脑的普遍兴趣，衍生出了一些关于大脑的误识。本节列出了跟教学和学习相关的一些误识（教育研究和创新中心，2007；表 2.5）。

表 2.5　关于大脑的误识

■ 3 岁以前是最重要的学习期
■ 学习有关键期
■ 大脑的使用率只有 10%
■ 男女大脑不同
■ 睡觉时也能学习
■ 人分右脑型和左脑型

3 岁以前是最重要的学习期。早期儿童大脑中的突触出现快速增长（突触发生）和固化（修剪），这一早期刺激可以促进大脑特别是与语言相关的大脑区域的发育，这是事实。但是大脑终生都在发育。如果"3 岁以前是最重要的学习期"这一说法是对的，那我们现在的教育体制整个就是无稽之谈，因为孩子的教育 5 岁的时候才正式开始。孩子出生到 3 岁这一时期的经历的确会对以后的发育产生影响，但这种影响并不是决定性的。

学习有关键期。在某些时期,我们学东西会比较快,但不是说我们只能在那个时期学。举个例子,模仿发音(语音、音调等)并将发音同语法相结合的能力在幼儿时期是最强的(教育研究和创新中心,2007),但是过了这个阶段,我们还是可以毫不逊色地学习语言和词汇。所以更为准确的说法是学习有敏感期。事实上,不同技能的学习贯穿人的一生。

大脑的使用率只有 10%。某种意义上,这个说法是对的。我们有数十亿脑细胞,其中 10% 是神经元细胞;余下的 90% 是神经胶质细胞,而学习用到的是神经元细胞,从这个意义上说,我们学习只用到 10% 的脑细胞。但是,神经科学研究表明整个大脑一直都处于活跃状态,特别是相比其他人体部位。大脑只占人体重量的 2%,却要消耗人体能量的 20%(教育研究和创新中心,2007)。

男女大脑不同。男女大脑的确存在一些差异。男性大脑更大些,而女性大脑的语言区域活跃度更高(教育研究和创新中心,2007)。有时我们会用到一些缺乏生理依据的认知术语(如,"男性"大脑对机械类知识的理解力更强,而"女性"大脑沟通能力更强)。神经科学研究并没有表明在学习过程中男女大脑在神经网络发育方面存在差异。所以教师最好对学生的学习能力一视同仁。

睡觉时也能学习。这是每个孩子的梦想!但迄今还没有神经科学证据可以证明这一点。有研究表明睡眠可能有助于记忆入睡前新学的知识(Gais & Bom,2004)。这种情况下,学习还是发生在睡觉前;可能睡眠促进了记忆的巩固。

人分右脑型和左脑型。这一问题上文已经讨论过。虽然某种程度上,大脑功能具有定位性,但功能是交叉的,这是定律而非特例。简而言之,我们学习时,整个大脑都在发挥作用。

教育问题

大脑研究和一般意义上的中枢神经系统(CNS)研究提出了很多与教育相关的问题(表 2.6)。跟成长变化相关的一个问题就是早教的重要性。儿童大脑特别密实,这可能意味着神经元细胞并不是越多越好。大脑作用似乎有一个最佳状态,而要达到这一最佳状态,需要有"恰当"数量的神经元细胞和突触——不多也不少。生理、情感和认知发展就是大脑逐步达到最佳状态的一个过程。如果这一磨合过程进展不顺,就可能出现非典型发展,导致发展性障碍。

表2.6　与大脑研究相关的教育问题

- 早教的意义
- 认知过程的复杂性
- 特殊困难的诊断
- 学习的多层面性

大脑的这个形成机制表明早教具有重要意义。婴幼儿时期的发展可以为入学后出色表现所需的能力奠定基础(Byrnes & Fox,1998)。早期干预项目(如"让孩子赢在起跑线"计划)已经被证实对儿童的入学准备和学习有积极意义,很多州推广学龄前儿童教育项目。大脑研究为这些强调早教的做法提供了有力的依据。

第二个问题是规划教学和学习时必须充分考虑注意力、记忆等认知过程的复杂性(第五章)。神经科学研究表明注意力的作用过程并不是单一的,会涉及许多方面(如对当前状态下的变化做出调整,定位变化源头)。记忆同样也是一个复杂的过程,有不同的分类,如陈述性记忆和程序性记忆等。有鉴于此,教育者们不能简单认定某种教学方法能够"吸引学生的注意"或"帮助他们记忆"。我们必须更加具体地思考这个教学方法会吸引学生注意力的哪个方面,涉及哪类记忆等。

第三个问题是帮助学生克服学习困难。大脑研究表明,要弥补学生在某一学科上的不足,关键在于弄明白学习者有困难的是学科的哪些方面,然后再逐一纠正。比如说,数学学习包含很多方面,数字和符号的理解、事实检索、数字书写等。阅读包含字形、语音、语义和语法等方面。说一个人阅读很差,我们并不能由此知道具体是哪个或哪些方面有困难。只有准确的评估才能帮助我们判断问题出在哪,然后有针对性地进行纠正。那种"全盘化"的阅读项目(如单词辨认、单词意思)就好像是给病人开广谱抗生素,可能并不是最佳治疗方案。从教育的角度看,最好的做法是对薄弱环节给予纠正性的指导。例如,针对孩子们的阅读弱项,可以将认知策略教学和传统阅读教学相结合(Katzir & Pare – Blagoev, 2006)。

最后一个问题是关于学习理论的复杂性。大脑研究者发现,相比单一理论,涉及不同层面的学习理论似乎更能反映事物的真实本质。大脑功能多有交叉,这就解释了大脑研究的一个普遍发现:大脑特定功能区域受损,其功能并不会完全消失(这也是为什么"右脑型"和"左脑型"区分站不住脚的又一个原因)。随着时间的推移,学习理论变得越来越复杂。相比社会认知理论、信息处理理论和建构主义理论(第四至八章),经典条件作用和操作性条件作用理论(第三章)要简单得多,但前面这些理论更能反映大脑活动的真相。因此,教育工作者应该意识到学校学习环境的复杂性,并且探索有效途径协调环境的不同方面以促进学生学习。

基于大脑的教育实践

本章讨论了一些可用于促进学习并已为大脑研究证实了的教育方法。伯恩斯(2001)指出大脑研究与心理学和教育密切相关,主要表现在大脑研究可以帮助心理学家和教育工作者对学习、发展和动机有一个更清晰的认识;也就是说,大脑研究与心理学和教育的相关性在于大脑研究能够验证学习理论的已有假设是否成立。

我们会在本书其他章节中回顾启发有效教学和学习实践的一些理论和研究结果。表2.7列出了学习理论所倡导并且为学习研究和大脑研究证实了的一些教育实践。我们有理由相信开头小剧场中的艾玛和克劳迪娅将会采用这些方法(还有其他)。实际应用2.7中所给出的就是这些实践方法在学习环境中的应用。

表 2.7　为大脑研究所证实的教育实践

- 问题式学习
- 模拟和角色扮演
- 积极讨论
- 图形
- 积极的氛围

实际应用2.7

有效的教育实践

有很多教育实践方法,其对学习的积极影响已经同时为学习研究和大脑研究所证明。其中一些较为重要的方法是基于问题的学习、模仿和角色扮演、积极讨论、使用图示、营造积极氛围等。

基于问题的学习

阿伯内西先生教八年级地理。学生们已经学习了他们所在州的地理知识,了解了该州主要地区和城市的特点。接下来,他把全班同学分成若干小组,设计了案例让他们解决。一家大型计算机公司准备在该州开设一家设备生产工厂,每个小组分到一个地区,他们要做的就是有力论证这条生产线为什么应该开设在这个地区。学生们要考虑的因素包括开设在该地区的成本、公路和机场等交通条件、劳动力、学校质量、与高校的距离远近、当地居民的支持度等。学生需要通过各种渠道(如媒体中心、互联网)搜集信息,设计一张带有图片和介绍的海报,还要做长达10分钟的论证报告,报告要有幻灯片。每位小组成员负责项目的一个或多个方面。

模仿和角色扮演

巴斯先生五年级班上的学生已经读完了卡罗尔·波期顿·韦瑟德福的《菜单上的自由》一书。这本书透过一名非裔美国女孩的视角讲述了20世纪60年代发生在北卡罗来纳州格林斯博罗的午餐台静坐示威活动。巴斯先生跟学生们讨论了这本书,让他们设身处地去思考当时那些遭受歧视的人的心理感受。然后他组织全班同学进行模仿和角色扮演,好让他们真切地感受歧视行为。在一项活动中,他请了女生当领导,男生听从女生的差遣;另一项活动中,他只请了蓝眼睛的男生;又一项活动中,他让班上所有黑头发的学生站到前面。通过这些活动,他希望学生们可以看清并感受因为无力改变的某些特征而被区别对待的不公平性。

积极讨论

卡林女士教《公民学》，讲到美国总统选举的内容。美国总统由选举人团投票选出，因此会出现当选总统获得了必要的选举人团票数，但没能获得多数选民票数（50%）或其选民票数低于竞争对手的情况。卡林女士就"美国总统应当由选民选出吗?"这个问题组织全班同学讨论。她会针对学生的想法提出追问，以此来促使学生们做更深入的思考。例如，一名名叫坎迪斯的学生提出选民选票更能反映国人的意愿，这时卡林女士就追问那如果只采用选民选票，候选人会不会只重视大城市（如纽约、芝加哥）的选民而忽视人口基数较小的一些州（如蒙大拿州和佛蒙特州）的选民。

使用图示

安东内利先生是一名高中职业辅导员，他让学生们设计一间房屋，房屋将会由他们和社区成员合力建造完成。土地是学校的，有一家当地承包商负责地基，有一位建筑商拥有一家物资公司，可以赞助所有的木材、电气和管道设备。首先，学生们利用电脑图纸设计出不同的房屋风格和内部结构，然后由全班审核决定设计方案。接下来，学生们跟安东内利先生还有建筑商沟通，以确定需要哪些物资和设备。最后，在好几位社区成员的志愿协助下，学生们把房屋建了起来。房子建完后，赠送给了社区组织选出的当地一户家庭。

营造积极氛围

泰勒女士是一名二年级的教师，她所在学校的学生其家境都很不好，班上有很多孩子来自单亲家庭，超过 80% 的孩子申请免费午餐或午餐优惠。面对这种情况，泰勒女士做了很多尝试来营造一个积极的班级氛围。她把教室（"泰勒的窝"）布置得十分温馨，让人看了就想进去，教室的角落也布置得舒舒服服的，学生们可以去那里看书。每天她都会跟每个孩子单独聊一聊，了解他们的生活近况。泰勒女士的班上有一名助教，还有来自当地一所大学的一名实习生，这样孩子们每个人都会获得足够的注意。她还有一个私人空间（"泰勒之角"），她会在那里跟孩子们私聊，听他们讲遇到的问题或压力。她还跟孩子的家长或监护人联系，邀请他们到班上来，做些力所能及的志愿工作。

基于问题的学习。基于问题的学习是一种有效的学习方法（第八章）。这一方法能让学生沉浸在学习中，并不断推动他们前进。学生以小组为单位完成任务时，还可以训练他们的合作学习技能。基于问题的学习要求学生进行创新性思考，鼓励他们以自己的方式呈现知识。这种方法特别适用于那些没有正确答案的教学内容。

基于问题的学习是一种有效的学习方法，这已经为大脑研究所证实。人脑内有复杂的联结网络，构成一个解决问题的有机载体（Jensen，2005）。与他人合作解决问题可以让学生意识到可以有新的方式整合和运用知识，从而在大脑中形成新的突触联结。此外，基于问题的学习能很好激发学生的学习动力，促进情感融合，这些同样有助于在大脑中构建起更为广泛的神经网络。

模仿和角色扮演。模仿和角色扮演学习模式跟基于问题学习模式有很多共同的优点。模仿可以采用技术手段，可以是在班级里，也可以是在特殊场合（如博物馆）。角色扮演是学生们在观察他人的基础上塑造角色的一种形式（第四章）。模仿和角色扮演都能让学生获得非比寻常的学习机会，起到激励和吸引注意的效果，学生们会积极地投入其中，争相表现。所有这些综合起来，能很好地促进学习。

积极讨论。有很多话题适合学生讨论。在讨论过程中，学生被"逼着"参与其中；他们不是被动的旁观者。这种情况下，学生们的认知和情感参与度有所上升，从而起到了促进学习的效果。另外，通过参与讨论，学生们接触到新的想法，并把它们与自己的想法相结合。这一认知活动有助于构建突触联结和信息应用的新渠道。

使用图示。人体构造决定了我们摄入信息的主要渠道是视觉而非其他感官（Wolfe，2010）。视觉呈现有助于集中注意力，促进学习和记忆。学习和大脑研究的结果都证实了图示的作用。在教学过程中，善于使用图示并且鼓励学生使用图示（如Powerpoint演示、展示、图画、概念图、图像组织等）的教师，利用视觉信息处理的相关原理，能起到促进学习的效果。

营造积极氛围。我们在上文讨论情感时说过，当学生有一个积极的学习态度并且有极大的安全感时，他们会更好地投入学习。相反，如果学生感到紧张或焦虑——例如他们害怕举手回答问题，因为如果他们答错，教师会非常生气——学习过程会受阻。

我们会在第九章等章节讨论学生对于自己和环境的积极认知会如何促进有效学习。大脑研究证实,情感投入对学习和突触联结产生积极影响。善于营造积极课堂氛围的教师会发现在这种氛围下,学生的行为问题减少,学生更加愿意投入学习。

小结

学习神经科学是研究神经系统与学习和行为间关系的科学。虽然神经科学研究已在医学和其他学科领域开展多年,但直到近年来才受到教育界的青睐,因为教育工作者日益发现神经科学研究结果对于教育有极大的启发。神经科学研究的主要研究对象是中枢神经系统(CNS)和自主神经系统(ANS),前者由大脑和脊髓组成,负责管理人的意识性行为,后者负责管理人的无意识行为。

中枢神经系统(CNS)由大脑和脊髓中的数十亿细胞构成。这些细胞主要分为两大类:神经元细胞和神经胶质细胞。神经元细胞经由肌肉和器官收发信息,每个神经元细胞又含有一个细胞体、上千个短的树突和一个轴突。树突负责从其他细胞接收信息;轴突负责将信息传送给细胞。轴突外面包裹着髓鞘,可以促进信号的传送。轴突底部是与树突底部相连的枝状结构(突触)。轴突底部有化学性的神经递质,可激活或抑制相连树突的反应。整个作用过程使得信息能够在神经和人体结构间快速传递。神经胶质细胞主要负责清除无用的化学物质和死亡的脑细胞,是神经元细胞的坚实后盾。神经胶质细胞还参与髓鞘的形成。

成人大脑重约三磅,约为一个香瓜大小,其外部组织呈褶皱状。大脑的顶部是大脑皮层,是由大脑的褶皱状灰质构成的一层薄膜,皮层的褶皱结构使得皮层可以含有更多的神经元细胞和神经联结。皮层分为两个半球(左半球和右半球),每个半球包含四个脑叶(枕叶、顶叶、颞叶和额叶)。一般来说,大脑结构基本上是左右对称的,但也有例外。皮层是学习、记忆和感官信息处理的中枢。大脑的其他核心区域还包括脑干、网状结构、小脑、丘脑、下丘脑、杏仁体、海马体、胼胝体、布罗卡氏区和韦尼克区。

大脑的左半球主要控制右边的视觉区域,而右半球主要控制左边的视觉区域。某种程度上,大脑的很多功能都是定位的,分析性思考主要集中在左半球,而空间、听觉、情感和艺术处理等主要发生在右半球。但同时,有很多大脑区域会共同参与信息处理和行为管理。事实上,大脑的左右半球会有很多交叉,纤维束把它们联结起来,其中最大的纤维束是胼胝体。可以有力证明大脑不同区域共同作用的证据就是语言习得和运用。大脑皮层左侧是阅读控制中枢，而阅读过程中的字形、语音、语意和句法处理则主要由大脑的其他相关区域完成。位于左半球的韦尼克区负责控制话语理解以及讲话时的正确句式表达。韦尼克区同位于左额叶的控制讲话的布罗卡氏区关系紧密。不过，大脑的右半球对语境解读起着关键作用，因此可以说右半球对于理解大部分话语的意思至关重要。

科学家们已经研发出了众多技术手段用于大脑研究，包括 X 光、CAT 扫描、EEG、PET 扫描、MRI、fMRI 和 NIR－OT 等。大脑研究进展神速，必将会研发出更为先进的新兴技术。

从神经科学的角度看，学习是建立和调整神经（突触）联结和网络的过程。感官输入信息先经大脑的感官记忆处理；留存下来的信息被传送到工作记忆（WM）。工作记忆存在于大脑的不同部位，但主要存在于额叶的前额皮层中。信息经工作记忆处理过后再被传送至长期记忆（LTM）。长期记忆依据信息分类（如陈述性信息还是程序性信息）调动大脑的不同区域作用。随着刺激或信息反复出现，神经网络得以强化，从而迅速做出神经反应。由于大脑具有可塑性，学习可以改变大脑的结构。突触联结稳定和增强的过程称为固化，固化过程可以改变大脑的物理结构和功能组织。

大脑发育的影响因素有遗传、环境刺激、营养、类固醇、畸胎原等。胎儿期大脑的大小、结构、神经元细胞数量、神经胶质细胞和突触等都开始增长，婴儿的大脑发育非常快，而到了幼儿时期，大脑的神经联结已经十分复杂。随着儿童脑内突触数量减少，某种程度上，他们的记忆依赖于他们的活动经历。出生后头几年会是语言、情感、感官、运动功能、听觉和视觉的发育敏感期。早期大脑发育主要受益于婴幼儿丰富的环境性经历以及他们与父母和育婴人员之间的情感纽带。青少年的大脑在大小、结构和神经元细胞的数量和组织结构等方面会发生重大变化。

动机有两个神经对等机制：奖励和动机状态。大脑似乎有固有的奖励处理机制，会分泌出鸦片剂式的化学物质作为奖励，使人体处于兴奋状态。所以，大脑可能天生就倾向于愉悦的体验，奖励期望可以让控制愉悦的神经网络变得活跃。动机状态是由情感、认知和行为构成的一个复杂的神经联结体，学习动机保持在最佳范围，这一点非常重要。

中枢神经系统（CNS）的情感作用机制非常复杂。情感反应分不同的阶段，包括事件定向、事件整合、反应选择、情感维系等。初级情感和文化情感会引发不同的大脑情感活动。情感可以调节注意力，影响学习和记忆，因此可以促进学习。情感投入对于学习非常必要；但一旦情感变得过于强烈，认知学习过程会受阻。

大脑研究结果有力佐证了很多学习和记忆认知研究的结果，但我们一定不能对大脑结果作过于笼统的解读，例如把学生分为右脑型和左脑型等。绝大多数学习任务需要大脑左右半球共同作用，而大脑功能差异只是相对而非绝对意义上的。

大脑研究表明早教具有重要意义；教学应该考虑儿童认知行为的复杂性；特殊问题应当给予评估后再设计干预方案；相比简单化的学习理论，复杂的学习理论更能反映大脑的作用过程。以下是一些经大脑研究证实了的有效的教学方法：基于问题的学习、模仿和角色扮演、积极讨论、使用图示、营造积极氛围等。

关于学习问题的汇总，请见表 2.8。

表 2.8　学习问题汇总

学习如何发生？

学习是神经联结（突触）形成和增强的过程，这一过程被称为固化。重复经历有助于增强联结，加速神经反应和信息传递。其他促进固化过程的方式有梳理、演练、阐释分析、学习情感融入等。

记忆如何作用？

记忆不是一种单一现象，而是大脑不同区域共同作用的过程，分为工作记忆和长期记忆。记忆是构建信息的过程，在此过程中，神经联结形成，神经传递变得自动化。

动机的作用？

大脑天生就有偏好愉悦的倾向，会分泌出鸦片剂式的化学物质，让人体变得兴奋。奖励期望可以触发大脑的这一倾向。动机状态是由情感、认知和行为构成的复杂的神经联结。

迁移如何发生？

迁移指以新的方式或在新的环境中运用信息。当学习与新的方式和环境之间形成神经联结时，就会发生迁移。这些联结并不是自动形成的，而是学生通过体验（如教学）或自身努力（如解决问题）而获得的。

自我调节学习如何实现？

自我调节学习包含一系列过程（如目标、目标进展评估、自我效能；第十章），这些过程都属于认知范畴，其显现方式跟知识的显现方式相同，即表现为大脑内的突触联结。这些自我管理行为大多发生在大脑的额叶区，它们和学生任务之间形成神经联结，从而使学习者能够自主调节他们的学习行为。

对教学有何启示?

大脑研究表明早教具有重要意义;指导和补救等干预性措施必须具有针对性。能够让学生参与其中并且吸引并维持他们注意力的活动(前者如讨论、角色扮演等,后者如图像显示等)有助于促进学习,取得更好的学习效果。

扩展阅读

Byrnes, J. P. (2001). *Mind, brains, and learning: Understanding the psychological and educational relevance of neuroscientific research.* New York, NY: Guilford Press.

Byrnes, J. P. (2012). How neuroscience contributes to our understanding of learning and development in typically developing and special-needs students. In K. R. Harris, S. Graham, & T. Urdan (eds.), *APA educational psychology handbook. Vol. 1: Theories, constructs, and critical issues* (pp. 561 – 595). Washington, DC: American Psychological Association.

Centre for Educational Research and Innovation. (2007). *Understanding the brain: The birth of a learning science.* Paris, France: Organisation for Economic Cooperation and Development.

Jensen, E. (2005). *Teaching with the brain in mind* (2nd ed.). Alexandria, VA: ASCD.

Varma, S., McCandliss, B. D., & Schwartz, D. L. (2008). Scientific and pragmatic challenges for bridging education and neuroscience. *Educational Researcher*, 37(3), 140 – 152.

Wolfe, P. (2010). *Brain matters: Translating research into classroom practice* (2nd ed.). Alexandria, VA: ASCD.

第三章　行为主义理论

公园巷小学的一天结束了,三名教师一齐离开办公楼往停车场走去,他们分别是:利奥·巴塔利亚、谢娜·布朗和埃米莉·马祖。他们一边走一边聊着天。

利奥:唉,孩子们今天非常不听话!我都不知道他们是怎么回事,几乎没有一个人获得加分奖励。

埃米莉:什么加分,利奥?

利奥:凡是表现好的孩子,我会给他们加分奖励,他们可以拿这个加分来换取福利,如更多的自主时间。表现不好,我就会扣分。

埃米莉:管用吗?

利奥:当然。大多数时候孩子们都很听话,但今天不行。不知是不是哪儿出问题了。

谢娜:很有可能出问题的是他们的脑袋瓜。你觉得孩子们脑子里在想些什么?会不会想到下周的春假了?

利奥:可能吧。但去想他们脑袋瓜里在想什么可不是我的分内之事。孩子们表现得不听话,诱因太多了,我怎么可能知道到底是哪个?这正是我一向只关注行为的原因。

谢娜:但有时候我们也需要关注行为以外的东西。举个例子,西恩最近的表现一直很出格。如果我只看他的行为表现,就不会了解到他父母正在办理离婚,他觉得这全是他的错。

利奥：我们有辅导员，不就是因为这个原因吗？这难道不是她的工作吗？

谢娜：当然是的，但我们也不能说跟我们一点关系没有。我觉得你过于关注能看得见的东西，却对看不见的关注得太少。

利奥：可能吧，但至少我的奖惩措施能够让孩子们的行为有所控制，我没有浪费大量时间来维持课堂秩序。

埃米莉：或许也没有浪费时间在孩子们的想法和情绪等个人问题上。

继结构主义和功能主义（第一章）之后，行为主义开始兴起并成为 20 世纪前叶心理学的主流理论流派。约翰·B.华生（1878—1958）是公认的行为主义流派的奠基人和拥护者（Heidbreder，1933；Hunt，1993），他认为所有跟思想有关的理论和研究方法都缺乏科学性。心理学如若想成为一门真正的科学，必须沿着物理科学的轨迹进行建构，即对可以观察和监测的现象进行研究。因而，行为成为心理学家研究的恰适对象（Watson，1924）。内省（第一章）式研究是不可靠的；一来，心理活动无从观察，二来，经历这些心理活动的人不一定就能准确如实地汇报（Murray，Kilgour，& Wasylkiw，2000）。

华生（1916）认为巴甫洛夫的条件作用理论（本章后面讨论）可作为建构人类行为科学的理论基础。他感叹于巴甫洛夫对可察行为的准确测算，认为这一理论模式可用以解释人们不同的学习行为和个性特征。比如说，新生婴儿只有三种情感体验：爱、惧、怒（Watson，1926a），但是巴甫洛夫式的条件反射使得这些情感与不同的刺激相作用，从而造就复杂的成人生活。华生在以下这段著名的话中表达了他对条件反射作用的深信不疑。

如果给我十二个四肢健全的健康婴儿，同意我按我的方式抚养他们长大，那我可以保证随便哪个婴儿，不管他的天赋、爱好、能力、祖上的职业和种族渊源是什么，我都可以把他培养成任何一个我感兴趣领域的专业人士——医生、律师、艺术家、商人，对了，甚至是乞丐和小偷。（Watson，1926b，p.10）

虽然华生的研究跟学术性学习的相关性不大,但他的所言所著无不流露出他对条件反射作用的坚定信念,他的观点对心理学产生了深远的影响,从1920年一直持续到20世纪60年代早期(Hunt,1993)。他强调环境的重要意义,这在后来斯金纳的研究中清晰可见(本章后面讨论;Horowitz,1992)。

本章主要讨论学习条件作用理论中涵盖的行为主义。条件作用理论的独特性不在于它们研究行为(所有的理论都会涉及行为),而在于它们从环境事件的角度阐释学习行为。虽然条件作用理论并没有否认心理现象的存在,但认为这些现象对于学习行为的阐释并不是必需的。在开头小剧场中,利奥很明显就是条件作用理论的拥护者。

最著名的条件作用理论就是B. F. 斯金纳的操作性条件作用理论。在讨论这一理论前,我们先来回顾下在其之前的一些条件作用理论,主要有桑代克的连接主义理论、巴甫洛夫的经典条件作用理论和格思里的接近性条件作用理论。

学完本章后,你应该可以:

■ 根据连接主义理论解释行为的习得机制;

■ 讨论桑代克的理论对于教育实践的贡献;

■ 根据经典条件作用理论解释反应的条件作用机制;

■ 描述情感反应如何受到中性物体的条件作用;

■ 运用接近性条件作用理论解释一系列动作如何组合从而形成行为;

■ 介绍斯金纳操作性条件作用理论的三项关联模式并给出示例;

■ 对操作性条件作用理论中的一些核心概念做出定义并举例说明:正/负强化、惩罚、泛化、分辨、行为塑造、皮墨克原则等;

■ 解释以下操作性原则在教育实践应用中的体现:行为目的、学习时间、掌握性学习、程序性教学、后效契约。

连接主义

爱德华·L. 桑代克(1874—1949)是美国著名的心理学家,很长一段时间内,他的连接主义学习理论在美国极富影响力(Mayer,2003)。不同于许多早期的心理学家,桑代克对教育非常感兴趣,特别是学习、迁移、个体差异和智力等内容(Hilgard,1996;McKeachie,1990)。他采用了实验的方法对学生的学习效果进行测定。有感于他对教育的深远影响,美国心理学会教育心理学分会专门设立了桑代克奖,这是表彰对教育心理学做出特殊贡献的最高荣誉奖项。

试误学习

桑代克的主要著作是《教育心理学》,分上、中、下三册(Thorndike,1913a,1913b,1914)。他提出学习行为的根本在于感官经历(对刺激物或事件的感知)和神经冲动(反应)——体现在行为上——之间建立起联系(连接)。他认为学习往往通过尝试与犯错(选择和连接)的形式发生。

桑代克的学习研究是以一系列动物实验开始的(Thorndike,1911),实验中的动物们试图达成某个目标(如获取食物、到达目的地等),但被人为设置了一些障碍。它们从众多可能的行为反应中选择一个行为,实施这个行为,然后体验行为的后果。它们对某个刺激的反应越是频繁,反应与刺激间的连接就越紧密。例如,因在笼子里的猫可以通过拨开小棍的方式打开笼子,而经过了一系列随机的反应之后,猫终于拨开小棍出了笼子。猫在最后做出正确反应之前,通过不断的尝试,实现目标(逃脱)的速度越来越快,犯的错误也越来越少。典型的结果示意图请见图3.1。

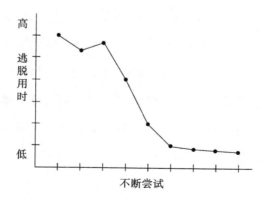

图3.1 桑代克试误学习理论尝试和行为表现之间的关系示意图

试误学习是一个渐次(递进)的过程。连接通过不断重复建立起来;在此过程中意识并不是必要的。实验中的动物并不"理解"自己的行为,也"没有洞察之能"。桑代克知道人的学习行为要复杂得多,因为会涉及串连想法、分析和推理等过程(Thorndike,1913b)。不过,有鉴于动物研究和人的研究结果具有相似性,桑代克开始用基本的学习原则来解释复杂的学习行为。一位受过教育的成人具有的刺激—反应连接可达上百万个。

学习原则

练习律和效果律。桑代克关于学习的基本设想主要体现在练习律和效果律这两个学习原则上。练习律分成两个部分:使用律——对刺激的反应可增强它们之间的连接;失用律——对刺激不做出反应,刺激和反应之间的连接削弱(遗忘)。反应的时间间隔越长,连接削弱的程度越大。

效果律强调行为的结果:获得满意(奖励性)结果的反应被习得;获得不悦(惩罚性)结果的反应被抛弃(Thorndike,1913b)。这是对学习行为的功能性描述,因为满意因素(产生心仪结果的反应)可以帮助个人行为做出适应环境的调整。

下面这个研究是关于效果律的实际应用(Thorndike,1927)。给受试展示50张纸条,纸条长3—27厘米,每次展示一条。每张纸条旁边还有一张纸条(受试知道这张纸条长10厘米)。一开始,受试在没有反馈的前提下估测每张纸条的长度。第一次预测结束后,再次向受试展示这50张纸条,依然是每次一条,然后估测长度,只是这次受试每给出一个长度估值,会被告知是"对"还是"错"。就这样,在接下来的几天内,50张纸条反复向受试展示。然后,实验再重头来过,这次受试给出的长度估值没有人告知对错。结果表明训练后的受试对纸条长度的估值比没有训练前要更接近纸条的实际长度。桑代克指出这些结果跟动物得到食物或自由奖励的实验结果很相似,表明令人满意的(正确的)刺激—反应连接会得到增强,而令人不悦的(不正确的)刺激—反应连接会弱化。

其他原则。桑代克(1913b)的理论还包括其他一些与教学相关的原则。准备律表明当一个人准备好实施某个行为时,行为的实施就是奖励,而行为的不实施就是惩罚。

如果一个人很饿,食物相关的反应就是一种准备状态,而其他跟食物无关的反应就不是准备状态。如果一个人劳累不堪却还要被迫去锻炼,这会是一种惩罚。如果将这一原则代入学习,我们可以说当学生准备好学习某个动作(就发展水平或先前的技能掌握情况而言),那些能够促进动作学习的行为就具有奖赏性。而如果学生没有准备好学习动作或没有掌握必备技能,那贸然尝试学习具有惩罚性,只是浪费时间。

联想转移原则指在重复尝试的前提下,刺激的本质发生一些细微变化,使得原本对某一刺激做出的反应最终成为对另一个完全不同的刺激所做出的反应。例如,教学生四位数除以两位数的算法,我们可以先教他们一位数除以一位数,然后除数和被除的数位数逐步加大。

相同要素原则影响迁移(泛化),即一个连接的强化或弱化导致另一个连接产生相似变化(Hilgard,1996;Thorndike,1913b;见第七章)。当情境具有相同(或高度相似)要素,产生相似反应时,就发生了迁移。桑代克和伍德沃斯文(1901)发现特定情境下的技能操练并不会促使操练者的技能能力有普遍提高。计算长方形面积的训练并不会提高学习者计算三角形、圆形和不规则形状面积的能力。教师需要针对不同的教学内容教授技能,好让学生真正理解如何实际应用(实际应用3.1)。

实际应用3.1

促进迁移

桑代克指出,针对某一技能的训练并不能帮助学生掌握这一技能,也无法教会学生如何在不同情境中运用这一技能。

教师在给学生们讲如何使用地图比例尺的时候,还必须教会他们英寸到英里的换算。相比只给出一些题目让学生做,让他们在不同的地图上进行比例换算或让他们画出周边的实际地图,这些做法会有助于学生更娴熟地掌握这一技能。

小学教师教学生们测量液体和固体。比起使用图片、图表或装满水或沙的注杯等方式,让学生们参照某个食谱来测量原料,做一道食物会更有意义。

教师教育课上,让学生们观察、参与真正的课堂会比阅读、观赏关于教学和学习的文字和视频资料更有意义。

修正。桑代克在发现有研究证据并不支持练习律和效果律的情况下,对这两个原则进行了修正(Thorndike,1932)。而当他发现某种情境的简单重复并不一定会"作用于"反应时,更是抛弃了练习律原则。举个例子,有个实验要求受试闭上眼睛画出他们觉得长2、4、6、8英寸的线条,他们在几天时间里画了成百上千次,没有人告知他们所画线条的长度是否正确(Thorndike,1932)。如果练习律是对的,那前100次的练习中频率最高的反应应该在后来的练习中出现频率也最高;但桑代克发现事实并非如此。相反,受试所画线条的平均长度每次都不一样;因为不确定正确的长度应该是多少,所以很明显受试会试着画不同的长度。在没有反馈的情况下,人们不太可能重复相同的行为。

至于效果律,桑代克原本认为令人满意因素(奖励)和令人不快因素(惩罚)的效果是相反但却相当的,但研究表明情况并非如此。奖励会增强连接,但惩罚却并一定会削弱连接(Thorndike,1932)。事实上,连接在增强的同时其替代连接会弱化。有个实验中(Thorndike,1932)中,实验人员向受试展示了一些生僻的英语单词(如 edacious、eidolon)。每个单词后面有五个常用的英语单词,其中一个是生僻单词的近义词。每次受试选出一个近义词并画线,然后实验人员会告知"对"(奖励)或"错"(惩罚)。奖励促进了学习,但惩罚却并没有降低对刺激物单词做出反应的概率。

惩罚抑制反应的形成,但反应并不会被遗忘。惩罚并不是纠正行为的有效手段,这是因为它并没有告诉学生什么样的行为是正确的行为,而只是告诉他们什么不能做。认知技能的情况亦是如此。布朗和伯顿(1978)发现学生在做题时会用一些无理算法(不正确的法则)(比如每个数位上会用大的数去减小的数,4371 − 2748 = 2437)。虽然学生被告知这一方法是错误的,教师给他们讲了正确的算法,学生们也正确地操练过,然而,他们学会了正确的算法,却也不会忘记错误的算法。

桑代克和教育

作为哥伦比亚大学教师学院的一名教育学教授,桑代克写了很多本书,探讨教育目标、学习过程、教学方法、课程编排、教学效果评估等问题(Hilgard,1996;Mayer,2003;Thorndike,1906,1912;Thorndike & Gates,1929)。接下来我们来了解下桑代克对教育学做出的一些贡献。

教学原则。教师应当帮助学生养成良好的学习习惯。桑代克(1912)指出:

■ 培养习惯。不要指望习惯能自己养成。

■ 如果习惯日后必然会被打破,培养时必须非常小心。

■ 如果一种习惯就可以达到同样的效果,那就无需培养两种或更多习惯。

■ 在同等条件下,让习惯自然养成。(pp. 173 - 174)

最后一条原则提醒我们教学内容不能与实际应用相脱节:"既然德语或拉丁语中的形容词一般同名词连用,那就应该和名词一起学。"(p. 174)学生需要知道怎样运用所掌握的知识和技能。这种应用性学习应该和内容教学相对接。

课程编排。技能教学应该安排在(Thorndike & Gates,1929):

■ 技能可以通过某种服务性方式运用时或在此之前;

■ 学习者意识到有必要学习技能,技能学习可以实现某种实用价值时;

■ 技能难度与学习者的能力最相匹配时;

■ 技能学习与情感、喜好等最契合,本能和意志力最强的时候;

■ 技能与新近所学以及随后所学最密切相关时(pp. 209-210)。

这些原则与常规的学校教学内容安排是相冲突的,后者往往按学科划分(如社会研究、数学、科学等)。但桑代克和盖茨(1929)呼吁针对不同的学科教授知识和技能(实际应用3.2)。比如说,政府形式的相关内容不仅公民学和历史课上可以讲,英文课(政府在文学中的隐喻)和外语课(其他国家的政府结构)上也可以讲。

实际应用3.2

课程编排

依据桑代克的课程编排原则,学习应该是跨学科的综合性活动。秋天的时候,沃尔斯卡夫人给二年级班准备了南瓜的教学内容。学生们学习了南瓜对美国殖民地居民的重要意义(历史),目前南瓜的种植地域(地理),南瓜的不同种类(农业)等内容。学生们还对不同大小的南瓜进行了测量和制表(数学),用南瓜进行雕刻(艺术),种植了南瓜并观察它们的生长(科学),还阅读了关于南瓜的故事并自行创作(语言艺术)。这一课程安排不仅是一次有意义的经历体验,更是孩子们在实际情境中学习不同技能的极好尝试。

在准备美国内战教案的时候,帕克斯女士不仅找来了一些真实史料,还将内战与其他战争作比较,讨论内战时期民众的态度和情感,阅读内战相关人士的传记和对他们的评价,分析内战对美国的影响及其对未来的启示。此外,她还同中学的其他教师合作,分析内战主要战场的地形特点(地理)、主要战役期间的天气情况(科学)、内战期间的文学作品(语言艺术)和艺术创作(艺术、音乐、戏剧),对教学内容作了大幅度拓展和深化。

心智训练。心智训练指某些学科或内容(如经典名著、数学)的学习相比其他学科更能促进心智发展。这个观点在桑代克的那个年代相当普及。桑代克曾对九至十一年级的8500名学生做了实验(Thorndike,1924)。学生们每隔一年完成一次智力测试,然后对学生当年所学学科进行比对分析,看是不是有哪些学科与智力发展关系更为紧密。不过研究结果并不支持心智训练原则。那些一开始就表现出色的学生进步最大,这跟他们所学的学科毫无关系。

如果是一位来自火星的心理学家开展我们的研究,他对心智训练理论毫无所知,只是单纯地想找出以下这个问题的答案——"一年的时间里,学生的思考能力或智力或常规智力测试表现有所提升,其中性别、种族、年龄、能力、所学内容等因素各自施加了怎样的影响?",他可能会把"所学内容"从问题中直接划掉,说"这个因素差异太小,不可靠性较大,不具重要意义"。而他确定具有重要意义的一个偶然因素是既有智力。那些一开始表现优异的学生在一年的学习中收获最大。(Thorndike,1924,p.95)

因此,我们不应该假定有些学科相比其他学科更能促进学生的智力发展,而是应该分析不同学科会对学生的思考能力和其他方面(如兴趣、目标)产生怎样的影响。桑代克的研究影响很广,促使教育工作者跳出心智训练的框架重新编排课程体系。

经典条件作用理论

我们已经了解到,20世纪早期的时候,心理学在美国成为一门新兴科学,学习也被纳入正式的研究范畴。与此同时,其他国家的心理学研究也有重要进展,其中最重要的莫过于伊万·巴甫洛夫(1849—1936)的研究。巴甫洛夫是一名苏联生理学家,1904年因人体的消化研究而荣获诺贝尔奖。

巴甫洛夫对于学习理论的重要贡献主要在于他的经典条件作用理论(Cuny,1965;Hunt,1993;Pavlov,1927,1928;Windholz,1997)。巴甫洛夫在主持位于列宁格勒的实验医学学院生理实验室的工作时发现,狗往往一看到负责给它们送食的饲养员,或者一听到其脚步声就会分泌唾液,据此巴甫洛夫推断刺激狗做出分泌唾液这个反射行为的不是饲养员本身,而是饲养员让它们联想到食物。

基本过程

经典条件作用过程包含多个阶段,最开始阶段是给出一个无条件刺激(UCS),这一刺激引发无条件反射(UCR)。巴甫洛夫拿肉粉给饿狗看(UCS),这一举动导致狗开始分泌唾液(UCR)。为了控制动物的反射条件,需要在给出无条件刺激前反复出现中性刺激。巴甫洛夫常用的中性刺激物是会发出滴答声的节拍器。在早期的试验中,节拍器的滴答声不会让狗分泌唾液,但到最后,只要在肉粉出现之前听到节拍器的滴答声,狗就会分泌唾液。这时的节拍器变成了会引发条件反射(CR)——与原来的无条件反射行为相似的条件刺激(CS)(表3.1)。条件刺激的反复、无强化出现(如,不出现无条件刺激)会引起条件反射的反应强度减弱乃至消失,这种现象被称为消退(Larrauri & Schmajuk,2008;Pavlov,1932b)。

表3.1　经典条件反射过程

阶段	刺激	反射
1	无条件刺激(肉粉)	无条件反射(分泌唾液)
2	条件刺激(节拍器),然后无条件刺激(肉粉)	无条件反射(分泌唾液)
3	条件刺激(节拍器)	条件反射(分泌唾液)

一段时间内如果条件刺激不再出现,条件反射可能会消退,但仍有可能会自发恢复。如果在出现条件刺激的情况下重新出现条件反射,这就是条件反射自发从消退中恢复。条件刺激和无条件刺激相组合可以最大程度地恢复条件反射。条件刺激—条件反射机制可以不甚费力地复原这一事实表明,消退并不意味着连接学习的停止(Redish, Jensen, Johnson, & Kurth-Nelson,2007)。

泛化指与条件刺激相似的刺激同样可以产生条件反射(图3.2)。如果狗听到每分钟响70下的节拍器的滴答声就会做出分泌唾液的条件反射,那在听到滴答声快些或慢些的节拍器,甚至是发出滴答声的

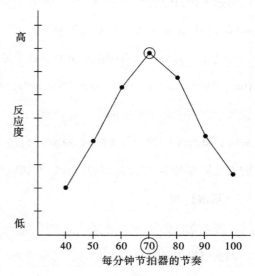

图3.2　泛化曲线表明若刺激与条件刺激相似度越低,条件反射的反应度越低。

闹钟或计时器时也可能会分泌唾液。新刺激与条件刺激的相似度越低，或共性成分越少，泛化的概率就越低（Harris，2006）。

辨别是一个后补阶段，在这个阶段，狗学会只对条件刺激做出反应，而对其他相似的刺激无感。为了训练辨别，实验中条件刺激和无条件刺激需要成对出现，同时还需要在不出现无条件刺激的前提下给出其他相似的刺激。例如，如果条件刺激是每分钟响70下的节拍器的滴答声，它同无条件刺激一起出现，而其他节奏（如每分钟响50下和90下）不跟无条件刺激一起出现。

如果一个刺激变得条件化，就会成为无条件刺激，从而形成更高级别的条件反射（Pavlov，1927）。如果狗听到每分钟响70下的节拍器滴答声就可以形成唾液分泌的条件反射，那发出滴答声的节拍器就可以成为更高级别条件反射的无条件刺激。一个新的中性刺激物（如蜂鸣器）响几秒钟，然后出现滴答作响的节拍器。如果几次试验后狗听到蜂鸣器的声音也开始分泌唾液，蜂鸣器就成为了二级条件刺激。三级条件刺激的形成需要二级条件刺激充当无条件刺激，并且有一个新的中性刺激与之配对。巴甫洛夫（1927）指出三级以上的条件反射很难实现。

更高级别的条件反射是一个极为复杂的过程，我们还未能完全解开其中的奥秘（Rescorla，1972）。不过这一概念很有理论张力，可能有助于解释为什么有些社会现象（如考试落败）会引起紧张和焦虑等条件性的情绪反应。可能在早期的时候，考试没考好只是一个中性事件，但因为这件事往往与父母和教师的不悦联系在一起，慢慢就成为了引发焦虑的无条件刺激。通过条件反射作用，考试没考好会引发焦虑，甚至与考试相关的一些因素都可能会构成条件刺激，如学生走进考场或当教师发放试卷时就可能感到焦虑。

能够形成条件反射的条件刺激被称为初级信号。我们还有二级信号系统——语言——这一系统为条件反射创造了广大的作用空间（Windholz，1997）。文字或思想是表达事件、描述物体的载体，可以构成条件刺激。想到考试或听教师介绍即将到来的考试可以引发焦虑，在这种情况下，让学生焦虑的不是考试本身，而是关于考试的语言或语义呈现。

信息变量

巴甫洛夫认为条件反射是随着条件刺激和无条件刺激的反复配对而形成的自动化的反应过程,如果配对消失,则条件反射消退。但是,人的条件反射形成的时间可以非常短,有时条件刺激—无条件刺激只需配对出现一次,就可以形成条件反射,而且即使条件刺激和无条件刺激屡屡不配对出现,也并一定就会引起条件反射的消退。消退现象似乎很大程度上取决于情境(Bouton, Nelson, & Rosas, 1999)。在相同的情境下,反射消退,但换一个情境,条件反射可能就会恢复。此外,并不是任意两个变量就可以形成条件反射。任何物种都只对一些刺激产生条件反射而对其他一些刺激免疫。能否形成条件反射,取决于条件反射刺激和反应同物种特有反应是否相合(Hollis, 1997)。这些研究发现对巴甫洛夫的条件作用理论提出了质疑。

继巴甫洛夫之后的研究表明,条件反射能否形成,其决定因素不在于条件刺激和无条件刺激的配对出现,而在于条件刺激传递出的关于无条件刺激出现概率的信息量的多少(Rescorla, 1972, 1976)。假设某个刺激总是跟在无条件刺激后出现,而另一个刺激只是时而出现在无条件刺激之后,则第一个刺激会引发条件反射,因为它的出现明确预示着后面就会出现无条件刺激。条件反射的形成甚至不一定需要条件刺激和无条件刺激配对出现;有时只需要告诉人们它们之间相互关联就可以(Brewer, 1974)。与之情况相似,反复阻断条件刺激和无条件刺激之间的配对也不一定就会引起反射的消退;告诉人们条件刺激和无条件刺激之间的关联不复存在就可以导致条件反射的减弱或消退。

究其原因,一个解释是人们会对无条件刺激出现的可能性产生期望(Rescorla, 1987)。一个刺激要成为条件刺激,必须要向个人传递出关于无条件刺激出现的时间、场所、数量和质量等相关信息。即使一个刺激具有预示性,但如果存在另一个预示性更强的刺激,这个刺激也可能不会形成条件反射。所以,与其说条件反射是自动化的反应过程,倒不如说是受认知调节的一个过程。如果人们没有意识到条件刺激和无条件刺激间的联系,条件反射不会产生,而即使条件刺激和无条件刺激之间不存在联系,但只要人们相信联系存在,也可以形成条件反射。虽然这个观点可能不尽准确(Papini & Bitterman, 1990),但却给出了一个不同于巴甫洛夫条件作用理论的解释,表明了条件反射现象的复杂性。

条件情绪反应

巴甫洛夫(1932a，1934)曾经运用经典条件作用原理来治疗某些异常行为(如神经衰弱)。他的观点多为推测，缺乏事实依据，但的确有人运用经典条件作用理论来研究条件情绪反应。

华生曾声称他在著名的小艾伯特实验中发现了情绪条件作用的巨大影响(Watson & Rayner，1920)。艾伯特是一名婴儿，他在8—11个月大的时候接受测试，测试中他面对白老鼠毫不害怕。条件作用实验道具包括一把小锤子，每当艾伯特伸出手去抓白鼠时，就有人在艾伯特身后拿锤子敲打一根钢条。这时，"婴儿猛地跳起来，往前栽倒，把脸埋到床上"(p.4)。然后紧接着重复一次这样的操作。一周后，白鼠又被带到艾伯特面前，这次艾伯特刚伸出手去，但很快又把手缩了回来。一周前的条件反射作用表现得十分明显。接下来几天的实验表明艾伯特会对老鼠的出现做出情绪反应。把实验道具换成兔子、狗和皮衣，会出现同样的情况。而当一个月后，再把实验道具换回老鼠时，艾伯特的情绪反应就没那么强烈了。

这一研究被广泛引用以证明条件反射作用可以引发情绪反应，但研究的可信度值得商榷。近来有证据表明艾伯特患有神经功能障碍(Bartlett，2012)，因此，他对实验中白鼠的反应并不能代表健康儿童的反应。艾伯特6岁的时候死于脑积水，很显然他出生的时候就已经患病了。他到死都不会走路，也不会说话，还有视力问题。所以根据这样一个研究得出结论并认为结果具有普遍性是不合适的。

此外，条件作用的影响往往并没有那么大(Harris，1979)。经典条件反射作用是一个复杂的现象；一个人不可能对任何刺激都形成条件反应。物种的进化机制先天性地决定了它们只能在某些情形下形成条件反射(Hollis，1997)。就人而言，当人们知道条件刺激和无条件刺激之间具有某种关联时就能产生条件反射，而如果知道条件刺激之后不一定会出现无条件刺激，可能会出现条件反射消退。很多人试图证明华生和雷纳的研究结果是可信的，但鲜少有成功的(Valentine，1930a)。

形成情绪条件反应的一个更为可靠的方法是系统脱敏疗法，这一方法常被用来治疗患有极度恐惧症的人（Wolpe，1958；见实际应用3.3）。脱敏法包含三个阶段，第一个阶段是在病人的积极配合下，治疗师对引发病人焦虑的若干情形按程度高低做出排列。比如说，对于考试焦虑的学生，焦虑程度较低的情形可能包括在班上听到教师宣布要考试、搜集学习资料等。中等程度焦虑的情形可能包括考试前熬夜复习、考试当天走进教室等，焦虑程度较高的情形可能包括发到试卷、想不出问题答案等。

实际应用3.3

情绪条件作用

经典条件作用原理似乎适用于某些情绪反应。刚上幼儿园或小学的孩子可能会感到害怕。开学时小学教师可以策划一些活动以减轻孩子们的恐惧感。参观活动可以让学生们见到教师和同学，还能看看教室。开学后的头几天，教师可以设计一些好玩但又不闹腾的活动，让学生认识教师、同学、教室和学校建筑等。学生可以在学校里走一走，然后回到教室把所见画下来，还可以聊一聊看到的东西。教师可以把学生带到办公室见见校长、副校长、护理人员和辅导员等。他们还可以玩名字游戏，大家做自我介绍，然后努力记住同学的名字。

这些活动都是非正式的脱敏过程。对部分孩子来说，跟学校相关的一些内容就是引发焦虑的刺激物，而趣味性活动会产生愉悦的情绪反应，而这种情绪与焦虑互不相容。趣味性活动和学校相关内容配对可能会使后者变得不那么容易引发焦虑。

想到要给一整个班级的孩子上课，教育专业的学生可能会感到焦虑，但如果他们能有机会在教室里实习，并逐渐承担越来越多的教学任务，他们的焦虑感会有所缓解。把教室、教学经历同正式学习相结合，可以减轻因担负孩子学习责任而引发的恐惧。

一些戏剧专业的学生上台会感到紧张。专业教师可以安排学生多上台表演，排练时安排观众前来观看，从而减轻学生的紧张感。在他人面前表演可以有效克服恐惧。

在第二个阶段,病人通过想象一些愉悦的场景(如躺在沙滩上)、提醒自己放松(对自己说"放轻松")等方式学着放松心情。到了第三个阶段,病人先在放松的状态下想象列表上最低一级(焦虑程度最低)的场景。这一过程可能会反复若干次,完成后,病人再想象下一个场景。整个疗程会顺着列表上的排序逐级往上,直到最后病人可以想象焦虑程度最高的场景而不再感到焦虑。如果病人在想象某一场景时仍然报告说感到焦虑,治疗师会按列表上的排序让病人后退至不会产生焦虑的场景从头来过。治疗可能需要经历好几个回合。

脱敏过程还包括反向条件作用。病人想象的放松心情的场景(无条件刺激)会让病人心情变得轻松(无条件反射)。焦虑诱因(条件刺激)和放松心情的场景相配对。放松和焦虑是互不相容的两种情绪。一开始同焦虑程度低的诱因相配对,然后再慢慢逐级往上,最后所有焦虑诱因都应当能产生放松的心情(条件反应)。

脱敏是一种有效的治疗方式,可直接在治疗师或辅导员的办公室里进行,并不需要病人实际做出排序表上的那些行为。不过这种疗法有一个缺陷,那就是病人必须能够想象相关场景,而人们脑力成像的能力各不相同。脱敏法还要求治疗师或辅导员具备过硬的专业技能,所以那些专业能力不够的人是无法胜任的。

接近性条件作用

行为与动作

埃德温·R. 格思里(1886—1959)基于联结的概念提出了行为学习原则(Guthrie, 1940)。这些原则体现了刺激和反应的接近性理念:

> 如果刺激的某一组合产生某种动作,则当这一刺激组合再次出现时,这种动作也会随之发生。(Guthrie, 1952, p. 23)

动作是不连续的举动,而行为是大规模的动作集合,可以产生某种结果。弹钢琴和用电脑都属于行为的范畴,由大量动作组合而成。行为可能伴随有一系列的动作;

可能无法准确细分为各个动作。打篮球时，投篮（行为）可能需要一系列动作才能完成。

接近性学习指某个情境下产生的行为在相同的情境下会重复出现（Guthrie，1959）；但是，接近性学习具有选择性。无论何时，一个人都会面对很多刺激，但不是所有刺激都能形成联结；只有部分刺激被选中，与反应形成联结。接近性原则同样适用于记忆。学习时，语言提示同刺激情境或事件相联结（Guthrie，1952）。遗忘包含新的学习，人之所以会遗忘，是因为有新的反应替代了原来的反应与原来的刺激形成联结。

格思里的理论认为学习通过刺激和反应配对而产生。他（1942）还讨论了刺激和反应配对的强度，即联结强度：

　　　　某种刺激模式，当与某个反应首次配对时，联结强度最大。（p.30）

这种全或无的学习原则否定了桑代克最初练习律中的频率观点（Guthrie，1930）。格思里并没有说复杂行为的学习（如解方程式、写论文等）也是一次性的，但他认为最初的时候只有一个或一个以上的动作相联结。而随着情境的反复出现，动作数量增加，众多动作组合成为不同的行为，并依据不同的环境因素确定相应的行为。

解方程式和写论文等行为中，各种动作因为实践而相连接。行为本身可能会有很多不同的表现（不同类型的方程式和论文），理想状态下，这些行为发生迁移——学生应当能够在不同的情境下解方程式、写论文。格思里认同桑代克的相同要素说，认为行为应当在需要它们出现的特定情境中（如上课时）出现。

格思里认为反应的学习并不需要借助奖励。学习要求刺激和反应之间适时紧密配对（接近性）。格思里（1952）对桑代克的效果律提出了质疑，认为满意要素和致恼要素都是行为的效果；因此，它们无法影响我们对以前联结的学习，而只能影响以后。奖励可能有助于杜绝不学习（遗忘）的发生，因为它们阻止新的反应和刺激因素相联结。

接近性是学校学习的核心特征。数学卡片可以帮助学生学习算术，学生学会把某个刺激（如4×4）和某个反应（16）联系起来。外语单词可与它们的英语对等词相联系,化学符号与它们的元素名相联系。

习惯的形成和戒除

格思里的理论与习惯的形成和戒除密切相关。习惯就是重复已学会的过往反应的行为倾向(Wood & Neal, 2007)。由于习惯是与众多提示相联结而形成的行为,所以教师如想学生在校表现良好,应当将学校的规则与诸多提示相联结。"尊重他人"需要与课堂、机房、楼舍、餐厅、体育馆、会堂和操场等诸多场景相结合。要求学生在以上所有场景中都遵循这一规则,学生尊重他人的行为就会变得习惯化。但如果学生以为自己只需在课堂内遵循这一规则,那尊重他人将不可能形成习惯。

习惯戒除的核心在于找到引发不良习惯的提示,并按这些提示实施另一种反应(Guthrie, 1952, p.115)。格思里发现了三种戒除习惯的方法,分别是阈限法、疲劳法和对抗性条件作用法(表3.2和实际应用3.4)。

表3.2 格思里戒除习惯的三大方法

方法	释义	举例
阈限法	引入弱刺激。在低于阈限值(即不会产生不良反应的)的范围内强化刺激	先短时间地给孩子们讲解学习内容,然后慢慢延长时间,但不至于让学生感到疲惫或无聊
疲劳法	强迫孩子在刺激面前不断重复不良反应	给折飞机的孩子一叠纸,让孩子把所有的纸都折成飞机
对抗性条件作用法	让孩子在刺激面前做出与不良反应不匹配的反应	多媒体中心的相关提示不与说话而与阅读这一反应相配对

实际应用3.4

戒除习惯

格思里的接近性原则为戒除不良习惯提供了实践的理论依据。阈限法的实际应用之一就是控制孩子们参与学习任务的时间。很多孩子的注意力持续时间不长,这限制了他们在某一项任务上能够持续投入的时长。大部分课堂活动的时间在30—40分钟。不过,刚开学时,很多孩子的注意力会表现出急剧减退的现象,根据格思里的理论,这时教师可以把课堂活动时间压缩在15—25分钟内,然后在随后的几周内慢慢延长孩子们花在单项任务上的时间。

阈限法还适用于教学中印刷品的使用。孩子们刚开始学写字母时,他们的书写动作会很僵硬,缺乏良好的协调性。这时纸页上两行间的间距可以特意放宽些,好让孩子们把字母写在线格内。如果一开始就用线格间距较小的纸张,孩子们的字母会写到线格外,从而引发焦虑。而当孩子们能够在较宽的线格内正确书写字母后,这时可以让他们用线格较窄的纸,帮助他们巩固书写技能。

在使用疲劳法时,教师需要能够对可能的不良后果做出正确判断。杰森喜欢折纸飞机在教室里放飞。教师可以请他离开教室,给他一叠纸,让他折飞机。折完几张后,杰森可能就会对折纸飞机失去兴趣,不会再一看见纸就想折飞机。

有些学生在第一次踏入体育课教室时喜欢在里面跑来跑去,这时体育教师可以采用疲劳法,在课上让这些学生不停地跑,很快他们就会疲劳不堪,不再想跑。

对抗性条件作用法可用于那些在多媒体中心上课时喜欢讲话、不遵守课堂纪律的学生。阅读是与说话不相匹配的一种行为。多媒体中心的教师可以让这些学生在中心上课时找些有趣的书来读。如果学生们觉得书很好看,慢慢地多媒体中心就会成为引发选书来读这一反应的提示,而不是与他人说话这一反应的提示。

社会研究课程的一名教师发现班上总有几个学生不注意听课,他意识到一边讲一边播放幻灯片的讲课方式对学生来说有点无聊,很快他开始在课堂上融入更多的元素,如实验、视频、辩论等,以让学生积极参与课堂,提升他们的听课兴趣。

在使用阈限法的时候,引发不良习惯(不良反应)的提示(刺激)被维持在一个较低的不会引发不良反应的水平,即低于反应的阈限值,随后刺激的强度逐渐加大。如果

刺激一开始时就达到最强度,其引发的反应就会是要改掉的行为(习惯)。比如说,有些孩子不喜欢菠菜的味道,他们的反应就是不吃。而为了改变这一习惯,家长们可以先让孩子少吃些或把菠菜夹杂在孩子喜欢的其他食物中,这样慢慢地,孩子们吃菠菜会越来越多。

在使用疲劳法时,引发行为的提示变成了消除行为的提示。在此过程中,一开始就要全力引入刺激,让个体实施不良反应,直到疲惫不堪。这时刺激成为不实施反应的提示。为了改掉孩子乱扔玩具的行为,家长们可以让孩子不断地扔玩具,直到孩子不再觉得乱扔玩具好玩。(要控制在合理范围!)

在使用对抗性条件作用法时,引发不良行为的提示同与不良反应不相匹配的某种反应——即两种反应不能同时作用——相配对。相比不良反应,与提示配对的新的反应必须更有吸引力。比如说,为了杜绝边看电视边吃零食的行为,人们应该让双手保持忙碌(如做缝纫活、画画、玩拼图游戏等),这样慢慢地,人们在看电视时就不会想着吃零食,而是想着做其他一些事。系统脱敏疗法(上文讲过)正是基于对抗性条件作用法而形成的。

惩罚无助于改掉习惯(Guthrie,1952)。某个反应形成后做出的惩罚无法影响刺激—反应联结。行为实施过程中做出的惩罚可能会扰乱或压抑习惯的形成,但并不会使之发生改变。惩罚不会针对刺激形成一个替代反应。所以如要改掉不良习惯,相比惩罚,更好的办法是用良性习惯来替代不良习惯(如对抗性条件作用)。

格思里的理论不涉及认知过程。虽然在今天看来,这一理论并不是可行的学习理论,但其强调接近性却依然具有时代意义,与当下的理论主张一脉相承。认知理论认为学习就是理解刺激(情境、事件)和恰适反应之间的联系。格思里关于习惯改变的观点为良好习惯的培养提供了原则性指导。

操作性条件作用理论

操作性条件作用理论是著名的行为理论之一,由伯尔赫斯·弗雷德里克·斯金纳(1904—1990)创立。早在20世纪30年代,斯金纳根据动物的实验室研究发表了一系列论文,他在实验中发现了操作性条件反射作用的相关内容,在他的著作《有机体的行为》(Skinner,1938)一书对这一早期理论进行了阐述。

斯金纳将这些理论原则用于解释人的行为。在其职业生涯早期阶段,他就对教育深感兴趣,并设计出了教学机器和程序教学模式。《教学技术》(Skinner,1968)讨论了教学、动机、纪律和创造力等相关话题。1948年,他出版了《沃尔登第二》,书中描绘了行为原则对于构建乌托邦社会的启示。在《超越自由和尊严》(1971)一书中,他探讨了现代生活的一些问题,呼吁利用行为技术设计文化。斯金纳和同行还将操作性条件作用原理用于研究学校学习和纪律、儿童发展、语言、学习表现、心理疾病、医疗问题、吸食毒品、职业培训等课题(DeGrandpre,2000;Karoly & Harris,1986;Morris,2003)。

年轻的时候斯金纳曾想成为一名作家(Skinner,1970):

> 我在阁楼上辟出了一间小书房,就在那里写作,但结果令人抓狂。我纯粹是在浪费时间。我毫无目的地阅读,做船模,弹钢琴,听新发明的收音机,向当地一家报纸的幽默专栏投稿,但于写作一事基本一无所成,甚至想着要去看心理医生。(p.6)

而在读了巴甫洛夫的《条件性反射》(1927)和华生的《行为主义》(1924)之后,他开始对心理学产生了浓厚的兴趣。他随后的职业生涯对学习的心理学研究有着深远的影响。

虽然斯金纳自觉"作为作家的我一事无成,因为我并没有说出什么重要的道理来"(Skinner,1970,p.7),但事实上他是一位很多产的作家,在长达六十年的时间里,他把他的文学追求和学术写作完美结合(Lattal,1992)。就在去世前8天他还接受了在美国心理学协会大会上做发言的邀请,由此可见他对心理学研究的钟爱(Holland,1992;Skinner,1990),协会的月刊《美国心理学家》专门出了一期特刊向他致敬(美国心理学协会,1992)。虽然斯金纳的理论由于无法充分解释高阶和复杂的学习行为而受到当代学习理论家们的质疑(Bargh & Ferguson,2000),但他的操作性条件作用理论被广泛采用,以改善学生的学习和行为表现,仍有着不可磨灭的影响力(Morris,2003)。比如说,在本章的开头小剧场中,利奥就采用了操作性条件作用原理来整治孩子们的捣蛋行为,而埃米莉和谢娜则更加看重认知因素的作用。

概念框架

本节主要讨论操作性条件作用理论背后的一些假设性原则、行为功能分析、理论对行为认知和行为控制的启示等内容。操作性条件作用理论极为复杂(Dragoi & Staddon,1999);本章仅讨论那些与人类学习行为最密切相关的一些原则。

科学假设。巴甫洛夫认为行为是神经作用的表现。斯金纳(1938)没有否认这一点,但他认为行为心理可以脱离神经或其他内部活动予以理解。

他对学习认知理论所倡导的不可见过程和实体也提出了类似的反驳(Overskeid,2007)。个体事件是只有个体才能感受到的内部反应,但可以通过人们的口头汇报进行研究,是行为的表现形式(Skinner,1953)。斯金纳并没有否认态度、信念、观点、渴求及其他形式自我认识的存在(这些总是存在的),但对它们的作用做了定性分析。

人们经历的不是意识或情感行为,而是躯体行为,而内在反应是对内在刺激的反馈(Skinner,1987)。在内在作用过程中,一个更为深入的问题是这些内在刺激和内在反应要转换为语言输出难度较大,这是因为语言并不能完全把握内在体验(如疼痛)的全部,而所谓的"知道"很大程度上需要借助语言(言语行为)。想法是其他刺激(环境或个人)引发并促使反应形成(或外显或内隐)的行为。当个体事件以外显行为呈现时,也就说明这些事件发挥了作用。

行为的功能分析。斯金纳(1953)认为他的理论属于功能分析的范畴:

> 行为是若干外部因素作用的结果,这些外部因素构成了因果或功能分析的对象。我们对有机个体的行为进行预测和控制,这是我们的"因变量"——我们试图找到原因的行为结果。我们的"自变量"——行为产生的原因——是促使行为形成的外部条件。这两者间的关系——行为的因果关系——构成科学法则。这些法则的定量综合形成了有机体行为机制的全貌。(p. 35)

学习是"复杂情境下反应的重新调配";条件作用指"由于强化而导致的行为的增强"(Skinner, 1953, p.65)。有两类条件作用:S类和R类。S类条件作用是巴甫洛夫式的条件反射,由强化(无条件)刺激和另一个(条件)刺激配对形成。这类条件作用强调在引发有机体的反应过程中刺激发挥重要作用,由刺激引发的反应称为应答性行为。

虽然S类条件作用可以解释条件性的情感反应,但人的行为绝大部分并不是自动由刺激引发的,而是刺激出现时自主发出的。行为反应受到行为结果而不是先前刺激的控制。斯金纳认为这类行为的重点在于其反应,将其称为R类行为,因为这类行为通过环境发生作用,故也称为操作性行为。

> 如果一个操作性行为发生后,接着给予强化刺激,其强度增加……如果在一个已经由于条件作用而得到强化的操作性行为后没有出现强化刺激,其强度减弱。(Skinner, 1938, p.21)

我们可以把操作性行为理解成"边做边学",事实上,大多学习行为都是在我们实施行为的过程中发生的(Lesgold, 2001)。与应答性行为不同——应答性行为只有在刺激作用之后才发生——操作性行为发生的概率绝无可能是零,因为只有反应形成后,才有强化。强化改变反应出现的概率。操作性行为依赖于环境,其发生概率之大小取决于强化的作用。

基本过程

本节讨论操作性条件反射作用的基本过程:强化、消退、一级/二级强化物、皮墨克原则、惩罚、强化安排、泛化、分辨。

强化。强化决定反应的增强——增加反应速率或反应的发生概率。强化物(或强化刺激)是反应之后出现的导致反应增强的刺激或事件。强化物的界定取决于它们的效果,与意识、意图或目标等心理活动无关(Schultz, 2006)。因为强化物的界定标准是效果,所以无从预先确定。

判断某一事件是否能在特定情境下增强有机体行为,唯一的途径就是直接测试。我们观察选定反应的发生频率,然后选择一个相关事件,再观察频率是否有所变化。如果出现变化,我们就可以判断事件在现存情境中对有机体起强化作用。(Skinner, 1953, pp.72—73)

强化物随情境的改变而变化:它们在特定情境的特定时间对个体产生作用。对玛丽亚当下的阅读起到强化作用的因素,并不一定会对她当下的数学或稍后的阅读同样起到强化作用。不过,虽然强化行为的刺激或事件具有特定性,但可以预测(Skinner, 1953)。一般而言,学生们觉得教师的表扬、自主时间、优待、表示奖赏的贴纸和获得高分最具强化性质。不过,我们只能根据反应产生的结果以及行为变化,确定结果是否具有强化性质。

操作性条件反射的基本模式是三项关联模式:

$$S^D \rightarrow R \rightarrow S^R$$

分辨性刺激(S^D)确定反应(R)自发形成的场合,接着强化刺激(S^R或强化)出现。强化刺激可以是任何一种刺激(事件、结果),只要它能增强以后分辨性刺激出现时反应自发形成的可能性。用更耳熟能详的话来说,这一过程可以描述成$A \rightarrow B \rightarrow C$模式:

$$A(先前的刺激) \rightarrow B(行为) \rightarrow C(结果)$$

正强化指在反应之后给出某个刺激或在情境中增加某个元素,使得以后相同情境中反应概率增大。正强化物指反应之后出现的、可以增加以后相同情境中反应概率的刺激。在开头小剧场中,利奥的评分就是促进良好行为的正强化物(表3.3)。

表3.3　强化和惩罚过程

$S^D \rightarrow$ 分辨性刺激	$R \rightarrow$ 反应	$S^R \rightarrow$ 强化(惩罚)刺激
正强化(出现正强化物) 教师提问问题	学生主动回答	教师对学生说"很好"

负强化(消除负强化物) 教师提问问题	学生主动回答	教师对学生说不必做家庭作业
惩罚(出现负强化物) 教师提问问题	学生行为不良	教师布置学生做家庭作业
惩罚(消除正强化物) 教师提问问题	学生行为不良	教师对学生说取消自主时间

负强化指在反应之后消除某个刺激或在情境中消除某个元素,使得以后相同情境中反应概率增大。负强化物指被反应消除后可增加以后相同情境中反应概率的刺激。常见的负强化物有明亮的灯光、嘈杂的噪声、批评、讨厌的人、低分等,如果消除这些因素,行为可能得到强化。正负强化的效果相同:它们都会增加以后刺激出现时的反应概率。

我们可以把这些过程(表3.3)类比成有位教师正在跟班上学生做问答。教师先提问一个问题(SD 或 A),然后请学生回答,有学生主动回答给出了正确答案(R 或 B),教师对学生说"很好"(SR 或 C)。如果学生回答问题的主动性提高,那"很好"这句话就是一个正强化刺激,这也就成了正强化的例证。现在假设学生给出正确答案后,教师告诉学生说他/她可以免做家庭作业。如果学生的主动性有所提高,那家庭作业就是一个负强化物,这也成为了负强化的例子,因为不用做家庭作业提高了主动性。实际应用3.5 给出了正负强化的其他例子。

实际应用3.5

正负强化

教师们可以借助正负强化促使学生掌握技能,潜心于学习任务。例如,达沃斯女士在讲解科学单元的基本概念时,可以让学生们完成每章末的问题。她还可以在教室里设立活动中心,设计一些跟讲课内容相关的动手实验。只要学生们正确回答每章问题就可以轮流完成这些实验(正强化)。这一关联性反映的就是皮墨克原则,通过提供参与高价活动(实验)的机会作为完成低价活动(完成每章的问题)的强化。如果学生能正确回答80%以上的问题并且参与至少两个实验,可以免做作业。假如在学生的心目中作业是负强化物,那这种情况就属于负强化。

一名中学辅导员的任务是帮助佩妮矫正课堂行为,她可以请每位任课教师对佩妮当天的课堂行为给出"可以容忍"或"难以容忍"的评价。每获得一个"可以容忍"的评价,佩妮就可以赢得1分钟使用电脑的时间(对佩妮来说是正强化)。到周末的时候,佩妮就可以在午餐后按所赢得的时间使用电脑。此外,如果她赢得至少15分钟在机房使用电脑的时间,可以不用把行为记录单带回家让家长签字(这是假定行为记录单对佩妮来说是负强化物)。

常用的正强化物是表扬(如"做得不错!")。的确如此,因为人们大多喜欢受到表扬,所以表扬往往起到正强化的作用。不过,表扬与对学生表现做出评价的任务反馈并不是一回事。当这两者相结合时(如"做得很好! 你的答案是对的。"),就很难判断哪个对以后的行为影响更大。将两者结合的一大危险就在于修正型反馈(如"做得不错! 但你还需要做好这一部分。")可能会造成学生更多关注表扬而忽略了需要修正的部分(Hattie,2012)。如果表扬与修正意见同时出现,需要确保学生知道哪些地方他们需要加强。

消退。消退指因为无强化而导致的反应减退。学生们上课举手,但教师一直没请他们回答问题,他们可能就不会再举手。给同一个人发了多封邮件,但一直没收到回复,结果可能就不会再给那人发邮件。

消退速度取决于强化历史(Skinner, 1953)。如果先前刺激几乎没有强化过,消退很快发生,而如果有较长时间的强化史,反应持续时间也会相对较长。消退不同于遗忘。消退了的反应依然可能出现,只不过由于缺乏强化而暂时没有出现。在先前的举例中,学生仍然知道怎么举手,人们也仍然知道怎么发送电子邮件。而遗忘则是指随着时间的过去,条件作用的机会不复出现,从而条件作用不复存在。

一级和二级强化物。食物、水、栖身之所等刺激被称为一级强化物,因为它们是生存所必需的。二级强化物指通过与一级强化物相关联而变得条件化的刺激。孩子最喜爱的牛奶杯因为和牛奶(一级强化物)相关联而成为二级强化物。如果某个二级强化物同一个以上的一级强化物相配对,就成为概括性强化物。人们长时间工作是为了赚钱(概括性强化物),然后他们可以购得很多强化物(如食物、住房、电视机、度假等)。

操作性条件作用理论从概括性强化物的角度来解释多数社会行为的形成和维系。孩子们为了赢得家长的注意力,可能会有很多行为表现。注意力同来自成人的一级强化物(如食物、水、保护)相配对,所以注意力具有强化性质。教育领域较为重要的概括性强化物包括教师的表扬、高分、优待、荣誉和等级等。这些强化物往往同其他一些概括性强化物相配对,如许可(来自家长和朋友)和钱财(大学学位有助于找到好工作)。

皮墨克原则。上文我们说过,只有当我们把行为结果付诸实践并亲眼见证其对以后行为的影响之后,我们才能确定行为结果是否具有强化性质。我们无从预先知晓某个结果是否是强化物,所以在选择强化物时只能依据常识或借助试误实验,这实在有点麻烦。

皮墨克(1962,1971)给出了一个基于预测的对强化物进行排序的方法,即皮墨克原则。该原则指出参与高价活动的机会能够强化参与低价活动,这里的"价值"可以参照不出现强化的情形下反应的强弱或活动所花的时间来做出认定。如果二次(相依随)事件的价值高于一次(工具性)事件的价值,则一次事件发生概率增加(奖励假设)。如果二次事件的价值低于一次事件的价值,则一次事件发生概率降低(惩罚假设)。

假设给一个孩子 10 次机会,让他选择是完成艺术创作,还是去多媒体中心、读书或使用电脑,这个孩子选择的频率分别是 1 次、3 次、0 次和 6 次,那对于这个孩子来说,价值度最高的活动就是使用电脑。依据皮墨克原则,教师可以对孩子说,"你读完这本书就可以用电脑"。有大量的实证证据支持皮墨克原则,特别是与奖励假设的相关实证(Dunhan,1977)。

皮墨克原则为选取有效的强化物指明了方向:观察人们面对选择时的行为,然后按发生的概率大小对这些行为进行排序。这种排序不是永久性的,因为强化物的价值属性会发生变化。任何强化物,一旦使用过于频繁,都可能导致餍足,从而使得反应强度变弱。教师们在应用皮墨克原则时要不时观察学生们的行为,询问他们喜欢做什么,以此来了解学生们的喜好。预先明确某种情境下哪些强化物有效对于调整行为具有重要意义(Timberlake & Farmer – Dougan,1991)。

惩罚。惩罚会降低以后对某种刺激的反应概率。惩罚可以是消除正强化物,也可以是在反应之后出现负强化物(参见表3.3)。假设在师生问答的过程中,教师提问时有学生行为不端(可能压根没在听;教师提问 = SD 或 A;行为不端 = R 或 B)。这时教师发现了学生的行为,布置学生完成家庭作业(SR 或 C)。如果学生的行为得到纠正,布置作业就成了负强化物,这就是一个负强化惩罚的例证,因为布置作业减少了学生行为不良的可能性。从教师的角度讲,这也是一个负强化的例证(行为不端 = SD 或 A;布置作业 = R 或 B;行为矫正 = SR 或 C)。教师被负强化了,所以当学生行为不良时可能就会布置作业。

假设教师不采取布置作用的方式,而是削减学生的自主时间。如果学生的不良行为得以矫正,自主时间就成了正强化物,这就是一个正强化惩罚的例子,因为丧失自主时间使得不良行为终止。如上例一样,对教师而言,学生不良行为终止具有负强化性质。

惩罚抑制但不会消除反应的产生;当惩罚威胁解除后,因之受到惩罚的反应可能会再次出现。惩罚的有效性是一个非常复杂的问题(Skinner,1953)。如果孩子因不良行为挨打,可能会让他们感到愧疚和害怕,从而抑制继续犯错的可能,孩子后来又表现不当时,条件化的愧疚感和恐惧感会再次显现,从而阻止孩子继续犯错。惩罚也可能导致躲避或避免惩罚的反应。比如教师如果对不正确的回答横加批评,学生们很快就会不再主动回答问题。因为惩罚并没有给出正确行为示范,所以仍可能导致适应不良行为。此外,惩罚还可能使学生在不同反应间犹豫矛盾,从而阻碍学习。如果教师对于不正确的回答时而批评时而不予批评,学生就无从知晓什么时候会挨批评,这样前后不一的行为可能会带来情绪上的不良反应(如害怕、恼怒),从而干扰学习。

常见的学校惩罚措施有剥夺优待权、请出教室、勒令停课或停学、开除学籍等(Maag,2001)。不过,还有其他一些惩罚的替代措施(表3.4)。其中一条就是更换引起不良行为的分辨性刺激物。比如说,坐在后排的学生可能会行为不当,教师可以更换分辨性刺激物,让引发不良行为的学生坐到前排。另外一条替代措施是允许不良行为继续,直到行为者感到餍足,这有点像格思里的疲劳法。孩子喜欢发脾气,家长可以不予阻止,直到孩子发不动脾气为止。第三条替代措施是无视不良行为以此来禁绝不良行为。这条适合用于较轻微的不良行为(如学生彼此窃窃私语),但如果全班都受到干扰,教师需要采取其他措施。第四条替代措施是引入与正强化相关的不相容行为。比如教师对学生良好的作业习惯予以表扬,有助于学生养成这些习惯。相比惩罚,这条措施的最大优点在于它可以告诉学生应该如何行为。

表 3.4　惩罚的替代措施

替代措施	举例
更换分辨性刺激物	将某一行为不当学生与其他行为不当学生隔离
允许不良行为继续	让应当坐下却站着的学生继续站着
禁绝不良行为	无视轻微的不良行为,不被教师注意所强化
引入不相容行为	只在学生行为良好的时候强化学习进步

强化安排。安排指实施强化的时间规划(Ferster & Skinner, 1957; Skinner, 1938; Zeiler, 1977)。连续性强化指对任何一个正确的反应做出强化,比较适用于短期的技能学习,有助于确保不正确的反应遭到摒弃。

间歇性强化指强化某些但非全部正确的反应。间歇性强化常见于课堂教学,因为一般而言,教师在课堂上不可能强化每位学生的每一次正确或恰当的反应。比如,学生每次举手,但不是每次都被点到,正确回答问题后教师不一定给予表扬,如果行为不当,教师也不会一再地提醒他们,这些都属于间歇性强化。

间歇性强化可从反应的时长或次数予以界定,前者为间隔性强化,后者为比率性强化。间隔性强化指在某一时间段后对第一次正确反应做出强化,分为固定间隔(FI)强化和可变间隔(VI)强化。固定间隔(FI)强化指两次强化间的时间间隔是固定的。

FI 值是 5,表示强化出现的时间是第一次反应过后 5 分钟。比如,学生(本周表现良好的学生)每周五有 30 分钟的自主时间,这个就是固定间隔强化。而可变间隔(VI)强化是指两次强化间的时间间隔会围绕平均值随着实际情况上下浮动。VI 值是 5,表示平均而言,强化出现在第一次正确反应后 5 分钟,但具体的时间间隔会有变化(如可以出现在 2、3、7、8 分钟之后)。比如,学生(表现良好的学生)有 30 分钟的自主时间,平均每周一次,但具体每周哪一天不固定,这个就是可变间隔强化。

比率性强化指按正确反应的次数或反应频率做出强化,同样分为固定比率(FR)强化和可变比率(VR)强化。固定比率(FR)强化指对每第 n 次反应做出强化,这个 n 值是固定的。FR 值为 10,表示正确反应每满 10 次予以强化。而可变比率(VR)强化同样指对每第 n 次正确反应予以强化,但 n 数值围绕平均值有所变化。比如,教师规定学生每完成 5 次练习册作业就可以获得自主时间,这个属于固定比率强化(FR 值为 5),但这个完成作业的次数也可以围绕 5 上下浮动,这个就是可变比率强化(VR 值为 5)。

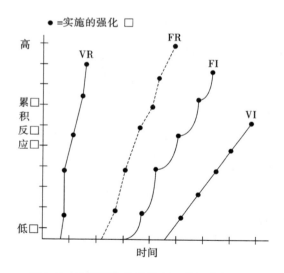

图 3.3　不同强化安排模式下的反应轨迹图

注:VR = 可变比率;FR = 固定比率;FI = 固定间隔;VI = 可变间隔。

如图 3.3 所示,不同的强化安排会形成不同的反应轨迹。一般而言,比率性强化的反应率高于间隔性强化,但由于反应率较快,可能会导致疲劳。固定间隔强化的反应率轨迹呈扇贝形,强化后反应率立马下降,但在两次强化间隔末段出现上扬。可变间隔强化的反应率比较稳定。没有事先通知的小测验属于可变间隔强化,有助于促进学生学习常态化。相比连续性强化,间歇性强化对行为消失的排斥力更强:在终止强化的情况下,经间歇性强化的反应比经连续性强化的反应持续时间更长。间歇性强化的反应具有持续性,比如人们喜欢玩投币游戏机、钓鱼,买东西时喜欢讨价还价,这些事例都体现了这一特点。

泛化。如果某一刺激能常规性地引发某一反应,则其他刺激也能引发这一反应。泛化(Skinner, 1953)似乎是操作性理论的一个硬伤,因为操作性理论认为反应只在有强化情境下才出现。斯金纳对此的解释是最终(强化)反应是人们实施多个行为的结果。人们实施不同任务的行为构成环环相扣的行为链,这些行为(子行为)往往只是整个行为链的组成部分,可以在不同的情境下强化。当换了一个新的情境,人们还是有可能实施子行为,从而形成正确反应或快速领会正确反应。

比如说,学习习惯良好的学生,其典型表现有按时到课、积极关注并参与各项活动、认真做笔记、完成教师布置的阅读任务、按时完成作业等。这些子行为使得这些学生有良好的学业表现和学分。当这些学生换了新的班级,他们所处的环境并不一定就与先前的班级相似,但是由于他们的子行为在先前的班上受到了反复强化,所以有可能在新的环境中泛化出现。

不过,泛化不会自发产生。奥利里和德劳布曼(1971)指出,泛化"也是一种行为改变"(p. 393)。很多行为矫正方案存在的问题就是行为矫正了,但这些矫正后的新行为并没有在培训以外的情境中得到泛化。对此,奥利里和德劳布曼(1971)针对实现泛化的途径提出了一些建议(表3.5;实际应用3.6)。

表3.5　促进泛化的建议

家长参与	请家长积极参与行为矫正方案
高期望	告诉学生他们可以表现出众
自我评价	教导学生监督并评价自我行为

关联项	取消人工关联项(如分数),由自然关联项(优待)所取代
参与	允许学生参与强化行为和强化关联项的选定
学术能力	鉴于许多存在行为问题的学生学习能力较弱,设计合适的课程体系
获益	将学生的行为改变与他们喜欢的活动相联系,以此告诉学生行为改变可能带来的福利
强化	在不同情境中强化学生行为,以降低强化和非强化情境间的区别度
持续	普通班级的任课教师如到主流化的特殊班级任教,要继续强化学生行为

实际应用3.6

泛化

泛化可以促进技能的跨学科发展。理解文章大意对于语言艺术、社会研究、数学(应用题)和其他知识型学科都是很重要的技能。教语言艺术课程的教师可以教会学生理解大意的策略,等学生掌握了这个策略后,教师可以给学生讲解如何将这一策略用于其他学科,并让学生举例。教师讲授某一领域的策略,同时又促进其在其他领域的潜在应用,这样一来,教师就不必每次涉及不同学科时都讲授这一策略,大大节约了时间和精力。

行为教导(如在楼道里慢走,说话要举手等)也可以泛化。比如说,如果所有七年级教师决定统一学术测评体系,可以由一门课的教师作详细解释,然后告诉学生说其他课程也将采用相同的学术测评体系,只是有些项目会依课程不同而有所调整。

分辨。分辨是泛化的补充,指依据刺激或情境做出不同反应(在强度或频率上)(Rilling,1977)。虽然教师希望学生能够将他们的所学泛化至其他情境,但同时也希望他们能够依据不同的情境灵活反应。比如在解答应用题时,教师可能希望学生采用常规的解题步骤,比如先判断已知和所求信息,画出示意图,再写出方程式。教师可能还希望学生学会识别不同的问题(如面积、时间—速度—距离、利率等)。能够快速识别问题类型可以加大学生解题成功的可能性。

教学上的分辨要求强化恰当反应,不强化非恰当反应从而使其消失。教师可以着重分析易混淆题目的异同并不时复习,以确保学生能够正确区分并采用正确解题方法。

错误具有干扰性,会导致学生学会不正确的反应,因此必须将学生的错误降至最低,但要让学生一点不犯错误也不可能。动机研究表明,如果学生学会弹性对待错误,相比较少出现错误的学生,其以后碰到难题时会表现得更有毅力(Dweck, 1975;第八章)。

行为变化

只有当人们知道如何正确行为时,才能强化正确反应。不过,操作性条件反应往往没有一个最终完美的呈现方式。如果教师等到学生自发形成正确反应再进行强化,许多学生将永远得不到强化,因为他们不能形成正确反应。我们现在讨论操作性条件作用过程中行为变化如何发生,这对学习有重要启发。

渐次趋近(行为塑造)。行为变化的操作性条件作用基本方式是行为塑造,即通过差别性强化逐渐接近行为的恰当表现形式和频率(Morse & Kelleher, 1977)。为了达到行为塑造的目的,应当遵循以下步骤:

■ 明确学生现在所能做到的行为(起始行为);

■ 明确目标行为;

■ 明确学生所处环境中的潜在强化物;

■ 把目标行为拆分成小的可以逐步实现的子行为;

■ 每向目标行为接近一步就给予强化,以此促使学生矫正起始行为、实现目标行为。

行为塑造是基于矫正性反馈的学习。关于行为塑造,一个常见的例子就是学生试着在球场上某个点投篮。第一次投篮没碰到篮筐;第二次投篮时学生用的力道更大,这次球碰到了篮板;第三次投篮时学生用力不那么大,这次球碰到篮筐右侧弹开了;到第四次投篮时,学生用与第三次投篮相同的力道投出,但偏向左边,这样球碰到了篮筐左侧弹开;最后,学生用相同的力道投出,但与上一次相比,这次稍稍偏向右边,最终球投入了篮筐。这样,经过一次次的尝试,学生掌握了正确的投篮方式。

对于实施任务时只能投入几分钟的学生,可以系统性地运用行为塑造法,目标是矫正学生的行为,使得他/她在完成任务时可以持续投入30分钟。一开始教师可以在学生认真投入2分钟时给出一个强化刺激,这样几次下来后,把强化刺激的时间标准提高到3分钟,学生可以3分钟不间断投入后,再把标准提高到4分钟,这样每当学生的表现顺利达到一定标准后就逐步提高标准,直到实现目标的30分钟。如果学生在某一时间标准上表现不佳,就降低强化标准至他/她可以把握的标准级别。

行为链化。人的行为大多十分复杂,由好几个三项关联模式(A – B – C)依次衔接而成。比如说,投篮涉及盘球、转向、定点、起跳、投球等行为,每个反应都会引发操作条件的改变,成为下一个反应的刺激。行为链化就是后续反应刺激物变量产生或改变的过程(Skinner, 1953)。一条行为链包含一系列自发反应,每个反应都为后续反应设定了条件。

试想一位学生解代数方程(如 $2x - 10 = 4$)。方程中的 -10 相当于 S^D,基于这个条件学生做出恰当的反应(R,即同时在等式两边加上10),其结果($2x = 14$)就是 S^R,同时也是下一个反应(等式两边同时除以2)的 S^D,最后方程解开($x = 7$),这一刺激又是下一个方程的 S^D。每个方程的解题过程都包括一系列步骤,整体构成了一个环环相扣的链形衔接。

行为链类似于格思里理论中的行为,而三项关联相当于格思里理论中的动作。许多行为链有序整合,成功完成行为链就意味着掌握了技能。自行车骑行可分解成好几个独立的动作,但学会骑车的人能够不费心力或至少不费多少心力的情况下完成全部动作。这样一种自发性通常见于认知性技能(如阅读、解数学题)。

行为矫正

行为矫正(或行为治疗)指系统运用行为原理以实现行为矫正的方法(Ullmann &

Krasner，1965）。行为矫正的适用对象包括成人和儿童,其适用场合包括课堂、辅导站、监狱和精神病院等。行为矫正法已被用于治疗恐惧症、语言功能障碍、破坏性行为、社交障碍、儿童抚养不力、自我控制力差等病症（Ayllon & Azrin，1968；Keller & Ribes - Inesta，1974；Ulrich，Stachnik，& Mabry，1966）。洛瓦思（1977）成功运用行为矫正法教自闭症儿童学习语言。实际应用3.7给出了一些课堂的实际应用。

实际应用 3.7

行为矫正

针对具有破坏性行为的学生的行为矫正实施起来十分困难,这是因为这些学生几乎没有正确反应可以正面强化。蒂伯特女士对埃里克很头疼,全班同学排队外出的时候,他总是会推搡他人。如果大家要去的地方不远,蒂伯特女士会告诉埃里克,如果他不推搡他人,乖乖排好队,回来的路上就让他当队长,但是如果他推搡他人,就立刻把他逐出队伍。这个过程不断重复,直到短距离的外出埃里克表现良好。接下来,蒂伯特女士逐步延长埃里克同全班同学一起外出行走的距离,直到最后不管什么距离,他都可以在队伍中表现良好。

莎拉是蒂伯特女士班上的另外一个孩子,这个孩子的问题是交上来的作业往往字迹十分潦草,纸张脏兮兮的,时有破损,几乎完全无法辨认。蒂伯特女士可以先采用常规的特殊贴纸等强化刺激（可用以交换各种福利待遇）来帮助莎拉,告诉她如果她交上来的作业纸面非常干净,可以获得一张贴纸,如果作业纸上没有破损,可以再获得一张,如果字迹工整,可以再获得一张。一旦莎拉开始有所进步,蒂伯特女士可以逐步针对其他需要改进的地方（如准确率、按时完成作业等）给予奖励。

技术。行为矫正的基本技术包括强化目标行为和消除不良行为。行为矫正过程

较少用到惩罚,即使用到,也多为消除正强化物,而非给出负强化物。

在确定矫正方案时,行为矫正人员一般会关注以下三个问题(Ullmann & Krasner, 1965):

■ 个体行为哪些属于不良行为?哪些行为应当增加(减少)?

■ 当前哪些情境关联因素支持个体行为(是有助于不良行为保持,还是有助于降低恰适行为的发生概率)?

■ 哪些情境因素可以改变以矫正个体行为?

当矫正人员和矫正对象一致认为需要矫正某一行为并且共同确定矫正目标时,行为矫正最有可能奏效。设计方案的第一步是从行为学的角度对问题做出界定。比如说,"凯斯老是离开座位"这一表述指向的是可以测量的外显行为,我们可以记录凯斯离开座位的次数。但对不可观察现象的一般表述("凯斯态度不端正"),我们就无法对这个问题做出客观界定。

第二步是确定有哪些强化刺激可以导致不良行为持续存在。可能凯斯只有在离开座位而不是坐在座位上时才能获得教师的关注。针对这个,一个简单的矫正方案就是让教师多多关注坐在座位上完成学习任务的凯斯,而在他离开座位时无视他。如果凯斯离开座位的次数减少,那教师的关注就是一个正强化物。

行为矫正方案可能会用到计分等概括性强化物以换取诸如有形奖励、自主时间或优待等备用强化物。如果备用强化物不止一个,那就可以保证至少有一个强化物会对每位学生始终有效。此外,必须制定获得强化物的行为标准,可以借鉴上文讨论过的五步行为塑造法,先根据起始行为确定标准,然后向着目标行为逐步小幅提高。每当学生达到标准,就给学生一分。为了让凯斯消除不良行为,教师应当在他离开座位时不予过多关注,私下告诉他因为他没有达到标准,所以不能得分。

在此过程中较少用到惩罚,但如果行为破坏性太强,无法不引起关注(如打架),可能还是需要一定的惩罚。常见的惩罚措施有(强化)暂停。在此过程中,学生不能与班上同学交流,他/她要在没有同伴交流或无法获得强化机会的情况下继续完成学习任务。还有一种惩罚是如果出现不当行为,扣除正强化物(如自主时间、休息、优待等)。

批评家们指出行为矫正塑造的多为安静顺从的行为（Winett & Winkler, 1972）。虽然过多噪声会干扰学习，但课堂并不需要自始至终都是安安静静的，有些具有社会交流性质的噪声反而能够促进学习。行为矫正法就其本质来讲无所谓好坏，它可以营造安静的课堂氛围，也可以促进交流（Strain, Kerr, & Ragland, 1981）。就像行为矫正技术一样，行为矫正目标也需要参与行为矫正过程的所有相关人士仔细考量。

认知行为矫正。研究者们还在行为矫正过程中融入了认知元素。在认知行为矫正过程中，学习者的想法（经口头表达），其作用相当于分辨性刺激和强化刺激。因此，学习者可以告诉自己要做什么，然后实施正确的行为。认知行为矫正技术往往用于患有残疾的学生（Hallahan, Kneedler, & Lloyd, 1983），也用于减轻多动和暴力倾向等症状（Robinson, Smith, Miller, & Brownell, 1999）。梅肯鲍姆（1977）的自我指导训练法就是应用了认知行为矫正的原理（见第四章）。

当代视角解读

行为理论偏重可观察的活动，认为只要在情境中引入合适的刺激，就能产生反应，因而显得有些机械化。行为理论还认为，虽然人们也有内在活动（如想法、感情等），但这些对于解释行为并不是必需的。行为理论的这些观点不断遭到质疑，特别是来自认知理论的质疑。不过我们并没有必要因为认同认知理论就全盘否定行为理论。正如本章所揭示的，应用行为理论原则与完全支持条件作用理论不是一回事，比如说，无论拥护何种理论，我们都可以通过创造有益的学习环境来强化学生的学习行为。

越来越多的证据表明条件作用原理的操作模式并非全然机械的。瑞思克拉的研究（1987）表明，经典条件反射产生的必要条件是人们必须产生期望——这些属于认知信念的范畴——关于条件刺激后面会出现无条件刺激的期望，那些能够预示出现无条件刺激的条件刺激最有可能生成条件反射。

近来，也有研究发现了自愿行为的本质属性。斯金纳（1953）指出操作性行为是分辨性刺激出现后生成的自愿行为，如果接着出现强化，以后再出现这些分辨性刺激时，操作性行为的发生概率增加。

自愿行为的概念似乎与操作性条件作用理论相矛盾，因为自愿行为多少包含了学习者的选择和自控因素。另一个问题是,就个人而言,并不是所有可能的差异化行为都会被强化,所以其操作行为可以多元化。比如说,一个学生想引起教师的注意(正强化物),可以有不同的行为表现,例如表现乖巧、调皮捣蛋、装病、跌倒在地等——但并不是所有行为以前都被强化过。

纽伦杰和杰森(2010)指出自愿行为(操作行为)是有目的导向的意识性行为。一方面,他们赞同斯金纳的观点,认为强化物和分辨性刺激会影响操作行为的作用方式和频率,另一方面,他们认为强化物和分辨性刺激也会影响操作行为的多元性,操作行为可以是固定重复的(因而具有预见性),也可以是随意的(因而具有不可预见性)。他们的这些观点都已为研究所证实,表明如果行为反应的多元性被强化,那人们的行为表现可能前后不一。他们将操作性条件反射作用和意志相结合,给操作性条件作用理论添上了一抹认知主义的色彩。

关于自愿行为的行为理论解释表明行为的多元性可以被强化,行为的发生概率可以予以控制,这对于教育具有重要启发。许多教学和学习情境下——例如解决问题、创造性思维和头脑风暴等,教师希望学生的反应能够多元化。如果教师强化那些展现出多元思维的学生,就可以鼓励学生进行多元化思考。

教学应用

斯金纳(1954,1961,1968,1984)出版了大量的书讨论他的理论主张在教学实践中的实际应用。他认为教学过程中存在过多厌恶控制的现象。虽然学生很少会因做作业而遭受体罚,但他们做作业不是因为他们想要学习或能从中体验到乐趣,而只是为了不受到诸如教师批评、丧失特权、被叫到校长办公室听训等惩罚。

他注意到的第二点就是强化发生的频率很低,而且发生的时机往往不对。每天,每位学生所获得教师关注的时长只有寥寥几分钟,而当他们学习时,从他们完成作业到教师给出反馈,其间教师根本顾不上学生,这就导致学生会有不正确的学习行为和结果,因此教师必须花费更多的时间给出矫正反馈。

第三点是课程的范围和次序无法保证所有学生都能掌握相关技能。学生的学习步伐并不总是一致的,但为了能够完成所有的教学任务,可能有些学生还没有掌握之前的内容,但教师就开始讲下面的内容了。

斯金纳认为,所有这些以及其他一些问题并不是通过给教师加薪(虽然教师会很喜欢这个提议!)、延长在校时间和学期、提高考核标准或严格控制教师入职资格就可以解决的,他给出的建议是更加充分合理地利用教学时间。既然学生的学习效率有快有慢,可以开展个性化辅导,以提升教学效果。

斯金纳认为教学需要合理安排相关强化刺激。在以下情形下,教学效果更为理想:(1)教师逐步小幅加深教学内容;(2)学生积极回应而非被动聆听;(3)教师对学生的回应给予即时反馈;(4)学生按自己的节奏完成学习。

教学的基本过程是一个行为塑造的过程,在此过程中,我们先确定教学目标(目标行为)和学生的起始行为,然后设计通过哪些子步骤实现学生从起始行为向目标行为的转变。教师可以借助多样化的方式——如展示、小组任务、个人任务等按一定的次序引导学生实现这一转变,而学生对所学内容予以积极回应并能获得教师的即时反馈。

这一教学方法需要首先明确学生当前的知识掌握情况,然后从学生的角度出发确定教学目标,目标往往可以表现为一些具体行为(稍后讨论)。同时也要考虑到个体差异,具体表现为依据学生目前的知识能力和层次开始教学,并允许学生按照自己的节奏进行学习。而这些教学目标在我们当下的教育体制中是不切实际的,因为教师无法顾及学生的起始水平和学习能力等个体差异而只能统一开展教学,程序化的教学设计规避了学生的个体差异问题。

本节下面将讨论结合了行为主义原理的若干教学应用策略。虽然这些策略并非全然出自本章所讨论的斯金纳或其他行为理论,但都反映了行为理论的核心观点。

行为目标

行为目标指所期望的通过教学实现的学生学习成效。目标可以很宽泛,也可以很具体。诸如"增强学生认识"等一般或模糊目标过于宽泛,对学生行为的限定不够明确。但那些十分具体,甚至细化到学生行为时刻变化的目标,其拟定过于耗时且教师极易因此忽略最重要的学习目标。理想的目标介于这两者之间(实用应用3.8)。

实际应用3.8

行为目标

教师在备课时,必须确定具体的行为目标,并设计活动帮助学生实现这些目标。例如,美术教师在设定上课目标时,不能简单将其设定为"让学生完成建筑正面的钢笔画",而是要仔细思考学生要完成的主要目标。是钢笔的使用还是画学校建筑的正面?所以目标最好设定为"让学生以恰当的视角描摹建筑正面的主要线条(材料/方式:画纸、钢笔)"。

一名幼儿园教师写道,她想"学生能够有序去上美术、音乐和体育课"。但对于这个年龄段的孩子来说,教师的表述可以更加具体些,如"学生应该排好队走到其他教室上课,一路上不说话,手放好"。

行为目标描述学生在展示成果时应该作何表现以及教师如何知道学生的所为(Mager,1962)。规划良好的目标包括以下四个部分:

1. 特定的学生群体;

2. 教学活动完成后学生应有的行为表现;

3. 学生行为表现的条件或情境;

4. 判断目标是否实现的学生行为评价标准。

行为目标应该对重要的学习目标做出明确表述,这对于备课以及学习结果评估测试都极有帮助。设定目标还有助于教师明确学生的学习内容。如果能明确单元教学目标以及投入的固定时间,教师可以确定哪些是重要目标,从而可以对它们有所偏重。虽然低阶的学习目标(知识、理解等)一般比较容易确定,行为目标同样适用于高阶的学习目标(应用、分析、综合、评价等)。

研究表明给出行为目标的学生相比没有给出目标的学生,其逐字记忆言语信息的表现更佳(Faw & Waller, 1976; Hamilton, 1985)。目标可以给学生以暗示让他们能够在适当的水平上处理信息;当要求学生记忆目标时,他们会采用演练和其他措施加深记忆效果。研究还表明给学生设定目标不会促进与目标无关内容的学习(Duchastel & Brown, 1974),意味着学生们会侧重目标相关内容的学习而摒弃其他无关内容。

目标设定对学习的效果取决于学生以往设定目标后的经历以及他们对信息重要性的认识。相比没有设定目标或不熟悉标准的情况,设定教学目标或让学生熟悉教学标准,教学效果更佳。如果学生能够自行决定哪些学习内容重要,则目标设定不再促进学习。因此,当学生不清楚哪些学习内容重要时告知他们学习目标,显得极为重要。此外,穆斯、格林、布林顿、格雷夫斯(1988)发现文本结构会削弱学习目标对学习的效果。即使是在没有给出目标的情形下,处于显著位置的信息(如出现在文本开头或着重显示的内容),其记忆效果良好。

学习时间

操作性理论表明环境变量会影响学生的学习,其中一个变量就是学习时间。

卡罗尔(1963,1965,1989)构建了一个学校学习模式,其核心要素就是学习时间。学生的学习效果取决于他们所花费的学习时间是否达到要求。时间指实际花费在学习上的时间,或关注并尝试学习的时间。虽然时间是一个环境(可观察的)变量,但这一定义具有认知性,因为它指的并不是简单的自然时间这样一个行为表现因素。在其理论框架下,卡罗尔提出了影响学习所需时间和学习实际用时的相关因素。

学习所需用时。影响学生学习所需时间的一个因素是完成学习任务所需的能力。学习能力取决于以前任务相关内容的掌握程度以及能力和态度等个人因素。第二个影响因素是理解讲课的能力。这个变量与教学方法相关。例如,有些学习者能较好理解言语式讲解,而有些学习者对视觉呈现内容的理解更佳。

第三个影响因素是讲课质量,即任务的组织和展示效果。这里的质量包括以下内容:学习者被告知所要学习的内容以及学习方式、他们能够充分接触所学内容的程度、完成学习任务需要掌握多少先决性知识等。讲课质量越低,学习者所需的学习时间越长。

学习用时。学生的学习用时取决于可以用于学习的时间。学校课程繁多,使得部分学生可以分配到某一具体科目学习的时间低于理想时长。当教师面对全班学生统一讲课时,会有一些学生难于掌握,需要额外辅导。如果学生按其学习能力分组,难学内容所需用时会因为学生的能力水平不同而有所差异。

第二个影响因素是学习者愿意用于学习的时间。有时学生虽然有充足的时间学习,但这些时间的利用效率可能并不高。可能因为兴趣度低,或任务难度较高,或其他一些原因,学生不一定就有动力在某个任务上花费学习任务所需的时间。卡罗尔把这些因素相融合提出了一个方程式,用以评估学生完成某项任务时的学习意愿度。

学习意愿度 = 学习用时/学习所需用时

理想情况下,学生的学习用时等同于学习所需用时(学习意愿度 = 1.0),但一般情况下,学生的实际学习用时往往会高于(学习意愿度 > 1.0)或低于(学习意愿度 < 1.0)所需用时。

卡罗尔的理论模式揭示了学习所需投入时间以及影响学习用时和所需用时等因素的重要意义。其模式包含了重要的心理学原理,但只涉及教学或动机因素等一般层级的内容,没有对认知参与做深度剖析。掌握性学习研究者对时间变量做了系统的研究,在此基础上给出了更为具体细化的分析(下节讨论)。

众多教育界人士都发声谴责学生的学习时间被白白耽误(Zepeda & Mayers, 2006)。在当前关于尽最大可能提升学生学习效果的讨论中,时间是一个核心议题。例如,2001 年《不让一个孩子掉队法案》极大扩大了联邦政府在中小学教育体系中的作用(Shaul & Ganson, 2005)。虽然这一法案并没有明确规定教师必须要花多少时间在教学上,但它对学生的学习成绩、考核标准等都提出了相应的要求,再加上批评人士们一再呼吁时间的有效利用,这些都督促学校对时间利用进行重新审核,以确保学生学习效率的提高。

其结果之一就是许多中学将传统的 6 小时排课计划调整为长时段排课。虽然具体会有不同,但学校大多采用的是 A/B 长时段排课计划,即隔天上课,每次上课时间延长。可以想见,这样的排课计划必然能促使教师和学生对授课内容做更深入的探讨,这在传统的短时段(如 50 分钟)排课计划中是不可能实现的。

虽然长时段排课计划算得上是新鲜事物,但并没有太多的研究致力于对其效果进行评估。加培达和迈耶斯(2006)在回顾总结相关研究结果时发现长时段排课计划有助于改善学校的学习氛围,提高学生的平均绩点,但也有研究表明学生的到课情况同其标准化测试成绩之间并没有必然的因果关系。不过,随着长时段排课计划日益盛行,我们可以期待会有更多研究者致力于这方面的研究,对这些现象做出阐释。

增加学习用时的另一个方法是开展校外学习项目,如校后学习项目和暑期学校等。与长时段排课相关研究结果相比,校外学习项目效果的相关研究表明这些项目同学习效果之间有着更明显的因果关联。劳瑞等人(2006)在回顾相关研究文献时发现这些校外学习项目对学生的阅读和数学成绩有明显的促进;如果是强化类项目(如辅导),效果更加明显。马奥尼、洛德、卡罗尔(2005)发现课外学习项目能够有效帮助学生提高学习成绩,增强学习动力;那些积极参与课外项目活动的学生,其结果表现最为明显。我们可以得出结论:校外学习项目之所以成功,在于它们侧重学术性学习,并且为鼓励学生的学习提供积极支持,这与卡罗尔的理论主张是相一致的。

掌握性学习

依据卡罗尔的理论模式可以推导出,如果学生在某一科目上的学习能力不尽相同但又接受同等程度、同等类别的教学指导,他们的学习结果会呈现差异,而如果教学的程度和类别能因人而异,则所有学生都有潜能掌握所学内容。

这些观点构成了掌握性学习理论的基础(anderson, 2003;Bloom, 1976;Bloom, Hastings, & Madaus, 1971)。掌握性学习把卡罗尔的理论主张融入了体系性的教学设计方案,这一方案主要包含掌握性内容的选定、掌握性方案设计、掌握性教学、掌握性考核等内容(Block & Bums，1977)。虽然相较目前众多认知理论而言，掌握性学习理论本质上更偏向行为理论，但包含了不少认知元素。

在选定掌握性内容时，教师设计一系列目标以及终极(总结性)考核，同时确立掌握级别(例如，传统教学模式中得 A 的学生所达到的水平)。在此基础上，教师依据课程目标把整门课程细分成不同的学习单元。

掌握性方案设计指教师设计教学方案，以构成矫正性反馈(形成性评价)。此类评价主要以单元掌握性测试的形式进行，看学生掌握情况是否达到既定水平(如90%)。矫正性教学主要适用于未能掌握单元学习目标相关内容的学生，可以通过小组学习、个人辅导和补充知识等形式进行。

在开始掌握性教学时，教师先告诉学生如何掌握所学内容，然后针对全班或小组或个人进行教学指导。教师给予学生形成性测试，以确定哪些学生掌握了所学内容。那些没有通过测试的学生以小组为单位复习知识难点，一般会有已经掌握的同学给他们辅导。教师还要给这些学生时间，让他们在完成作业的同时做一些补救性练习。掌握性考核指总结性(课程完结)测试。学生的测试成绩如果达到或超过课程掌握性学习水平，评为 A；得分低于掌握性学习水平，依据实际情况给予评分。

一般而言，学生的学习能力不会因为教学干预而有较大幅度的改善，因此强调学生能力，将其视为学习的决定性因素可能显得有些无趣。布卢姆(1976)也同时强调了学习过程中可变量的重要性，主要包括认知性起点行为(如教学开始时学生的技能和认知处理策略等)、情感特征(如兴趣、动机等)、影响教学质量的特定因素(如学生参与度、矫正性反馈的类型等)。教学干预可以使这些变量朝好的方向发展。

如果我们梳理一下掌握性学习对学生学习表现效果的研究，会发现研究结果很是错综复杂。布洛克和伯恩斯(1977)发现掌握性学习的效果优于传统教学。彭莱杜、福盖特和加涅(2003)以大学生为对象的研究结果表明掌握性学习对于学生的学习成绩、长期记忆、课程和学科态度都有促进作用。库利克、库利克和班格特·德朗斯(1990)对 100 多项掌握性学习项目的评估进行了研究，发现掌握性学习对高校、中学、小学高年级学生的学习表现和课程态度都有积极影响。他们还发现掌握性学习能促使学生花更多时间完成学习任务。但也有相反的研究结果。班格特、库利克、库利克(1983)发现了掌握性学习项目不太有利的方面,他们注意到相比较低层次的学生,掌握性教学对高校学生的促进作用更大,其作用毫无疑问取决于适当的教学条件(如方案设计、教学、评估)(Kulik et al.,1990)。

相比传统授课的学生,参与掌握性教学的学生往往会花更多的时间于学习上(Block & Burns,1977)。因为在校时间非常宝贵,很多掌握性任务必须要占用课外的时间完成。大部分研究表明掌握性教学对情感(如学科兴趣和态度)的作用小于对学习成绩的作用。

安德森(1976)发现,当需要补救的学生积累了掌握性学习的相关经验后,其实现掌握性目标所需的额外时间会减少,这是因为他们的起点技能提高了。这些结果暗示了掌握性学习的利处可以累积。不过,关于掌握性学习有个问题,那就是需要达到多少练习量才能实现掌握性目标(Peladeau et al.,2003)。过多的重复练习可能会降低学习动力,从而抑制学习。这些观点需要进一步研究,但对教学有着重要的启发。实际应用3.9给出了关于掌握性学习的一些实际应用案例。

实际应用3.9

掌握性学习

掌握性学习策略在某些学习环境中能起到很好的效果。在针对中学生的阅读补习班上,策划良好的掌握性学习方案能够使学生按照自己的步伐取得进步。这些学生被期望能在短期内取得较大进步,如果是在传统的教学模式下,这很可能不会实现,但在掌握性学习情境中,这些学生的进步保持了一个较快的速度。其中一个核心内容就是学习活动的设计遵循由易入难的顺序。掌握性学习项目会设置一些检测环节,学生与教师互动交流,以评估学生的进步情况,发现有需要再次进行辅导。

幼儿入学时,其经历和能力各不相同,掌握性学习能够帮助教师有效应对学生能力和发展水平不同的情况,可以通过学习中心和学习小组的方式开展掌握性学习项目,根据孩子们的水平层次,让他们加入不同的学习中心和学习小组,这样他们就可以按照自己的实际情况实现不同步的进步。

掌握性学习还可以帮助学生建立起学习的自我效能(第四章)。当看到自己掌握了某一单元的教学内容时,他们就会相信自己有能力继续学习下一个单元。自我效能增加对于那些学有困难并因此对自己的能力产生怀疑的学生以及那些经历和技能储备有限的学生来说特别重要。

程序化教学

程序化教学(PI)指依据操作性条件作用学习原理而研发的教学材料(O' Day, Kulhavy, Anderson, & Malczynski, 1971)。20 世纪 20 年代,席德尼·普莱西设计出了主要适用于测试的机器。学生面对一系列选择题,根据自己的选项按下相应的按钮。如果学生回答正确,机器会自动给出下一题;如果学生答错,错误会被记录在案,学生可以重新答题。

20 世纪 50 年代,斯金纳再次把普莱西的机器搬上历史舞台,并对它们进行了改良,使它们可以用于教学(Skinner, 1958)。这些教学机器逐步(以帧为单位)向学生显示教学材料,每帧页面都要求学生做出明确的回应。材料显示的先后次序经过精心安排,所有材料都被拆分成小的单元,以最大程度地减少错误率。学生回应对错与否,机器马上会给出答复。如果学生答对,机器会显示下一帧页面,如果答错,机器给出补充材料供学生学习。虽然错误在所难免,但机器的程序设定以最大程度减少错误率为目标,确保学生都能获得成功的体验(Benjamin, 1988)。

学生的学习表现越来越好,会带来很多益处,但正如上文所指出的,教师不能要求学生不再出现失误,要不可能会适得其反。德威克(1975)发现,相比一向的一帆风顺,偶尔失误更能激发学生挑战困难任务的恒心和毅力。此外,如果一个人没有遭遇过挫折,就不能真正证明这个人能力的大小,只有偶尔的挫败才可以看出这个人所具备的能力和不足。这当然不是建议教师故意给学生制造挫败,而是说在合适的情境下,如果学生的学习任务能够让他们不时感觉困难,这对他们有好处。

程序化教学并不总是要用到机器;奥兰德和斯金纳(1961)写的一本书就是程序化教学的一个很好例证。不过,当前的程序化教学大多借助计算机来实现,我们可以称之为计算机辅助教学(CBI)。当下的程序化教学设计也比早期的程序化教学设计更为精细。

程序化教学是若干学习原则的集成(O'Day et al., 1971)。行为目标明确告知学生完成学习后应该具备哪些行为表现。每个单元被划分成若干帧页面,按先后顺序排列,每帧页面显示少量内容,然后让学生完成测试题。这种教学模式也可以涵盖大量内容,但帧与帧之间在内容上的递进幅度很小。学生在学习过程中可自主调节学习节奏,完成测试题目,题目可能涉及填写单词和数值、在所给出的几个表述中选出最恰当的表述等。计算机的反馈取决于学生的回答。如果回答正确,计算机给出下一题;如果回答错误,计算机给出补充内容,然后再出题对学生进行测试,题目与之前的题目会略有不同。

依据对待学生错误的处理方式不同,程序化教学可分为两类,一类是线性程序性教学,一类是分叉式程序性教学。线性程序性教学模式中,虽然学生的学习进度不一定一致,但程序推进的过程是相同的。不管学生各帧内容的测试是否过关,只有当他们的答案被认定是正确的时候才能进入下一帧页面的学习。程序通过在多帧页面中显示相同材料、激发学生反应等方式减少错误率。

在分叉式程序性教学模式中,学生的学习进度取决于他们回答测试题的方式(图3.4)。学习效率高的学生可以跳过某些帧页内容及很多重复的线性内容,而学习效率低下的学生会有补充教学。分叉式教学模式的一大弊端在于重复性内容不多,不足以确保所有学生都能较好地掌握概念等知识。

题5 当_____打开时,水从堤坝流过。

☒ 上游

☐ 下游

☐ 水库

☐ 溢洪道

☐ 水闸

不对。"上游"指与水流方向相逆的河流流向。正确答案是堤坝的一个组成部分。

页1

请重试

题5 当_____打开时,水从堤坝流过。

☐ 下游

☐ 水库

☐ 溢洪道

☒ 水闸

回答正确。水闸引导水流经堤坝。

页2

继续

主菜单

☐ 第 1 部分:词汇

☐ 第 2 部分:洪水的成因

☐ 第 3 部分:洪水的后果

☐ 第 4 部分:洪水防治

☐ 第 5 部分:模拟

☐ 第 6 部分:防治后果

☐ 测验

页 3

你已经完成

第 1 部分:词汇

你接下来想做什么?

☑ 重复第 1 部分

☑ 阅读第 1 部分的总结

☐ 进入第 2 部分

☒ 主菜单

页 4

图 3.4　分叉式程序化教学页面图

研究表明线性和分叉式程序化教学模式都能有效促进学生学习,程序化教学同常规的课堂教学一样等效（Bangert et al.，1983；Lange，1972）。程序化教学特别适用于那些技能掌握不足的学生；程序化教学给他们提供了补救性教学和实践机会。程序化教学同样适用于针对某一课题的自主学习。

在被互联网取代之前，计算机辅助教学一直是学校最为广泛使用的计算机学习模式（Jonassen，1996）。关于高校课程的计算机辅助教学研究表明这一教学模式对学生的学习成绩和态度有促进作用（Kulik，Kulik，& Cohen，1980）。计算机辅助教学的若干特点都是基于学习理论和研究发展而来。计算机能紧紧抓住学生的注意力，能给出即时反馈，这些是课堂教学所无法实现的（如将当前的表现同先前的表现作比较以显示进步）。计算机显示的内容和频率可以因人而异，学生技能和以前答题情况等相关信息可以储存。而随着技术的日新月异，我们可以依据个人的需求（如可以按个人喜好设计页面显示教学内容）设计教学（Webley，2013）。

甚至连一些简单的个人化设计都能带来积极影响。学生可以输入自己、父母和朋友的相关信息，这些都可以出现在教学过程中。研究表明个人化体验可以促进学生表现（Anand & Ross，1987；Ross，McCormick，Krisak，& Anand，1985）。安纳德和罗斯（1987）分别采用三种问题情境（抽象、具体、个人化）教小学生分数的除法。

（抽象）有三个物体。每个物体都被一分为二。总共分成了多少块？

（具体）比利有三根糖果棒。他把每根糖果棒掰成了两段。比利最后总共有多少段糖果？

（约瑟夫个人化情境）12 月 15 日，约瑟夫的教师威廉姆斯夫人给了他一个惊喜——三根糖果棒。约瑟夫把每根糖果棒掰成了两段，好跟朋友一起分享他的生日礼物。最后，约瑟夫一共有多少段糖果？（pp. 73 - 74）。

相比抽象模式，个人化情境模式学习效果更显著，学生更懂得举一反三；相比具体模式，个人化情境模式更受学生喜爱。

关联契约

关联契约指教师和学生之间就表现良好学生的行为要求和其预期结果(强化)达成的协议(Homme, Csanyi, Gonzales, & Rechs, 1970)。契约一般是书面形式的,但也可以是口头的。教师可以先自行起草契约,然后问学生是否同意,但通常做法是教师和学生一起制定契约,这样做的好处之一就是学生可以对契约产生更多的认同感,更愿意恪守完成契约条款。如果人们参与目标选择,相比不得参与选择过程,其实现目标的意愿会更强(Locke & Latham, 1990)。

契约列出学生所需实现的种种行为,以此作为目标或预期结果。"关联"一词即为预期结果,一般可以理解为"你做这个就可以获得那个"。行为描述必须特别具体明确——例如,"我将完成数学书上1—30题,准确率至少达到90%"或"我会在阅读期间坐在座位上"。一般行为描述(如"我会完成数学作业"或"我会表现得当")并不可取。对幼儿来说,行为持续的时间应该短些;但是,目标中的时间可以指不止一次的时间,如一周总共30分钟或在每次社会研究期间。契约中的行为可以是学习行为也可以是跟学习无关的行为(实际应用3.10)。

实际应用 3.10

关联契约

关联契约指系统性应用强化原理以矫正行为的做法,可用于矫正任何类型的行为,如完成作业、不扰乱课堂纪律、参与讨论等。制定契约时,教师应当确保学生对奖励感兴趣、能够激励他们。

劳瑞夫人班上有个学生叫詹姆斯,她试了好几种办法来激励詹姆斯完成语言艺术课的作业。她和詹姆斯可以一起就詹姆斯的不良行为制定一份契约,一起讨论有哪些问题,确定目标行为,列出相关后果和履行契约条款的时限等。以下是契约的样本。

1 月 9—13 日　　周契约

我将在课程所给时间内完成语言艺术作业,准确率达到 80%。如果我能完成作业,将获准参与学习中心活动。如果未能完成作业,将被取消休息时间,并于休息时间完成作业。

周一:

_____完成_____未完成

周二:

_____完成_____未完成

周三:

_____完成_____未完成

周四:

_____完成_____未完成

周五:

_____完成_____未完成

额外奖励:如果 5 天内至少有 3 天我能完成作业,将可以在周五下午获得 30 分钟使用电脑的时间。

学生	教师
——————	——————
签名/日期	签名/日期

与学生一起制定契约并且监督学生履行契约是个十分耗时的过程。万幸的是,绝大多数学生并不要求契约能够帮助自己做出良好表现或完成功课,而是督促自己更加高效完成功课的一个有效手段。一项冗长的、需要长期才能完成的作业可以分解为一系列有期限的短期目标。这样的计划能够帮助学生按时完成提交作业。

契约理论是基于这样一个原则:具体的、具有短期可行性、有难度但能最终实现的目标能最大程度地激发行为表现(Schunk,1995)。契约还能向学生传递他们完成任务过程中取得进步的情况,从而增加他们完成任务的动力,促使其更好地表现(Locke & Latham,1990)。契约如能强化学生学习或完成任务过程中的进步,能促进学生更好学习或完成任务。

小结

行为主义理论——条件作用理论即属于行为主义理论的范畴——是20世纪前半期学习心理学的主流流派。这些理论从情境活动的角度对学习做出阐释,认为行为的形成、维系和泛化跟心理活动没有必然联系。

桑代克、巴甫洛夫和格思里等人的理论使得学习心理学成为一门独立的学科。这些理论不尽相同,但都把学习视为刺激和反应相互关联的一个过程。桑代克认为如果反应后面出现令人满意的结果,刺激反应增强。巴甫洛夫通过实验证明通过与其他刺激相配对,刺激可以产生条件作用,引发反应。格思里认为是刺激和反应之间的邻近关系促成了它们的配对。虽然这些理论已经变得陈旧落伍,但很多理论原则在当前的学习理论中仍占有一席之地。

操作性条件作用理论是 B. F. 斯金纳提出的学习理论,这一理论是基于这样一个认定:环境因素(刺激、情境、活动)可以引发反应。强化可以增强反应,加大以后刺激出现时反应的发生概率。行为与生理或心理状态没有太大关系。

操作性条件反射的基本模式是由分辨性刺激(先行物)、反应(行为)和强化刺激(结果)构成的三项关联模式。行为结果决定人们对情境暗示做出反应的可能性。强化性结果增加行为的发生概率,惩罚性结果降低行为的发生概率。操作性条件作用理论还有其他一些重要概念,包括消退、泛化、分辨、一级/二级强化物、强化安排、皮墨克原则等。

行为塑造是矫正行为的过程,通过强化逐步接近目标行为的表现以实现目标行为发生的方式或频率。复杂行为是简单行为不断通过三项关联作用而形成链化的结果。

行为矫正项目广泛用于不同情境中,以促进适应行为的形成。

操作性条件作用原理的适用性遭到了认知理论学家的质疑,他们认为操作性条件作用理论无视心理活动的作用,对人类学习行为的理解存在片面性。刺激和强化可以解释某些人类学习行为,但大量研究表明我们必须把人的想法、信念和情感等因素纳入思考范围,才能对学习行为——尤其是高阶和复杂的学习行为——做出有力的解释。新的行为理论保留了基本的行为理论原则,但融入了意志等认知元素。

操作性原则被用于教学和学习的诸多方面,如行为目标、学习时间、掌握性学习、计算机辅助教学、关联契约等。研究结果表明这些实际应用能够促进学生的良好表现。无论倾向哪种理论,我们都可以运用行为原则来促进学生的学习和表现。

条件作用理论视角下的学习问题总结(第一章)见表3.6。

表3.6　学习问题总结

学习如何发生?

操作性学习的基本模式可归纳为三项关联模式:分辨性刺激(SD)→反应(R)→强化刺激(SR)。分辨性刺激出现后形成反应,反应之后是强化刺激,在强化刺激的作用下,以后分辨性刺激出现时产生反应的概率增加。复杂行为的形成是一个行为塑造的过程,由一系列三项关联模式链接而成,在此过程中,逐渐接近行为目标方式的表现不断被强化。影响学习的因素包括发展状况和强化历史。为了使条件作用切实发生,我们必须具备实施行为的生理能力。特定情境下的反应取决于行为人以往是否有过行为强化的经历。

记忆如何作用?

条件作用理论并没有明确提及记忆问题,因为这些理论并不研究人的内部作用机制。针对特定刺激的反应经过反复强化得以增强,这一反应强化作用解释了为什么会出现当前的行为。

动机的作用?

动机表现为行为发生数量或频率的增加。条件作用理论并没有借用任何内部作用机制来解释动机问题,行为数量或频率的增加可以从强化历史的角度进行阐析。某些强化安排使得反应发生概率上升。

迁移如何发生?

迁移或泛化指我们能在与条件作用过程中的刺激相同或相似的刺激下做出相同反应。迁移过程中至少有某些元素与条件作用过程中的元素相似,这是迁移发生的前提条件。

自我调节学习如何实现?

我们会在第十章讨论到,操作性条件作用对自我调节行为的解释就是在一系列备选行为中做出选择,往往通过延迟某个即时强化物实现,目的是在以后获得某个截然不同但通常更具吸引力的强化物。其核心环节包括自我监督、自我指导、自我强化等。行为人自行决定对哪些行为进行管理、确立促使行为发生的分辨性刺激、接受指导、监督行为表现并判断是否达到标准、实施强化。

对教学的启发?

学习是一个确定分辨性刺激反应的过程,需要通过实践强化反应。复杂技能掌握可以通过逐步小幅地接近目标行为的过程实现。教学应当设定清晰、可量化的目标,分步小幅推进,并且不时给予强化。掌握性学习、计算机辅助教学和关联契约都是促进学习的常用方法。

扩展阅读

Hattie, J. (2012). Know thy impact. *Educational Leadership*, 70(1), 18 – 23.

Mayer, R. E. (2003). E. L. Thorndike's enduring contribution to educational psychology. In B. J. Zimmerman & D. H. Schunk (Eds.), *Educational psychology: A century of contributions* (pp. 113 – 154). Mahwah, NJ: Erlbaum.

Morris, E. K. (2003). B. F. Skinner: A behavior analysis in educational psychology. In B. J. Zimmerman & D. H. Schunk (Eds.), *Educational pyschology: A century of contributions* (pp. 229 – 250), Mahwah, NJ: Erlbaum.

Skinner, B. F. (1968). *The technology of teaching.* New York, NY: Appleton – Century – Crofts.

Watson, J. B., & Rayner, R. (1920). Conditioned emotional reaction. *Journal of Experimental Psychology*, 3, 1 – 14.

Wood, W., & Neal, D. T. (2007). A new look at habits and the habit – goal interface. *Psychological Review*, 114, 843 – 863.

第四章　社会认知理论

韦斯特布鲁克中学女子网球队正在进行校外训练。球队打了几场比赛,整体打得不错,但也存在一些需要改进的地方。桑德拉·马丁教练正在辅导球队的四号单打球员多妮塔·阿瓦特。多妮塔的总体表现很好,但最近她的反手击球总是落网。马丁教练让多妮塔反手回击他打过来的球。

多妮塔:这不可能,我做不来。

马丁教练:你可以的。你以前可以反手击球,现在也可以。

多妮塔:那我应该怎么做?

马丁教练:你反手击球的时候,用力稍往下了些,所以你的球才老是打到球网上。你需要向上打。到这儿来,我来做下示范(马丁教练先模仿多妮塔的击球动作,然后示范了如何向上击球,指出两个动作间有何区别)。现在你来试试,先慢一点。感觉到不同了吗?

多妮塔:是的,但我应该什么时候开始挥拍呢?从多后多低的位置开始挥拍?

马丁教练:再看下我做。反手击球前先要调整握拍,就像这样(马丁教练示范怎么握拍),然后跑到这个位置,离球大概这个距离(马丁教练做出示范)。现在像这样开始反手击打(马丁教练做出示范),像这样过来(马丁教练做出示范)。你看到了吗,这时手是往上而不是往下拍的。

多妮塔:好的,清楚多了(开始练习)。你能向我打几个球试试吗?

马丁教练:当然。我们来试试,一开始慢点,然后再慢慢加速(他们练了几分钟)。

很好! 我这里有本书,你看下里面关于反手击球的内容。有一些很有用的图片,还有关于我刚才所讲的文字解释。

多妮塔:谢谢教练,我会看的。我之前真的觉得自己打不了反手,所以比赛中一直不太敢反手击球。不过现在我感觉有信心多了。

马丁教练:非常好。保持这样的心态,多多练习,你有可能成为队里的三号单打球员。

第三章我们讲了条件作用理论(行为主义理论),这一理论是 20 世纪前半期学习领域的主流理论。而从 20 世纪 50 年代末、60 年代初开始,这些理论开始遭到广泛的质疑,影响力日渐衰微,时至今日,认知理论成为了学习领域的主流理论流派。

行为主义理论遭到的重大质疑之一来源于阿尔伯特·班杜拉及其同事开展的观察性学习研究。这个研究的一个主要发现就是人们可以通过观察他人学会新的行为。观察者在观察的时候不必做出这些行为。在这一过程中,学习的发生很显然不是由于强化的作用。这些研究发现开始让人对条件作用理论的核心观点产生怀疑。

本章主要介绍班杜拉(1986, 1997, 2001)的社会认知理论,这一理论认为人类学习行为大多在社会情境中发生。人们通过观察他人获得知识、规则、技能、策略、信念和态度等内容。个人还可以通过榜样示范了解行为是否有用得体,示范行为会有怎样的后果等,然后依据自身能力及行为预期结果认知行事。开头小剧场描述了榜样示范在教学中的实际应用。

本章先讨论社会认知理论的理论框架及其对人类学习和行为本质的解析,然后会有相当篇幅用于讨论示范的作用过程。随后,本章讨论社会认知理论对学习和行为表现的诸多影响,包括动机性影响——尤其是自我效能的重要意义。此外,本章还给出了一些社会认知学习原理用于教学的实际应用案例。

读完本章后,你应该可以:

■ 描述并举例说明三元因果交互作用机制;

■ 区分亲历性学习和替代性学习、学习和行为表现;

■ 解释自我调节在社会知理论中的作用；

■ 定义并举例说明示范的三大作用；

■ 讨论观察性学习的过程；

■ 解释影响观察性学习和行为表现的各个因素；

■ 讨论目标、结果预期和价值判断的动机性属性；

■ 定义自我效能并解释其在学习情境中的成因和效果；

■ 讨论榜样属性（如同辈、多重、应对）如何影响自我效能和学习；

■ 描述社会认知理论原理在教育领域的实际应用。

学习的理论框架

阿尔伯特·班杜拉1925年出生于加拿大亚伯达省。他获得爱荷华州立大学临床心理学的博士学位，在那里他深受米勒和多拉德(1941)社会学习和模仿(后面讨论)理论的影响。20世纪50年代的时候，班杜拉来到斯坦福大学，开始了关于社会行为影响的研究。他认为当时盛行的条件作用理论并不能有力解释亲社会行为和偏常行为的学习和施为。

　　　　事实上，早前采用学习理论解释亲社会和偏常行为问题的做法绝大多数……都受困于这样一个事实，即这些解释很大程度上所依赖的理论原则具有很大的局限性，这些理论原则提出的基础和支撑依据主要是动物学习或个人情境下的人类学习研究。(Bandura & Walters, 1963, p.1)

班杜拉提出了一套具有广泛解释力的观察性学习理论，可用以解释各种技能、策略和行为的学习和表现。社会认知原理已被用于指导认知、运动、社会和自我调节技能学习，同时也用于研究暴力(现实、影视)、道德发展、教育、健康、社会价值等问题(Zimmerman & Schunk, 2003)。

班杜拉著作颇丰。早在1963年，他就和理查德·沃尔特斯合著了《社会学习和个性发展》一书,此后著书不断,包括《行为修正原理》(1969)、《侵犯:社会学习分析》(1973)、《社会学习理论》(1977b)、《思想和行为的社会基础:社会认知理论》(1986)等。随着《自我效能:控制管理》(1997)一书的出版,班杜拉开始从社会认知理论的角度探讨人们如何通过自我调节思想和行为来控制人生重大事件的发生和发展。其基本过程包括设立目标,判断行为可能产生的结果,评估目标实现过程的进展,自我调节思想、情感、行为。班杜拉解释说:

> 社会认知理论的另外一个鲜明特征是强调自我调节机制的重要作用。人们做出某种行为并不只是为了迎合他人,这些行为大多受到其内在标准和行为的自我评价等因素的驱动和管理。个人标准确立后,行为和衡量行为的标准之间可能会发生偏差,从而激发评价性的自我反应,影响后续行为。因此,影响行为的因素中,有些是自我生成的。(Bandura,1986,p.20)

社会认知理论对学习和行为表现做出论述(Schunk,2012)。论述的主要内容包括人、行为和环境三者的交互作用;亲历性学习和替代性学习(即学习发生的途径);学习和行为表现之间的区别;自我调节的作用。

交互作用

班杜拉(1982a,1986,2001)从三元互动,即行为、环境变量和个人因素(如认知)三者交互作用的角度对人类行为进行讨论(图4.1),这些决定因素通过自我效能感知——即关于组织、实施学习或行为以达到指定程度所需能力的认知——发生交互作用(Bandura,1982b,1986,1997)。关于自我效能(个人因素)和行为之间的交互作用,研究者发现前者影响任务选择、完成任务的恒心、辛苦付出和技能掌握等表现性行为(个人→行为;Schunk,2012;Schunk & Pajares,2009)。开头小剧场中,正是由于多妮塔自我效能不高,才导致她在比赛中不敢反手击球。反过来,学生的行为表现也会让他们调整自我效能。学生在完成任务的过程中,发现自己正朝着学习目标(如完成作业、部分完成学期论文)不断前进,会让他们觉得自己有能力顺利完成任务,从而增强了他们继续学习的自我效能(行为→个人)。

针对存在学习障碍学生的研究已经证实自我效能和环境因素之间存在交互作用。很多存在学习障碍的学生对于自己能够学好的自我效能感很低(Licht & Kistner, 1986)。学生所处社会环境中的相关人员可以针对学生的学习障碍相关因素(如自我效能低)而非其实际能力做出应对(个人→环境)。例如,教师判断这些学生相比其他不存在学习障碍的学生能力要弱,可以对他们——甚至是在这些学生表现良好的知识性学科领域——的学习成绩降低期望值(Bryan & Bryan, 1983)。反过来,教师的反馈也会影响自我效能(环境→个人)。当教师告诉学生"我知道你可以做到"时,学生可能会感觉更有信心完成任务。

学生的行为和课堂环境在很多方面彼此影响。想象一下这样一个典型的教学场景:教师展示教学内容,让学生观看幻灯片。当学生没有太多自主意识地看向幻灯片时,这就构成了环境对行为的影响。学生的行为往往会引起教学环境的调整。如果教师提问,而学生给出错误的答案,这时教师可能会把某些要点重讲一遍,而不是继续讲下面的内容(行为→环境)。

图4.1揭示了个人、行为和环境这三者间的交互作用,但并不意味着其作用方向总是相同的。任何时候,总有一个因素占据支配地位。当环境影响偏弱时,个人因素就会占据支配地位。比如,教师让学生写一份报告,学生可以自行选题,这时学生往往会选一个他们感兴趣的话题。不过,若有人被困在着火的屋子里,他/她会想尽快跑出来,这时环境支配了行为。

图4.1　三元因果交互作用模式

来源:《思想和行动的社会基础》

作者:A. 班杜拉,© 1986。转载已获得培生教育集团许可,Upper Saddle River,新泽西。

　　但大多时候,个人、行为、环境这三者交互作用。教师讲课时,学生思考教师讲的内容(环境影响认知——个人因素)。学生不理解时举手提问(认知影响行为)。这时教师再讲一遍(行为影响环境)。最终,教师给学生布置作业(环境影响认知,认知影响行为)。在学生完成作业的过程中,他们认为自己做得不错(行为影响认知)。他们确定自己喜欢做作业,问教师是否可以继续完成,教师表示同意(认知影响行为,行为影响环境)。

亲历性学习和替代性学习

　　在社会认知理论中,学习可以是有实际行动的亲历性学习,也可以仅是观察示范行为(如真实的、象征性的、电子化的)的替代性学习(Schunk,2012)。

　　　　学习很大程度上是一种信息处理活动,在此过程中,关于行为结构和环境活动的信息被转换为符号性表征以指导行为。(Bandura,1986,p.51)

　　亲历性学习指从自己行为的结果中进行学习。成功的行为被保留;失败的行为被纠正或摒弃。条件作用理论也认为人们可以通过行为学习,但社会认知理论对此做出了不同的解释。斯金纳(1953)指出认知可能会伴随行为变化出现,但并不会对后者产生影响(第三章)。而不同于条件作用理论指出的行为强化观点,社会认知理论认为行为结果是信息和动机产生的根源。结果告知人们行为是否准确得当。成功完成任务或受到奖励时,人们知道自己表现不错。而当遭遇失败或受到惩罚时,他们知道有什么地方做得不对,从而努力改正。结果还能激励人们。人们总是会想学他们觉得重要、能够带来心仪结果的行为,而总会避免去学可能带来惩罚或令人不满的行为。由此可见影响学习的是人们的认知而不是结果。

　　人的学习行为大多属于替代性学习,即学习者在学习的过程中并没有外在的行为表现。替代性学习的常规渠道是观察或聆听示范,示范者可以是真实的人(在人身上呈现),也可以是象征性或非人类内容(如会说话的动物、卡通人物等)、电子化产品(如电视、电脑、DVD等)或出版物(如书刊杂志等)。有些学习可以通过亲历获得,但替代性学习可以提高人们的学习效率。替代性学习还能解救人们，让他们不需要亲自去体验不快的结果。我们可以通过聆听他人所讲、阅读书籍、观赏影片等方式，了解毒蛇很危险，而不需要亲身去体验惨遭毒蛇噬咬的危险后果。

复杂技能的学习是一个典型的结合了观察和行为表现的例子（Schunk，2012）。学生观察示范者讲解并示范技能，然后进行练习。这在开头小剧场中表现得很明显，马丁教练讲解反手击球的要点，并做出示范，多妮塔观摩、练习。不过学生通过观察学到的只是复杂技能的一些构成要素，练习给予了教师和教练做出纠正性反馈的机会，以帮助学生完善技能。如同亲历性学习一样，替代性学习中的反应结果也会给予观察者信息和动机。观察者更有可能学习那些会产生成功而非失败结果的示范行为。当人们认为示范行为切实有用时，就会认真观察示范行为，并在脑海中进行演练。

学习和表现

社会认知理论对新的学习和以前所学行为的表现做了区分。虽然我们的学习大多通过行动实现，但也有很大一部分学习是通过观察实现的，这类学习往往缺乏目标或强化（潜在性学习）。我们是否会将所学付诸行为表现取决于动机、兴趣、表现刺激、需求感知、身体状态、社会压力和竞争行为属性等因素。也就是说，强化或关于强化即将出现的认知影响的是我们的行为表现而不是学习本身。

有些学校活动（如复习课）包含了展示先前所学技能的相关内容，但多数时间都花在学习上。通过观察教师和同伴榜样的行为，学生获得在自我学习过程中可能不会显现的知识。例如，学生可能在学校了解到略读是一种非常有用的以获取文章大意为目的的阅读行为，而且可能也掌握了略读的某种策略，但他们可能只有在家阅读时才会运用略读技巧来促进学习。

自我调节

社会认知理论的一大核心主张是人们想要"控制对人生有重大影响的事件"，认为自己是能动主体（Bandura，1997，p. 1）。这一能动性体现在意识行为、认知活动和情感活动中（Bandura，2006）。自我效能感知（本章稍后讨论）是影响一个人能动性的重要因素。其他重要因素（同样稍后讨论）包括结果预期、价值判断、目标设定、目标进展的自我评价、认知示范建立和自我指导。

个人能动性的核心内容是自我调节(自我调节学习),即个人行为、认知和情感激发和保持的过程,这一过程以系统性地实现目标为导向(Zimmerman,2000,2013)。在努力自我调节人生重要事件的过程中,个体的能动性增强。在学习情境中,自我调节要求学习者面临选择,例如,要做什么、怎么做等。但学习者往往没有选择的权利,例如教师给学生布置作业,要求他们解释参数时,很多东西都是由教师控制的。当所有或绝大多数任务内容都受到他人控制时,起作用的就不是自我调节,而是外部调节或他人调节。社会认知理论自我调节的相关内容将在第十章做深入讨论。

示范作用过程

示范作用是社会认知理论的核心构成要素,指通过观察一个或多个示范而获得的行为、认知和情感变化(Rosenthal & Bandura,1978,2012;Zimmerman,2013)。从历史文献来看,示范作用与模仿是相等同的概念,但前者的包容性更强。下面我们来了解下历史文献中关于模仿的相关论述,以便我们更好理解班杜拉等人示范作用研究的意义。

模仿理论

从古至今,人们都把模仿视为行为传承的重要手段(Rosenthal & Zimmerman,1978)。古希腊人用mimesis(模仿)一词指通过观察他人行为及具有文学和道德风范的抽象示范来进行学习。其他一些观点认为模仿跟本能、发展、条件作用和工具性行为相关(表4.1)。

表4.1　模仿理论

观点	假设
本能	被观察到的行为引发模仿这些行为的本能驱动。
发展	儿童模仿符合他们当前认知结构的动作。
条件反射	行为通过塑造作用被模仿和强化。模仿成为一种概括性反应类。

| 工具性行为 | 模仿通过重复强化与榜样反应相匹配的反应而成为次级驱动力。模仿导致驱动力减少。 |

本能。20 世纪初,有一种科学观点盛行一时,认为人们具备模仿他人动作的天性(James,1890;Tarde,1903)。詹姆士认为模仿很大程度上决定了人的社会化,但他并没有对模仿的发生机制做出阐释。麦克杜格尔(1926)将模仿的定义限定为一个人对他人动作的本能复制。

但行为主义理论对本能论不屑一顾,认为它假设存在某种内在驱动(以及可能的精神意象)干预刺激(他人动作)和反应(动作复制)。华生(1924)认为人们被打上“本能”标签的行为其实很大程度上是训练的结果,是后天习得的。

发展。皮亚杰(1962)对模仿提出了不同的看法。他认为人类发展是掌握范式(图式)——即构成思想和行为有序组织的认知结构——的过程。思想和行为与范式并不是一回事;它们是范式的外在表现。个人所获得的关于范式的认识决定他们如何对事件做出反应。范式是先前经历的反映,由人的知识所构成。

范式随着人的成长以及超越现有认知结构的经历而发展。而模仿只限于与现有范式相当的活动。儿童可以模仿他们理解的动作,但与他们的认知结构不相匹配的动作则不应该模仿。从这个意义上讲,发展必须先于模仿。

这一观点限制了模仿建构、修正认知结构的潜力。此外,这一观点鲜少获得实证的支持(Rosenthal & Zimmerman,1978)。瓦伦丁(1930b)在早期研究中发现婴儿可以模仿能力范围内的动作,但这些动作它们之前从来没有做过。婴儿特别喜欢模仿吸引它们注意的特别动作。模仿并不总是即时发生的,在婴儿模仿前这些动作往往需要不断重复。动作行为人非常重要:婴儿最喜欢模仿妈妈。这些发现以及后来研究的发现无一不表明模仿并不是简单的发展能力的体现,它在促进发展的过程中发挥重要作用(Rosenthal & Zimmerman,1978)。

条件反射。条件作用理论学家们从关联的角度来理解模仿。汉弗莱(1921)认为模仿是一种循环性反应,在此过程中每个反应都成为引发下一个反应的刺激。婴儿可能由于疼痛(刺激)而放声大哭(反应)。婴儿听到自己的哭声(听力刺激),又成为继续大哭的刺激。通过条件反射作用,小的反射单元不断叠加构成更为复杂的反射链接。

斯金纳(1953)的操作性条件作用理论认为模仿是一种概括性反应类(第三章)。示范行为就是三项关联模式(SD → R → SR)中的SD(分辨性刺激)。当观察者实施相同反应(R)并且获得强化(SR)时,就产生了模仿。这一关联性在人的生命早期就得以确立。例如,父母发出一个声音("Dada"),孩子跟着模仿,然后父母给出强化(微笑或拥抱)。模仿反应类一经确立,可以在间歇性强化安排中得以持续。只要榜样一直作为强化的分辨性刺激存在,儿童就会模仿榜样(如父母、朋友)的行为。

这一观点的局限性在于,它认为我们只能模仿我们可以表现出来的反应。但事实上,大量研究表明有很多行为可以通过观察习得(Rosenthal & Zimmerman, 1978)。另外一个局限性在于它认为模仿的产生和维持需要强化的出现。但班杜拉等人的研究表明,观察者可以在不对示范行为或观察者进行强化的情况下学会示范行为(Bandura, 1986)。强化影响的主要是先前所习得反应的行为表现,而非新的学习。

工具性行为。米勒和多拉德(1941)提出了完整的模仿理论,即匹配—依赖行为理论,认为模仿是工具性的习得行为,可以引发强化的出现。匹配—依赖行为与示范行为相匹配(相同),依赖于示范行为或者由示范行为所引发。

米勒和多拉德认为一开始模仿者通过试误方式对行为暗示做出反应,但最终做出正确的反应并被强化。模仿者之前所表现出的反应是习得的。

认为模仿是习得的工具性行为的观点是模仿理论的一大跨越,具有重要意义,但还是存在问题。就像其他观点一样,这一理论也认为新的反应不是通过模仿生成的;相反,模仿是习得行为的表现。因此,它无法解释模仿性学习现象,无法解释延迟性模仿(如模仿者会在榜样实施行为一段时间后做出相匹配的反应),也无法解释没有强化的模仿行为(Bandura & Walters, 1963)。模仿的这一狭隘理解限制了模仿在模仿反应密切匹配示范反应过程中的效用。

示范的作用

班杜拉(1986)区分了示范的三大作用:诱发反应、抑制或脱抑制、观察性学习(表4.2)。

表4.2　示范的作用

功能	内在机制
诱发反应	社会提示生成激励性刺激,促使观察者实施示范行为("从众")
抑制或脱抑制	示范行为使观察者产生期望:如果他们实施相同行为,会获得相似的结果
观察性学习	这一过程包括注意、保持、动作显现和激励

诱发反应。人们学习了很多技能和行为,但是并不做出相应的行为表现,这是因为他们缺乏表现的动力。诱发反应指示范行为充当社会性提示,促使观察者做出相应的行为。有名小学教师在教室一角布置了漂亮的展览,早上第一批学生走进教室的时候,看到了角落的展览,立马走过去看。而当其他学生进入教室时,他们看到角落里站了很多同学,也会走过去看看大家都在看什么。几个学生在一起就构成了社会性提示,促使其他学生加入他们,虽然后者可能并不知道其他人为什么会聚在一起。

诱发效应十分常见。你见过一群人朝着同一个方向张望吗?这会诱使你也朝着相同的方向张望。不过需要注意,诱发反应并不是学习行为,因为人们早已知道如何行为,在这种情况下,示范只是起到诱发观察者行为的作用。观察者获得关于行为恰当性的信息,如果示范获得积极结果,可能会被激励实施这些行为。

诱发反应示范作用可以在无意识的情况下发生。查特兰和巴格(1999)找到了变色龙效应的证据,人们可以在社会环境中无意识地模仿他人的行为和作派。只要看到行为就可能引发做出相应行为的反应。

抑制或脱抑制。观察示范可以增强或弱化抑制已习得行为的作用效果。当示范者因为实施某些行为而受到惩罚时,就会产生抑制效果,而这一效果反过来又会阻止或预防观察者实施相同行为。而当示范者实施威胁性或禁止性行为而没有出现消极结果时,就会产生脱抑制结果,这一效果会促使观察者实施相同行为。因为示范行为向观察者传递这样一个信息——如果他们实施示范行为,很可能会产生相同的结果,这时就出现了行为的抑制或脱抑制效果。这些信息也可能会影响情感(如焦虑感加重或缓解)和动机。

教师的行为可以对不良课堂行为起到抑制或脱抑制作用。学生的不良行为如未受到惩罚,就会产生脱抑制效果,那些观察到不良行为未受到惩罚的学生也可能会开始表现不当。而相反,如果教师对某个学生的不良行为给予管束,就可以抑制其他同学的不良行为。观察者会更容易相信,如果他们继续表现不乖并被教师发现的话,也会受到教师的管束。

抑制或脱抑制作用类似于诱发反应作用,两者的作用对象都是人们已经习得的行为。但它们的区别在于诱发反应作用涉及的行为一般是社会接纳性行为,而抑制/脱抑制作用行为往往涉及道德或法律层面(即违背规则或法律),会伴有情感表现(如恐惧)。

观察性学习。观察者展示新的行为,而在没有见到示范行为之前,即使观察者有很高的动机,这样的行为也不可能发生,这时就产生了示范的观察性学习作用(Bandura, 1969)。其中的一个关键机制在于示范向观察者传递关于新的行为方式的相关信息(Rosenthal & Zimmerman, 1978)。在开头小剧场中,多妮塔需要学习(或重新学习)反手击球的正确做法。观察性学习包含四个过程:注意、保持、动作显现和动机(Bandura, 1986;见表4.3)。

表4.3　观察性学习的过程

过程	活动
注意	突显相关任务特征,把复杂活动分解成零散部分,利用有效的示范,展示示范行为的效用,以此来引导学生注意
保持	演练所学的内容,对所学内容进行视觉和符号编码,将新材料和以前存储在记忆中的信息相关联,以此来增强保持力度

动作显现	再现行为与概念（心理）表征相对照,反馈帮助改正不足
动机	示范行为的结果告诉观察者其功能价值和恰当性。结果通过结果预期和提高自我效能产生激励作用

观察者的注意过程是一个不可缺少的环节,注意过程使得观察者对相关事件产生意义感知。我们总是会注意很多行为,而示范者和观察者的特征属性会影响我们对示范者的注意。任务特征同样也会引起我们的注意,尤其是非比寻常的大小、形状、颜色或声音。教师往往可以运用明亮的颜色和超大字体来突显示范物。注意还受到示范行为的功能价值感知的影响。那些观察者认为重要、有可能产生奖励性结果的示范行为往往引起更多注意。比如,学生认为绝大多数教师的行为都有很高的功能价值,因为它们旨在促进学生学习。学习者还认为教师的能力很强,这也会增加他们的注意投入。促进示范能力感知的因素包括成功的示范行为和能力的象征性表征,如一个人的头衔或地位等。

保持包括组织、演练、编码、转换示范信息以便存储在记忆中等一系列认知过程(第五章)。社会认知理论认为示范展示能够以表象或言语或表象加言语的形式存储(Bandura,1977b)。演练——即信息的心理再现,是保持过程的核心环节。班杜拉和杰弗里(1973)发现编码和演练具有很大帮助。展现在成人面前的是复合示范行为活动的结构框架,在展示过程中,有些受试给这些行为活动加上数字或言语标记,对它们进行编码。其他受试没有收到编码指令,但被告知把这些行为活动进行分解以便记住它们。此外,受试还被许可或不被许可对展示之后的编码或行为活动进行演练。编码和演练活动增强了示范活动的保持力,进行编码和演练的个体记忆效果最佳。

动作显现指把示范活动的表象和象征性概念转换为外显行为。很多行为可以通过简单观察而习得,观察者随后的动作显现过程构成学习,但是,复杂行为的学习很少仅仅通过观察就能实现。学习者一般只是通过观察榜样示范获得对某一复杂技能的大致了解(Bandura,1977b)。他们通过练习、改正反馈和重新施教提升完善技能。

复现示范行为过程中遇到问题,可能是因为信息编码力度不够,也可能是因为学习者把记忆中的编码信息转换为外部行为时遭遇困难。比如,孩子可能对怎么系鞋带有了基本的了解,但不会把所知转换为行为。教师如果担心学生在展现已经学过的知识内容时有困难,需要以不同方式对学生进行测试。

动机过程影响观察性学习,这是因为对于他们认为重要的示范行为,人们参与三个过程(注意、保持、动作显现)的可能性更大。个体基于自己以及榜样示范经历的结果对行为的可能结果产生期望。他们实施他们认为会产生奖励性结果的行为,而回避他们认为会获得负面反应的行为(Schunk,1987)。个人还基于他们的价值判断行事,不管行为会对自己或他人带来怎样的结果,他们都实施他们认为有价值的行为,回避他们认为不满意的行为。当人们觉得自己参与金钱、名望和权力等奖励性行为活动不合乎道德规范时(如有争议的商业交易),会甘愿舍弃这些奖励。教师可以采用不同的方法增强学生的动机,这些方法包括增加学习的趣味性、将教学材料同学生的兴趣相结合、让学生设立目标并自我监督目标进展、给予学生反馈告知他们能力在不断加强、强调学习的价值和意义(第九章)。

认知技能学习

观察性学习突破了强调反应和强化的行为塑造理论的框架束缚,大大提升了学习的广度和效率。认知技能的示范性展示是课堂教学的标准模式,教师讲解并演示所要学习的技能,随后教师检验学生是否理解,并指导学生进行实践。如果学生在实践过程中遭遇困难,教师重新讲解技能。如果教师对学生的理解情况表示满意,就会让学生进行个人实践,教师不时对他们的实践进行监督(实际应用4.1)。

实际应用4.1

教师示范

教师们经常会在各种技能课程——如解决数学问题、识别文本中的主要思想、写主题句、使用电动工具、练习篮球防守技巧等——中加入示范演示内容。示范演示可以用来教小学生如何正确地在每页纸的顶部加标题。朗阁内克女士可以在黑板上画出学生们使用纸张的草图,然后一步一步地解释并演示怎么加标题。

在高中生物课上,罗勒奇夫人示范如何为了准备考试而学习。她利用几个章节解释并演示了如何找到、归纳每个部分的主要术语和要点。

在中学的生活技能课上,学生们可以通过示范演示学习如何把袖子拼接到衣服上。教师可以先对这个过程做出介绍,然后使用视觉辅助工具加以描述,最后可以在缝纫机上做出演示。

齐克林博士研究生方法课上的一些学生课后来到他的办公室,询问如何展示他们研究项目中的发现。下一次上课时,他借助自己完成的一个研究项目演示了个人如何向一群人展示自己的发现。他使用了讲义和幻灯片来说明可以如何展示数据。

戏剧教师可以在与学生一起排练戏剧时示范各种表演技巧。教师可以演示剧中每个角色的音调变化、情绪、音量和肢体动作。

教学的很多方面都跟示范相关联,大量研究表明不同年龄段的学生都会通过观察榜样示范学习技能和策略(Horner, 2004;Schunk, 2012)。甚至还有证据表明合作观察教学视频的学生比起不观察教学视频的学生,其学习的投入度和长效保持性更好(Craig, Chi, & VanLehn, 2009)。有两种密切关联的示范学习模式,分别是认知示范和自我指导。

认知示范。认知示范是将关于某种行为的示范性讲解和演示同示范者实施该行为的想法和理由的言语表述相结合的一种模式(Meichenbaum, 1977;Zimmerman, 2013)。马丁教练在辅导多妮塔时采用的就是认知示范模式。在讲解除法技巧时,教师可以以"276÷4"为例做出如下讲解:

首先,我得决定拿什么数除以4。被除数276。我先从左边开始,然后往右移,看有哪个数字是大于等于4的。2大于4吗? 不。27大于4吗? 是的,所以我先拿27除以4。现在我需要用一个数乘以4，这个积等于或略小于27。5可以吗？5 ×4＝20。不对，太小了。试下6。6×4＝24。可能合适。再试下7。7×4＝28。不，这个积太大了。所以6合适。

认知示范也包括其他类别的表述。错误也可以演示给学生看，让他们明白如何识别和对待错误。自我强化性质的表述——如"我表现不错"——也很有益处，特别是当学生在学习过程中遇到困难，对自己的能力产生怀疑时。

研究人员已经找到充足的证据证明认知示范的有效性，表明在教授技能时，讲解＋示范的模式相比单一的讲解模式效果更佳（Rosenthal & Zimmerman，1978）。申克（1981）对比了示范和讲述教学对孩子学习长除法的自我效能和学习结果的影响。研究中，没有学过长除法的孩子接受教导以及实践练习。在认知示范模式中，学生观察成人榜样讲解并演示除法的解题过程，然后进行练习。而在讲述教学模式中，学生阅读讲解和演示解题过程的文字材料，但没有榜样给他们做示范。结果表明认知示范的教学效果优于讲述教学的教学效果。

自我指导。自我指导被用于教导学生在学习过程中管理自我行为（Meichenbaum，1977）。早期研究中，迈肯鲍姆和古德曼（1971）将认知示范引入自我指导性训练，其适用对象为特殊教育班上的做事冲动的二年级学生。具体操作过程如下：

■ 认知示范：成人一边实施任务，一边告诉孩子要做什么。

■ 显性指导。孩子在成人的指导下实施任务。

■ 显性自我指导。孩子一边大声自我指导，一边实施任务。

■ 淡化显性自我指导。孩子在实施任务时小声自我指导。

■ 隐性自我指导。孩子在内心无声的指导下实施任务。

通常，自我指导的目的是减缓孩子们完成任务的速度。成人榜样在完成画线任务时会做如下表述：

好的，我得做什么呢？你们想我用不同的线条描摹图片。我得慢慢来，还得非常小心。好的,线条往下画,再往下,很好;然后往右,这就对了;现在再往下画一点,再往左。很好,到现在为止做得还不错。现在再重头来一遍。不,我得先往下。好的,小心把线条擦掉……很好。虽然犯了点错,但我还是能慢慢地画,小心地画。好的,我现在得往下画了。大功告成。我画好了。(Meichenbaum & Goodman,1971,p. 117)

注意这里示范者在示范过程中出了差错并且演示了怎么处理。这对于一犯错就心情沮丧、轻言放弃的学生来说是一个非常重要的学习模式。迈肯鲍姆和古德曼(1971)发现认知示范减少反应的次数,但自我指导减少错误率。

自我指导被用于不同类型的任务和学生对象(Fish & Pervan,1985),对于具有学习障碍的学生特别有效(Wood, Rosenberg, & Carran, 1993),也特别适用于教导学生如何富有策略性地做事。在教授阅读理解技巧时,上面的指导性表述可作如下调整:"我得做什么呢? 我得找到段落的中心句。中心句是关于段落大意的句子。我可以从寻找归纳细节或告知段落大意的句子开始。"(McNeil,1987,p. 96)应对困难的表述("我还没发现,但没关系")可以添加在示范演示中。

运动技能学习

社会认知理论认为运动技能学习主要在于建构一个心理模式,这个模式给出关于技能的概念表征,以刺激反应的形成,并在接受反馈后成为修正反应的标准(Bandura,1986;McCullagh, 1993;Weiss, Ebbeck, & Wiese - Bjornstal, 1993)。概念性表征形成的过程就是将观察到的一系列有先后顺序的行为转换为视觉和符号编码以作认知性练习的过程。例如,通过观察网球运动员的动作,个人构建起发球、截击和反手等动作的心理示范。这些心理示范模式只是初步的,还需要反馈和纠正才能变得纯熟,但学习者可以凭借这些心理示范在训练之初做出大致相似的动作。开头小剧场中,多妮塔就需要构建关于反手击球的心理示范模式。而对于新的或复杂的行为,学习者无从找到可借鉴的心理示范,更需要观察示范性展示才能尝试实施相应行为。

这一社会认知模式完全不同于其他关于运动技能学习的解释。阿达米(1971)的闭环理论认为人们通过练习和反馈建立起关于运动技能动作的感知(内在)轨迹。这些轨迹作为动作纠正的参照。我们在做出某个行为时,收到内部(感官)和外部(关于结果的认知)反馈,并将反馈与轨迹作对照,如果两者不相一致,轨迹得以修正。如果反馈结果正确,学习得到强化,最终可在无反馈的情况下实施行为。亚当斯区分了两种记忆机制,一种负责形成反应,一种负责评价反应的正确性。

图式理论(Schmidt,1975)认为人们把与运动技能动作相关的信息存储在记忆中,包括开始时的状况、动作的先后顺序、动作的结果、关于结果的认知、感官反馈等。学习者把这些信息存储在两大图式(即由相关信息构成的有序的记忆网络)中:回忆图式和识别图式,前者负责反应的形成,后者负责评价反应。

社会认知理论认为人们通过观察他人形成认知表征,这一认知表征体系引发一系列反应,并成为评价反应是否正确的标准(Bandura,1986)。运动学习理论与社会认知理论的不同之处在于,前者更加强调行为发生后的错误修正过程,认为有两个记忆机制共同作用,一个负责存储信息,一个负责评价反应的正确性(McCullagh,1993)。社会认知理论还强调个人认知(目标和期望)在运动技能发展过程中的重要作用(实际应用4.2)。

实际应用4.2

运动技能学习

观察性学习对于学习运动技能非常有效。在学习篮球的运球动作时,体育教师可以先开始技巧练习,如站定、拍球、移动、移动运球等。在介绍完运篮过程中的各个动作技巧后,教师缓慢而准确地给出动作示范。然后学生开始练习。如果个别动作有问题,教师可以打断学生的练习,重复动作示范后再让学生继续练习。

给中学生排练春季音乐节上要表演的舞蹈时,教师先做动作示范,最后再把舞蹈动作和音乐结合起来。教师可以把舞蹈动作进行分解,每个动作都分别学习,然后慢慢地整合动作,最后跟着音乐完成所有动作。

关于运动技能学习,存在一个问题,就是学习者无法观察视觉范围以外的行为表现。打高尔夫时的挥杆、网球中的接下发球、踢足球破门、扔掷棒球和铁饼,这些动作的很多方面是人们无法观察到的。因为看不到动作的完成过程,我们需要借助肌肉的运动知觉反馈,并与我们的认知表征相对照。如果没有视觉反馈,学习很难进行。

卡罗尔和班杜拉(1982)曾经在研究中让学习者观察榜样示范运动技能,然后让他们模仿。一些学习者可以获得同步的视觉反馈,实验人员对他们的动作模仿进行录像,他们可以在监视器里看到自己的实时表现,而其他学习者没有视觉反馈。实验结果表明如果在学习者形成运动行为的心理示范模式前给出视觉反馈,对学习者的行为表现没有丝毫影响。但如果学习者在头脑中建立起了完整的示范模式,视觉反馈能够促进他们模仿示范行为的准确性。视觉反馈有助于消除认知模式和认知模式存在前提下所做行为之间的差异。

研究者还对榜样示范对运动技能教学的有效性做了研究。韦斯(1983)对比了无声示范(视觉展示)和有声示范(视觉展示 + 言语讲解)对运动技能障碍课程的学习效果。课程由六个部分组成。对于大龄儿童(7—9岁),两种示范模式的学习效果无差异;对于低龄儿童(4—6岁),有声示范模式效果更佳,这可能是因为有声化的认知模式有助于儿童注意力的保持和记忆信息的编码。韦斯和克林特(1987)发现无论是在视觉示范还是无视觉示范的情况下,对动作做有声练习的孩子,其对运动技能的掌握优于那些不做有声练习的孩子。所有这些结果表明有声化可以促进运动技能的学习。

对学习和行为表现的影响

观察榜样示范并不能保证学习者学会示范行为或学习者以后实施所学行为。有几个因素会影响所学行为的替代性学习和表现(表4.4)。本节讨论发展状况、榜样的名气和能力、替代结果等因素;结果预期、目标设定、价值判断和自我效能等因素下一节讨论。

表4.4　影响观察性学习和行为表现的因素

因素	对示范作用的影响
发展状况	发展状况的改善包括注意力延长,处理信息、运用策略、对照实际表现和记忆表征性表现、内在动机等的能力加强
榜样的名气和能力	观察者对能力强、地位高的榜样投入更多关注。示范行为的结果传递功能价值的相关信息。观察者有意学习自己认为需要学会的动作行为
结果预期	观察者更易于实施自己认为恰当、能带来奖励性结果的示范行为
目标设定	观察者更易于关注示范能帮助他们实现目标的行为的示范者
价值判断	观察者更易于关注示范他们认为重要、能带给他们自信的行为的示范者
自我效能	观察者认为自己有能力学习或实施示范行为时,会关注示范者。对相似榜样的观察影响自我效能("如果他们能做到,那我也能")

学习者的发展状况

学习很大程度上取决于学习者的发展性因素(Wigfield & Eccles, 2002),其中包括学生学习榜样的能力(Bandura, 1986)。研究表明,6—12月大的儿童可以模仿示范行为(Nielsen, 2006),对于学龄前儿童来说,同龄伙伴间的榜样示范最为有效(Ledford & Wolery, 2013);不过,幼儿无法长时间关注示范行为,也无法有效区分相关和无关提示。演练、组织、阐述等信息处理能力(见第五章)随着儿童的成长发育而有所提高。大龄儿童的知识储备更丰富,有助于他们理解新的信息,同时他们运用记忆策略的能力也有所增强。幼儿往往借助物理属性(如球是圆的,会弹起来,你可以把球扔出去)对示范行为进行编码,而大龄儿童可以通过图像或符号方式呈现信息。

关于再现,如果儿童缺乏相应的身体素质,无法再现观察所得信息。再现还要求学习者把观察到的动作转换为动作信息存储在记忆里,对比实际行为和记忆存储中的行为表现,纠正错误的行为表现。随着儿童的成长,他们长时间自我调节行为的能力也会增强。同样,行为的动机性刺激也随着发育而发生变化。幼儿的动作行为主要受到即时结果的驱动,而随着儿童发育日渐成熟,他们实施示范行为的动机更多受到目标和价值判断的驱动(Bandura,1986)。

榜样的名气和能力

示范行为的有效性因人而异。那些跟环境因素紧密结合的行为更能引起观察者的注意。人们关注榜样,部分原因在于他们认为自己可能会面临相同的境况,所以想要学习成功所必需的行为。学生因为教师的督促而关注教师,但同时也是因为他们认为自己必须展示出相同的技能和行为。多妮塔关注教练,一是因为教练是一名经验丰富的网球运动员,同时也是因为多妮塔需要在比赛中打得更好。当出现不止一个榜样时,人们更倾向于关注能力强的榜样。

榜样的能力可以通过示范行为的结果(成功还是失败)以及某些能力标记予以推断。其中一个重要内容就是名气。名气大的榜样更容易引起人们的关注。相比无名小卒,名人的演讲会吸引更多的听众。在绝大多数情况下,榜样的示范地位高低与他们的社会地位息息相关,因为他们的社会地位越高,代表能力越强。对于观察者而言,这些榜样的行为具有更高的功能价值,会让他们觉得如果自己这么做,也能获得相似的奖励。

父母和教师对于大多数孩子来说属于地位较高的榜样。成人对儿童示范作用的影响表现在众多方面。虽然教师的榜样作用主要限于智力发展层面,但他们同时会对学生的社会行为、学习表现、衣着打扮、仪表仪态等方面产生影响。榜样的影响往往还会泛化到榜样并不擅长的领域,如青少年模仿娱乐圈明星的穿衣打扮、购买他们代言的广告商品就是非常典型的例子(Schunk & Miller,2002)。榜样示范的影响会随着学习者的成长而变成一种普遍现象,但成人行为对幼儿的影响力最大(实际应用4.3)。

实际应用4.3

榜样属性

人们关注榜样,部分原因在于他们认为自己也可能必须面对相同的境况。有效借助榜样的名气和能力能够促使中学生关注吸取教训。

假如某所中学发现有学生酗酒，学校管理人员可以策划一次关于酗酒（预防、治疗）的教育专题活动，可以邀请一些有影响力的校外人员做讲座，演讲者可以是中学和大学刚毕业的学生、成功戒除酒瘾人员、帮助戒酒的医卫人员等。榜样人员与学生年龄相近，再加上他们的个人经历，会让学生们觉得他们的示范性很强。相比阅读文字材料或聆听教师和辅导员的教导，这些榜样人员的影响力更大。

小学阶段，学术能力相关教学中运用同伴的榜样示范作用能有效促进学习者的学习和自我效能。孩子们会发现其他孩子也有着相同的问题，从而产生认同感。教师班上有四个孩子学习除法有困难。她把这四个孩子同其他掌握除法运算的孩子一一组成对子，让已经掌握除法运算的孩子给没有掌握的孩子讲解运算法则，讲解的那个孩子会以没有掌握孩子能够理解的方法做出讲解。

榜样的替代性结果

榜样的替代性结果可以影响观察者的示范行为学习和实践。学生观察到榜样的示范行为带来了奖励性结果，会更愿意关注榜样，练习编码示范行为以记在脑中，并获得动力实施相同行为。因此，替代性结果主要是提供信息和动机（Bandura，1986）。

信息。榜样示范行为的结果向观察者传递了哪类行为最为有效的相关信息。观察榜样实施获得成功结果的行为告诉了观察者哪些行为可以获得成功。通过观察示范行为及其结果，人们形成关于奖励性行为和惩罚性行为的相关认识。

班杜拉、罗斯和罗斯（1963）对传统示范模式进行了研究，他们让孩子观察真实的欺凌行为，或让他们观看关于欺凌行为的录像，或阅读由卡通人物构成的关于欺凌行为的画册。对洋娃娃实施了打、扔、踢、坐等欺凌行为的示范者没有受到奖励或惩罚，这就很可能向观察者传递这样一个信息：示范行为是可以接受的。随后孩子们获准玩洋娃娃。结果表明观看欺凌行为示范的孩子，其实施欺凌行为的程度明显高于没有观看欺凌行为示范的孩子，而欺凌行为示范的方式（真实、录像、卡通）对于孩子实施欺凌行为的程度不构成差异。

榜样的相似度是一个很重要的因素（Schunk，1987，2012）。观察者与榜样的相似度越高，观察者会觉得示范行为与自身的社会契合度越高。在大多数社会情境下，人们行为是否得当取决于年龄、性别或社会地位等因素。那些观察者熟悉度低或不能立即产生结果的示范行为，其在很大程度上会受到榜样相似度因素的影响（Akamatsu & Thelen，1974）。

虽然有研究表明儿童更易于关注同性别榜样并学习其示范行为（Maccoby & Jacklin，1974），也有研究表明榜样性别对于行为表现的影响大于对于学习的影响（Bandura & Bussey，2004；Perry & Bussey，1979；Spence，1984）。儿童学习的榜样不分性别，但他们会把行为分成适用两性的行为和更加适用某一种性别的行为。因此，榜样的性别是传递行为是否恰当相关信息的重要因素（Zimmerman & Koussa，1975）。当儿童不确定示范行为的性别恰当性时，他们会以同性别的同伴作为榜样，因为他们认为同性别同伴的示范行为更具有社会恰当性。

榜样和观察者年龄相近也是一个很重要的因素，这是因为孩子们会觉得同年龄段同伴的行为比起年长或年幼的榜样行为更适合自己（Schunk，1987）。布洛迪和斯多曼（1985）发现在能力信息缺失的情况下，孩子们更易于模仿同年龄段同伴的行为。而当孩子们获得能力相关信息时，示范作用的强弱则取决于榜样的能力而非年龄。

孩子的榜样可以是任何年龄段的人（Schunk，1987），但同伴和成人的教学模式不尽相同。同伴往往运用非言语示范，并将指导同具体的内容（如怎么做）相关联；而成人更多采用强调一般原则的言语指导，并将所学内容同其他材料相联系（Ellis & Rogoff，1982）。同伴指导对于学习有困难以及不善于处理言语信息的学生特别有效。

榜样—观察者之间最高程度的相近性表现在自己是自己的榜样（自我示范），这已被用以发展社交、职业、运动、认知和教学技能（Bellini & Akullian，2007；Dowrick，1983；Hartley，Bray，& Kehle，1998；Hitchcock，Dowrick，& Prater，2003）。一般的操作过程是把个人的行为表现录下来，然后让他/她观察录像。观察自我示范行为是一个反思的过程，特别适用实施行为时难以进行观察的技巧（如体育运动），而如果表现良好,观看录像可以让行为者感觉自己有能力学好,会越学越好,从而增强自我效能(fukkink,Trienekens,& Kramer,2011)。

申克和哈森(1986b)的研究证明了算术(分数)运算法则学习过程中自我示范作用的效力。教师给孩子讲解相关内容后布置孩子做题。研究人员对自我示范组学生成功解题的表现进行录像并组织他们即时观看,第二组学生也有录像,但到学习全部结束才组织观看(为了控制录像的效果),第三组学生没有录像(为了控制参与的效果)。结果显示自我示范组的孩子在学习的自我效能、动机和后续测试的自我效能和成绩等方面相比其他两组学生得分要高。研究还发现观看成功解题表现录像的掌握型自我示范学生组和观看掌握技能过程中点滴进步录像的自我示范学生组之间没有差异,从而证明了进步认知或掌握认知有助于建立效能的观点(Schunk & Pajares,2009)。

动机。观察者如果看到榜样受到奖励也会获得实施示范行为的动力。相近性感知也会增强动机效果,动机效果的大小部分取决于自我效能(BAndura,1982b,1997)。学生观察到与自己情况相似的他人获得成功,会觉得如果他人可以成功,那自己也可以。这样的动机效果在课堂上非常普遍。学生观察到其他同学都表现良好,可能也会受到驱动想做到最好。

其中特别重要的一点是对成功所需努力的观察(Schunk,1995)。看到他人通过努力获得成功,得到了教师的表扬,可能会激励正在观察的同伴付出更多的努力。相比观察情况相似他人取得成功和观察他们认为能力出众的人取得成功,前者的激励性更大。

但替代性成功并不能使得行为长期发生。虽然学生观察到教师对那些学习用功、成绩表现优异的同学给予表扬和高分时,会受到激励,但只有当学生相信自己通过努力会有更好的行为表现时,动机才具有长效性。

动机过程

对亲历性学习和替代性学习,以及对习得行为表现有重大影响的因素包括观察者的目标、结果预期、价值判断和自我效能等。本节讨论前三个影响因素,自我效能在下一节讨论。

目标

人的行为若在没有即时外界刺激的条件下能长期保持,多数与目标设定和自我发展评价等因素密切相关。目标即一个人行事的目的,可表现为行为表现的数量、质量或频率(Locke & Latham, 1990, 2002;Locke, Shaw, Saari, & Latham, 1981)。目标设定是确立标准或目标作为行为目的的过程。目标可以自行设定也可以由他人(家长、教师、监管人员等)设定。

目标是托尔曼(1932, 1942, 1951, 1959)的目的行为理论的核心内容。托尔曼同其同时代的绝大多数心理学家一样,也深受行为主义的影响,他仿照桑代克和斯金纳的实验方法(第三章),主要研究不同环境条件下的刺激反应,但他不同意条件作用理论关于行为是一系列刺激—反应联结的观点。他认为学习更多是刺激反应的强化,提出了整体行为———一系列目的性行为的集合———的概念。

托尔曼(1932)的目的理论认为所有的行为都受到目标驱使,环境刺激(如物体、途径等)都是实现目的的手段,不能把它们孤立开来进行研究,而是要研究整体的行为以理解人们为什么要实施某种行为。那些立志要上名校的中学生会用功读书,但如果只关注他们的学习行为,就会忽略行为的目的。这些学生之所以学习,不是因为他们过去的学习行为受到过强化(如取得好的分数),而是因为学习是他们实现中介目标(如掌握知识、取得高分)的手段,这些中介目标可以增强他们大学录取的可能性。

托尔曼指出行为的目的是依据客观条件形成的。人和动物的行为都具有目的性,他们的行为"似乎"表明他们在追求某个目标,然后选择某个手段来实现目标。由此可见,托尔曼的理论摆脱了简单的刺激—反应联结的理论框架而开始探讨深层的认知作用机制。

社会认知理论认为目标通过影响发展、自我效能和自我评价认知而促进学习和行为表现(Bandura, 1988, 1997;Locke & Latham, 1990, 2002;Schunk, 1990)。首先,人们必须下定决心,愿意为实现目标付出努力,如果没有决心,目标不会对行为表现产生影响。在完成任务的过程中,人们不时把当前的发展和目标相比照。正面的自我发展评价使得自我效能增强、动机长久保持,而人们如果感觉到现在的表现和目标之间存在差距,可能会产生不满情绪,进而促使他们更加努力。

目标激励人们付出圆满完成任务所需的努力,并长久坚持(Locke & Latham, 1990, 2002)。目标还会引导人们把注意力投入与任务相关的事情和所要实施的行为,可以影响学习者处理信息的方式。目标会生成"隧道视野",促使人们关注任务,选择与任务相适宜的策略,决定策略的有效性,所有这些都有可能促进行为表现。

但目标本身并不会自发地促进学习和动机。相反,特定性、相近性和困难性等属性促进自我感知、动机和学习(Locke & Latham, 2002; Nussbaum & Kardash, 2005;实际应用4.4和表4.5)。

实际应用4.4

目标属性

目标属性可以非常灵活地与课程内容相结合。苏姆布莱斯基先生给四年级学生讲新的拼写单元,他在告诉学生学习目标时是这么说的:

> 这周我们要学习20个单词,我知道你们所有人都可以学会前15个单词的拼写。我们课上会很用心地来学这些单词,我希望你们在家也一样用心去记去学。通过在校和在家的学习,我相信到本周五的时候你们所有人都能够正确拼写出这些单词。最后5个单词比较难,就作为奖励性单词。

这一目标非常具体明确,但对于部分孩子来说,还是有点遥不可及,会让他们觉得难度太大。为了保证所有学生都实现整体目标,苏姆布莱斯基每天都会设立短期目标:"今天我们要学会这5个单词,到下课时我知道你们可以拼写出这5个单词。"相比一周的目标,每天的目标在孩子们看来会容易实现一些。而为了进一步确保目标的实现,他还要保证选出的周五前孩子需要掌握的 15 个单词对他们有一些难度,但又不是特别明显。

教师教键盘打字时会告诉学生到学期末他们需要能够实现每分钟打多少字的目标。

同学们,我知道本学期你们所有人都能够学会键盘输入。你们中有些人可能因为其他一些经历或天赋,输入速度更快些,但我知道到本学期末,你们所有人都能够在一分钟内准确无误地输入至少 30 个单词。

为了帮助学生实现这一目标,教师可以设立每周的短期目标,如第一周的目标可以是每分钟 10 个单词,第二周每分钟 12 个单词等,每周输入字数的要求都提高一点。

表4.5　目标属性及其效果

目标属性	行为效果
特定性	含有行为表现特定标准的目标能够增强动机、提高自我效能,因为很容易衡量目标的进展情况
邻近性	相近目标能够增强动机和自我效能,对于不会把长期目标拆分成一系列短期目标的幼儿来说具有特别重要的意义
困难性	有一定难度但可以实现的目标,相比难度过小或过大的目标更能增强动机和自我效能

特定性。相比一般目标(如"尽全力";Locke & Latham,2002),含有行为表现特定标准的目标更能促进学习和自我评价。特定目标能够明确告知获得成功需要付出多少努力,从而促进行为表现;它们还能促进自我效能,因为明确的目标使得发展评价变得简单。

　　大量研究证实了特定目标对于促进行为表现的有效性(Bandura, 1988；Locke & Latham, 1990,2002；Schunk, 2012)。申克(1983b)做过一个实验,实验中教师给孩子们讲解长除法,然后孩子做练习题。实验给一组孩子设立了明确的目标,告诉他们要完成几道题;另一组孩子只泛泛地告诉他们要认真去做。而每组孩子中,各有一半孩子被告知关于同伴已完成习题数的对比情况(与实验设定目标相当),以此来告诉他们目标是可以实现的。结果表明目标增强了自我效能;而提供了对比信息的目标,其自我效能和成绩表现最佳。

　　申克(1984a)对目标和奖励的效果做了对比研究。教师给孩子们讲解长除法,然后孩子们做练习。实验中的孩子分成了三组,第一组孩子根据他们完成习题数量的多少给予奖励,第二组孩子告知目标(所要完成的习题数量),第三组孩子既给予奖励又告知目标。结果显示三组孩子的动机都有所增强,其中奖励加目标组的孩子在自我效能和学习表现方面最为突出。奖励和目标相结合的模式给孩子提供了两种信息渠道,他们可以借助两种途径对学习的进展情况做出估量。

　　邻近性。目标因其对将来的辐射距离远近而有所区分。相比遥远的长期目标,邻近的短期目标距离更近,能够更快实现,对动机的促进作用更大。虽然邻近目标在任何成长发育阶段都有效,但孩子更适用短期目标,因为短期目标给出短期的参照体系,不会尽然表现为思想上的远期结果(Bandura & Schunk, 1981)。邻近目标特别适用于课程教学规划,教师按照时间分块规划教学活动,比如教师要求学生在 15 分钟(邻近)内完成 10 道题(特定)。

　　班杜拉和申克(1981)做过一个实验,实验中孩子们听教师讲解减法,然后做练习,总共上七次课,孩子们收到七包材料。给第一组学生设定了邻近目标,要求他们每次完成一包材料;给第二组学生设定的是远期目标,要求最后一次课结束时完成所有材料;第三组学生的目标很泛泛而谈,就要求他们认真完成。结果显示邻近目标组学生的动机最高,他们完成减法的自我效能、成绩表现和内在兴趣(基于自由选择时间段他们解题的多少而做出的判断)最为突出。远期目标组与一般目标组相比没有明显差异。曼德林克和海拉克威兹(1984)发现邻近目标和远期目标对于成人完成拼字游戏没有明显差异,但邻近目标能够提高目标实现预期和能力认知。

困难性。目标的困难性指依据标准衡量出的完成任务所需的能力水平。相比容易实现的目标,个人会付出更大的努力以实现困难目标(Locke & Latham, 2002);但是,任务难度和行为表现之间并不总是正向的关系。如果没有所需的技能,困难目标不会促进行为表现。自我效能同样也很重要。认为自己无法实现目标的学习者,其自我效能低,尝试目标的意愿不足,做起事来会三心二意。

申克(1983c)让孩子们每次上完课完成一定数量的长除法练习,一组学生的目标难度稍大(但可以达到),另一组学生的目标容易些。为了不让学生觉得目标难度过大,教师告知每组各一半的学生关于目标实现的信息("你可以完成 25 道题");每组的另一半学生被告知关于同组同伴完成习题数量的对照性信息。结果显示困难目标增强动机:困难目标组中获得目标实现信息的学生,其自我效能和学习表现最佳。洛克、弗德里克、李和鲍伯科(1984)发现,相比让大学生自行设定目标,给他们设定困难目标有助于促进他们的行为表现,促使他们后来为自己设定更高的目标。当受试确立自己的目标后,自我效能与目标程度和投入意愿间呈现正向关系。

自我设定目标。研究者发现让学生自行确立目标有助于增强自我效能、促进学习,这可能是因为自我设定目标能够促使学生产生较高的目标投入意愿。申克(1985)在实验中请教师给存在学习障碍的六年级学生讲减法。让第一组学生自己设立每天的表现目标,第二组学生由实验人员给他们设立难度相当的目标,第三组学生没有目标。结果显示自行设定目标组的学生,其在实现目标的自信值、解题的自我效能和减法的学习成绩等方面表现都最为突出,两组设定目标组相比无目标组学习动机更强。

霍恩和墨菲(1985)把成就动机或高或低的大学生分成两组,一组让他们自行确立目标,一组给出确立目标。自我设定目标组的受试可以自行决定完成多少道字谜题,给出目标组的受试被告知程度相当的目标。结果显示自行确立目标组和给出目标组的成就动机高的学生表现同样出色,但自我设立目标组中成就动机低的学生表现有所改善。

目标进展反馈。目标进展反馈提供目标实现的进展情况(Hattie & Timperley,

2007)。反馈信息对于无从自行获得可靠信息的人们特别重要,如果反馈告诉人们他们的能力很强,只要努力就能继续进步,就能够增强自我效能和动机,促进行为结果。如果人们相信继续努力可以帮助他们实现目标,其自我效能增强,有助于保持动机,而当他们实现目标后,往往会确立新的目标(Schunk,2012)。

申克和莱斯(1991)教存在阅读障碍的学生阅读理解题的解题技巧。学生们分成了三组,一组学生给他们设立了关于答题的结果目标,一组学生设立了关于学习技巧应用的过程目标,还有一组学生同样是过程目标,但给出进展反馈,告诉学生他们在朝着学会应用技巧回答问题的目标不断进步。结果显示,相比结果目标和过程目标组的学生,目标加反馈组的学生其阅读自我效能和结果表现更加优异。申克和斯沃茨(1993a,1993b)对学习成绩一般和学习能力出众的小学生的写作能力进行了对比研究,得出了有效的结果。结果表明,自我效能和进步表现不会因写作任务的不同而出现差异,而是呈现出一般化的趋势,并在较长时间内保持不变。

结果预期

结果预期指个人关于行为预期结果的认知(Schunk & Zimmerman,2006)。结果预期是学习行为解释的第一阶梯认知变量之一。托尔曼(1932,1949)将实地期望定义为刺激之间(S_1 - S_2),或刺激、反应和刺激三者之间(S_1 - R - S_2)之间的关系。刺激之间的关系指哪种刺激比较可能出现在另一种刺激之后,例如,打雷出现在闪电过后。而在三者关系中,人们建立起这样一种认知,即某种刺激生成的反应会继而产生某种结果。如果一个人的目标是爬上屋顶(S_2),当他/她看到梯子(S_1)时,就会想到"如果我把梯子架在屋子的墙上,就可以爬上屋顶"。这个三者关系就跟斯金纳(1953;第三章)的三项关联模式很相似,不同之处在于托尔曼认为这种关系反映了认知性的期望。

实地期望帮助人们构成认知地图,即由实现目标所需行为构成的内在规划。人们追踪符号到达目标;他们学习的不是零散的反应,而是意义。人们利用认知地图来判断最佳的行动路线,从而到达目标。

托尔曼设计了一系列巧妙的实验来验证他的观点(Tolman,Ritchie,& Kalish,1946a,1946b)。他先是在一项实验中训练老鼠在某个装置中跑动,见图4.2(迷宫1),

然后换另外一个装置,新的装置里面的路径被堵死了。根据条件作用理论,动物会选择与原来路径相似的路径,如图4.2所示(迷宫2a)。但事实上,老鼠绝大多数时候选择的是与它们一开始找到食物方向一致的那条路径(迷宫2b)。

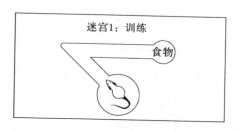

图4.2　研究期望性学习的实验设计。

来源:根据文章内容作了相应的修改,"空间学习研究",E. C. Tolman, B. F. Ritchie and D. Kalish, 1946. *Journal of Experimental Psychology*, 36, pp. 13 – 24.

这些结果佐证了这样一个观点,即动物能够形成有关食物位置的认知地图,并基于地图而非先前的刺激反应做出反应。

社会认知理论认为人们基于个人经历形成结果预期(Bandura, 1986, 1997)。个人依据他们认为的能够获得成功的方式做出行为,关注传授他们价值技巧的榜样示范者。当人们相信他们的行为能够最终实现心仪结果时,结果预期可以长久地维持行为。结果预期还对迁移有显著作用;在新的情境中人们更有可能做出在以前的情境中获得成功的行为,因为他们相信会出现相似的结果。

结果预期包括外部结果("如果我尽全力考试,就会考个好成绩")或内部结果("如果我尽全力考试,我会自我感觉很好")。还有一类重要的结果预期与技能学习进步相关("如果我尽最大努力,阅读能力就会变强")。相信自己学习进步不大或没有进步的学生可能会变得萎靡不振、情绪低迷。知识性学习进步往往比较缓慢,学生几乎观察不到每日变化。例如,学习者阅读较长较难文章、寻找文章大意、提出推论、寻找细节等方面的技巧有所提高,但进步非常缓慢。而当学生的进步表现不是很明显时,教师可以告诉学生他们的阅读理解能力正在提高。

休尔、墨菲和布鲁宁(1989)通过实验证明了结果预期的重要作用。实验中,大学生需要完成阅读和写作自我效能、结果预期和结果表现的评估。自我效能评估让学生对自己完成不同阅读和写作任务(如朋友的来信、求职申请、短篇小说)的能力进行打分。结果预期评估让学生就阅读和写作对于找工作、赚大钱和生活愉快等人生目标的重要性做出判断。

自我效能和结果预期都与阅读和写作的实际表现呈正相关关系。而无论是阅读还是写作,自我效能对结果表现的影响大于结果预期。这一研究还表明对阅读和写作其中一项的期望与另一项的表现呈正相关关系,这就意味着教师促进学生读写能力中任意一方面的自我效能和结果预期可以辐射影响其他方面。

价值判断

价值判断指关于学习重要性或有用性的认知。社会认知理论的一个重要前提就是个人的行为反映价值判断(Bandura,1986)。学习者实施合乎他们意愿的行为,而尽力避免与他们的价值判断相背离的结果。当他们认为学习或行为具有重要意义时,会产生学习和行为的动力。

价值判断可依据外部和内部标准予以衡量。学生认为高分重要,可能有多种原因。门门课得A,能上光荣榜,这些可能会让他们赢得他人的认可(如家长和教师),能够上大学。但除此以外,高分还会让学生获得内心的满足,让他们油然而生自豪感和成就感。当学习者的行为与他们的道德理念相一致时,也会产生内心的满足。

价值判断是动机理论的核心内容,我们会在第九章对其做深入讨论。价值判断与本节讨论的目标、结果预期和自我效能等动机因素密切关联。例如,假设拉瑞莎(五年级)搬了家,到了一所新的学校就读。她的目标之一就是结交新朋友。她认为友情很重要;喜欢和其他同学在一起,跟他们分享自己的秘密(她没有兄弟姐妹)。她觉得如果自己对同学友好的话,同学也会友好对她,可能会愿意和她做朋友(积极的结果预期)。虽然她刚开始表现得有点害羞,但在转学之前她交到了新的朋友,这让她感觉在新的学校她也可以交到朋友。拉瑞莎留心观察新同学们的行为举止,了解他们喜欢做什么,然后她就按照在她看来能够让她交到朋友的方式跟同学接触交流,而当她交到新朋友时,她的社会自我效能得到了增强。

教师的一项重要职责就是了解学生们的价值信念,特别是了解这些价值信念是否呈现出某种固化模式或文化差异。威格菲尔德和艾克尔斯的研究(1992)表明青少年中有一些固化的倾向:男生偏好数学,女生偏好英语。迈克尔森(1990)认为种族不平等的认知感受可能会导致某些少数族裔背景学生不重视在校学习表现。增强学生的学习价值判断是教师的职责所在,为了达到这一目的,教师可以教导学生确立目标和做出进步自我评价,告诉学生他们的努力会收获积极的结果,并帮助他们建立起自我效能。

自我效能

概念综述

自我效能(效能预期)是个人关于完成特定水平学习或行为能力的信念(Bandura, 1977a, 1977b, 1986, 1993, 1997)。自我效能是一个人关于自己是否能够做出某种行为的观念;它与知道要做什么并不是一回事。自我效能评估也就是个人对他们所具备的技能以及把技能转化为行动的能力进行评估。自我效能是增强人的主观能动性——即自己可以影响自己生活的认知——的核心所在(Bandura, 1997, 2001)。

　　自我效能和结果预期也不是一回事(Schunk & Zimmerman, 2006)。自我效能指一个人对自己行为能力的认知,结果预期则是指关于行为预期结果的认知。例如,杰里米可能觉得如果自己答对教师的提问,教师就会表扬他(积极的结果预期)。他可能同时觉得教师的表扬很重要。但如果他对自己能答对问题的能力信心不足,可能就不会想回答教师的提问(自我效能低)。

　　虽然自我效能和结果预期概念不同,它们往往彼此关联(Schunk, 2012)。表现优异的学生对自己的学习能力充满信心,预期自己的努力会获得积极的结果(实际结果也往往如此)。不过,自我效能和结果预期之间的关联性并不是绝对的。即使学习自我效能高的学生,如果他们觉得教师不喜欢自己,可能也会做出获得低分的结果预期。

　　虽然有证据证明自我效能认知是一个一般化的概念,不会因任务不同而有不同(Schunk, 1989),但理论和研究都表明自我效能根本上具有针对性(Pajares, 1996, 1997; Schunk & Pajares, 2009)。因此,我们完全可以说依据课文做出推论的自我效能、平衡化学公式的自我效能、解决分数问题的自我效能、参加几项径赛的自我效能、计算机操作的自我效能等。史密斯和福沃德(1999)发现自我效能、目标和结果预期对学科领域影响巨大,但其影响很少能辐射到其他领域。自我效能可以迁移至新的情境中,但这种情况只有当学习者认为相同技能会获得成功的结果时才会发生。学习者感觉自己有能力把握英语课的整体脉络,也可能会觉得自己有能力把握科学课的整体脉络,这种自我效能能够激励他们构建科学课的讲课纲要。

　　自我效能同自我概念有区别(Pajares & Schunk, 2002; Schunk & Pajares, 2005, 2009),自我概念是一个人在环境经历或对环境解释过程中形成的整体的自我性认知,很大程度上依赖于强化和重要他人的评价(Shavelson & bolus, 1982; Wylie, 1979)。自我效能是对某种能力的认知;自我概念则是一个人的整体性的自我认知,涵盖众多领域的自我效能(Schunk & Zimmerman, 2006;见第九章)。

　　自我效能部分取决于学生的能力。一般而言,能力高的学生相比能力低的学生,对学习的信心更大;不过,自我效能并不是能力的代名词。柯林思(1982)按数学能力的高低将学生分成高、中、低三个级别。她发现每个级别都有效能高和效能低的学生。

她让学生做题,告诉他们没做出来的题可以重做。结果显示能力与结果表现呈正相关,但不论是哪种能力水平,效能高的学生正确解题的数目以及额外做题的数目都要大于效能低的学生。

自我效能对结果表现的影响体现在众多方面（Bandura，1993；Pajares，1996，1997；Schunk，2012；Schunk & Pajares，2009）。自我效能可以影响活动选择。学习效能低的学生完成任务的意愿低;那些觉得自己可以胜任的学生参与任务的意愿程度较高。自我效能还影响付出多少努力、能否持之以恒和学习效果如何。相比对自我能力缺乏信心的学生,学习效能高的学生一般会付出更多,坚持时间也更长,尤其是当学习遇到困难时,这些行为品质更能推进学习。

人们通过表现、观察榜样示范（替代性经历）、社会性规劝以及生理指征（如心跳、出汗）等方式形成自我效能。实际表现对于自我效能评估的影响最大。虽然多次成功（失败）之后出现的偶然性的失败（成功）影响不大,但一般来说,成功使得效能变高,失败使得效能变低。学生通过了解他人行为获得自我效能。与他人的相似性是评估自我效能的一个重要途径（Brown & Inouye，1978；Schunk & Pajares，2009）。观察相似他人可以提高观察者的自我效能,并激励他们尝试任务,这是因为他们觉得如果他人可以成功,那自己也可以,不过这种替代方式形成的自我效能会因为自己后来的失败行为而减弱。观察到同伴失败的学生会觉得自己缺乏成功的能力,因而不愿意尝试。多妮塔在观摩教练演示反手的过程中自我效能有所增加,但她自己反手击球却总是下网,这对她的自我效能影响更大。

学生经常会从教师那获得鼓励,说他们有能力可以表现优异（如"你可以做到"）。虽然这种积极的反馈有助于自我效能的增加,但如果学生后续表现糟糕,这一效果并不能持续较长时间。此外,学生还从他们的生理表现中获得自我效能的相关线索。他们会把一些情绪反应（如出汗、颤抖）解读为自己缺乏学习能力。而当学习者注意到自己面对学习任务不觉得很有压力时,会对自己掌握所学内容的能力更有信心。

这些渠道所获得的信息对自我效能的作用并不是自动自发的,而是认知评价的结果（Bandura，1982b，1993，1997）。评价自我效能是一个推理的过程,在这个过程中人们对个人、行为和环境因素进行权衡整合。在形成自我效能认知的过程中,学生对能力认知、付出努力、任务难度、教师帮助、成败概率和形式等因素进行思考(Bandura,1981,1997;Schunk,2012)。

成就情境中的自我效能

自我效能与学术性学习密切相关。研究人员已经找到证据证明自我效能的假设性作用对于行为选择、努力、坚持和结果表现确实有影响(Pajares,1996,1997;Schunk & Pajares,2005,2009)。自我效能还会影响职业选择。贝茨和哈克特(1981,1983;Hackett & Betz,1981)发现,虽然职业选择受到制度和社会等因素的影响,但自我效能是调和这些外部因素的一个重要参数,对职业选择产生直接影响。此外,职业选择过程中的性别差异源于自我效能差异。相比传统的男性主导职业,女性对于传统女性主导职业的自我效能更高,而男性的自我效能受职业性别因素的影响较小。

自我效能还在很大程度上决定努力度和完成任务的坚持度(Bandura & Cervone,1983,1986;Schunk & Pajares,2009)。自我效能高的个人在遇到困难时往往会努力克服困难,在具备必需技能的情况下会坚持不懈。不过,有证据表明在学生没有掌握相关技能的情形下,自我怀疑可以促进学习。班杜拉(1986)曾经指出,"自我怀疑产生学习动力,但会阻碍先前掌握技能的娴熟运用"(p.394)。所罗门(1984)发现自我效能高的学生更愿意在那些被认为困难的任务上投入精力,而对那些被认为简单的任务,他们投入精力的意愿度降低。除了精力投入的量,精力投入的程度(是深层认知投入还是一般认知投入)也与自我效能相关联(Graham & Golan,1991;Pintrich & Schrauben,1992)。平特里奇和德·古鲁特(1990)的研究表明自我效能高的高中生更倾向于报告自己使用了认知性和自我调节性学习策略。

关于结果和认知表现,申克(1982a,1982b,1983a,1983b,1983c,1983d,1984a,1984b,1996)的一系列实验研究表明自我效能高的学生对各种学术性任务的掌握完成情况优于自我效能低的学生。学生的计算机自我效能与他们在基于计算机学习情境中的优异表现呈正相关(Moos & Azevedo,2009)。即使把先前表现和认知技能等因素都考虑在内,我们也依然能通过自我效能对学习和结果表现做出有效预估(Schunk,

1981，1982a）。博杜安和德斯理查德（2011）的元分析研究结果表明记忆自我效能与记忆表现呈正相关。

　　总而言之,自我效能是影响动机和结果表现的一种重要因素（Multon，Brown，& Lent，1991；Pajares，1996，1997；Schunk & Pajares，2005，2009；Valentine，DuBois，& Cooper，2004）。自我概念和整体性的自我能力往往比较稳定,而自我效能会依据情境而有所不同,是一个动态变化的过程（Schunk & Pajares，2002）。一个人完成某项任务的自我效能可能会因为准备状况、身体状况（生病、疲劳）、情绪状态以及任务属性（长度、难度）和社会环境（常规课堂）等外部条件而发生变化。不过,也有观点认为自我能力的适用性更为广泛（如数学能力）,较少受到认知不确定性的影响。因此,在评估自我效能时,很重要的一点就是要把自我效能同评估领域的成功表现所必需的核心行为和能力紧密联系（Bruning，Dempsey，Kauffman，McKim & Zumbrunn，2013）。

　　个人和环境因素之间的交互作用体现在社会变量和自我变量之间的关系上。社会（环境）因素可以影响很多自我（个人）变量,如学习者的目标、自我效能、结果预期、归因、学习进步自我评价、自我调节过程等。反过来,自我因素可以影响社会环境,例如,学习者确定自己需要更多的技能辅导,想找名合格的辅导教师（Schunk，1999）。

　　目标进展认知、动机（如活动选择、努力和坚持等）、学习等结果变量受到社会和个人因素的影响。反过来,学习者的行为也会影响结果变量。学生在完成任务的过程中,对自己的学习进步情况做出评估。他们通过进步反馈获得关于目标进展情况的认知,而反过来,这一认知又会促进他们的学习自我效能,从而使得动机和学习行为能够持续保持（Hattie & Timperley，2007；Schunk & Pajares，2009）。

　　其中一个核心过程是社会变量内化为自我变量。学习者把获自社会环境中的信息转化为自我调节机制（第十章）。随着技能的日渐掌握,这一社会—自我的转换过程成为一个双向的交互过程,学习者对社会环境做出调整以进一步促进行为表现（Schunk，1999）。

榜样示范和自我效能

　　学生环境中的榜样（如家长、教师、教练、伙伴）是学生评估自我效能的重要渠道。

成人榜样。研究表明让学生接触成人榜样会影响他们的学习和行为表现的自我效能。齐默尔曼和瑞格尔(1981)让孩子们观察榜样做智力题失败的示范,榜样做题的时间有长有短,他们一边示范一边口头陈述他们的感受——对解题充满信心还是感到沮丧,随后孩子们做相同的智力题。结果显示观察充满信心但不够坚持的榜样示范增强了孩子的自我效能;而观察情绪沮丧但坚持的榜样示范使得孩子的自我效能降低。雷利奇、德布斯和沃科(1986)发现,让学习表现不佳的孩子观摩榜样讲解数学除法,并告诉他们能力和努力非常重要,能够积极促进自我效能的提升。

申克(1981)的研究表明成人的认知性示范和说教性指导都能增强自我效能。但是,认知性示范对于掌握除法技巧和准确形成能力认知作用更大,这些孩子的自我效能判断与他们的实际表现之间的相关性更大。单一接受说教性示范的学生往往会高估他们的行为能力。不过无论是哪种示范模式,自我效能都与学生的坚持程度和结果表现呈正相关。班杜拉、芭芭拉内里、卡帕拉拉和帕斯托雷利(1996)发现家长对孩子的学习期望影响孩子们的学习表现和自我效能。

同伴榜样。提高自我效能的一个途径就是利用应对型榜样示范,榜样先表现出恐慌情绪和技能缺陷,但他们的表现和自我效能不断有所改进和提升。应对型榜样示范可以向观察者展示不懈努力和积极的自我认知可以克服困难。与之相反,掌握型榜样示范从一开始就展示出毫无纰漏的表现和超高的信心(Thelen, Fry, Fehrenbach, & Frautschi, 1979)。应对型榜样示范相比掌握型榜样示范,更能使观察者感同身受,从而促进他们的自我效能,学生们会觉得,比起强调快速学习的掌握型榜样示范,一开始感觉困难但慢慢进步的应对型榜样的示范过程与他们的实际情况更加相似。

让学习退位减法有困难的孩子分别观摩掌握型同伴示范、应对型同伴示范、教师示范和无榜样示范的教学录像(Schunk & Hanson, 1985)。在同伴示范录像中,成人教师先作讲解,然后同伴示范解题,掌握型同伴示范者轻松掌握所有解题步骤,言语间对自我效能和能力、任务难度都呈现出积极的态度,显得非常自信。应对型同伴示范者一开始出现解题错误,言语间流露出消极的态度,但慢慢地表现越来越好,不时说出一些说明该如何应对的话语(如"这里我需要注意下")。最终,应对型示范者的解题表现和言语表达与掌握型示范者的表现和言语不相上下。教师示范组的孩子们观看的录像中只有一教师在做讲解;无示范组的孩子不观看录像。所有孩子都对减法学习的自我效能做出判断,并反复辅导和做练习。

结果显示相比教师示范或无示范,同伴示范对于自我效能和结果表现的促进作用最大;教师示范对于学习结果的促进作用大于无示范。掌握型示范和应对型示范结果趋同,这可能是因为孩子更多关注的是示范者们的共性(是否成功完成任务)而非差异性。孩子们可能借鉴了以前无退位减法学习的经历,得出"示范者可以学会,那我们也一样可以"的结论。

另外一个重要变量是榜样示范的数量。与单个榜样示范相比,多个榜样示范会增加观察者做出与榜样示范者情况相似这一认知的可能性(Thelen, et al., 1979)。学生可能会对单个榜样的成功不以为意,但当看到多个同伴成功时,他们的想法会有所改变,觉得如果所有这些榜样都可以学会,那他们也一样可以。在开头小剧场中,多妮塔的教练充当了榜样示范的角色,她还给了多妮塔一些其他榜样示范的关于反手击球的材料。

申克、汉森和科克斯(1987)对单个和多个应对型和掌握型榜样示范某项任务(分数)的作用做了研究,对这个任务孩子们没有先前成功的经历可以借鉴。结果显示单个应对型榜样示范或多个应对型和掌握型榜样示范对孩子自我效能和结果表现的促进作用大于单个掌握型榜样示范。

在此基础上,申克和汉森(1989a)让学习表现一般的孩子观摩三种同伴榜样示范中的一种,以考察认知相似性方面的差异。掌握型榜样示范能轻松掌握运算方法,言语间自信满满(如"我知道我会做这题")。应对—情绪型榜样示范者一开始表现得有困难,言语间流露出消极的情绪(如"我不是很懂这个"),但随后他们的言语中出现一些应对型话语(如"做这个我得努力"),同时做出应对的行为;最后,他们的表现与掌握型榜样示范旗鼓相当。单一应对型榜样的行为模式与应对—情绪型榜样如出一辙,但前者没有用言语表达出一些消极的情绪。

结果显示应对—情绪型榜样示范对学习自我效能的促进作用最大。掌握型和单一应对型示范模式的孩子认为自己与示范者的能力水平相同;应对—情绪型示范模式的孩子认为自己的能力水平优于示范者。自己比不成功的示范者能力更强这一认知能够增强自我效能和动机。这三种情况对自我效能和结果表现的促进作用相当,表明观摩榜样示范使得实际任务体验比以往的经历体验更为重要。

同伴榜样示范可以促进亲社会行为。斯特兰等人(1981)教孩子通过言语交流(如"让我们一起玩积木吧")和动作(如给孩子一个玩具)邀请孤僻的同龄伙伴参与社会性游戏。训练孩子成为发起者非常耗时,但结果非常有效,因为治疗社会孤僻症的方法(鼓励、强化)往往要求教师的积极参与。实际应用4.5介绍一些利用同伴榜样示范的案例。

实际应用 4.5

同伴榜样示范与自我效能的建立

观摩情况相似同伴实施任务可以促进学生的学习自我效能。教师挑选某些学生解答数学题、其他同学在一旁观摩,利用的就是这一原理。通过示范如何成功解题,同伴榜样增强了学生自己也能做好的自我效能。如果班上学生的能力水平落差太大,教师可以挑选不同能力水平的同伴示范者,以加大班上学生找到与他们能力趋同的榜样示范者的概率。

已经娴熟掌握相关技能的同伴也可以向观摩示范的同学传授技能,但对于那些学习有困难学生的自我效能促进作用不大。对于后者而言,那些学习比较缓慢的学生可能才是最佳示范者。瑞奥登先生的历史班正在学习内战期间的各大战役。因为战役较多,要全部掌握对于部分学生有难度。他把学生分成了三组:第一组——轻松掌握相关材料的学生;第二组——用功学习、逐步掌握的学生;第三组——仍然存在困难的学生。他让第二组和第三组学生结对辅导,认为第二组学生可以给第三组学生起到良好的示范作用。

教师可以指出同伴榜样用心和用功的程度。例如,一位小学教师在班上走动以察看学生们完成任务的情况。她可以告诉学生一些社会性的参照信息(如"看凯尔文做得多棒!我相信你们也可以一样棒")。不过教师需要确保学生会觉得作为参照的表现水平是他们能够达到的;必须要慎重选择参照学生。

同伴还可以在小组任务中促进学生的自我效能。成功完成任务的小组中每位成员都负起责任,同时共享因为集体表现而获得的奖励,这类小组有助于减少因为学习有困难的学生而产生的与能力相关的不良社会性比较。鉴于未能成功完成任务的小组成员其自我效能不会增强,教师在安排小组任务时必须谨慎。

在挑选学生完成小组项目时,吉娜·布朗可以对学生的技能水平(如写作、分析、解释、研究、组织)做出评估,保证每组都有不同能力水平的学生。

运动技能

自我效能可用于预测运动技能的掌握和表现情况(Bandura , 1997 ; Poag – duCharme & Brawley , 1993 ; Wurtele , 1986)。古尔德和韦斯(1981)发现榜样相似性的益处。女大学生观摩情况相似的榜样(没有运动背景的女生)或情况不同的榜样(体育系男教授)示范肌肉耐力任务。观摩情况相似榜样的示范的学生,其任务的完成质量和自我效能高于观摩情况不同榜样的示范的学生。但两种情况下,自我效能都与行为表现正相关。

乔治、费尔兹和蔡斯(1992)对女大学生和做腿部拉伸耐力训练的榜样示范做了研究,得出了相似的结论。相比观摩运动员出身的榜样示范,观摩无运动背景的男性或女性榜样示范相关技能的学生,其腿部拉伸持续的时间更长、自我效能更高。对于这些还没有掌握技能的观察者来说,榜样的能力比起性别是一个更为重要的趋同要素。

勒格和费尔兹(1991)让六年级女生观摩爬梯子,示范者分别是会和不会爬梯子的教师及同伴;控制组女生则没有示范观摩,然后女生对自己成功爬上梯子更高处的自我效能做出判断,并试着完成爬梯任务。结果显示相比有示范的几组女生,控制组女生的表现最差;而有示范的几组女生中,观摩会爬梯子榜样(成人或同伴)组学生的表现优于观摩不会爬梯子榜样组的学生,也就是说技能示范组的女生自我效能评估较高。

班杜拉和塞沃恩(1983)的研究表明了反馈在运动技能学习过程中的重要性。大学生交替推拉阻力性的杠臂器械以做力量监测。第一组受试被告知要达到超过基础线40%的目标,第二组受试被告知他们的表现超过了24%,第三组受试既被告知目标又被给予反馈,还有一组是控制组,控制组受试既没有目标,也没有反馈。结果显示目标与反馈相结合的小组表现最突出,他们完成目标的自我效能逐步提高,预示了他们的后续努力。

在后续研究(Bandura & Cervone, 1986)中,受试被要求达到超过基础线50%的目标。他们完成动作后受到了错误的反馈,分别被告知超过了24%、36%、46%和54%。被告知24%的小组自我效能最低,而被告知54%的小组自我效能最高。但当学生给下一轮表现设定目标并且再次尝试任务时,所有小组的努力付出同目标和自我效能呈正相关。

波格 - 杜莎姆和布劳利(1993)发现可以依据自我效能评估个人在社区训练项目中的参与度。他们的研究对学生参与课堂活动以及克服训练和时间安排障碍的自我效能做出评估。结果显示自我效能与定期训练的开始和坚持情况呈正相关。相类似地,莫特尔及其同事(Motl, Dishman, Saunders, Dowda, & Pate, 2007; Motl et al., 2005)的研究表明克服训练障碍的自我效能可以揭示青春期女生的体育训练状况。这些结果都表明要达到促进训练的目的,必须注意提高个体处理时间安排和参与等潜在问题的自我效能。

教学自我效能

自我效能与学生相关,也与教师相关(Pajares, 1996; Tschannen - Moran, Woolfolk Hoy, & hoy, 1998; Woolfolk Hoy, Hoy, & Davis, 2009)。教学自我效能指一个人关于自己促进学生学习的能力认知。教学自我效能影响教师在处理与学生相关事务时的活动安排、精力投入、耐心和毅力(Ashton, 1985; Ashton & Webb, 1986)。自我效能低的教师不太情愿投入超出自己能力范围的活动任务,对于有困难的学生不够耐心,不愿花费心思搜集教学材料,也不愿采用有助于学生更好理解的方式重新讲解教学内容。而自我效能高的教师会更愿意设计具有挑战性的活动任务,一心想帮助学生获得成功,对于学习有困难的学生表现出极大的耐心。自我效能对教师的动机影响会促进学生的学习表现。此外,自我效能高的教师还会对工作表现出更强的责任心和投入度(Chan, Lau, Nie, Lim, & Hogan, 2008)。艾什顿和韦伯(1986)发现自我效能高的教师善于营造积极的课堂氛围,支持学生的想法,照顾学生的需求。教师的自我效能是学生表现的一个重要参数。伍尔福克和霍伊(1990)对岗前培训教师进行了研究,得到了一些很具比较性的结果。

毫不意外地,研究发现经验更为老到的教师自我效能更高(Wolters & Daugherty, 2007)。研究还发现,教师的自我效能与他们为建立以掌握所学内容为目标、强调学习进步和克服挑战等内容的课堂教学结构呈正相关(见第九章)。教师的自我效能已被证明与工作的满意度正相关(Collie, Shapka, & Perry, 2012)。费尔兹、蔡斯、莫里茨和沙利文(1999)的研究表明关于教师自我效能的结论同样适用于教练的角色。

研究者对与学生学习最密切相关的教学自我效能做了研究(gibson & Dembo, 1984; Woolfolk & hoy, 1990)。艾什顿和韦伯(1986)对教学效能和个人效能做了区分,前者指对一般性教学结果的预期,后者指对实施特定行为以产生某种结果的自我效能。上文指出,自我效能和结果预期往往相互关联,但这种相互关联并不是必然的。如果教师认为学生的学习很大程度上取决于家庭和环境因素,非教师所能掌控,就可能出现个人效能高而教学效能低的教师。还有一些研究表明教学自我效能有内外之别:内部因素是关于个人影响力和权能的认知,外部因素是关于课堂以外因素的影响力和权能的认知(Guskey & Passaro, 1994)。

戈达德、霍伊和伍尔福克·霍伊(2000)提出了教师集体效能的概念,指学校教师群体关于他们的整体努力可以对学生产生积极影响的认知。教师集体效能发挥作用,需要学校管理层大力支持,能够营造一个开放自由的校园氛围,促进教师提高教学质量,是学校体制改革的核心内容。

教师集体效能的作用取决于组织的紧密性(Henson, 2002)。在组织松散的学校里,教师集体效能并不能有效预估教学结果;个人自我效能会是一个更好的参数指标。这种情况可能多见于中学,这些学校可能根本就缺乏紧密的组织联系,如果有,也只限于部门层面,而非学校层面。小学里的组织联系要紧密得多,学校教师的集体效能可以预估学生的学习表现。

戈达德等人(2000)对教师集体效能影响学生学习的过程做了阐述。自我效能的四大形成因素同样会影响集体效能:表现成果、替代性经历、社会规劝和生理指标。教师们齐心协力成功实施教学变革,互相取长补短并借鉴他校的成功经验,其变革措施受到学校管理层和专业人士的鼓励,共同努力克服困难减轻压力,这时他们的集体效能提高(Goddard, Hoy, & Woolfolk Hoy, 2004)。而随着教师集体效能的提高,教师将继续努力,为促进学生学习创造更多更好的条件。

卡普拉拉、芭芭拉奈利、博戈尼和施德凯(2003)发现教师的集体效能认知与他们的工作满意度呈正相关。此外,集体效能还取决于教师们相信其他构成因素(如校长、其他教职员工、家长、学生)也在努力履行自己的职责。如果环境不对变化做出反应,再高的自我效能也无法产生有益的改变,这与班杜拉的观点(1997)是相一致的。要想留住教师——很多地区/领域存在师资匮乏的情况,这是重中之重——需要营造一个环境,在这个环境里,教师能够发挥主观能动性,他们的努力能够产生积极的变化。

岗前和在职教师培训项目的一大挑战就是结合效能构成因素(实际表现、替代性经历、规劝、生理指标)设计有效的方法,增强教师的自我效能。学生与教师辅导员共事的实习就是一种成功的实际表现加专家榜样示范的模式。教师榜样不仅向观察者传授技能,而且他们在课堂上的成功表现帮助观察者树立起了自我效能(实际应用4.6)。

实际应用4.6

教学自我效能

教师自我效能的发展途径与学生自我效能相同,其中一个有效途径就是观察榜样示范的教学行为。一名新进的小学教师想成立学习中心,可以先观察辅导教师是如何操作实施的。在观察过程中,新教师掌握了相关技巧,提升了自己能够办好中心的自我效能。

新上岗教师还可以通过观察二、三年级教师的教学示范而树立自我效能;新教师发现自己和这些教学资历也还比较浅的教师之间的差距要小于自己与那些经验比较丰富的教师之间的差距。

实践练习有助于掌握技能,同时也有助于树立自我效能。音乐教师反复练习乐曲,直到自己非常熟练,有信心可以教会学生,这时他们教学的自我效能就会大为增强。教师在介绍一项新的电脑应用前自己先学会,这样他们会更有信心自己能教会学生。

对相关话题作充分了解可以促进准确翔实讨论该话题的自我效能。大学教师应该先对课程讨论中涉及的所有主要相关话题的重大研究有所了解。这有助于教师给学生讲解课本以外的知识内容,树立起有效讲解课程内容的自我效能。

健康和治疗

研究者发现,自我效能可以对健康和治疗效果做出预测(Bandura,1997;Maddux,1993;Maddux,Brawley,& Boykin,1995)。健康理念模式被广泛用以解释健康行为的改变(Rosenstock,1974)。这一模式认为个人的四类认知是影响其健康的重要因素:易感性(个人对于威胁健康行为之风险的预估)、威胁健康行为的严重性、推荐的降低威胁行为的有益性、实施障碍(个人关于实施推荐预防行为可能导致的不良结果的认知)。障碍认知是获得最有力实验结果支持的因素,它与自我效能密切相关(如克服障碍的自我效能;Maddux,1993)。新的健康行为目标模式(Maes & Gebhardt,2000)将能力认知(类似自我效能的因素)列为了核心因素。

众多研究都表明自我效能是健康行为的重要指标参数(di Clemente,1986;Strecher,DeVellis,Becker,& Rosenstock,1986)。自我效能与戒烟行为正相关

(Godding & Glasgow, 1985),与戒烟时间长短正相关(di Clemente, et al., 1985),与烟瘾负相关(di Clemente, et al., 1985),与减肥正相关(Bernier & Avard, 1986)。洛弗(1983)发现克制贪食行为的自我效能与暴饮暴食及吃泻药减肥等行为负相关。班杜拉(1994)对自我效能在艾滋病防治过程中的作用进行了研究。

迪克莱门特(1981)做过一项研究,让刚刚戒掉烟瘾的人评价在不同压力背景下其自我效能对克制烟瘾所起的作用;数月之后又对这些人做了调查,以确定他们是否戒烟成功。成功戒烟者的自我效能评价要高于复吸者。相比吸烟史或人口统计变量,自我效能更能预测吸烟者以后是不是会复吸。戒烟者复吸,往往是因为他们觉得自己的自我效能不足以帮助他们克制烟瘾。

研究者还对自我效能对行为治疗效果的作用做了研究(Bandura, 1991)。有一项研究(Bandura, Adams, & Beyer, 1977),患有恐蛇症的成人接受了参与榜样示范治疗,治疗师先示范一系列与蛇接触的行为,行为的危险性逐渐加剧,随后患者跟着治疗师一起跟蛇接触,最后患者自己跟蛇接触。与那些只观摩治疗师示范行为的患者以及没有接受训练的患者相比,接受了参与榜样示范训练患者的自我效能提升最大,进步最快。无论哪种治疗,患者的自我效能与其实际表现之间高度相关。班杜拉和亚当斯(1977)还做了一项相关研究,研究发现参考榜样示范模式的效果优于系统脱敏疗法(第三章)。这些研究结果都支持班杜拉(1982b, 1997)的观点,即榜样示范与行为实践相结合的表现性治疗会促进自我效能提升,行为矫正效果更好。

关于健康生活方式的养成和保持,以往研究人员通常从规范性治疗管理的角度做出阐释,但近来研究人员和从业人员日益强调合作性自我管理(Bandura, 2005),后者包含了本章所讨论的众多社会认知因素:健康行为的自我监管、实现健康行为的目标和自我效能、自我进步评估、自我激励、健康生活方式的社会支持(Maes & Karoly, 2005)。

这一观点体现了本章开头所介绍的班杜拉关于人的主观能动性的主张。生活方式能够成功转变并且变好后长久保持下去,这要求人们有信心管理好自己的行为以及对生活有影响的重要事件。自我效能通过认知、动机、情绪和自我调节机制影响人的行为。自我效能会影响人们的想法是积极还是消极、如何激励自己即便遇到困难的时候也不放弃、如何处理情绪（特别是在饱受压力的情况下），如何应对挫败、关键时刻如何抉择等（Benight & Bandura, 2004）。

总而言之，研究证据表明自我效能可以对不同的行为结果做出预估，包括戒烟、痛苦耐受、运动表现、信心、应对恐惧事件的能力、中风后的恢复情况、销售业绩等（Bandura, 1986, 1997）。自我效能是影响职业选择的一个重要变量（Lent, Brown, & Hackett, 2000），孩子的自我效能影响他们认为自己能胜任的职业类型（Bandura, Barbaranelli, Caprara, & Pastorelli, 2001）。自我效能研究涉及不同的情境、受试、测量方式、处理方法、任务和时间跨度，以研究自我效能的普遍性作用。

教学应用

社会认知理论的许多主张都对教学和学生学习有重要启发，其在教学领域的应用主要包括榜样示范和自我效能、样例、辅导和指导等。

榜样示范和自我效能

教师示范促进学习，帮助学生获得自我效能认知。在观察教师讲解演示概念和技能的过程中，学生学习掌握这些概念和技能，相信自己有能力学习更多。教师还向学生灌输劝导性的自我效能认知。教师在讲课时告诉学生他们所有人都能学会，只要刻苦勤奋他们就能掌握新的技能，这些话语可以促进学生的学习自我效能，而当学生成功完成学习任务时，这一自我效能认知得到证实。教师应该确保他们传授给学生的内容（如"保持课桌整洁"）和他们自身的行为（教师的讲台保持整洁）是相一致的。

同样，同伴榜样示范也可以促进学生的动机和学习。与教师相比，同伴榜样示范可能会更加着重于"怎么做"，从而促进观察者的学习。此外，看到情况相似的同伴获得成功，观察者心中会产生一种替代性的学习自我效能认知，当他们自己也成功完成任务时，这种替代性的认知会变成真实的存在（Schunk, 1987）。这可能意味着在教学中要多多利用多个同伴榜样示范，这些同伴代表不同的能力水平。

在设计教学方法时，教师应该仔细权衡这些方法可能对学生自我效能和学习产生的影响。某种方法可能有助于促进学习,但不能增强学生的自我效能。例如,课外辅导可能有助于提高学生的学习成绩,但对提高他们(自主)学习或独立取得成绩的自我效能却帮助不大。班杜拉(1986,1997)指出需要给学生自主掌握(即学生独立实践技能)的时间。

优秀榜样示范传授技能效果良好,但情况相似的榜样对于自我效能的促进作用最大。请数学最好的学生在班上演示做题,的确可以向观察者传授相关做题技巧,但很多观察者因为认为自己与榜样示范者之间有较大差距而无法树立起信心。通常,可以请优秀学生辅导能力较弱学生以帮助他们提高,但与此同时必须要给被辅导学生独立实践的机会,让他们树立起自我效能(见下文"辅导和指导"一节)。

未上岗教师的自我效能可以通过教师的岗前准备树立起来,可以安排他们岗前实习,观摩老教师讲课并自我实践教学技能。而对于在岗教师,职业进修可以帮助他们学习新的教学策略以应对富有挑战性的教学环境,包括如何对能力水平参差不齐的学生施教、如何对英语水平有限的学生施教、如何让家长参与孩子的学习等。学校管理层可以帮助教师扫清教学障碍(如大量的书面任务),让他们专注于改善课程设置、提高学生学习质量(见实际应用4.6)。

样例

样例是关于如何解决问题的图示(Atkinson, Derry, Renkl, & Wortham, 2000)。样例列出解决问题的步骤,往往配有图表或声音(叙述)。样例也是榜样示范——连同配有的讲解——描述一位能手解决问题的整个过程。学习者在自行尝试解决问题前先研究样例。样例往往用于数学和科学等科目的教学,虽然其使用范围并不仅限于此。

样例教学的理论原理主要源自信息处理理论,我们将在第七章中讨论。但样例教学也涉及很多社会认知理论的内容(van Gog & Rummel, 2010)。样例教学把认知模式和演示 + 讲解的模式相结合。正如其他复杂的观察性学习模式所揭示的,学生们学习的并不是解决某一个问题的方法,而是一般性的技能和策略,他们可以运用这些技能和策略来解决某一类问题。样例也能促进动机。它们可以帮助学习者增强自我效能,学习者在看完样例后觉得自己明白了讲解的内容,可以对样例中的技能和策略加以应用(Schunk，1995)。

运用样例教学时,有些原则应当牢记。少用单一的呈现方式,多用复合方式。因此,样例可以包含文本(文字、数字)、图表(箭头、表格)和听觉(声音)信息。但样例过于复杂,会加重学习者的注意和记忆负担。研究还表明两个样例比一个样例效果要好,两个不同的样例比两个相同的样例效果要好,样例和练习交叉进行比先样例后练习效果要好(Atkinson，et al.，2000)。因此,代数教师在讲一元方程时可以给出两个类似 $4x + 2 = 10$ 的样例,然后让学生做题。然后,教师可以给出两个 $2x + 1 = 5$ 的样例,再让学生解相似题目。样例还可以配上图表和声音,就像互动性的基于计算机的学习模式。

辅导和指导

辅导指一人或多人充当他人教育者的形式,通常用于某一特定科目或出于某一特定目的(Stenhoff & Lignugaris/Kraft，2007)。由同伴充当教育者的辅导是同伴辅助学习的一种形式(Rohrbeck，Ginsburg – Block，Fantuzzo，& Miller，2003；第八章)。

辅导者成为被辅导者的教学榜样示范,向被辅导者讲解并演示他们所要学习的技能、操作过程和策略。对于儿童来说,成人和儿童都可以成为有效的辅导者。不过,正如上文所指出的,同伴辅导者更有助于促进学习动机。有效的同伴辅导者是那些被辅导者认为情况与自己相似的人,只不过后者掌握技能的情况远胜于己。这种相似性认知使被辅导者相信如果辅导者可以学会,自己也一样可以,从而提高他们的自我效能和动机。

研究者还对辅导行为对辅导者的影响做了研究。与教学自我效能的情况相似,相比辅导自我效能低的辅导者,辅导自我效能高的辅导者花费时间精力和处理困难材料的意愿度更高,坚持时间更长(Roscoe & Chi，2007)。还有证据表明辅导可以增强辅导者的动机和自我效能(Roscoe & Chi，2007)。

指导指资历较深的导师和资历较浅的学员(门徒)之间的交流互动,导师给学生提供职业(工具)和社会心理(关系)知识、建议和支持(Eby，Rhodes，& Allen，2007；Fletcher & Muller，2012)。指导的整体目标是帮助人们能良好驾驭职业和个人生活。

理想形态的指导是导师和学生之间教学相长的一个过程。从这个意义上讲,指导是比辅导更为充实深化的一种教学体验,因为指导的对象多为刚入门的新人。辅导侧重短期的内容性教导,而指导侧重长期的示范性建议和引导(Johnson,2007)。

指导可用于不同层次的教育,如学习社团、咨询和写作小组、高校—中小学合作、职员进修、高等教育、同伴互助等(Mullen,2005)。高等教育领域的指导多发生于新老教师或教授和学生之间,在这种情形下,富有经验的教授向经验不足的教授或学生传授自己的专业能力,并在后者身上投入时间,以帮助他们取得进步,树立自我效能(Johnson,2007;Mullen,2011)。

指导涵盖了很多社会认知原理,对教学和动机都有促进作用(Schunk & Mullen,2013)。学员通过导师对技能和策略的示范、讲解和演示学习这些技能和策略,帮助自己取得成功。学员认为自己与导师在重要方面情况相似,而与导师的交流帮助他们获得了成功,会促使他们树立起较高的自我效能。与动机和自我调节学习一样,指导侧重的也是长期的目标导向的行为(Schunk & Mullen,2013)。对博士生的指导证明了指导有助于增强他们的自我调整、自我效能、动机和结果表现(Mullen,2011)。导师也可以通过与学员的交流学习并改进技能,从而提高他们继续取得成功的自我效能。指导关系对指导和被指导双方都有利,这是符合社会认知理论主张的(Schunk & Mullen,2013)。

小结

社会认知学习理论认为人们通过社会环境学习。班杜拉的理论把人的行为视作人、行为和环境因素之间的一系列的互利性交流。学习是一种信息处理行为,在这个过程中,知识被转化为符号性的认知表征,用以指导行为。学习有两种模式,一种是做出实际行为的亲历性学习,一种是观察榜样示范、聆听教导、利用印刷或电子内容的替代性学习。行为结果具有特别重要的意义。结果为成功的行为被保留,而结果为失败的行为被摒弃。社会认知理论还提出人的行为具有主观能动性,人可以设立目标,自我调整其认知、情绪、行为和环境,以促进目标的达成。

传统的模仿行为解释没有对榜样示范作用的广度和影响作全面阐述。班杜拉等人的研究表明榜样示范可以有效地拓展学习广度、促进学习效率。他们对榜样示范的不同作用作了区分:抑制和脱抑制、诱发反应和观察性学习。通过榜样示范进行观察性学习可以提升学习效率,拓展所学知识的广度。观察性学习过程包含注意、保持、动作显现和动机等。

社会认知理论认为观察榜样示范并不能保证观察者学习行为的发生,或以后观察者能够实施所观察行为,榜样示范者只是提供关于行为可能结果的相关信息,并激励观察者做出相应的行为。影响学习和行为表现的因素包括学习者的发展状况、榜样示范者的名气和能力、榜样示范者的替代性结果等。

学习的动机性影响因素有目标、结果预期、价值判断和自我效能。目标可对进步认知、自我效能和自我评价产生影响,从而促进学习。人们完成任务的过程中会不时把他们取得的进步和目标做比较。进步认知促进自我效能,使得动机长久保持。目标的特定性、邻近性和困难性等属性促进自我认知和动机,自我设定目标和人们下定决心实现的目标也会有相同的促进作用。

结果预期(关于行为结果的认知)影响学习和动机,因为人们总是努力达到想要实现的结果,而避开不想遭受的结果。人们还依据自己的价值判断行事,努力实现他们觉得能带给他们满足感的结果。

自我效能,即个人关于学习或行为达到指定水平的能力认知,与知道做什么并不是一回事。人们依据自己的行为结果、榜样示范的替代性结果、规劝方式、生理指征等因素评估自我效能。实际行为表现对于自我效能评估最具参考价值。自我效能可以影响行为选择、努力、坚持和结果表现。教学自我效能和集体自我效能主要针对的是教师,相关研究结果表明其与学生的学习和结果呈正相关。

研究者已经发现了班杜拉理论适用于不同情境领域的相关证据,包括认知、社交、运动、健康、教学和自我调节技能等。自我效能已被发现可在不同情境下对涉及不同类型参与者(如成人、儿童)的行为改变做出预估。这一研究还表明复杂技能的学习是亲历性学习和替代性学习相结合的结果。观察者通过观察榜样示范大致掌握技能,在随后的实践练习过程中教师对学习者的行为给出纠正性的反馈,然后学习者再次进行实践练习,改进并内化具有自我调节性的技能和策略。社会认知理论对于教学有重要启发,主要体现在榜样示范和自我效能、样例教学、辅导和指导等方面。

关于学习问题的小结见表4.6。

表4.6　学习问题小结

学习如何发生?

学习通过亲历的方式(做出行为)和替代的方式(通过观察、阅读和聆听)发生。学校学习大多是亲历性学习和替代性学习的结合。观察性学习能极大拓展人类学习的广度。观察性学习包含四个过程:注意、保持、动作显现和动机。社会认知理论的一大贡献在于其强调了学习与社会环境的关系。

记忆如何作用?

社会认知研究者们并没有对记忆的作用作深入研究。社会认知理论认为,记忆是以图像或符号形式存储信息的过程。

动机的作用?

动机过程的核心内容是目标、价值判断和预期。人们设定学习目标,并参照目标评估进步。价值判断是一个人关于让自己产生满足感或觉得重要的事物/行为的认知。预期有两种,结果预期和效能预期,前者指预估的行为结果,后者——即自我效能——指一个人对于学习或行为达到指定水平的能力认知。一个人相信自己正在朝着目标不断进步,这就是自我效能的实际表现,能够激励其继续学习。

迁移如何发生?

迁移是一种认知现象,其根本在于人们相信新条件或不同条件下的某些行为具有社会可接受性,可以产生有利的结果。学习者的自我效能同样可以促进迁移的发生。

自我调节学习如何实现?

传统观点认为自我调节包括三个过程:自我观察、自我判断和自我反应。后来这一观点经过扩充,涵盖了任务参与前与参与后的行为活动。社会认知理论强调目标、自我效能、归因、学习策略和自我评价等,这些过程相互作用,互惠互利,例如目标的实现促成新目标的产生。

对教学有何启发？

榜样示范是一个可以大力推荐的教学方法。有效的教学始于榜样等社会性影响，并随着学习者内化技能和策略逐步转化为自我影响。我们不仅需要了解教学如何影响学习，也要了解教学如何影响学习者的自我效能。应当鼓励学生设立目标并不断评估目标进展。教师自我效能同样影响教学，因为自我效能高的教师更能够促进学生学习。社会认知原理同样还体现在样例、辅导和指导等教学形式中。

扩展阅读

Bandura, A. (1986). *Social foundations of thought and action：A social cognitive theory.* Englewood Cliffs, NJ：Prentice Hall.

Bandura, A. (1997). *Self – efficacy：The exercise of control.* New York, NY：Freeman.

Goddard, R. D., Hoy, W. K., & Woolfolk Hoy, A. (2004). Collective efficacy beliefs：Theoretical developments, empirical evidence, and future directions. *Educational Researcher*, 33 (3), 3 – 13.

Locke, E. A., & Latham, G. P. (2002). Building a practically useful theory of goal setting and task motivation：A 35 – year odyssey. *American Psychologist*, 57, 705 – 717.

Schunk, D. H. (2012). Social cognitive theory. In K. R. Harris, S. Graham, & T. Urdan (Eds.), *APA educational psychology handbook. Vol. 1：Theories, constructs, and critical issues* (pp. 101 – 123). Washington, DC：American Psychological Association.

Schunk, D. H., & Pajares, F. (2009). Self – efficacy theory. In K. R. Wentzel & A. Wigfield (Eds.), *Handbook of motivation at school* (pp. 35 – 53). New York, NY：Routledge.

Zimmerman, B. J., & Schunk, D. H. (2003). Albert Bandura：The scholar and his contributions to educational psychology. In B. J. Zimmerman & D. H. Schunk (Eds.), *Educational psychology：A century of contributions* (pp. 431 – 457). Mahwah, NJ：Erlbaum.

第五章　信息处理理论：编码和存储

卡斯·帕奎因是一名中学数学教师,她碰到同一教研组的教师道·杰克斯和弗兰·基利安时显得有点心情不佳。

道:怎么了,卡斯? 遇上什么不开心的事了?

卡斯:我怎么讲学生都不懂,我无法让学生们理解什么是未知数 ,x 对他们来说就是一个他们永远解不开的谜。

弗兰:是的,x 对孩子们来讲太抽象了。

道:对成人也一样。x 是字母表中的一个字母,一个符号。我也遇上了相同的问题。有些孩子看上去懂了,但很多都不懂。

弗兰:我读硕士的时候,教师还有书上都说一定要让学习变得有意义。如果人们可以把新学的内容和他们知道的内容联系起来,这有助于他们更好地掌握新学的知识。

卡斯:例如什么——饼干?

弗兰:嗯,是的。假设题目是 $4x + 7 = 15$。是不是可以这么讲:多少块饼干的 4 倍再加上 7 块饼干等于 15 块饼干? 这样孩子们可以就把未知数 x 与某个具体实物联系起来,而不是仅仅把它记成是一个求解项。他们就会把 x 理解成具有不同价值的事物,例如饼干。

道:数学概念基本上都有这样一个问题——过于抽象。对于小孩子,我们会借用实际物体让数学概念变得有意义。我们把派切成小块,教给孩子们分数的概念。但对大孩子,我们就不再这么做了,多数情况下都会直接给他们灌输抽象的符号。他们的确需要知道怎么运用这些符号,但我们应该尽量让这些概念符号变得有意义。

卡斯:是的。我也是被书本上的东西牵着鼻子走了,我需要想办法把抽象的概念更好地与孩子们知道的东西联系起来,好让他们更好地理解。

信息处理理论侧重人们如何关注环境活动、建构和编码所学信息并使之与记忆知识相关联、记忆存储新知识、需要时提取信息等内容(Mayer,2012;Shuell,1986)。信息处理理论的基本主张是:"人类是信息处理的载体。人的思维是一个信息处理系统。认知是一系列心理活动的集合。学习是获得心理表征的体现。"(Mayer,1996,p.154)

信息处理理论实际上并不是一个独立的理论;它是对涉及认知活动序列和执行等相关内容的理论性阐释。虽然本章将会讨论若干信息处理理论,但没有哪个理论具有绝对主导性,学者们认为每种理论都有值得商榷之处(Matin,2009)。之所以出现这一情况,部分可能是因为通信、技术和神经科学等领域研究进展的影响。

早期的信息处理研究大多在实验室里进行,研究内容多为眼部活动、识别和记忆次数、刺激投入注意、感知和记忆干扰等,后来开始研究学习、记忆、问题解决、视觉和听觉感知、认知发展、人工智能等。虽然信息处理研究的结果具有很强的实证性,但其原理并没能有效用于学校学习、课程构建和教学设计等实际活动,不过这并不是说信息处理理论与教育没有多少相关性,只是其实际应用途径还需要进一步研究。好消息是,越来越多的研究者们开始把信息处理理论的相关内容用于阅读、数学、科学等学科的教学,理论原则的实际应用成为了研究重点。开头小剧场中的几位教师讨论的意义性就是信息处理理论的一个核心内容。

本章先介绍信息处理理论的主要观点、历史影响及早期的信息处理模式,然后用较大篇幅介绍当代的信息处理模式,包括注意、感知、工作记忆和长期记忆存储等具体过程。第六章将继续讨论信息处理理论,包括长期记忆中的知识提取以及意象和迁移等相关内容。

读完本章后,你应该可以:

■ 讨论信息处理理论的主要假设及其对当代理论的历史性影响：言语学习、格式塔理论、双存储记忆模式、处理层级等；

■ 解释当代信息处理模式的构成要素：注意、感知、工作记忆、长期记忆；

■ 区分关于注意力的不同观点并解释注意力对学习的影响；

■ 讨论信息的感官登录及感知过程；

■ 描述包含基本要素的工作记忆操作模式；

■ 解释影响编码的主要因素；

■ 定义命题和扩散激活，并解释其在长期记忆信息编码过程的作用；

■ 讨论陈述性知识和程序性知识之间的区别；

■ 讨论教学过程中内含的信息处理原理，包括先行组织者、学习条件和认知负荷。

早期的信息处理理论

主要观点

行为主义理论（第三章）认为学习仅仅是刺激和反应之间形成联结的过程，信息处理理论学家们对这一观点提出了质疑，他们并没有否定联结，因为他们认为知识点的联结有助于促进知识习得和记忆存储，但他们并不十分看重外部条件，相比外部条件，他们认为干预刺激和反应的内部（心理）活动更为重要。学习者是积极的信息搜寻者和处理者。行为主义者们认为，人们受到刺激时就会生成反应，但信息处理理论学者们认为，人们会选择并注意环境中的某些方面，对知识进行建构和演练，将新信息与先前所学知识相联系，并对信息进行组织使之变得有意义（Mayer, 1996, 2012）。

关于哪些认知过程具有重要意义、认知过程如何运作，各个信息处理理论流派的观点并不统一，但它们在一些共性问题持有一致的观点。其中之一就是，信息处理主要发生于接收刺激和产生反应之间的干预阶段，据此可推论：信息的呈现方式——即信息的心理表征形式——因为阶段不同而有所不同。不过关于干预阶段是否为记忆系统的组成部分、彼此是否有本质属性上的差别，存在争论。

另外一个主要观点是，信息处理过程与计算机处理过程相似，至少可以作此类比。

人类身体系统就好比一台计算机：接收信息、记忆存储、需要时提取信息。认知处理过程的效率极高，很少有浪费和交叉现象，但研究者对于这一类比在多大程度上站得住脚却态度不一。有些人认为这只是一个比喻，除此以外别无意义，而有些人利用计算机促进人的行为活动。人工智能就是研究如何操控计算机以实现计算机进行思考、语言应用和问题解决等人的行为活动的科学（第七章）。

研究者还提出所有的认知活动都包含信息处理过程：感知、演练、思考、解决问题、记忆、遗忘、想象等（Matlin，2009；Mayer，2012；Terry，2009）。信息处理理论突破了传统的关于人类学习行为的研究边界，其重点是关于记忆的研究（Surprenant & Neath，2009）。本章主要讨论与学习密切相关的信息处理过程，本节余下部分介绍对当代信息处理理论有重要影响的一些历史性理论概念和主张：言语学习、格式塔理论、双存储（双元）记忆模式和处理层级。

言语学习

刺激—反应联结。言语学习研究主要源自艾宾浩斯（第一章）。艾宾浩斯认为学习是言语刺激（词汇、无意义音节）之间联结不断增强的过程。反复配对使得 dij 这个反应与 wek 这个刺激之间的联结日益增强。在学习无意义配对音节的过程中，也可能会有其他反应与 wek 相联结，但这些联结在尝试的过程中逐渐弱化。

艾宾浩斯认为有三个因素影响受试学会所列各内容项的难易度或速度：意义性、相似性和实验的间隔时长（Terry，2009）。词汇（有意义的内容项）相比无意义音节学习难度低。关于相似性，内容项彼此之间相似度越大，学习难度越大。意义或发音上的相似性易引起混淆。让受试学 gigantic，huge，mammoth 和 enormous 等表示"大"的近义词，他们可能记不得这些词，但是会想起一些没有列出但意思相近的词（large，behemoth）。至于无意义音节，当相同的字母以不同的组合方式（sqv，khq，vxh，qvk）出现时，会出现混淆。实验间隔的时长有长（分布练习）有短（集中练习），结果显示在出现干扰的情况下（见第六章），分布练习的学习效果较好（Underwood，1961）。

学习任务。言语学习研究一般采用三种学习任务：序列任务、配对联想任务和自由记忆任务。序列任务是指人们按出现顺序回忆言语刺激物。序列性学习常见于背诵诗歌或记忆解题步骤等学习任务。多数序列性学习呈序列位置曲线(图5.1)的走向。出现在列表前端和末尾的词汇学习效果显著,而出现在列表中段的词汇需要多次尝试才能学会。这一效应的产生可能是因为出现在不同位置的内容其显著性有所差异。受试要记住的不仅是这些内容项,同时还有它们在列表中的位置。列表末尾的内容相比中段内容显著性更高,因此刺激作用"更佳"。

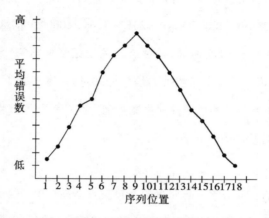

图5.1 基于内容项位置的记忆错误序列位置曲线图

配对联想学习任务指给一个反应项匹配一个刺激项(如 cat – tree, boat – roof, bench – dog),要求受试在出现刺激物时做出正确反应。配对联想学习包含三个方面:区分不同刺激物、学习反应、学习哪个反应匹配哪个刺激物。不同研究者对配对联想学习的发生过程以及认知协调的作用存在争议。最开始的观点认为学习是一个渐进的过程,刺激—反应的每一次

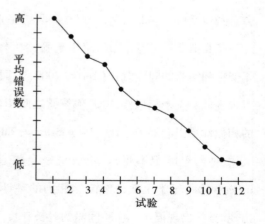

图5.2 基于试验次数的学习错误曲线

联结都逐步得到强化。常规学习曲线支持(图5.2)这一观点。人们的错误率开始阶段最高,随着列表内容的反复出现,错误率下降。

但埃斯蒂斯(1970)等人的研究给出了不一样的解释。虽然列表内容的学习整体上因为不断重复而有所改善,但某一具体项的学习呈现出全或无的结果:学习者要么知道要么不知道正确的联结。在不断试验的过程中,学会的联结数量有所增强。学习者不是简单地记忆反应,而是往往会用自己的方式对学习材料进行组织,使其变得有意义。比如在 cat‒tree 这组配对中,学习者可能会想象一只猫在爬树,或想到这个句子:"The cat ran up the tree."(意为猫爬上了树。)当看到 cat 这个词时,学习者记忆起那个意象或句子,做出 tree 的配对反应。研究表明言语学习比最初所认为的要复杂得多。

自由记忆学习指学习者看完内容列表后按任何顺序进行回忆。自由记忆能很明显看出学习者组织内容项以促进记忆的痕迹(Sederberg,Howard,& Kahana,2008)。学习者回忆词语的先后顺序往往与列表上的大相径庭,其顺序往往基于语义相近或同属一类词(如石头、水果、蔬菜)。

关于这种归类现象,有一个经典的研究,研究中给学习者显示一张列有 60 个名词的表单,有动物、姓名、职业和蔬菜等四类,每类各有 15 个词(Bousfield,1953)。列表上的这些词没有按类别归类,但学习者往往都会把同一类词放在一起回忆。列表显示次数越多(Bousfield & Cohen,1953)、词语显示时间越长(Cofer,Bruce,& Reicher,1966),这一归类现象越是明显。这表明同时回忆的词语往往依照常规情况相关联,要么彼此直接关联(如 pear 梨‒apple 苹果),要么关联到第三个词(fruit 水果)。对于这个现象的认知解释是个人学习的不仅是显示的词语,而且还有词语所属的类别(Cooper & Monk,1976)。类别名称是一个媒介:在回忆过程中,学习者先提取类别名称然后再是类别下属的词语。

自由记忆学习通常表现出首因效应(前面的词语记忆效果较好)和近因效应(末尾的词语记忆效果较好)(Laming,2010)。首因效应的产生可能是因为前面的词语练习的次数比较多,而近因效应的产生则可能是因为末尾的词语仍在学习者的工作记忆中。

言语学习研究让我们对习得的过程和言语材料遗忘现象有了清晰的了解,同时也表明用联结的概念来解释言语材料的学习显得过于简单化，尤其是当研究者的研究对象从简单的列表学习升级为意义性更强的文本学习时，这一点显得尤为明显。有人可能会对这类研究提出怀疑，认为无意义音节或抽象配对词汇之间没有相关性。学校的言语学习都是在有意义的情境之下发生的，例如词语配对（如州和州府、外语词汇的英文翻译）、有序排列的短语和句子（如诗歌、歌曲）、词语意思等。随着信息处理理论的出现，言语学习理论家们的很多观点都遭到了弃用或大幅修正。研究者们日益关注依赖于情境的言语材料的学习和记忆研究（Bruning, Schrwa, & Norby, 2011）。

格式塔理论

格式塔理论是早期的认知理论，对行为主义理论的很多理论主张予以了驳斥。虽然格式塔理论已经成为过去式，但它提出的很多原则为当前的感知和学习理论观点奠定了基础。

格式塔理论的兴起得益于20世纪早期的一批德国心理学家。1912年，马科斯·韦特海默发表了一篇关于视运动现象的文章，在德国心理学界引起了轰动，但因为当时格式塔心理学还没有在美国兴起，所以这篇文章并没有在美国掀起波澜。随后库特·考夫卡和沃尔夫冈·苛勒分别出版了英文专著《思维的成长》（1924）和《猿的心理》（1925），将格式塔理论介绍到了美国。后来包括韦特海默、考夫卡、苛勒在内的很多格式塔心理学家都移居到了美国，用格式塔理论来解释心理学现象。

视运动感知现象研究的一个典型实验就是先后显示两条相近直线，显示时间不到1秒，两次显示之间有短时的间隔，结果显示观察者看到的不是两条直线，而是一条直线从显示的第一条直线往显示的第二条直线方向移动。实验的时间控制是一个关键因素。如果两条直线显示之间的时间间隔过长，观察者看到的是两条相继直线，没有移动；如果时间间隔过短，观察者看到的两条并行直线，也没有移动。

这一视运动现象就是似动现象，表明主观体验不一定就是客观因素的反映。观察者可以在没有移动的情况下感知到移动。现象学体验（视运动）与感官体验（显示直线）并不是一回事。在寻求这些现象解释的过程中，韦特海默对传统的心理学认为感知是人的感官经历之总和的解释提出了质疑，因为传统心理学没有认识到感知具有独特的整体性。

知觉的意义性。假设瑞贝卡高 5 英尺,当我们从远处看瑞贝卡时,我们的视觉印象会比走近了看瑞贝卡显得要小,但我们知道瑞贝卡有 5 英尺高,这个是不以她离我们的距离远近为转移的。虽然感知(视觉意象)会出现变化,但意象的意义是不变的。

格式塔是一个德语词,意思是"形式"、"图形"、"形状"、"结构"等。格式塔心理学的核心内容就是客观物体或活动是经有序组织的整体性感知(Köhler, 1947/1959),其基本构成就是某个场面(背景)下的形象(一个人所注意到的内容)。富有意义的不是零散的各个组成部分,而是整体的结构形象(Koffka, 1922)。树并不是树叶、树枝、树根和树干随机的组合物;而是这些元素的意义结构合成。看到一棵树的时候人们关注的不是零散的组成部分,而是整体,人脑把客观现实转换为组织性的心理活动,形成有意义的整体。虽然人的知觉能力可以通过经历和训练而有所改变,但这一整体性观察事物的能力是与生俱来的(Köhler, 1947/1959;Leeper, 1935)。

格式塔理论最早用于感知研究,但当格式塔理论的欧洲拥护者们来到美国后,他们开始侧重学习行为的研究。格式塔理论认为学习是一种认知现象,包含把体验重组为各种关于事物、人或活动的感知(Koffka, 1922, 1926)。人类学习大多具有顿悟性,即我们可以很快地实现从无知到有知的转变。遇到问题时,我们会对已知和未知内容进行梳理,然后在此基础上想出解决办法。当人们突然"知道"怎么解决问题时,就实现了顿悟。

格式塔理论学家们不赞同华生及其他行为主义者们关于意识作用的观点(第三章)。格式塔理论认为意义认知和顿悟必须通过自觉意识才能实现。他们还对复杂现象可以分解成基本组成部分的观点表示反对。行为主义理论强调联结的作用——整体是组成部分的总和,但格式塔理论认为,如果把整体分解成零散的组成部分,整体也就失去了意义。在开头小剧场中,如果不把"x"与一些更广泛的物体概念相联系,它是没有意义的。整体大于部分之和。有意思的是,格式塔理论赞同行为主义理论反对内省的主张,但基于不同的理由。行为主义理论把内省看作是研究意识的一个手段;格式塔理论认为这么做是不合适的,因为这种做法企图把意义和认知割裂开来。格式塔理论认为认知是有意义的。

组织原则。格式塔理论认为人们遵循相关原则进行知觉组织,其中一些最重要的原则包括图形—背景关系原则、接近原则、相似原则、同向原则、简化原则和闭合原则(图5.3;Koffka, 1922;Köhler, 1926, 1947/1959)。

图形—背景关系原则认为所有知觉领域都可以分化为图形和背景。大小、形状、颜色、音高等元素使得某个图形在背景中突显出来。当图形和背景模糊不清时,知觉主体会对感官体验进行交替式组织(图5.3a)。

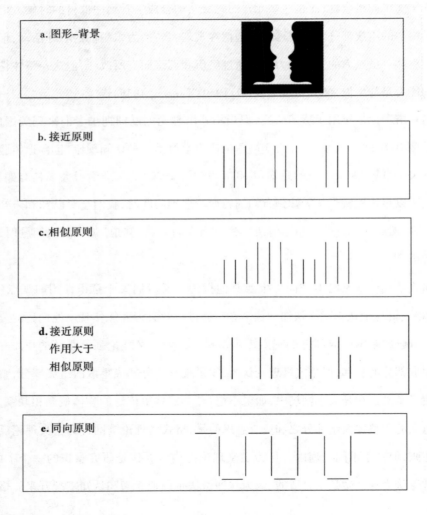

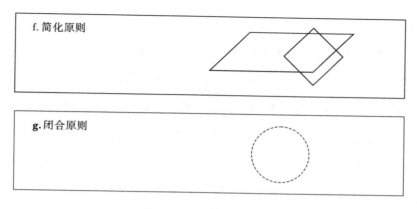

f.简化原则

g.闭合原则

图5.3　格式塔原则示例

接近原则指某一知觉领域的元素依据其彼此在空间或时间上的接近性而被组合在一起。绝大多数人会把图5.3b中的直线分成三组,每组三条直线,虽然可能还会有其他的感知方式。接近原则还体现在言语感知方面。我们听到(组织)的言语由一系列有停顿的词或短语构成,当我们听到不熟悉的言语发音(如外语)时,停顿判断会有困难。

相似原则指某些方面(如大小或颜色)相似的元素被组合在一起。我们在看图5.3c的时候,会觉得是三条短线后面跟了三条长线,以此类推。接近原则作用大于相似原则;当不相似的刺激物比相似的刺激物距离更接近时(图5.3d),知觉领域会将其组织成为四组直线,每组两条直线。

同向原则指那些看上去构成某个图案或同向流动的元素被感知为一个图形。图5.3e中的直线有很大可能被感知为某个特定图案。同向原则可以用于字母或数字的排列组合,这些排列组合的顺序由一条或多条规则限定。因此,我们可以根据以下规则判断出 ab de gh jk 这一字母组合中的下一个字母是 m:从字母 a 开始依次排列,每两个字母后面漏掉一个字母。

简化原则指人们倾向用简单、规律的方式组织知觉,从而形成对称、规律化的格式塔。德语词 Pragnanz——翻译过来是"有意义"或"准确"的意思——表明了这一点。我们在看图5.3f时会觉得是两个几何图形重叠在一起,而不会看成是好几个不规则几何图形的组合。

闭合原则指人们会对不完整的图形或体验进行补充。虽然图5.3g中的图形少了几条线,我们会把这个图形补充完整,觉得这是一个有意义的图形。

虽然格式塔的概念与感知息息相关,但这些原则具有一般的指导意义,其指向的并不是实际的感知过程。但是,相似物体的知觉组织并不能解释我们一开始是如何感知相似物体的。格式塔原则非常具有启发,但不够明了,解释力不足。此外,并不是所有的格式塔理论主张都获得了研究的支持。库波维和范·登·伯格(2008)发现接近原则和相似原则的整体作用与其各自作用之和相同,并不是像格式塔理论所说的整体大于部分之和。信息处理原则更加清晰,对知觉的解释力更强。

双存储(二元)记忆模式

阿特金森和希弗林(1968,1971)提出了一个早期的信息处理模式,这是一个分阶段的模式,涵盖了两种信息处理方式:短期信息处理和长期信息处理。依据这一模式,信息处理始于一个或多个感官(如听力、视力、触觉)受到某个刺激(如视觉、听觉),相应的感官收录接收输入信息,并以感官形式短暂存储。就是在这个阶段产生了知觉(模式识别),即将意义和刺激输入相匹配的过程。这一过程一般并不涉及名称确定,因为名称的确定需要时间,而信息只在感官收录中存储很短时间,知觉只是负责把输入信息和已知信息相匹配。

感官收录将信息传送至短期记忆,短期记忆大体上与人的意识即某一时刻人所意识到的信息相关。短期记忆能力相当有限。米勒(1956)指出短期记忆只能容纳5—9个信息块(单元)。一个信息块指一个有意义的内容项:一个字母、单词、数字或习惯表达(如"面包和黄油")。短期记忆的持续时间也很短:信息块要留存下来,必须得经过演练(重复)。如果没有演练,信息几秒之后就会丢失。随着生长发育,儿童的短期记忆能够容纳的信息块在数量和规模上都有所增加(Cowan, et al., 2010)。

信息存储在短期记忆中时,长期记忆——即永久性记忆——中的相关知识被激活并置于短期记忆中,与新信息相结合。为了说出所有以字母A开头的州府,学生首先回忆各州的名称——可能是按国家的地理位置来回忆——然后对各州首府城市的名称进行扫描。不知道马里兰州府是哪里的学生在学习"Annapolis（安那波利斯）"时，会在长期记忆中把它与"马里兰"一起存储。

长期记忆中的信息是否会丢失（比如因为遗忘）是个有争议的问题。有些研究者认为会，但也有人认为想不起来不代表遗忘，而是表明缺乏有力的提取线索。莎拉想不起来三年级教师的名字[Mapleton 这个名字中的"Maple"与"maple"（枫树）拼写和发音相同]，但可能给她一点提示——"跟树有关的"，她就想起来了。不过无论是哪种理论，研究者们都一致认为信息长期存储在长期记忆中（见第六章）。

控制（执行）过程通过信息处理系统管理信息的流动。演练是一个重要的控制过程，发生在短期记忆中。言语材料的演练方式为大声或无声地重复信息。其他控制过程包括编码（把信息置于一个有意义的情境中——开头小剧场中讨论的问题）、意象（信息的视觉呈现）、制定决策规则、组织信息、监控理解水平、应用提取、自我调节和动机策略等。

双存储模式是信息处理理论的一大进展。研究者发现双存储模式可以对很多研究结果做出解释。其中一个最统一的研究发现就是当人们要学习一整张表上的内容时，他们记忆效果最佳的是开头的内容项（首因效应）和结尾的内容项（近因效应），如图 5.1 所示。正如上文所指出的，开头内容项的演练次数最多，被传送到长期记忆，而回忆时结尾内容项仍在短期记忆中。中间的内容项记忆效果最差，因为回忆时它们既不在工作记忆（已经被后面的内容项给挤出去了），比起开头内容项演练次数较少，也没有恰当地存储在长期记忆中。

不过，也有研究表明真正的学习过程可能比双存储基本模式所揭示的过程更为复杂（Baddeley，1998）。一个问题是，这个模式并没有解释清楚信息如何从一个处理阶段过渡到另一个阶段。控制过程概念听着很有道理，但实际上非常模糊。我们可能会问：有些输入信息为什么会从感官收录进入短期记忆中，而另外一些信息不会？哪些机制决定信息已经经过很长时间的演练并将信息传送到长期记忆？长期记忆信息如何被选中激活？另外一个问题是，这个模式看起来对于言语材料处理非常有解释力，但对于不太能言语化的材料——如现代艺术和成熟技能——产生非言语表征的过程,我们还不清楚。

双存储模式对于学习到底是什么也无法给出有力的解释。比如人们学习单词表。因为所给的是无意义的音节,学习者必须学习单词以及它们在表单上的位置,而当学习者知道这些单词时,他们学的只是位置。例如,"cat"(猫)出现在第四个单词的位置上,后面跟的是"tree"(树)。在学习过程中,学习者必须思考他们学习的目的并据此调整学习策略。那么哪些因素控制这些过程?

还有一个问题就是系统各个要素是否贯穿整个过程。人们在学习知识、把输入信息与长期记忆信息相关联的过程中,短期记忆发挥重要作用,但有很多事我们是自动完成的:如穿衣、走路、骑车、对简单要求做出回应(如"你有时间吗?")等。对很多成年人来说,阅读(解码)和简单的算术运算也是自动化的过程,对认知过程的要求并不高。这种自动化处理过程也不需要短期记忆。这个自动化处理过程是如何进行的? 有哪些机制控制这个过程?

双存储模式没能很好解释这些以及其他一些问题(如学习中动机的作用和自我调节的过程),从而促成了一些替代模式和对原来模式的修改(Matlin, 2009;Nairne, 2002)。接下来我们讨论处理层级(或深度)。

处理层级(深度)

处理层级(深度)理论根据信息处理的类别而非信息处理的位置来定义记忆(Craik, 1979;Craik & Lockhart, 1972;Craik & Tulving, 1975;Lockhart, Craik, & Jacoby, 1976;Surprenant & Neath, 2009)。这一理论没有把记忆同记忆的若干阶段或短期记忆和长期记忆等结构性元素相结合(Surprenant & Neath, 2009),而是认为记忆有不同的信息处理方式(如信息处理的不同层级或深度):物理层级(表层)、听觉层级(音韵、声音)、语义层级(意思)。这三个层级构成一个空间维度,其中物理处理是最表层的处理(如开头小剧场中教师们讨论中提到的"X"是一个毫无意义的符号),语义处理是最深层的处理。比如你在阅读的时候碰到单词 wren,这个单词可以做表层处理(如这个单词没有首字母大写),可以做语音层面的处理(与 den 押韵),也可以做语义层面的处理(小鸟)。每个层级的处理相比前一层级的处理更加复杂(深入)；wren 的语义处理相比语音处理更加深刻地揭示了这个词的信息内容，而语音处理对这个词信息内容的揭示又胜过表层处理。

这三个层级的概念似乎与双存储模式中的感官收录、短期记忆和长期记忆极为相似，这两种理论模式都认为处理随着阶段或层级的推进变得更加深刻复杂。但不同于双存储模式，信息层级理论并不认为处理的三个层级构成三个阶段。依据这一理论，我们不必非得从一个过程进入到下一个过程才能进行更加深刻复杂的信息处理；同一个层级的信息处理深度可以有所不同。wren 的语义处理可以是浅层的(小鸟)，也可以是有所延伸的(其与其他鸟类的异同)。

这两种信息处理模式的另一个区别是关于信息处理的次序。双存储模式认为信息依次经过感官收录、短期记忆和长期记忆三个处理阶段，而处理层级理论认为信息处理不分先后，语义层面的信息处理并不一定要先进行表层和语音层面的处理(在接收信息的相关处理完成之后；Lockhart，et al.，1976)。

这两种模式对于信息处理过程对记忆的作用也持不同的观点。处理层级理论模式认为信息处理的层级越深，记忆效果越佳，这是因为记忆痕迹更加深刻。开头小剧场中的几位教师都很想知道怎么才能让学生更加深层地处理代数信息。一旦某项信息处理达到某个层级的某个程度，相同程度的其他处理不会加强记忆效果。相反，双存储记忆模式理论认为相同类别信息处理在量上的叠加可以增强记忆，这一模式指出，信息项演练的次数越多，其记忆效果越佳。

有研究证据支持信息层级理论。克雷克和托尔文(1975)向受试展示单词，每展示一个单词，就问受试一个问题，让他们回答。这些问题旨在促进某一个层级上的信息处理。针对表层处理的问题是"这个单词首字母大写了吗？"。针对语音层面处理的是"这个单词和 train 同韵吗？"。针对语义处理的问题是"这个单词可用于以下这个句子吗？'他在街上遇到了_____。'每个层级上的处理时间有所控制。结果显示语义处理的记忆效果最佳，其次是语音处理，最差的是表层处理，这表明遗忘产生的原因不在于工作记忆或长期记忆中的信息缺失，而在于信息处理过于浅表化。

处理层级理论暗示较高层级的材料处理有助于学生更好地理解。格洛弗、普莱克、罗伯茨、齐默、帕尔米(1981)发现相比不需运用已学知识的任务(如让学生找出文章中的关键词),让学生演练所读文章的大意能有效增强记忆效果,而让学生读慢点、仔细点并不能帮助学生记忆。

不过,除了这些积极的发现以外,处理层级理论也存在问题。其一就是语义处理是否总是比其他层级的处理更加深刻。有些单词的发音(kaput)和它的意思("破败的,毁坏的")一样特别。事实上,记忆效果不仅取决于信息的层级,而且也取决于记忆任务的类别。莫里斯、布朗斯福德、弗兰克斯(1977)发现如果是标准的记忆任务,语义编码的效果比押韵编码的效果要好;但是,如果是强调韵调的记忆任务,在编码过程中提问关于押韵的问题比语义性问题更有助于记忆。莫斯科维奇和克雷克(1976)提出学习过程中处理层级越高,可能的记忆效果越好,但这一可能性只有当信息提取的条件与学习条件相当时才能实现。

信息层级理论的另外一个问题是同等层级的额外处理是否会产生更好的记忆效果。纳尔森(1977)让受试对每个刺激(单词)重复一至两遍,这些刺激做了同等层级的处理。结果显示两遍重复后的记忆效果更好,这与信息层级理论的假设是相矛盾的。还有其他研究表明材料的更多练习有助于保持和记忆,使得处理变得自动化(Anderson, 1990;Jacoby, Bartz, & Evans, 1978)。

最后一个问题是关于层级的本质属性。有学者指出深度这个概念无论是其定义还是衡量标准都过于模糊(Surprenant & Neath, 2009;Terry, 2009)。因此,我们无从知道不同层级的处理如何影响学习和记忆(Baddeley, 1978;Nelson, 1977)。时间是一个衡量层级的不良标准,因为有些表层处理(如"单词的拼音符合辅音—元音—辅音—辅音—元音—辅音这一规律吗?")比语义处理("它是一种鸟儿吗?")费时要长。特定层级的处理时间也不能有效证明处理层级的高低(Baddeley, 1978, 1998)。层级(深度)缺乏清晰的定位限制了这一理论模式的有效性。我们接下来了解下当代的信息处理理论。

当代信息处理模式

图5.4是关于当代信息处理模式的图式。本节简单介绍这一理论模式,随后各节会给出更为详细的介绍。

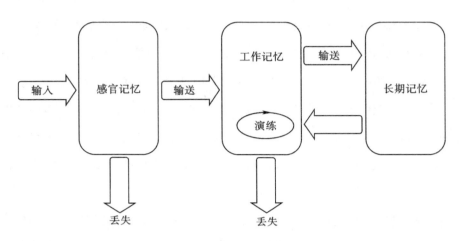

图5.4 当代信息处理模式

核心模块

这一模式与阿特金森和希弗林(1968,1971)的模式有相似之处,但也有较大的不同。基于多年研究得出的这一理论模式体现了信息处理系统操作过程的主要变化。

这一理论模式与早期的模式不同,它不是基于阶段的理论模式。依据这一模式,信息处理过程中也有不同的流程模块,例如感知并整合新知识使其进入长期记忆等,但整个过程是一个动态性很强的过程,各个模块之间转换速度非常快。第二个不同是这个模式用工作记忆取代了短期记忆。相比短期记忆,工作记忆更能反映信息处理过程的动态性及其与感知和长期记忆的关联性。

第三,取消了控制模块。当代信息处理理论极为看重认知和动机类因素——如目标、信念、价值判断等——这些因素使得学习者集中注意力,并且促使其依据目标、信念和价值判断等建构、处理信息(Mayer,2012)。

最后,当代信息处理模式不强调机械的操作,而是强调学习者对知识的主动建构

(Mayer,2012)。学习者并不仅仅对他们受到的刺激做出回应,而是主动寻求能促使他们学习的信息。简而言之,当代信息处理模式在很大程度上体现了学习者的自我控制和自我调节(见第十章)。

这一模式认为记忆中的信息一开始以外界感官输入的形式出现,感官记忆存储信息的时间只有几毫秒——但已足以令记忆系统对刺激进行追踪以做后续处理。当然,我们的感官记忆每时每刻都面临着信息轰炸,但绝大部分信息会被丢弃,这一比率高达99%(Wolfe,2010)。这很自然,因为绝大部分信息都是无关紧要的。

感官记忆接收的输入信息(除了嗅觉信息)先被输送到丘脑,然后再被输送到皮层的不同部位以作加工处理(见第二章)。在这个处理的早期阶段,输入信息从感官信息转化为带有意义的感知信息。例如,视觉刺激从一束可见光变成了"手电筒发出的光"。

接下来工作记忆对信息进行加工。工作记忆对感知信息进行加工处理(如演练、思考)并与长期记忆中的信息相整合。那些受到极大关注和演练的信息被准备输送至长期记忆,而那些没有充分加工的信息会被丢弃。工作记忆的加工处理可能发生在大脑的不同部位,但主要发生在大脑额叶的前额皮质层(Wolfe,2010)。

经过充分建构和加工的信息与长期记忆中的知识相整合。这一巩固化的过程主要通过建立、修正或强化已有的神经联结实现。这一过程动态性很强,因为工作记忆在与长期记忆整合的同时还在不断接收新的感官输入信息。

知识建构

注意并不是总是一个有意识的过程,但在整个信息处理过程中起着非常重要的作用。外界感官输入要进入感官收录系统,必须要能引起注意。有些注意行为是有意识的,如学习者把注意力投到电脑屏幕上,但也有很多注意行为并不受到意识的驱动(Dijksterhuis & Aarts,2010);我们同时会接收到各种输入信息,而我们不可能有意识地把注意力分配到所有的输入信息上。刚开始的时候注意力不具有选择性;我们的网状激活系统对这些刺激进行过滤,这一过程大多是在无意识的状态下进行的(Wolfe,2010)。随着信息处理的程度加强——通过感知,特别是随着信息处理过程的进行——注意行为的意识性也逐渐加强（Hubner，Steinhauster，& Lehle，2010）。

上文指出过当前的信息处理理论强调学习者的自我控制，其中一个核心内容是知识的建构。迈耶尔（2012）解释说："当人们在学习过程中出现合适的认知处理行为——例如，选择相关信息、组织信息使之成为连贯的心理表征、将这些心理表征融为一体并且将它们与长期记忆中已被激活的相关知识整合——时，就产生了有意义的学习。"（p.89）与早期强调知识习得的观点相比，当前的理论更为强调学习者的知识建构或他人参与的共同建构（Mayer，2012）。我们将在下面章节详细介绍本节所讨论的信息处理理论模式中的各个流程模块。

注意

我们经常可以在教育相关语境中听到注意这个词。注意是一种全神贯注于少量感官记忆和工作记忆信息的心理活动（Matlin，2009）。教师和家长往往会抱怨学生上课不认真听讲或讲什么话都听不进去。（这与本章开头小剧场中的问题性质并不一样，开头小剧场中的问题是关于信息处理过程中的意义性问题。）甚至是学习表现优异的学生也并不总是能认真关注学习相关的内容。我们接收到的视力、听力、嗅觉、味觉和感觉等感官信息过于庞杂，不可能也没必要逐一关注。鉴于我们的注意力相当有限，我们可以把注意解读为从众多潜在输入信息中选取部分信息的过程。

注意也可以指用以实现目标、调动维持认知过程的有限的人力资源（Grabe，1986）。注意不是信息处理系统中限制处理信息量的一个瓶颈，而是反映整个人类信息处理能力局限的一个指标。

本节讨论意识性注意，这是学习过程中的一个必要环节。意识性注意影响工作记忆的演练以及阐述和组织等长期记忆知识整合过程。上文提到过，输入信息在被输送到工作记忆之前的绝大部分注意行为都是无意识的（Wolfe，2010）。本节会给出一些帮助教师引导学生把注意力集中到学习上的方法建议，虽然主要涉及意识性注意，但同时也有助于促进学生无意识地关注学习相关输入信息。

注意理论

研究人员对人们如何选取关注信息做了研究。在双耳分听任务中，受试们戴上耳机，每只耳朵接收不同的信息，然后让他们"影子演练"一个信息（重复他们所听到的内容）；绝大部分受试表现良好。在一项早期研究中，切里（1953）对未能引起注意的信息作了调查。他发现不管这个信息是人声、噪声，还是男声换成女声，受试都知道这个信息的存在，但他们不知道信息内容是什么、说了哪些话、说话用的是哪种语言、是否出现重复用词等。

布洛德本特（1958）提出了被称为过滤（瓶颈）理论的注意力模式，他认为来自外界的输入信息短暂地存储于感官系统中，然后感知系统依据信息的物理特征选出进行后续处理的信息，而那些未被感知系统选中处理的信息被过滤掉——即不再进行感官系统以外的处理。注意力的瓶颈性特点决定了其只能是一个选择性的过程——即只有部分信息能够进入后续处理。在双耳分听试验中，过滤理论认为受试们依据指示选择一个频道倾听，而他们之所以知道另外一个频道信息的细节内容，只是因为过滤之前他们对那个信息的物理特征有一些观察和了解。

特里斯曼（1960，1964）的研究发现了过滤理论的一些不足。特里斯曼发现在双耳分听试验中受试们会根据他们影子演练信息出现的位置不断地在两耳间切换注意力。如果他们演练的信息出自左耳，但突然信息输入切换到了右耳，他们会继续演练原来的信息，而不会演练左耳输入的新信息。注意的分配选择不仅取决于刺激的物理位置，而且还取决于刺激的意义。

特里斯曼（1992；Treisman & Gelade，1980）提出了特征—整合理论。有时候我们会在很多感官输入信息间分配注意力，从而导致每个信息获得的处理力度较小，而有些时候我们会集中注意力于某一个感官输入信息上，对认知的要求较高。注意过程并不会屏蔽信息，而只是使这些信息相比受到关注的信息显得不是那么突出。刚开始时，输入信息接受不同的测试以筛选出恰当的物理特征和内容，而在此初步分析之后，某个输入信息被选中获得注意。

特里斯曼的理论模式依然存在问题，该模式认为某个输入信息获得注意前必须做出大量分析，但这一点很令人费解，因为这些分析应该是一个有意识的注意过程。诺曼（1976）提出，所有的输入信息都获得充分的注意，以激活部分长期记忆，而某个输入信息基于激活长期记忆的程度被选中从而获得后续注意,这一过程主要取决于情境。如果某个输入信息契合先前输入信息确立的情境,则这个信息更有可能获得注意。比如,在人们的阅读过程中,会出现很多外界刺激作用于他们的感官系统,但他们只关注书页上的内容。

诺曼认为刺激也能激活部分长期记忆,但注意能够更加完整地激活长期记忆。奈塞尔(1967)提出前注意过程主要表现为头部和眼部活动(如重新分配注意力)以及引导性行为(如走路、开车等)。前注意过程具有自发性——人们不需要有意识的思考就可以实施行为。而与之相反,注意是有意做出的意识性行为。洛根(2002)赞成这一观点,认为注意和归类同时发生。某一物体获得注意时,人脑依据记忆信息对其完成了归类。注意、归类和记忆(工作记忆和长期记忆)是有意的意识性认知活动的三个层面。

注意力和学习

投入注意是学习的必要环节。在学习分辨字母时,学生学习具有区分度的特征:区分 b 和 d 时,学生必须不能光注意到这字母是由一个圈和一条竖线组成,还必须注意到字母中的竖线是在圈的左边还是右边。在听教师讲课时,学生必须注意教师的讲话和举动,忽略其他输入信息。在训练阅读理解技能时,学生必须注意印刷的单词,忽略页面的大小和颜色等不相干信息。

学习者有意识地分配注意力,这是一个动机性和自我调节性的行为(Kanfer & Ackeman,1989;Kanfer & Kanfer,1991)。一旦技能掌握后,信息处理对于有意识注意的需求降低。在学习做乘法题时,学生必须注意解题过程的每一个步骤,检验计算结果,而一旦学生掌握了乘法表和乘法运算法则,解题就会变成一个由输入信息引发的自动化过程。

注意力控制的能力会因为学生年龄、多动、智力和学习能力障碍等因素而有所差异(Grabe,1986)。对于幼儿来说,持续保持注意力会是个不小的挑战,尤其对于相关信息。在任务之间转换注意力对于儿童也是件难事。注意力控制能力有助于改善工作记忆(Swanson,2008),这就要求教师预先告知学生掌握所学内容所需要的注意力要求。教学大纲和学习导图可以成为先行组织者,告诉学习者哪些信息比较重要。在学生学习过程中,教师可以通过提示、提问和反馈等形式帮助学生集中注意力于学习任务上(Meece, 2002)。

注意力缺陷与学习问题密切关联。多动症学生往往有肢体活动丰富、容易分心、学习表现不佳等特点,他们往往难以在学习上集中并保持注意力。这些学生无法屏蔽不相干刺激,从而造成工作记忆负荷量过大。保持注意力要求学生讲求学习策略,并能监控自己的理解力。相比学习表现不佳以及年龄稍小的学习者,学习表现正常以及年龄稍大的学习者在讲求策略性处理任务上保持注意力的能力更好(Short, Frieber, & Andrist, 1990)。

教师可以通过学生的视线、(给出提示后)根据提示开始完成任务的能力、能够表明投入工作的物理指征(如写字、键盘输入等)等线索判断学生是否有认真听讲。但如果光凭物理指征做出判断并不可取;严格的教师可以让学生安静坐上一会儿,虽然他们可能并不在参与课堂任务。

教师可以通过课堂活动设计促使学生关注相关学习内容(实际应用5.1)。上课开始时展示一些引人注目的内容或动作能够有效吸引学生的注意力。教师在教室里四处走动也有助于保持学生的注意力。关于其他建议,请参考表5.1。

实际应用5.1

保持学生的注意力

可预见性和重复性强的课堂会削弱学生的注意力,而要避免这种情况的发生,有不同的做法。教师可以在讲课方式、使用材料、学生活动,甚至衣着打扮和仪表仪态等个人因素等方面做出变化。针对幼龄儿童的讲课时间不宜过长。教师可以多设计一些学生参与的活动,在教室里四处走动检查学生的完成情况。

基琳女士给三年级班讲关于语言艺术活动的相关内容,每讲到一项活动,她先让学生在书上指出活动举行的地点。介绍活动的方式也时有不同：有时是以小组的形式，有时是以个人的形式。检查学生回答的方式也有变化，有时让学生用手势作答或全班统一作答，有时请个别学生回答并做出解释。学生自行完成练习时，她会在教室里走来走去，检查学生的做题情况，对那些做题有困难或容易走神的学生给予辅导。

一名音乐教师可以通过发声练习、演唱歌曲、用乐器演奏音乐、变换乐器位置等形式吸引学生的注意力。还可以把若干活动融合起来或调整先后次序。还可以对一些细小的任务做出调整以吸引学生的注意力，比如换种方式介绍新的乐曲。教师可以把乐曲完整地演奏一遍，然后唱出来，再让学生唱。在让学生演唱时，还可以把乐曲分成几段，每次练习其中一段，然后再把各段整合起来完成整段的演唱。

表5.1　集中、保持学生注意力的方法

方法	实施
信号	上课开始时或学生活动有所变化时给出信号
移动	在向全班展示材料时走动。当学生在座位上实施任务时在教室里四处走动
多样性	使用多样化的教学材料和教学辅助手段。使用手势。说话语气富于变化
趣味性	借助具有吸引力的材料介绍课程内容。在讲课的其他时间段里迎合学生的兴趣
提问	让学生用自己的话解释书上的内容。强调他们应该对自己的学习行为负责

意义和重要性

比起不太有意义的输入信息，我们更有可能关注那些有意义的输入信息（Wolfe，2010）。感官输入信息输送至工作记忆时，会试图在长期记忆中寻找相关信息。如果没能找到，注意力的关注力度下降，转向其他输入信息。学习过程中的意义性有多么重要，在本章的开头小剧场中清晰可见，我们也会在本章后面详加讨论。

重要性感知也有助于引导及保持有意识注意力。比如，在阅读过程中，学生更容易回忆起比较重要的课文信息（R. Anderson，1982；Grabe，1986）。无论是阅读能力强还是弱的学生，都能找出比较重要的信息，并且投入长时间的注意（Ramsel & Grabe，

1983；Reynolds & Anderson，1982）。这两类学生之间的差别在于后续的处理和理解。阅读能力弱的学生因为更多关注基本阅读任务（如解码），所以其注意力可能无法集中于重要信息上，也不能对其作充分处理以为有效的保持和提取。而阅读能力强的学生在关注重要信息时会对其进行演练，赋予其意义，并将之与长期记忆中的知识相关联，所有这些环节都增进了理解（Resrick，1981）。

课文内容的重要性可能会因为注意力分配模式不同而影响后续的记忆效果（R. Anderson，1982）。很显然学生会对课文信息做出某种最低限度的处理，以评估其重要性。然后基于这种重要性判断，课文信息要么被丢弃，让位于下一个信息（不重要的信息），要么获得额外的注意（重要的信息）。假定在有足够注意力的情况下，学生的注意力分配处理必然有所不同，这可以解释为什么后来会出现不同的理解力水平。相比阅读能力弱的学生，阅读能力强的学生自动化处理课文的可能性更高。

希迪（1995）指出，阅读过程的很多环节都需要投入注意：字形识别、意思提取、信息的重要性判断、对重要信息投入注意等。这表明注意力要求会因阅读目的而大相径庭——例如，提取细节信息、理解或学习新知识等。

感知

感知（或模式识别）是感官接收的外界输入信息被赋予意义的过程。输入信息要被感知，必须在某个或某几个感官收录系统中被收录，然后输送到恰当的大脑结构中，与长期记忆中的知识相比对。本节讨论感官收录和比对流程。

感官收录

我们通过感官接收外界输入信息：视觉、听觉、触觉、嗅觉和味觉。每一种感官都有自身的收录系统，负责短暂存储输入信息，其存储形式与接收时的形式相同（Wolfe，2010）。信息存储在感官收录系统中的时间不到四分之一秒（Mayer，2012）。有些感官输入信息被输送到工作记忆中以作进一步的处理，而其他输入信息被丢弃，并被新的输入信息取代。各个感官收录系统的运作模式是并行的，因为各个感官可以同时运作，并且彼此不受干扰。研究最多的两种感官记忆分别是图像（视觉）记忆和声像（听觉)记忆。

有一个研究图像记忆的典型实验,研究人员向学习者展示几排字母,持续时间非常短(如50毫秒),然后让受试报出所记得的全部字母。结果显示受试一般只能报出四到五个字母。斯珀林(1960)的早期著作对图像存储给出了独到的见解。斯珀林向学习者展示几排字母,然后让他们报出某一排字母。斯珀林预期的结果是受试应当能报出9个字母。结果显示感官记忆存储信息的容量比人们先前以为的要大,但当受试在回忆字母时,其他字母的痕迹很快消失。斯珀林还发现字母表展示结束和回忆开始之间的时间间隔越长,回忆效果越差。这一发现为以下这一观点提供了佐证:刺激从感官收录系统中消失会出现痕迹减退现象。瑟吉特(1976;Sakitt & Long,1979)提出图像位于视网膜的柱形细胞上。现在关于图像是记忆存储还是影像持续仍是一个争议性的话题。

有证据表明声像记忆的运作机制与图像记忆相似(Matlin,2009)。达尔文、特维、克劳德(1972),以及莫里、贝茨和巴内特(1965)的早期研究都得出了与斯珀林的研究(1960)相似的结果。研究受试同时听三到四组录音,然后被要求报告其中一组录音。研究结果表明声像记忆的容量比所能记忆的信息量要大。与图像信息相似,声像信息痕迹也会随着刺激的消失而快速减退。声像信息减退的速度比图像要慢,但刺激呈现终止和记忆起始之间的时间间隔如果超过2秒,记忆效果明显减弱。

长期记忆比对

感知的形成有自下而上和自上而下两种处理模式(Matlin,2009)。在自下而上处理模式中,感官收录系统接收的输入信息被输送到工作记忆以与长期记忆中的信息作比对,从而获得物理特征以外的意义。外界输入信息具有有形的物理特征,比如说普通的颜色视觉信息,我们在看到一个黄色的网球时会觉得它是一个黄色的物体,只有那些熟悉网球的人才会把它当成是一个网球。人们所获取信息的类型决定了他们赋予物体的不同意义。

感知不仅受客观特征的影响,而且还受到先前经历和预期的影响。自上而下处理模式指我们的知识和信念对感知产生影响(Matlin,2009)。动机状态也非常重要。感知受到我们意愿的影响(Balcetis & Dunning, 2006)。我们感知到的往往是我们想要感知到的,而感知不到的是我们不想感知到的。在听到自己的名字时,你有没有觉得好像是在叫另外一个人? 在公共场合等朋友或在餐馆里等服务员叫单时,你可能会以为是在叫自己的名字,这是因为你期待听到自己的名字。同样,如果物体的外观有所改变,或其出现与情景不合,人们可能并不会有所感知。你在海滩上可能不会认出遇到的同事,因为你没有想过会见到同事穿着沙滩服。自上而下的处理模式通常发生于刺激模糊或收录时间过短的情形下(如"眼角"扫过的刺激)。

有一种关于感知的信息处理理论叫模板匹配理论,该理论认为人们的长期记忆中存储的是模板,即刺激的微型翻版。人们受到刺激时,将刺激与已有模板进行比照,识别是否匹配。这个观点很有吸引力,但也存在不足。如果真是这样的话,那人们需要在长期记忆中存储上百万个模板才能识别出所处环境中的人与物。这样庞大的存储量超过大脑的容量。此外,模板理论对于刺激变体也无法做出有力的解释。例如,椅子会有各种尺寸、形状、颜色和设计;依据模板理论,长期记忆中需要存储上百个模板才能对一把椅子形成感知。

模板理论的不足可以借由假设模板也有变体而予以弥补。原型理论对此做出了阐释。原型是包含了刺激基本要素的抽象形式(Matlin, 2009;Rosch, 1973)。原型存储在长期记忆中,与所接收的刺激相比照,随后依据与原型形状、气味、声音等方面的匹配或相似度予以识别。有研究证明原型的存在(Franks & Bransford, 1971;Posner & Keele, 1968;Rosch, 1973)。

原型理论优于模板理论的一个主要方面就是每个刺激只有一个原型,但可以有无数个变体;因此,依据原型识别刺激会比较简便,不需要将刺激与好几个模板进行比对。原型理论面临的一个问题是刺激变体的可接受范围问题,即刺激必须在多大程度上与原型相匹配才能被认定与原型属于同类。

原型理论的一个变体理论是特征分析理论(Matlin, 2009)。特征分析理论认为,我们学习刺激的核心特征,并将这些特征以意象或语言代码的形式存储在长期记忆中(Markman, 1999)。当输入信息进行感官收录系统时,其特征与记忆中的特征表现相匹配。如果匹配度高,刺激被识别。例如椅子的核心特征可能是有腿、座位和靠背,而其他很多特征(如颜色、尺寸)无关紧要。异于基本特征的一些特殊情况需要通过学习掌握(如露天看台椅和变形椅没有腿)。与原型理论的解释不同,特征分析理论认为存储在记忆中的信息不是关于椅子的抽象表征,而是椅子的核心特征。特征分析理论的一大优势在于每个刺激不止一个原型,这就可以部分解释关于变体的可接受范围问题。有实证研究支持特征分析理论(Matlin,2009)。

特里斯曼(1992)提出物体感知在物体档案中建立起临时表征,这一物体档案收录、整合并修正关于物体当前特征的相关信息,档案内容以物体标记的形式存储下来。对于新感知的物体,我们将物体标记与不同类别物体的记忆表征(词典)相匹配,其结果可能匹配成功,也可能匹配不成功。当物体下一次出现时,我们提取物体标记信息,这些信息对物体的特征和结构做出精确描述。如果所有特征都相匹配,标记促进感知的形成;如果匹配不成功,标记阻碍感知的形成。

不管长期记忆的比照模式如何,研究证据都表明感知的形成依赖于自下而上和自上而下的处理模式(Andersibm 1980;Matlin,2009;Resrick,1985)。例如,阅读过程中,自下而上的处理模式对特征做出分析,并建立起意义表征以识别刺激。当遇到字母和新单词时,初级阅读者一般会采用自下而上的处理模式,试图把字母和单词读出来。人们在遇到不熟悉的刺激(如手写稿)时,也会采用自下而上的处理模式。

如果所有的感知都需要对特征做出详细分析,阅读的速度会非常慢。在自上而下处理模式中,个人依据情境对感知做出预期。掌握了阅读技巧的读者在阅读时会建立起关于情境的心理表征,预期在情境中出现某些词汇和短语表达(Resnick,1985)。自上而下的处理策略是否有效,取决于知识储备的广度。我们接下来讨论编码问题,这是工作记忆的一个核心流程。

编码

编码是指新输入信息被导入信息处理系统并准备存储在长期记忆中的过程。输入信息一旦受到关注，经过感官记忆处理被感知后，就会进入工作记忆系统。本节讨论工作记忆及其对编码过程的作用。

工作记忆

工作记忆是人的即时意识记忆。虽然依据处理任务的不同，工作记忆作用的范围可能分布大脑的不同部位，但主要集中在大脑额叶的前额皮质层（Gazzaniga，Ivry，& Mangun，1998；Wolfe，2010）。有学者（如 Baddeley，2012）对工作记忆和短期记忆做了区分，认为短期记忆负责的是信息的暂时性存储，而工作记忆则涉及知识的存储和运用。因为工作记忆和感官记忆都历时较短，我们用工作记忆以为统称。

工作记忆主要有两大任务：保存和提取（Baddeley，1992，1998，2001；Terry，2009；Unsworth & Engle，2007）。工作记忆短时地保存输入信息，使之处于活跃状态，并通过演练或与长期记忆中提取的信息相关联等方式对其进行处理。在学生的阅读过程中，工作记忆保存他们所读的最后几个单词或句子。例如，学生可能会对某项内容重复数遍（演练），或思考该内容与之前讨论的话题有何联系（与长期记忆信息是否关联），以便记住它。再例如，学生要计算 45×7 等于多少。工作记忆把这组数字（45 和 7）保存下来，同时保存的还有 5 和 7 的积（35）、进位数（3），以及最后的答案（315）。工作记忆中保存的信息（$5 \times 7 = ?$）与所激活的长期记忆知识（$5 \times 7 = 35$）相比对。长期记忆中同时激活的还有乘法的运算法则，这些程序一步步引导了学生的反应行为。

工作记忆的作用相当于将信息输送至长期记忆或与长期记忆知识体系相整合的通道。但有时工作记忆也会成为信息处理的终点，尤其是那些我们立即要用的信息。例如，一个朋友把他的电话号码报给你，让你打给他，这时你的工作记忆会把号码保存下来，直到你在电话上输入这个号码。这种情况下，长期记忆被"外包"给了电话。

现代信息处理理论关于工作记忆的理解相比早期理论中的短期记忆有了极大的拓展，主要表现在突破了短期记忆是存储记忆的概念，现代理论认为工作记忆既保存信息，同时也参与信息处理（Barrouillet，Portrat，& Camos，2011）。

研究已经对工作记忆的作用模式给出了较为具体的描述。工作记忆作用时间较短:如果不做出快速反应,工作记忆中的信息就会丢失。关于工作记忆有一个经典的研究(Peterson & Peterson,1959),研究人员先向受试展示一个毫无意义的音节(如khv),然后让受试完成一项数学任务,再让受试回忆这个音节。布置数学任务的目的是不让受试演练这个音节,不过因为数学任务中的数字不需要记忆,所以并不会干扰工作记忆对音节的保存。受试花在数学任务上的时间越长,对无意义音节的记忆效果越差。这些研究意味着工作记忆保存信息的能力很弱;如果没有有效学习,信息很快就会丢失。上文举的那个记电话号码的例子,如果你在把号码输入电话前因什么事分心了,可能就会想不起来号码。

工作记忆的容量同样很有限:它只能保存少量信息。上文提到过,米勒(1956)认为工作记忆的容量只有五到九个有意义的词、字母、数字或常用表述。组块——即把信息组合成有意义的内容项——可以扩大信息容量。比如电话号码555-1960由7个数字组成,但可以分成两块来记忆,"三个5加上肯尼迪当选总统的年份"。

斯腾伯格(1969)的记忆扫描实验对从工作记忆中提取信息的过程进行了研究。实验人员向受试展示几个0到9以内的数字,数字的数目不超过工作记忆的容量,但展示的速度很快,然后再向受试展示一个测试数字,要求受试回答这个数字是不是原始展示的数字。由于实验内容很简单,所以受试的回答基本没有错误;但随着原始展示数字的数目从两个增加至六个,每增加一个数字受试反应的时间会延长40毫秒。斯腾伯格由此得出结论:人们通过不断扫描内容项从主动记忆中提取信息。

巴德利(1998,2001,2012)提出了一个工作记忆模式,这个模式由语音回路、视觉空间速写板和中央执行系统三个部分组成(图5.5)。语音回路负责听觉(言语)信息的处理并通过演练使之保持活跃。视觉空间速写板负责视觉信息(图象)的建立和保存。工作记忆可能还处理其他感官信息(如味觉、嗅觉和触觉等),但相关实验侧重的都是视觉和听觉信息。中央执行系统是注意力的中枢控制系统,对于学习至关重要,因为多数学习行为要求长久保持注意力。

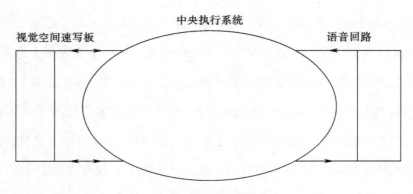

图 5.5 工作记忆模式

来源:Baddeley, Alan, *Human Memory:Theory and Practice*, 2nd Ed., © 1998. 经培生教育集团同意重新过印并使用电子复本, Upper Saddle River, New Jersey.

中央执行系统负责引导工作记忆中的信息处理以及工作记忆中的知识输入和输出(Baddeley, 1998, 2001, 2012)。图 5.5 的中间部分是一个情景缓存区,各种信息在这里进行整合。这一区域起到缓存的作用,它一边使工作记忆中的信息彼此连接,一边使工作记忆与感知和长期记忆相连接(Baddeley, 2012)。

中央执行系统主要负责以下几项任务(Baddeley, 2012):除了令注意力集中以外,它还负责根据需要在两个或多个输入信息(如视觉和听觉)间分配注意力,并且在必要的时候控制注意力在任务间的转移。中央执行系统还负责与长期记忆的连接。

中央执行系统的任务处理非常有目标性;它会从感官收录系统中选取与人们的计划或意图相关的信息。被认为重要的信息得以演练,从而使信息得以在工作记忆中保存并能更好地被记忆(Baddeley, 2001; Rundus, 1971; Rundus & Atkinson, 1970)。

环境性或自我生成性指示激活部分长期记忆,从而使得这部分记忆与工作记忆的联系更加紧密。被激活的记忆保存新近发生事件的表征内容,如关于情境和内容的描述等。关于主动记忆属于单独的记忆存储项还是长期记忆中被激活的部分这个问题仍存在争议。支持后者的观点认为演练使得信息保存在工作记忆中,如果没有演练,信息会随着时间慢慢消退(Naime, 2002)。研究者们对工作记忆的操作模式表现出了浓厚的兴趣,仍在致力于研究其操作过程(Baddeley, 2012; Davelaar, Goshen –

Gottstein, Ashkenazi, Haamann, & Usher, 2005)。

工作记忆在学习过程中发挥着极其重要的作用。相比学习能力正常的学生,那些存在数学和阅读学习障碍的学生,其工作记忆的表现较差(andersson & Lyxell, 2007; Swanson, Howard, & Sáez, 2006)。不过就像其他信息处理能力一样,工作记忆也会随着人的成长而改善,主要表现在信息的执行处理效率提高(Swanson, 2011),保存信息的能力(如演练)加强(Gaillard, Barrouillet, Jarrold, & Camos, 2011),朝着目标行事的能力也会加强(Marcovitch, Boseovski, Knapp, & Kane, 2010)。

一个重要的教育启示就是不要一下子灌入太多的东西或速度过快,这样会超出学生的工作记忆限度(见本章后面的"认知负荷"一节)。教师可以恰当地运用视觉和言语等手段展示信息,以确保学生能把信息有效长久地保存在工作记忆中,以进行后续的认知处理(如与长期记忆中的信息相联系)。虽然工作记忆的容量有限(Cowan, Rouder, Blume, & Saults, 2012),有证据表明其容量可以通过训练(如广度任务,要求学习者记忆列表内容,列表的长度逐步增加)和注意力控制得到改善(Shipstead, Redick, & Engle, 2012)。

影响编码的因素

编码过程始于工作记忆,以赋予新信息意义并将其与长期记忆中的已知信息相整合而终结。虽然信息不一定要有意义才能被我们学会——一个对几何知之甚少的人同样可以在不理解勾股定理的情形下记住定理——但了解意义可以帮助我们更好地掌握并记忆信息。

注意到并感知刺激并不能保证信息处理过程可以持续进行。上课教师讲的很多内容都是学而不得(尽管学生很认真听讲,教师讲的话也很有意义),这是因为学生的工作记忆没有对这些信息进行处理和编码。影响编码的重要因素包括具体化和组织化(表5.4),这两个因素有助于图式的形成。

具体化。具体化指对新信息进行添加或将之与已知信息相联系的一个扩展过程。这一过程将需要记忆的信息与其他知识相关联,从而促进编码和提取的完成。在这一记忆扩展体系中,新信息的理解和记忆变得更加简单,即使新信息被遗忘,人们往往也能记得具体化的内容(Anderson，1990)。正如开头小剧场中所描述的那样，很多学生在学习代数时遇到的一个问题就是他们无法将所学内容具体化，因为内容比较抽象，难于与其他知识相关联。

信息演练可以使信息保存在工作记忆中，但不一定就能使信息变得具体。维持性演练(再三地重复信息)和具体化演练(将信息与已知内容相联系)有着很大的不同。学生在学习美国历史时可以很简单地一再重复"诺曼底登陆日是1944年6月6日"，也可以把这个日子与他们知道的其他内容(如"1944年罗斯福第四次当选总统")联系起来以获得对它的具体印象。儿童具体化演练的能力会随着生长发育而日渐增强，这是我们乐见其成的，因为具体化演练的记忆效果优于维持性演练(Lehmann & Hasselhom，2010)。

记忆法(见第十章)通过不同方式实现信息的具体化，其中一个方法就是把单词的首字母连成一句有意义的话。例如，在记忆太阳系各行星的顺序时，你可以记住以下这个句子："My very educated mother just served us nectarines.(意为：我那受过良好教育的母亲刚给我们端上了油桃。)"这句话中各个单词的首字母与各大行星英文名词的首字母(Mercury 水星，Venus 金星，Earth 地球，Mars 火星，Jupiter 木星，Saturn 土星，Uranus 天王星，Neptune 海王星)是一样的。你先记住这句话，然后再根据这句话中每个单词的首字母回忆起行星的顺序。

学生可以自行设计具体化的内容，但如果做不到，也不必在这上面浪费精力，教师可以告诉他们怎样具体化。为了达到辅助记忆存储和提取的目的，具体化的内容必须有意义。如果内容过于不寻常，可能会难以记住。准确合理的具体化内容才能起到促进记忆的效果(Bransford，et al.，1982；Stein，Littlefield，Bransford，& Persampieri，1984)。

组织化。格式塔理论和研究都表明经过有序组织的内容更容易被学会和记住(Katona，1940)。米勒(1956)指出把零散的信息进行分类、组合成有序的信息块，能够促进学习效果。记忆研究表明即使学习内容显得无序，人们往往也会对它们进行有序组织整理，从而促进记忆效果(Matlin，2009)。经过有序组织的内容彼此关联显得比较体系化,因而增强了记忆效果。对某项内容的记忆能够激活与之相关联内容的记忆。研究表明无论是儿童还是成人,编码过程中对信息作有序组织都能起到积极的效果(Basden, Basden, Devecchio, & Anders, 1991)。

组织内容的一种方法是将各个信息按照不同的层次进行整合。图5.6所展示的是一个对动物进行层阶式整合的范例。最上面是作为整体的动物王国,下面是各大动物分类(如哺乳动物、鸟类、爬行动物等),再下面是物种分类,然后是不同的品种。

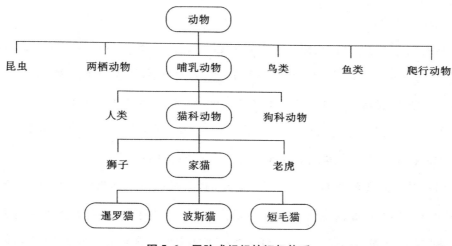

图5.6　层阶式组织的记忆体系

组织信息的其他方法还包括运用记忆法(第十章)和心理意象(第六章)。记忆法有助于学习者把学习内容丰富化和具体化,如把所学单词的首字母连成一个缩略词、熟知的短语或句子等(Matlin, 2009)。有些记忆法用到意象:例如,在记忆两个单词(如"honey"蜂蜜和"bread"面包)时,可以想象两者之间产生互动(蜂蜜涂在面包上)。在讲课过程中运用视听手段能够促进学生把所讲内容意象化。

图式。具体化和组织化有助于形成图式。图式指把大量信息组织成为有意义体系的结构。图式是我们关于情景的一般性知识组合(Matlin, 2009),是我们在情境交流中学习和使用的结构图。我们往往需要用到上位概念项把零散信息命题组合成为一个连贯整体(Anderson,1990)。图式帮助我们生成并控制例行化的序列行为(Cooper & shallice,2006)。

巴莱特(1932)做过一个关于图式的经典研究,研究发现图式有助于信息理解。研究中受试阅读一则故事,内容是关于他/她所不熟悉的某种文化,读完后受试复述给第二位受试听,然后第二位受试再复述给第三位受试听,以此类推。等故事复述给第十位受试听时,不熟悉的故事内容已经变成了受试者熟悉的内容(如钓鱼之行)。巴莱特发现每次故事复述的时候,都有一些可以察见的改动,不熟悉的内容被丢弃,一些细节被保留,故事变得更像是受试者的亲身经历。受试会对输入信息做出调整以适应自己已有的图式框架。

所有经有序组织的序列都可以成为图式。"去餐馆就餐"就是一种图式,这个过程涵盖若干步骤,包括在餐桌就座、浏览菜单、点菜、上菜、收餐盘、收到结账单、给小费、买单等。图式可以告知我们在某个情景中可能会发生什么,具有重要意义。当现实和图式不一致时,人们就会发现问题。你去餐馆就餐时,有遇到过上面哪个步骤没有发生(例如,你拿到了菜单,但没有服务员过来点菜)的情形吗?

常规教育图式包括实验室流程、学习和理解故事等。布置学生阅读时,他们激活自己觉得有必要的图式框架。如果让学生读一段话然后回答关于主旨大意的问题,他们可能会不时停下来,询问自己哪些内容是他们觉得主要的(Resnick,1985)。图式理论已经针对阅读和写作作了广泛研究(McVee,Dunsmore,& Gavelek,2005)。

图式结构能够促进编码的完成,因为其有助于把新知识具体化,并将新知识整合成为有序的意义结构体。学生在学习过程中会试图把学习内容与图式相匹配。不太重要或可有可无的图式内容会出现学会或学不会两种结果。在阅读文学作品时,有些已经对悲剧构成图式框架的学生会把作品中的角色和行为与图式进行匹配,希望能够发现诸如善恶之争、人性弱点以及戏剧性结局等要素,而当这些在作品中有所呈现时,它们就匹配了学生所激活的故事图式(实际应用5.2)。

实际应用5.2

图式

教师可以通过帮助学生构建图式以促进学习。某些情况下我们可以通过有序步骤进行学习,这时图式理论会十分有用。一名小学教师可以把下列图式步骤教给学生,以帮助他们在阅读过程中应对陌生单词:

■ 把单词放到句子中进行理解,判断其可能的意思。

■ 观察单词的首尾部分——只看开头和结尾部分比看整个单词要容易。

■ 想想哪些单词可用在句子中使句子变得有意义,同时首尾与句中的单词相同。

■ 把单词的字母拼读出来。

■ 如果以上这些步骤无法帮助你识别这个单词,查字典。

只要依据实际情况稍作调整,这一图式步骤对所有年龄段的学生都适用。

教师可以帮助学生通过图式法找到每章末尾所列问题的答案,具体如下:

■ 通读问题。

■ 完整阅读本章内容一遍。

■ 再次阅读问题。

■ 再次阅读本章,这次放慢速度读,如果发现与某个问题相匹配的内容,可在纸上做标记。

■ 回到问题,把每个问题与一个答案相匹配。

■ 如果找到答案,把答案和问题都写在纸上。

■ 如果没有找到答案,用你所作的索引找到问题中的关键词。

■ 如果还是无法找到答案,问教师。

图式还可以在不促进编码的前提下增强记忆效果。安德森和皮切特(1978)曾经做过一个实验,让大学生读一篇关于两个男孩逃学的故事。实验提示受试学生要么从窃贼要么从购房者的视角来读这个故事;故事中这两个人都有出现。最后学生复述故事,然后稍后再复述一遍。第二遍复述的时候,有一半学生被建议用他们原先的视角来复述,还有一半学生用另外的视角进行复述。结果表明第二遍复述的时候,学生能够回忆起较多与第二视角相关、与第一视角无关的信息以及较少对第二视角来讲无关紧要但对第一视角极为重要的信息。卡达什、罗耶和格林(1988)还发现图式的积极作用主要出现在回忆阶段而非编码阶段。总而言之,这些结果表明,在提取信息阶段人们回忆相关图式并试图把内容与之相匹配。这一重构过程可能不是很准确,但会涵盖绝大部分图式信息。后面即将讨论的产出系统与图式结构有异曲同工之处。

长期记忆:存储

我们对长期记忆所知不多,因为我们还没有找到通往大脑的窗户,但神经科学和心理学研究已经为我们勾画出了关于存储系统的整体画面。本章讨论的长期记忆指一个结构模块,在这个结构模块中,知识表现为网状结构中的位置或节点,并且这些网状结构彼此连接(关联)。请注意:这些认知网络和第二章讨论的神经联结有相似之处。我们在讨论认知网络时主要侧重陈述性知识和程序性知识,情境性知识将在第七章中与反映并引导认知处理的元认知任务一同讨论。我们认为绝大多数的知识都以言语密码的形式存储在长期记忆中,意象的作用会在第六章中予以讨论。

命题

命题的本质。命题是长期记忆中的知识和意思的基本单位(Anderson,1990; Kosslyn,1984)。命题是可以判断正误的最小信息单位。以下每句话都是一个命题。

■《独立宣言》签署于 1776 年。

■ 2 + 2 = 4。

■ 弗里达姨妈不喜欢吃萝卜。

■ 我数学很好。

■ 故事的主人公在前面就出场了。

我们可以判断这些命题是对还是错。不过要注意的是,对它们的(真值)判断人们的意见可能会有不同。卡罗斯可能会觉得他的数学很差,但他的教师可能觉得他学得非常好。客观真实性并不是判断标准;判断标准是否可以做出对或错的判断。

命题的本质属性到底是什么,我们知之不多。虽然它们以句子的形式出现,但更有可能指的是句子的意思(Anderson,1990)。研究表明我们存储在记忆中的信息不是以完整句子的形式存在,而是以命题的形式存在。肯恩赤(1974)让受试阅读句子,这些句子长度一样,但所含命题的数量有多有少。结果发现命题数量越多,受试理解的时间越长。这表明虽然学生可以用句子来表达"《独立宣言》签署于1776年",但他们存储在记忆中的极有可能是一个命题,这个命题只包含句子中的最主要的信息(《独立宣言》——签署——1776)。除去一些例外情形(如背诵诗歌),一般人们存储在记忆中的是意思而不是完整的词句表达。

命题构成网状结构,这些网状结构由各自的节点或位置组成。我们可以把节点想象成是单独的单词,虽然它们到底是什么我们还不清楚,但应该非常抽象。例如,学生在上历史课时可能会有一个"历史课"的网状结构,由"书"、"教师"、"地点"、"坐在左边的同学名字"等节点组成。

命题网络。命题的形成受到规则的制约。关于规则的具体内容研究者们意见不一,但都认为这些规则把节点组合成为命题,然后再把命题组合成为更高阶的结构或网络——互相关联的命题组合。

安德森的 ACT(思维自适应控制)理论(Anderson, 1990, 1993, 1996, 2000; Anderson et al., 2004; Anderson, Reder, & Lebiere, 1996)提出了一个关于命题结构的 ACT - R(理性思维自适应控制)的长期记忆网络模式。这是一种认知建构模式,旨在解释思维的各个方面如何共同作用以生成连贯认知(Anderson, et al., 2004)。两个具有主谓关系即关联的节点可以构成一个命题;一个节点构成主语,一个节点构成谓语。例如(括号中是暗含的信息内容):"Fred(is)rich"("弗雷德(是)富有的")和"Shopping(takes)time"("逛街(花)时间")。第二种关联是关系—议论关系,其中关系是动词(意思上),议论是关系的受体或受关系影响的内容。例如"eat cake"("吃蛋糕")和"solve puzzles"("玩智力拼图")。关系衍生的议论可以充当主语,也可以充当谓语,从而构成较为复杂的命题。例如:"Fred eat(s) cake"("弗雷德吃蛋糕")和"solv(ing) puzzles(takes) time"("拼完整智力拼图(花)时间")。

含有相同成分的命题彼此关联。相同成分使得人们可以解决问题、应对环境需求、作类比等。如果没有相同成分,就不会产生迁移;所有知识都将只能各自存储,信息处理效率将会非常低下。我们无从识别与某一领域相关的知识同时也与另一个领域相关。

图5.7是一个关于命题网络的样例示意图。样例中有两个命题:"猫走过前面的草坪"和"猫抓到一只老鼠",它们的相同成分是"猫",因为两个命题中都出现了猫。我们可以想见,第一个命题可以和与房子相关的其他命题相关联,而第二个命题可以和与老鼠相关的其他命题相关联。

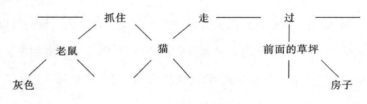

图5.7 命题网络示例

有证据表明命题以层阶式结构的形式存在。柯林斯和奎利恩(1969)的研究发现人们存储记忆时,位于最顶端的是最笼统的信息。例如,关于"动物"的长期记忆网络中被存储在最顶端的是"动"和"吃"等事实,然后是"鸟类"和"鱼类"等物种信息。"鸟类"下面是"有翅膀""会飞""有羽毛"(虽然也有特例——如鸡也属鸟类,但它们不会飞)等信息。关于鸟儿的吃和动等信息没有存储在"鸟类"下面,这是因为这些信息被存储在了更高级别的动物下面。柯林斯和奎利恩发现,提取次数越多,记忆存储概念之间的关联性就越弱。

命题:

"猫走过前面的草坪。"

"猫抓到一只老鼠。"

不过,随着有研究发现信息并不总是具有层阶性,这种关于信息层阶式组织的观点得到了修正。因此,虽然在动物的层阶式层次中,"柯利牧羊狗"与"哺乳动物"的关系比与"动物"的关系更近,但人们还是会更快地做出反应,认为柯利牧羊狗是一种动物而不是一种哺乳动物(Rips,Shoben,& Smith,1973)。

此外,人们会把熟悉的信息同时存储在其相关概念下面以及存储最笼统信息的最顶端(Anderson,1990)。例如,你有个鸟儿喂食器,总是看到鸟儿在吃食,这种情况下,你可能会把"吃"这个信息同时存储在"鸟类"和"动物"下面。这一发现并没有否定命题的组织具有有序性并且互相关联的核心思想。虽然有些知识的组织可能具有层阶性,但命题网络中多数信息的组织可能没有那么体系化。

知识存储

陈述性知识。知识主要有两类:陈述性知识和程序性知识(图5.4)。陈述性知识,即知道某事/物属于某种情况的认知,包括事实、信念、观点、概论、理论、假设和对自我、他人以及世事的态度等(Gupta & Cohen,2002;Paris,Lipson,& Wixson,1983)。当一个新命题存储在长期记忆中——往往以相互关联的命题网络的形式存在,就获得了陈述性知识(Anderson,1990)。ACT理论认为陈述性知识以组块形式呈现,由基本信息加上相关类别内容构成(Anderson,1996;Anderson,Reder,& Lebiere,1996)。

存储处理过程如下。首先,学习者接收新的信息,如教师给出某个表述或学习者读到某个句子。接着,新信息被学习者的工作记忆解析成一个或者多个命题。与此同时,长期记忆与之相关的命题被激活,这些新命题通过扩散激活处理模式(下节讨论)与工作记忆中的关联命题相联系,在这个阶段,学习者可能生成新的命题。最后,所有新命题——包括接收到的以及学习者自己生成的——都被存储在长期记忆中(Hayes–Roth & Thorndyke,1979)。

图5.8是关于整个过程的示意图。假设教师正在讲关于美国宪法的相关单元,他/她对班上同学说:"美国副总统是参议院议长,但并不参与投票,除非投票数出现平局。"这一陈述可能激活学生记忆中存储的与副总统以及参议院相关的命题知识(前者如由总统选出、在总统逝世或辞职的情形下继任总统、可以因叛国罪遭到弹劾,后者如

参议院有100名议员、每州2名、任期6年）。学生把所有这些命题组合在一起，可以推断出，如果某项法案参议院议员的投票结果是50票赞成、50票反对，这种情况下副总统参与投票。

表述："美国副总统是参议院议长，但并不参与投票，除非投票数出现平局。"

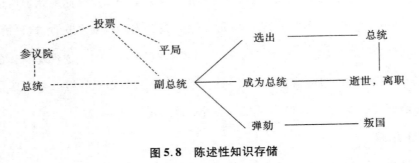

图5.8 陈述性知识存储

注：虚线代表新的知识；实线代表长期记忆中的知识。

当学生已知命题中没有可与新信息相关联的命题时，存储就会出现问题。如果学生没有听说过美国宪法，或根本不知道宪法为何物，在第一次听到这个词时就会出现空白。理论上讲，无意义的信息也可以存储在长期记忆中，但当新信息与已知信息相关联时，学习效果更佳。这时给学生展示美国宪法的影印本或将其与学生学过的相关内容（如《独立宣言》）相联系，便可以给学生一个参照物，让他们知道新信息可以与之联系。

不过即便学生已经学过相关内容，也不一定就能自动将之与新信息相关联。通常教师需要清楚告诉学生应当如何构建关联。讨论副总统在参议院中的职能时，教师可以提醒学生美国参议院的构成体制以及副总统的其他职能。只有当具有共同成分的命题同时在工作记忆中激活的时候，才能在长期记忆构建联系。这可以解释为什么教师能明白旧知识和新知识之间的关联性，但学生就无法领会。能够在学习者头脑中最有效地构建起命题网络的教学措施是对所学内容进行回顾和梳理，同时提示学生把它们与他们所知道但一时没有想起的内容相联系。

意义化、组织化和具体化能够促进信息在记忆中的存储，这对很多记忆处理过程都是如此。有意义的信息很容易与已有记忆信息相关联，所以意义化十分重要，在此情况下，不需要过多演练就可以把信息记住，从而节省了工作记忆中信息的存储空间和处理时间。开头小剧场中，学生正是在让代数变得有意义这个问题上遇到了困难，而教师也正是因为找不到恰当的教学方法使教学内容变得有意义而感到沮丧。

布兰斯菲尔德和约翰逊的研究（1972）对存储和理解过程中意义化的作用作了详细描述。试读下面这段文字：

> 首先你把东西归类成不同的组别……依据工作量的大小一堆可能就够了。如果你因为缺少设施而不得不去其他地方，这是下一步……一次做得不要太多……一开始整个流程可能显得有些复杂。但很快你就会觉得这只是生活的另外一面……整个流程完成后，可以把东西重新分成不同的组别，然后再把它们放到该放的地方，最后这些东西还会再次被用到，然后整个流程再重来一遍。（p. 722）

在缺乏背景知识的前提下，我们很难理解这段文字并存储在记忆中，因为我们无法把它与记忆中的已有知识相联系。但如果知道这段文字讲的是"洗衣服"，理解和记忆起来就简单多了。布兰斯菲尔德和约翰逊发现了解背景话题的学生能记得的内容是不了解背景话题学生的两倍之多。学习过程中意义的重要性已经得到不少研究的证实（Anderson，1990；Chiesi，Spilich，& Voss，1979；Spilich，Vesonder，Chiesi，& Voss，1979）。

组织性也有助于更好存储信息，因为相比组织无序的内容，组织有序的内容更容易与已有的记忆网络相联系（Anderson，1990）。层阶式组织的信息更能为长期记忆所接纳。在没有已有长期记忆网络的前提下，相比组织无序的信息，组织有序的信息更容易构建起新的长期记忆网络。

具体化同样能够促进信息存储，这是因为具体化能够帮助学习者把新信息与已知信息相联系。通过扩散激活模式，具体化的信息可以很快与记忆信息相关联。比如，教师在讲到埃特纳火山时，学生可以把所学内容与他们自己对火山的了解（如圣海伦火山)相关联,从而使这部分内容变得具体,这样一来,就能够把新信息与记忆中的旧信息相关联,以便更好地记住新信息。

扩散激活。扩散激活有助于解释新信息如何与长期记忆中的知识信息相关联(Anderson,1983,1984,1990,2000;Collins & Loftus,1975)。基本原理如下(Anderson,1984):

■ 人类知识以节点网络的形式呈现,节点与概念相对应,并与概念间的联系相关联。

■ 网络节点因为激活程度不同而表现出不同的状态。节点的激活程度越高,其处理效果"越好"。

■ 节点可以激活相邻节点,因此激活状态可以顺着网状结构四处扩散。(p. 61)

安德森(1990)举了一个实验例子,实验向一名受试展示了"狗"这个词。这个词让受试联想到了长期记忆中的其他概念,如骨头、猫和肉等,而每个概念又与其他概念相关联。长期记忆中激活的狗这个概念扩散到了狗以外的其他相关联概念,与狗的概念关联性越远,其扩散程度越弱。

扩散激活模式是基于这样一个假设,即记忆结构的激活程度存在差异(Anderson,1990)。在这一假设前提下,我们没有彼此独立的记忆结构或阶段,而只有一个激活程度不尽相同的记忆。信息可能处于活跃或不活跃的状态。状态活跃的信息可以很快被处理,活跃状态一直持续到信息获得注意。如果没能获得注意,信息的活跃程度会逐步减弱,只有当记忆被重新激活时,信息才能被激活(Collins & Loftus,1975)。

活跃信息包括进入信息处理系统的信息,也包括已经存储在记忆中的信息(Baddeley,1998)。不管其信息源于何处,活跃信息要么正在被处理,要么很快将被处理。活跃记忆基本上是工作记忆的同义词,但是前者的内容范围比后者更广。工作记忆的对象是即时的意识信息,而活跃记忆包含所有可以轻易获得的信息和内容。比如,我去弗里达姨妈家里拜访,我们正在观赏她的花园,这个信息是工作记忆信息,但其他与弗里达姨妈的花园相关的一切信息(树、灌木丛、狗)都可能处于活跃状态。

演练能够帮助信息保持活跃状态(Anderson,1990)。跟工作记忆一样,一次也只有少量信息可以被激活。随着注意力的转移,信息的激活程度也随之发生变化。

迈耶尔和施凡尼范尔德(1971)的实验为扩散激活模式的存在提供了有力的佐证。他们向受试展示两组字母,问他们是不是两组都是单词,计算他们的反应时间。结果表明,关联性强的单词(面包、黄油)比毫无关联的单词(护士、黄油)能够更快被识别。

扩散激活能够激活更大范围的长期记忆,而不仅限于与工作记忆内容即时相关的知识信息。如果不是有意被提取,被激活信息将一直保存在长期记忆中,但这部分信息更容易为工作记忆所获取。扩散激活还能促使知识信息在不同领域间的迁移。迁移取决于长期记忆命题网络被相同提示激活,因此学生能够判断知识信息具有领域适用性。

激活程度的一大功能在于它可以解释记忆中的信息提取模式。因为不涉及记忆阶段,这一模式规避了信息迁移过程中可能会出现的问题。工作记忆是当前处于活跃状态的记忆,如果没有演练使信息维持激活状态,随着时间的推移,其活跃程度降低(Naime,2002)。

不过,激活理论模式也未能逃脱双存储模式所面临的问题,因为它也是一种二元的信息处理模式(活跃—不活跃)。此外,关于达到何种活跃程度信息才能从一种状态过渡到另一种状态,也是个问题。我们直观上知道信息被部分激活了(例如,一个单词"就在嘴边",你知道但就是记不起来),所以可能会问多大程度上的激活才能认为是活跃的。但是,虽然还有这些疑问和困惑,激活理论和扩散激活模式为我们理解信息处理过程提供了重要的思路。

图式。命题网络由小块的知识点构成。图式是表示物体、人和事件结构的大型网状结构(Anderson,1990)。一系列"狭槽"构成结构框架,每个狭槽对应一个属性。在关于房子的图式或狭槽中,部分属性(及其意义)显示如下:材质(木质、砖砌)、内容(房间)、功能(人类居住)。图式群呈层阶式分布;它们与上位概念(建筑)和下位概念(屋顶)相联合。

布鲁尔和特雷耶斯(1981)的研究证实了图式的本质属性。研究中受试被要求在办公室等上一小段时间,然后他们被带进一间房间,写出他们所能记得的关于办公室的一切信息。结果表明受试的记忆很大程度上受到办公室图式群的影响。受试们能正确地记得办公室里有一张办公桌和一把椅子(典型属性),但却不记得办公室里还有一个头盖骨(非典型属性)。书也是办公室的典型属性;虽然办公室里并没有书,但不少受试都错误地写下了书。

图式理论对于教学和知识迁移具有重要启发(Matlin, 2009)。学生们一旦掌握某个图式概念,教师可以在讲到适用该图式的相关内容时激活这一知识信息。假设一位教师在给学生讲关于地貌描述(如山川、火山、冰川、河流)的一般图式,图式可能包含以下属性:高度、构成物质、活动性。一旦学生掌握了图式,就可以应用它对所学的新的地形地貌进行分类,在此基础上构建关于不同地形地貌的新的图式结构。

程序性知识。程序性知识即关于如何实施认知活动的知识(Anderson, 1990; Gupta & Cohen, 2002; Hunt, 1989; Paris, et al., 1983),学校学习内容多数属于程序性知识学习。我们在解数学题(如算术)、总结信息、略读文章、浏览网页、操作实验技巧时用到的都是程序性知识。

程序性知识以言语密码和意象的形式存储在记忆网络中,其存储方式与陈述性知识的存储方式相同。ACT 理论认为程序性知识的存储模式是一种产出系统模式(Anderson, 1996; Anderson, Reder, & Lebiere, 1996)。产出系统(或产出)是一个由条件—行为序列(规则)构成的网状系统,其中条件指激活系统的情形,行为指发生的活动行为(Anderson, 1990; Andre, 1986; 见下节)。产出系统在概念上与神经联结(见第二章)相似。

产出系统和连接机制模式

产出系统和连接机制模式为研究认知学习过程的运作提供了参考框架(Anderson, 1996, 2000; Smith, 1996)。迄今,对于与教育相关的连接机制模式的研究还较少,但我们可以从其他途径获得这些理论模式的相关信息(Boume, 1992; Farnham - Diggory, 1992; Matlin, 2009; Siegler, 1989)。

产出系统。ACT 理论——激活模式理论——把产出系统(或产出)界定为一个由条件—行为序列(规则)构成的网状系统,其中条件指激活系统的情形,行为指发生的活动行为(Anderson,1990,1996,2000;Anderson,Reder,& Lebiere,1996;Andre,1986)。产出表现为如果—那么表述:如果部分(条件)包含关于目标和测试的表述,那么部分指行为结果。例如:

■ 如果看到两个数字,两个数字必须相加;

■ 那么决定哪个数字较大,然后从那个数字开始数,数到第二个数字。(Famham–Diggory,1992,p.113)

虽然产出是程序性知识的表现形式,往往含有条件,但也可以包含陈述性知识。

技能操作类的程序性学习往往进展比较缓慢(J. Anderson,1982)。首先,学习者回忆以陈述性知识形式存在的一系列行为。系列行为中每一个步骤都是一个命题。然后,学习者慢慢抛开个人化内容,把分散的步骤整合成为一个连续性的系列行为。比如,孩子们学习加法时,一开始会慢慢地操作每一个步骤,可能还会一边操作一边大声说出来。但当他们掌握了技巧,变得越来越熟练时,相同的任务变成了某种自动化的操作,他们可以十分麻利地完成,根本不需要经过有意识的思考。自动化是很多认知活动(Moors & De Houwer,2006)的核心特点。当任务处理变得自动化时,处理系统可以专注于较为复杂的任务内容(第七章)。

限制技能学习的一个因素是工作记忆的存储容量有限(Baddeley,2001)。如果工作记忆能够同时存储所有的陈述性知识命题,程序性学习的效率可以大大提高,但因为工作记忆达不到这个要求,所以学生只能慢慢把命题知识叠加起来,并不时停下来想一想(如"我接下来要做什么?")。在学习的早期阶段,工作记忆的存储容量十分有限,不足以构建大块的程序性知识,但随着命题知识与小块程序知识相结合,后者可以同其他命题一起存储在工作记忆中,从而可以慢慢地构建起较大块的产出性知识。

这可以解释为什么当学生掌握了必要技能时(如技能操作变得自动化),技能学习的效率会提高。当必要技能成为牢固的产出性知识时,它们可以作为待整合的新命题被工作记忆激活。例如,在学习解长除法题时,学生们掌握了乘法的相关技巧,可以在需要的时候很容易地回忆起相关的解题知识;这部分知识不需要同长除法的其他解题步骤一同学习。虽然开头小剧场中没有提到这个问题,但代数学习对于基本技能欠缺

(如加法、乘法)的学生来讲难度会非常大,因为即使是简单的代数问题,若欠缺这些技能而要回答正确也是十分困难的。很多有阅读障碍的孩子欠缺的似乎正是同时有效处理和存储信息的能力(de Jong, 1998)。

某些情况下,对任务步骤做出清晰描述不是件容易的事。例如,每位学生创造性思维的方式可能都不一样。这时教师可以给出创造性思维的示范,提出"还有其他可能性吗?"等问题让学生思考。如果无法对步骤做出清晰描述,教师可以先给出关于任务步骤的示范,再让学生实践,会是一个很有效的方式(Rosenthal & Zimmerman, 1978)。

程序性学习可能出现的一个问题是学生可能不会考虑到底合不合适,而一味认定所有程序内容都是固定不变的。格式塔心理学家向我们展示了功能固着——即对问题的处理方法不知变通——可以在多大程度上阻碍问题的解决(Duncker, 1945)。在学习过程中执着地按某个程序内容行事可能有助于掌握该知识,但学习者还必须结合实际情况做出判断,在某些情况下,可能其他方法更为有效。

有时学生在技能学习过程中会出现过度学习的现象,他们只知道所学技能,而不愿意尝试更为简单的其他技能。不过,学生学习的程序性知识多数都没有可替代的技能(如解码单词、数字相加、判断主谓一致)等,即使有也是极个别的情况。这些技能的过度化学习使得其产出变得自动化,对于学生来说是一笔宝贵的财富,能够帮助他们掌握新技能(如做出推断、写学期论文),这些新技能以掌握这些基本技能为前提。

有的学生基本数学知识都未有效掌握,却要教他解决问题的技巧,同样有的学生解码技能欠缺,却要教他推论的技巧,有人会认为这么做毫无意义。研究表明,基本数字知识没有良好掌握与完成复杂算术任务时表现不佳相关(Romberg & Carpenter, 1986),解码能力弱与理解能力差相关(Calfee & Drum, 1986; Perfetti & Lesgold, 1979)。在没有掌握基本技能的前提下学习新技能不仅影响新技能的学习,而且还影响自我效能(第四章)。

实践练习对于掌握基本程序性知识至关重要(Lesgold, 1984)。学习初期,学生们需要获得纠正性反馈意见,指出他们在程序操作过程中哪些地方做得不错,哪些地方需要改进。学生在学习程序性知识的时候往往会侧重某些方面，当他们掌握技能时，教师可以指出他们在解决问题过程中取得的进步，可能是速度变快了，或者是准确度提高了。

当程序性知识与长期记忆中的其他知识相关联时，就产生了知识迁移。让学生把程序性知识用于其他内容或要求他们在必要的时候做出调整，这些都是促进迁移的行为。解决问题的常规策略（第七章）可用于不同的学习内容。学生们把这些常规策略应用于不同的课题任务（如阅读、数学）时，能够更好地了解策略的普适性。

产出与认知学习相关，但有几个问题。ACT 理论提出了一个单一的认知处理模式来解释不同现象（Matlin，2009）。这一观点与其他主张不同类型的学习任务适用不同模式的认知理论相冲突（Shuell，1986）。鲁姆尔哈特和诺曼（1978）把学习分成了三种类型。积累型学习指根据已有图式对新信息进行编码；重组型学习（图式创建）指形成新图式的过程；调适型学习（图式演变）指在不同情境中对图式进行小幅修正和改进。这三种学习都要求不同程度的实践练习；调适型学习的要求最高，积累型和重组型学习要求较低。

ACT 原本是一个计算机程序，旨在不断刺激学习，因此，这一理论可能无法解决人类学习过程中的一系列问题。其中一个问题是，人们如何知道在特定场景中使用哪种产出性知识，尤其是当该场景适用不止一种产出性知识时。产出性知识可能会按概率大小排序，但必须要有某种方法对当前情形下哪种产出性知识最为可行做出判断，还有一个问题是产出性知识如何进行调适。比如，当某个产出并不见效时，学习者对它的态度是抛弃、调整、还是保留但寻找更多证据？如何判断何时对产出做出调整以及做出怎样的调整？

另外一个问题与安德森（1983，1990）认为产出始于陈述性知识的论断有关。有证据表明产出并不总是跟在陈述性知识后面出现，因此这样的论断未免有点过于武断了（Hunt，1989）。从根本上讲，技能性知识以陈述性知识形式出现是技能掌握大道上的一个中途停靠站，因此可能有人会质疑学生们是否有必要学习各个零散的步骤。既然零散的步骤最终并不会被用到，那可以把时间更好地花费在让学生练习上面。

最后,有人可能还会对产出系统质疑,正如大家一致指出的那样,产出系统是否就是具体化的刺激—反应联结(Mayer,1992)？命题(程序性知识点)在记忆中相互连接构成网状结构,当一个知识点受到暗示时,其他的知识点同时被激活。安德森(1983)认同产出性知识的联结性本质,但认为它们比简单的刺激—反应联结更为高阶,因为它们有目标性。ACT 理论支持这一观点,ACT 理论中的联系相当于神经网络联结(第二章)或许,正如行为理论一样,ACT 理论对于行为表现的解释力大于对于学习的解释力。我们需要积极讨论这些问题,还有其他问题(如动机的作用),以更好论证产出理论对于教育的启发意义。

连接机制模式。连接机制模式,即连接机制,切勿与第三章讨论的桑代克的连接机制相混淆(Baddeley,1998；Efarnham－Diggory,1992；Matlin,2009；Smith,1996)是较为前沿的关于复杂认知活动的理论主张。与产出理论一样,连接机制模式也是基于计算机对学习过程的模拟而形成的理论。模式把学习与神经系统处理相联系——在神经系统处理过程中神经冲动通过突触形成联结(第二章)。这一理论的假设是大量基本元素(如神经细胞)相连接构成较高级的认知活动(Anderson,1990,2000；Anderson,Reder,& Lebiere,1996；Bourne,1992)。连接机制模式包括知识的分布式表征(如广泛的网络分布)、平行处理(很多操作同时进行)、大量简单处理单元的联动(Siegler,1989)。连接可以发生在激活的不同阶段(Smith,1996),并与系统输入、输出、存在一个或多个中间层相连接。

鲁姆尔哈特和麦克莱兰(1986)提出了并行分布处理(PDP)系统。这一理论模式对于判断记忆信息的类别非常有用。他们两人举了一个例子,这个例子涉及两个帮派以及帮派成员的相关信息,信息包括年龄、教育程度、婚姻状况、职业等。记忆会把成员的相似点连接起来。比如,2 号成员和 5 号成员年龄相同,都是已婚,而且在帮派里从事的活也差不多,记忆会把他们相关联。在提取关于 2 号成员的相关信息时,我们先根据人名激活记忆,与此同时,其他的记忆单元也被激活。因为激活扩散而产生的这一模式与该成员的记忆表征相一致。博罗夫斯基和贝斯纳(2006)提出了词义判断(如决定刺激物是否是一个单词)的 PDP 模式。

连接机制单元与产出系统有相似之处，主要表现在两者都包含记忆激活和概念连接等内容。不过两者也存在差异。连接机制模式中的所有单元都是相似的，而产出系统包含不同的条件和行为。单元的模式和激活程度都有所不同。另外一处差异是产出系统受规则的制约，而连接机制没有成套的规则约束。神经细胞"知道"如何激活模式；在这之后我们才给出一个规则以为标记（如，模式命名规则被激活；Farnham – Diggory，1992）。

连接机制理论存在的一个问题是，系统如何知道哪个记忆单元应该被激活以及这些激活内容如何联结成整合序列。在模式建立比较完善的情况下，这一过程似乎十分简单；例如，神经细胞"知道"如何对响起的电话、冷风和教师说的话（"大家注意啦！"）做出反应。但如果模式建立不够完善，激活过程可能就会出现问题。我们还可能会问神经细胞为什么能第一时间自我激活。这个问题很重要，因为它可以帮助解释连接在学习和记忆过程中的作用。连接概念显得似是而非，其理论基础为我们所知道的神经功能的相关内容（第二章），但如今，这一理论模式主要用于解释感知行为，还不能充分解释学习和解决问题等行为（Mayer，1992），而后者对于教育更具重要意义。

教学应用

信息处理原则已愈发频繁地被用于教育实践，其中三大应用实践分别为先行组织者、学习条件和认知负荷。

先行组织者

先行组织者指授课开始时，教师给出的旨在帮助学生在新的学习内容和已知内容之间建立联系的宽泛性表述（Mayer，1984）。组织者引导学习者关注所要学习的重要概念，强调概念之间的关系，并将新的学习内容和学生知道的内容相关联（Faw & Walter，1976）。组织者也可以是文本示意图（Verdi & Kulhavy，2002）。信息处理理论认为学习者长期记忆的组织模式是整体概念涵盖从属概念。组织者给出的是较高（整体）层面的信息内容。

组织者的概念源于奥斯贝尔（1963，1968，1977，1978；Ausubel & Robinson，1969）

的意义接受学习理论。当新的学习内容与长期记忆中的相关概念产生系统性联系时，学习变得有意义，也就是说，新的学习内容是对记忆信息的延伸、修正和充实。意义性同时取决于年龄、背景经历、社会经济状况、教育背景等个体变量。

奥斯贝尔提出了演绎法教学的主张：先教一般性概念，再讲具体内容。这一教学法要求教师帮助学生把概念分解成更细微的相互关联的内容，并将新的概念与记忆中的相近内容相联系。用信息处理理论的术语来讲，这一理论模式旨在通过知识添加扩展长期记忆的命题网络并建立网络间联系。

先行组织者可以是说明性的，也可以是比较性的。说明性组织者向学生讲解理解授课内容所需的新知识，包括概念定义和概括性知识等。概念定义对概念及其特征以及上位概念做出介绍。在介绍"温血动物"的概念时，教师可以给出定义（如体内温度相对保持恒定的动物），将其与上位概念相联系（动物王国），并介绍其特征（鸟类、哺乳动物）。概括性知识是对一般原则的宽泛表述，从这些一般原则可以推断出假设或具体概念。在学习地形时可以介绍说，"海拔越高，植被越少"，这是一个比较合理的概括性知识介绍。教师还可以针对概括性知识举例说明，并鼓励学生自行思考举例。

比较性组织者在介绍新的学习内容时将其与已知内容做类比。比较性组织者激活长期记忆网络并使之相互连接。如果教师在给学生介绍人体循环系统的相关内容时，知道学生已经学过通信系统的相关知识，这时可以把循环系统和通信系统联系起来讲，介绍诸如源头、媒介和目标等相关概念。比较性组织者如想发挥作用，学生必须对类比内容有良好的理解，同时还必须能够轻松地解读类比关系，如果类比关系解读有困难，会影响学习效果。

组织者可以促进学习；此外，因为组织者能够帮助学生将所学内容与广泛经历相联系，还可以促进知识迁移（Ausubel，1978；Faw & Waller，1976；Mautone & Mayer，2007）。示意图是特别有效的组织者，可以通过技术手段与教学内容相结合（Verdi & Kulhavy，2002）。实际应用5.3给出了一些关于组织者的应用案例。

实际应用 5.3

先行组织者

先行组织者帮助学生把新的学习内容与已知内容相联系。洛厄里女士是一名四年级教师，她当前的教学内容是段落写作。学生们之前一直都在学写描述性和趣味性句子。洛厄里女士把学生的句子投影到屏幕上，把这个作为组织者，向学生演示可以怎么把句子组合成为一个完整的段落。

奥龙斯科先生是一名中学教师，他在地理课上采用了组织者的教学策略。他在讲地貌（形状和构成极具特色的地形表面）的相关知识时，先回顾了以前介绍过的地理的定义和构成。他想让学生知道地理包含的内容除了物理环境的构成要素外，还包括人文和物理环境、世界各地的地理特点及其供给人类的能力。奥龙斯科先生先重点讲了物理环境的构成要素，然后讲地形地貌。他通过展示实物模型介绍了各种地貌（如高原、山川、丘陵），并让学生观察每种地貌的特点。这一教学设计使得学生先有一个整体性或纲要式的认识，在此基础上，学生再把所学的关于构成要素的新知识与之相整合。

一名科学教师在讲血液紊乱的影响时，可以先回顾血液的基本组成（如血浆、白细胞、红细胞、血小板），然后列出不同类型的血液疾病（如贫血、出血和瘀血、白血病、骨髓疾病）。在这一框架体系下，学生们可以对不同类型的血液疾病进行研究，了解各自的症状和治疗措施。

学习条件

加涅（1985）提出了一个以信息处理理论为基础的教学理论。这一理论的重点内容是学习条件，即学习行为发生时的环境条件（Ertmer, Driscoll, & Wager, 2003），其中有两个关键步骤。第一个关键步骤是确定学习结果类型；加涅提出有五种主要类型（下文讨论）。第二个关键步骤是确定学习活动，即教学过程中可能产生不同结果的因素。

学习结果。加涅（1984）归纳了五种学习结果：智力技能、言语信息、认知策略、运动技能和态度（表5.2）。

表 5.2　加涅理论归纳的学习结果

学习结果	
类型	**举例**
智力技能	规则、程序、概念
言语信息	事实、日期
认知策略	演练、问题解决
运动技能	击球、杂耍
态度	宽容、诚实、公平

智力技能包括规则、程序和概念等,它们是程序性知识或产出的表现形式。这类知识多用于说、写、读、解数学题、运用科学原理解决问题等情形。

言语信息,即陈述性知识,指关于某事/物属于某种情况的知识。言语信息包括事实或全文背诵的有意义的诗歌。图式是言语信息的表达形式。

认知策略属于执行控制处理过程,由一系列信息处理技能构成,包括注意新信息、决定演练信息、具体化、运用长期记忆提取策略和解决问题策略等(第七章)。

运动技能指通过练习获得的动作质量(流畅性、耗时)上的渐次改善。智力技能可以很快掌握,但运动技能的发展是一个较为缓慢的过程,必须通过持之以恒的实践练习才能实现(Ericsson, Karmpe, & Tesch - Römer, 1993)。智力技能和运动技能的练习条件也有所不同:前者通过不同举例加以练习,后者通过不断重复同一肌肉动作加以练习。

态度指影响行为并能反映人格/性格特点(如宽容、诚实、坚持健康的生活方式等)的内在信念。智力技能、言语信息、认知策略、运动技能等学习可以通过创造条件实现,但态度的学习是一种间接性学习,只能通过亲身经历或接触真实和符号性(电视、录像)榜样示范进行。

学习活动。五种类型的学习结果,其条件各不相同。内在条件指前提性技能和认知处理要求;外在条件指支撑学习者认知过程的环境刺激。我们在设计教学方法时必须尽可能充分地对这两类条件做出分析。

内在条件是学习者当前所具备的能力(长期记忆中的知识储备)。教师和教材所给出的提示激活长期记忆中的相关知识(Gagné & Glaser,1987)。外在条件会因为学习结果和内在条件的不同而有所差异。在给学生讲课堂规则时,教师可以把规则告诉他们,并把规则展示给他们看。在给学生讲理解策略时,教师可以对策略进行演示,然后让学生练习并对策略的有效性做出反馈。对于阅读能力强的学生与阅读能力弱的学生,其教学方法肯定是不同的。教学过程的每个阶段都要依据学习结果和内在条件做出调整。

学习梯阶。学习梯阶是经过有序组织的智力技能组合。梯阶的最高层是目标技能。在构建梯阶时,我们从最顶层开始,设想学习者在学习目标技能前必须掌握哪些技能或哪些技能是学习目标技能的先决条件,然后我们再针对每个先决技能提出相同的问题,像这样顺着梯阶从上往下,直到到达学习者现在掌握的技能(Dick & Carey,1985;Merrill,1987;图5.9)。

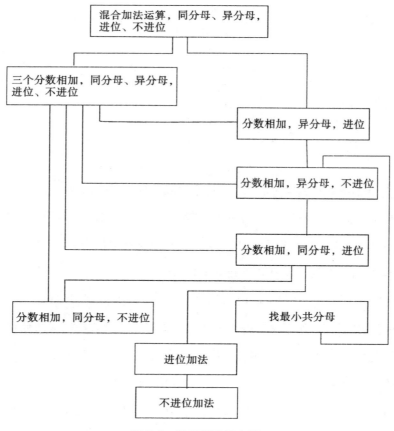

图 5.9 学习梯阶示意图

学习梯阶并不是技能的线性排列。在学习某一个高阶技能时,往往需要用到两种或多种先决技能,这些先决技能并不相辅相成。高阶技能学习也并一定就比低阶技能学习难度大。有些先决技能掌握难度很大;但一旦学习者掌握了低阶技能,会降低高阶技能学习的难度。

学习阶段。教学是以促进内部学习为目标的一整套外部活动。表5.3列出了9个学习阶段,可分成三大类(Gagné,1985)。

表5.3 加涅的学习阶段划分

类型	阶段
学习准备	注意
	预期
	提取
习得和操作	选择性感知
	语义编码
	提取和反应
	强化
学习迁移	提取提示
	概括

学习准备是导入性的学习活动。在注意阶段,学习者重点关注与所学内容相关的刺激(如视听材料、文字材料、教师示范行为等)。学习者预期引导学习者朝着目标(学会某项运动技能、学会简化分数)方向努力。在提取长期记忆相关信息的阶段,学习者激活与所学内容相关的长期记忆(Gagné & Dick, 1983)。

学习的主体阶段是习得和操作阶段。选择性感知指感官收录系统识别相关的刺激特征并将其传送到工作记忆。语义编码是新知识输送到长期记忆的处理过程。在提取和反应阶段,学习者从记忆中提取新信息并做出反应表明正在学习。强化指反馈,对学生反应的准确度做出确认并在必要时候给出纠正意见。

学习迁移包括提取提示和概括两个阶段。在提取提示阶段,学习者接收关于旧知识适用于情境的提示。例如,在做应用题时,数学教师会告诉学生需要用到直角三角形的相关知识。概括阶段为学习者提供不同内容和不同情形下实践技能的机会(如作业、间隔性复习),从而增强知识的概括性。

这九个阶段对于五类学习结果具有同等的适用性。加涅和布里格斯(1979)还提出了每个阶段的教学活动(表5.4)。促进各阶段学习的教学活动取决于学习结果的类型。言语信息教学与智力技能教学肯定有区别。

表5.4 各学习阶段的教学活动(加涅)

阶段	教学活动
注意	告诉全班同学开始上课
预期	告诉全班同学本节课要实现的目标以及期望同学能够完成的表现类型和数量
提取	让全班同学回忆下位概念和规则
选择性感知	给出新概念或规则的示例
语义编码	给出信息记忆方式的提示
提取和反应	让学生把概念或规则用于新的示例
强化	确认学生学习的准确性
提取提示	进行关于新内容的小测试
概括	特别回顾

这个理论有一个问题,就是构建学习梯阶可能比较费时费力,这一过程要求具备所学内容所属领域的专业知识——教学的内容范围和先后顺序,才能确定哪些是先决技能。如果学习者必须要掌握多个先决条件,即使某个技能看上去比较简单,其梯阶可能也会比较复杂。而对于某些结构层次性不强的技能(如创造性写作),构建梯阶可能相当困难。另外一个问题是,在这个理论体系中,学习者控制的作用空间较小,因为它规定了学习者应该如何行事,会对学习者的动机产生负面影响。为了解决这个问题,可以采用鼓励学生自我控制学习活动的教学手段。不过,尽管存在这些问题,这一学习理论也为如何应用信息处理原理指导教学给出了有效的建议(Ertmer, et al., 2003)。

认知负荷

认知负荷指对信息处理系统、特别是工作记忆的需求(Paas, van Gog, & Sweller, 2010; Sweller, 2010; Winne & Nesbit, 2010)。工作记忆的容量十分有限,因为信息处理需要时间并且包含多个认知处理过程,所以某一时间内只有少量信息被保存在工作记忆中、输送到长期记忆、进行演练等等。

认知负荷理论在设计教学时考虑到了这些有限性因素(DeLeeuw & Mayer, 2008; Schnotz & Kürschner, 2007; Sweller, van Merriënboer, & Paas, 1998)。认知负荷有两类。内在认知负荷指基于所学知识的固定属性而产生的工作记忆负荷。外在(或外来)认知负荷指因为不必要的内容、注意力不集中或教学演示不当等原因所产生的工作记忆负荷(Bruning, et al., 2011)。有些研究者还提出了关联认知负荷,包括内在负荷加上由情境因素产生的必要外在负荷(如注意力监控;Feldon, 2007)。

例如,在学习三角函数关系(如正弦、正切)时,有部分认知负荷(内在)是所学内容所固有的,如对直角三角形的各边之比有所了解。外在负荷包含与所学内容无关的教学内容,如与所学内容无关的图片特征。讲课条理清晰的教师可以帮助学生最大程度减少外在负荷,使关联负荷达到最大化。

迈耶尔(2012)也区分了三种认知处理需求。基本处理指工作记忆信息获得心理表达所必需的认知处理(与内在负荷相似)。外在处理(与外在负荷相似)指不是学习所必需、对认知容量造成浪费的认知处理。生成处理是更深层次的认知处理,旨在使所学内容变得有意义,如对所学内容进行整理,把它与旧知识相关联。

这里的一个核心思想是教学方法应当有助于减少外在认知负荷,从而使得现有资源可集中用于学习(van Merriënboer & Sweller, 2005)。支架式教学是十分可取的教学方法(van Merriënboer, Kirschner, & Kester, 2003)。首先,支架可以帮助学习者掌握原本不太可能掌握的技能。其次,支架式教学有助于最大程度减少外在负荷,使学习者能够把资源集中用于学习的内部需要上。当学习者构建起信息图式时,支架也就失去了其辅助作用。

另外一个建议是按由易到难的顺序设计教学内容(van Merriënboer et al., 2003),

这与加涅的理论相一致。可以把复杂的学习内容分解成简单易学的内容,然后再进行组合。这一方法可以最小化外在负荷,使学习者把认知资源集中于手头内容的学习。

第三个建议是在教学过程中使用真实任务。例如,赖格卢特(1999)的精化理论提出对简化任务操作的条件进行分析,然后用简单但真实的案例(如可能会在现实世界遇到的情况)进行教学。具有现实意义的任务有助于最大化关联负荷,因为它们不需要学习者进行外在认知处理就可以理解相关情境。例如,让学生求角的正弦值,比起做书本上的题目,给学生画一个学校旗杆,在距离旗杆40英尺的地方加个点,与旗杆的顶端构成一个三角,然后让学生求正弦值,这样的做法可能更有意义。

还有一个建议是采用合作性学习。随着内在认知负荷的增加,学习效率会变得低下(Kirschner, Paas, & Kirschner, 2009)。在处理复杂任务时,在个体间分配认知处理负荷有助于减少对学习者的负荷要求。这些主张与建构主义理论所强调的同伴合作(第八章)如出一辙。实际应用5.4给出了一些实际案例。

实际应用5.4

减少不必要的认知负荷

当教学使得外在负荷最小化而关联负荷最大化时,学生的学习效果最佳。沃特森女士是一名中学英语教师,她知道要在小说中找出具有象征意义的内容对于很多学生会是一件比较困难的事。为了最小化外在负荷,她一次只讲一种象征,对此做出解释,然后让学生在几页纸的范围内找出例子。因为只要集中于一种象征,而且搜寻的范围也很小,学生不会觉得任务要求太高、需要花费的精力太多。

安东女士是一名小学教师,她班上有学生对描述性段落写作有困难。她把写作任务分解成了几个部分,这样就不会造成太大的外在负荷。首先她让学生写下他们在段落中想要描述物体的特征,然后她让学生针对每个特征写一句话。当学生写完以后,她让学生检查段落并做必要的修改,以确保段落大意清晰、结构安排合理。

　　劳珀教授给本科生上教育心理学,班上学生要完成一个小组项目,他们要设想一个理想的学习环境,涵盖课上讲过的几个概念(如学习、动机、评价)。劳珀博士先把学生分成小组,四个学生一组,然后告诉学生项目各部分内容的完成时间。学生与小组成员碰面,制定各自完成任务的时间表,然后小组再碰面讨论。这一教学设计把任务分解成了若干个小任务,带学生复习了一学期所讲的内容,这样一来,学生不会觉得外在负荷过重,可以集中精力完成手头的任务。

小结

　　信息处理理论是关于注意、感知、编码、存储和知识提取的理论。信息处理理论汲取了通信、计算机技术和神经科学等学科的前沿研究结果。

　　对于当代信息处理理论有重要历史影响的理论有言语学习、格式塔心理学、双存储模式和处理层级等理论。言语学习研究者采用序列学习、自由记忆和联想配对等任务作为研究方法,其研究获得了很多重要的发现。自由记忆研究表明,内容的有序组织有助于促进记忆,在内容缺乏有序组织的情况下,人们会自行对学习内容进行梳理。格式塔理论学家们强调了有序组织在感知和学习过程中的重要作用。

　　双存储(双元)记忆模式是早期的信息处理模式,这一模式提出了信息处理的各个阶段:感官收录、感知、短期记忆、长期记忆。信息处理层级理论按信息处理的深度对信息处理过程做了解析,认为处理层级更高的信息更有可能存储在记忆中并被记住。

　　当代信息处理模式认为信息处理过程涵盖不同的阶段。信息先被感官收录系统接收。虽然每种感官都有相应的收录系统,但此类研究大多侧重于视觉和听觉感官。任何时候,只有少量信息能获得注意。注意充当过滤器的角色,表明人类系统的容量整体是有限的。获得注意的输入信息在工作记忆中与长期记忆信息进行比照,从而被感知。

　　信息进入工作记忆后,通过演练和与长期记忆信息相关联等方式被保存。信息可能被编码以存储在长期记忆中。组织化、具体化、与图式相关联等方式能够促进编码的完成。工作记忆的中央执行系统控制其与感知及长期记忆的交互作用。

　　注意和感知处理包含核心特征、模板和原型等信息。工作记忆的容量和持续时间极为有限,但长期记忆的容量非常大。知识的基本单位是命题,命题被整合成网络。知识主要有陈述性知识和程序性知识。大块的程序性知识可以整合成为产出系统。网络通过扩散激活模式以连接机制的方式彼此联结。

　　信息处理的早期研究大多属于基础性研究,多在实验室里完成,后来研究者们日渐转移研究阵地,开始在应用性场合开展研究,研究对象也侧重于知识性学习。以信息处理原理为理论基础的三种教学应用分别为先行组织者、学习条件和认知负荷。

　　我们将在第六章末尾对信息处理理论的学习问题做出总结。

扩展阅读

Anderson, J. R. (1996). ACT: A simple theory of complex cognition. *American Psychologist*, 51, 355 – 365.

Baddeley, A. D. (2012). Working memory: Theories, models, and controversies. *Annual Review of Psychology*, 63, 1 – 29.

Gagné, R. M. (1985). *The conditions of learning* (4th ed.). New York, NY: Holt, Rinehart & Winston.

Mayer, R. E. (2012). Information processing. In K. R. Harris, S. Graham, & T. Urdan (Eds.), *APA handbook of educational psychology*. *Vol.* 1: *Theories, constructs, and critical issues* (pp. 85 – 99). Washington, DC: American Psychological Association.

Surprenant, A. M., & Neath, I. (2009). *Principles of memory*. New York, NY: Taylor & Francis.

Triesman, A. M. (1992). Perceiving and re – perceiving objects. *American Psychologist*, 47, 862 – 875.

van Merriënboer, J. J. G., & Sweller, J. (2005). Cognitive load theory and complex learning: Recent developments and future directions. *Educational Psychology Review*, 14, 331 – 351.

第六章　信息处理理论：提取和遗忘

特里尔·沙伯格是一名教育学专业的副教授,他给研究生开了一门教育心理学课。所有学生都是教育工作者——教师或曾经做过教师、行政人员、学校专职人员。这周3个小时的课主要讲记忆和遗忘。有几个学生分享了他们的故事。

玛西亚:我的学生学期放假回来好像对于以前学的知识全都不记得了。

塞拉斯:有时,就是周末放假回来,我都会发现有这种情况。

乔艾伦:我上课要花很多时间帮学生复习。真不想老是这样。

杰夫:我们学校的教师会让学生们定期在电脑上复习。

特里尔:你们所说的情况很普遍。遗忘会发生,但频繁复习很耗时,而且也不能老这样。我们接下来就会讨论如何应用信息处理理论的相关原理帮助学生学习,以增强他们的记忆效果。

乔艾伦:是的,沙伯格博士,但我们讲的东西太多了,我真替孩子们感到难过。他们什么都记不住。

特里尔:是的,孩子们记不住。不过这可不是我们的目标。作为教育工作者,我们可以做很多来帮助孩子们改善记忆,减少遗忘现象的发生。

杰夫:我想组织教师们就这个课题开一个研讨会。他们需要帮助,他们感到很挫败。

特里尔:嗯,增强记忆的教学需要花费更多的精力,但还是值得的,因为这样就不用花费那么多时间用于复习和重新讲课了。更别提还能促进教师和学生的互动,让学习学得更愉快。

第五章讨论了知识在长期记忆中的编码处理,这是一个十分复杂的过程。编码处理始于学习者注意到输入信息,随后这些信息被感官系统收录、感知、输送到工作记忆以作处理。工作记忆处理任务主要包括使信息变得具体化和有序化、与长期记忆知识相联系等。通过工作记忆的处理,新的记忆网络得以建构,已有的记忆网络获得修正和充实。这个时候,我们说学习(编码)行为发生了。

不过,从实用角度来看,如果学习者之后无法从长期记忆中获得知识,也因而无法把知识投入应用,这样的学习可以说毫无用处。这个时候,我们说发生了遗忘。遗忘指信息从记忆中丢失或我们无法提取信息。一般而言,遗忘不会带来严重后果。当我们发现自己忘记了什么时,我们可以问他人,可以上网查。除非你打算参加《危险边缘》或其他什么益智类节目,我们一天中遗忘的很多事情都不会对我们的生命、自由和幸福的追求构成威胁!

但正如开头小剧场里提到的那样,遗忘会给教学带来较大麻烦。如果学生们记不得关键的基础知识,教师们就无法开展更高阶段的教学。复习和重新讲课占用了宝贵的课堂时间,这会让教师们觉得很挫败,也会让学生们觉得很挫败,他们可能会对复习深感厌烦。学习应该是一件令人兴奋的事,这样学生和教师才能获得满满的动力。

本章前面主要讨论提取。与几年前相比,我们现在对于知识的记忆存储和提取的了解已经有了长足的进展。我们还知道那些技巧可以有效帮助学习者在长期记忆中存储知识以便于提取。有效的知识存储不仅能够促进提取,而且还能促进知识在新情境下以及跨时性的迁移。

本章后面先讨论个体从长期记忆中提取信息的处理过程。我们会以语言理解为例介绍处理过程。随后本章介绍各种遗忘理论以及遗忘的影响因素。在发生遗忘的情况下,再学习非常必要;我们会讨论这一话题,同时讨论的还有测试如何影响学习和信息提取。到目前为止,我们的讨论大部分属于言语记忆的内容,本章也会讨论视觉记忆的相关内容,包括其对学习的促进作用。迁移是教育的核心话题,我们也会对此进行讨论,包括理论介绍和迁移类型等内容。最后,我们会介绍一些合适的教育应用方法:编码—提取相似性、基于提取的学习、迁移性教学。

学完本章后,你应该可以:

■ 阐释用于提取长期记忆信息的处理模式,包括具体化和扩散激活过程;

■ 描述编码特异性及其对提取的促进作用;

■ 阐述语言理解对知识存储和提取过程中信息处理模式的说明作用;

■ 定义干扰并区别逆向干扰和顺向干扰;

■ 讨论关于遗忘的信息处理理论;

■ 定义视觉记忆,解释其对学习的促进作用;

■ 分析学生学习策略迁移的必要条件;

■ 解释教育应用实践中信息处理原理的相关性,包括编码—提取相似性、基于提取的学习和迁移性教学。

长期记忆:提取

提取过程

提取是信息处理的一个核心环节,能够促进学习(Karpicke & Grimaldi, 2012)。本节讨论提取的处理过程。

提取策略。当学生被提问——例如"美国副总统在参议院有哪些职能?"(第五章)——时,会发生什么情况? 问题进入学生的工作记忆,被分解成若干命题。这个过程涉及神经处理,我们对此知之不多,不过有证据表明,信息通过扩散激活模式激活记忆网络中的相关信息,从而确定问题的答案。如果找到答案,答案形成句子,并以言语的形式输出给提问者,或者形成运动模式以书写的形式输出。如果被激活的命题无法回答提问,激活模式继续扩散,直到找到答案。如果时间不够,无法扩散激活找到答案,学生可能会根据已知知识做出猜测(Anderson, 1990)。

认知处理过程多为自动化过程。我们就像例行公事一样记得家里的地址和号码、我们的社保号以及密友的名字。人们往往意识不到自己是如何一步步给出问题的答案的。但是,当人们面对几个被激活的命题需要判断这些命题是否能正确回答提问时,他们的意识往往会变得清晰。

因为知识以命题的形式完成编码,即使待提取的信息并不切实存在于记忆中,提取过程依然进行。教师提问,当投票结果为 51 票赞成、49 票反对时,副总统是否可以对法案进行投票,这时学生们提取出只有当投票出现平局时副总统才参与投票的命题。这就意味着副总统不能投票。相比信息以相同形式作记忆编码的问题,这类问题需要完成建构的处理过程用时较长,但学生应当能够在激活长期记忆相关命题的前提下做出正确反应。迁移(本章下面会讨论)包含了相同的过程;例如,学生学习规则(如数学的勾股定理)后记忆并用它来解决以前没遇见过的问题。

编码特异性。提取依赖于编码方式。根据编码特异性假设(Brown & Craik,2000;Thomson & Tulving,1970),知识编码的方式决定了哪种提取提示能有效激活知识。依据这一理论,当提取提示与学习过程中出现的提示相匹配时,提取效果最佳(Baddeley,1998;Suprenant & Neath,2009)。

有实验证据支持编码特异性的理论主张。在受试对各个类别的特定举例进行编码时告诉他们各个类别的名称。相比没有给出类别名称的情况,如果记忆时给出类别名称,受试对举例的记忆效果更好(Matlin,2009)。相比没有给出关联事物,学习单词时给出关联事物,并且在记忆时提示关联事物名称的做法也会出现相同的结果。布朗(1968)让一组学生读列有美国部分州名的表单;另外一组学生不读,然后让两组学生回忆所能记得的州名。结果显示,对于表单上出现的州名,读过表单的学生比没有读过表单的学生记得多,但对于表单上没有出现的州名,读过表单的学生记得少。

编码特异性还包括情境的相关内容。有一项研究,研究中水肺潜水员或在岸上或在水下学习一张单词列表。在随后的自由记忆任务中,学习者在相同环境中回忆起的单词比在变化了的环境中回忆起的单词要多。

编码特异性可以用命题网络间的扩散激活做出解释。与所学内容相关的提示与编码时的长期记忆内容相链接。在回忆过程中,这些提示的出现激活相关的长期记忆。如果没有相同提示,回忆效果取决于对个别命题的记忆。因为提示引发扩散激活

(不是个别命题或概念),编码和回忆时出现相同提示促进回忆。其他证据表明提取部分受所需信息预期的影响,人们可能会歪曲并不连贯信息使之符合预期(Hirt, Erickson, & MCDonald, 1993)。

陈述性知识提取。陈述性知识的处理通常是一个自动化的过程,但无从保证知识能与长期记忆中的相关信息相整合并被提取。我们可以在本章的开头小剧场里看到了提取不充分的情况。意义化、具体化和组织化能够促进陈述性知识有效处理和提取的可能性。实际应用6.1给出了一些课堂实例。

实际应用6.1

信息的网状组织

如果教师在设计教学时帮助学生把新信息与记忆知识相链接,能够促进学习。有意义的、具体的、有序组织的信息更能够与长期记忆网络相整合,便于提取。

教师准备在植物学单元介绍不同植物的再生情况,可以先回顾学生们已经存储在记忆中的植物的常规知识(如基本构成、生长的必要条件等)。在介绍新信息时,学生们对熟悉的但再生方式不同的活体植物进行观察,这样会使学习变得更有意义。所学的事实类信息可以通过展示关于再生过程的图片和文字而变得具体化。对于观察的每个活体植物,学生可以绘制简图或图表总结再生方式,以此来整理新信息。

一名艺术教师准备在课上介绍设计的相关内容,他/她可以先带学生回顾颜色、形状和质地等不同元素。在介绍关于布置、元素组合、整体平衡等新技巧时,教师可以利用不同的形状、颜色和质地让学生营造不同的风格。学生们可以利用这些对他们想在设计中使用的元素和媒介做出梳理。

有意义性信息有助于提取。无意义信息不能激活长期记忆信息,如果学生不反复

演练使之在长期记忆得以确立——可能以新命题网络的形式，信息就会丢失。或者也可以把毫无意义的新信息的语音与其他相似语音相关联。例如，可以把 constitution（宪法）这个词的语音与学习者记忆中存储的关于这个词的其他用法（如 Constitution Avenue 宪法大街）相关联。

有意义信息因为可以很容易与命题网络相关联，所以更容易保存。第五章开头小剧场中一位教师给出的提议就是把代数变量与有形的客观物体——学生们能够理解的东西——相关联，这样抽象的代数符号就会变得有意义。意义性不仅促进学习，而且还节约时间。工作记忆的处理需要耗费时间；西蒙（1974）估算每条新信息的编码时间约为 10 秒，也就是说一分钟只能处理六条新信息，即便信息富有意义，在编码前多数信息也已经丢失。虽然不是每条输入信息都重要，部分信息丢失通常不会影响学习，但一般情况下，即使在环境条件最为有利的前提下，学生能保存的信息量也很少。

具体化指我们给所学信息补充例子、细节、推论及其他所有能够联结新旧信息的内容。学习者可以回想副总统的名录，想到当投票出现平局时副总统参与投票，从而具体化副总统在参议院中的职能。

信息具体化是演练的一种形式，有助于促进学习。具体化过程中，工作记忆中的信息保持活跃状态，因而增强了其永久存储在长期记忆中的可能性。具体化还能够促进新旧信息形成联结，进而促进提取的实现。学生在具体化副总统的参议院职能时，将这一新信息与他们已知的关于参议院和副总统的相关信息相关联。长期记忆中联结紧密的信息——通常以图式的形式存储在长期记忆中——相比联结松散的信息更容易记忆（Stein，Littlefield，Bransford，& Persampieri，1984；Surprenant & Neath，2009）。

虽然具体化促进存储和提取，但也需要时间。理解需要具体化的句子比理解不需要具体化的句子耗时要多（Haviland & Clark，1974）。例如，以下句子需要我们做出推断："玛吉带着她的信用卡去杂货店买东西。"——"玛吉去杂货店"，"玛吉对她所买的东西作了记账付款"。以下句子清晰表明了这两个句子间的关联："玛吉带着信用卡去杂货店"，"玛吉用信用卡支付所买的东西"。明确判断相近命题间的关联性有助于其编码和保存。

学习的一个重要内容是确定信息的重要性。不是所有信息都需要具体化。学生只对课文中最重要的内容进行具体化,这样能够帮助他们更好理解课文(Reder,1979)。具体化对提取的促进作用表现在它扩大了激活扩散的路径,如果一条路径行不通,还有其他路径可以选择(Anderson,1990,2000)。具体化还可以提供额外信息,以辅助答案的形成(Reder,1982),例如,当学生必须以与学习内容不同的信息形式回答问题时,具体化有助于答案的形成。

一般来讲,几乎所有的具体化形式都有助于编码和提取;不过,有些具体化形式可能更为有效。做笔记然后思考新信息如何与已知信息相关联的形式有助于建构命题网络。有效的具体化形式能够串联命题并刺激准确记忆。关联性不强的具体化形式并不能产生有效记忆(Mayer,1984)。

组织化指把信息进行分解,并揭示各部分信息之间的关系。在学习美国政府的相关内容时,组织化可以是把政府分成三个部分(行政、立法、司法),再把每个部分进行分解(如职能、机构)等等。较年长的学生使用组织化策略的概率更高,但小学生也具备运用组织性原则的能力(Meece,2002)。在学习树叶的相关知识时,孩子们可能会按大小、形状和边缘特征对知识做有序梳理。

组织化使相关信息相互关联,从而有助于信息的提取。当获得提取提示时,长期记忆中的相关命题通过激活扩散被找到。教师讲课都会对学习内容进行有序整理,与此同时学生的自我整理也有助于信息的提取。侧重组织性原则的教学能够促进学习,例如,理解故事的图式包含四大元素,即场景、主题、情节和结局(Rumbelhart,1977)。场景("从前……")介绍行为发生的情境,接下来是主题,由一系列有特定经历和目标的人物构成,情节追溯人物实现目标的行为,结局讲述目标如何达成,或者目标没有达成的情况下人物如何应对等。教师向学生讲解这些知识,并举例说明,从而帮助学生学会自己解读故事。

程序性知识的提取。程序性知识的提取与陈述性知识的提取过程类似。提取提示引发记忆联结,扩散激活模式激活并记忆相关知识。因此,如果让学生在化学实验室里进行某个程序操作,他们会先提示相关记忆产出,然后提取信息进行操作。

　　当陈述性知识和程序性知识相交叉时,这两类知识都需要提取。例如,当对分数进行相加时,学生需要用到程序性知识(如把分数换算成最小公分母,把分子相加),也需要用到陈述性知识(如加法的相关内容)。在阅读理解的过程中,有些任务是程序性任务(如解码、理解监控),而有些是陈述性任务(如词义、标点符号的作用)。通常人们会通过程序性手段来学习陈述性知识,如借助记忆法记忆陈述性知识(见第十章)。一般而言,掌握陈述性信息是程序性信息操作的前提要求,例如要用二次方程求根,学生必须知道乘法口诀。

　　陈述性知识和程序性知识涵盖的知识范畴有极大不同。个体的陈述性知识可以是关于世界、他们自身以及他人的知识,而程序性知识则是关于完成不同任务的知识。陈述性知识和程序性知识的第二个不同表现在程序可以转换信息。"$2 \times 2 = 4$"和"弗雷德叔叔抽的雪茄很臭"等陈述性表述不会产生什么变化,但用长除法来解决一个问题使得问题从未解决变成了解决。

　　此外,陈述性知识和程序性知识的处理速度也不同。陈述性知识的提取往往比较缓慢,是一个有意识思考的过程。即使人们知道问题的答案,可能也需要想一想才能回答。例如,看看你回答"1867 年的美国总统是谁?"这个问题需要多长时间(Andrew Johnson)。而程序性知识一旦在记忆中构建完成,可以被快速提取,甚至很多时候是一个自动化的过程。熟练掌握阅读技巧的人可以自动对文本进行解码;不需要有意识地去思考自己在做什么。处理速度是区别读者阅读技巧娴熟和不娴熟的一个重要参数(de Jong, 1998)。我们一旦学会了乘法的做题步骤,就不需要在做乘法题时多做思考。

　　陈述性知识和程序性知识的不同对于教学和学习有着重要的启发。由于缺乏某类陈述性知识或由于无法理解先决性的程序性知识,学生可能在某一特定学科领域出现学习困难的情况。因此找出哪里存在不足是设计补习辅导方案的首要任务。知识欠缺不仅会阻碍学习,还会造成学习者的自我效能低下(第四章)。知道除法的解题步骤但不会乘法口诀的学生如果老是做错题,就会变得极为沮丧。

语言理解

　　能够说明长期记忆信息存储和提取作用机制的实际应用案例就是语言理解

(Carpenter, Miyake, & Just, 1995; Corballis, 2006; Matlin, 2009)。语言理解与学校学习高度相关,特别是在母语并非英语的国际学生人数日益增多的情况下(Fillmore & Valadez, 1986; Hancock, 2001; Padilla, 2006)。

语言理解(包括口语和书面语)是一个运用特定领域的陈述性知识和程序性知识解决问题的过程(Anderson, 1990)。语言理解过程有三大环节:感知、解析和应用。感知指注意并识别输入信息;工作记忆把语音转换成为文字。解析是一个把语音拆分成意义单元的心理过程。应用指对解析后的心理呈现进行处理:如果是学习任务,存储在长期记忆中;如果是问题,给出回答;如果没有理解,提出问题,等等。本节讨论语法解析和应用;感知已在第五章讨论(见实际应用6.2)。

实际应用6.2

语言理解

呈现给学生的信息如果很容易混淆或模糊不清,学生可能理解错误或与错误的情境相关联。因此教师给出的信息要简明扼要,以确保学生有足够的背景信息建构网络和图式。

利里安夫人打算在社会研究课上给学生讲城乡生活比较,但她担心绝大多数四年级的孩子会觉得这个话题有难度,因为他们从来没有见过农场,可能也从来没听说筒仓、挤牛奶、种地、牲畜等词。在这种情况下,利里安夫人可以组织一些与农场相关的活动:参观农场;放映描绘农场生活的视频;把种子和植物等农场材料带到课堂上展示等。随着学生们对农场渐渐熟悉,他们能够更好理解与农场相关的口语和书面语交流内容。

幼儿园里的小朋友们可能不太能听懂指令。这是因为他们会的语言有限,理解能力也有限,在这种情况下,他们对某些表达的理解会与实际有所偏差。例如,教师对正在"妆扮"中心玩的小朋友说"让我们把这里收拾好,玩下一个游戏吧",可是等她回来时却发现小朋友们没有收拾,而是把衣服都系在了一起! 再例如,教师对正在使用蜡笔的小朋友说"请你们把整页都涂上颜色",后来教师发现有些小朋友没有用不同颜色的蜡笔把这页纸上要涂色的部分涂上颜色,而是用一支蜡笔把这整页纸从上到下全部涂满了。因此教师想让小朋友做什么,必须做出解释、演示甚至示范,然后再请小朋友用自己的话复述要完成的任务。

语法解析。语言学研究表明人们知道自己所说语言的语法规则,虽然他们不一定能说出来(Clark & Clark,1977)。从乔姆斯基(1957)开始,研究者们对由语言结构典型特征构成的深层结构进行了孜孜不倦的研究。英语的一个深层结构是"名1—动—名2",据此我们能够在言语中识别出这类结构,并将其解读为"名1对名2实施动词行为"。深层结构以产出的形式存储在长期记忆中。乔姆斯基认为识别深层结构是人与生俱来的能力,虽然具体结构依赖于某人所处文化使用的语言。

语法解析不仅仅是一个把语言与产出相匹配的过程。当人们接触到语言时,他们会建构起关于情境的心理表征,然后回忆长期记忆中与该情境相关的命题知识,并将新知识与之整合。重要的一点就是所有交流都是不完整的。说话人并不会给出与讨论话题相关的所有信息,而是会省略掉聆听者很可能知道的信息(Clark & Clark,1977)。例如,假设山姆碰到了基拉,基拉说:"你不会相信音乐会上我遇上了什么事!"这时山姆很可能会激活存储在长期记忆中的关于音乐会的命题知识。然后基拉说:"我在找座位的时候……"要理解这个表述,山姆必须知道去听音乐会必须要买票,会有一个指定的座位。基拉并没有告诉山姆这些内容,因为她认为山姆是知道的。

有效解析要求具备相关知识并能做出有效推论(Resnick,1985)。当人们处于言语交流环境中时,会从长期记忆中搜索与情境相关的信息。这一信息以命题网络的形式存在于长期记忆中,成为具有组织层次性的图式。网络使得人们能够理解不完整的交流信息。例如下面这句话:"我去杂货店买东西,用赠券省了5美元。"人们如果知道可以到杂货店买东西,可以使用赠券以节省支付费用,这些知识能够帮助聆听者理解这个句子。记忆中的知识填补了缺失的信息。

人们之所以会出现理解有误，是因为他们把缺失的信息与错误的情境相关联了。当听到一段讲四个朋友一齐参加晚会的语义含糊的文字时，音乐系的学生认为晚会是指音乐演奏会，而体育系的学生则认为晚会是指聚在一起打牌（Anderson，Reynolds，Schallert，& Goetz，1977）。人们脑中的阐释图式会被用来解读有问题的文字。同很多别的语言技能一样，人们对于交流信息的解读也会随着生长发育而变得更为牢靠可信，孩子不仅能够领会信息的字面意思，还能够领会其意图（Beal & Belgrad，1990）。

把交流信息分解成一个个命题，然后判断这些命题如何相互关联，可以很清晰地展现口语的不完整性。思考以下这个举例（Kintsch，1979）：

斯威士族因为几头牲畜的争议而与邻国交战。作战勇士中有两位未婚男子——卡卡拉和他弟弟甘姆。卡卡拉在交战中被杀。

虽然这段文字表达很直白，但在解析过程中被分解成了以下 11 个命题：

1. 斯威士族处于交战中。

2. 交战对方是邻族。

3. 战争有一个起因。

4. 起因是几头牲畜引起的争议。

5. 勇士参战。

6. 勇士是两个男子。

7. 男子未婚。

8. 男子名叫卡卡拉和甘姆。

9. 甘姆是卡卡拉的弟弟。

10. 卡卡拉被杀。

11. 在交战中被杀。

这样的命题解析仍然不够完整。命题 1—4 相互关联，命题 5—11 相互关联，但命题 4 和 5 之间存在关联缺失。为了填补这一缺失的链接，我们可能需要把命题 5 改成"争议把勇士卷了进来。"

　　克恩基和冯·迪杰克(1978)指出交流方式影响理解。如果缺失的链接增多，命题之间的非关联性进一步扩大(指需要做出推论以弥补关联缺失)，则理解难度变大。当出现很多信息需要做出推断时，工作记忆负荷超载，从而阻碍理解。

　　贾斯特和卡本特(1992)提出了语言理解能力理论，这一理论认为理解取决于工作记忆容量，而每个人的工作记忆容量不同，所以理解能力也存在差异。语言的构成元素(如词、短语)被工作记忆所激活，再经过其他处理系统加工。如果系统所能获得的激活总量少于理解任务所需要的激活量，则认知负荷加重(见第五章)，从而导致保存旧信息的激活部分丢失(Carpenter et al., 1995)。例如，所理解的长句开头的内容到最后可能会丢失。发音系统规则负责工作记忆信息的激活和链接。

　　在解析歧义句子或短语(如"士兵们警告有……危险"；McDonald, Just, & Carpenter, 1992)的过程中我们可以清晰看到这一理论模式的运作。

　　虽然开始时被激活的可能不止一种解释，但这些解释能保存多长时间，取决于工作记忆容量。工作记忆容量大的人能够在较大一段时间内保存这些解释，而那些工作记忆容量小的人只能保存最有可能(虽然不一定正确)的那个解释。只有随着接收到的情境信息越来越多，理解才能确定哪种解释正确，因此工作记忆容量大的人做出的判断更加牢靠，因为他们的工作记忆中还保存着其他可能的解释(Carpenter et al., 1995；King & Just, 1991)。在构建表征时，人们只注重重要信息，而忽略细节信息(Resnick, 1985)。这些要点表征只涉及与理解最密切关联的命题。聆听者理解文本的能力取决于他们对话题的熟悉程度(Chiesi, Spilich, & Voss, 1979；Spilich, Vesonder, Chiesi, & Voss, 1979)。当合适的网络或图式存在于聆听者的记忆中时，他们会选取提取了最核心信息的产出以填补图式狭槽。当长期记忆中不存在相关网络而必须构建时，理解进程变得缓慢。

　　故事可以说明图式策略的应用。所有的故事都有一个典型的图式模式，包括场合、起始事件、人物的内在反应、目标、实现目标的努力、结果和应对等(Black, 1984；Rumelhart, 1975, 1977；Stein & Trabasso, 1982)。听故事时，人们通过回忆故事图式构建情境心理模式，然后逐步填入信息(Bower & Morrow, 1990；Surprenant & Neath,

2009)。有些内容(如起始事件、目标努力、结果等)总是被包含在内,但有些内容(人物的内在反应)可能会被省略(Mandler, 1978; Stein & Glen, 1979)。当图式很容易被激活时,理解进程加快。相比不合规范的发展顺序(如倒叙),当事件发生的顺序与人们预期的顺序(如时间顺序)相一致时,人们对故事的记忆效果更佳。当图式构建完成后,人们很快地将信息填入与之相整合。研究发现早期家庭式的阅读体验与听力理解能力的发展呈正相关(Sénéchal & LeFevre, 2002)。

应用。应用指人们对所接收交流信息的应对处理。例如,交流者提出一个问题,聆听者提取长期记忆中的信息做出回答。在课堂上,学生将交流信息与长期记忆中的相关信息相联结。

为了以说话人期望的方式正确使用句子,聆听者必须对三种信息进行编码:言语行为、命题内容和主题内容。言语行为是说话人发出交流信息的目的或说话人试图通过说话实现的内容(Austin, 1962; Searle, 1969)。说话人将信息传递给聆听者,命令他们做出某种行为,然后要求他们回复信息,承诺他们某个结果等等。命题内容指可判断对错的信息。主题内容指话语发生的情境。说话人对聆听者的所知做出假设。在听人说话时,聆听者对没有明确表达出来但跟具体使用密切相关的信息做出推断。言语行为、命题内容和主题内容极大可能与产出系统一起被编码。

例如,格拉维塔斯女士正在上历史课,她根据书本内容对学生进行提问。她问道:"二战期间丘吉尔是什么立场?"言语行为发出要求,其表现就是以特殊疑问词(如"谁、哪个、哪里、何时、为什么")开头的句子。命题内容指丘吉尔在二战中的立场,这个信息可能有如下的记忆表征:丘吉尔——首相——英国——二战。主题内容指教师未说出的内容;教师假定学生听说过丘吉尔和二战。主题内容还包括课堂上的问答形式,学生知道他们被会提问。

学生如何编码确定性表述具有特别重要的意义。教师说出一个确定性表述时,传递给学生的信息就是他们相信陈述的命题是正确的。如果格拉维塔斯说,"丘吉尔是二战期间英国的首相",那么她在表达她的观点,即这个表述是正确的,从而学生把这个表述与长期记忆中的相关信息存储在一起。

说话人可以应用新旧合约策略———一种隐性理解策略———促进新的确定性表述与长期记忆信息相关联(Clark & Haviland,1977)。旧信息应该很容易被识别,新信息则应该是聆听者所不知道的。我们可以把新旧合约想象成是一种产出。在将信息合并进记忆的过程中,聆听者识别旧信息,在长期记忆中提取出来,然后将新信息与之相关联(如把信息存储在合适的网络"狭槽"中)。要使新旧合约策略能够有效促进应用,旧信息必须很容易能够被聆听者识别。如果旧信息不在聆听者的记忆中或长时间未能被搜索到,旧信息无法被获取,因而导致新旧产出策略应用变得困难。

学校一般比较重视阅读和写作而对语言理解有所忽视,但语言理解却是信息处理过程和读写能力的一个核心要素。教育者们因为学生的听说技能不过关而深感惋惜,而过硬的听说技能也正是领导者为人称道的地方。科维(1989)的《成功人士之七大习惯》中的第五个习惯就是"首先力求理解他人,然后是被他人所理解",强调听第一位,说第二位。听与成绩表现密切相关。善于聆听的学生往往也是一个善于阅读的人。高校学生的听力理解测量标准往往与阅读理解的测量标准无太大差别(Miller,1988)。

遗忘

上文提到过遗忘指记忆中知识的丢失或知识无法提取。信息是彻底丢失还是仍然存在,只是由于曲解、提取提示不充分导致无法提取,还是因为出现了其他信息并干扰了记忆,研究者们对这些问题的意见并不一致。自艾宾浩斯时代起研究者们就开始致力于遗忘的实验性研究(第一章)。在介绍信息处理遗忘理论关于干扰和减退等相关讨论之前,我们先回顾下关于干扰的一些历史观点和理论。

干扰理论

言语学习研究(第五章)的一大贡献就是提出了遗忘干扰理论。遗忘干扰理论认为,学习所构成的联结不会被永久、全部遗忘。遗忘是因为联结彼此竞争,使得正确联结被记起的概率减小;也就是说,出现了其他内容与原始刺激相连接(Postman,1961)。遗忘的症结不在于记忆本身,而在于从记忆中提取信息的过程。

实验发现了两种干扰现象(表6.1)。逆向干扰指新的言语联结使得已有联结的记忆变得困难,而顺向干扰指旧的联结使得新内容的学习变得困难。

表6.1 干扰和遗忘

任务	逆向干扰		顺向干扰	
	组1	组2	组1	组2
学习	A	A	A	—
学习	B	—	B	B
测试	A	A	B	B

注:每组学习所给任务以达到某种程度的掌握。"—"表示小组花费时间于另一项任务上,这个任务阻止学生对前面任务进行演练但并不构成干扰。如果组2的测试表现胜过组1,表明出现干扰。

在逆向干扰的实验中,实验人员让两组受试学习单词表A,然后组1再学单词表B,而组2完成某项任务,任务阻止该组受试对单词表A进行演练。最后两组受试都被要求复述单词表A。如果组2的复述表现优于组1,则出现逆向干扰。顺向干扰的实验中,组1学习单词表A,组2不学,然后两组都学习单词表B,最后要求复述单词表B。如果组2的复述表现优于组1,则出现顺向干扰。

在学校环境中,逆向干扰和顺向干扰都会出现。学生学习符合常规拼写规则的单词,然后又学习一些特殊的不符合拼写规则的单词,这时就会出现逆向干扰。如果过一段时间后测试学生合乎规则单词的拼写,他们可能会把这些单词与特殊拼写单词相混淆。顺向干扰的例子如学生先学习乘法,再学习分数除法,然后测试分数除法时,他们会忘记要先把第二个分数上下颠倒而直接相乘。关于儿童发展的研究表明4—13岁年龄段的孩子受到顺向干扰的情况减少(Kail,2002)。实际应用6.3针对干扰现象提出一些应对建议。

实际应用6.3

教与学过程中的干扰现象

教学与学习过程中的顺向干扰和逆向干扰现象十分普遍。教师无法杜绝干扰现象的出现,但可以对那些容易产生干扰的课程内容予以积极关注,以最大程度地减轻干扰的影响。例如,学生先学不需要退位的减法,然后再学需要退位的减法。汉斯汀女士在给三年级学生复习需要退位处理的题目时,经常发现学生不会退位处理。为了减少这种干扰,她给学生们讲了退位的规则和原理,然后给出不同的情况让学生练习退位技巧的运用。她指出两类题之间的异同,然后告诉学生如何判断是否需要退位。反复练习有助于减少干扰。

学生刚开始接触单词拼写时,教师往往会给出成组发音相同或相近的词让学生记忆(如,crate、slate、date、state、mate、late,这些词中的 ate 都发/eit/);但是,当孩子们掌握了一定的拼写规则后,在遇到其他一些不符合这些拼写规则的词时就会产生困惑(如 weight 或 wait 读若/weit/,其拼写却不是 wate;freight 读若/freit/,其拼写却不是 frate)。汉斯汀女士会对所学的拼写规则不时进行复习,在复习的同时指出相同的发音还有其他一些特殊的拼法。这一强化过程应当能够帮助减轻学生的困惑和受到的干扰。

干扰理论对于理解记忆过程具有十分重要的意义。早期学习理论认为,学习联结在记忆中留下"痕迹",如果不经使用,这些痕迹就会减弱消失。斯金纳(1953;第三章)不认同内部记忆痕迹一说,但他认为遗忘的出现是因为一段时间内刺激消失,从而缺少反应机会。这些观点都存在不足。

虽然记忆会出现减退(下文讨论),但记忆痕迹的概念十分模糊,而且也难以为实验所验证。因为不常使用而导致的遗忘虽然时有发生,但也有例外;例如,有些信息

(如小学教师的名字)虽然多年不用,但我们还是能记得,这种情况并不鲜见。干扰理论提出记忆信息会与其他信息相混淆,从而能有效地解答这些问题。同时干扰理论还为研究这些问题提出了具体的研究模式。

普斯特曼和斯达克(1969)提出遗忘的根源在于抑制,而非干扰。学习实验的受试把他们认为后面需要复述的内容存储在活跃记忆中,而那些先学单词表 A 然后又学单词表 B 的受试很可能会抑制自己对单词表 A 做出反应,这种抑制反应会一直贯穿他们学习单词表 B 的全过程,即使学习任务完成后,也还会持续一段时间。在逆向干扰的典型实验中,如果测试任务不是让受试复述单词表 A 上的那些单词,而是让他们进行识别,会发现遗忘的情况较少发生,这有力地支持了抑制观点。

托尔文(1974)提出遗忘是因提取提示不当造成的无法找到信息的现象。记忆信息并不会减退、产生混淆或丢失,记忆痕迹完好无损,只是无法获得。信息的有效记忆取决于两点:记忆痕迹完好和能获得充分的提取线索。举个例子,你可能记不住小时候家里的电话号码,但这并不是因为你忘记了号码,而是因为你现在所生活的环境与多年前的生活环境有了很大变化,跟你旧家的电话号码相关的线索都缺失了——你家的房子、街道、邻居等——从而使得你的记忆被掩盖。提示相关性遗忘理论也能够解释为什么实验中识别测试的结果要比复述测试好。根据这一理论,这是因为识别测试给出了更多的提取线索,而在复述测试中,受试必须自行给出线索。

干扰的后续研究表明当相同的认知图式或规划用于多个场合时会出现干扰(如人们混淆某些信息)(Thorndyke & Hayes – Roth, 1979; Underwood, 1983)。干扰理论为研究遗忘现象提供了可行的理论框架,其指导意义仍然不容忽视(Brown, Neath, & Chater, 2007; Oberauer & Lewandowsky, 2008)。

信息处理

从信息处理的角度看,干扰指记忆网络间的激活扩散受到阻滞(Anderson, 1990)。因为某种原因,人们在试图搜寻记忆中的相关信息时,激活过程遇到阻碍。我们还不完全清楚激活受阻是怎么一回事,但理论和研究都表明干扰的影响因素很多。

影响信息结构能否被激活的一个因素是原始编码强度。那些初始时经过反复演练或具体化程度较大的信息编码强度较大，相比初始编码强度小的信息，其被提取的可能性更大。

第二个因素是激活扩散的替代网络途径的数量（Anderson，1990）。提取途径数量较多的信息，相比提取途径数量有限的信息，获取可能性更大。例如，如果我想记起弗里达姨妈家鹦鹉的名字（T 先生），我需要把它与很多线索相关联，如我的朋友托马斯先生、T 先生翅膀张开时就像字母 T、它老是叫个不停让我吃不消等。于是，当我试图记忆鹦鹉的名字时，我可以先通过与弗里达姨妈相关或与鹦鹉相关的记忆网络搜寻相关信息。如果这些都不成功，我还可以通过我的朋友们、字母 T 以及让我难以忍受的事物等记忆网络进行搜索。如果我只把"T 先生"这个名字与鸟儿相关联，那最后信息搜索的途径就越有限，干扰发生的可能性也就越大。

第三个因素是信息歪曲或整合程度。我们已经讨论过信息的组织化、具体化和意义化（把信息与我们的已知信息相关联）能够增强记忆。而在这些过程中，信息的本质发生了变化，某些情况下信息还会与其他信息整合或成为概括性信息的下位信息，这些有助于促进意义接受性学习（Ausubel，1963，1968；见第五章）。不过，有时部分歪曲或整合可能产生干扰，导致信息记忆困难。

干扰是遗忘发生的一个重要诱因，但并不是说它就是唯一的作用因素（Anderson，1990）。事实上，长期记忆中的某些信息会在没有出现任何干扰的情形下随着时间的推移出现系统性减退。威克尔格伦（1979）对不同时间间隔的信息系统性减退现象做了研究，时间间隔从 1 分钟到 2 周不等，结果显示，开始时信息减弱速度很快，往后减弱速度变慢，2 周后的遗忘现象并不明显。不过，关于记忆减退现象的最佳例证是感官记忆和工作记忆这两种具有时间性的记忆（Surprenant & Neath，2009）。

我们很难判断记忆减退会不会导致遗忘。关于记忆减退的解释往往含糊不清（Surprenant & Neath，2009）。在提示线索充分的前提下仍无法记起相关信息，也不一定就能说明记忆减退了，因为这也可能是因为相关记忆网络没有被有效激活。同样地，记忆减退情况下没有发现可能导致遗忘的心理活动，也不能就证明记忆没有发生减退。记忆痕迹包括两种：感知和经历反应（Estes，1997），其中一种痕迹减退或改变或两种痕迹都减退或改变都可能导致遗忘和记忆扭曲。此外,减退可能与神经活动相关(Anderson, 1990)。就像肌肉一样,突触也会因为使用不多而减少(第二章)。

　　一般认为减退是遗忘产生的一个重要原因(Naime, 2002)。比如说,你在中学阶段学过法语,但几年过去了,很多法语单词你可能都记不起来了,你可能会解释说:"我这么长时间没用到过法语,所以才忘记了。"遗忘并不全然是坏事。如果我们要记得所学过的所有内容,那记忆将会不堪重负,新内容的学习将会变得无比困难。遗忘可以帮助我们清除不重要(因为没有用到过)的知识,就像我们扔掉不需要的东西一样。遗忘还能促使我们以全新的角度或方式行事、思考、判断和感受(Riccio, Rabinowitz, & Axelrod, 1994)。遗忘对于教学实践有着深远的影响(实际应用6.4)。

实际应用6.4

最大程度减少知识性学习过程中的遗忘

　　当学过的知识是学习新知识的先决条件时,遗忘会带来问题。为了帮助孩子们记忆重要信息和技能,教师可以:

■ 在课堂上定期复习重要信息和技能;

■ 布置课堂作业和家庭作业,以强化之前所学的知识和技能;

■ 长假期间布置趣味性较强的多项作业,以强化所掌握的各种信息和技能;

■ 在学习新课文或单元时,复习之前学过的与所讲新知识相关的内容。

　　贝特韦克－史密斯女士给三年级的孩子讲长除法,她发现有些孩子已经忘了退位减法的相关知识,这会影响新内容的掌握。她花了几天时间给孩子们复习了减法的相关知识——重点讲了需要用到退位的减法题——以及让孩子们练习了乘法和简单的除法口诀。她还布置了家庭作业以帮助孩子们强化这些技能。

章女士是一名体育教师，最近几天的教学内容是篮球。每堂课开始前，她会先复习上一堂讲过的篮球技巧，然后再讲解新的技巧。此外，她还会定期花一堂课的时间对全部技能进行总复习（如控球、传球、投球、防守），以便学生对这些技能有更好地掌握。当发现学生有遗忘现象时及时予以补救，这样到后面章女士组织比赛时，会进行得比较顺利。

阿斯图拉克教授的研究生需要完成一份关于动机技巧的应用研究论文。平时课上她介绍了各种动机理论，但其中有些理论很多学生都不记得了。为了帮助学生做好论文写作的准备，她上课的时候帮学生复习了一些主要的动机理论，然后把学生分成小组，让每个小组就其中一个理论写一份简要介绍，并加上一些课堂实际应用案例。各个小组完成任务后，与全班同学一起分享他们的发现。

再学习

记忆积存

再学习指再次或多次学习先前已经学过的内容（即满足第一章中所阐述的关于学习的相关标准）。再学习现象十分普遍，每天都会发生在我们每个人的身上。开头小剧场中举到的例子就是发生在学校情境中的再学习。

但是再学习不仅仅是一种具有普遍性的人类行为，它还涉及以下这个问题：知识一旦存储在长期记忆中，是会永久保留，还是也可能会丢失。我们回忆一下第一章中介绍的艾宾浩斯的记忆实验。他在初始学习完成一段时间后又重新学习，然后计算积存值，即再学习所需要的时间或次数与初始学习所需要的时间或次数之比。结果表明再学习比新学习难度要小，这一结果也为其他研究所证实（Bruning，Schraw，& Norby，2011）。

再学习比新学习难度小这一结果表明至少长期记忆中的部分知识没有永久丢失。当知识无法被提取时，我们说发生了遗忘，这可能是由于提取线索不充分，或者提取条件与原始学习的条件不相吻合等等。再学习研究表明我们可能并不是遗忘，而是长期记忆中存储的知识比我们能够记忆、组织或提取的知识量要大。

从信息处理理论的角度来看,为什么再学习比新学习效率要高这个问题原因不明。这可能是因为记忆网络痕迹被保存,所以人们在再学习时会重新建构这些记忆。神经科学研究(第二章)表明网络与应用息息相关,如果人们不加以应用,网络会弱化,但不一定就会消失(Wolfe,2010)。

跟新学习一样,相比集中学习(无规律的强度大的学习),分散学习(规律化的较短时的学习)的效果更佳(Bruning, et al., 2011)。这可能是因为再学习的分散模式增强了记忆网络,因而建构效果更好。

测试效应

可能影响再学习的另一个因素是测试。我们在第一章中讨论了测试的相关责任问题。当今社会,学校面临着很大压力,为了保证学生掌握必要技能,达到学习的预期标准和结果,可能使得教育者、家长和学生都对测试产生抵触情绪。

如果测试增强了学习和知识存储效果,表现为平时有过测试的情况下,学生期末测试的分数比没有平时测试的情况下期末测试的分数高,这时产生了测试效应(Bruning, et al., 2011)。这一效应表明学生们在测试过程中发生了某种程度的学习,这可能是因为他们记忆和演练所学内容并以新的方式将其与其他知识相关联。还有一个很有趣的发现是对所学知识进行测试比花相同时间用于相同内容的再学习更有助于增强记忆效果(Bruning, et al., 2011)。罗迪格和卡尔匹克(2006)发现,学习过程中进行测试的学生相比学习过程中没有进行测试的学生,前者学习任务完成后一周的测试表现优于后者。

学习过程中的测试迫使学习者提取相关信息。这可能是因为测试要求学习者对所学内容进行更有序的组织和更具体的阐述,而这两种行为都有助于所学内容的长期存储和再学习。此外,学习过程中的信息提取条件与随后测试的信息提取条件相当,因而顺利完成从初始情境到测试情境之间的迁移。我们随后讨论迁移的相关内容。

测试具有积极意义,但这并不就意味着学校应该大力推行测试制度。但教育者们认识到测试的积极意义后可以在设计课程的同时加入一些测试内容,并不仅仅为了证明学校和教师的尽职尽责,还可以作为一个促进学习的有效手段。恰当使用测试作为教学手段可以在一定程度上缓解开头小剧场中教师们所不喜的对复习的依赖性。

视觉记忆

第五章和第六章主要讨论的都是言语记忆——关于词汇和语义的记忆。但学习过程中还有另外一种使用十分广泛的记忆——视觉记忆（Matlin，2009）。事实上，人们对于视觉信息的记忆效果要比言语信息好，当信息以两种形式同时呈现时，记忆效果增强（Sadoski & Paivio，2001）。

视觉记忆（也叫视觉意象或心理意象）指包含被呈现物体或事件的物理特征等视觉/空间知识的心理表征。本节讨论知识的视觉呈现以及视觉记忆能力的个体差异。

视觉信息呈现

受到注意的视觉刺激以真实的形式短暂存储在感官收录中，然后传送到工作记忆。我们在第五章介绍过工作记忆中的视空速写板负责视觉意象的确立和操控（Baddeley，1998，2012）。工作记忆表征保留其所呈现刺激物的部分物理特征。意象是与其所指对象相似但不完全相同的模拟呈现。

古希腊人非常重视视觉记忆。柏拉图认为想法和感觉就像被压印在蜡板上一样压印在头脑中，只要意象不消失，记忆就不会消失（Paivio，1970）。希腊诗人西蒙尼戴斯认为意象是具有联想意义的媒介，由此创造了辅助记忆的位置法（第十章）———一种把所要记忆的信息与熟悉场景中的相关位置相匹配的记忆方法。

视觉意象还在研究中发挥了重要作用。谢培德（1978）提到了爱因斯坦的理想实验，这个实验是电磁理论与相对论相结合的开端。爱因斯坦想象自己跟着光束（速度为每秒186,000英里）一起旅行，他一路上所见到的既不是光也不是经典电磁理论中麦克斯韦方程组所描述的任何一样东西。爱因斯坦说自己做的就是意象化的思考，想到什么视觉化的情景时就用词汇和数学公式把想法记录下来。德国化学家克库勒据说做过一个梦，梦中他亲眼见到了苯的分子构成，还有沃森和克里克也都运用了心理旋转的意象解开了基因密码。

与意象不同,命题是关于意思的零散呈现,并不还原其指示对象的结构内容。"纽约市"这个表述并不能还原现实中的这座城市,不过就是字典上随意三个单词的组合。关于纽约市的意象——包括城市的摩天大楼、商场、居民和交通等信息——可能在结构上更加贴近其指示对象。关于事件行为也是一样的。比较"黑狗跑过草坪"这个句子和关于这个场景的意象。

视觉记忆是一个争议性话题(Matlin,2009)。其中一个核心问题就是视觉意象能在多大程度上还原实际情况:意象像图片一样原汁原味还原细节还是只侧重显著特征的模糊再现?刺激物的相关特征与长期记忆表征相联结时,刺激物的视觉模式被感知。这意味着意象还原原物的清晰度跟长期记忆表征的清晰度一致(Pylyshyn,1973)。因为意象是人们感知系统的产物,因此很可能是对刺激物的不完整呈现。事实上,人们在记忆中建构意象,然后在提取过程中对意象进行重新建构(Surprenant & Neath,2009),这两个过程都会产生扭曲。

关于人们使用视觉意象呈现空间知识的观点获得了实验证据的支持。实验受试被展示几组二维图片,每张图片呈现的都是一个三维实物(Cooper & Shepard,1973;Shepard & Cooper,1983),然后要求受试判断每组中的两张图片指向的是否为同一个物体。解决策略包括对每组中的一个实物进行心理旋转,直到它与另一个实物相匹配或受试判断再多的心理旋转也无法产生相同实物。反应时间是心理旋转时间的一个直接函数。虽然这些还有其他一些实验研究表明人们运用意象呈现知识,但并没有直接回答意象在多大程度还原实际物体。

学生使用意象呈现空间和视觉内容,因此意象与涉及具体实物的学习内容密切相关。在介绍关于各类岩层结构(如山岭、高原、山脊)的单元内容时,教师可以展示不同岩层结构的图片,并让学生做出想象。学习几何学时,在心理旋转的过程中也可以用到意象。形象化的介绍有助于促进学生对于课文知识的吸收和理解(Carney & Levin,2002);更多实例见实际应用6.5。

实际应用6.5

课堂教学过程中的视觉记忆运用

视觉记忆有助于促进学生的学习效果。实际应用情形之一可以是在给学生讲三维图形(如立方体、球体、圆锥体)以及求它们体积的相关内容时采用视觉记忆手段。这时当然也可以使用文字讲解和二维图示等手段,但展示图形的实际模型可以有效增强教学效果。让学生触摸图形模型可以增强他们对体积这一概念的视觉化理解。

视觉记忆还可以用于体育教学。学生在学习有音乐伴奏的日常做操等任务时,教师可以先不播放音乐,每节操都做示范,这样可以帮助学生对所学内容形成视觉化记忆,然后再让学生一节一节地练习,最后教师给每节操加上音乐。

在给学生上语言文化类基础课程时——教学生写介绍操作程序的段落,教师可以让学生思考操作过程(如,做花生酱和果酱三明治)中每一个步骤是什么,在头脑中想象相关画面,等学生做完这一步后,就可以一边想象每一个步骤一边把它写下来。

艺术课教师可以运用视觉意象教会学生听从指令。教师可以先口头给出指令并写在黑板上:"在一张美术纸上画出你的设计图案,图案由四个圆形、三个三角形、两个正方形组成,其中有些图形要重叠。"然后教师可以提出以下问题以确保学生在运用意象:"你看到几个圆?""几个三角?""几个正方形?""这些形状有重叠吗?哪些?"

舞蹈教师可以让学生先听音乐,这是他们舞蹈的伴乐。然后学生可以想象自己在翩翩起舞,想象每个动作。教师还可以让学生想象在起舞的时候自己还有其他同学站在舞台的哪个位置。

美国历史教师带学生参观内战某场战役的发生地,让他们想象在这样一个地方战斗会是什么样的情景。回到班上后教师让学生利用技术手段绘制战役发生地的地图,然后想象南北双方交战时可能会发生的场景。

　　研究者们日益重视视觉化在学习过程中的作用研究。视觉化是图表、实际图示或图片等非语言性的符号或形象呈现(Höffler, 2010)。动态视觉化指描述变化的视觉化呈现,如视频、动画等。霍夫勒提出空间能力弱的学习者更依赖于动态视觉手段。此外,把一个动态的视觉化过程进行分解(间隔性地片断展示)有助于减轻来自外部的认知负荷(见第五章),从而能够帮助学生更好地处理表征信息(如,编码和长期记忆存储;Spanjers, van Gog, & van Merriënboer, 2010)。

　　有证据表明人们还可以运用视觉意象理解抽象内容。克斯特和霍华德(1977)让学生对几组汽车、国家和动物的大小和另外一个较抽象的内容(如成本、军事实力、凶猛性)进行比较。结果显示抽象内容和具体内容的比较结果十分相近:比较对象越相近,反应时间越长。例如,比较山猫和大象比比较犀牛和河马简单。不过受试如何对抽象比较项进行视觉想象甚至他们有没有用到意象,我们并不清楚。可能受试是以命题的形式对抽象比较项做出呈现的。例如,在比较美国和牙买加的军事实力时,他们借助的可能是以下这个命题:"美国的军事实力比牙买加强。"知识地图——相关联内容的形象化呈现——能够帮助学生更好学习所学内容(O'Donnell, Dansereau, & Hall, 2002)。

视觉记忆和长期记忆

　　研究者们一致认为,视觉记忆是工作记忆的一部分,但对于意象是否保存在长期记忆中却有不同意见(Kosslyn & Pomerantz, 1977; Matlin, 2009; Pylyshyn, 1973)。双元理论对这个问题做出了直接的回答(Clark & Paivio, 1991; Paivio, 1971, 1978, 1986)。长期记忆有两种知识呈现方式:用语言呈现知识的言语系统和存储视觉和空间信息的意象系统。这两个系统彼此关联,可以相互转换,但存在重大差异。言语系统适用于抽象信息,意象系统适用于客观物体或事件的呈现。

　　谢泼德的实验证明了意象的实际运用,并间接证明了双元理论的合理性。可以验证双元理论的证据还包括关于具体和抽象词汇的记忆实验,实验结果显示人们对于具体词汇的记忆效果优于抽象词汇(Terry, 2009)。双元理论对于这一结果的解释是具体词汇可以同时以言语和意象的形式被编码,而抽象词汇一般只以言语形式被编码,因此具体词汇的记忆可以同时借助言语和意象两个系统,而抽象词汇的记忆只能借助言语系统。还有关于意象记忆法的研究也支持双元理论(第十章)。

与之相反,一元理论认为所有信息都以言语编码(命题)的形式存储在长期记忆中。工作记忆中的意象由长期记忆中的言语编码重新建构而成。曼德勒和约翰逊(1976)以及曼德勒和里奇(1977)的实验间接证明了这一理论主张。与言语信息的情况一样,人们在获取视觉信息时也会运用图式,如果情景内容呈现出某种典型化模式,人们的记忆效果较好,如果内容呈无序化,记忆效果较差。把信息进行有意义的组织化和具体化处理,使之形成图式,有助于促进言语信息的记忆,同样有助于促进情景内容的记忆。这一发现表明无论信息是哪种呈现方式,其处理运行的过程大致相同。

不过虽然存在这方面的争议,但具体化的内容和图片有助于增强记忆是毋庸置疑的(Terry,2009)。动手操作、视听手段、计算机图形等教学手段可以促进学习。具体化的手段更加适用于幼儿,因为他们缺乏抽象思维的能力,但信息和多样化呈现对于任何年龄段的学生都具有重要意义。

个体差异

视觉记忆的实际利用度因认知能力发展而有所不同。科斯林(1980)指出,儿童对视觉记忆的依赖程度高于成人,前者主要借助视觉手段记忆信息,而后者主要借助言语手段记忆信息。科斯林同时告诉儿童和成人如下表述:"猫有爪子"和"老鼠有毛",然后让他们判断表述是否正确。科斯林推测成人可以从长期记忆中提取命题信息,所以回复速度会更快,而儿童必须通过回忆动物意象对其进行扫描才能给出答案。为了控制成人整体信息处理能力更好这一因素,科斯林让部分成人受试也采用扫描动物意象的方式进行判断,其他成人受试则可以自由选择适用策略。

结果显示采用扫描动物意象方法的成人,其回复的速度要慢于自由选择适用方法的成人,但儿童受试间没有发现差异。这些结果表明即使儿童可以自由选择记忆方法,他们也会倾向于意象法,但实验无法回答儿童是(认知能力有限)无法采用言语信息方式还是因为发现意象法效果更好而在有能力的情况下选择不采用言语方式。

视觉记忆的使用还取决于内部过程处理的有效性。很显然有两个过程,一个过程是激活部分意象的存储记忆,另一个过程是把激活的部分意象重组成合适的结构。这些过程可以在大脑的不同部位进行。因为这个二元过程的有效性因人而异,因此意象法的运用也就会存在个体差异(Kosslyn, 1988)。

任何年龄段的人都有可能会采用意象法,主要取决于意象化的内容是什么。客观物体相比抽象事物更容易意象化。另外一个影响意象运用的因素是个人运用意象的能力。遗觉像,也叫照相记忆(Leask, Haber, & Haber, 1969),其实和照相很不一样;后者是整体性的,而遗觉像是碎片性的,人们报告说每次呈现或消失的意象只是部分而非整体。

相比于成人,遗觉像法更多见于儿童(Gray & Gummerman, 1975),不过儿童也不常用(使用率仅为5%)。遗觉像形成能力有可能随着人的生长而消失,这可能是因为言语呈现取代了视觉思维,也有可能成人仍然具有形成清晰意象的能力,但因为他们的言语系统能够呈现更多信息,所以不习惯再用遗觉像的方式来记忆信息。视觉记忆能力可以提高,但大多数成人并无意于改善视觉记忆能力。

迁移

迁移指以新的方式,或在新的情境下,或者虽然情境相同但内容不同等情况下应用知识的现象。迁移可以用来解释先前的学习如何影响后面的学习。学生提取先前所学的相关知识和经历,就构成了新的学习,也即迁移(国家研究委员会,2000)。迁移的认知能力是一个很重要的概念,如果不具备这种能力,所有的学习都将只适用于特定情境,需要浪费太多时间重新施教,以适应不同的情境。

迁移有不同的种类。正迁移指先前的学习对后面的学习有促进作用。例如,学会开标准变速的一种车型也就会开标准变速的其他车型。负迁移指先前的学习对后面的学习起到干扰或增加后者的难度。例如,学习开标准变速车可能会对后面学开自动变速车带来干扰,因为学习者可能会在学开自动变速车的过程中也想着去握并不存在的离合器,并且在汽车行驶过程中变速,而这可能会损坏变速器。零迁移指某种类型的学习对后面的学习没有显著的影响。例如,学开标准变速车可能对电脑操作学习毫无影响。

当前的学习认知理论主要侧重迁移的复杂性（Phye，2001；Taatgen，2013）。虽然有些简单技能的迁移似乎是自动现象，但很多迁移需要用到更高阶的思维技能以及关于知识有用性的认知。本节先简单回顾关于迁移的一些历史性观点，然后讨论关于迁移的认知理论以及迁移与学校学习的相关性等问题。

历史观点

相同要素。行为（条件反射）理论（第三章）认为迁移取决于不同情境间的相同要素或相近特点（刺激）。桑代克（1913b）认为当不同情境具有相同要素（刺激），要求做出相近反应时，出现迁移。在原始任务和迁移任务之间必须存在一个清晰的已知的关联，就像操练和作业之间的情况一样。

这一观点从直观上来讲很有道理。学生学会解"602 − 376 = ?"这道题后，很可能会迁移解题过程中的相关知识，也会解"503 − 287 = ?"。但我们要问其中涉及的要素包括哪些？这些要素必须相近到什么地步才能被认为是相同要素？关于减法，是不是出现在同一数位上的数字才算是同类数字？教师知道学生会解"42 − 37 = ?"，但不一定就会解"7428 − 2371 = ?"，虽然前面那道题就包括在后面这道题中。这些发现会让我们对相同要素的有效性质疑。此外，即使存在相同要素，学生也必须能够做出识别。如果学生认为不存在共同性，迁移就不会发生。因此，相同要素理论并不能对所有迁移现象做出充分解释。

心智训练。与迁移相关的学说还有心智训练说（第三章），这一学说认为某些学科（如数学、经典文学）的学习有助于学习者整体心智能力的提高，比起其他学科更能促进对新内容的吸收和掌握。这一观点在桑代克的时代非常盛行，后来关于基本或核心技能和知识的说法（如，Hirsch，1987）也正是这一观点的衍变。

桑代克（1924）的研究并不支持心智训练说（第三章）。事实上，桑代克提出，促进新学习的是学生的初始心智水平。开始学习一门课程时，智力水平更高的学生学到的东西更多。所学内容对于智力的促进作用并不体现在它们能在多大程度上提高学生的思维能力，而在于它们对学生学习兴趣和目标的影响。

泛化。斯金纳(1953)的操作性条件作用理论认为迁移指不同刺激所引起的泛化反应。例如,教师教学生当铃响起时把书放到课桌里。当学生来到另一个班上,当铃响起时把书放好就是在新的情境下做出的泛化反应。

就像相同要素一样,泛化这个概念同样听上去很有道理。有些迁移的确具有泛化性,而且甚至会表现为一种自发现象。因为在某堂课上调皮捣蛋而受到惩罚的学生,可能在其他课上就不会再调皮捣蛋。司机一旦知道红灯要停车,以后无论在什么地方、天气如何、是一天中的哪个时段,只要遇上红灯,他们都会做出相同反应。

不过泛化理论也有不足。就像相同要素说一样,我们也不禁要问,哪些情境因素会使反应变得泛化?情境会有很多相似之处,但我们只对其中的某些做出反应,而对其他视而不见。例如,我们只对红灯这一因素做出反应,而无视情境中的其他很多因素。但同时,如果周围没车或者赶时间,我们也可能会闯红灯。由此可见,我们的反应并不是固定不变的,而是会随着情境的认知判断而发生变化。在那些泛化没有形成自发行为的情境中往往都有相似的情况出现。这说明大多数的泛化反应其实涵盖了认知的过程,人们对在那种情境下做出相似反应是否恰当做出判断。因此,泛化理论也存在缺陷,它忽略了认知过程的作用。

记忆性知识激活

信息处理理论认为迁移是一个激活记忆网络知识的过程,在这一过程中信息必须与记忆相链接的命题相互参照(Anderson, 1990)。记忆信息点之间的链接越多,某一条信息激活指向其他记忆信息的可能性越大。这些链接可以是网络内链接,也可以是网络间链接。

换而言之,迁移取决于学生是否能够识别学习情境和迁移情境之间共同的"深层"结构,尤其是当情境的"表层"结构可能有所不同时(Chi & VanLehn, 2012)。当学生识别出迁移情境中具有相同的深层结构时,包含深层结构的记忆网络信息就能促进迁移的发生。

程序性知识和产出的迁移都涉及相同的操作过程(Bruning et al., 2011)。当知识和产出与长期记忆中的不同内容相链接时,就会出现迁移。不过学生还必须知道产出在不同的情境下都是有用的。如果关于知识运用的相关信息与知识本身存储在一起,更能促进迁移的发生。例如,学习者可能获得了关于略读课文的产出信息,而这个信息可能与存储在记忆中的阅读过程中的其他内容相链接(如找寻主旨大意、按顺序排列)。长期记忆中的链接越多,与略读一起存储的实际运用知识越多,迁移的效果就越佳。这些链接可以通过让学生在不同情境下操练技能、帮助他们理解知识的实际运用而形成。产出规则的概括化内容(类似于"深层"结构的内容)促进迁移(Taatgen,2013)。学习者在不同的经历中积累不同任务的共性特点,然后把这些特点整合起来,就构成了概括化内容。

关于迁移的认知描述符合我们所了解的大多数提示性知识的相关情况。长期记忆中的链接越多,以不同方式获取信息的可能性就越大。例如,我们可能无法通过联想玛莎姨妈(提示"玛莎姨妈"的相关记忆网络)记起她家狗的名字,但如果想一想(提示)狗的品种("柯利牧羊狗")可能就能记起来了。这跟我们有时候想不起某人的名字,但换个角度或者换个场合一下子就想起来了的情况是一样的。

不过,这些链接如何形成还是个谜。但很显然,链接并不是简单地告诉学生知识可以怎么运用或让他们在不同情况下操练技巧就可以自然形成(国家研究委员会,2000)。下节我们讨论不同条件下迁移的不同作用方式。

迁移类型

迁移并不是一种单一的现象,其分类情况十分复杂(Barnett & Ceci, 2002;表6.2)。其中一组分类就是近迁移和远迁移(Royer, 1986)。近迁移指在情境内容大部分重合的情况下发生的迁移,教学过程中的刺激因素和迁移情境下的刺激因素重合的情况下发生的迁移就是近迁移。例如,学生学习了分数的相关知识后接受测试,测试的题型与学生学习过程中所接触的题型相同。远迁移指迁移情境与原始学习情境存在较大差异的情况下发生的迁移。在没有明确提示的情况下让学生在一个与学习情境完全不同的情境中应用分数的相关知识属于远迁移,例如在不告诉学生任务中会出现分数的相关知识而让学生添加食材(1/2 杯牛奶和 1/4 杯水)后计算液体的总量。

表 6.2　迁移类型

类型	特点
近	情境有很大的重合性;原始情境和迁移情境高度相似
远	情境较少重合;原始情境和迁移情境相似度低
直接	技能或知识完整地迁移至新任务
借喻	运用一般性知识的某些方面思考或学习某个问题,如采用类比或暗喻等
低路	自发甚至可能是自动化地迁移熟练技能
高路	迁移包含有意识建构情境链接的抽象化过程
前向	对学习情境中的行为和认知进行抽象概括然后迁移至一个或多个可能的迁移情境中
后向	抽象概括迁移情境中的相关因素,这些因素能够与以前所学技能和知识相整合

　　另外一组分类是直接迁移和借喻迁移。直接迁移指将技能或知识全部照搬到一个新任务中(Royer, 1986),例如学生在学校内外运用分数的相关知识就是直接迁移。借喻迁移指运用一般性知识的某个方面思考或学习特定的某个问题,这种迁移往往会借助类比、暗喻和具有可比性的情境来实现,例如学生借助以前所掌握的相关领域的学习策略来学习新的知识就属于借喻迁移。借喻迁移要求学生对新旧情境做出类比分析,然后将掌握的一般性知识迁移至新的学习情境中。虽然有重合的部分,但两组迁移包含了不同类别的知识。近迁移和直接迁移包含的主要是陈述性知识和基础技能的掌握,而远迁移和借喻迁移则包含陈述性知识和程序性知识,还包括关于知识适用情境的条件性知识(Royer, 1986)。

　　所罗门和珀金斯(1989)提出了低路迁移和高路迁移。低路迁移指熟练技能的自发甚至可能是自动化的迁移,而高路迁移比较抽象,有更多思考的成分在内,指"清晰地有意识地形成抽象概念的过程,这个过程有助于使当前的情境与另外一个情境相关联"(Salomon & Perkins, 1989, p.118)。

　　当迁移的技能和动作是在不同情境中经过了广泛实践操练的技能和动作时,就会出现低路迁移。当遇到与技能和动作学习情境相似的情境时,技能和动作可能会自动显现。例如,学会开车后再开一辆与学习用车相似的车,用普通牙刷和电动牙刷刷牙,或在学校和在家做代数题等等,这些都属于低路迁移。有时,迁移发生的时候我们可能几乎都没意识到自己在做什么。但是当情境情况变得不同,需要我们多加注意时,认知活动水平就会升高。例如,大多数人都不会觉得开别人的车是件很麻烦的事,但是当别人的车与自己的车情况很不一样(如车头灯操控方式不一样,或者控制开关的位置不一样)时,我们就不得不花时间去了解这些新的情况。

当学生学习了规则、原理、原型、图式等内容后进行较为广泛的实际运用时,就出现了高路迁移。这种迁移情况下,学生运用规则并不是一个自动化的过程,而是一个有意识思考的过程,他们需要对新的情境做出考核,然后确定哪些策略可用。这里有一个抽象化的过程,在学习过程中学生对所学内容进行抽象化,后面学生甄别新问题或新情境中包含的基本元素并决定采用技能、行为或策略时,同样有一个抽象化的过程。低路迁移主要涉及陈述性知识,而高路迁移主要涉及产出和条件性知识。

所罗门和珀金斯(1989)还根据迁移发生的源头区分了两种高路迁移——前向迁移和后向迁移。前向迁移指对学习情境中的行为和认知进行抽象概括然后运用到一个或多个潜在迁移情境中的现象。例如,学生们在学习微积分选修课时,可能会思考哪些内容(如极限)可能与微积分相关。再例如,学生在课堂上学习降落伞的工作原理时,可能会想自己在从飞机上往下跳时应该怎么打开降落伞。

前向迁移是一种前瞻性的行为,在此过程中学习者对可能的情境以及技能和知识运用进行自我监控。比如说,为了判断微积分选修课可以如何运用,学习者必须对可以运用该知识的潜在情境中的其他知识有一个全面的了解。如果学生对潜在迁移情境的相关知识所知不多,前向迁移不太可能发生。

后向迁移是学生对迁移情境的相关特点进行抽象概括,并使之与先前所学内容相整合的一种现象(Salomon & Perkins,1989)。学生们在做微积分题时,可能会回想微积分选修课上所学的相关内容,这些内容有助于他们解出微积分题。当学生在新内容学习过程中遇到困难时,也可以采用后向迁移,回想以前自己遇上困难的时候是怎么处理的(如向朋友求助、上网查找相关资料、重读课本、咨询教师等),然后他们可能选择其中一种处理方法以解决眼前的困难。类比推理(第七章)是学生将原来问题的解决步骤用于眼前问题的一个过程,其中可能也涉及后向迁移现象。金特纳、洛温斯坦和汤姆逊(2003)发现类比推理能够促进知识迁移,尤其当两种原始情况同时出现时,这与类比推理对学习的促进作用是相吻合的。

上文我们指出过迁移主要涉及长期记忆中的链接信息,当某个信息被激活时,可以关联提示其他信息。低路迁移中的关联提示可能更多是一个自动化的过程。低路迁移和高路迁移的主要区别在于意识性抽象化(即由元认知引导的意识性的非自动化过程)的程度(Salomon & Perkins, 1989)。意识性抽象化要求学习者不能仅仅依据最初的反应做出行为,而是应当考量具体的条件因素,设计备选策略,收集信息,寻找信息间的新关联。高路迁移中的长期记忆提示关联并不是自动化的过程,而是一个有意识思考的过程,其结果表现为个体想出新的方式关联知识和情境,在长期记忆中形成新的链接。

安德森、雷德和西蒙(1996)认为当学习者注意到特定技能适用的相关提示时,更有可能发生迁移,这种情况下,学习者会更加留意迁移任务的相关提示并适机运用技能。也就是说,学习和迁移任务有一些共同的符号性元素。这些共同元素对于策略迁移具有十分重要的意义。

策略迁移

迁移可以是技能和知识的迁移,也可以是策略迁移(Phye, 2001)。不过很多研究发现了一个不太愉快的结果——学生能够学会策略并有效运用,但却不能持续运用或在学习情境以外的情况下对策略进行概括性提炼,这是解决问题过程中的一个常见现象(第七章;Jonassen & Hung, 2006)。策略迁移受到很多因素的影响,如不清楚策略在不同情境中是否适用,不知道如何依据不同内容调整策略,认为策略对于行为表现的影响不如其他因素(如时间),认为策略太耗心神,或者找不到机会运用策略等(Borkowski & Cavanaugh, 1979;Dempster & Corkill, 1999;Paris, Lipson, & Wixson, 1983;Pressley et al., 1990;Schunk & Rice, 1993)。

派厄(1989, 1990, 1992, 2001;Phye & Sanders, 1992, 1994)提出了一个有助于促进策略迁移的理论模式,并做了相关实验验证其有效性。这个模式分三个阶段,第一个阶段是学习的初始阶段,学习者接受教导及实践,并获得策略应用的元认知评估。第二个阶段是记忆阶段,学习者进一步实践学习内容并记忆相关方法。第三个阶段是迁移阶段,这个阶段让学习者解决新问题,这些新问题表面上与学习者之前遇到的问题不同,但实际上解决策略相同。派厄还强调了学习动机对迁移的影响,并提出了通过向学习者演示知识应用方式增强学习动机的方法。动机是影响迁移的关键因素(国家研究委员会,2000;Pugh & Bergin, 2006)。

有一个关于成人言语类推问题的实验,实验任务是找出正确的解决方法,一组受试获得纠正式反馈意见,另一组受试获得关于解决方法的建议。所有受试都充满自信地表示他们找到了正确的解决问题的方法。结果显示,在训练阶段,纠正式反馈组的受试在迁移解决问题的技能方面的表现优于建议组,但在后面的延迟迁移任务中,两组受试没有发现差异。在任何情形下,解决问题能力的信心与实际表现呈正相关。巴特勒、戈德博尔和马什(2013)发现,相比只告诉正确答案的反馈方式,给出正确答案并做出解释的反馈方式,其迁移效果更加显著。

除了策略的相关知识以外,迁移还涉及关于策略应用的相关知识,如果学习者在学习策略的同时能够对策略做出解释,有助于促进迁移(Crowley & Siegler, 1999)。策略在哪些方面有助于改善行为表现的反馈能够促进策略记忆和迁移(Phye & Sanders, 1994;Schunk & Swartz, 1993a, 1993b)。派厄的研究表明策略迁移和信息处理之间存在密切联系,实践、纠正式反馈和动机在此过程中发挥着重要作用,同时还表明教会学生自我调节学习策略也能够促进迁移(Fuchs, et al. , 2003;Fuchs, Fuchs, Finelli, Courey, & Hamlett, 2004;第十章)。实际应用6.6给出了一些促进迁移的方法建议。

实际应用6.6

促进迁移

迪格里奥女士是一名小学教师,她想帮她班上的孩子梳理已经学过的知识。她让学生在读物上选一个故事写一段概述,但在这之前,她先让学生回忆故事每页上的主要内容。她还给学生复习了怎么写一段完整的话。这样,梳理已学知识帮助她的学生把知识和技能迁移到新的活动任务中。

纽费尔特先生是一名中学教师,他在课上组织了关于美国杰出总统的课堂讨论,上完课后他给每位学生发了一张家庭作业纸,要求学生列出他们觉得对美国历史有重大影响的总统。他告诉学生可以不限于课上所讨论的内容,依据他们以前上过的课程,或读过的其他读物、做过的调查等做出选择。他鼓励学生把课堂讨论中提到的信息提取出来,把以前学过的内容和新的学习内容相整合。

教学应用

第五章中提到过,信息处理原理越来越多地用于指导学校教学。本节讨论提取原理的应用:编码—提取相似性、基于提取的学习和迁移学习。

编码—提取相似性

从上文中我们可以看到编码特异性——即提取信息时的学习条件因素尽可能与编码过程中的条件因素相一致——有助于促进记忆。但"编码特异性"这一说法漏掉了"提取",可能会带来以下这一错误印象:编码是最重要的一个环节,一旦完成编码,提取也就完成了。苏布莱格奈特和尼斯(2009)指出了提取的重要性,并提出了记忆的编码—提取原理,这一原理认为记忆在很大程度上取决于编码和提取发生条件之间的关系,这一关系即我们这里所说的编码—提取相似性原理。

编码—提取相似性原理对于教学的启发在于要让提取和编码时的情境条件相同或相近。例如,如果学生是在电脑学习的环境(如上网)中学习的,可以在相同环境中进行测试。如果学生学代数解题的时候遇到的题目都是某种特定类型的,可以用相似的问题对他们进行测试。我们可以预见编码和提取条件的相似性有助于促进记忆和行为表现。

不过,我们在本章中可以了解到迁移是一个非常重要的环节。教育者们希望学生可以突破编码和提取条件的限制,在不同条件下迁移所学技能。为了实现这一目的,教师可以帮助学生设定一个有利于他们日后提取的提示信息,以此促进提取。例如,如果学生在学习文本理解策略时,教师可以把这一策略概括为"步骤法",告诉学生在回答阅读理解问题想一想"步骤法"。这样一个提示信息能够帮助学生提取理解策略的相关步骤。

开头小剧场中的教师们因为学生学了就忘,甚至连过个长周末都会有所遗忘,因而花费很多时间在复习上,因此大为感叹。事实上,很可能的情形是学生并没有忘记学过的内容,只是因为提示不充分而没能把相关信息提取出来。如果在提取环节能够给予更多的提示,可能就不用花费时间于复习上。学生在是什么条件下学习的? 是独立学习还是小组学习的方式? 是全班一起学还是分小组学的? 学习过程中借助电脑了吗? 有什么内容与以前的学习相关联? 当学生放长假回来时,教师可以不光对学过的内容进行提示,而且还可以对学生学习以前内容的情境条件进行提示。例如,教师可以提醒学生他们上周四下午学了相关内容,当时他们是分小组在电脑上学习的,学习的内容是环境污染问题。

基于提取的学习

提取往往被认为是学习(编码)的最终产物,也就是说,信息提取发生在学习之后。事实上,提取也是学习的一个组成部分。卡尔匹克和格里马尔迪(2012)指出提取可以直接或间接影响学习。提取对学习的直接影响表现在我们提取知识信息的时候会对信息做出调整,从而提高我们以后重新建构这部分知识的能力。提取对学习的间接影响表现在提取会影响到一些因素,而这些因素反过来对学习产生影响。例如,当教师在课堂上提问学生时,学生试图提取相关知识,如果提取成功,他们会收到他们对知识有良好掌握的积极反馈,这种反馈可以促使他们更加用功学习,增强他们在课堂上好好表现的自我效能感。

教师利用提取促进学习的方式非常多,包括课堂提问和讨论、考试和小测验等。不过开头小剧场中我们可以看到教师并不喜欢花太多时间于复习上,也很少有教师主张多考试。通常在某个学习阶段完成后,可以给学生布置小测验以检验他们的理解水平（不打分）。但除此以外，还有很多其他途径可以帮助教师有效地利用提取促进学习。

一个途径就是让学生在学习过程中利用提取。学生可能会觉得学习主要就是反复看书，但事实上学习也可以是学生不停地停下来回忆自己看了哪些内容。回忆是一种主动演练。加上了提取的学习比起只有学习没有提取，其学习效果更加显著（Karpicke & Grimaldi, 2012）。

另外一个方法是让学生构建概念导图，帮助他们把新学的内容与记忆中的相关概念网络相链接。学生可以在课堂学习的时候这么做，也可以在独自学习的时候这么做。教师可以提示学生概念导图不仅包含彼此直接关联的概念，而且也包含那些需要推断才能得出的概念（如上文举到的那个关于副总统议会投票的例子）。

学生可能并不清楚提取对于学习有何积极意义，这就意味着教师需要给学生讲解提取策略（如自我提示），可能会对他们有所启发。提取是知识性学习的一个关键环节，这也正是众多自我调节学习研究者们所强调的内容（第十章）。大量研究表明，可以教授学生自我调节学习策略，然后他们可以将这些策略移用到学习情境以外的地方以提高学习成绩（Zimmerman & Schunk, 2011）。

在学习情境中引入提取的其他一些有效方式包括交互学习（第八章）和电脑化学习方法（第七章）。可以通过电脑化程序对学生的信息提取进行引导（Karpicke & Grimaldi, 2012）。例如，程序可以让学生反复进行提取操作，只是学习决策是由系统设定好的，而不是由学生自己控制的。这种方法可以照顾学生的个体差异，因为实际生活中学生们获得提取的机会可能并不均等。

基于提取的学习有助于促进学习动力（第九章）。能够有效提取知识的学生会表现出更高的关于自己能够表现优异的自我效能（第四章；Schunk & Pajares, 2009）。他们觉得自己已经对所学知识有了较好掌握这样一种信念能够促使他们继续投入学习，就这样，知识提取对学习动力的间接促进可能会进一步增强学生的自我效能，进而促进后续的提取和学习。

迁移性教学

虽然迁移有各种形式,但它们往往是同时作用的。学生在完成一项任务时,有些行为可能会自动迁移,但有些需要有意识地应用。例如,杰夫正在写一篇短论文。在思考如何组织论文时,他可能会用到高路后向迁移,回想以前相似的情况下他是怎么组织论文的。写作的很多方面,如措辞和拼写,则是一个自动化的过程(低路迁移)。在杰夫写作的过程中,他可能还会想到这个信息可能还在其他情境中适用。因此,如果论文涉及到美国内战的相关内容,他可能会想是否可以在历史课上运用该知识。所罗门和珀金斯(1989)举到了象棋大师的例子,这些人在多年的下棋过程积累了很多下棋的套路。虽然有些棋路下法变成了自动化的反应,但高手过招时还是需要全神贯注地分析下法还有可能的走棋,整个过程策略性很高,主要包含了高路迁移。

某些情况下的低路迁移也涵盖一定程度的意识性操作。在策略迁移的情况中,即使只是形式、情景或要求略有变化,迁移可能就难以实现,特别是对于那些有学习障碍的学生(Borkowski & Cavanaugh,1979)。相对地,如果类比关系相对比较清晰,可能不需要费多少心思就能做出类比推理。不过我们一定不要觉得迁移是一件自然而然的事情;必须要给出直接的提示。

这就产生一个问题,那就是教师应该如何鼓励学生实现迁移。教学的一个主要目标就是促进长期记忆和迁移(Halpern & Hakel,2003)。我们知道让学生在不同的情境中实践技能,确保他们理解知识的不同应用,有助于在长期记忆中建构链接(Anderson,Reder, & Simon,1996)。家庭作业是促进迁移的一个有效手段,它可以让学生在家里练习并改善在学校所学的技能。研究表明,家庭作业和学生学习表现之间的正相关关系,在七至十二年级的孩子身上表现得比幼儿园入学年纪至 6 岁的孩子更加明显(Cooper, Robinson, & Patall,2006)。

不过因为上文所提到的那些原因,学生不会自发地迁移策略。实践练习可以解决部分问题,但并非全部。科克斯(1997)提出学生在不同情境中学习的时候,应当思考判断这些情境有何共同之处。能够从这种情境式的认知教学方法中获益最大的可能是理解和解决问题等复杂技能(Griffin,1995)。同时也不能忽略动机(Pugh & Bergin,

2006）。教师可能需要给学生一些明确的激励性反馈,把策略应用和进步表现结合起来,同时告诉学生为什么策略适用于相关情境。研究表明此类激励性反馈有助于促进策略运用、学习表现以及表现优异的自我效能(Schunk & Rice, 1993)。

学生还应该确立学习目标(动机的一个组成要素)——即学生需要经过仔细思考、善于利用可用资源才能实现的内容。通过适时提示,教师可以帮助学生以新的途径和方式运用相关知识。教师可以提问:"你们知道这种情况下可以用到哪些知识吗?"这样的提示往往能够激发起思想的碰撞。教师还可以充当迁移示范,示范在新的情境中怎样整合相关知识,这样也有助于鼓励学生寻找新的途径实现前向和后向迁移,并对自己产生更大的信心。在研究三至五年级孩子解数学题的过程中,利特尔 - 约翰逊(2006)发现,让孩子解释答案是怎么来的、答案是对还是错等,能够促进解决问题策略的迁移。

小结

提取是信息处理过程中的一个核心环节。提取不仅是编码成功的产物,而且还能促进学习。当学习者不得不提取知识时,适当地提示进入工作记忆并通过扩散激活模式激活长期记忆网络。对于语言类知识,当知识被提取成功时,学习者的工作记忆给出反应提示,如果没有提取成功,记忆会一直搜索直到知识被提取。如果搜索不成功,就不会产生信息。大多数提取都是自动控制的一个过程。

某些因素会影响提取的有效性,其中之一就是编码特异性——指当提取提示和条件与编码提示和条件相一致时,提取最为顺利。其他促进提取的因素有具体化、意义性和长期记忆知识的组织化。这些因素可能可以促进扩散激活,帮助学习者搜获所需记忆网络。

语言理解可以有效说明长期记忆信息存储和提取的作用机制,语言理解包含感知、语法解析和实际应用三个方面。交流的信息往往是不完整的;说话者会省略他们觉得聆听者知道的信息。有效的语言理解要求聆听者具备充分的命题知识和图式,并对语境有所了解。为了能将听到的信息与记忆信息相整合,聆听者先识别已知信息,然后在长期记忆中进行搜索,最后将新信息与已知信息相关联。语言理解能力是读写能力的核心内容,与学习表现密切相关——特别是那些对广泛阅读有较高要求的学科。

即使知识被成功编码,也有可能会被遗忘。遗忘指记忆信息的丢失或无法在记忆中搜获。提取失败源于信息减退或干扰。有些因素有助于促进提取、降低遗忘概率,这些因素包括原始编码的强度、替代记忆网络的数量等。

因为遗忘现象的存在,再学习往往显得极为必要。研究证据表明再学习一般比新的学习难度小,这表明长期记忆中的部分知识并没有被遗忘,而只是获取有困难。积存数值指再学习所需要的时间或次数与初始学习所需要的时间或次数之比。测试对学习和知识记忆起到促进作用,表现为平时有过测试的情况下学生期末测试的分数比没有平时测试的情况下期末测试的分数高,这时产生了测试效应。这并不是在提倡要让学生多做测试,但研究结果表明测试能够促进记忆和再学习,其效果可能比额外补课更佳。为了减少评价性压力,教师可以给学生布置单元测验,但不打分。

很多证据表明信息以语言形式(意义)存储在记忆中,但也有证据表明有些信息以视觉记忆的形式存在。视觉/空间信息以类比呈现的形式存储在记忆中:即信息与其指示对象相似但并不完全相同。双码理论认为意象系统主要存储具体的客观物体和事件信息,语言系统主要存储以语言为表征的抽象信息,而长期记忆中的言语代码可以转换为工作记忆中的意象重构。发展研究证据表明,相比成人,孩子更倾向于以意象的形式呈现知识,但任何年龄段的人都可以开发视觉记忆。

迁移是一个复杂的现象。历史性的理论观点包括相同因素说、心智训练说和泛化说等。从认知角度出发,迁移包括记忆网络的激活,当信息相链接时就出现了迁移。迁移可分为近迁移和远迁移、直接迁移和借喻迁移、低路迁移和高路迁移等。有些迁移会自动发生,但大部分迁移是一个有意识的过程,涵盖抽象概括和识别内在结构等内容。反馈给学生关于技能和策略有用性的信息有助于促进迁移的发生。

提取和迁移对于学习具有重要意义,这可以启发我们若干教学策略,其中三个策略分别是编码—提取相似性策略、基于提取的学习策略和迁移教学策略。

关于信息处理理论对学习问题的总结见表6.3。

表 6.3 学习问题总结

学习如何发生?

当信息存储在长期记忆中,学习或编码完成。信息最初被注意到后,经过感官收录系统进入信息处理系统,然后被传送到工作记忆中,通过与长期记忆信息相比对而被感知。感知信息或者处于活跃状态,或者被传送到长期记忆,或者丢失。能够促进编码完成的因素包括意义化、具体化、组织化、与图式结构相关联等。

记忆如何作用?

记忆是信息处理系统的核心内容。关于记忆系统的划分学者意见不一。经典模式认为有两大记忆存储系统:短期记忆和长期记忆,当代理论则把记忆系统划分成工作记忆和长期记忆,虽然工作记忆也可以是激活的部分长期记忆。记忆接收信息,通过关联结构网络把接收到的信息与记忆中的其他信息相链接。后面可以从长期记忆中提取相关知识。

动机的作用?

与其他学习理论相比,信息处理理论对动机的关注不多。学习者可能投入认知活动以辅助目标的实现。目标和自我效能等动机因素很大可能以命题的形式呈现在记忆中,这些命题嵌入记忆网络中。指导工作记忆处理的中央执行系统可能也含有动机性内容。

迁移如何发生?

迁移通过记忆中的扩散激活过程实现,在此过程中信息与其他信息相链接,从而对某一的回忆可能引起相关知识的回忆。很重要的一点是学习提示与知识相关联,这样学习才能与不同的情境、技能或事件活动相链接。

自我调节学习如何实现?

自我调节的核心内容包括目标、学习策略、产出系统和图式(第十章)。信息处理理论认为学习者可以成为学习过程中信息处理的引导者。

对教学有何启发?

信息处理理论强调以认知系统为媒介的信息转换和信息流动。信息的呈现方式有助于学生将新的信息与已知信息相关联(意义化),知道如何运用知识,这点非常重要。这些观点表明学习应该呈现出某种结构化的特点,应该基于已知信息,并且能够为学习者清晰理解。教师也应该提供先行组织者和提示以帮助学习者在必要时回忆信息并最大程度减轻外部认知负荷。还有很重要的一个启发就是,教学活动应该包括提取以帮助学生学习在新的情境下迁移知识的途径和方法。

扩展阅读

Butler, A. C., Godbole, N., & Marsh, E. J. (2013). Explanation feedback is better than correct answer feedback for promoting transfer of learning. *Journal of Educational Psychology*, 105, 290 – 298.

Chi, M. T. H., & van Lehn, K. A. (2012). Seeing deep structure from the interactions of surface features. *Educational Psychologist*, 47, 177 – 188.

Halpern, D. F., & Hakel, M. D. (2003). Applying the science of learning to the university and beyond: Teaching for long – term retention and transfer. *Change*, 35(4), 36 – 41.

Höffler, T. N. (2010). Spatial ability: Its influence on learning with visualizations — a meta-analytic review. *Educational Psychology Review*, 22, 245 – 269.

Karpicke, J. D., & Grimaldi, P. J. (2012). Retrieval – based learning: A perspective for enhancing meaningful learning. *Educational Psychology Review*, 24, 401 – 418.

Taatgen, N. A. (2013). The nature and transfer of cognitive skills. *Psychological Review*, 120, 439 – 471.

第七章　认知学习过程

梅格·拉曼是富兰克林·U. 尼科斯基中学的校长,正在组织学校教师座谈,这些教师最近参加了一个旨在帮助学生掌握解决问题和批判思维技能的专业研讨会。梅格让教师谈谈参加完研讨会的感想。

蒂尼·劳伦斯一向讲话比较大胆,他第一个发言。"嗯,梅格,我觉得研讨会上的发言内容十分丰富,也很有价值,提出了不少帮助学生发展技能的建议,不过,你知道问题出在哪。我们没有时间把这些内容付诸实践。帮助孩子们掌握州级测试的内容已经让我们焦头烂额了,这些测试涉及的主要都是些低层级的事实类信息,可不需要用到什么解决问题的技能。所以从实际的角度出发,我觉得昨天我从研讨会上学到的东西多半是用不上的。"

派珀·罗兰德第二个发言。"是的,梅格。我也觉得研讨会讨论的内容很棒,学生要能掌握介绍的一些相关策略,肯定会受益良多。但如果我们忽略基础技能训练,而去教这些东西,导致测试成绩下降,那肯定又有得说了。我不知道该怎么办。"

梅格听完以后说:"你们的意见我都听到了,我也有同样的顾虑。不过我觉得我们不需要把解决问题和批判思维技能融入我们教学的方方面面。学生当然要学一些事实类信息和基础技能,但有时我们可能并没有认真思考是否能把解决问题与我们的教学相结合。我想我们可以试着想想。"

蒂尼说:"这我同意,梅格。那要不定期抽出一些时间专门给学生讲解决问题的技能?"

梅格说:"你们应该听到研讨会上那些专家说的话了。解决问题和批判思维教学最好在常规学习的情境中进行,这样孩子们才能更好地明白在学习数学、英语、科学、社会研究等课程的过程中应该如何应用这些技能。单一的思维技能训练效果不会太好,孩子们往往也无法在脱离训练情境的场合中应用这些技能。"

蒂尼说:"我愿意在社会研究课上做下尝试。"派珀说:"我愿意在数学课上做个尝试,就是希望这样做不会影响到测试成绩。"

"不用担心测试成绩,"梅格说,"如果真出现这样的情况,我负责。"

在接下来的时间里,教师们积极地把研讨会上听来的建议和他们的教学实践相结合,最后学校在年级末测试中的成绩不仅没降,反而还有小幅上升。

下一学年开学的时候,学校组织了学生和家长参加名为"与时间表同行之夜"的活动。现场有好几位家长向梅格表达了他们的感激之情,感谢学校教师们关于解决问题技能的教学。有位家长说:"那些策略太棒了,不仅对学校学习有帮助,对很多其他事情也很有帮助。我现在所做的就是让儿子制订需要实现的目标,然后检查他的进展情况。"还有一位家长告诉梅格说:"我女儿非常喜欢关于解决问题技能的训练,她说现在的学校好像没那么无聊了,而是越来越像学校的英文缩写——FUN[意为有趣]!"

前面几章讨论了几个学习认知理论:社会认知理论(第四章)和信息处理理论(第五、六章),本章讨论学习过程中核心认知过程的操作。首先讨论的是技能学习的相关内容,随后讨论元认知,这是学习中的中心环节,接下来分别讨论概念学习、解决问题、批判思维和创造性、认知和技术、教学应用等内容。

本章所讨论的认知过程涉及即使非全部也是大多数学习,但专家学者们对于这一论断的认可度并不一致。例如,有些学者认为解决问题是学习的核心环节(Anderson,1993),而有些学者则认为这一策略只在特定条件场合中适用(Chi & Glaser, 1985)。教师一般都认为概念学习、解决问题、批判思维、创造性和元认知等是重要的学习环节,教育工作者们也都主张把这些内容与教学实践相结合(Pressley & McCormick,1995),如开头小剧场描述的就是全校上下一致努力把解决问题和批判思维纳入课程教学的情节。本章讨论的认知学习过程是阅读、写作、数学和科学等较为复杂的学校科目学习过程中的核心环节。

学完本章后,你应该可以:

■ 区分一般技能和具体技能,并讨论这两种技能如何在能力学习过程中交互作用;

■ 描述新手—专家研究方法;

■ 解释元认知之于学习的重要性,并讨论影响元认知的若干因素;

■ 区分概念的不同属性并解释概念学习模式;

■ 解释解决问题不同方法之间的差异;

■ 从信息处理角度描述解决问题过程;

■ 解释批判思维、推理、创造性之间的差异并描述学生认知过程的发展策略;

■ 讨论计算机化学习环境、在线社交媒体、远程学习等学习技术的重要特征及其对学习的影响;

■ 描述样例、解决问题和数学等教学应用。

技能习得

任何领域的能力发展都是一个技能习得的过程。我们先讨论一般技能和具体技能学习的相关问题。

一般技能和具体技能

技能可以依据其特定性划分为一般技能和具体技能。一般技能广泛适用于众多学科,而具体技能适用特定领域。例如,解决问题和批判思维属于一般技能,因为它们对于掌握认知、运动和社会技能具有广泛适用性,而多项式因式分解和解平方根属于具体技能,因为它们只在一些数学应用中有用。

一般技能学习能够在很多方面促进学习。布鲁纳(1985)指出,诸如"下棋、吹笛、数学和朗读杰纳德·曼利·霍普金斯诗歌中的跳跃韵"(pp. 5 – 6)等,都是相似的学习任务,都需要注意力、记忆力和毅力。

但不同技能有自己的独特之处。布鲁纳(1985)认为关于学习的观点并没有明确的对或错;我们只能在特定的条件——如学习任务的本质、学习的类型、学习者的相关特征——下对它们进行判断。不同任务——如平衡化学方程式和体操中的横梁平衡——间存在很多差异,涉及不同的学习环节。

领域特定性有不同的定义。塞西(1989)把领域特定性定义为不同的陈述性知识结构(第五章),其他研究者们对领域特定性的理解也涵盖程序性知识,认为特定性与知识的有用性相关(Perkins & Salomon, 1989)。不过问题不在于我们更认同哪一个观点,因为我们知道学习既包含一般技能的学习,也包含特定领域知识的学习(Nandagopal & Ericsson, 2012; Voss, Wiley, & Carretero, 1995),我们要关注的是所有学习过程中一般技能和具体技能的牵涉度、内容和习得过程等问题。

我们可以把技能的特定性想象成是一个连续统一的构成体,正如珀金斯和所罗门(1989)解释的:

> 一般知识包含具有广泛适用性的策略,如解决问题、创造性思维、决策、学习和良好的头脑管理等,有时也叫自动控制、自动管理或元认知。比如,在下棋过程中,具体化知识(通常被称为本土化知识)包括下棋的基本规则及具体情况的应对措施——如棋局开局以及取胜的不同方法。中度一般性知识包括中场控制等一些策略性概念,这些概念可能对于下棋是具体化知识,但也可能以类比的形式产生更为广泛深远的应用。(p.17)

接下来我们可能会问:哪类知识决定学习是否成功? 有些本土化知识是必需的——我们不可能在没有掌握基本运算法则(如加减法)的前提下掌握分数的运算技能。不过,正如珀金斯和所罗门(1989)指出的,更加重要的一个问题是:技能习得的瓶颈在哪里? 如果只掌握特定领域的知识,我们能成为专家吗? 如果不能,那在哪个关节点上一般能力比较重要?

奥尔松(1993)提出了一个以实践为基础的技能习得模式,这个模式由三个部分组成:执行任务相关行为、识别错误、纠正错误。这一理论模式包含了一般过程和特定任务过程。学习者在实践过程中,将他们当下的状态与先前的知识相比较,以此来监控学习进展情况。这是一个一般性策略,但随着学习的进行,这一过程逐渐与特定任务的具体条件相结合,不断做出调整。错误的产生往往在于不合时宜地采用了一般性知识,没有依据具体情况做出调整(Ohlsson,1996),但以前所学的特定领域知识能够帮助学习者发现错误并判断错误产生的原因。就这样,通过实践和学习,一般性方法变得越来越具体化。

解决问题对于很多知识性技能的学习十分有用,但任务型学习则通常需要用到具体技能,以实现技能的娴熟掌握,不过在很多情况下,这两种类型的技能需要结合使用。研究表明,娴熟掌握解决问题技能的学习者在遇到不熟悉的问题时往往倾向使用一般性策略,一般性的元认知问题(如"我现在在做什么?""这么做有意义吗?")能够帮助他们解决问题(Perkins & Salomon,1989)。不过,虽然一般性原则能够产生这些积极的影响,但这些原则一般不会出现迁移(Pressley,et al.,1990;Schunk & Rice,1993)。迁移的实现需要把一般性策略和特定情境中自我监控和实践指导相结合。动机也是一个重要的因素(Nandagopal & Ericsson,2012)。开头小剧场中教师们的教学目标就是当学生们掌握一般性策略后,能够把这些策略应用到特定的学习情境中,并获得这么做的动力。

简而言之,娴熟的表现需要用到很多特定领域知识(Lajoie,2003;Nandagopal & Ericsson,2012),这就要求学习者掌握包括事实、概念、原则以及适用于不同领域并需要依据领域做出调整的一般性学习策略在内的丰富知识。我们不可能指望寻求帮助和监督目标实现进展等策略在不同领域(如微积分和撑竿跳)中的应用是一样的。不过,珀金斯和所罗门(1989)同时指出,不管学习者在某一领域的整体能力水平如何,一般性策略都有助于他们解决不同领域的非典型性问题。这些研究结果表明学生需要在基础学科领域打下扎实的知识基础(Ohlsson,1993),同时掌握一般的解决问题和自我管理策略(第十章)。实际应用7.1针对一般技能和具体技能相结合的教学实践给出了一些建议。

实际应用7.1

一般技能和具体技能相结合的教学实践

教师可以帮助学生掌握一般技能和策略以增加学生在各个领域获得成功的概率，同时强调特定领域学习所必需的技能。

托马斯先生是一名五年级教师，他近期的教学任务是教学生们掌握以完成作业为目标的目标设定策略。在阅读课上，他教学生如何在一周内读完两章。学生可以确立目标每天读几页或每天读一小节。考虑到阅读目标的实现不仅仅是完成相应数量页码的阅读，他还必须教学生掌握一些具体的阅读技巧，如找出大意、查找细节等。他在数学课上也可以让学生采用目标设定策略；学生可以决定每天完成多少道题或任务，这样一周结束时就可以完成某个单元的学习。这一情境中的具体技能包括分析题目求的是什么、题目条件是什么、如何计算等。

体育课上学生们可以采用目标设定策略掌握体育技能，如6分钟内跑完一英里。学生们可以先记录目前跑完一英里的时间，然后确立目标，每周要缩短多少用时，在这个过程中学生要实现目标，必须要掌握相关的运动和耐力技巧，这些技巧在规定时间内跑完一英里的情境任务中多半属于具体技能。

新手—专家研究方法

随着学习认知理论(第四至六章)和建构主义理论的发展，研究者们开始摆脱把学习视为不同强化刺激作用下产生的反应变化的观点(第三章)，转而对学生信念和学习过程中的思维流程产生浓厚兴趣，学习研究的热点也随之转变。

有些研究者设计出了新手—专家方法来观察学科性学习，这一研究方法包含以下步骤：

■ 确定所要学习的技能；

■ 找到一名专家(即某位熟练掌握该技能的人)和一名新手(对学习任务有所了解但技能掌握不熟练的人);

■ 分析如何让新手尽量达到专家水平。

这一研究方法直观来看是可行的,其基本理念就是如果想知道怎样才能更好掌握某个领域的技能,可以把熟练掌握该技能的人作为对象对其进行仔细研究(Bruner,1985),这样你就可以知道需要哪些知识、有哪些有用的步骤和策略、怎样应对困难、怎样改正错误等。现实生活中的榜样示范实例很多,辅导、学徒培养和在职培训都有榜样示范的影子(Fletcher & Muller, 2012)。

某一领域存在能力差距的对象其差异具体表现在哪些方面,我们对这个问题的了解大多出自部分基于新手—专家方法的研究结果(VanLehn, 1996)。与新手相比,专家级的行为者有着更为广博的领域相关知识,对未知事物有着更好的理解,任务开始前会花上更多时间分析问题,能够更加快速准确地解决问题(Lajoie, 2003)。研究还发现技能习得的不同阶段存在差异。此类研究需要对学习者作反复观察研究,往往比较费时费力,但往往能得出丰富的结果。

不过,我们需要记住这一理论模式是描述性的,而非阐释性的:它对学习者的所作所为做出描述,但并不能解释学习者为什么这么做。此外,这一理论模式默认特定领域的专业知识都由一整套固定不变的技能所构成,但事实并不总是如此。斯腾伯格和霍瓦特(1995)在讨论教学时曾指出教学并没有单一的标准;专家级别的教师只是在本质上彼此相似。联系我们身边的教学名师想一想,就会觉得的确如此,这些名师在很多方面都有着显著差异。

最后,这一理论模式也没有直接针对教学方法给出建议,因此在课堂教学和学习的适用性上可能会有一定的局限性。关于学习及相应教学建议的阐释应当以理论为坚实基础,并能够对重要的个体因素和环境因素做出判断分析,这些正是本章以及本书的其他章节重点讨论的内容。

科学领域中的专家—新手差异

科学是一个能够有效观察专家和新手差异的学科领域,很多研究者对科学领域的新手和专家进行了对比研究,发现了专业技能的构成要素。此外,研究者还对学生的科学知识体系建构以及他们在解决问题和学习过程中使用的隐含理论和推理过程作了观察分析(Linn& Eylon,2006;Voss,et al.,1995;White,2001;C. Zimmerman,2000;第八章)。

科学领域的专家级行为者在知识的储备量和组织性方面异于新手。专家的相关知识储备量更大,层阶组织性更强,而新手的科学概念较少出现交叉重叠。

齐、费尔托维奇和格拉瑟(1981)让专家级和新手级受试自行对物理课本上的问题进行梳理。新手级受试们往往按一些表面特征(如仪器)梳理问题,而专家级受试们会按照解决问题所涉及的原理梳理问题。此外,两组受试还在陈述性知识记忆网络层面表现出差异。例如,新手级受试的记忆体系中"斜面"这个概念往往和"质量"、"摩擦"、"长度"等描述性内容相关联,而专家级受试的记忆体系中除了这些描述性内容外,还涉及力学原理(如能量守恒定律、牛顿的万有引力律)。专家级受试对于原理有着更好的了解,并且这些原理与描述性内容相链接,其组织结构为原理内容第一位,描述性内容第二位。

新手往往会错误运用原理解决问题。麦克洛斯基和凯撒(1984)让大学生受试解决以下问题:

一辆火车正急速行驶在横跨峡谷的桥上。在行驶过程中,一名乘客把身子探出窗外,扔下了一块石头,问石头会落在哪里?

约有三分之一的学生回答说石头会直线掉落(图7.1),他们认为被推动或抛扔的物体才受到力的作用,行驶火车所运载的物体并不受到力的作用,所以石头会直线掉落。这些学生的想法适用一个静止不动的人抛下物体的情景,在这种情况下,物体会直线掉落,但是从行驶火车上落下的石头其运动轨迹呈抛物线,认为行驶火车上抛落的物体不受到力的作用这种想法是错误的,因为物体与行驶的载体作同向同速运动。当石头被抛落时,它会随着火车继续前行一段距离,直到引力作用使它停下。新手对基本知识作了泛化理解,得出了错误的答案。

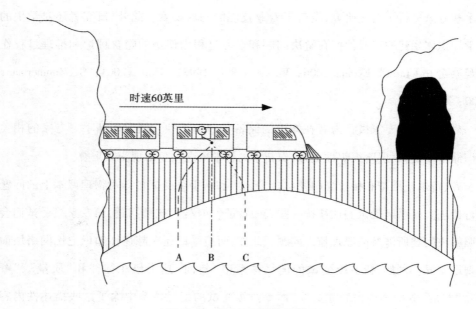

图7.1 落石问题的可能答案

本章后面会讨论到,新手和专家学习者之间在解决问题策略的运用上也存在差异(Larkin, McDermott, Simon & Simon, 1980;White & Tisher, 1986)。当遇到科学问题时,新手往往采用手段—目的分析法,找出问题的目标,分析哪个公式可以帮助实现目标,然后再倒回去回忆含有目标公式量数的公式。如果不确定怎么处理,他们可能放弃问题或基于当前知识解决问题。

专家则会快速分析问题样式,确定中介性的子目标,并利用这一信息实现最终目标。他们对于科学问题积累了丰富的解题经验,因而建构起了关于问题类型的相关知识,往往能够自动化地判断出熟悉的问题特征,然后做出必要的操作。即使他们对解决问题并不十分有把握,也会一上来先分析问题中的相关信息,然后再寻求解题方案。注意到专家所做的最后一步往往是新手的第一步。克拉尔和西蒙(1999)指出科学发现的过程即是解决问题的过程,各个领域基本上采用的都是具有广泛适用性的试探法。

元认知

信息处理理论主要侧重对学习行为的描述而非阐释。这些理论认为输入信息被工作记忆接收，经过演练、组织和具体化等操作后与长期记忆中的相关信息相链接并存储在长期记忆中。不过我们可能会问为什么会发生这一系列操作，特别是在学习过程中———一个非自动化处理的过程———我们需要获得关于信息处理系统为何如此操作的解释。例如，是什么决定了信息的演练量？长期记忆如何选取相关信息？人们如何知道不同情形下需要哪种知识？

元认知对这些问题做出了解答。元认知指认知活动的有意的意识性控制（Brown，1980；Matlin，2009）。从根本上讲元认知是人们对其认知活动的意识（Rhodes & Tauber，2011）。在讨论元认知活动如何帮助整合信息处理任务时前，我们先讨论条件性知识的相关内容，因为条件性知识属于元认知的范畴。

条件性知识

陈述性知识和程序性知识分别指关于事实和程序的知识（第五章）。条件性知识则是关于何时以及为何运用某种形式的陈述性和程序性知识的知识（Paris Lipson，& Wixson，1983）。处理完成某项任务所必需的陈述性和程序性知识并不能保证学生就能圆满地完成任务。学生在阅读社会研究课本的时候可能知道应该怎么做（阅读书上的一章），也知道词汇的意思（陈述性知识），清楚该如何阅读以理解内容（程序性知识），但他们可能会对章节内容作略读，从而在理解测试中表现欠佳。

这种情况非常普遍。这个例子中的条件性知识包括知道什么情况下适合作略读。我们可能会略读报刊或网页以了解大意，但略读并不适用课本内容的理解。

条件性知识帮助学生选择并运用陈述性和程序性知识以适应目标。在确定仔细阅读章节的目标并付诸行动的时候，学生应该相信认真阅读是实现当前任务的合适手段；也就是说，这一策略具有功能性价值，能够帮助他们理解相关内容。

学习者如果不具备关于略读何时以及为何具有价值的条件性知识，就会不合时宜地运用略读策略。如果他们认为略读对于所有阅读任务都有用，可能会在没有指导的情形下对所有的阅读任务采用略读策略，而如果他们认为略读毫无意义，也可能在没有指导的情形下一律不用略读。

条件性知识可能以命题网络的形式存储在长期记忆中,并与其适用的陈述性知识和程序性知识相链接。实际上,条件性知识也属于陈述性知识的范畴,因为它是关于命题的知识——如,关于略读有助于获取文章大意的知识、关于归纳总结有助于更好理解文章等的知识。条件性知识也包含程序性知识:只要我能获取大意,略读就有价值;但如果我不能获取大意,我应该放弃略读策略,更加仔细地阅读全文。关于三类知识的总结见表7.1。

表7.1 不同类型知识的比较

类型	知识内容	举例
陈述性知识	关于……	历史日期、数字事实、情节(什么时候发生了什么)、任务特征(故事有情节和场景)、信念(我的数学很好)
程序性知识	怎样	数学运算、阅读策略(如略读、归纳)、目标设定(如把长期目标细分成子目标)
条件性知识	何时、为什么	浏览网页以较少用时了解主要内容;仔细阅读文本以获得理解

条件性知识是自我管理学习的主要内容(Zimmerman & Schunk,2011;第十章)。自我管理学习要求学生在实施任务前先决定采用何种学习策略(B. Zimmerman,2000)。学生在实施任务的过程中,通过元认知过程对任务进展情况进行评估(如理解程度)。当发现存在理解问题时,学生依据何种策略更为有效的条件性知识调整策略。还有学者指出计算机化的学习环境可以充当元认知工具以促进学生的自我管理学习(Azevedo,2005a,2005b)。

元认知和学习

弗拉维尔(1985)对元认知做出了如下解释:

什么是元认知？一般而言,元认知可以很宽泛松散地定义为任何以认知行为的任何一个方面为目标或对其进行管理的知识或认知活动。之所以称为元认知是因为其核心内容是"关于认知的认知"。元认知技能被认为在多种认知活动中发挥重要作用,这些认知活动包括信息的口头交流、口头劝说、口头理解、阅读理解、写作、语言习得、感知、注意、记忆、解决问题、社会认知和不同形式的自我指导和自我控制。(p. 104)

元认知由相关技能组合构成(Dimmitt & McCormick, 2012)。我们必须明白任务需要哪种技能、策略和资源。这一知识组合包括找到大意、演练信息、形成联结或意象、使用记忆技巧、组织材料、做笔记或画线、使用应试技巧等。我们还必须知道何时以及如何运用这些技能和策略,并利用这些技能和策略确保任务圆满完成,整个监控过程包括核查理解程度、预估结果、评估努力的有效性、策划活动、决定如何安排时间、修正或调整行为以克服困难等(Baker & Brown, 1984)。整体而言,元认知活动反映了陈述性、程序性和条件性知识对任务的规划性和策略性应用(Schraw & Moshman, 1995)。元认知技能有助于批判思维和解决问题能力的发展(Dimmitt & McCormick, 2012;Kuhn, 1999;本章下面讨论),元认知也是自我管理学习的一个核心环节(Azevedo, 2009; Efklides, 2006;见第十章)。

元认知贯穿学习的全过程(Efklides, 2006)。学习任务开始前,学生的元认知活动可能包括熟悉度、难度、了解度、兴趣度和喜好等感受,以及关于最适用学习策略和所需学习时间的认知。而在实施学习任务的过程中,学生的元认知活动可能主要包括难度感受、完成任务所需精力和时间的估算、策略有效性判断等。在任务间歇或学习任务完成后,学生们的元认知活动可能包括自信度、满意度和对任务的喜好等感受,以及对于答案正确性的认知预估等。

元认知技能的发展速度十分缓慢(Dimmitt & McCormick, 2012)。幼儿并不能充分了解不同任务涵盖哪些认知活动。例如,幼儿往往很难意识到他们在思考,也很难回忆起来他们刚刚思考了什么(Flavell, Green, & Flavell, 1995)。他们可能不懂杂乱无章的文章比组织有序的文章理解难度要大、含有不熟悉材料的文章比由熟悉材料构成的文章理解难度要大(Baker & Brown, 1984)。德米扎基(2005)发现二年级学生会用到元认知策略,但他们的策略应用与真正的儿童自我管理行为并没有太大关系。相比幼儿,年龄大一些的儿童和成人的监控行为实施较为频繁,但大孩子和成人并不总是监控理解行为,而且对于自身的课文理解程度往往无法有效判断(Baker, 1989)。与普通学习者相比,学习天赋强的学生往往表现出较强的元认知能力(Snyder, Nietfeld, & Linnenbrink - Garcia, 2011)。

与此同时,幼儿能够对简单任务活动做出认知性监控(Kuhn,1999)。相比简单任务(监控可能非为必需)或难度较大任务(对此学习者可能不知道该怎么做或可能放弃任务),学习者更加倾向对中等难度的任务进行监控。

5—7岁时儿童的元认知活动开始发展,并持续整个受教育阶段,虽然同一年龄段的儿童会存在较大差异(Flavell, 1985; Flavell, et al., 1995)。学龄前儿童能够学会一些策略性行为(Kail & Hagen, 1982),但入学后儿童开始发展关于自己能够通过所采用策略控制所学内容的意识(Duell, 1986)。弗拉维尔和威尔曼(1977)提出,儿童能够就自身行为对环境的影响形成概括性认识。例如,他们知道"应该怎么做"能够提高学习成绩,对于记忆策略尤其如此,这可能是因为学习成绩好坏很大程度上取决于信息的记忆(实际应用7.2)。

实际应用7.2

元认知

教师可以帮助学生发展元认知技能。在训练学生的听力理解能力时教师可以选取以下听力材料:一个有趣的故事、关于某事/物的清晰指南、一个关于社会研究的讲座。不管是哪种听力材料,教师都可以先问学生为什么要听:为了获得愉悦感,了解主要内容(故事),知道具体细节(指南),了解事实和概念(社会研究)。然后教师可以让学生用自己的话复述故事、形象地描述指南信息、做笔记等。教师还可以与学生讨论每种听力材料所适用的不同的听力技巧,以灌输条件性知识。

为了帮助学生改善记忆技能,教师可以给他们一张词汇表让他们记忆。教师可以在给出部分提示的前提下向学生演示怎么对表上的词汇进行重组,然后鼓励学生思考不同的记忆技巧,如把词汇按类重组、根据词汇设计某个画面、把词汇和熟悉的场景或任务相联系、把词汇的首字母串起来、把词汇串编成诗或歌曲等。最后教师可以帮助学生分析每种情况最适用什么技巧。

元认知的影响因素

元认知意识受到众多因素的干扰,涉及学习者、任务和策略等多个方面(Duell,1986;Flavell & Wellman,1977)。

学习者因素。学习者的发展状况影响他们的元认知(Alexander,Carr,& Schwanenflugel,1995)。相比幼儿,年龄大一些的儿童对于自己的记忆能力和局限性了解得更加清楚(Flavell,Friedrichs,& Hoyt,1970;Flavell et al.,1995)。不过随着成长发育,儿童能够对自己是否良好掌握所学内容、是否形成有效记忆做出更加准确的评估判断。

学习者监控记忆任务表现的能力可能也存在年龄上的差异。年龄偏大的孩子能够更加准确地判断自己是否能够记得需要记忆的所有内容。威尔曼(1977)在研究中给受试儿童展示了关于物体的图片,然后让他们说出有哪些物体。如果受试说不出来,研究人员会问他们是否能够辨认出物体的名称。与幼儿园的小朋友相比,三年级学生能够更准确地预估自己能够辩论出哪些物体的名称。

任务因素。知道不同形式的学习和从记忆中提取不同信息在难度上有何差别,也是元认知意识的一个重要内容。幼儿园和一年级的小朋友会觉得自己比较熟悉或能够轻松说出名称的事物记忆起来更为简单,但年龄更大的儿童能够判断出分类组合的物体比概念毫不相关的事物更容易记忆(Duell,1986)。大孩子更倾向于认为有序组织的故事比零散无序的信息更容易记住。在学习目标这个问题上，相比二年级学生，六年级学生更加清楚逐字复述故事和用自己的话复述故事需要用到不同的阅读策略（Myers & Paris，1978）。

有些学校任务对元认知没有太高要求，完成这些任务纯粹就像例行公事。开头小剧场中的争论部分就在于如果较多采用对元认知有较高要求的任务，可能就会导致完成难度不高的低层级学习水平的下降。

策略因素。元认知依赖于学习者的策略。3—4岁的孩子就能够运用记忆策略记忆信息，但他们运用策略的能力会随着生长发育而有所提高。相比幼儿，大孩子知道的可以帮助他们记忆事物的方法更为多样化。不过，任何年龄段儿童的思维都更加侧重外部（如做笔记）而非内部（如思考做什么）。演练和具体化等记忆策略的应用能力也会随着生长发育而提高（Duell，1986）。

很多学生能够运用元认知策略，但他们可能并不清楚哪些策略能够促进学习和长期记忆信息提取，因而不会有意识地选择有用的策略（Flavell，1985；Zimmerman & Martinez－Pons，1990）。知道某种策略并不意味着就会有效利用。这种利用缺陷现象在幼儿身上表现得更为明显（Justice，Baker－Ward，Gupta，& Jannings，1997），应该与儿童对于策略作用的理解度相关。年龄偏大的儿童能够理解，如果有意利用策略，策略就能加以利用，从而产生某种结果，而幼儿对意识、行为和结果之间的关系只是一知半解，3—6岁的时候这种理解开始起步（Wellman，1990）。

任务、策略和学习者因素在元认知活动中交互作用。学习者思考所要学习内容的类型和长度（任务）、可以利用的可能策略（策略）及其对不同策略的驾驭能力（学习者）。如果学习者认为记笔记和划线是很好的策略，可以帮助他们找到科技文章的要点，同时他们觉得自己擅长划线而不擅长记笔记，可能就会决定采用划线策略。施洛和莫希曼普（1995）指出学习者会构建自己的元认知理论体系，这一理论体系包括他们觉得特定情况下能有效作用的知识和策略。这种元认知知识对于自我管理学习十分重要（Dinsmore，Alexander，& Loughlin，2008；第十章）。

元认知和行为

知道哪些技能和策略能够促进学习和信息记忆是提高学习成绩的必要但非充分条件。学生清楚知道哪些因素能够促使他们学得更好,但因为各种原因,并一定就能贯彻实施元认知活动。某些情况下,元认知甚至都不是必需的,因为材料太简单,很容易就能学会,或者学习者不愿在元认知活动上花费精力,只有那些他们觉得自己能力够不上的任务才会愿意花费时间和精力。此外,学习者可能还不十分清楚元认知策略能够帮助他们取得更好的成绩,或者知道但觉得花费的时间和精力等因素对学习的影响更大(Borkowski & Cavanaugh,1979;Flavell & Wellman,1977;Schunk & Rice,1993)。

元认知活动能够促进学习表现,但事实上学生对此往往弃而不用,这种现象成为了教育界所面临的一大窘境。我们不仅应该教会学生学习的一般方法(如确定学习目标)和具体方法(如在课文中划出重要内容),同时还要鼓励他们在不同情境中利用这些方法。知道什么固然重要,但知道何时、何地、为何要利用策略同样重要。在教学过程中只讲其然而不讲其所以然,学生只会变得糊里糊涂,无法产生任何激励性的结果;只知道做什么,但不知道何时、何地以及为何要这么做的学生,对于自己能够表现出色的自我效能非常低(第四章)。

在教授元认知技能的同时,我们还必须教会学生基本的陈述性或程序性知识(Duell,1986)。学生需要对自己对文章大意的理解进行监控,但如果他们不知道大意是指什么或应该怎么找到文章大意,那这种监控行为就会变得毫无意义。我们必须鼓励学生采用元认知策略——这也正是开头小剧场中尼科斯基中学教师座谈会所透露出的一个重要信息——同时创造条件让学生在教学以外的情境中把所学付诸实践。我们还需要对学生利用策略的表现以及策略利用对他们行为表现的促进作用做出反馈(Schunk & Rice,1993;Schunk & Swartz,1993a)。教授元认知技能时只与单个任务相联系是个很危险的做法,可能会让学生误以为元认知策略只适用于该任务或与此高度相似的任务,从而阻碍策略的迁移。因此策略教学涉及的任务必须要多元化。

阅读过程中的元认知

元认知与阅读息息相关,这是因为阅读理解、阅读目标、策略监控都涉及元认知(Dimmitt & McCormick, 2012)。学习者刚接触阅读时,往往不太明白印刷材料的一些基本阅读规范:英语语言要从左往右、从上到下阅读。阅读刚起步或阅读能力较弱的学习者往往对理解不予监控,也不会根据情况调整阅读策略(Baker & Brown, 1984)。相比年龄较小、阅读技巧不够娴熟的学习者,年龄较大、阅读技巧较为娴熟的学习者在理解监控方面表现得更好(Alexander, et al. , 1995)。

元认知表现为学习者设定目标、评估目标进展、做出必要的修改(McNeil, 1987)。掌握阅读技巧的学习者不会用相同的方法处理所有的阅读任务,他们会先确定阅读目标:找到主要内容、查找细节、略读、了解大意等,然后再选取他们认为能够帮助实现目标的阅读策略。当学习者对这些阅读技巧有了良好的掌握后,这些就会变成一个自动化的过程。

在阅读过程中掌握阅读技巧的学习者会不时检查阅读进展情况。如果他们的目标是找出重点内容,但几页读下来还是丝毫没有头绪,这时他们会回过头去把内容再读一遍。如果遇到了一个不认识的单词,他们会试着从上下文中推断词义或者查字典,而不会不管不顾地继续往下读。

有证据表明我们对于理解缺陷的认识和纠正会随着生长发育而变得日益完善(Alexander, et al. , 1995)。相比大孩子,幼儿往往无法意识到他们有没有理解原文,此外,即使理解力较好的幼儿能识别出问题,也不知道可以采用策略解决问题(如重读),而理解力较好的大孩子不仅能识别问题,而且还能采用纠正策略。

儿童在与他们的交流中发展元认知能力(第八章),因此成人(如家长、教师)可以通过告诉孩子解决问题的步骤,不时提醒孩子设立的目标,帮助他们规划好如何实现目标等方式引导孩子。一个有效的教学流程包括告诉孩子学习目标是什么,指出哪些知识信息与学习任务相关,布置有利于解决问题的环境,告诉孩子他们的目标进展情况。

整体而言,策略指导项目成功帮助学生掌握策略并长期投入应用(Pressley &

Harris，2006）。布朗和同事提出策略训练应当包括以下内容：技能应用实践、关于努力结果监督的指导、关于何时何地策略有用的反馈（Brown，1980；Brown，Palincsar，& Armbruster，1984）。

帕林斯卡和布朗（1984）找了一些没有掌握理解技巧的七年级学生作为受试，他们对学生进行训练，教会他们作自我引导性的归纳（总结回顾）、提问、阐释和预测等技巧。归纳指说出课文内容，同时也可以算作是对课文内容的一个自我测试。提问主要针对教师或测试可能提出的关于所学材料主要内容的问题。当书上有些内容阐述不够清楚、学生无法做出有效归纳时，就会用到阐释技巧。当文中出现提示下文信息的线索时，就可以用到预测技巧。

研究者采用了被称为交互式教学的模式来教授这些技巧，这种模式强调教学是师生之间的一种交互式对话。授课过程中，成人教师与学生面对面接触，教师先示范技巧，教师和学生一起无声地读完一篇文章后教师提出一个讲课或测试中可能出现的问题，对文章内容进行归纳总结，对一些理解困难的内容进行阐释，并对下文的内容做出预测。教师示范结束后，教师和学生轮流充当教师。刚开始，学生充当教师会有难度；这时教师往往需要不时做出解释，帮学生组织问题，但到最后学生越来越得心应手，能够很好地完成整个流程。

与常规的教学模式——学生听教师讲解怎样在文中找到相关信息——相比，交互式教学模式能够帮助学生更好掌握理解技巧，能够更长久地保留，而且学生在课堂理解测试中能够更好地加以利用。此外，在交互式教学情境中，学生的归纳总结和提问质量有较大幅度提高。能够长久保留并且泛化利用，这两点具有重要意义，因为策略训练项目带来的改变可能并不具长久性，也无法泛化至其他任务（Phye，2001）。

以下是训练项目早期发生在教师和学生之间的一段对话（Palincsar & Brown，1984）。

蛇的骨架和身体的某些部分非常柔韧——有点像长了骨头的橡胶管。蛇的脊柱由多达300根椎骨组成，约是人的椎骨的10倍之多。这些椎骨靠组织连接起来,这些组织松散分布且柔韧性强,使得蛇的躯体易于爬行。正是由于蛇的脊髓组织易于弯曲,因此蛇身上的任何一个部位都可以任意弯曲。

学生:所以蛇掉头转身的话骨头不会断掉,因为它的身体柔韧性非常强。

教师:蛇之所以柔韧性强,是因为……

学生:如果有人踩到蛇的尾巴上,如果不是蛇的身体柔韧,它可能就会完全无法动弹。

教师:好的。这就解释了身体柔韧是有好处的,但蛇的身体柔韧性为什么会这么好呢?我想这是总结的一个很重要的内容。

学生:所以它可以爬得更快?

教师:这是身体柔韧的另外一个原因。我来给大家做个总结。莎拉(学生)说得很对。我们从文章中可以了解到的最重要的一个信息就是蛇的身体非常柔韧。它们之所以可以轻易扭动身体是因为它们的脊柱中有很多细小的骨头,每根骨头都可以独自扭动,这就使得蛇的身体非常柔韧灵活。是不是这样?(p. 142)

教师最后的那段话示范了如何做归纳总结。

还有其他一些阅读项目把策略讲解和学生的自我管理指导结合了起来。例如,自我管理策略发展项目把策略讲解和自我管理辅导(如自我监控、自我指导、设立目标、自我强化;Graham & Harris, 2003;Harris, Graham, & Santangelo, 2013;Mason, 2004)相结合。这一项目已被证实对存在学习障碍和阅读障碍的孩子非常有效。

概念性阅读指导项目融合了认知策略的诸多内容,包括激活背景知识、提问、寻找信息、归纳、图示、还原故事结构等级(Guthrie et al., 2004;Guthrie, Wigfield, & Perencevich, 2004;Wigfield, Tonks, & Klauda, 2009)。这一项目已被证实能够有效提高学生的阅读理解能力。

动机在阅读理解过程中起着关键作用。格思里、韦格弗尔德和冯塞克(2000)将阅读策略和科学学科相结合,发现相比强调题材的传统教学,这种做法更能激发学生的学习动机,这可能是因为阅读策略在现实世界有了用武之地,学生们的兴趣度有所增加。概念性阅读指导项目还涉及目标设立和学生自主选择等动机性行为。格思里等人(2004)发现,相比单一的策略指导项目,概念性阅读指导项目能够更好帮助学生掌握理解技巧和动机策略,提高他们利用策略的能力。

其他研究表明动机因素影响阅读结果。米斯和米勒(2001)发现任务掌握目标能够估测学生利用阅读指导项目中所学到的阅读策略的情况。布洛克、奥斯达姆、奥特和欧文马特(2002)对大量研究进行了回顾,得出了计算机辅助教学对起步阶段的阅读指导有所帮助的结论,这可能是因为计算机使用产生的一些动机性刺激有助于早期阅读技能的发展。摩根和福克斯(2007)对15个研究做了调查,得出了孩子的阅读技能和动机之间呈正相关的结论,同时还找到证据表明技能和动机彼此影响。

美国学校的英语语言学习者人数日益众多,需要针对他们拓展项目的覆盖面。英语教学一般采用的是沉浸式或第二语言式的教学模式。沉浸式教学模式中,学生在全英语的课堂环境中学习英语,当遇上困难时,能够获得正式或非正式的辅导。而在第二语言式的教学模式中,学生的阅读课(也可能还包括其他一些学科科目)以母语为语言进行教学,然后到了二、三年级的时候转为英语教学。斯拉温和张(2005)将沉浸式教学和第二语言式教学作了比较研究,结果发现第二语言式教学在提高学生的阅读能力方面具有优势;不过,他们的研究规模比较小,还需要纵向研究以分析长期效果。

概念学习

概念的本质

概念学习涵盖认知学习活动。概念指整套具有共同特征或核心属性的物体、符号或事件。概念是关于某类事物的心理构建或呈现,使得我们可以据此区分该类事物的样例和非样例。概念可以是具体的物体(如"桌子""椅子""猫"),也可以是抽象的观念(如"爱""民主""整体性")。事实上,概念的种类众多(Medin, Lynch, & Solomon, 2000)。概念学习指形成心理表征以识别概念属性、概括属性以分析新的样例、区分样例和非样例的过程。

布鲁纳、古德诺和奥斯汀的早期研究(1956)对概念的本质做了探讨。他们向学习者展示一组盒子,盒子上画有几何图案,每个图案都可以从四个方面进行归类:刺激物的数量(一个、两个、三个)、形状(圆、正方、十字);颜色(红色、绿色、黑色)、盒子上边框的数量(一个、两个、三个)。学习者需要判断盒子不同分组表达出的概念。

概念学习任务中的特征分布可以说是千变万化,从而可以衍生出不同的概念。合取概念指有两个或两个以上的特征(如两个红色的圆),而其他特征(边框的数量)不包括在内。析取概念指两个或两个以上特征中的某个特征,例如两个任何颜色的圆或一个红色圆。关系概念指必要特征之间的关系,如图中物体的数量必须比边框的数量多(物体的种类和颜色并不重要)。

布鲁纳等人(1956)发现学习者会对概念隐含的规则形成假设。规则以"如果……就……"的形式呈现。对宠物猫做出归类的规则可以是:"如果家养、有四条腿、有皮毛、有胡须、有一条尾巴,体型相对较小、会呜呜叫、发出'喵喵喵'的声音,那这是一只猫。"虽然也会存在例外情况,但这条规则基本上能够准确地对猫做出判断。当这条规则被用到不同的猫身上时,就出现了泛化现象。

人们可以很快形成规则(Bruner, et al., 1956)。无论是什么概念,只要能够正确区分概念的样例和非样例,人们就会把规则保留下来,而当规则无法区分样例和非样例时,人们会对规则进行修正。当给出肯定样例——即概念实例时,学习者能够更好掌握概念,当给出的否定(非一)样例时,学习效率降低。也就是说,人们倾向于接收肯定而非否定样例以确认概念背后的规则。

概念学习中的特征分析理论源自布鲁纳等人的研究,这一理论指出概念包含概念的核心特征——即内部(必要)特征的界定规则(Gagné, 1985; Smith & Medin, 1981)。通过概念相关体验,我们形成满足条件的规则,并在规则有效的前提下保留规则。

依据这一观点可以预见,概念的不同样例应该能够同样快速地被辨识出,因为每个样例都是通过与核心特征相比对而做出判断;但事实并不总是如此。大多数人对于概念的某些样例会比较容易识别(如狗是哺乳动物),但对另外一些样例识别难度会比较大(海豚是哺乳动物),这就表明很多概念不能简单地以核心特征作为界定依据。

第二个理论是原型理论(Rosch, 1973, 1975, 1978)。原型是概念的一般化意象,可能只包括概念的一些界定性特征。面对样例时,我们很有可能回忆长期记忆中的原型,并将原型与样例进行比对以判断两者是否相匹配。原型也可能包含一些非界定性(机动性)特征。用信息处理理论的术语来解释的话,原型可以理解成图式(Andre,1986),即我们具有的关于某个特定概念的组织化知识(第五章)。

依据原型理论可以预见,与原型越相似的样例(如原型 = "鸟类";样例 = "知更鸟"、"麻雀")比起其他典型性欠佳的样例(如"猫头鹰"、"鸵鸟")能够更快被识别(Rosch,1973)。不过有一个问题是,原型理论暗示人们的长期记忆可以存储上千上万个原型,这比规则更占记忆空间。第二个问题是原型具有的并不全是必要的特征,可能也包括一些非界定性特征,这种情况下学习者可能会建构错误的原型。

我们可以把特征分析理论和原型理论结合起来。如果原型包含的是核心特征,那我们就可以利用原型识别具有典型性的概念样例(Andre,1986),如果样例比较模棱两可,我们可以利用核心特征分析理论,对核心特征列表做出调整以加入新的特征。

儿童对于概念的理解力会随着成长发育和阅历的增加而提高。概念发生改变的途径多种多样(Chinn & Samarapungavan,2009),其中包括学习者发现某一领域相关的规则同样适用于另一领域(Ohlsson,2009)。儿童如果对于某个概念的要义理解发生转变,可能会在形成新概念的同时保留以前的概念假设(Goldin - Medow,Alibali,& Church,1993)。这一解释与克劳斯梅尔的理论相一致,下文会讨论这一理论。

概念获取

研究表明概念学习和修正的途径十分丰富(Chinn & Samarapungavan,2009)。其中形成原型的一个途径就是接触能够反映概念经典特征的典型样例(Klausmeier,1992)。第二个途径是从两个或两个以上的样例中概括提取特征;虽然不是每一条特征都适用所有的鸟,但鸟类的特征可以是"羽毛"、"两条腿"、"喙"、"会飞"。当我们接触到这个概念的新样例时,原型得以提炼和扩充;于是,我们可以加上新的特征,如"生活在丛林里"(鹦鹉)、"生活在海边"(海鸥)。

加涅(1985)的理论(第五章)认为概念是学习的核心内容。最开始学习者应该具备区分刺激物特征(如区分相关特征和无关特征)所必需的基础能力。

在加涅(1985)的理论体系中,概念学习过程是一个多级序列。首先,刺激物特征以概念样例的形式与非样例一同呈现,学习者确认自己有能力对样例和非样例进行区分。第二个(泛化)阶段,学习者对样例和非样例进行识别。第三个阶段,刺激物特征——成为概念的特征——变得多样化,与非样例一同呈现。最后,利用先前学习没有接触的刺激物对概念的若干样例进行识别,以证实已经获得概念。整个过程中,正确反应得以强化,学习者面对与概念密切相关的若干样例,会出现接近性学习现象(第三章)。

克劳斯梅尔(1990,1992)提出了概念获得理论模式并对该理论模式进行了检验。这一理论模式认为概念获得可以分为四个阶段:具体化阶段、识别阶段、分类阶段和形式化阶段,每个阶段的能力水平都关系到下个阶段能否实现。这一概念获得过程体现了发展、非正式体验和正式教育之间的交互作用。

在具体化阶段,学习者能够在情境或空间条件相同的前提下识别出他们之前接触过的相同事物。在这个阶段学习者必须对事物投入关注,依据一个或多个界定性特征把事物从环境中抽离,在记忆中形成视觉意象,并存储在长期记忆中以与新的意象相比对以确定是否为相同事物。例如,学习者学会辨别等边三角形,能与直角三角形和等腰三角形相区分。

识别阶段指学习者能够以不同角度或在不同情态下辨别出他们之前接触过的相同事物。这一阶段涵盖了具体化阶段的相关内容,同时也是一个泛化的过程。例如,在识别阶段,学习者可以在不同角度下或在页面的任意位置找出等边三角形。

分类阶段要求学习者能够识别出至少两个事物属于同类。这个阶段是一个进一步泛化的过程;拿等边三角形的例子来说,正是在这个阶段,学习者能够判断出一大一小两个等边三角形都属于等边三角形。这个过程一直持续到学习者能够识别出样例和非样例才会终止;不过,这时的学习者可能还不清楚归为同类的标准是什么(如边长和角全部相等)。虽然在这个阶段学习者还无法对概念进行定性,但正如具体化和识别阶段一样,分类阶段也可以促进概念的习得。

在最后的形式化阶段,学习者能够区分概念的样例和非样例、对概念及其界定性特征做出描述、对概念进行定义,并能说出哪些特征能够帮助区分概念和其他相关概念(如三条边和三个角全部相等)。这个阶段涵盖的活动主要包括分类阶段的认知活动以及假设、评估、推断等一系列高阶思维活动。

这一阶段理论模式对于处于不同发育阶段学习者的教学有着重要启发。教学可以跨越多个年级,每个年级定期温习相同概念内容,获得层次逐步递进。对于幼儿,可以让他们了解一些具体事物,随着年龄的增长和心智水平的提高,慢慢可以进行比较抽象的认知层面上的学习。例如,可以让幼儿看一些具体事例让他们了解什么是"诚实"(如,不偷东西、把不是自己的东西还给别人),而随着年龄的增长,他们能够慢慢理解关于这个概念的一些比较抽象复杂的表述(如能看明白负责人对于员工诚实表现的反馈;能对诚实的好处进行讨论)。

概念教学

坦尼森(1980,1981;Tennyson,Steve,& Boutwell,1975)基于实证研究提出了一个概念教学模式,这一模式主要包括以下步骤(Tennyson & Park,1980):

■ 确立概念的层级结构,包括上位概念、并列概念和下位概念,同时识别核心属性和可变属性(指可以恰当变化且不会影响概念构成的属性);

■ 依据核心属性定义概念,并给出若干具备核心属性和可变属性的样例;

■ 依据属性把样例分为不同集合,并确保每个样例集合中含有并列概念样例,同时这些样例具有相似的可变属性;

■ 依据样例的差异性和难度梳理样例集合,并且根据学习者当前的知识水平对每个样例集合做出梳理。

多数概念都有一个层级结构,即包括上位(较高阶)概念和下位(较低阶)概念,而所有概念都有相近概念,即在层级结构与概念处于大致相同位置的概念;这类概念我们称之为并列概念。例如,对于"家猫"这个概念,"猫科动物"和"哺乳动物"是其上位概念,不同种类的猫(短毛猫、暹罗猫)是其下位概念,其他猫科动物(狮子、美洲虎)则是其并列概念。这个概念有一些核心属性(如爪子、牙齿),也有一些可变属性(如毛的长短、眼睛的颜色)。一个集合包含量概念的样例和非样例(如狗、松鼠)。

在没有给出样例和非样例前,概念只能依据核心属性进行定义,但定义并不能保证学生能够掌握概念。样例的可变属性要尽可能多样化,而样例和非样例核心属性的差别每次要尽可能小,这样可以避免学生对概念做过度概括(把非样例当成样例)或欠度概括(把样例当成非样例)。

指出样例之间的关系是一个促成泛化的有效方式,做法之一就是利用概念(知识)图——以节点连接而成的观点示意图(Nesbit & Adesope,2006)。奥·唐纳等人(2002)发现把观点内容串起来的知识图能够有效促进学习效果。内斯比特和埃德索普发现概念图能够提高学生的知识记忆。实际应用7.3给出了一些关于概念教学的建议。

实际应用7.3

概念教学

概念教学包括辨别概念属性、对属性进行概括以用于新的样例、区分样例和非样例等任务。利用上位、并列和下位概念以及核心属性和可变属性等内容呈现所学概念能够帮助学生清晰了解概念的结构层次。

假设一名幼儿园教师的单元教学任务是教孩子们认识并区分不同的形状(圆形、正方形、长方形、椭圆形、三角形和菱形),他/她可以先让孩子把形状相似的物体放在一起,然后分析有哪些主要属性(如正方形有四条直边,四条边一样长)和可变属性(正方形、长方形、三角形和菱形都由直边构成,但直边的数量和长度不同,组合的方式也不同)。然后,教师可以重点讲其中一个形状,给出不同的举例,让孩子们比较这个形状和其他形状有哪些相同和不同属性。在教学内容编排上,教师可以先介绍孩子们熟悉的形状(如圆形和正方形),再介绍一些较不常见的形状(如平行四边形)。

劳特尔女士是一名小学教师,她的单元教学主题是哺乳动物,她给了学生们一张动物列表,让他们先把列表上的动物分成几个大类,然后讨论各组动物间有哪些主要不同。在对学生们的讨论意见做出点评后,她选取两栖动物作为讲课重点,对两栖动物的生理特征进行了详细讲解,同时讲了两栖动物的饮食习惯和生活环境、气候等特征。

一名历史教师给学生们看了一张幻灯片,幻灯片的内容是关于美国的不同移民群体。他先给学生讲了每个移民群体移民美国的大致时间段,然后组织学生讨论这些人移民的原因、在美国的主要居住地以及从事的行业等问题,接下来还组织学生讨论了这些移民对美国的发展和进步所产生的单独以及集体性影响。

举多少样例比较合适,这取决于概念属性的多少和抽象度等因素。相比具体概念,抽象概念的实际样例往往较少,也较难理解。概念学习还取决于学习者的年龄和知识储备等因素(Tennyson & Park,1980)。大龄儿童对概念的掌握情况要优于幼儿,而相关知识储备丰富的学生对概念的学习情况优于知识储备弱的学生。

在概念教学过程中,要多选取那些机动属性不同但相关属性相同的样例,以方便区分相关属性和无关属性。比如,在教学生理解"直角三角形"这个概念时,三角形的大小是一个无关属性,直角的方向也是一个无关属性,教师可以给出不同大小对着不同方向的直角三角形。利用样例是一种有效的教学认知策略(Atkinson, Derry, Renkl, & Wortham,2000)。

学生不仅必须学会对直角三角形的特征进行概括描述,还必须学会区分直角三角形和其他三角形。为了培养区分概念的能力,教师应该给出一些与正面举例有很大不同的负面举例。随着学生能力的提升,教师还可以让学生做一些更细微的区分。表7.2中所列出的建议能够有效帮助学生对概念进行概括和区分。

表7.2　概念的概括和区分

步骤	举例
命名概念	椅子

定义概念	可供人就座的有靠背的座位
列出相关属性	座位、有靠背
列出无关属性	腿、大小、颜色、材质
样例	安乐椅、高椅、豆袋椅
非样例	长凳、桌子、凳子

这一理论模式要求学习者对概念的分类结构做出仔细分析。很多概念有较好的结构性(如动物王国),但还有很多概念——尤其是抽象概念——可能并不存在上位、下位和并列概念。

动机过程

平特里奇、马克思和波意尔(1993)认为概念的转变还包括动机过程(如目标、预期、需求)。他们指出概念的转变必须满足四个条件。第一个条件是对当前的想法不满;如果人们觉得自己的想法正确或有用,不太可能出现转变。第二个条件是新的想法必须通俗易懂——人们只会接受自己能理解的想法。第三个条件是新的想法有道理——学习者要能看到新的想法符合自己关于其应用性的看法。第四个条件是他们必须看到新的想法有效用——能够对现象做出解释,并能提出新的研究或应用方法。

这个理论模式中多处可见动机过程的作用。例如,研究表明学生的目标会影响他们的注意力和精力分配,而他们的自我效能与动机、有效任务策略的应用研究及技能习得正相关(Schunk, 2012)。此外,学生如果相信学习的实用性和任务策略的有效性会表现出更大的动机和学习潜能(Pressley, et al. , 1990;Schunk & Rice, 1993)。研究证实目标、自我效能、能力的自我评价等因素能有效促进阅读理解、写作、数学和决策等领域的学习和自我管理表现(Pajares, 1996;Schunk & Pajares, 2009;Schunk & Swartz, 1993a;Wood & Bandura, 1989;Zimmerman & Bandura, 1994)。开头小剧场中我们可以看到侧重解决问题策略的教学实践提高了学生们的学习动力。

简而言之,文献表明概念的转变是学生认知和动机交互作用的过程(Pintrich, et al. , 1993),这对于教学实践很有启发意义。教师不能机械地想着帮学生掌握知识,而是应该在设计教学方案时考虑学生已有的想法,做出学习动机方面的引导。

这些主张特别适用于科学学科的教学,因为科学知识的建构主要在于学习者本身而不是靠简单灌输就可以实现的(Driver, Asoko, Leach, Mortimer, & Scott, 1944; Linn & Eylon, 2006)。一个很有趣的问题是,学生们关于科学的错误认识和过分简单化的科学模式是如何形成的?(Windschitl & Thompson, 2006)对于教师来说,一个很重要的任务就是帮助学生发现并纠正这些错误认识(Sandoval, 1995)。能够带来认知冲突的体验有助于实现这个任务(Mayer, 1999; Sandoval, 1995; Williams & Tolmie, 2000),教师可以让学生完成一些需要动手操作的任务然后与他人一起(如讨论)以选择性提问的方式对自己的经历体验做出阐述(如,"你为什么这么认为?""你怎么得出这点的?")这一方法正契合了维果斯基强调社会因素对知识建构影响的理论主张(第八章)。

动机起着十分重要的作用。虽然有很多科学内容十分有趣,但很多学生对于科学本身并不太感兴趣。动手操作性教学、与学生的日常生活相联系,这些都有助于促进科学学习。例如,把运动和足球的轨迹相联系,电与 DVD 机相联系,生态系统与社区的循环利用项目相联系等。增加学习内容的趣味性还有助于提高学生的学习质量(Sandoval, 1995)。因此,利用示意图和图表等手段能够帮助学生更好理解科学概念(Carlson, Chandler, & Sweller, 2003; Hannus & Hyönä, 1999),虽然部分学生可能还需要学习怎么看示意图。

解决问题

学习过程中最重要的一类信息处理就是解决问题。虽然关于解决问题的研究由来已久,但随着认知学习理论的盛行,研究者们对于这个话题的关注近年来持续上升。有些学者认为解决问题是学习的核心内容,科学和数学等学科的学习尤其如此(Anderson, 1993)。"解决问题"和"学习"并不是一回事,但前者往往是后者的一个组成部分——尤其在自我调节学习过程中(第十章),或者在学习难度比较大、没有明确的问题解决方案时。在开头小剧场中,梅格就提出把教学重点放到解决问题技能上来。

当"你试图实现某个目标,但必须找到合适的方法才能实现目标"时,就会出现问题(Chi & Glaser, 1985, p.229)。问题可以是回答提问、计算出某个答案、利用网络找到所需信息、找出某个物体、保住工作、教导学生等等。解决问题指人们为实现某个非自然解决办法的目标所付出的努力。

无论问题涉及的内容和复杂程度有何不同,都有一些共性特征。首先,问题都有一个起始状态——解决问题者当前的状态或知识水平以及目标(即解决问题者试图获得的内容)。其次,大多数问题要求解决问题者把目标分解成小目标,当这些小目标一一达到(通常有先后)时,目标也就实现了。最后,问题包含对起始状态和小目标的操作(认知和行为活动),从而带来本质上的改变(Anderson, 1990; Chi & Glaser, 1985)。

按照这个定义,不是所有的学习活动都包含解决问题的内容。当学生熟练掌握技能,可以通过自发行为实现目标时,很可能就不存在解决问题的环节了,这种情况多见于涵盖技能较多的学科领域。低阶(可能无关紧要的)学习可能也不会出现解决问题的环节,因为在这类学习中学生知道要做什么。开头小剧场中的尼科斯基中学就有这样一个问题,教师们的教学重点全都放在了测试所涉及的基础技能上;然而如果学生在学习基础技能的同时还学习新的技巧和关于已学技能的新使用,学校学习或多或少可能都会涵盖解决问题的相关内容。

解决问题的能力可以培养。鼓励幼儿使用工具(如使用类似耙子的工具获得物体)能够训练他们解决问题的能力(Keen, 2011)。随着年龄的增长,相比教学过程中的抽象讲解,具体的视觉呈现或实物展示能够更好训练学生解决问题的能力(Moreno, Ozogul, & Reisslein, 2011)。

历史观点

有两个关于解决问题的历史性理论主张对当前的认知理论产生了深远影响:试误理论和顿悟理论。

试误理论。桑代克(1913)做过以猫为对象的实验(第三章),实验的内容就是解决问题:问题是怎样逃出笼子。桑代克认为解决问题的过程就是一个不断试错的过程。

猫在笼子里做出某些行为,从行为主义理论的角度来说,就是猫做出某种行为然后体验行为带来的结果。在做出一系列随机行为之后,猫终于能够做出正确反应:打开小门就可以逃出来。猫不断地尝试,犯的错误越来越少,直到最终顺利逃出,而解决问题的用时也越来越短。逃离行为(反应)与笼子里的相关线索(刺激)相关联。

我们偶尔也会通过试误来解决问题;我们不断做出行为,直到某个行为起作用。不过试误做法并不可靠,也不总是能帮助我们解决问题,这种做法可能纯粹是浪费时间,再什么试误也无法找到解决问题的方法,或者能找到方法但方法并不理想,这种做法甚而至于还会带来一些负面影响。例如,教师可能出于无奈使用试误策略,带着凯拉尝试不同的阅读材料看哪种阅读材料比较适合她阅读,这一策略最终可能会奏效,但在试误过程中凯拉接触到的一些阅读材料可能会让她大受打击,从而影响她的阅读能力进步。

顿悟理论。解决问题往往被认为是一个顿悟的过程——即突如其来地想到解决问题的方法。沃拉斯(1921)对解决问题能力强的人做了研究,并据此提出了一个理论模式,由四个阶段组成:

■ 准备阶段:指对问题进行了解并搜集解决方法相关信息的阶段。

■ 孵化阶段:指问题思考阶段,也包括把问题搁置一段时间。

■ 受启阶段:指突然灵光一闪想到解决问题方法即顿悟的阶段。

■ 验证阶段:指检验解决方法是否正确的阶段。

沃拉斯的理论模式是描述性的,无法通过实验研究进行验证。赫利和孙(2010)提出了更为具体的、过程更加直观的关于孵化阶段和受启阶段的构想。格式塔心理学家们(第五章)也认为人类学习大多具有顿悟性,往往表现为认知上的转变。最开始的时候学习者思考解决问题需要哪些要素,然后对这些要素进行不同形式的组合变化直到最后问题顺利解决,而最终解决方法的获得往往是突如其来的,是一个顿悟的过程。

很多人汇报说在解决问题的过程中会出现顿悟。沃森和克里克发现 DNA 结构的过程就是一个顿悟的过程(Lemonick,2003)。格式塔理论在教育实践上的一个重大应用就是在解决问题或产出性思维领域(Duncker,1945;Luchins,1942;Wertheimer,

1945）。格式塔理论强调理解——即理解某种行为的意义或掌握行为背后的原理或规则——的重要作用，而机械式记忆——学生比较常用的一种学习方法——往往效率低下，在校园以外的现实生活中很少用到（实际应用7.4）。

实际应用7.4

学习过程中理解的作用

教师的任务是让学生真正理解概念，而不仅仅是记住如何完成任务。格式塔心理学家们认为，如果过分强调练习、实践、记忆、强化等内容，会导致学生只能学会一些细枝末节的东西。他们指出，只有当学生能真正掌握概念和技能背后蕴含的规则和原理时，才能获得真正的理解。

教师往往可以设计一些需要动手操作的任务以帮助学生理解学习所包含的结构性内容和原理。例如，生物课上学生可能会记得显微镜下豆茎的横截面是什么样子，但却无法把生物体的组织结构概念化。实物模型能够帮助学生更好学习。如果有一个可以手动操作的大的豆茎模型，模型可以拆开让学生看到豆茎的内部组织结构，必然有助于增进学生对豆茎结构以及各个组织功能的了解。

在中学家政课上讨论幼儿护理，其效果可能比不上让学生每周花上一个小时到日护中心担任护理员，把课堂所学的内容付诸实践。

在讨论学习理论实际应用时，可以向学生直接展示如何运用能够有效促进学生学习的技巧。为了让教育心理学课的学生了解观察课堂策略什么时候采用比较合适，可以把凡是涉及学习原理的所有情形都列出来。

卡托纳（1940）的研究表明，相比机械记忆，规律性学习方法更加有效。有个研究是这样设计的，受试的学习任务是记忆数字组合（如816449362516941）。部分受试通

过机械记忆记住组合,而部分受试会获得帮助提示(如"想想平方数")。结果显示,发现数字组合规律的受试的记忆效果优于机械记忆的受试。

相比机械记忆,规律性学习能够带来更好的学习和记忆效果,这是因为规律对现象的描述更为简单,因而减少了所要掌握的信息量。此外,规律还有助于对学习材料进行有序组织。在回忆信息的时候,我们先回忆起规律,然后填充细节内容,而机械记忆需要记忆大量信息,往往会导致学习效率低下,因为很多情况下信息都是有序的(Wertheimer,1945)。问题解决的关键就在于发现这种有序性以及解决问题方法所涉及相关要素之间的关系。通过要素组合和重组,学习者最终能够顿悟出解决问题的方法。

"一战"期间,科勒(1925,1926)在特纳利夫岛上做了很多以猩猩解决问题为内容的实验,他也因此而闻名于世。其中一个实验是科勒把一根香蕉放在笼子中的猩猩差一点就能够到的地方;猩猩用一根较长的棍棒或者把两根棍棒拼起来就可以够到香蕉。科勒据此得出结论,解决问题是一个顿悟的过程:动物对情况进行观察,突然"看到"可以帮助它们达成目标的方法,对方法进行检验。实验中的猩猩一开始尝试了不同的策略(如拿棍棒去扔香蕉),但都失败了,最终它们发现棍棒可以让它们的手臂变长,所以就使用这一策略解决了问题。

解决问题的一大障碍是功能固着,即没有认识到物体的不同使用和情境要素的不同配置(Duncker,1945)。卢钦斯(1942)曾经做过一个经典研究,研究受试要解决的问题是利用三个不同大小的罐子量出所要求的水量。9岁以上的受试能够很轻易地掌握公式并量出正确量的水,但过程中也出现了一些问题,即有些问题可以用更为简单的公式解决,但受试往往倾向于使用原来的公式。如果暗示受试可以有更为简洁的解决方法,有些受试能够找出更为简便的方法,但很多受试仍然坚持原来的公式。这个研究表明当学生没有真正理解某个现象时,可能会盲目地利用已知的运算法则,从而不知道存在更为简便的解决方法。只要在教学过程中强调不同的解决问题思路,就可以有效克服解决问题思路比较单一受限的本质缺陷(Chen,1999)。

格式塔理论并没有过多讨论解决问题策略如何习得,或可以通过怎样的教学让学习者获得更好的顿悟性。韦特海默(1945)认为教师可以通过组织情境要素的形式培养学生解决问题的能力,让学生们更好地了解部分与整体的关系。不过这类建议大多过于宽泛、缺乏有效针对性,对教师的帮助并不大。

启发法

解决问题的另外一种方法是启发法——利用常规原理(经验法则)解决问题的一般方法(Anderson,1990)。波利亚(1945/1957)提出了解决问题过程所涵盖的心理活动:

- 理解问题;
- 设计方案;
- 执行方案;
- 回顾。

理解问题环节包括提出"未知信息是什么?""有哪些已知信息?"等问题。这个过程能够帮助我们梳理问题和已知信息。在方案设计环节,我们试图找出已知信息和未知信息之间的联系,这时把问题分解成小问题是一个很有用的技巧,例如我们可以联想某个相似的问题及其解决方法(即利用类比联想)。在这个环节,我们可能需要换种方式表述问题。在执行方案环节,我们对每个步骤进行检验以保证顺利完成每个步骤,这点很重要。在回顾环节,我们对解决方法进行检验:问题解决了吗? 有没有其他的方法?

布兰斯菲尔德和斯坦(1984)提出了一个名为 IDEAL 的与此相似的启发理论:

- 识别问题;
- 定义、组织问题;
- 寻找可能策略;
- 采用策略;
- 回顾并评估行为效果。

一般启发法最适用于非熟悉内容的学习(Andre,1986),而对熟悉领域的学习效果一般,这是因为随着学生们的知识积累日益变得领域特定化,学生们对特定领域知识的运用日益频繁。一般启发法具有教学优势:可以帮助学生建构解决问题的方法体系。虽然启发法可能会显得比较机械固定,但事实上在具体步骤实施方面启发法有着很大的自由发挥空间。对于很多学生来说,启发法相比当下他们所学的解决问题的相关策略更为系统,得出的解决方法效果更佳。

解决问题策略

内维尔和西蒙(1972)提出了一个解决问题的信息处理理论模式,这个模式由一个问题空间组成,问题空间包括起始状态、目标状态以及由子目标和操作应用所构成的解决问题路径。在解决问题时我们在头脑中形成问题的相关表征,然后通过操作缩短起始状态和目标状态之间的差距。基于心理表征做出操作以找到解决方法的过程被称为查找(Andre,1986)。

解决问题的第一步是形成心理表征。与波利亚理论模式的第一个阶段(理解问题)相类似,表征的形成就是把已知信息转换为记忆中某个模式。内部表征呈现包括工作记忆中的命题,也可能还包括一些意象。问题也可以以外部表征的形式呈现(如呈现在纸上或计算机上)。工作记忆信息激活长期记忆的相关信息,我们最终选择一个合适的解决问题策略。在解决问题的过程中我们常常会修正初始表征并激活新的知识,尤其是当解决问题的过程并不顺利时。因此,解决问题的过程也涉及对目标进展的评估。

问题表征决定了记忆中哪些知识会被激活以及问题解决是否顺利(Holyoak,1984)。如果我们无法对问题形成正确的表征判断,如考虑不够全面或者加入了过多的限制条件,查找过程就不太可能找到正确的方法路径(Chi & Glaser,1985),这样一来,无论我们后来如何清晰推理,也不会找到正确的解决方法,除非能形成新的表征判断。所以,毫不奇怪地,解决问题训练项目往往侧重于表征形成阶段(Andre,1986)。

跟技能情况相似(见上文),解决问题的策略有一般策略,也有具体策略。一般策略可用于多个领域,不以内容为限;具体策略只对特定领域有用。例如,把一个复杂问题分解成子问题(子目标分析)是一个一般策略,适用于学期论文写作、选择学术专业、决定在哪儿定居等,而关于实验标本的分类测试则只适用特定任务。开头小剧场中尼科斯基中学的教师们所收到的专业发展建议可能既包括一般策略,也包括具体策略。

一般策略适用于解决方法并不显而易见的问题。有用的一般策略包括生成—测试策略、手段—目的分析策略、类比推理策略和头脑风暴策略等。这里我们讨论前面三个策略,头脑风暴策略本章后面讨论。而当问题涉及高度熟悉的内容时,一般策略不如具体策略来得有效。实际应用7.5给出了一些关于学习情境中解决问题的应用实例。

实际应用 7.5

解决问题

可以帮助学生提高解决问题能力的方法很多。奎恩先生是一名中学数学教师,他在教孩子们解数学应用题时往往鼓励孩子用自己的话把问题再组织一遍,然后画出示意图,判断哪些信息是相关信息,最后再说出解决问题的方法。以下这些问题(也包括其他一些相似的问题)可以让学生把注意力放在一些重要的内容上,引导他们进行思考:

■ 哪些信息是重要信息?

■ 哪些信息不知道?

■ 可以用到哪个公式?

■ 第一步要做什么?

另外一个方式是鼓励学生从不同的角度来思考问题。比如在中学世界历史课上,学生讨论如何对主要的战争人物进行归类(如丘吉尔、希特勒),他们分析了各种标准,包括性格特征、所在国家的政治构成、战争目的、领导和战争目的带来的影响等。这一练习向学生展示了可以有不同的方式组织信息,从而有助于解决问题能力的提高。

教师还可以教授一些策略。例如在地理课上,学生要解决以下这个问题:"选出一个你认为除你故乡以外可以吸引新居住人口的州,并设计一份海报,能够展现这个州最重要的一些特征。"教师可以按照以下流程教学生使用后退模式策略：

目标：设计一份海报，展现州的重要特征。

子目标：分析如何在海报上展示特征。

子目标：确定展示哪些特征。

子目标：确定选择哪个州。

初始子目标：确定哪些特征能够吸引新的居住人口。

为了实现初始子目标，学生们可以小组讨论以确定哪些因素能够吸引人们到某个州定居，到图书馆搜集资料以确定哪些州具有这些特征，再小组讨论各州的特征并在此基础上选出自己心仪的州。然后学生可以思考自己的海报上要显示哪些特征、如何显示等，最后设计海报并展示给同学看。

在培养学生解决问题能力的过程中，教师不要直接给出问题的答案，而是给出提示。在教幼儿对事物进行分类时，教师可以给孩子们一张列有动物、颜色和居住场所的词汇表。孩子们可能不太知道应该怎么进行分类，这时教师不要直接告诉孩子答案，而是不停地给他们提示："想一想这些词是依据什么标准放一起的。马和狮子有哪些地方相像？粉色和马为什么不一样？"

生成—测试策略。当需要检验是否达成目标的解决问题方法数量不多时，可以采用生成—测试策略（Resnick，1985）。这一策略的最佳适用情形是多个解决问题方法可以按解决问题概率大小进行排序，并且至少有一种方法可以解决问题。

举个例子，你走进房间，按下了灯的开关，但灯没亮。可能的原因包括：灯泡坏了；停电了；开关坏了；电灯插座坏了；电路跳闸了；保险丝烧了；电线短路了。这时你可以判断可能性最大的原因是什么然后进行检验（换个灯泡）；如果灯还没亮，可以接着判断还有哪些可能的情况并逐一检验。虽然这一策略并不要求你对问题涉及的问题和内容高度熟悉，但若想有效利用这一策略，仍然需要一定的相关知识。知识储备可以帮助你按照概率大小对可能的解决方法进行排序；而已有知识影响方法的选择。因此,如果你注意到邻居家的灯也都不亮,就可以大胆怀疑是停电了。

手段—目的分析策略。手段—目的分析策略指将当前的情境与目标相对照,并分析两者间的差距(Resnick, 1985)。可以把目标分解成子目标以缩小差距。我们实现某些操作以达到子目标,反复这个过程直到目标最终实现。

内维尔和西蒙(1972)对手段—目的分析策略做了研究,并在此基础上开创了通用问题解决者(GPS)项目———一个计算机仿真项目。GPS 把问题分解成一系列子目标,每个子目标代表一个与当前状态存在差异的内容项。GPS 先从最重要的差异入手,通过操作消除该差异。某些情况下,操作消除的差异有先后之分,必须先消除某个差异才能消除更为重要的差异。

手段—目的分析策略是十分强大的启发式的解决问题策略。当正确识别子目标后,该策略就可以实现解决问题的目标。不过其一大弊端在于,对于复杂问题,这一策略可能会对工作记忆造成极大的认知负荷,因为我们不得不同时追踪好几个子目标。如果遗忘子目标可能会影响问题的最终解决。

手段—目的分析策略的作用轨迹可以从目标到起始状态(后退模式),也可以从起始状态到目标(前行模式)。后退模式从目标入手,分析要实现目标必须要实现哪些子目标,然后再分析如何才能实现子目标,直到最终实现起始状态。因此,后退模式是先对一系列行为操作进行规划,每个行为操作都以实现一个子目标为目的。后退模式策略的成功要求对问题相关领域有一定的了解,从而能够判断实现目标和子目标有哪些先决性条件。

后退模式可用于证明几何定理。我们先假设定理成立,然后后退直到假设条件得到满足。图 7.2 所示就是一道几何例题。待解决的问题是角 m 的度数。利用后退模式策略,学生意识到需要先求出角 n 的度数,因为角 m 的度数等于 180° 减去角 n 的度数(一条直线 = 180°)。然后再继续后退,学生可以知道因为是平行线相交,q 线上角 d 的度数和角 n 的度数是相等的。至此,学生运用几何知识可以得出角 d 的度数等于角 a 的度数即 30°,因此,角 n 的度数等于 30°,而角 m 的度数就等于 180° − 30° = 150°。

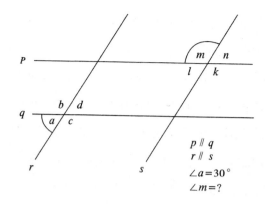

图 7.2　手段—目的分析策略用于解决几何问题

再举一个关于后退模式策略的例子。假设要写一篇学期论文，交稿日期是三周后。提交论文前的最后一步工作是校对（可以在论文交稿日期前一天完成），校对前的任务是输入打印终稿（预留 1 天的时间），然后输入打印前要完成的任务是作最后修改（1 天）、修改论文（3 天）、输入打印草稿（1 天）。继续往后倒退，可以花 5 天时间用于写出草稿、1 天完成写作提纲、3 天用于搜集材料、1 天用于确定论文题目。这样，我们总共需要 17 天的时间完成论文的整个写作流程，也就是说我们需要 4 天内就开始第一步。

第二种手段—目的分析策略是前进模式策略，有时也被称为登山模式策略（Matlin，2009；Mayer，1992）。解决问题者从当前情况入手，并不时对情况做出调整以期一步步达到目标。为了实现最终目标，往往需要做出若干调整。前进模式策略的一大风险在于某些情况下其作用基础限于表面化的问题分析。虽然每个步骤都代表实现一个必要子目标，但我们可能很容易出现偏差或走入死胡同，因为我们能看到的只是下一个步骤，无法超前看到多个选择（Matlin，2009）。

例如，学生在实验室里上课，在他们面前有很多瓶子，瓶子里装着不同的物质，他们的目标是要判断出瓶子里是什么物质。为了实现这个目标，他们会对物质进行一系列检验，如果通过检验就可以得出一个结果。这就是前进模式策略的作用形式，每次检验/测试都让学生离判断出物质的最终目标近了一步。这些检验/测试操作有先有后,其结果表明的不是哪种物质以及可能是哪种物质。为了防止出现偏差,教师需要仔细地设计流程,确保学生理解如何进行检验操作。

类比推理策略。另外一种解决问题的一般策略是类比推理,指对问题情境(目标)和熟悉情境(基础或根源;Anderson,1990;Chen,1999;hunt,1989)进行类比分析。解决问题时从熟悉的领域入手,然后把解决方法和问题相关情况进行关联(Holyoak & Thagard,1997)。类比推理的过程包括从长期记忆中提取熟悉问题领域的信息网络并投射(关联)到工作记忆中的问题情境上(Halpem,Hansen,& Riefer,1990)。这一策略的成功应用需要满足以下条件:虽然情境的表面特征可能互不相同(如一个涉及太阳系,而另一个是关于分子结构),但熟悉情境和问题情境之间具有结构相似性。这一策略的子目标就是把初始(熟悉)领域的步骤与迁移(问题)领域的步骤相关联。学生通常采用类比策略解决书上的问题。例如,书上会给出样例(熟悉领域),然后学生把这些步骤与待解决问题联系起来。

吉克和霍利约克(1980,1983)的研究向我们展示了类比策略的潜力。研究中学习者要解决的问题是一个比较难的医学问题,与此同时他们有一个类比对象——一个已经解决了的军事问题。研究发现简单地给出类比问题并不能让学习者自发地利用类比,能够提高解决问题能力的做法是提示学习者可以借助军事问题解决医学问题。吉克和霍利约克还发现相比单个类比例子,给出两个类比例子对于解决问题收效更佳,但对解决问题毫无帮助的做法包括让学生总结类比例子、在学生阅读类比例子的过程中告诉他们例子背后蕴含的原理是什么、给学生画出解决问题原理的示意图。这些结果表明对于不熟悉的领域,学生需要获得关于类比利用的指导,而多重举例能够增加学生至少将一个类比例子与待解决问题相关联的可能性。

为了取得更好的效果,类比策略要求学习者对熟悉领域和问题领域都有良好的了解。学生往往不太会利用类比解决问题,即便已经明确告诉他们可以采用怎样的思路解决问题。如果了解不够充分,学生就无法发现问题和类比示例之间的关系。即使在充分了解的前提下,如果熟悉领域和问题领域在概念上相差甚远,类比策略也可能不会奏效。例如,学习者可能能够明白打仗(军事问题)和抵抗疾病(医学问题)有相似之处，但换成其他类比例子，他们可能就看不明白了（如反对上市公司收购）。

　　发展证据表明，虽然难度较大，但儿童具有进行类比推理的潜力（Siegler，1989）。教孩子们——包括存在学习障碍的学生——类比策略能够有效增强他们以后解决问题的能力（Grossen，1991）。案例研究和案例推理分析等方法能够训练类比思维能力（Kolodner，1997）。能够促进类比策略有效利用的做法包括，让教师和孩子说出初始问题和迁移问题解决方法所蕴含的原理、让孩子回忆初始问题因果结构的相关因素、把初始问题和迁移问题的因果结构按照从最显著到最不显著的顺序呈现（Crisafi & Brown，1986）。其他建议还包括使用相似的初始问题和迁移问题、给出多个相似问题、利用图表解释因果关系等。

　　这并不是说所有的孩子都可以学会有效利用类比策略。这个任务非常艰巨，孩子们也往往会归纳出不恰当的类比关系。相比较年长一些的学生，较年幼的学生会表现出需要更多的提示、更容易受到不相关认知特征的干扰、信息处理的效率较为低下等特征（Crisafi & Brown，1986）。孩子能否有效利用类比策略取决于他们对初始问题的了解程度以及编码和心理比较的能力，这些因素的个体差异非常大（Richland，Morrison，& Holyoak，2006；Siegler，1989）。比起只对解决问题策略做出观察，孩子观察并对策略做出解释能够促使他们更好掌握解决问题策略（Crowley & Siegler，1999）。

　　解决问题的类比策略是有效的教学手段。例如，班上一般都会有几个母语不是英语的学生，教师当然不可能用这些学生的母语来给他们上课，教师可以把这个问题和有学习障碍学生的教学联系起来。对于后者，教师往往会放慢讲课速度，尽可能地多举一些具体经历的例子，给予个别辅导；对于前者，教师可以在教他们英语词汇和短语的同时采用相同的教学方法，好让他们能够与班上同学齐头并进。

　　这一类比是合适的，因为有学习障碍的学生和英语水平弱的学生听课都有困难，不过其他类比可能就不一定合适了。学习动机不强的学生也会有学习困难的问题，而如果把这个作为类比对象的话，教师可能需要对英语水平弱学生的学习表现给予奖励。这个解决问题的方法可能不会奏效，因为英语水平弱的学生的问题跟动机无关，跟教学相关。

解决问题和学习

根据当代信息处理理论(Anderson，1990，1993，2000)，解决问题的过程包括习得、记忆和产出系统应用等环节——产出系统指条件—行为序列(规则)网络，其中条件指激活系统的系列环境条件，行为指发生的系列活动(Anderson，1990；Andre，1986；第五章)。产出系统由一系列"如果—那么"命题构成，如果项(条件)指目标和测试陈述，那么项指行为。

产出是程序性知识的表现形式，也包括陈述性知识以及知识适用条件。产出以长期记忆命题网络的形式存在，其习得过程与其他程序性知识的习得过程相同。产出呈现出层级结构的特点，有下位和上位之分。在解二元方程时，我们先用第二个未知数表示第一个未知数(下位产出)，然后解出第二个未知数(产出)，再用这个结果解出第一个未知数(上位产出)。

产出有一般化产出，也有具体化产出。具体产出适用于界定清晰领域的相关内容，而启发法属于一般产出，适用于不同的内容。手段—目的分析策略可以表示如下(Anderson，1990)：

> 如果，目标是把当前状态转换为目标状态，D 是两种状态间最大的差异所在，
>
> 那么，可把以下内容作为子目标：
>
> 1. 消除差异 D；
>
> 2. 将结果状态转换为目标状态。(p. 243)。

第二个产出也需要用到"如果—那么"表述结构，"如果目标是消除差异 D"。这一序列组合会一直持续到子目标被具体化；这时就可以用到特定领域规则。简而言之，一般产出被不断分解成子目标，直到可以运用特定领域知识予以实现。产出系统成为解决问题的一般策略和具体策略之间的联系纽带，其他解决问题策略(如类比推理策略)也可以产出的形式呈现。

受到高度管理的学校学习可能不太涉及解决问题的内容，当学生对目标以及如何

实现目标有着清晰的认识时,解决问题策略并不起太大作用。但当教师脱离学校要求的教学内容、鼓励学生多作创造性和批判性思考时,解决问题的能力就会变得十分重要,这也正是开头小剧场中尼科斯基中学的教师在与梅格座谈结束后所努力尝试的内容。

专家和新手

同技能习得的情况相似,研究者也发现解决问题新手和专家之间存在较大差异(Anderson,1990,1993;Bruning,Schraw,& Norby,2011;Resnick,1985)。差异之一表现在对工作记忆的需求。专家级的解决问题者不会激活大量的可能信息,而是会分析问题的主要特征,把这些特征与背景知识相关联,得出一个或少量可能的解决办法(Mayer,1992)。专家会把问题空间与空间范围更大的任务环境——由事实和知识域所构成,问题也包括在其中——相脱离,把复杂问题简化至可以掌控的水平(Newell & Simon,1972)。一方面,专家的工作记忆本身就可以容纳更多信息(Chi,Glaser,& Farr,1988),另一方面,简化流程只保留相关信息而抛开了不相关信息,使信息处理量维持在工作记忆的极限范围以内,没有带来额外的认知负荷,能够保证解决方法的准确性。

专家往往采用前进模式策略,先判断问题形式,然后再生成相应的解决方法(Mayer,1992)。这是典型地把问题分解成部分,然后依次解决的做法(Bruning et al.,2011)。新手解决问题往往采用的是逐个解决的方式,部分原因在于记忆中的信息组织不够有序。他们可能采用试误策略或后退模式策略,从解决方法入手,然后再分析问题——如果他们不清楚解决问题的过程涉及哪些子过程,这个策略不太可能奏效(Mayer,1992)。新手的手段—目的分析通常也只基于问题的一些表面特征。例如,解数学应用题时,新手会在记忆中搜寻合适的公式,这种做法导致工作记忆中存储的信息过多,造成认知负荷超载(Kalyuga,Renkl,& Paas,2010)。

专家和新手似乎都比较精通解决问题的一般策略(Elstein,Shulman,& Sprafka,1978;Simon,1979)。这样一种概括化的知识体系对于解决问题具有重要意义(Kalyuga,et al.,2010)。但专家的长期记忆存储的领域化知识更为丰富、组织更加有序(Chi, et al., 1981)。在解决问题的过程中专家能够应用的知识越丰富,找到解决方法的可能性就越大,记忆组织对解决问题有效性的作用就越大。

专家和新手之间在知识的记忆存储结构上有着本质的差异(Chi, Glaser, & Rees, 1982)。专家的知识组织更有层级性,他们会根据"深层结构"分析问题,而新手更多依赖表面特征分析问题(Hardiman, Dufresne, & Mestre, 1989)。教会新手识别深层结构有助于提高他们解决问题的能力。

新手往往按照问题呈现的方式应对问题;而专家会重新解读问题,以找到问题的深层结构,这个结构与他们长期记忆中的信息网络相匹配(Resnick, 1985)。新手试图把已知信息直接转换成公式,解出未知数。专家不会直接搜寻公式,而是先对问题中涉及的各种关系进行梳理,他们往往会对问题形成一个新的解读。当他们准备好运算时,往往已经把问题进行了简化,他们要做的运算比新手要少。在运算过程中,专家能够对他们的行为表现做出更有效的监控,以评估目标进展情况以及所用策略的有效性。

最后,专家花在规划和分析上的时间更多。他们更加深思熟虑,在没有想出应对策略时不会急着解决问题。比起经验不够丰富的教师,经验丰富的教师会花更多的时间用于备课上,还会花更多的时间用于开发新课堂(Moore, 1990)。这些规划工作能够保证策略的实施更加顺利。

总而言之,新手和专家在解决问题方面存在很多差异。与新手相比,专家:

- 拥有更多的陈述性知识;
- 知识的组织更有层级性;
- 花更多的时间用于计划和分析;
- 能更容易地识别问题的本质形式;
- 能更深入地分析问题;
- 能更仔细地监控自己解决问题的行为表现;
- 对应用策略的意义有更好的了解。

批判性思维、推理和创造力

除了元认知外,概念学习、解决问题以及复杂的认知活动还包括批判性思维、推理和创造性思维等内容。

批判性思维

开头小剧场中的教育者们关心的一个问题是,如何在课程教学中加入更多批判性思维的内容。批判性思维是对该做什么或该相信什么做出判断的一种反思式的认知活动(Ennis,1987)。批判性思维的内容是如何思考而不是思考什么,从本质上来讲,是一种更好或更有深度的思考。

与侧重找到解决方法的解决问题任务不同,批判性思维侧重于对问题本质的把握。此外,解决问题有侧重特定知识领域的倾向(如自然科学、数学),而批判性思维的覆盖面更加广泛(如污染的影响),贯通多个领域(Bruning et al.,2011)。

当然,批判性思维过程也包含解决问题的内容,我们不仅想了解污染的影响,还会针对这个问题提出一些解决办法。不过,批判性思维侧重一般性分析,不求得出某个结论或提出某个解决办法,只求对问题有一个更加全面的认识。

研究者们对批判性思维的不同构成要素做了研究,指出其中比较重要的四个构成要素是知识、推断、评价和元认知(Bruning,et al.,2011;Halpern,1998)。对思考的问题有所了解,能够促进我们提出问题,对新的信息和视角做出判断;如果对本书中讨论的策略有所了解,我们就可以找到批判性思维的正确方向并沿着这个方向行事。批判性思维帮助我们获得新的知识。

推断指将两个或两个以上的知识单元相关联的过程(Bruning et al.,2011)。推断能够帮助我们更好、更加深入地理解问题。本章后面会讨论两种推断策略:演绎推理和归纳推理。

评估指分析、判断、权衡证据的过程。我们通过分析识别选择问题相关信息,判断帮助我们对信息或证据的可信度做出评估,以消除偏见。权衡指我们对获得的信息进行比对,并对信息进行有序组织,从而使之能够为我们所理解。

元认知是批判性思维的核心内容。上文我们讨论过元认知是"思维的思维"。元认知活动帮助我们对思考过程进行监督，并对我们所得出的结论是否充分完整进行反思。元认知活动帮助确定我们已经对问题做出充分思考还是因为需要更多信息还没准备好得出结论。

推理

推理是一种以形成、评估逻辑论证为主要内容的心理活动（Anderson，1990）。推理依据想法、认知和断论得出结论（Johnson – Laird，1999），还包括针对问题做出"为什么会出现这种现象"或"将会发生什么"的解释（Hunt，1989）。推理技巧包括解读、找出依据、推断和评估等（Ennis，1987；Quellmalz，1987）。（参见表 7.3 和实际应用 7.6）。需要注意的是推理技巧有些与批判性思维技巧具有一定程度的重合性。

表 7.3　推理技巧

技巧	定义	问题示例
解读	识别并产生问题、分析构成要素、定义术语	"我知道什么？""我需要知道什么？"
找出依据	分析支持问题结论的根源性信息	"这是事实还是观点？""这个信息源自哪里？"
推断	做出从具体到一般的归纳性推理或从一般到具体的演绎性推理	"这些不同的例子有什么共同点？"（归纳）"我怎么把一般规则用于这个例子？"（演绎）
评估	依据标准判断问题解决方法是否充分	"我需要知道更多信息吗？""我的结论合理吗？"

实际应用 7.6

推理

学生可以学习通过提问对问题形成正确的心理认知。例如，小学教师让学生依据形状对所给物体进行归类。为了帮助学生明确问题的性质，教师可以提出以下问题让学生思考：

- 你们需要做什么？

- 你们有哪些物体？

- 你们知道哪些形状？

- 物体的颜色不同有关系吗？

- 物体的大小不同有关系吗？

- 物体的软硬不同有关系吗？

- 你们觉得可以如何对你们手上的物体进行归类？

学生用言语表达他们需要用到哪些信息以及如何处理这些信息。每次教师布置学生解决问题的任务时，都可以帮助他们提出一些问题，以确定哪些信息对于解决问题具有重要意义。

医学研究员正给一群实习生讲解什么是病毒，然后要求实习生判断哪些是病毒。为了帮助学生做出正确判断，教师可以提出一系列问题让学生思考：

- 病毒会对血细胞产生什么影响？

- 病毒会对人体组织产生什么影响？

- 病毒的增长速度有多快？需要什么条件？

- 在温暖的环境中病毒会怎样？

- 在寒冷的环境中病毒会怎样？

- 在潮湿的环境中病毒会怎样？

- 在密封的环境中病毒会怎样？

- 在不同的药物作用下病毒会如何表现？

解读。解读是识别问题产生、分析构成要素、定义术语的一个过程，具体包括判断哪些情境因素是重要因素、是什么意思、如何相互关联。有时问题比较科学，但有时学生形成的问题是"问题、假设或观点是什么？"解读是解决问题过程中的表征形成阶段；

学生对问题进行定义获得清晰的心理表征。如果没有对问题形成一个清晰的表述,推理就不太可能展开,也就无法找到有效的解决办法。

找出依据。个人观察所得、他人评价和先前推断会对问题结论形成支持,因此判断信息源是否可信是一个重要步骤。在此过程中,我们必须对事实、观点和推理得出的判断进行区分。假设有个身上带枪的嫌疑人在凶案现场附近被警察逮捕了。被捕时嫌疑人身上有枪是一个事实,对枪支、子弹还有杀害人的实验室检测帮助我们得出推理性判断:枪支正是凶案中所使用的枪支,案件调查员可能会据此产生嫌疑人就是凶手的看法。

推断。科学推理有两种形式:归纳和演绎。归纳推理指通过具体实例观察以及相关知识形成一般规则、原理和概念的过程(Rellegrino, 1985),这种推理往往会形成某个理论模式,需要借助推断关联原则完成(Hunt, 1989)。人们从具体的物体和活动中提炼出相似点和相异点,并形成概括性结论,就是一种归纳推理,形成的概括性结论可用于指导新的体验。只要这些概括性结论是有效的,人们就会长久记忆应用,而当出现相冲突的证据时,人们会对概括性结论进行修正。

可用以评估归纳推理的一些常规任务包括分类、概念和类比问题。例如以下这个类比(Pellegrino, 1985):

糖:甜: 柠檬:_____

黄色 酸 水果 压榨 茶

恰当的心理学活动属于某种形式的产出系统。学习者先对类比问题中每个选项的重要属性进行心理判断,然后激活长期记忆中与每个选项相关的信息网络,这个信息网络包含所有选项的重要属性,既包括下位概念,也包括上位概念。接下来,学习者对前两个选项的特征进行比对,以确定两者间的关联性。"甜"是糖的一个味觉特征,得出这个判断后,学习者对"柠檬"的信息网络进行搜寻,以找到所列出的五个特征中哪个在意思上与"柠檬"可以构成与"甜"和"糖"一样的关联性。虽然五个选项可能都存储在学习者关于"柠檬"的信息网络中,但只有"酸"这个选项是与味觉直接相关的。

儿童到 8 岁左右的时候开始具有基本的归纳推理能力,而随着年龄的增长,他们推理的速度加快,可以处理更加复杂的内容。这是因为他们的长期记忆网络变得日益复杂,链接性更强,从而减少了工作记忆的负荷。为了培养孩子们的归纳思维能力,教师可以采用引导式的探索策略(第八章),让孩子们学习各种样例并让他们试着形成一般规则。例如,孩子们可以收集树叶,并依据茎、叶脉、大小和形状等因素形成概括性结论。又或者,教师可以提出诸如"为什么金属在水中会下沉,而用金属做成的船只却会浮在水面上?"等问题,教师不告诉学生该如何解决问题,而是给出材料并鼓励学生在解决问题的过程中形成假设并进行检验。派厄(1997;Klauer & Phye,2008)对行之有效的用于归纳推理教学的方法和项目进行讨论。

演绎推理指把推论规则应用于问题的某个形式化模型以判断规则是否适用于具体样例,是否合乎逻辑。我们在作演绎推理时,遵循的是从一般概念(前提)到具体举例(结论)的推理顺序,以判断前者是否能够推断出后者。在前提真实的情况下,如果从前提可以推导出结论且推导过程合乎逻辑,就可以认定演绎成立(Johnson – Laird,1985,1999)。

语言加工过程和演绎推理过程密切关联(Falmagne & Gonsalves,1995;Polk & Newell,1995)。有一种演绎法叫三项序列法(Johnson – Laird,1972)。例如,

> 凯伦(K)比蒂娜(T)高,并且
>
> 玛丽·贝斯(MB)没有蒂娜高,那么
>
> 谁最高?

这个问题的解题思路与上文讨论的解题思路是一样的。我们首先形成关于这个问题的心理表征,如 K > T,MB < T,然后再把命题整合起来(K > T > MB),就找到问题的答案。由于智力发育的原因,儿童解决此类问题的能力较弱,他们可能很难把问题相关信息存储在工作记忆中,也可能无法理解用来梳理关系的语言表达。

另外一种演绎推理形式是三段论推理,这种推理由两个前提条件和一个结论构成,结论中会包含全部、全都不或部分等字样(如 A 全部都等于 B;部分 A 不等于 B; Khemlani & Johnson – Laird, 2012)。以下是关于前提条件的举例。

高校教授全部都是教师。

部分研究生不是教师。

本科生全都不是教师。

以下是一个三段论推理的举例。

肯班上的学生数学都学得很好。

数学好的学生全都能上大学。

(因此)肯班上的学生全都能上大学。

研究者对于三段论推理过程中人的心理活动存在不同看法,主要涉及他们是否运用启发法、推断原则或图解法(如 Venn; Khemlani & Johnson – Laird, 2012)。例如,我们可以运用推断原则得出结论:如果前提条件不可能得出与结论相反的结论,那三段论推理成立;也就是说,除非结论出现例外,否则三段论推理成立。

用信息处理理论术语表达,就是人们掌握规则(如假言推理规则支配了"如果 p 成立,就会出现 q"的表述框架),然后把例子与规则进行匹配。又或者人们运用适用不同内容领域的规则,以产出的形式呈现,其结果是具体例子引发产出规则。例如,产出可以包括所有的汽车,当某辆具体的车("我的车是 X")出现时,产出就被引发。

三段论推理过程还依赖于语义理解,在此过程中,我们寻找关于前提条件的解释,这些解释是与结论相反的一些例子。依据这一观点,人们对所接触的论断(前提条件解释)建构一个或多个模型;这些模型的结构不尽相同,被用来检测情境是否合乎逻辑。学生可能会基于信息对问题进行反复编码;很大程度上演绎是一个口头推理的过程（Polk & Newell，1995）。约翰逊—莱尔德等人（Johnson - Laird，1999；Johnson - Laird，Byme，& Schaeken，1992；Johnson - Laird，Byrne，& Tabossi，1989）认为这个语义分析过程适用于各种推论（如含有"如果"、"或者"、"并且"、"不"，以及各种量词的推论）。不过还需要进一步的研究对这些过程做出更清晰的描述，并揭示其对教学的启发。

评估。评估指依据一定标准判断问题解决方法是否充分有效。在评估过程中，学生们提出以下这些问题："已知信息是否充分，足以解决问题？""我需要更多信息吗？""我的结论是基于事实、观点还是推理性判断？"评估还包括对接下来的情况做出判断——即在假设分析正确的前提下对未来事态的走向形成预设。

影响演绎推理的因素除了逻辑外，还有内容。沃森（1966）在受试面前放了四张卡片（上面分别写着 A B 2 3），告诉受试每张卡片一面写了一个字母，一面写了一个数字，然后给出如下限定性规则："如果卡片的一面是 A，那另一面就一定是 2。"受试的任务就是选出合适的卡片翻过来看背面以判断规则是否成立。大多数受试选了写有 A 的卡片，也有不少受试选了写有 2 的卡片，但也有极个别的受试选了写有 3 的卡片；不过，卡片必须翻过来验证，因为如果卡片的背面是 A，则规则不成立。当测试内容变成日常内容时（如字母 = 发色、数字 = 眼睛的颜色、A = 金发、2 = 蓝眼睛），大多数人都可以做出正确的选择（Wason & Johnson - Laird，1972）。这些结果表明推理在一般性规则的形成过程中并不十分重要，重要的是要让学生体验涵盖不同内容的任务。

元认知是推理的一个核心因素（Thompson，Turner，& Pennycook，2011）。学习者对自己投入的精力进行监控，以保证恰当提问、信息来源充分并能用于做出推断、在评估过程中采用相关标准。推理的教学不仅包括推理技能的灌输，而且包括元认知策略的传授。认知负荷同样是一个重要因素（第五章）。如果信息的来源渠道过于多元化，但必须同时处理这些信息，这时工作记忆的负担加重，推理就会变得难以进行。卡尔森等（2003）发现学生的科学课成绩与两个旨在降低认知负荷过程密切相关：有助于最大程度减少同时处理信息量的图示和讲解。

创造力

创造力(或创造性思维)与本章所讨论的其他话题密切相关,创造性思维与其他认知活动的最大区别在于创新性和价值(或恰适性)。创造性思维是一个形成新颖观点、找到解决问题办法或对个体或社会团体产生价值和恰适性产品的过程(Hennessey & Amabile,2010)。不过除了创新性和价值这两个标准外,研究者们对于创造性思维所必需或适合的其他构成要素意见不一。

跟解决问题情况相似,创造性思维的主要目的是形成解决问题的方法;只不过,解决问题对解决方法的创新性没有要求。创造性思维产生的解决问题方法也可以是反复试验过的合乎实际的办法,但必须不能是前人已经想出的。创造性思维的结果往往具有重要价值和恰适性,往往对问题做出细致思考,但并不一定要求形成解决问题的方法。

创造性思维并不是一个单一现象;有不同的表现形式,其中就有大写 C 创造力和小写 c 创造力之间的区别(Hennessey & Amabile,2010)。大写 C 创造力是一种显著性的创造力,即一种能够获得重大突破和产出、对他人产生重大影响的极为罕见的创造力,这种创造力往往极具新闻报道价值,也会给其创造者带来奖项等荣誉,但日常生活中较为常见的创造力大多属于小写 c 创造力,即日常生活中产生的以解决问题、找到适应环境方法为主要内容的创造性思维(如活动的创新性设计)。从信息处理理论的角度来看,创造性思维也是一个知识建构并与长期记忆网络中的其他知识相链接的过程。无论是何种创造力,都离不开概念的新式或非常规组合。

关于创造力的一个核心问题是学生能否通过学习变得更加富有创造力。同其他认知活动一样,创造力也是可以提高的。相比趋同思维(如,以缩小可能的解决问题方法的范围为目的的较为严谨的思维过程),发散思维(即以产生众多不同想法为目的的自发式思维过程)似乎更能促进创造力的培养,有证据表明学习者在完成小组任务的过程中,其创造力可以获得提升(Hennessey & Amabile,2010)。

创造力同时还受到动机因素的影响。内在动机(第九章)有助于促进创造力,但外在动机不能。曾有学者对给予学生创造性思维奖励的行为能否促进创造力作过研究,此类研究的结果并不统一（Joussemet & Koestner，1999），但其中看起来行之有效的一种做法是在教学过程中鼓励学生多作创造性思考（Hennessey & Amabile，2010）。

创造性解决问题（CPS）模式是一个一般性的理论框架（Treffinger，1985；Treffinger & Isaksen，2005）。这一模式由三个部分组成：理解挑战、生成想法、准备行动（Treffinger，1995；Treffinger & Isaksen，2005），同时还包括一些元认知因素（如计划、监督、纠正等行为）。

理解挑战指对解决问题的总体目标或方向有所了解。在搜集完重要信息（如事实、观点、关注点）后，我们形成具体目标或问题。生成想法指通过发散思维产生实现目标的选项。准备行动包括对可能性大的选项进行考查，并寻找援助渠道和克服阻碍途径。

头脑风暴也是一个一般性的解决问题策略，有助于形成可能的解决问题方法（Isaksen & Gaulin，2005；Mayer，1992；Osbom，1963）。头脑风暴的具体过程如下：

■ 界定问题。

■ 尽可能多地生成解决方法，但不作评估。

■ 确定判断方法是否可行的标准。

■ 利用标准选取最佳方法。

成功的头脑风暴要求学习者先不对想法做出意见评估，直到所有想法生成完毕。此外，头脑风暴过程中，学习者的想法可以具有连带性。因此，应该鼓励"狂野的"、非常规的想法（Mayer，1992）。

我们具备的关于问题领域的知识储备量会影响头脑风暴的结果，因为丰富的知识储备有助于产生更多的可能解决办法以及可行性的判断标准。头脑风暴可以独立进行，虽然组内交流往往能激发更多的解决办法。

头脑风暴在学校的教学和行政决策过程中发挥重要作用，主要表现在它有助于形成很多不同的——可能是独特的——想法（Isaksen & Gualin，2005）。假设一位新校长发现学校教师的工作热情不高，在校教职工都认为需要更进一步的沟通，于是年级主任与校长会面后达成了以下一些可能的做法：每周召集职工座谈，每周发布（电子）公告,在公告板上贴出通知,每周与年级主任座谈(在年级主任召开完职工座谈会后),经常发送电邮通报信息,通过公用地址系统发布通告等。座谈小组达成了两个标准:(1)尽量不占用教师时间;(2)尽量不干扰教学秩序。在遵循这两个标准的前提下,他们一致决定校长应该每周发布公告、经常发送电邮通报信息、与年级主任定期座谈。虽然座谈很花时间,但校长和年级主任之间的座谈相比校长与全体教职工之间的座谈会更有针对性。

认知和技术

近年来,电子教学和远程教学等教学技术日新月异(Bernard, et al., 2009;Brown, 2006;Campbell, 2006;Clark, 2008;Jonassen, 1996;Jonassen, Peck, & Wilson, 1999;Larreamendy – Joerns & Leinhardt, 2006;Roblyer, 2006;Winn, 2002)。技术往往被等同于仪器设备(如计算机),但实际上技术的含义远比这个要宽泛。技术指能够促进学习者投入学习的所有设计和环境(Jonassen et al., 1999)。随着社会极力推动技术与教学相融合,关于技术对于学习效果影响的研究与日俱增(Ertmer, 1999)。

技术对于教学的促进作用在以前完全难以想象。今天,学生可以在仿真环境和活动中获得体验,而这在常规课堂中是永远无法实现的,他们还可以实现远程教学或远程交流,与大型知识库和专家辅导团队交流互动。

研究者们面临的一个挑战就是确定技术如何在编码、记忆、迁移、解决问题等过程中影响学习者的认知活动。本节主要讨论技术在学习中的作用,但并不涉及技术对教学的实践指导。读者如对技术的深入应用感兴趣,可以阅读其他相关资料(Brown, 2006;Kovalchick & Dawson, 2004a, 2004b;Roblyer, 2006;Seo, Pellegrino, & Engelhard, 2012)。

计算机化的学习环境

计算机化的学习环境正变得日益普遍。研究者们对计算机技术在教学和学习过程中的作用表现出了浓厚的兴趣。虽然计算机化学习并不属于学习理论的范畴,但它对于我们了解计算机是否有助于促进学习和培养复杂认知活动的能力具有重要意义。

我们可以通过比较计算机化学习和非计算机化学习来对前者的效用做出评价,但这种比较可能会有误导性,因为在计算机化学习和非计算机化学习环境中,其他一些因素(如内容的真实性、师生/学生间交流)也会随之不同。有鉴于此,与其揪着这个问题不放,不如把注意力放在考察计算机化学习环境及其他技术应用条件下的认知活动上。乔纳森等人(1999)认为技术手段在学习过程中的作用是一个动态变化的过程。技术手段的最大作用表现在其能够激励促进学习和知识建构。在这一理论体系中,技术手段具有如下功能(见表7.4)。本节所讨论的学习相关技术应用在有效实现这些功能方面存在差异。

表7.4 技术手段的功能

辅助知识建构的工具
以实现通过建构辅助学习为目的的探索知识的信息载体
辅助学习实践的情境
辅助学习对话的社交媒体
辅助学习反思的学习伙伴

(Jonassen, et al., 1999)

技术手段应用的关注点不在于因为存在可用的技术手段,教师觉得自己应该对其加以应用,而在于技术手段能够辅助教学目标的实现。技术手段的有效性取决于它在多大程度上能够与教学目标和实践形成互补。元分析结果表明应用技术手段促进学习的班级要比没有应用技术手段的班级成绩高 12 个百分点(Tamim, Bernard, Borokhovski, Abrami, & Schmid, 2011)。不过,应用技术手段的班级之间存在较大差异,很大可能关乎技术手段与教学的契合度。

计算机化教学。计算机化教学(CBI)(也叫 CAI——计算机辅助教学)是学校计算机化学习的最常规模式,直到几年前才被因特网取而代之(Jonassen, 1996)。计算机化教学一般用以训练和个别指导(第三章),可以根据学生的回答给出信息和反馈。

计算机化教学的几大特征有着坚实的学习理论和实证基础。计算机教学内容能够紧紧抓住学生的注意力,并给出即时反馈,这种反馈可以是课堂环境中不太会接触到的反馈,如把学生当前的行为表现与先前的行为表现相比较(以表明学习是否有所进步)。计算机还能依据学生的个人情况对展示信息的内容和频率做出个性化调整。

计算机化教学还有一个优势是很多项目都支持个性化服务:学生输入关于自身、父母以及朋友的信息即可以显示在教学内容中。有证据表明个性化内容相比其他方式更有助于促进成绩提高(Anand & Ross, 1987)。个性化教学有助于使所学内容变得更有意义,同时还能促进所学内容与长期记忆网络有效组合。熟悉参照物有助于知识建构。

计算机化教学还能借助专家系统——即由专家的知识和认知(思考)活动构成的大型计算机程序——辅导较为复杂的学习(Graesser, Conley, & Olney, 2012)。专家系统是人工智能——即模拟人类认知活动和学习的计算机程序——的一种应用形式,例如,这些系统可以教导学生如何计划并监督学习以及如何应用有效的学习策略,从而帮助学生成为更好的自我调节型学习者(Schraw, 2010),除此以外,这些系统还可以用于合作型的解决问题(Järvelä & Hadwin, 2013;见第十章)。传统的计算机化教学采用的是基于答案的程序模式(如学生输入答案,计算机对其正确性给予反馈),而智能化辅导系统强调的是过程,因此,它可以针对学生所想采用的解决问题方法给出提示,并就该方法与学生进行对话交流,随后系统会对解决问题过程中的每个步骤给出提示和反馈。凡莱恩(2011)在回顾某项研究时发现智能化辅导系统辅导学生学习的效力同人工辅导相差无几,与单独的人工辅导相比,在智能化辅导系统中加入样例有助于减少辅导时长、促进学习效果,这可能是因为样例能够降低额外的认知负荷(Salden, Koedinger, Renkl, Aleven, & McLaren, 2010)。

不过,计算机化教学的一个常见问题是学生可能采用无效方法,从而导致学习片断化。这样的学习违背了学习应该富有意义并与长期记忆中知识相链接的主张。但如果学生掌握了有效的学习策略(如组织、归纳),就能够取得较大的进步(Jairam & Kiewra, 2010)。

模拟和游戏。模拟指在现实学习环境中无法实现的真实或虚拟的情境,例如模仿飞机飞行、水下勘探和虚幻城市生活的程序。如果学习中出现有形的指示物,学习者可以更有效地建立起记忆网络。

模拟基于的是计算机生成的情境,所以特别适合探索式和问询式学习(第八章)。德永和范约林根(1998)在回顾运用计算机模拟进行探索式学习的研究时总结说相比把"深层"(直观)的认知活动灌输给学生的传统教学做法,模拟教学的效果更好。

模拟教学要取得良好效果,很重要的一点在于不能给学习者增加过多的认知负荷(见第五章)。把教学内容分两次呈现比集中一次呈现更能促进学习和迁移(Lee,Plass,& Homer,2006)。梅拉斯、尼哈拉尼和罗宾森(2011)发现语音辅导相比文本辅导能够减少额外的认知负荷,从而促成有效迁移,而文本之所以会带来较大的认知负荷,可能在于学习者的视觉注意力会在两种渠道的信息间分散。

模拟教学还有助于发展解决问题的技能。与计算机化教学的结果相类似,莫雷诺和迈耶(2004)发现,含有个性化信息的模拟教学和不含有个性化信息的模拟教学相比,前者更能够促进记忆效果和问题解决。伍德沃德、康乃恩和格斯滕(1988)发现,比起单一的传统教学,在程式化教学中加入计算机模拟元素能够有效帮助特殊教育学校的学生掌握解决问题的技能。不过他们同时指出,为什么会有这样的结果,其原理还不清楚;此外,该结果并不能泛化至单一的计算机模拟教学。

游戏是一种把学习内容与体育、历险或幻想相联系以营造富有趣味的学习情境的教学模式。游戏主要强调的是思维技巧和解决问题的能力,但也可用于知识性内容的教学(如通过篮球比赛学习分数)。

游戏还可以增强动机进而影响学习。当学习内容和游戏或模拟呈现内容的方式("特殊效应")之间存在某种内在(自然)关系时,学习者的动机变强(Lepper & Hodell,1989)。例如,上面举到的篮球比赛和分数的例子,当让学生判断球员在场上运球时其运球轨迹的覆盖面时,分数和篮球比赛之间就产生了某种内在关系,这一关系使得学习内容变得更有意义,同时也促进了长期记忆的编码和存储。不过,在很多游戏和模拟情境中,内容和方式之间的关系具有随意性,例如学生正确回答问题时出现的幻想元素(如卡通人物)就是如此。而当关系变得随意时,游戏式教学相比传统教学的优势也就不复存在,虽然前者可能会更为有趣。

还有一个问题是游戏具有很多有趣的特征,可能会加重学习者的工作记忆负荷,使得他们无法专注于学习内容,而使学习者的注意力专注于学习内容能够促进学习以及脱离原初学习情境的迁移。菲奥雷拉和迈耶尔(2012)发现给学生布置工作表任务、把他们的注意力引向游戏的某些方面能够促进学习和迁移,并对其内在作用原理进行了归纳总结。

多媒体。多媒体是一种汇总了计算机、影像、声音、音乐和文本等诸多媒体的优点而形成的技术手段(Roblyer, 2006)。当学生所接触信息的来源渠道不止一种时(如文字、图片、视频),就出现了多媒体教学。

多媒体教学手段对于教学的促进作用取决于学习者的工作记忆。当信息以多种模式呈现时,会牵涉语音回路(口头信息)、视觉空间速写板(视觉和空间信息)、情境缓存器(多模式信息的临时存储)、中央执行器(监督、协调各项功能并与长期记忆相连接)等多个系统(Baddeley, 1998; Schüler, Scheiter, & van Genuchten, 2011; 见第五章)。工作记忆一次处理信息的量极为有限,因此教学应当尽可能减少认知需求,以避免负荷量过大。有效的多媒体学习要求学生做到以下几点:选出相关信息、将信息与工作记忆中具有连贯性的表征进行整合组织、把这一表征与长期记忆中的已有知识相整合(Lee, et al., 2006)。

多媒体学习为技术手段与教学的融合提供了多种可能性,因此对于教学有着重要启发(Roblyer, 2006)。有实验证据表明多媒体手段对于学习有促进作用。迈耶尔(1997)在研究综述中提到多媒体手段能够增强学生解决问题的能力、促进迁移;不过,效果最明显的是针对那些先期知识储备较少而空间能力强的学生。狄伦和加伯德(1998)总结道,效果的好坏部分取决于学生的能力强弱:综合能力较一般的学生对多媒体的适应力最弱。学习风格也是一个重要因素:那些对探索感兴趣的学生获益最大。多媒体似乎特别适用于那些需要对信息作快速扫描的任务。

研究者对多媒体学习的适用条件做了研究,发现教学过程中言语和视觉(如讲述和动画)信息相结合的双向编码模式对学生有促进作用(Adesope & Nesbit, 2012; Mayer & Johnson, 2008)。虽然前文提到过双模式有可能会造成额外的认知负荷,但文字和图片同时留存在工作记忆中有助于学习者在两者间建立起合适的链接（Mayer，Moreno，Boire，& Vagge，1999）。多媒体手段的应用能够更好满足学生个体差异的需求，从而促进学习（Reed，2006）。不同的媒体手段可以保证至少有一种手段对学生有效，但需要注意的是，不能光强调趣味性而与学习内容相脱节（Mayer，Heiser，& Lonn，2001）。一些能够对多媒体学习起到辅助作用的教学手段包括强调学习内容的框架结构及其与其他素材间关系的文本类信息（Mautone & Mayer，2001）；与学生相关、能够让他们感觉切身参与课程的个体化信息（即非正式的、交谈类的信息）（Kartal，2010；Mayer，Fennell，Farmer，& Campbell，2004；Moreno & Mayer，2000）；对展示的现象做出自我解释（Eysink et al.，2009）；允许学习者监督教学节奏（Mayer & Chandler，2001）；包含动作和模拟的动画（Mayer & Moreno，2003）；能够与屏幕上的讲话人互动交流（Mayer，Dow，& Mayer，2003）；能够完成与学习内容相关的实践测试（Johnson & Mayer，2009）；交流对象是活人而不是机器人（Mayer，Sobko，& Mautone，2003）。

　　多媒体手段要发挥最大效用，有一些后勤和管理方面的问题不容回避。具有互动功能的设施非常有效，但成本高昂（Moreno & Mayer，2007），会使得不少学校望而却步。互动视频需要占用额外的教学时间，因为其呈现的内容比较丰富，也需要占用较多的学生时间。不过互动多媒体学习环境能够极大刺激学生的学习动机（Scheiter & Geriets，2007）。学习者能够控制的程度越大，对学习的促进作用越大，还能促成学生的自我调节学习（Azevedo，2005b；第十章）。

　　虽然存在成本和所需技术手段等潜在问题，但多媒体和超媒体教学能够促进学生学习。研究日益表明多媒体技术有助于培养学生的自我调节学习（Azevedo，2005a，2005b；Azevedo & Cromley，2004；Azevedo，Guthrie，& Seibert，2004）。随着多媒体技术的发展，必然会开发出更多的应用手段（Roblyer，2006）。此外，我们还需要更多的研究告诉我们多媒体手段对动机有何作用以及它与获得自我管理技能之间有何关联（如社会影响对社会影响；Zimmerman & Tsikalas，2005；第十章）。

　　电子化学习。电子化学习指通过电子化手段进行的学习。这一概念可用于任何形式的电子化交流（如视频会议、电子邮件）；不过这里的电子化学习指的是狭义的互联网(基于网络)的教学模式。

互联网(国际化的计算机网络)是一个不隶属于任何个人的资源分享系统。互联网让我们可以通过电邮和会议(聊天室)、文档、万维网等方式与他人(用户)发生联系——一个多计算机互动的多媒体资源系统。同时互联网还存储可复制的为个人所用的信息。

互联网是极好的信息资源,但这里我们要讨论的是其在学习中的作用。表面上看,互联网具有很大的优势。相比传统教学,网络化教学能够让学生在更少时间内接触更多资源;但是,资源数量多并不一定意味着学习效果佳,后者是以学生掌握新技能——如针对某个课题展开研究的方法或对网络材料的正确性做出批判性思维等——为考量的。给出网络化教学的自动提示(如,"现在你们可以问下自己是否搜集完了所有重要信息";Kauffman,2004,p.149)能够促进学生的元认知活动,刺激他们更好表现(Kauffman,Ge,Xie,& Chen,2008)。此外,相比让学习者自行完成搜索——这对部分学生来说是一件很痛苦的事,引导他们进行网络搜索能够增强他们的自我效能,促进他们的学习表现,让他们获得更大的满足感(Debowske,Wood,& Bandura,2001)。虚拟教学人员(如具有人的体表特征的辅导者)会十分有帮助,可以吸引学生的注意力并增强他们的学习动机(Krämer & Bente,2010)。网络资源对于学习的促进作用还表现在学生从网络上搜取信息并与课堂活动相融合(如探索式学习;第八章)。

教师可以通过支架式教学帮助学生掌握网络技巧(第八章)。学生必须学会搜索技能(如浏览器的使用方法),但与此同时,教师可以先做一些网络搜索,给学生提供一些有用网站的名称等。格拉贝和格拉贝(1998)对此还给出了其他一些建议。实际应用7.7给出了一些关于课堂教学过程中应用技术的实际案例。

实际应用7.7

技术和学习

技术应用能够有效促进学生的学习。有两个中学班级准备合作搞一场关于美国内战的计算机模拟活动。两个班级先抽签决定哪个班当联盟军,哪个班当联邦军,然后各班学生仔细研究了内战的各大战役并搜集了关于战役的地形、气候、参战士兵、将领的领军能力等信息,接着两个班的学生在计算机上对内战各大战役进行了模拟,他们通过互动交流和参考信息考察是否可能改变战役的结果。当学生们确定行动策略的时候,必须参考历史信息对自己的行动策略做出辩护。

一名大学教授利用流媒体视频和网络,让学生学习并思考教育心理学原理的课堂实际应用。学生们在观摩小学课堂教学视频的过程中不时停下视频,把视频中的教学实践和课上讨论过的心理学原理相结合,并发表自己的意见,这样可以实现学生们彼此之间以及师生之间的交流,分享彼此对所观摩课堂教学视频的意见和想法。她还在网上开设了一个虚拟教室,提出一些问题(如"这名教师的科学课上可以如何使用真实评价?"),然后学生登录网站、阅读并思考问题,然后给出意见,这个意见可以发送给教师和其他同学。这样,每个人都可以给出自己的意见并与他人交流。

塔金顿女士应用技术手段给一年级的学生上创意写作课。她在计算机上开设了一个故事连载,故事的名字叫"塔金顿女士的课堂历险记"。孩子们可以上去故事接龙,想什么时候上去写就什么时候上去写。到了月末的时候,他们把故事打印出来,在班上朗读。计算机化环境为全班同学合力创作故事提供了独特的途径。

学生使用互联网的一大风险在于网络信息过于庞杂,可能导致工作记忆认知负荷加重,从而影响学生的后续搜索。给学生一些教学性指导有助于降低他们额外的认知负荷(Kalyuga, 2007)。此外,信息过多还可能让学习者形成这样一种认识,即所有的信息都是重要且可信的,这样一来,他们可能会在写的报告和论文中加入太多信息,变成"联想性写作"。如果想让学生从电子化学习中学会较高阶的分析和综合技能,他们需要掌握相关策略能够判断哪些是重要信息,并把重要信息组合成连贯文本。

在线社交媒体

在线社交媒体是以合作、交流、传播信息为目的的互联网工具。在线社交媒体有四大属性与教育相关,分别是交流、合作、多媒体和虚拟世界(Seo,et al.,2012)。

交流工具(如脸书,领英)的主要目的是促进用户交流。教学实例包括教师发布关于课堂讲义的帖子、学生完成小组作业、学生发帖对线上反馈发表评论等(Seo,et al.,2012)。合作工具主要包括维基、博客和社会书签等。维基是团队作业的一个平台;学生可以合作创建某个课题并对其进行编辑。博客指教师和学生就某些问题进行对话。社会书签指学生对所选中的网页进行标记收藏,从而生成相关网页组合或课题资源(Seo,et al.,2012)。多媒体工具(如油管,Skype)给学生提供课前或课后学习资料、辅导和教学视频、互动团体项目等(Seo,et al.,2012)。最后,虚拟世界(虚拟现实)媒体(如第二人生)是一个同步学习的平台。教师和学生可以在不见面的情形下彼此交流互动,教师可以在虚拟的办公时间段里与学生见面(Seo et al.,2012)。

前述以及其他一些在线社交媒体革新了人们的交流方式。不过这里我们感兴趣的是它们对学习的影响。在线社交媒体手段有几个特征与学习正相关。这些手段极大有利于信息的传播。它们以多种模态呈现知识信息(如言语和视觉形式),有助于信息的双模式编码,从而促进记忆网络的形成和长期记忆的后续提取(第五、六章)。在线社交媒体能够同时面对众多用户,有助于促进合作,这正是社会认知和建构主义理论所强调的(见第四、八章)。合作对于同伴互助性学习具有重要意义(第八章)。此外,学生对在线社交媒体持积极态度,表明他们有意愿运用这些手段工具(第九章)。

关于在线社交媒体的研究仍在起步阶段,所以很难对它们对学习的作用做出正确评估。基施纳和卡宾斯基(2010)发现,相比没有脸书账户的高校学生,拥有脸书账户的高校学生平均绩分点较低,平时花在学习上的时间也较少。然而,我们还需要更多研究证明这个结果是否成立,因为脸书主要是社交媒体,而不是以课程学习为目的的媒体。随着社交媒体在教学领域的应用日益深入,研究者应该能够对其可能会对学生学习产生的影响做出中肯评价。

当今的学生非常热衷使用在线社交媒体,当他们利用这些媒体工作时感觉很怡然自在,能够很快掌握新的技术应用,有鉴于此,如果教师对这部分学生资源加以利用,是很明智的做法。不过我们也必须牢记,在线社交媒体就像其他技术手段一样不应当成为学习的中心,而只是实现教学目标的补充(Seo,et al.,2012)。如果依据课程目标,在线社交媒体工具能够营造满意的学习氛围,教师可以尝试应用这种技术手段,如若不然,则可以在教学过程中引入一些多样化的技术手段,可能会对学生更有吸引力(第九章)。

远程学习

远程学习(远程教育)指教学场地与学生所在地相隔甚远的教学模式。互动性使得双向反馈和讨论成为学习体验的一个组成部分。因为教师和学生不必大老远地跑到教室上课,所以远程教学省时省力省钱。例如,远程教学可以扩大高校的招生范围,学生不必跑到老远的地方去上课,学校可以开设在职项目,从网络中心把授课内容传送到学校的任何一个角落。不过,虽然远程学习可以采用双向互动视频实现实时互动交流(同步学习),但除此以外师生之间缺乏面对面交流的机会。伯纳德等人(2014)在回顾远程教育项目时发现,远程教育对学生学习和持久性的影响与传统教学模式相当。对于同步教学,课堂教学的效果更好,而对于非同步教学(存在时间滞后),远程教育的效果更好。

另外一个网络技术的应用就是电子公告板(会议)。人们连接计算机网络后可以发布信息,但对于教学而言更为重要的应用是加入讨论(聊天)小组。参与者提出问题并对他人的评价做出回应。大量研究对这些交流能否促进写作技能习得作了探讨(Fabos & Young,1999)。这种非同步的远程通信交流对于学习的促进作用是否优于面对面交流,还是一个答案未知的问题,因为很多研究的结果要么彼此矛盾,要么没能得出结论(Fabos & Young,1999)。不过,伯纳德等人的文献综述(2004)表明远程教育对于非同步教学更为有效。远程通信具有其便利性,人们可以在任何时间做出回馈,而不必等到聚在一起。此外,这种开放式的学习环境可能会间接促进学习。

远程教学和计算机会议都是以计算机为媒介的通信技术(CMC),极大增加了社会互动性学习的可能性。不过还需要进一步研究证实学习者的个性以及教学内容的种类是否影响学生的学习和动机。

网络化(在线)学习与传统教学相融合形成混合式教学(如部分教学当面进行,其余在线进行),已经成为一种较为普遍的做法。网络化学习还为多媒体项目提供了便利。很多教师培训项目中还没有上岗经验的教师会利用网络获取资源,然后选择性地把这些资源与多媒体项目相融合,成为课程设计的一个组成部分。

塔伦特—朗内尔斯等人(2006)对在线课程作了总结回顾,指出学生喜欢按照自己的节奏学习,那些较多用到计算机的学生表示通过计算机学习能够获得更大的满足感,非同步交流有利于深入讨论。融合了各种互动交流的远程教育(学生—学生、学生—教师、学生—内容)有助于提高学生的学习成绩(Bernard, et al., 2009)。其他互动交流方式(如维基、博客)也有助益。把多媒体呈现和远程教育相结合,可以扩大个性化服务的程度及远程教育与面对面教学的相似性(Larreamendy – Joems & Leinhardt, 2006),从而激发学生的学习动力。

在线课程与传统课程很难做出比较,这是因为两者的差异极大,其中一大差异是,迄今为止,在线课程主要面向的是非传统学生以及美国白人学生,而随着在线课程变得日益普及,这一状况将会有所变化,从而让我们有机会对在线教学的成果及其利于学习的环境因素做出更好评价。

教学应用

关于相关认知理论原理在教学中的实际应用,本章上文已经有所述及,本节再讨论另外三种情况:样例、解决问题和数学。

样例

样例(见第四章)会逐步给出解决问题的步骤,通常还带有一些图示,它们是专家解决问题的样本,供学习者观摩学习以便模仿。研究表明样例学习比单一的解决问题练习更能促进学习(Atkinson, et al., 2000; Wittwer & Renkl, 2010)。

样例教学的理论基础是安德森的 ACT – R 理论(Lee & Anderson, 2001),特别适用于较复杂的学习,如代数、物理、几何等(Atkinson, et al., 2000; Atkinson, Renkl, & Merrill, 2003)。研究者们采用新手—专家研究模式,发现专家的关注焦点往往在于问题的深层(结构性)内容,而新手更多关注的是问题的表面内容。在技能习得的早期阶段,样例学习对于学生最为有效;而随着学习者的能力日益增强,解决问题实践对于技能发展的促进作用更大(Salden, et al., 2010)。

样例学习的适用性可以用 ACT - R 理论框架下的技能习得四阶段模式来概括(Anderson, Fincham, & Douglass, 1997;第五章)。在第一阶段,学习者通过类比把例子与所要解决的问题相关联;在第二阶段,他们通过实践形成抽象的陈述性法则;到了第三阶段,因为问题解决方法的很多方面成为自动化获得的内容,学习者的行为表现变得更加高效流畅;而到了第四阶段,学习者的记忆系统已经存储了类型丰富的问题,遇到问题时可以快速提取合适的解决策略。样例学习最适合处于第一阶段和第二阶段早期的学习者,而到了后续阶段,学习者将主要依靠实践进一步掌握策略,虽然借鉴学习专家解决问题的方法即便是在很高级的阶段也依然有用。

样例学习的一个重要问题是如何把例子的诸多内容——如图示、文本和听觉信息——相整合。必须要注意样例不能给学习者的工作记忆带来超负荷(即带来额外的认知负荷)——多渠道信息同时呈现往往会带来这种后果。斯塔尔和迈耶尔(2007)发现给出图形组织示意图(类似于样例)相比让学习者自行绘制图形组织示意图更能促进解决问题迁移,后者会产生较高的认知负荷(第五章)。还有证据表明样例可以降低认知负荷(Renkl, Hilbert, & Schworm, 2009)。

研究支持双向呈现相比单一呈现更能促进学习的观点(Atkinson, et al., 2000;Mayer, 1997)。这一结果与双重编码理论的主张相一致(Paivio, 1986;第六章),只是必须注意呈现方式不宜过于复杂。与之相似,举例中如果出现子目标,有助于形成深层结构,对学习有利。

有一点很重要,那就是如果例子有多种呈现模式,必须统一起来,以防学习者注意力分散。听力和言语解释必须清楚表明关乎的是例子的哪个方面,这样学习者就不必自己去搜索。子目标也必须阐述清楚,并能够让人一目了然。

样例教学的第二个问题是样例的排序。从理论上讲,两个举例优于单一举例、不同举例优于两个相同举例、样例和实践相结合优于先讲样例后问题实践的模式,而研究也支持这些结论(Atkinson et al., 2000)。在教学过程中慢慢淡化样例作用能够更好地促成学习迁移（Atkinson et al.，2003）。

齐、巴松克、路易斯、雷恩曼和格莱瑟（1989）发现，在样例学习过程中，能够做出自我解释的学生比起不作自我解释的学生其后续的能力水平发展更快，这可能是因为自我解释能够帮助学生理解问题的深层结构，从而使得编码的意义性更大。自我解释同时也是一种演练，而演练对于学习的助益早已为研究所证实。因此，教师应当鼓励学生在学习样例的同时给出自己的解释，例如可以口头说出子目标。

还有一个问题是因为学习者的样例学习流于表面，因此样例可能会造成被动学习。加入互动元素——如给出提示或留空让学习者填充——能够让学习者的认知和学习变得更加积极主动（Atkinson & Renkl，2007）。动画也能解决这一问题（Wouters，Paas，& van Merriënboer，2008）。

总而言之，有好几种样例教学模式可以帮助学习者生成认知图式、促进他们的后续发展（表7.5）。这些教学策略的最佳应用时机是技能学习的早期阶段。初期的认知表征在实践过程中慢慢升华为专家所采用的高端图式。

表7.5　样例在教学中的应用

■ 所举样例与学生要解决的问题非常相似

■ 多样化举例以涵盖不同类型的问题

■ 以不同模式呈现信息（视听）

■ 在举例中指出子目标

■ 确保举例涵盖解决问题所需要的所有信息

■ 让学生对举例做出自我解释，鼓励学生作自我解释

■ 对不同类型问题给予充分实践以让学生完善技能

解决问题

学习和解决问题之间具有极大的关联性，意味着学生可以通过学习启发式规则和策略训练解决问题的能力（Brunning, et al.，2011）。此外，为了让信息与记忆有效链接，最好把解决问题与课程内容相结合（就如开头小剧场中梅格所建议的做法），而不

要单独进行解决问题教学。诺克斯、多尔和汉克(2007)指出启发式教学可以在<u>丝毫不</u>影响学生课程内容学习的前提下与课堂教学完美结合。

安德烈(1986)给出几点建议,这些建议源自理论和研究,对于学生的解决问题技能训练切实有效,特别是当这些技能表现为记忆中的产出时。

■ 给出隐喻表征。在讲解课文前先让学生阅读具体的相似文章有利于学生目标课文的学习。

■ 在解决问题的过程中让学生作口头陈述。在解决问题的过程中把想法说出来能够促进问题的解决和学习。

■ 利用提问。向学生提问,问题需要他们用到已经学过的概念;可能需要多作这样的提问。

■ 举例。给出能够阐明解决问题策略实际应用的样例。要让学生自己弄明白策略可以如何实际应用可能会有难度。

■ 协调想法。说明产出和知识之间的关系以及其在实际应用时的先后顺序。

■ 采用探索式学习模式。相比注入式教学,探索式学习往往更能够促进迁移和问题解决。探索式学习要求学生从举例中总结规则。注入式教学也可能取得如此效果,但探索式学习对某些学科更为适用(如科学实验)。

■ 做出口头描述。向学生讲解策略及其应用规则有利于学生掌握这些策略及其应用。

■ 学习策略教学。学习者在使用有效学习策略过程中可能需要帮助。我们会在第十章讨论到,策略有助于学习和解决问题。

■ 采用小组学习。大量研究表明小组学习能够帮助学生掌握解决问题技能。小组成员必须对自己的学习行为负责,小组任务要求所有学生的参与。

■ 保持积极心态。心理因素对于有效解决问题具有重要意义。要尽量减少学生的紧张情绪,帮助他们树立能够提高技能的自我效能感(第四章)。

另外一条教学建议就是分步解决问题,这对于解决问题经验欠缺的学生特别有帮助。可以通过样例教学实现这一目的(Atkinson, et al., 2003;Renkl & Atkinson, 2003;

本节讨论）。例如,数学课本往往先给出规则或定理,然后再给出一个或多个样例,然后学生按照样例步骤解决相似问题（类比推理的一种）。伦克和安特金森建议,在学习的初始阶段可以以样例教学为主,随着学生能力水平的提高,逐步过渡到解决问题教学。这一过程还有助于降低工作记忆需求——即学习者承载的认知负荷（第五章）。因此,可以按以下步骤完成过渡：最开始时给出完整样例,然后逐步减少样例步骤,每次减一个步骤,直到最后学习者可以独立解决问题。

问题化学习（PBL；Hmelo – Silver,2004）是又一种教学应用模式。在这一模式中,学生针对某一问题以小组为单位完成任务,这个问题并不具有唯一的正确答案。学生需要判断知道哪些内容才能顺利解决问题。教师充当协助者,不时提供帮助,但不直接给出答案。问题化教学已被证实是行之有效的解决问题和自我调节学习技能的教学方法,不过这些研究大多局限于医学和天才教育领域（Evenson,Salisbury – Glennon,& Glenn,2001；Hmelo – Silver,2004）。问题化教学对于探索有意义的问题极有帮助。但因为比较费时,所以教师需要依据教学目标考虑是否适用。

数学

数学是认知和建构主义研究的重点领域（Ball,Lubienski,& Mewborn,2001；Carr,2012；国家研究委员会,2000；Newcombe, et al.,2009；Schoenfeld,2006）。研究者在以下领域开展了研究：学习者如何建构知识、专家和新手存在哪些差异、动机有何作用、哪些教学方法最为有效等（Mayer,1999；Schoenfeld,2006）。数学成绩的提升不仅取决于认知因素,而且跟学生的动机因素大有关系,如知觉控制、自我效能、内在动机等（Murayama,Pekrun,Lichtenfeld,& vom Hofe,2013；Schunk & Richardson,2011）。

研究者们一般会把数学运算（运算法则、步骤和算法的应用）和概念（解决问题和策略应用）两者相区别。运算和概念性问题都需要学生运用法则和算法等产出知识,两者之间的差别在于问题本身有没有清晰告知学生该如何操作。以下是一些运算问题的举例。

■ $26 + 42 = ?$

■ $5x + 3y = 19$

$7x - y = 11$

求 x 和 y。

■ 直角三角形的两条边分别为 3 英寸和 4 英寸,求其斜边长多少?

虽然问题 2 和问题 3 没有明确告诉学生该怎么解题,但学生只要对这些问题的格式和运算步骤有所了解,就可以很轻松地知道怎么解题。

现在来看以下这些问题。

■ 亚历克斯有 20 枚硬币,有一角币,也有二角五分币。如果把一角币的数量和二角五分币的数量对换,他的钱能多出来 90 美分。请问亚历克斯有多少钱?

■ 客运列车赶上货运列车后驶经货运列车所花的时间,是客运列车与货运列车相对行驶而过所花时间的两倍,问客运列车的速度比货运列车快多少倍?

■ 莎拉登山时,上山的平均速度为 2 英里/小时,下山的平均速度为 6 英里/小时,如果莎拉上山后接着下山,在山顶没有做丝毫停留,请问莎拉登山的平均速度为多少?

这些应用题并没有直接告诉学生应该如何解题,但它们的运算难度其实并不比第一组举例大。应用题的解题过程包括判断问题类型、生成适用的产出知识、完成运算等。

这并不就是说概念知识的掌握比运算能力重要,虽然里特尔－约翰逊和阿里巴利(1999)发现概念理解对程序性知识的影响大于程序性知识对概念理解的影响。任何一方面存在不足,都会出现问题。知道怎么解题但不会运算会导致答案错误,而会运算但不知道怎么理解题目同样也会导致答案错误。

运算问题。孩子们最早运用的运算技能是计算(Resnick,1985)。孩子们不管是用手指掰着数,还是在心里默数,都需要用到计算策略。求和模式的运算过程包括假想有一个从零开始的计算器,先数第一个加数,每次数 1,再数第二个加数,直到得出答案。拿"2 + 4 = ?"这道题来说,孩子们会先从 0 数到 2,再往上数 4 个。一个更为高效的策略是把第一个加数设为计算器的起点值(2),然后再数第二个加数(4),每次数 1。还有一个效率更高的策略是递减模式:把两个加数较大的那个(4)设为起点值,然后再数较小的那个加数(2),每次数 1(Romberg & Carpenter,1986)。

这些在心里假想的解题步骤很有效。不管是儿童还是成人,往往都会遵循一定的解题步骤。一般而言,解题中出现的错误并不是随机性的,而是算法漏洞——即思考和推理过程中出现的系统性错误——的体现(Brown & Burton, 1978)。算法漏洞反映了学生基于过往体验建构而成的解题步骤假设(第八章)。减法中经常出现的一个错误是不考虑减数和被减数的顺序而直接用每个数位上的大数减去小数,如下例所示:

$$
\begin{array}{r} 5\ 3 \\ -\ 2\ 7 \\ \hline 3\ 4 \end{array} \qquad
\begin{array}{r} 6\ 0\ 2 \\ -\ 2\ 7\ 4 \\ \hline 4\ 7\ 2 \end{array}
$$

当学生遇到新问题且无法正确对产出知识做出概括时,很可能就会产生数学漏洞。例如,在无退位减法中,学生用每个数位上的大数减去小数,因此他们在处理需要退位的减法时可能就会采用同样的策略。算术漏洞很难纠正,同时还会让学生产生一种错误的自我效能感(第四章),这可能是因为他们的运算也能得出答案。

还有的运算问题源于对数字陈述性知识掌握不牢固。很多孩子缺乏关于数字的基本事实了解,提取事实有困难,数字处理不熟练(Geary, 2011;Geary, Hoard, Byrd-Craven, Nugent, & Numtee, 2007)。只有当事实经由实践在长期记忆中获得确立时,孩子才会数数或运算得出答案。学生从记忆中提取事实的速度与他们从小学到大学的数学整体表现直接相关(Royer, Tronsky, Chan, Jackson, & Marchant, 1999)。运算技能会随着工作记忆和长期记忆能力的提高而提高(Mabbott & Bisanz, 2003)。工作记忆中央处理系统的有效运作(第五章)决定了数学表现(Geary, 2011)。当学生开始尝试使用笔式计算而非心算解决问题——尤其是一些较为复杂的问题——后,他们解决运算问题的能力也随之提高(Hickendorff, van Putten, Verhelst, & Heiser, 2010)。

运算难点大多源于解决问题时用到的产出知识虽然技术上正确,但过分复杂,这些运算方法能够得出正确答案,但因为比较复杂,出现错误的风险较高。例如,256除以5可以用除法运算,也可以用256不断减去5最后看减了多少次算出。后一种解题方法技术上也是正确的,但费时费力,而且出错概率很高。

最开始的时候运算技能表现为命题网络中的陈述性知识,关于步骤(如运算步骤)的事实通过心理演练和实际练习导入记忆。这一阶段的指导性产出知识往往具有概括性,例如"如果目标是解这道除法题,那就用教师教给我们的方法"。而随着不断实践,陈述性知识转化为领域化的程序性知识,最后变得自动化。早期的计算策略为更为高效的规则化策略所取代(Hopkins & Lawson, 2002)。到了自动化阶段,学习者很快能够识别出问题模式(如除法、平方根等),然后在不需要太多意识性思考的情况下进行解题。

概念性问题的解决。概念性问题的解决要求学生能够对问题做出准确判断,包括已知信息和目标等,然后选取并运用合适的策略(Mayer, 1985, 1999)。将问题从语言表征转化为心理表征往往是一个比较困难的过程(Bruning, et al., 2011)。语言文字越抽象,文本理解难度越大,成功解决问题的概率越低(Cummings, Kintsch, Reusser, & Weimer, 1988)。理解能力较弱的学生,其记忆信息的能力也较弱,解决问题的表现往往也欠佳。幼儿往往较难把抽象的语言表征转化为心理表征。

转化还要求有良好的陈述性知识和程序性知识。上面举到的关于亚历克斯的20个硬币的题,要解这道题,学生必须知道一角币和二两五分币都是硬币,一角币是一美元的十分之一,而二角五分币是一美元的四分之一。这一陈述性知识还需要同以下程序性知识相结合:一角币和二角五分币是变量,它们的数量之和等于20。

专家之所以能把问题讲解得更清楚,是因为他们长期记忆中的知识组织更加有序;有序组织反映的是主体事物的深层结构(Romberg & Carpenter, 1986)。专家会忽略问题的表面特征,而从解决问题所需的操作层面分析问题,而新手往往较容易受到表面特征的干扰。西尔弗(1981)发现解决问题能力较强的人会根据解决问题的操作步骤对问题进行归类整理,而解决问题能力较弱的人更容易按照内容的相似度(如钱、列车)对问题进行归类。

新手往往采用后退式策略,从目标入手,然后一步步倒退到已知信息,这对于掌握一定领域化知识但其能力还不足以帮助他们快速识别问题模式的处于学习早期阶段的学习者来说是一个有效的启发策略,但专家往往采用的是前进式策略。他们判断问题的类别,然后选取合适的产出知识解决问题。赫加蒂、迈耶尔和莫恩克(1995)发现,成功解决问题的受试会把问题转化为一个心理模式,在这个模式里,问题中提到的数字都和它们的变量名紧密相连,而与之相反,解决问题不太成功的受试更有可能把问题中的数字和关键词提示的运算模式相联系(如,加法是与关键词"更多"相关联的运算模式)。后一种策略基于的是表面特征,而前一种策略与意思关系更为密切。

专家能够运用较为复杂的程序性知识以对数学问题进行分类。高中的代数问题可大致分为20类,包括运动、电流、货币,以及利息/投资等(Mayer, 1992)。这20类又可以分成六大组别,例如,其中一个组别是"单位时间内的量",它可以包括运动、电流做功的量等。这些问题一般可以借助量 = 速度 × 时间这个公式进行解答。数学解题能力的提高在于能够正确把问题分类,然后应用相关的解题策略。

在解决问题的过程中说出解决步骤有助于解决问题能力的提高(Gersten, et al., 2009)。法伊夫、雷特尔—约翰逊、迪卡罗(2012)发现,对于试图解决探索性问题的学生,如果在讲解之前给出关于策略和结果的反馈意见,能够促进他们解决问题的表现,但这只适用于领域化策略知识比较欠缺的学生。反馈能够帮助他们识别错误,并另寻合适的可用策略。实际应用7.8 讨论了解决问题教学的相关内容。

实际应用7.8

数学问题解决

教师可利用不同途径和手段帮助学生提高解决概念性问题的技能。在解数学应用题时,可以让学生用自己的话复述问题,画出示意图,判断哪些信息是相关信息,说出可能的解题方法。中学教师可以利用以下以及其他相似问题把学生的注意力吸引到重要的任务内容方面,引导他们思考:

- 哪些信息是重要信息?
- 哪些信息缺失?
- 必须用到哪些公式?
- 第一步做什么?

小结

人类学习大多包含复杂的认知活动。具备某个知识领域的相关能力,意味着具备该领域的事实、原理和概念等相关知识,同时还具备可跨领域应用的一般策略和特定领域内适用的特殊策略等相关知识。研究表明特定领域专家和新手的行为表现存在很多差异。

元认知是心理活动的有意的意识性控制,包括旨在确保任务能成功完成的知识和监控活动等内容。条件性知识——关于何时以及为何运用陈述性知识和程序性知识的知识——是元认知活动的组成部分。元认知能力在5—7岁开始发展,并持续整个学校教育过程。个人的元认知认识与任务、策略和学习等因素相关。元认知教学对学习者有促进作用。

概念学习指形成关于事物核心特征心理表征的一系列高阶活动。当前理论强调特征分析,形成概念(特征分析)相关假设,并形成由界定性特征(原型)构成的概念的概括性意象。原型用于区分关于概念的典型举例,而特征分析用于区分非典型举例。研究者们提出了概念习得和概念教学的多种模式,概念修正过程还包括动机内容。

解决问题的过程包含初始状态、目标、若干子目标、实现目标和子目标的操作等内容。研究者们对解决问题过程中学习者的心理活动及专家和新手级行为表现者之间的差异进行了研究。这些一般策略可用于学业相关内容的学习。从信息处理理论的角度来看,解决问题是一个形成问题的心理表征并应用多套规则(产出系统)来解决问题的过程。对于解决方法可以按照可能性进行排序的界定比较明确的问题,可以采用生成—测试策略,会比较有效,而对于较难或界定不甚明确的问题,则可以采用手段—目的分析策略(后退式或前进式)或类比推理策略。

批判思维、推理和创造力是三种彼此关联但又迥然不同的认知活动。批判思维旨在对问题形成更好的理解。推理是一个形成并评估逻辑判断的过程,要求学习者对问题有全面的理解,从而能够确定其然及其所以然。创造力产生新颖的为大众所推崇的产物或结果。头脑风暴——尤其是团体的头脑风暴——有助于培养创造性思维。

学习和教学过程中技术手段的重要性日益凸显,其中有三大技术已经有了长足的发展,分别是计算机化学习、在线社交媒体和远程学习。计算机化学习环境的实际应用主要包括计算机化教学、游戏和模拟、多媒体和电子化学习。在线社交媒体能够促进学习,主要表现在能够促进学习者之间的交流和合作等方面。远程学习主要包括双向反馈和同步讨论,或在线(基于网络的)非同步性教学。很多课程采用混合模式(面对面教学＋在线教学的模式)。研究表明技术手段对元认知、深层处理和解决问题等有所帮助。

这些理论主张在教学中的实际应用包括样例、解决问题和数学等。样例通过步骤分解展示如何解决问题,往往带有示意图。样例综合了能够帮助学习者解决问题的众多方面。如果是很明显与学业内容相关的问题,解决问题教学更加有效。其他一些建议包括向学习者展示样例、给出口头讲解、利用小组学习模式等。儿童的早期数学能力主要表现为计算能力。运算技能要求具备算法和相关陈述性知识。学生通常会在运算过程中犯下以偏概全的错误(算术漏洞)。对于概念性问题,学生通过体验积累关于问题类别的相关知识并慢慢学会运用更加高效的策略。

扩展阅读

Brown, J. S. (2006). New learning environments for the 21st century: Exploring the edge. *Change*, 38(5), 18 – 24.

Hennessey, B. A., & Amabile, T. M. (2010). Creativity. *Annual Review of Psychology*, 61, 569 – 598.

Isaksen, S. G., & Gaulin, J. P. (2005). A reexamination of brainstorming research: Implications for research and practice. *Gifted Child Quarterly*, 49, 315 – 329.

Lajoie, S. P. (2003). Transitions and trajectories for studies of expertise. *Educational Researcher*, 32 (8), 21 – 25.

Pintrich, P. R., Marx, R. W., & Boyle, R. A. (1993). Beyond cold conceptual change: The role of motivational beliefs and classroom contextual factors in the process of conceptual change. *Review of Educational Research*, 63, 167 – 199.

Seo, K. K., Pellegrino, D. A., & Engelhard, C. (Eds.). (2012). *Designing problem – driven instruction with online social media*. Charlotte, NC: Information Age Publishing.

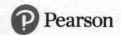

/ 教育治理与领导力丛书 /　　王定华 总主编

［美］

戴尔·H·申克

Dale H . Schunk

著

周宇芬

译

教育视角下的
学习理论

Learning Theories:
An Educational Perspective

(Seventh Edition)

华东师范大学出版社

全国百佳图书出版单位

上海

第7版

下

第八章　建构主义理论

拉恩女士是一名六年级中学科学教师,她正和四名学生围坐在桌旁。他们马上要做一个"神奇物质实验",这是关于某种物质自然属性的一个实验。桌上放了以下东西:搅拌碗、16盎司的玉米淀粉、量杯、瓶装水、勺子、剪刀、盘子和纸巾。

拉恩女士:好的,我们这就开始。杰娜,把玉米淀粉全部倒到碗里。你能告诉我你注意到玉米淀粉是什么样的吗?看上去怎么样?

特雷弗:软软的,呈粉末状。

阿里:呈白色。

拉恩女士:用你们的手指碰一下。有什么感觉?有味道吗?

马特:很软,薄薄的一层。没有味道。

拉恩女士:嗯,你们说得都对。好,现在,特里弗,用量杯倒一杯水,然后慢慢把水倒进碗里,然后用手搅拌。感觉怎么样?

特里弗:变成一块块的了,湿湿的,黏黏的。

拉恩女士:看上去什么样?

阿里:像面糊或类似的东西。

拉恩女士:是的,的确就是面糊。现在把手伸到碗里挖一团出来,放在手上,看看会怎么样。

马特:往下滴了。

拉恩女士:挖一大块然后用力捏。有什么感觉?

杰娜:变硬了,但还是黏黏的。

拉恩女士:渗出的液体怎么样了?

阿里:从我的指缝里往下滴呢。

拉恩女士:再挖一大块用力捏紧,放在手上。如果有从指缝间滴下来的,让同伴用剪刀剪。能剪到吗?

特里弗:能! 太奇怪了!

拉恩女士:挖一勺然后放到盘子里,用手碰触。有什么感觉?

阿里:是硬的! 就像橡皮泥!

拉恩女士:把盘子横着倒过来,看会怎么样。

杰娜:就像水一样往下滴呢。但摸上去一点不湿!

拉恩女士:用手指戳一下,怎么样?

马特:手指能戳进去,但不会黏手指。

拉恩女士:现在再回到碗里。用手指慢慢戳进去,一直戳到碗底。有什么发现?

杰娜:戳得越深,面团变得越稠厚。感觉很硬。

拉恩女士:所以这是什么物质? 是固体还是液体?

阿里:是固体,因为很硬。

马特:不是,是液体,因为你把它拎起来时,会往下滴,还有黏黏的东西渗出来。

拉恩女士:可不可以既是液体又是固体?

特里弗:我想是的。

建构主义既是一种心理学理论,也是一种哲学理论,它认为个体所学和所理解的内容大多由其自身形成或建构而成(O'Donnell, 2012)。对建构主义理论产生深远影响的是关于人类发展的理论和研究,尤其是皮亚杰和维果斯基的理论主张(本章将予以讨论),这些理论强调知识建构的作用,这正是建构主义理论的核心内容。

近几年来,建构主义与学习和教学实践的联系日益紧密。学习理论的发展历史出现了一大转折,研究者们日益脱离环境影响转而从人的角度探讨学习行为。认知理论

的学者们和研究者们（第四到第七章）对行为主义理论认为刺激、反应和结果能够有效阐释学习行为的主张提出了质疑，认为学习者的信息处理能力是学习的核心原动力。认知学习理论自有值得说道之处，不过有部分研究者提出，这些理论没有充分认识到人类学习行为的复杂性，从有些认知理论采用行为"自动化"和记忆内容项之间"形成链接"等行为主义术语上就可看出这一点。

很多当代学习研究者已经把关注焦点日益转移到学习者身上。他们讨论的不再是知识的获取，而是知识的建构。虽然这些研究者在影响学习和学习者认知活动的因素方面意见不一，但他们所立足的理论基本上都可以归为建构主义。学习者的理解建构过程在开头小剧场中清晰可见。

本章首先对建构主义理论做一个整体介绍，包括基本理论主张以及不同的建构主义流派，接着介绍皮亚杰、布鲁纳和维果斯基的理论，尤其是那些与学习相关的理论内容。本章还对私人言语和社会调节性学习的重要作用做出阐述。本章最后讨论建构主义学习环境以及体现建构主义理论原则的教学应用。

学完本章后，你应该可以：

■ 讨论建构主义理论的主要观点和不同流派；

■ 总结皮亚杰理论中与学习和教学相关的主要内容；

■ 讨论布鲁纳提出的知识表达概念以及"螺旋式课程"的概念；

■ 解释维果斯基社会文化理论的核心原则及其对最近发展区内教学的启示；

■ 阐释私人言语对学习的影响以及社会调节性学习的作用；

■ 介绍建构主义学习环境的主要特征以及 APA 学习者中心原则的主要构成内容；

■ 阐述教师如何更好实现反馈，从而促进学生的学习表现；

■ 描述如何组织探索式学习、问询式教学以及讨论和辩论以体现建构主义理论原则。

理论假说和视角

很多研究者和教育界人士对经典信息处理理论关于学习和教学的某些主张进行质疑,因为他们觉得这些理论主张并不能充分解释学生的学习和理解行为。以下是经典信息处理理论中受到质疑的理论观点(Greeno,1989):

■ 思考存在于头脑中,而不是与他人以及环境的互动交流中。

■ 相对而言,学习和思考过程并不会因人而异,有些环境有助于促成更高阶的思考。

■ 思考源于正规教学环境中获得的知识和技能,而非基于个人阅历和天赋所形成的一般概念化能力而获得的知识和技能。

有鉴于各种环境场合都能催生思考,而认知很大程度上由这些环境场合中的个人经历建构而成,建构主义者们并不赞成这些理论主张(Bredo,1997)。关于学习和发展的建构主义理论主张强调个体对所学内容的贡献。社会建构主义模式进一步强调了社会交互作用在技能和知识习得过程中的重要性。接下来我们介绍建构主义理论、其理论主张以及表现形式。

综述

什么是建构主义? 关于什么是建构主义,迄今还没有定论(Harlow,Cummings,& Aberasturi,2006)。严格来讲,建构主义并不是一种理论,而是一种认识论,一种关于学习本质的哲学阐释(Hyslop – Margison & Strobel,2008;Simpson,2002)。理论应当能对学习行为做出科学有效的解释(第一章);此外,理论能够生成假设并对假设进行检验。而建构主义并没有主张学习原则的存在,也并不认为有所谓的学习原则能够被发现和检验,相反,建构主义认为学习行为的主体是学习者本身。那些对发掘建构主义的历史和哲学根源感兴趣的读者代表人物有布拉多(1997),以及帕克和戈伊科伊基(2000)。

不过,建构主义会生成一般的预测性观点,可供检验。虽然这些预测观点非常笼统,可以有不同的解释(如学习者的自我学习建构是什么意思?),但却是研究的重点。

建构主义者们不认为存在所谓的科学真理,或者真理等待发掘和验证,他们认为

没有什么观点是完全正确的,所有观点必须用合理怀疑的眼光去看待。世界以不同的方式存在于头脑中,因此没有理论是唯一正确的。即使是建构主义,亦是如此:建构主义不同流派之间有分歧,但并没有哪一个流派比其他流派更为正确一说(Simpson,2002)。

建构主义者没有把知识看成是真理,而是认为知识是一种正在运行的假说。知识并不是人的外部作用的结果,而是人的内部作用的结果。一个人的知识建构适用于他/她,但对另外一个人可能并不适用。这是因为人们基于自身的环境信念和经历形成知识(Cobb & Bowers, 1999),而这种信念和经历往往因人而异。因此,所有知识都具有主观性和个体性,是我们的认知产物(Simpson, 2002)。学习必须与特定情境相关联(Bredo, 2006)。

假设。建构主义非常强调在技能和知识习得、完善的过程中人和环境之间的互动作用(Cobb & Bowers, 1999)。建构主义与强调环境对人的影响的条件作用理论不同,与侧重学习的脑力活动而忽视学习情境的信息处理理论也不同。建构主义理论与社会认知理论有相通之处,两者都认为个人、行为和环境三者交互作用(Bandura, 1986,1997)。

建构主义的一个核心主张是人是积极的学习者,他们为了自己求知(Simpson,2002)。正如开头小剧场中的学生们所做的一样,为了对学习材料有较好理解,学习者必须找出其中的基本原理。建构主义者们对学习者在整个过程中所起的能动作用观点不一,有些人认为学习者的心理结构能够反映现实,还有些人(激进建构主义者)认为个人的心理世界是唯一的现实。建构主义者们还在知识建构与教师、同伴、家长及他人的社会交互作用之间的关系问题上存在分歧(Bredo, 1997)。

本书中涉及的很多原理、概念和观点都反映了建构主义的理论主张,包括认知处理、预期、价值判断和对自我及他人的认知等。因此,虽然建构主义看起来像是新晋的学习理论,但实际上其关于学习者理解建构的基本主张是很多学习原则的基础。这就是建构主义的认知论。有些建构主义观点可能并不像本书中讨论的其他理论观点一样完善,但建构主义对于学习和发展领域的理论和研究有深远影响。

此外,建构主义还对课程和教学相关的教育领域思考产生深远影响,它为帮助学生从不同角度学习相同课题的整合性课程规划提供了理论基础。例如,在学习热气球的过程中,学生可以做读写练习,可以学习新的词汇,可以实地观察(亲身体验),可以研究热气球所涉及的科学原理,可以画出热气球,可以学习热气球相关的歌曲等。建构主义观点还适用于很多专业标准的制订,这也会影响课程和教学模式,如由美国心理协会制订的学习者中心原则等(本章后面讨论)。

建构主义的另外一个假设是教师不应当遵循传统的把知识传授给一群学生的思想,而应当设计环境,让学习者通过材料操控和社会互动,与学习内容产生积极联系。开头小剧场中教师的授课模式使得学生有机会建构他们自己对正在发生现象的理解。主要活动包括观察现象、收集信息、生成并检验假设、与他人合作等。全班去教室以外的地方,教授不同学科的教师在一起备课。学生们学会成为自我调节性学习者,学会设立目标、监督评价进展、以兴趣为要、摆脱基本要求的限制等(Bruning, Schraw, & Norby, 2011)。

视角

建构主义并不是一种单一的理论观点,而是涉及不同的视角(表 8.1; Bruning et al., 2011; Phillips, 1995)。外源建构主义认为知识的习得是外部世界结构的重建。这一观点认为外部世界对知识建构产生重大影响,例如经历、教学、榜样作用等,能够反映现实的知识都是正确的。当代信息处理理论正反映了这一观点(如图式、产出结构、记忆网络;第五章)。

表 8.1　建构主义的视角

视角	前提假设
外源	知识习得是外部世界的重建。外部世界通过经历、榜样作用和教学等方式影响信念。凡是反映外部现实的知识都是正确的
内源	知识源于以前所获取的知识,与环境互动作用没有直接关系。知识并不是外部世界的映射,而是通过抽象认知而发展

辩证	知识源于个人和环境之间的互动作用。建构并不一定与外部世界密切相关,也不全然是思想的作用结果。事实上,知识是思想矛盾结果的反映,这些思想矛盾源于个人与环境的交互作用

而内源建构主义则强调认知活动的协调(Bruning, et al., 2011)。心理结构脱胎于先前的结构,但并不是环境信息的直接产物;因此知识不是通过经历、教学或社会交互作用等方式习得的外部世界的折射。知识通过抽象化的认知活动得以发展,并产生具有一般可预见性的结果。皮亚杰(1970)的认知发展理论(稍后讨论)即持此观点。

处于外源建构主义和内源建构主义中间的是辩证建构主义(或认知建构主义),这一理论认为知识来源于个人和环境之间的互动。知识建构并不一定与外部世界相关,也并不全然是思想作用的结果;它们是人与环境互动而产生的思想矛盾的产物。这一视角与很多当代理论相契合。例如,班杜拉(1986)的社会认知理论(第四章)和很多动机理论(第九章)都与此一脉相承。布鲁纳和维果斯基(稍后讨论)的发展理论同样强调了社会环境的影响作用。

所有这些视角都有其可取之处,对于研究和教学实践都有着潜在的借鉴意义。如果我们关注的内容是学习者感知某一领域知识结构的准确性,则外源性视角比较合适;如果我们想探究学习者从新手到熟手的发展轨迹(第七章),内源性视角较为相关;而辩证性视角则比较适用于以促进学习者思考为目的的干预设计,以及以探讨社会影响的作用(如榜样作用和同伴合作)为目的的研究。

情境认知

建构主义的一个核心观点就是认知活动(包括思考和学习)受到自然和社会情境的制约(Anderson, Reder, & Simon, 1996; Cobb & Bowers, 1999; Greeno & the Middle School Mathematics Through Applications Project Group, 1998)。情境认知(或情境学习)指人和情境之间的关系;认知活动并不仅仅存在于人的思想中(Greeno, 1989)。

人—情境互动的观点并不新颖。当代学习和发展理论大多认为信念和知识是人和情境互动的产物。这一主张同强调信息处理和变化通过心理结构(如感官收录、工

作记忆、长期记忆;第五章)实现的传统信息处理理论模式不同。当环境输入信息被接收后,信息处理理论认为情境不再重要,但众多学科研究——包括认知心理学、社会认知学习和学校课程内容(如阅读、数学)——都表明这个观点很是狭隘,指出思考是一种扩大化的与情境的交互作用(Bandura, 1986;Cobb & Bowers, 1999;Greeno, 1989)。

研究表明,把情境认知作为理解诸如读写能力、数学(参见开头小剧场)、科学等领域能力发展的手段具有重要意义(Cobb, 1994;Cobb & Bowers, 1999;Driver, Asoko, Leach, Mortimer, & Scott, 1994;第七章)。情境认知还与动机密切相关(第九章)。跟学习行为一样,动机并不像传统理论所认为的是一种全然的内部状态或者像强化理论主张的完全依赖于环境(第三章)。事实上,动机所依赖的是与社会文化和教学因素交互作用的认知活动,包括语言和支架等辅助手段(Sivan, 1986)。

情境认知讨论的是很多活动交互作用以产生学习的直观概念。我们知道动机和教学相互关联:优质教学能够提升学习动机,而学习动机强的学习者会积极寻求有效的教学环境(Schunk & Pajares, 2009)。情境认知视角能够引导研究者探究学习者在真实学习情境中的认知情况,例如学校、工作场合、家庭等,其中大多涉及辅导或刚入门等情形。

研究者们发现情境学习十分有效。例如,格里芬(1995)对地图识别技能的传统(课堂式)教学和情境化教学模式——大学生在地图上出现的真实环境中进行实践——作了比较,结果发现情境学习小组在地图技能测评中的表现优于传统教学小组。虽然格里芬没有发现情境学习小组在技能迁移方面也存在优势,但情境学习研究的结果在相似的情境中应当具有高度的泛化性。

情境认知还与学习的产生相关(Greeno & the Middle School Mathematics Through Applications Project Group, 1998)。如果学生学习某项知识内容时遵循了某一特定程序,他们会形成情境认知;即关于该项知识内容学习方式的认知。比如,如果教师的数学教学方法一直是说教式的——先讲解演示然后让学生独立解决问题,那么学生的数学学习很可能变得情境化,如果换了新教师,而新教师喜欢采用合作小组在教师的指导下进行探索式学习的教学模式(如开头小剧场中教师的教学方法),学生可能会觉得

难以适应。

情境认知理论对于教学的启示在于,教学方法应该能够反映我们希望学习者呈现出的结果。如果我们想教会他们问询技巧,那教学必须融入一些问询类活动。教学方法和教学内容必须相互匹配实现情境化。

建构主义理论认为情境是学习的一个固有组成部分,而情境认知理论秉承此观点。不过,过分宣扬情境学习的观点可能也不可取。安德森、雷德尔和西蒙(1996)指出,有大量实证证据表明也有不依赖于情境的学习,而不同的情境之间也会发生学习迁移。我们需要更加了解哪些学习在情境化的环境中能够呈现出最佳效果,何时比较适合教授更为广泛的技能以及展示技能如何能够应用于不同的情境中。

贡献和启示

很难说建构主义理论有何贡献,因为它并不是一个统一的有特定假设可供检验的理论模式。贝赖特(1994)指出"学生自行建构知识"的说法并不错误,相反这一说法对于所有的认知学习理论来说都是正确的。认知理论认为头脑是信念、价值判断、预期、图式等内容的存储器,所以要说这些想法和情感如何存在于头脑中,任何说得通的解释都只能是它们在头脑中形成。例如,社会认知理论强调预期的作用(如自我效能、结果)和目标;这些信念和认知并不是凭空出现的,而是学习者自己建构而成。

对建构主义的最终评价一定不能立足于其假设是否成立,而是要明确学生建构知识的过程以及社会、身体发育和教学等因素如何影响这一过程。同时还需要研究情境因素何时对心理活动的影响最大。很多建构主义理论主张的缺陷在于过分强调相对性(Phillips, 1995)——所有形式的知识都是合理的,因为它们是学习者建构的产物,尤其是当它们反映的是社会共性化的知识内容。教育者的道德良知使得他们无法接受这一观点,因为教育要求,无论在人们眼中重要与否,我们都要向学生灌输某些价值观理念(如诚实、公正、责任感)。

此外,自然对我们思想的束缚力远远大于我们所愿意承认的。研究表明有些数学能力——如一一对应和计数能力——并不是建构而成的,在很大程度上受基因控制(Geary, 1995)。有些知识虽然毫不相关,却可能都是内源性的。其他一些能力的习得

(如乘法、文字处理)则需要环境输入。建构主义——主张最低程度的教学指导——可能会忽略人的认知结构的重要意义。能够更好映现认知结构的教学方法可能真正地有助于促进学习效果(Kirschner, Sweller, & Clark, 2006)。研究者们将会知道在能力习得的过程中建构活动的深度和广度,以及这些活动如何随着人的生长发育而变化(Muller, Sokol, & Overton, 1998)。

建构主义对于教学和课程设计有着重要启示(Phillips, 1995)。其中最直接的建议就是让学生积极参与到学习中,给他们机会让他们多思考并逼迫他们重建信念。当前的教育强调反思性教学(本章后面讨论),其背后也有建构主义的支撑。社会建构主义观点(如维果斯基的观点)则强调社会小组学习和同伴合作(Ratner, Foley, & Gimpert, 2002)。让学生们互为榜样,彼此观察,不仅能够让他们成为技能教学的主体,而且还能获得更好的学习自我效能感(Schunk, 1995)。实际应用8.1给出了一些建构主义理论的实际应用案例。我们现在较为深入地了解下建构主义及其在人类学习过程中的应用。

实际应用8.1

建构主义和教学

建构主义理论强调课程整合,要求教师选取恰当方式使用教学材料,从而使学习者能够积极参与到教学中来。罗陶布先生是一名四年级教师,他在授课过程中践行了建构主义理念,采用了整合性的教学方法。在社会研究课上,孩子们学习了南瓜的生长地以及南瓜制成品。然后他们学习了南瓜的历史用途及其对于早期移民者的重要意义。

他还带着全班同学到一个南瓜种植园作了一次实地考察,孩子们了解了南瓜的生长方式。每个学生都挑了一个南瓜带回课堂。就这样,南瓜成为了珍贵的教学工具。在数学课上,学生们对他们带回来南瓜的大小和重量做出估算,然后进行测量。他们还根据南瓜的大小、重量、形状和颜色绘制了分类图表。孩子们还对南瓜里的种子数进行估算,然

后再把南瓜切开数种子的数量。而在艺术课上,他们设计把南瓜雕刻成什么形状,然后进行雕刻。在语言艺术课上,他们创作了一个关于南瓜的故事,还给南瓜种植园写了一封感谢信。在拼写课上,罗陶布先生使用孩子在研究南瓜过程中掌握的一些词汇。这些实例告诉我们,学习有关南瓜的知识可以如何跨越不同的课程实现整合。

皮亚杰的认知发展理论

皮亚杰的认知发展理论反映了建构主义理论的一些基本观点。皮亚杰的理论十分复杂;本书不可能对其做全面介绍。感兴趣的读者可以参阅其他一些文献资料(Brainerd,2003;Furth,1970;Ginsburg & Opper,1988;Phillips,1969;Piaget,1952,1970;Piaget & Inhelder,1969;Wadsworth,1996)。本节对皮亚杰理论中与建构主义和学习相关的主要内容做一个简要综述。虽然当前皮亚杰的理论在认知发展理论中并不占据主导地位,但仍有着极大的重要性,对于教学和学习有几大积极启示。

发展过程

平衡。 在皮亚杰看来,认知的发展取决于四大要素:生物性成熟、自然环境经历、社会环境经历和平衡。前三大要素很好理解,但它们能起多大效用则取决于第四大要素。平衡指促成认知结构和环境达到平衡这一理想状态(或适应)的生物性驱动(Duncan,1995)。平衡是一个核心要素,也是认知发展的驱动力,它负责协调其他三大要素行为并促成内部的心理结构和外部的环境现实彼此相搭。

要了解平衡的作用,我们可以试想六岁大的艾丽森正同她的父亲一起驾车出行。他们的车速为 65 英里/小时,而在他们前方约 100 码的地方正行驶着另一辆车。他们已经跟在这辆车后面有一段时间了,两车之间一直保持着相同的距离。父亲指着前面那辆车问艾丽森:“哪辆车开得比较快,是我们这车还是前面那车? 还是两车速度相等?”艾丽森的回答是前面那辆车车速更快些。父亲问为什么,艾丽森说:“因为它在我们前面。”如果父亲接下来说,“事实上我们两车的速度是相同的”,这将会给艾丽森带来困扰。她认为另一辆车车速更快,但她接收到的环境输入信息却并非如此。

为了解决这个问题,艾丽森可以采用两大平衡处理方式中的任意一种:同化和顺应。同化指使外部现实适应已有的认知结构。当我们在解释、分析、形成认知框架时,会改变现实本质使其适应我们的认知结构。为了同化信息,艾丽森可以对现实做出一些调整,认为这是父亲在跟她开玩笑,或者认为,可能当下两辆车同速行驶,但在那之前前面那辆车车速更快。

顺应指改变内部结构以使之与外部现实保持一致。我们改变想法使现实能够站得住脚,这就是顺应。为了调整自己的信念系统(结构)以适应新的信息,艾丽森可能会在没有理解为什么的情况下选择相信她的父亲,或者改变她的信念系统认为所有行驶在他们车前面的车辆都与他们保持同速。

同化和顺应是互补的两个过程。外部现实被同化,而内部结构被顺应。

阶段。皮亚杰从他的研究中得出结论:儿童的认知发展有一个特定的发展程序。儿童可以开展的操作模式可以被认为是一个层级或阶段。每个层级或阶段可以通过儿童看待世界的方式做出定义。皮亚杰的理论以及其他阶段理论的主张如下:

■ 阶段具有离散性和独立性,性质各不相同。一个阶段到另一个阶段的跨越并不是一个逐步累积或不断融合的过程。

■ 认知结构的发展取决于前期发展。

■ 虽然结构发展的先后顺序不变,但特定阶段出现的年龄因人而异。阶段不应该与年龄相等同。

表 8.2 显示的是皮亚杰对阶段进展的分类。关于这些阶段的文献资料十分丰富,每个阶段的研究资料也不在少数。这里只对这些阶段做简单介绍;感兴趣的读者可参阅其他文献(Brainerd, 2003; Meece, 2002; Wadsworth, 1996)。

表 8.2　皮亚杰的认知发展阶段

阶段	大致年龄区间(岁)
感觉运动阶段	出生—2
前运思阶段	2—7

具体运思阶段	7—11
形式运思阶段	11—成人

在感觉运动阶段,儿童的行为是无意识行为,是他们想要理解世界而做出的尝试。行为背后含有理解性内容;例如,球是用来扔的,瓶子是用来吸吮的。这一阶段的变化非常迅速;2岁儿童的认知与婴儿相比有了长足发展。虽然仍处于初始级别,但儿童努力地实现平衡。认知结构得以建构调整,其动力来自于内部。效能动机(掌握性动机;第九章)的概念与感觉运动阶段的儿童密切相关。感觉运动阶段末期,儿童的认知获得充分发展,进入到前运思阶段——新的概念—符号化的思考阶段(Wadsworth,1996)。

在前运思阶段,虽然儿童的认知还是以感知为主,但他们能够想象未来,并对过去做出反思。他们可能会觉得排成一排的10枚硬币比堆成一堆的10枚硬币多,他们每次思考的维度仍是一维的;因此,如果他们关注的是长度,就可能会认为一个较长的物体(一把码尺)比一个较短的物体(一块砖)要大,虽然那个较长的物体更宽更厚。前运思阶段儿童的想法会表现出不可逆转性;即事情一旦完成,就无法改变(如压扁了的盒子无法再还原成盒子)。他们难以区分幻想和现实。动画片中的人物就像真人一样真实。这一阶段是语言迅速发展的阶段。还有就是这一阶段的儿童不再那么唯我独尊:他们认识到他人的想法和感受可能跟自己不同。

具体运思阶段是认知快速发展的阶段,这个阶段儿童的语言和基本技能学习速度显著加快,因此适宜入学接受教育。他们开始进行抽象思考,虽然这种抽象思考主要以属性或行为进行划分(如诚实就是把他人丢失的钱还回去)。具体运思阶段儿童的想法较少以自我为中心,语言日益变得社会化,他们的想法变得可以逆转,同时具备了分类和顺序排列能力——数学技能学习的重要概念。具体运思阶段不再以感知为主;儿童开始能够从经历中获得认知,并不总是因为感知而动摇。

形式运思阶段是具体运思阶段的延伸。这一阶段的想法不再仅仅围绕有形物体;儿童开始思考一些假设性情境。他们的推理能力有所提高,可以进行多维度和抽象属性的

思考。成人在比较现实和理想的过程中会以自我为中心;因此往往表现出理想化思维。

皮亚杰的阶段论在很多方面遭到了抨击。问题之一在于儿童能够理解想法、进行运思的年龄往往要早于皮亚杰所发现的年龄。问题之二在于不同领域的认知发展往往是不平衡的;很少有儿童的思维能够在所有学科领域(如数学、科学、历史)达到阶段论中的典型表现。成人亦是如此;对相同的内容可能会有完全不同的理解。例如,有些成人在想到垒球的时候可能想到的是前运思阶段的表达方式("击到球,赶紧跑"),还有些成人可能想到的是具体运思阶段的表达方式("在不同情况下我该怎么做?"),还有些成人可以运用形式运思进行推理(例如,"解释为什么曲线球会呈曲线")。不过,作为一个概括性较强的理论框架,皮亚杰的阶段论对可能同时存在的思维模式作了描述,这个对于教育者、家长以及其他与孩子打交道的人来说是十分有用的。

学习机制。平衡是一个内在过程(Duncan,1995),因此,只有当出现失衡或认知冲突时,才会有认知发展。必须有造成孩子认知结构紊乱的事情发生,才会出现孩子的思想认知与所观察事实不符。平衡通过同化和顺应解决认知冲突。

皮亚杰认为,发展是在与自然和社会环境不断互动的过程中自然进化的产物。发展变化的动力源于内部。环境因素是外源性的,它们对发展产生影响但不起决定作用。这一观点对于教育有重要启示,因为它意味着教学对学生发展的影响不大。教师可以对环境做出安排以引发认知冲突,但每个孩子应对冲突的方式是不可预期的。

因此,当孩子经历认知冲突并试图通过同化或顺应来建构或改变内部认知结构时,就产生了学习。不过,必须注意到冲突不能过于激烈,因为可能无法达到平衡。学习的理想状态是冲突比较温和,尤其是当孩子们处于过渡阶段的时候。孩子必须能够部分理解信息(同化),然后才能促成认知结构变化(顺应)。环境刺激对认知结构变化的影响可以忽略不计,除非处于关键的阶段过渡时期,使得认知冲突可以实现平衡,冲突获得圆满解决。从这个意义上讲,学习受到发展水平的制约(Brainerd,2003)。

认知冲突研究结果并不有力支持皮亚杰的理论(Zimmreman & Blom,1983a,1983b;Zimmerman & Whitehurst,1979)。罗森塔尔和齐默曼(1978)对若干研究结果作了总结,指出前运思阶段的儿童能够通过讲解和示范等教学方式掌握具体的运算任

务。但依据皮亚杰的理论,除非孩子们处于阶段过渡时期,其认知冲突处于一个合理的水平线上,否则这种情况不太可能发生。

呈现出阶段性的儿童思维能力的变化似乎与注意力和认知处理能力上的渐进变化相关(Meece,2002)。可能有多种原因使得儿童理解能力的发展并不呈现出皮亚杰理论式的阶段性发展轨迹,这些原因包括没有对相关刺激投入注意、信息编码不当、没有将信息与已有知识相联系、信息提取方法不够有效等(Siegler,1991)。当我们教会孩子更为高效的认知处理方法时,他们通常可以完成更高水平的认知任务。

皮亚杰的理论属于建构主义理论,这是因为它认为孩子建构认知,然后把他们形成的认知概念施加于客观世界,以获得世界的有意义感知。这些认知概念并不是与生俱来的,而是通过日常经历获得的。自然和社会环境的信息并不是自动获取的,而是孩子的心理结构处理后的产物。孩子们获得环境意义,在他们的能力水平范围内建构现实,这些基本概念在不断的经历和体会中日臻成熟和完善。

教学启示

皮亚杰认为认知发展不是教学的产物,虽然有研究证据表明教学可以加速认知发展(Zimmerman & Whitehurst,1979)。这些理论和研究对教育有重要启示(表8.3)。

表8.3　皮亚杰的理论对教育的启示

■ 了解认知发展规律

■ 让学生保持主动

■ 激发冲突

■ 促成社会交互作用

了解认知发展规律。教师如果能够对学生的认知能力水平有所了解,对教学会有所帮助。班里所有学生的认知能力不可能处于同一水平。皮亚杰式的任务大多比较容易操作(Wadsworth,1996)。教师可以设法确定学生的能力水平然后以此作为教学参考。对那些处于阶段过渡时期的学生,教学内容可以稍微难一些,因为这样的认知

冲突对他们而言不会过于激烈。

让学生保持主动。皮亚杰极不赞成被动性学习。孩子们需要丰富的环境,让他们可以主动探索、亲身实践。这种安排有助于促进知识的主动建构。

激发冲突。当环境输入信息与学生的认知结构不相符时,就产生了发展。选用的教学材料不能过于简单,导致很容易就被同化,也不能过难,导致顺应无法实现。学生解决问题得出错误答案的做法同样能够激发冲突。皮亚杰理论没有丝毫主张表明孩子只能经历成功不能经历失败;事实上,教师关于错误答案的反馈更有助于失衡状态的形成。

促成社会交互作用。皮亚杰理论认为在缺乏社会交互作用的情况下也能获得认知发展,但不可否认社会环境是认知发展的重要途径。能够促成社会交互作用的活动任务都是有益的。了解他人的不同意见有助于孩子变得不那么唯我。实际应用8.2讨论了几种可以帮助教师促进学生认知发展的途径和手段。

实际应用8.2

皮亚杰和教育

无论教哪个年级,教师都必须在规划课程前对学生的发展水平做出评估。他们需要了解学生的思维能力,以便在教学过程中引入合理的认知冲突,学生可以通过同化和顺应解决这些认知冲突。例如,小学低年级的学生可能大多处于前运思阶段和具体运思阶段,这就意味着一堂课讲一个单元时间远远不够。此外,因为部分孩子的运思能力要优于其他孩子,教师需要设计一些扩展活动。

小学高年级和中学教师在设计课程时不仅需要涵盖基础理解的相关内容,而且还需要加入抽象推理的相关内容。例如,他们可以把有正确答案的活动任务。与没有正确答案但要求学生作抽象思考,并通过对事实的推理判断形成独立想法的活动任务结合起来。对于那些还没完全达到形式运思阶段能力水平的学生,抽象推理的相关内容

有助于激发必要的认知冲突从而促进更高层次的思维。而对于那些达到形式运思阶段能力水平的学生,推理性活动任务将会继续挑战他们的思维能力。

我们接下来介绍布鲁纳的认知发展理论。这一理论和皮亚杰的理论同属于建构主义理论,因为它们都认为人们的所学大多由他们自己形成或建构而来。

布鲁纳的认知发展理论

杰罗姆·布鲁纳的认知发展理论所讨论的内容并不是皮亚杰理论所讨论的认知结构的发展变化(Lutkehaus & Greenfield, 2003),它所强调的是孩子表达知识的不同方式。这一理论对教学和学习同样有重要启示。

知识表达

布鲁纳(1964)指出:"人的智力从婴儿时期到其所能达到的最高水平,其发展受到一系列脑力运用技术进步的影响。"(p.1)这些技术进步取决于语言能力和系统性教学(Bruner, 1966)。随着孩子的发展,他们的行为越来越少受到直接刺激的影响。认知活动(如想法、信念)负责协调刺激和反应之间的关系,从而使得学习者能够依据适应性需求,在变化的环境中保持相同反应或在相同环境中做出不同反应。

我们主要有三种知识表达模式,依先后顺序分别为:动作表达、图象表达、符号表达(Bruner, 1964;Bruner, Olver, & Greenfield, 1966)。这些模式不是结构,而是不同的认知处理形式(即机能;表8.4)。

表8.4　布鲁纳的知识表达模式

模式	表达类型
动作	运动反应;操作物体和环境相关方面的方式
图象	与动作无关的心理意象;可变物体和活动的视觉特征
符号	符号系统(如语言和数学符号);非常规、抽象

动作表达指运动性反应,即环境操作的方式。骑车、打结等行为很大程度上表现为肌肉的动作。刺激的定义取决于引发刺激的行为。对于学步儿童来说,球(刺激)就是可以扔、会弹跳(行为)的东西。

图象表达指无关动作的心理意象。孩子具备对没有真实呈现的物体进行思考的能力。他们在头脑中对物体进行转换并思考物体的相关属性,并不涉及物体相关动作。图象表达使得我们能够识别物体。

符号表达利用符号系统(如语言、数学符号)对知识进行编码。这些系统使得我们可以理解抽象概念(如 $3x - 5 = 10$ 等式中的 x 变量),并通过语言讲解转换符号信息。符号系统所呈现的是知识的非常规抽象特征。例如,"Philadelphia"这个词看起来不像一个城市名,倒像是一个无意义的音节(Bruner,1964)。

符号模式最后发展,虽然人们一直保留着以动作和图象模式表达知识的能力,但符号模式很快成为知识表达的优先模式。我们可以实际触摸一个网球,可以形成网球的心理画面,也可以用文字把它描绘出来。符号模式的优势在于相比其他两种模式,它可以使学习者灵活地呈现、转换知识(Bruner,1964)。

螺旋式课程

知识有不同的呈现方式,因此教师可以根据学习者的发展水平采用不同的教学方式。在孩子能够理解抽象的数学符号之前,可以用动作(积木)和图象(图片)的方式呈现数学概念和运算。布鲁纳把教学视为促进认知发展的重要手段。认为概念不好教,因为学生无法真正理解,其实说的是学生无法以教师的方式理解概念。教师需要根据学生的认知能力设计多样化教学。

布鲁纳(1960)有一个很著名的论断:不管是何内容,都可以有意义地传授给任何年龄的学习者。

　　过去十年的经验教训表明,我们的学校因为觉得很多重要科目太难而推迟教学,这可能只是白白蹉跎了宝贵岁月。任何学科的基础知识都可以某种方式传授

给任何年龄的任何人。所有科学和数学学科的核心基本概念、生命和文学的基本主题,一方面奥妙无穷,一方面却也简朴无华。掌握这些基本概念并有效加以运用,是一个基本概念理解不断深化的过程,而这一深化源于持续地以更为复杂的形式对它们加以运用的学习。只有当这些基本概念变成等式或阐述性的语言概念,且幼儿对概念缺乏直观理解,也没有机会以自己的方式尝试运用这些概念时,才会出现幼儿无法理解的情况。(pp. 12 – 13)

布鲁纳的观点曾经被错误地解读为任何年龄的学习者可以接受任何知识,这是不对的。布鲁纳的建议是学习内容要不断循环反复。可以先把概念简单浅显地教给孩子们,随着孩子们的能力发展,他们对概念的理解和表达方式也会越来越高级复杂。如此的循环往复形成了螺旋式课程:我们回过头来教授相同内容,但却是完全不同层次的学习(如更加复杂或更加细致入微)。例如,学生们可以直观地了解文学中"喜剧"和"悲剧"的概念(如"喜剧有趣,悲剧哀伤"),尽管他们无法用文学用语做出语言描述。而随着认知能力的发展,学生们可以阅读、分析甚至写作关于喜剧和悲剧的文章。在螺旋式课程体系中,学生们会不止一次地接触相同话题,但每次接触这一话题,其内容的复杂性都有所上升。

布鲁纳的认知发展理论属于建构主义的理论范畴,这是因为他认为任何年龄段的学习者都能基于自身的认知能力以及社会和自然环境经历找到刺激和活动的意义。虽然布鲁纳的理论主张与认知发展阶段无关,但其知识表达模式与皮亚杰理论中的发展阶段有异曲同工之处(动作运思阶段—动作模式、具体运思阶段—图象模式、形式运思阶段—符号模式)。此外,布鲁纳的理论表明,概念可以同时以不同的形式呈现在头脑中:成人知道怎么投篮,可以想象出篮球的样子,可以借助公式 $c = \pi d$ 算出篮球的周长。实际应用8.3给出了布鲁纳理论应用于教学和学习的若干实例。

实际应用8.3

知识表达模式

布鲁纳的理论对学生呈现知识的方式作了阐述,提倡螺旋式课程的循环学习模式。数学教学给我们提供了一个良好的应用范例。在学生能够理解抽象数学符号前,教师必须确保学生能够以动作和图象模式理解概念。布拉克斯顿女士是一名三年级教师,她在准备年度数学教学内容时咨询了二年级以及四年级的教师。她想确保学生们在学习新的内容前已经真正理解了旧的概念,同时她还想引入一些四年级的内容。在介绍乘法时,她先带学生们复习了加法以及包含乘法的数数活动(如2、4、6、8;4、8、12、16),然后她让学生们使用操作工具进行操作(动作表达),给出了关于乘法的视觉(图象)呈现,最后她借助符号模式给出问题(如4:2 = ?)。

坎农女士是一名九年级的英语教师,她查阅了课程指南并与中学教师见面以明确学生已经学了哪些内容。她在第一节课上带学生复习了他们已经学过的内容,并让学生回忆能够记得的内容。在了解了学生的掌握水平后,她就可以规划上课内容,增添新的教学材料。她力图在教学中运用所有的知识表达模式:动作—角色扮演、戏剧表演;图象—图片、视频;符号—印刷材料、网站等。

维果斯基的社会文化理论

维果斯基的理论跟皮亚杰的理论一样也属于建构主义的理论范畴,不过维果斯基的理论更加强调社会环境对发展和学习的促进作用(Tudge & Scrimsher, 2003)。

背景

利维·塞门诺维奇·维果斯基1896年出生于俄国,他在校期间的学科涉猎范围极广,包括心理学、哲学、文学等,1917年还获得了莫斯科帝国大学的法律学位。毕业后他回到了家乡高美尔,这个城市饱受德国人占领、饥荒以及内战之苦。他的两个兄弟

死于战乱,而他感染了肺结核——这个病最后夺走了他的生命。他教授心理学和文学课程,写文学评论,还负责编辑一份期刊。他还在教师培训机构任职,他在那里成立了心理实验室,并撰写了一本关于教育心理学的著作(Tudge & Scimsher, 2003)。

1924年在列宁格勒召开的第二届精神—神经病学大会上发生了一件大事。当时盛行的心理学理论极为推崇巴甫洛夫的条件作用说以及行为主义理论的环境影响说,而忽视主观体验的作用。维果斯基提交了一份论文(《反射论和心理学研究方法》),他在文中抨击了当时的主流观点,并就条件作用说和人类意识和行为之间的关系作了阐述。巴甫洛夫所做的关于狗的实验(第三章)和科勒所做的关于猿的研究(第七章)忽略了动物和人之间的众多差异。

维果斯基认为,和只会对环境做出反应的动物不同,人有调适能力,可以按着自己的目的改变环境。他的发言给其中一位与会者留下了深刻印象——他就是亚历山大·鲁利亚(本章后面讨论)——他邀请维果斯基加入赫赫有名的位于莫斯科的实验心理学研究所任职。维果斯基在那里成立了残障研究所,旨在找出可以帮助残障人士的有效途径。维果斯基卒于1934年,他在生前写下了大量关于社会协调性学习和意识作用的书作,大多是与同事鲁利亚和列昂节夫合作完成(Rohrkemper, 1989)。

在了解维果斯基的理论观点时,我们必须牢记他是一位马克思主义者,从他的理论主张中,我们可以看到他试图应用社会变革的马克思主义思想研究语言和发展的用心(Rohrkemper, 1989)。1917年俄国革命之后,新的国家领导人上台,他们在民众中间掀起了变革的巨浪。维果斯基的理论所带有的浓厚的社会文化理论导向,正贴合文化向社会主义体制转向的革命宗旨。

维果斯基与西方人士颇有来往(如皮亚杰等作者;Bredo, 1997; Tudge & Winterhoff, 1993),但在他生前,乃至他死后的几年里,他的著作几乎都没有出版过(Gredler, 2009)。当时,苏联国内的政治环境比较不利;当局大幅缩减了对心理学实验和心理学著做出版的扶持力度。维果斯基是修正主义思想的拥护者(Bruner, 1984)。他从巴甫洛夫的心理学反射说转向了文化—历史视角,强调语言和社会交互作用的重要性(Tudge & Scrimsher, 2003)。他有些著作中流露的观点与斯大林的观点相左,因此未能

获准出版。他的著作在 20 世纪 80 年代以前的苏联被列为禁书(Tudge & Scrimsher,2003)。近年来,维果斯基的书作被大量译成外国文字,开始广为传播,对教育、心理学和语言学等学科的影响日甚。

基本原理

维果斯基对于心理学的重要贡献之一在于他强调具有社会意义的活动会对人的意识产生重要影响(Bredo,1997;Gredler,2012;Kozulin,1986;Tudge & Winterhoff,1993)。维果斯基力图从新的视角解读人类理想。他不主张采用内省法(第一章),像行为主义者一样对内省法持否定意见。他希望能够摆脱意识的概念来阐释意识状态;相类似地,他也不主张从先行行为的角度对人的举动做出行为主义解释。但他没像行为主义者一般摒弃意识概念,也没像内省主义者一般否认环境的作用,而是力图找到折中之道,把环境影响纳入思考范畴,考察其对意识的影响。

维果斯基的理论主张人际(社会)、文化—历史、个体等因素之间的交流互动是人类发展的关键所在(Tudge & Scrimsher,2003)。环境与人的互动(如拜师学艺、合作)能够刺激发展进程,促进认知发展。不过,这种互动无法实现传统的向孩子提供信息的目的,孩子基于自己的知识储备以及特性对经历进行转化,重建其心理结构。

维果斯基理论中的文化—历史观点表明学习和发展无法脱离其情境。学习者与世界的互动交流——与人、物体、机构等——会改变他们的思维。概念的意义会随着与世界的联系而改变(Gredler,2009)。因此 ,"学校"并不仅仅是一个词语或一个自然组织,更是一个以促进学习和公民素质为己任的机构。

影响发展的因素还包括个体或遗传因素。维果斯基对存在心理和生理残障的儿童十分感兴趣。他认为是遗传因素导致了他们的学习轨迹与正常儿童不同。

在这三大影响因素中,其中最为人关注的——至少是在西方研究者以及从业者看来——是人际因素。维果斯基认为社会环境是学习的决定性因素,社会交互作用能够改变学习经历。社会活动是一种能够解释意识变化的现象,同时也是统一了行为和思想的心理学理论的基石(Kozulin,1986;Wertsch,1985)。

社会环境通过工具——即文化客体(如汽车、机器)以及语言和社会机构(如学校、

教堂)影响认知。社会互动有助于协调发展的三大影响因素。认知变化是在社会交互作用中运用文化工具的结果,同时也是对这些交流进行内化和心理转换的结果(Bruning et al.,2011)。维果斯基的观点属于辩证(认知)建构主义的范畴,因为它强调人和环境之间的互动。协调是发展和学习的核心机制:

> 所有的人类心理活动(较高阶的心理学活动)受到语言和符号等心理工具的调和。在联合性(合作性)活动中成人把这些工具传授给孩子。这些工具经孩子内化后成为孩子更高级别心理活动的调和因素。(Karpov & Haywood,1998,p. 27)

维果斯基最有争议的观点是所有较高级别的心理机能都来源于社会环境(Vygotsky,1962)。这个主张过于绝对,却又有几分道理。其中影响力最大的进程是语言。维果斯基认为心理发展的关键是掌握使用语言、计算和写作等符号传播文化发展和思维的外部流程。这一外部流程掌握后,下一步就是利用这些符号对想法和行为施加影响或进行自我管理。自我管理借助了"私人言语"的重要功能(本章后面讨论)。

虽然维果斯基的理论主张鞭辟入里,但显得过于绝对。研究证据表明幼儿在有机会学习所处文化的很久以前就能够理解关于世界运转的很多知识(Bereiter,1994)。从生物学的角度来看,孩子们似乎也拥有掌握特定概念的能力(如理解加法可以导致数量变多),而这些都跟环境无关(Geary,1995)。虽然社会学习的确影响知识建构,但所有学习源自社会环境的观点似乎有点夸大其辞。不过,我们知道学习者的文化具有极其重要的意义,在阐释学习和理解等概念时需要加以考虑。维果斯基(1978)理论要点的总结详见表8.5(Meece,2002)。

表8.5 维果斯基理论的核心观点

■ 社会交互作用极为重要;知识是两个或两个以上的人共同建构的结果
■ 自我管理通过行为内化(形成内在表征)以及社会交互作用过程中的心理操作得以实现

■ 人类发展通过工具(语言、符号)的文化传播而实现

■ 语言是最重要的工具。语言的发展轨迹是社会话语——私人言语——隐性(内在)话语

■ 最近发展区(ZPD)指孩子自己可以达到的能力水平和需要借助他人才能达到的能力水平之间的差距。与成人和同伴的最近发展区交流能够促进认知发展

最近发展区

维果斯基理论的一个核心概念就是最近发展区(ZPD),指"独立解决问题实际达到的发展水平和在成人指导或与优秀同伴合作情况下可能达到发展水平之间的差距"(Vygotsky,1978,p.86)。最近发展区表示的是学生在受到恰当指导的情况下可能达到的学习水平(Puntambekar & Hubscher,2005),其在很大程度上是对学生特定领域内发展潜能或智力水平的一个测试,表明了学习和发展之间的相互联系(Bredo,1997;Campione,Brown,Ferrara,& Bryant,1984),可被视为是智力的替代概念(Belmont,1989)。在最近发展区内,教师和学习者(成人/儿童、导师/学生、榜样/观察者、师傅/学徒、专家/新手)合力完成某个任务,而该任务因为难度过大学习者无法独立完成(Gredler,2012)。最近发展区反映了马克思主义的集体主义思想,在此过程中,那些所知更多或技巧更加熟练的人与那些所知不多的人分享自己的知识和技巧以完成任务(Bruner,1984)。

当教师和学习者分享文化工具时,最近发展区会出现认知变化,而当这一文化性互动被学习者内化时,也会产生认知变化(Cobb,1994)。最近发展区的有效运作需要有大量的指导性参与(Rogoff,1986),不过,孩子并不是被动地从这些互动交流中获取文化知识,他们所学到的内容也不一定就是交流活动的自动化或准确反映。相反,学习者会在社会交互作用中融入自己的理解,把理解和他们的情境经历相整合构建起意义。这种学习往往是突如其来的,有点像格式塔理论中的顿悟(第七章),其反映的不是知识逐步累积的过程(Wertsch,1984)。

例如,假设有位教师(特鲁迪)和一个孩子(劳拉)一起要完成一项任务(做一张劳拉和父母一起在家干活的画片)。劳拉的分享是:人们和家是什么样子的、他们可能会做哪些事、怎么画画和做画片。特鲁迪也带来了相同的分享,还有完成不同任务所需

要满足条件的相关知识。假设他们决定做一幅一家三口在庭院里劳作的画片。劳拉可能会画爸爸在割草、妈妈在修剪灌木、劳拉在草地上耙草。如果劳拉想把自己画在爸爸的前面,特鲁迪会解释说劳拉应该在爸爸身后,因为她的活是把爸爸割下的草用耙子耙掉。在这样的交流中,劳拉改变了她原来对在庭院里干活的想法,获得了新的理解,建构起了新的知识。

最近发展区是一个极为重要的概念,在西方国家引起了极大重视,但他们对于理论的理解有所偏差,对理论的复杂性也估计不足(Gredler,2012)。

此外,对概念本身的理解往往比较狭隘,过于强调人际交往而忽略了个人和文化—历史背景,认为概念是单向的。太多学者把这个概念当成了"辅助"的代名词,因而把重点放在了能力更强一方,特别是教师的作用上,但事实上他们的作用只是在超越孩子当前思维能力的前提下给予帮助。这一概念因而已经成为有感知力的教师如何教育孩子的同等概念,大大简化了维果斯基理论的复杂性,既没有考虑孩子在交流过程中的贡献,也没有考虑交流活动所发生的大环境(文化和历史背景)。(Tudge & Scrimsher,2003,p.211)

维果斯基认为学校教育的重要性不在于它能够给予孩子辅助,而在于它使得孩子对自己、对所使用的语言以及他们在世界秩序中的作用形成更好的认知。参与到文化世界中能够促进心理机能的改变,而不仅仅是促进无论如何都会发生的进程。从广义上讲,最近发展区指的是人们在与社会和社会机构交往过程中产生的新的认知形式。文化影响个人心理发展的进程。不过可惜的是,绝大多数的讨论都把最近发展区这个概念理解得过于狭隘(Gredler,2012),认为最近发展区就是专家级教师为学生提供学习机会(虽然这也是内容之一)。

实际应用

维果斯基的理论观点在教育领域中有很多实际应用(Karpov & Haywood,1998;Moll,2001)。自我调节学习要求有计划、检查和评估等元认知过程。本节和实际应用

8.4 讨论其他一些实例。

实际应用8.4

维果斯基理论的应用

维果斯基指出，个人与环境的互动对学习有辅助作用。个人把其经历体验引入学习情境中，能够极大影响学习结果。

滑冰教练的教学对象可能是高级阶段的学生，他们对于滑冰已经有了较好的了解，他们有过滑冰的经历体验，知道平衡、速度、动作和身体控制等概念。教练要做的就是了解这些学生的优点和不足，然后帮助他们纠正动作，让他们滑得更好。例如，有名学生老是做不好"三圈前外一周脚尖跳翻转"这个动作，她的动作高度和速度都够，但教练注意到她在转圈时脚尖会有一定角度的倾斜，这就使得她无法流畅地完成翻转。教练指出了这个问题，帮她纠正，最后她终于能够漂亮地完成这个动作。

如果兽医学学生在农场长大，曾经亲眼见过各种动物的出生、患病和日常照料的情形，就会把这些宝贵的知识带到教学中。教师可以利用这些经历体验促进学生的学习。在教学生治疗奶牛或受伤的马蹄时，教师可以从这些学生中挑几个让他们讲讲自己的观察发现，然后在此基础上介绍最新最有效的治疗方案。

帮助学生在社会环境中掌握认知中介（如符号等）可以通过多种方式实现。其中一个常规应用就是支架式教学，指对超出学习者能力范围的任务元素进行控制以使学生侧重于并掌握自己能够很快掌握的任务内容（Puntambekar & Hübscher，2005）。与建筑工程中用到的脚手架相似，支架式教学主要有五大功能：提供支撑、作为工具、扩大学习者的能力范围、帮助完成任务（如果不用支架，任务无法完成）、按需选择性使用。

在学习情境中,教师先起带头作用,然后教师和学习者共同承担责任。随着学习者的能力日益增强,教师慢慢撤走支架,让学习者独立完成(Campione, et al., 1984)。其中的关键在于必须确保支架能够让学习者一直处于最近发展区内,随着学习者能力的发展,支架也要随之升高。在开头小剧场中我们可以看到阿里和其他学生在恰当的教学引导下是如何学习的。

支架式教学其实并不是维果斯基理论的组成内容((Puntambekar & Hübscher, 2005)。这一表述是伍德、布鲁纳和罗斯(1976)创造的,不过却与最近发展区的理念极为契合。支架式教学是班杜拉(1986)参与式示范教学法的组成部分(第四章),在此过程中,教师首先示范技能,给予辅助,然后随着学习者对技能的掌握慢慢降低辅助力度。这一理念还与塑形理论有一定相关性(第三章),因为在塑形理论中,不同技能习得阶段都会出现教学辅助以引导学生实现每个阶段的学习。

支架式教学的适用情形为教师想给学生提供信息或帮助他们完成部分任务,好让他们能够集中注意于他们想要掌握的任务部分。教师在帮助学生梳理段落内各个句子顺序以使段落表达富有逻辑性时,可以先给出若干句子,让学生对这些句子排序,句子中的词义和拼写问题由教师解决以确保这些任务不会干扰他们的主要任务。当学生的意思排序能力有所提高后,教师可以让他们自己写段落,但在词义和拼写方面仍然给予帮助。最后,让学生自己处理词义和拼写问题。简而言之,教师创造了一个最近发展区,并给学生提供支架帮助他们成功完成任务(Moll, 2001)。

维果斯基理论的另一应用是交互式教学(第七章)。交互式教学包含了教师和学生小组之间的互动对话。首先教师对任务活动做出示范,然后教师和学生轮流充当教师的角色。学生在学习阅读理解提问的过程中,教师可以示范如何通过提问判断理解水平。从维果斯基的理论角度来看,交互式教学由社会交互作用和支架式教学组成,在此过程中学生的技能水平逐步提高。

另外一个重要应用是同伴合作,这是维果斯基理论中集体主义思想的体现(Bruner, 1984; Ratner, et al., 2002;见本章后面讨论的同伴辅助学习一节)。当同伴合作完成任务时,社会交流分享也会具有教学功能。研究表明,当合作小组中的每个学生都

担负起责任,而且只有当每个人都具备相应能力小组成员才能前进时,小组合作的效果最佳(Slavin, 1995)。同伴合作小组广泛用于数学、科学和语言艺术等学科领域的学习(Cobb, 1994;Cohen, 1994;DiPardo & Freedman, 1988;Geary, 1995;O'Donnell, 2006),这些都证明了社会环境对学习有着不容忽视的影响。

与维果斯基理论和情境认知相关的一个应用是师徒式的社会引导(Radziszewska & Rogoff, 1991;Rogoff, 1990)。在师徒式的学习模式中,新手与专家紧密协作完成任务,这一学习模式与最近发展区理念极为吻合,它发生在文化机构(如学校、代理机构等),能够引起学习者认知发展的改变。在完成任务的过程中,新手一方所接触到的就是最近发展区,因为他们要完成的任务超出他们的能力范围。而通过与专家合作,新手们通过专家的分享获得重要的相关知识,并把新知识与他们已有的知识相整合。师徒式学习模式体现了极为重视社会交互作用的辩证建构主义理念。

师徒式学习模式在教育领域的应用范围很广(Bailey, 1993)。学校的实习教师配有合作教师,上岗后往往会搭档经验丰富的教师作为导师。再如,学生和教授一起完成研究,并在此过程中获得教授的辅导(Mullen, 2005)。实习顾问在导师的直接引导下完成实习。在职培训项目往往采用师徒式模式,让学生在实际工作场合以及与他人交流中掌握技能。未来的研究应该把影响师徒式教学模式效果的影响因素作为促进不同年龄学生技能掌握的手段予以评估。

很多理论学家指出,建构主义(特别是维果斯基的理论)可以用来阐释数学学习(Ball, Lubienski, & Mewborn, 2001;Cobb, 1994;Lampert, 1990)。数学知识不是被动从环境中吸收的,而是个人交流建构的产物。这一建构过程还体现了孩子们的创造性,他们把隐含规则加以组合从而获得新的程序。

以下这个举例可以告诉我们以规则为基础的程序性创造是如何衍变而来的。一段时间以前,我同一名教师合作,任务是找出她班上有哪些孩子在学习长除法时需要额外辅导。她点了几名学生,然后说蒂姆可能也需要,但她不确定,因为蒂姆的做题正确率时高时低,有时甚至错得离谱。我给了蒂姆一些题让他做,让他一边做题一边把做题思路说出来,因为我想知道孩子们在做题时会想些什么。以下是蒂姆在做题时说

的：“这个题目是 436 除以 17，我先从离门最近的这边开始。”于是我知道了为什么他做题的正确率时高时低，这取决于他身体的哪个部位离门最近！

知识建构过程早在学龄前就开始了（Resnick，1989）。吉尔里（1995）对生物初级（生物性）能力和生物二级（文化性）能力作了区分。生物初级能力的基础是人体在特定的生态和社会环境中演化而来的生物神经系统，其功能与生存或生育有关。生物初级能力应该具有跨文化性，但生物二级能力则体现出更多的文化差异性（如因教育不同而有所差异）。此外，生物初级能力大多见于非常年幼的儿童。事实上，学龄前儿童可以在没有人直接教导的情形下进行计数，似乎是一件自然就会的事（Resnick，1985）。甚至连婴儿都会对数字敏感（Geary，1995）。

数学能力还取决于社会文化影响（Cobb，1994）。维果斯基（1978）认为最近发展区中他人的能力有重要意义。社会文化影响通过同学互教、支架式教学和师徒式教学等得以整合。

研究支持社会交互作用有益的论点。里特尔—约翰逊和斯达（2007）发现当准许七年级学生与同伴比较解题方法时，他们的数学能力有所提高。斯普林格、斯旦尼和多诺凡（1999）的文献回顾表明小组学习能够有效提升高校学生的科学和数学课程表现。克拉马斯基和梅凡莱什（2003）发现合作学习与元认知指导（如仔细思考相关概念、选定所要采用的合适策略等）相结合的模式相比单用一种教学模式更能促进八年级学生的数学推理能力。除了这些（Stein & Carnine，1999），还有文献资料表明同伴辅导和跨年龄同伴辅导数学能够有效提高学生的学习表现（Robinson，Schofield，& Steers – Wentzell，2005）。

不过，虽然维果斯基的理论（1978，1987）有很大的应用空间，但我们很难评估其对人类发展和学习的贡献（Tudge & Scrimsher，2003）。研究者和其他相关人士往往把关注点放在最近发展区上，而没有把它放在一个更大的以文化影响为中心的理论情境下来理解。在讨论维果斯基的理论应用时，这些往往都不是理论的组成部分，而只是与理论相契合的内容。例如，当伍德等人（1976）引入支架式教学这个表述时，他们只把其当成是教师组织学习环境的一个手段，因此与维果斯基的能动型最近发展区没有太

大关联。虽然交互式教学也不是维果斯基理论中的概念，但这个表述却更好地抓住了维果斯基理论所体现的能动、多向交流的本质。

学者在争议维果斯基的理论时一般都会把维果斯基理论和皮亚杰的理论作对比，比较他们关于人类发展进程可能存在差异的观点论述，虽然很多其实都是一致的（Duncan，1995）。这样的争论可能可以让我们更好地了解维果斯基理论和皮亚杰理论的差异，并提出一些研究假设以供检验，但对于旨在寻求有效途径促进学生学习的教育者们来说却是无益的。

或许，维果斯基理论对于教育的最大启发在于文化—历史背景与所有形式的学习息息相关，因为学习并不是孤立的行为。师生交流就是其中的组成部分。研究已经发现了夏威夷、英国和纳瓦霍孩子的交流方式各不相同（Tharp，1989；Tharp & Gallimore，1988）。夏威夷文化鼓励合作，多个学生可以同时发言，而纳瓦霍文化不太倾向小组任务模式，往往需要等讲话人发完言才能开口讲话。因此，同样的教学模式可能并不同等程度地适用于所有文化群体。美国学校中有大量英语语言学习者，因此这一点尤其需要注意。能够选择契合学生学习偏好的教学方式是 21 世纪的一项重要技能。

私人言语和社会中介性学习

建构主义的核心观点就是学习是社会环境的转换和内化。本节讨论私人言语和社会中介性学习的重要作用。

私人言语

私人言语指具有自我调节功能但不具社会交流性的话语现象（Fuson，1979）。各种理论——包括建构主义、认知—发展理论和社会认知理论——都认为私人言语和自我调节能力发展之间有着极大的关联性（Berk，1986；Frauenglass & Diaz，1985）。

其历史渊源部分来自巴甫洛夫的著作（1927）。在第三章中我们介绍过巴甫洛夫对初级符号系统（感知系统）和二级符号系统（语言系统）作了划分。巴甫洛夫意识到动物的条件作用原理并不能完全泛化至人类；动物的条件反射需要条件刺激和无条件刺激多次配对，而人类的条件反射只需要一次或很少几次配对。他认为人类和动物条

件反射机制的不同很大程度上归因于人类的语言和思维能力。刺激不会自动形成条件反射;人们会借鉴自己以前的经历对刺激做出解释。虽然巴甫洛夫并没有对二级符号系统作过研究,但后续的一系列研究都证实了他的想法:人类的条件反射作用极为复杂,其中语言充当了中介的作用。

苏联心理学家鲁利亚(1961)的研究侧重于儿童从初级符号系统到二级符号系统的转换。鲁利亚提出了动作行为言语控制发展的三阶段论。第一阶段时(1 岁半到 2 岁半),主要由他人言语负责引导儿童行为。第二阶段时(3 岁到 4 岁),儿童能够通过有声语言表达控制动作行为的开始,但不一定能控制动作行为的结束。到了第三阶段(4 岁半到 5 岁半),儿童的私人言语能够开始、引导、禁止动作行为。鲁利亚认为这种私人的、自我调节的话语通过神经心理机制引导行为。

二级符号系统的中介性和自我引导作用也体现在维果斯基的理论中。维果斯基(1962)认为私人言语能够通过组织行为促进思维发展。儿童借助私人言语理解情境、克服困难。私人言语与儿童和社会环境的交流同步出现。随着儿童语言能力的发展,他们能够在脱离语音和句法的情况下理解他人所说的话,他们把话语的意思内化并利用它们来引导自己的行为。

维果斯基提出私人言语的发展轨迹呈曲线形:在六到七岁之前,儿童的有声语言表达(有声思维)行为持续增强,到了六七岁以后开始下降,而到了八到十岁,则以无声语言表达(内化)为主。不过,任何年龄的人遇到问题或困难,都有可能做出有声语言表达。有研究表明,虽然私人言语的使用量从四五岁到八岁左右开始减少,但具有自我调节性和目标性的私人言语比例反而随着年龄的增加而上升(Winsler, Carlton, & Barry, 2000)。不过也有很多研究发现私人言语的实际使用量很小,很多孩子一点话也不说。因此,私人言语的发展轨迹似乎比维果斯基设想的更为复杂。

有声表达和成就表现

把规则、程序和策略有声表达出来能够提高学生的学习表现。梅肯鲍姆(1977,1986)的自我教学训练法(第四章)虽然不属于建构主义的范畴,但它对私人言语从有声到无声的发展进程作了重新定义,基本内容包括:问题定义("什么是我必须要做

的？"）、注意力投入（"我需要把注意力放在我正在做的事上"）、规划和反应引导（"我需要认真工作"）、自我强化（"我做得不错"）、自我评价（"我做事的顺序对吗？"）、应对（"如果不对我要再试一次"）。教师可以采用自我教学训练法教授认知和运动技能，可以营造一个乐观的氛围让学习者相信自己可以完成任务，从而在面对困难时能够有坚持下去的毅力（Meichenbaum & Asamow，1979）。整个过程不需要用文字写下来；学习者可以有他们自己的有声表达方式。

有声表达法似乎对那些经常遭遇困难、表现欠佳的学生极有帮助。研究表明有声表达法对于以下几类学生已经获得了积极效果：不会自觉复习所学内容的学生、冲动型学生、有学习障碍和智力障碍的学生、需要补习的学生（Schunk，1986）。有声表达法能够帮助存在学习问题的学生有体系地完成任务（Hallahan，Kneedler，& Lloyd，1983）。有声表达法迫使学生关注任务并操练所学内容。不过，如果在不用到有声表达的情形下学生也能轻松完成任务，则有声表达法对于学习的促进效果变得不甚明显。因为有声表达其实构成了一项额外任务，可能会分散孩子的注意力，因而干扰学习。

伯克（1986）对一年级和三年级学生的自发性私人言语做了研究。结果表明，与任务相关的有声表达与数学表现呈负相关，而渐弱式有声表达（低语、唇动和喃喃自语）与数学表现呈正相关。该结果适用于智力水平较高的一年级学生和智力水平普通的三年级学生；对于智力水平较高的三年级学生，有声表达和渐弱式有声表达与数学表现不相关，对于这部分学生，内化的自我指导性言语似乎最为有效。多尔蒂和怀特（2008）发现私人言语与启智早教项目以及社会经济地位低下的学龄前儿童的创造力指数呈正相关。

基尼、坎尼扎罗和弗拉维尔（1967）对六七岁大的孩子做了一个关于序列记忆任务的测试，从中筛选出那些不知道如何操练记忆的孩子，接下来他们安排这些孩子学习记忆操练技巧，最后发现他们的记忆表现与那些自发操练记忆的孩子相当。梅肯鲍尔和阿莎姆（1979）也筛选了一批不会自发对序列记忆测试作记忆操练的幼儿园孩子，然后对他们进行训练。有些孩子所受训练是与基尼等人实验中相似的操练策略，还有些

孩子接受的则是自我教学训练。最后结果表明两种训练都提高了与控制情境相关的记忆表现,但自我教学训练更为有效。

申克(1982b)教没有学过除法的学生学习除法,他把学生分成了四组,第一组学生有声表达的内容是一些明确的表述(如"检查"、"乘"、"复制"),第二组学生有声表达的内容自定,第三组学生有声表达的内容是第一组和第二组学生的混合,第四组学生不作有声表达。结果显示自定有声表达内容的学生——不管是只限自定还是混合自定——掌握除法的情况最佳。

总而言之,有声表达的内容如果与任务相关且不会干扰学生完成任务,能够有效促进学生的任务表现。任务相关表述的比例越高,学习表现越好(Schunk & Gunn, 1986)。私人言语的发展轨迹是一个从有声到无声的循环,智力水平较高的学生其言语内化的时间亦较早(Berk, 1986;Frauenglass & Diaz, 1985)。私人言语与创造力呈正相关。让学生自行建构有声表达内容——或许可以与策略步骤的有声表达同时进行——相比把有声表达内容限于具体表述,效果更好。为了促进迁移和长久记忆,有声表达最后应该转为低语或唇动,然后转为无声表达。内化是自我调节学习的核心特征(Schunk, 1999;第十章)。

有声表达的这些效果并不意味着所有学生都应该在学习过程中采用有声表达法。如果这么做,课堂将会变得十分吵闹,也可能会使很多学生分心! 事实上,有声表达法比较适用于那些存在学习困难的学生,可与常规教学相结合。教师或助教可以一对一也可以以小组形式对这些学生进行辅导,以免影响班上的其他学生。实际应用8.5讨论了有声表达法用于学习的一些做法。

实际应用8.5

自我有声表达

教师可以在特殊的教育资源室也可以在常规教室里应用自我有声表达(自我对

话)法,帮助注意力难以集中的学生和技能掌握缓慢的学生。在介绍长除法时,教师可以采用有声表达法帮助无法记住步骤的学生记忆完整步骤。孩子们可以作有声表达,遵循以下步骤:

> (数)和(数)可以相除吗?
>
> 相除。
>
> 相乘:(数):(数)=(数)
>
> 写下答案。
>
> 相减。(数)—(数)=(数)。
>
> 写下后一个数字。
>
> 重复以上步骤。

自我对话法能够帮助学生把注意力集中任务上,树立起完成任务的自我效能感。而一旦他们开始对所学内容有所领悟,有声表达最好慢慢转为无声表达,以提高任务速度。

自我有声表达法还可以帮助学生掌握运动技能和策略。他们可以有声表达出正在出现的情况,自己应该怎么做等。例如,网球教练可以鼓励学生在练习赛中采用自我对话法:"高球—高手回击"、"低球—低手回击"、"斜线球—反手击球"。

有氧运动和舞蹈教练也可以在练习过程中采用自我对话法。芭蕾教师可以让年轻学员在做手臂挥动动作时不断地说"涂彩虹",让他们轻点脚尖移动时说"走在鸡蛋上"。有氧练习课的学员们也可以在做动作的时候把动作大声地说出来(如"下蹲伸展"、"向右滑、再滑回来"等)。

社会中介性学习

很多建构主义理论,尤其是维果斯基的理论,极为强调学习是一个以社会为中介

的过程。这一观点并不为建构主义所特有；很多其他学习理论也都主张社会活动对学习有重大影响。例如，班杜拉（1986，1997）的社会认知理论（第四章）就强调了学习者之间的交互作用关系以及社会环境的影响。同时，有大量研究表明社会示范对学习有重要影响（Rosenthal & Zimmerman，1978；Schunk，1987）。不过，学习的社会中介性是维果斯基理论的核心内容（Karpov & Haywood，1998；Moll，2001；Tudge & Scrimsher，2003）。所有学习都需要借助工具作为中介，如语言、符号等。孩子们在与他人的社会交互作用中掌握这些工具。他们内化这些工具，然后让它们成为更高阶段学习（即概念学习和解决问题等更高级别的认知活动）的中介。

我们可以以概念学习作为举例，了解社会中介如何影响概念学习。幼儿通过观察世界、形成假设等方式自发地学习概念。例如，他们听到汽车和卡车发出的噪声，可能就会觉得体积越大的物体，发出的噪声越吵。不过当观察到与这个认知不相符的现象时（如摩托车比汽车和卡车都要小，但它发出的噪声可能比汽车或卡车都要吵），他们不会对认知做出调整。

在社会交互作用的过程中，他人（如教师、父母、姐姐、哥哥等）教给他们概念，这种教学往往是直接的，就像教师教孩子们分辨正方形、长方形、三角形和圆形一样。孩子们利用语言和符号工具把这些概念内化。

当然，我们也可能在没有社会交互作用的前提下自我学习。例如，威尔卡拉和库恩（2011）对中学生基于问题的学习做了研究，发现有些学习者独立学习，而有些学习者参与小组学习。结果表明，相比讲课—讨论模式，基于问题的学习能够促进学习表现；但就基于问题的学习而言，个人学习还是小组学习没有差别，这也意味着社会中介性学习机会并没有带来更大的帮助。

不过，从建构主义的角度看，即使是独立学习也是以社会为中介的，因为它同样需要借助工具（如语言、符号等），而这些工具是在以前的社会交互作用中获得的。此外，独立学习需要用到一定数量的标记。孩子们可能学会了一个概念，但不知道怎么命名这个概念（"这个看起来像_____的东西叫什么？"）。标记需要用到语言，而且可能是他人给出的。

当代学习理论中反映建构主义理论观点的一个核心思想是人们建构关于环境的内隐理论，并在遇到新的证据时修正理论。早在很小的时候，儿童就随着对自然界和生物界的了解建构起了关于自我想法和他人的理论（Gopnik & Wellman，2012）。儿童的学习和思维都发生在这些理论背景下。社会交互作用对于儿童的认知发展具有极其重要的意义。儿童可能并不仅仅从自己的经历体验中建构命题网络，他们更是基于其关于世界的理论来理解世界，其内容包括关于知识有用性和重要性的想法、这些知识与他们所知道的其他知识有何关联、这些知识在什么情境中适用。文化工具是促进儿童内隐理论和理解发展的重要因素。

工具的有用性不仅体现在学习过程中，同样也体现在教学过程中。儿童互相交流他们学到的知识。维果斯基（1962，1978）认为工具之所以能对他人产生强大影响，正是因为工具的使用具有社会目的性。

这些观点表明为了让儿童能够有效建构知识，需要做积极准备。基本学习工具的教学可以以直接方式进行。对于显而易见的知识或轻易就能学会的知识，没有必要让学生建构。他们要建构的是基本学习的结果，而不是原因（Karpov & Haywood，1998）。教师应该帮助学生做好学习准备，把工具教给学生，然后提供学习机会。实际应用8.6讨论了以社会为中介学习的一些实用案例。

实际应用8.6

社会中介性学习

社会中介性学习适用于所有年龄的学生。教师教育系的教师都知道教学成功部分取决于理解学校服务群体的文化背景。迈耶博士征得学校以及家长的同意，给她的每个学生分配了一个在校同学作为"伙伴"。学生的任务之一就是要花课外时间与伙伴一起交流——例如，一对一辅导、一起就餐、一起坐校车回家、上门拜访等。她把她的学生按两人一组分好组，每组成员定期碰面讨论伙伴的文化背景情况，如他们的伙

伴对学校有何看法、他们的家长或监护人有什么看法、伙伴所生活社区的情况等。她也定期与每组成员碰面讨论文化因素对学校教学的启示。通过与伙伴、迈耶博士以及其他班级同学的社会交流,学生们对文化在学校教学中的作用有了更好的理解。

历史事件往往可以有不同的解读。施米茨女士的单元教学内容是关于"二战"后美国人生活方式的变化,她把学生分成了五个小组,每个小组负责一个话题,分别为:医疗、交通、教育、科技、郊区。每个小组准备发言,陈述为什么他们的话题内容反映了美国人生活的巨大进步。每个小组的学生齐心协力准备发言,每人负责其中的一部分。发言结束后,施米茨女士引导全班同学一起讨论。她想让学生们知道所有的进步都是相辅相成的;例如,科技影响医疗、交通和教育;汽车的普及和道路的修建带来了郊区的发展;教育质量的提升使得预防医学兴起。讨论和发言等社会中介性活动使学生对美国人生活方式的变化有了更好的理解。

同伴辅助学习

同伴辅助学习法属于建构主义的范畴,它是一系列以同伴作为学习过程主体的教学法(Rohrbeck, Ginsburg – Block, Fantuzzo, & Miller, 2003),主要包括同伴辅导(第四章及本节)、交互式教学(第七章)、合作学习(本节有所讨论;Palincsar & Brown, 1984; Slavin, 1995; Strain, Kerr, & Ragland, 1981)。

同伴辅导学习被证明能够促进学习。罗尔贝克等人(2003)在回顾文献时发现同伴辅助学习对于低龄(一至三年级学生)、城市、低收入家庭、少数族裔背景儿童极为有效。考虑到可能给城市、低收入家庭和少数族裔背景学生的学习表现带来的风险,结果是积极的。罗尔贝克等人没有发现同伴辅导学习法存在学科(如阅读、数学)差异。除了能够促进学习外,同伴辅导学习还能够提升学习的学术性和社会性动机(Ginsburg – Block, rohrbeck, & Fantuzzo, 2006; Rohrbeck et al., 2003)。这可能是因为重视学术性学习的同伴会强调其重要性,从而通过社会环境激励他人。

与其他教学模式一样,教师在判断是否采用同伴辅导学习时需要考虑想要实现的

学习结果。同伴辅导学习法特别适用于某些课程(如强调问询技能的课程),特别是当社会结果发展也是目标之一时。

同伴辅导。同伴辅导体现了建构主义教学的很多原理。学生在学习过程中变得积极主动;辅导者和被辅导者自由参与。一对一的背景设置能够鼓励被辅导者多多提问,而这些问题可能是他们在很多同学面前不愿意提出的。有证据表明,相比传统的教学模式,同伴辅导更能提高学生的学习成绩(Fuchs, Fuchs, Mathes, & Simmons, 1997)。

同伴辅导还鼓励学生合作,有助于课堂结构的多样化。教师可以把全班分成小组,小组辅导可以同时进行,并且辅导内容可以依据被辅导者的需求量身定制。

教师可能需要对同伴辅导者给予教学辅导,以确保他们具备必要的学术和辅导技能。另外还必须清楚辅导的目标是什么。具体目标优于一般目标——因此,要把目标设为"辅导迈克,帮助他理解十位上的退位",而不是笼统地"辅导迈克,帮助他更好掌握减法"。

合作学习。合作学习是一种社会中介性学习,广泛用于课堂教学中(Slavin, 1994, 1995),但如果安排不当,其学习效果可能还不如全班化教学。合作学习的目标是发展学生与他人合作的能力。合作任务应该选那些学生无法在一定时间内独立完成的任务。另外,合作任务还应该适合小组完成,比如,任务可以分成若干项,每个学生独立完成其中一项,最后把独立完成的任务项整合为最终成品。

有一些原则可以帮助合作小组圆满完成任务。其一是小组的划分以学生是否能够合作愉快以及是否具有良好的合作能力为要。这并不就是说可以让学生自行选择小组成员,因为他们很可能会选择朋友,从而导致有些学生没有分到小组。另外,这也并不就意味着分组必须是异质性的,即小组成员分别代表了不同的能力水平。虽然一般来讲建议这么做,但研究表明,当能力水平较高的学生和能力水平较低的学生组成合作学习小组,前者并不总是能从中获益(Hogan & Tudge, 1999),能力水平较低学生看到能力水平较高学生表现优异,其自我效能感也并不总是能够增强(Schunk & Pajares, 2009)。不过,无论怎么分组,教师必须保证每个小组只要付出合理的努力都可

以完成任务。

合作小组还需要有关于学习目标——预期产出和预期行为模式的指导。任务应该需要大家合力才能完成;没有小组成员可以凭一人之力完成大部分任务内容。理想情况下,完成任务的方法还应该多样化。例如,教师布置的合作任务话题是"美国海盗",中学生合作小组可以设计讲演、海报、滑稽短剧、寻宝游戏等方式完成任务。

最后,必须确保每个小组成员是诚实可信的,这点很重要。如果要打分,必须让小组成员记录他们每个人在完成小组任务过程中的贡献值。如果小组有六个人,但合作任务基本由两个人完成,而全体小组都得了"A",这恐怕会招致嫉恨。

合作学习模式有两种变化形式:拼图学习法和 STAD(学生—小组—成绩—分工)法。拼图学习法中,若干小组完成一项任务,任务内容可以分解。每个小组对任务材料进行研究,然后每个小组成员领取一个部分。每个团队的小组成员会面讨论各自负责的部分,然后返回各自小组帮助其他小组成员完成其负责部分(Salvin, 1994)。拼图学习法融合了合作学习的众多长处,包括小组任务、个人责任、明确的目标等。

STAD 小组在教师布置完任务材料后对任务进行研究(Slavin, 1994)。小组成员一起练习,一起研究,但最后单独接受测试。每位成员的分数都关系到小组的整体分数;因为打分的依据是小组成员的进步表现,所以每位小组成员都受到激励好好表现——也就是说,个人的进步能够提高小组的整体分数。虽然 STAD 法也是合作学习的一种形式,但其似乎最适合于目标清晰的任务或答案清楚的问题——例如,数学运算和社会研究事实。因为 STAD 强调的是进步表现,所以对于涉及概念理解的任务不太适用,因为学生的进步表现短期内可能不会那么明显。

建构主义学习环境

体现建构主义原理的学习环境看起来与传统课堂大不一样(Brooks & Brooks, 1999)。建构主义背景下的学习并不是让学生想干什么就干什么;相反,建构主义环境应该创造丰富的、鼓励学习的体验活动。本节介绍建构主义学习环境(包括反思性教学)的主要特征。

主要特征

建构主义课堂有几大特征与传统课堂迥异(Brooks & Brooks,1999)。传统课堂强调基本技能,课程内容以小模块(如单元、课)的形式呈现,教师把信息灌输给学生,提问让学生回答。对学生学习表现的评估和教学是截然分开的,评估往往采用测验的形式,学生通常独立完成学习任务。

而在建构主义课堂中,课程内容侧重一些比较宏大的概念,学习任务往往涉及信息的原始来源和操控性材料。教师与学生积极互动,鼓励学生积极提问、发表意见。评估是真实的,与教学过程紧密相连,教师的平时观察和学生的作业包都是评估的重要依据。学生往往以小组的形式进行学习。建构主义课堂的核心在于精心营造学习环境,以使学生能够有效建构新的知识和技能(Schuh,2003)。

表8.6中列出了建构主义学习环境的一些指导原则(Brooks & Brooks,1999)。其中一个原则是教师应该向学生提出具有新兴相关性的问题,问题相关性可以是先存性的,也可以是在教师的中介作用下才产生的。因此,教师可以围绕问题设计课堂教学,这些问题能够让学生对他们的先入之见进行思考。这很费时间,也就是说课堂上可能顾不了其他一些重要内容。相关性的确立不是通过威胁学生要考试,而是通过激发他们的兴趣,帮助他们去探究问题对他们的生活会有怎样的影响。

表8.6　建构主义环境的指导原则

- ■ 向学生提出具有新兴相关性的问题
- ■ 围绕基本概念规划学习
- ■ 寻求并尊重学生意见
- ■ 依据学生的预期规划课程
- ■ 在教学环境中评估学生的学习表现

第二个原则是学习应该围绕基本概念展开。这意味着教师应该围绕问题的概念集群设计课堂活动,使得思想观点能够整体而非孤立呈现(Brooks & Brooks,1999)。

了解整体有助于了解部分。

整体性教学并不是说要以牺牲教学内容为代价,而是说以不同的方式规划教学内容。零碎模式的历史教学就是按时间顺序把一系列历史事件罗列出来,而整体模式则是按历史主题(如经济境况、领土之争)设计教学,这样学生就能在不同的历史时期对这些主题进行研究。学生就会了解到虽然环境随着时间有所变化(如陆军→空军;农业→制造业),但主题内容保持不变。

整体教学模式还能够跨科目进行。例如,中学课程中的"勇气"这一主题探讨可以和社会研究(例如,当人们的个人信仰与政府相冲突,他们还是有勇气忠于自己的信仰站起来、行动起来)、语言艺术(如表现出勇气的文学人物)、科学(如科学家们敢于挑战主流理论的勇气)等学科相结合。整合性课程中,教师在规划教学内容时把所有单元都贯穿起来,这正是这种整体性教学模式的体现。

第三个原则是寻求并尊重学生意见。了解学生的想法对于设计富有挑战和趣味的课堂教学十分重要。这要求教师应该积极设计问题、激发讨论、听取学生意见。那些较少花心思去了解学生想法的教师无法发挥学生经历在学习过程中的重要作用。当然这不是建议教师分析每个学生的讲话;这毫无必要,也没有足够的时间这么做,只是教师应该了解学生对于教学话题的看法。

当前的教育制度过分强调考试分数,因此学生的正确答案很容易成为大家关注的焦点。不过,建构主义教育的要求是——在可行范围内——抛开答案本身,重点在于了解学生是如何得出这个答案的。教师可以让学生详细阐述他们的答案。例如,"你怎么得出这个答案的?""你为什么这么想?"很可能学生的答案是对的,但思路是错的;也可能思路是对的,但答案是错的。学生对某个情境或某种现象理论的看法能够帮助教师更好地规划课程。

第四个原则是我们应该依据学生的预期规划课程。也就是说课程要求应该与学生对课堂教学的预期想法相一致。当这两者之间出现较大分歧时,课程对于学生也就失去了意义。但是这里的一致性并不是很严格意义上的一致性。课程要求可以略微高于学生的能力水平(即处于最近发展区范围内),这样能够构成挑战,促使学生努力

学习。

当学生的预期不正确时,教师的一般做法是直接告诉学生他们的想法是错误的,但建构主义教学鼓励学生自己去发现探索信息。回想一下开头小剧场中关于神秘物质的实验。学生们对这种物质感到很困惑,它看上去既像液体又像固体。但教师并没有直接给出答案,而是让学生们自己思考,自己建构理解。小剧场末的时候,学生依然不是很清楚这种物质到底是固体还是液体,这也意味着接下来他们还会开展更多的实验和讨论以找到答案。

最后,建构主义教育要求我们在教学环境中评估学生的学习表现。这一原则与传统的课堂教学模式背道而驰的,传统教学模式中绝大部分学习评估都与教学相脱节——例如,期末考试、单元测试、突击测验等。虽然评估的内容可能与学习目标相一致,教师在教学过程中也可能阐明了学习目标,但评估场景与教学是相脱节的。

而在建构主义环境中,评估是贯穿于教学的一个连续的过程,评估的对象既是学生,也是教师。在开头小剧场中,教师在整个实验过程中对学生的思维能力进行评估,同时也是在评估她自己的课堂设计,看是否引导学生建构起了自己的理解。

当然,评估方法必须能够反映学习的类型(第一章)。建构主义环境最适用于重意义和深层结构的学习,而不适用于重表面理解的学习。对错和多项选择等测试方式可能也不是学习结果的有效评估手段。真实有效的评估需要学生撰写心得体会,讨论学了什么以及为什么这个知识有用,展示并应用所掌握的技能等。

建构主义评估不太关注答案的对错,其关注的是学生给出答案后的后续表现。这种真实性评估对教学决策有指导意义,但具体实施很困难,因为它要求教师设计出能够激发学生积极反馈的课堂活动,然后根据实际需要随时调整教学。相较而言,设计多项选择测试并打分要容易得多,但鼓励教师践行建构主义教学,然后按传统方式单独进行测评是一种混合性操作。鉴于当前对测评可信度的要求,我们可能永远无法全面开展真实性测评,但鼓励教师这么做能够促进课程的科学规划,增加课堂教学的趣味性,而不仅仅是为了训练学生通过考试。

APA 学习者中心原则

美国心理学协会制定了一套以学习者为中心的心理学原则(美国心理学协会教育事务董事会工作小组,1997;表8.7),这套原则体现了建构主义学习的理论主张,是学校规划和改革的指导纲领。

表8.7　APA 学生中心原则

认知和元认知因素

1. 学习过程的本质。复杂科目学习的有效性体现在它是一个从信息和经验中建构意义的有意识过程。
2. 学习的目标。成功的学习者随着时间的推移,在他人支持和教学指导下,可以创造出有意义的、连贯的知识表征。
3. 知识建构。成功的学习者可以把新信息与已有知识作有意义的链接。
4. 策略性思考。成功的学习者可以创造性地想出一系列的思考和推理策略,并利用策略实现复杂的学习目标。
5. 思维之思维。选择和监督心理活动的更高级别的策略能够促进创造性思维和批判性思维。
6. 学习背景。学习受到文化、科技和教学实践等环境因素的影响。

动机和情感因素

7. 动机和情感对学习的影响。学习内容和学习所能达到的程度受到学习者动机的影响,而学习动机又受到个人情感状态、信念、兴趣和目标、学习习惯等因素的影响。
8. 学习的内在动机。学习者的创造力、高级思维、自然的好奇心都会影响学习动机。新奇和难度大的任务、与个人兴趣相关的任务、可由个人自由选择和控制的任务会激发学习者的内在动机。
9. 动机对学习努力程度的影响。复杂知识和技能的学习要求学习者付出更多努力,也需要更多的他人指导下的实践。如果没有学习者的学习动机作为支撑,学习者很难在不受强迫的情况下自愿付出努力。

发展和社会因素

10. 发展因素对学习的影响。随着个人的发展,会出现各种学习机会,也会出现各种约束。当生理、智力、社会等领域内部或跨领域的差异化发展获得关注时,学习的有效性得到体现。
11. 社会因素对学习的影响。学习受到社会交往、人际关系、与他人的沟通交流等因素的影响。

个体差异因素

12. 学习中的个体差异。因为学习者的经历和遗传等原因,学习者会有不同的学习策略、方法和能力。

13. 学习和多样化。当学习者的语言、文化和社会背景获得关注时,学习的有效性得到体现。

14. 标准和评估。设立(在合理范围内)富有挑战的高标准,对学习者以及学习进步进行评估——包括诊断性、过程性和结果性评估——是学习过程中的重要组成部分。

来源:出自《以学习者为中心的心理学原则:学校改革和重新规划指南》。版权© 1997 美国心理学协会。获得复制许可。在没有获得美国心理学学会书面许可的前提下不得再复制或传播。全文可登录 http://www.apa.org/ed/governance/ea/learner – centered.pdf 浏览。《以学习者为中心的心理学原则》是 1990 APA 总统任务团队所起草的历史文件,1997 年修订。

这些原则可分成四大类:认知和元认知因素、动机和情感因素、发展和社会因素、个体差异因素。认知和元认知因素包括学习过程的本质、学习目标、知识建构、策略性思考、思维之思维、学习背景等方面。动机和情感因素反映了动机和情感对学习的影响、学习的内在动机、动机对学习努力程度的影响等。发展和社会因素包含发展和社会因素对学习的影响。个体差异因素包含个体差异变量、学习和多样化、标准和评估等内容。当前正在进行的 21 世纪技能标准改革正是贯彻了这些原则。

实际应用 8.7 讨论了这些原则在学习环境中的实际应用。在考虑原则的应用时,教师应该牢记教学的目的及意义。一般来说,以教师为中心的教学模式是恰当的也是最有效的教学模式,但如果教学目标是帮助学生获得更加深刻的知识理解,以及更为出彩的学生活动——那么,这些原则可以作为指导方针。

实际应用 8.7

学习者中心原则

杜纳文先生在他的经济学课上采用 APA 学习者中心原则。他知道很多学生缺乏

学习经济学的内在动机,所以他精心拟订了课程策略以增强学生兴趣。他利用视频、实地考察、角色扮演等教学方法让经济学与学生们的真实生活经历有更好的衔接。他并不希望学生们只是机械地记忆所学内容,而是想学生们能够批判性地思考问题。他教给学生分析事件的策略,策略包含一系列核心问题:事件的前因是什么? 事件还有其他可能的结果吗? 事件会对未来产生怎样的影响? 因为他的分析都是从主题入手(如经济发展和政策等),所以整个学年他都让学生从主题入手对不同事件进行分析。

雷蒙德博士对 APA 原则非常熟悉,在他的教育心理学课上践行了这些原则。他知道学生如果想成为优秀的教师,必须对发展、社会和个体差异变量等内容有良好理解。因此在安排实习时,他总是确保学生能接触不同的环境。学生在不同的时间段进班,有低年级班,也有高年级班。他还确保学生有机会接触种族和社会经济背景十分多样化的班级,让学生和善于采用社会交往法(如合作学习、辅导)进行教学的教师打交道。雷蒙德博士知道让学生反思实习经历有多么重要,所以他要求学生写实习日记,并与全班同学一起分享。他还帮助学生理解如何把这些经历和他们上课讨论的话题(如发展、动机、学习)相联系。

反思性教学

反思性教学是一种基于深度思考的教学决策模式,涉及了解学生、教学背景、心理活动、学习和动机、自我认知等因素。虽然反思性教学不属于建构主义学习的理论范畴,但其前提内容恰恰体现了建构主义的相关理念(Armstrong & Savage, 2002)。

构成要素。反思性教学与传统教学截然不同,传统教学模式中,整个教学流程是教师备课、上课、布置学生作业并给予反馈、评价学生的学习表现,而反思性教学认为教学不能只使用一种教学方法来教导所有学生。每个教师都有自己独特的生活体验可以带到教学过程中,他们依据自己的体验和感知来设计课程,所以每位教师的讲课风格都是不同的。专业发展要求教师思考关于学生、教学内容、教学背景和学习的想法和理论并对照现实检验其想法和理论的真实性。

亨德森(1996)列出了反思性教学决策的四大构成要素(表8.8)。教学决策必须对教学背景十分敏感,包括学校、教学内容、学生背景、教学时间、教育预期等。流体化规划指教学规划必须富有弹性,能够随着条件的变化而随时调整。当学生不能理解讲课内容时,以相同的方式重教一遍毫无意义。这时,必须对教学规划做出调整以学生能够理解为要。

表8.8 反思性教学决策的要求

- 对背景敏感
- 流体化规划
- 具备经过严格审核的专业和个人知识
- 具有正式或非正式的专业发展机会

亨德森的理论模式十分强调教师的个人知识素养,他们必须清楚自己在做什么以及为什么这么做,应该用心体察所处的境况。他们必须用心思考并积极处理有关境况的丰富资讯。他们应该致力于专业发展,从而增加他们教学决策的有效性。教师必须有扎实的知识基础,可以让他们胜任弹性的教学规划,满足不同学生和背景对教学的要求。

反思性教师对待教学态度积极,他们想方设法解决遇到的问题,而不是等着他人告诉他们该怎么办。他们坚持不懈直到找到最佳的解决办法,而不会敷衍了事。他们有很高的道德素养,把学生的需求看得比自己的需求重;他们会问自己怎样对学生最好,而不是怎样对自己最好。他们还会认真反思课堂情况,调整教学方法以更好地满足学生需求。总之,反思性教师(Armstrong & Savage, 2002):

- 能积极思考背景;
- 善于利用个人知识;
- 善于利用专业知识;
- 制订流体化规划;
- 积极接受正式或非正式的专业发展机会。

我们可以清晰看到这些内容背后所蕴含的建构主义理论观点。建构主义十分强调学习背景,因为所有的学习都是情境化的。人们从自己的亲身经历中建构起关于自己(如他们的能力、兴趣、态度)和专业的知识。教学并不是机械的行为,不是说教学方案设计好了,就可以一劳永逸地照着去上课了。最后,教学永无止境。情况一直在变,教师对于教学内容、学习和动机的心理学知识以及学生的个体差异等必须走在前面,掌握最新动态。

成为反思性教师。成为反思性教师是一项技能,就跟其他技能一样,需要教导和实践。以下是对学习这项技能的一些有用建议。

成为反思性教师要求具备良好的个人知识。教师应该相信自己的教学能力,包括学科知识、教育学知识和学生能力等。为了形成良好的个人知识,教师应该积极思考并客观评价自己的信念。自我质疑是一个有效手段。例如,教师可以问自己:"我对自己所教的科目了解多少?""我有多大的信心可以把这些科目教好,使得学生可以掌握相关技能?""我有多大的信心可以营造一个有利于学习的有效的课堂氛围?""我认为学生可以怎么学?""我有偏见(如,有少数族裔背景的或来自社会经济地位低下家庭的学生,其学习成绩比不上其他学生)吗?"

个人知识非常重要,是教师发展的基础。例如,有教师觉得自己不能熟练运用技术手段教授社会研究课程,可以寻求专业发展实现这个目标。如果他们觉得自己存有偏见,可以采用相应策略以使自己的想法不至于造成负面影响。因此,如果他们认为有些学生的学习表现比较差,可以寻找合适方法帮助这些学生取得更好成绩。

成为反思性教师还对专业知识有所要求。教学效果好的教师有着扎实的专业基础,掌握课堂管理技巧,对人的发展规律有所了解。他们不时对自己的专业知识进行反思,找出不足,然后通过进修大学课程或参加相关的员工培训项目弥补不足。

像其他专业人士一样,教师也必须掌握自己学科领域的前沿动态,他们可以通过参加专业组织、出席会议、订阅学术刊物、与同事交流等方式实现这个目标。

第三,反思性教学对规划和评估有着较高要求。反思性教师在制订规划时会以全体学生作为目标对象。他们可以从同事或专业期刊上借鉴到很多关于课程规划的好

点子。当学生对某种教学方法无感或对掌握所学内容有困难时,反思性教师会考虑改用其他方法以实现教学目标。

评估也是规划的一个部分。反思性教师会问自己该如何评估学生的学习结果。为了对评估方法有所了解,他们可能需要进修课程或参加培训。现在应用较广的真实性评估方法给出很多评估学习结果的可能性,教师可能需要咨询评估专家并接受相关训练。

教学应用

我们可以从教育文献资料中找到很多蕴含建构主义原理的教学应用实例。本节对此略作归纳。

想要采用建构主义原理开展教学的教师,其所面临的任务可能比较艰巨。很多教师并没有准备好采用建构主义教学模式(Elkind, 2004),特别是当他们的培训课程中没有强调这一教学模式时。此外,还有一些校方或学校制度相关的因素抵制建构主义教学(Windschitl, 2002)。例如,学校管理层和教师需要对学生在标准化测试中的分数负责。这些测试强调的是基础技能,并不看重更深层的概念化理解。学校文化也可能反对建构主义教学,尤其是当教师多年来已经形成了固定的标准化教学模式。还有家长可能也不太会支持教师减少课堂教学的时间而留出更多时间让学生建构自我理解。

不过,虽然存在这些潜在问题,还是有很多方法可以帮助教师在自己的教学中融入建构主义教学模式,特别是对某些特别适用建构主义教学的话题(如没有明确正确答案的讨论)。这里讨论三种应用,分别是:探索式学习、问询式学习、讨论和辩论。

探索式学习

探索过程。探索式学习是独立获得知识的一种学习方式(Bruner, 1961),它是一个建构和检验假设的过程,而不仅仅指阅读课本或聆听教师讲课。探索式学习包含归纳推理,因为学生学习了具体事例后从中归纳出一般规则、概念和原理。它也可以被叫作基于问题的学习、探究式学习、体验式学习和建构主义学习(Kirschner et al., 2006)。

　　探索是解决问题的一种方式（Klahr & Simon, 1999；第七章），而不是简单地放任学生想干什么就干什么。虽然探索式学习过程中的教师指导所占比例极小，但教师仍需要给出指令；教师安排学生完成各类活动，包括搜寻、操控、探索和调查等。开头小剧场中展示的就是一个探索式教学场景。学生们学习新的学科相关知识以及制订规则、检验假设、搜集信息等解决问题技能（Bruner, 1961）。

　　虽然有些探索发现是无意中获得的，是命运对幸运人士的眷顾，但绝大多数的探索发现是仔细策划的结果，是可预测的。巴斯德研制出霍乱疫苗的事例就是一个很好的例子（Root - Bemstein, 1988）。1879 年的夏天，巴斯德外出度假。他一直都在从事鸡霍乱的研究，这次外出度假 2 个月，他就没管培养病菌的事。

　　　　等他度假归来时，发现培养的病菌组虽然还很活跃，但已经丧失了致病性；它们不再能够让鸡染病。他又从自然爆发的霍乱中培养了一批新的病菌，继续做研究。但是当他把致病性减弱的培养病菌注入母鸡体内时，他发现母鸡仍然没有染上霍乱。这时他才灵光一闪，想到可能自己在不知不觉间让母鸡免疫了。（p. 26）

　　这个例子中出现的情况同样适用于绝大多数探索发现，发现并不是出于侥幸，而是探索者系统性探究的自然（即便不可预见）结果。探索者期望有意想不到的收获，为最后的探索发现打下了基础。巴斯德在度假期间并没有对培养的病菌置之不理，而是托同事罗克斯代为看顾。等巴斯德度假回来对母鸡们进行病菌接种，而母鸡没有患病。

　　　　有一段时间，让母鸡没有患上霍乱的病菌效力太弱，达不到免疫的效果。但到了 1880 年的三月，巴斯德就已经培养出了两个具有疫苗属性的病菌组。窍门……在于使用弱酸性的媒介……并对培养的病菌置之不理……他研制了一个病毒有机体，这个有机体可以在母鸡体内诱发免疫反应。这一发现完全不是意外；巴斯德曾经就提出过这样一个问题——有没有可能用弱化的感染原让动物免疫？——然后他又系统化地去找寻问题的答案。（Root - Bernstein, 1983, p. 29）

为了发现知识,学生们需要有一定的背景知识(第五章)。一旦学生们掌握了预备知识,仔细梳理材料就可以帮助他们发现重要原理。

以探索为目的的教学。以探索为目的的教学要求教师提出有待解决的问题或令人困惑的现状,鼓励学习者在不确定的情况下大胆凭直觉做出猜测。在引导课堂讨论时,教师可以问一些还没有确定答案的问题,告诉学生教师不会给他们的答案进行评分,这样就逼着学生们建构自己的理解。探索发现并不仅限于校园环境中。比如,在学习生态学的单元内容时,学生们可以通过探索式学习去发现为什么有些动物对生活区域具有选择性。学生们可以到教室的工作站、学校的多媒体中心以及通过校内或校外渠道寻找答案。教师可以提出一些问题让学生思考,给出建议告诉学生们可以通过怎样的途径寻找答案,以此做出部署。当学生们对探索流程不甚清楚或需要有较广博的背景知识时,教师的精心部署会很有帮助。其他一些应用案例见实际应用8.8。

实际应用8.8

探索式学习

当学生对他们的学习环境进行主动探索,而不是被动地听取教师的教导时,学习会变得更有意义。一名小学教师采用了有教师指导的探索式学习模式,以帮助学生掌握动物分类(如哺乳动物、鸟类、爬行动物)的相关知识。她没有直接告诉学生有哪些基本的动物分类和举例,而是让学生们去查有哪些动物分类。然后她帮助学生把动物分类,分析动物有哪些异同。分类完成后就标注动物类别。教师在教学过程中给予了学生指导,以确保分类是正确的,但学生们探究动物之间有哪些异同,也积极地贡献了他们的力量。

一名高中化学教师在课上用到一些"神秘"液体,他让学生们分析每种液体中都有哪些成分。学生们可以通过一系列实验来判断液体中是否含有某种物质。通过实验,学生们知道了某些物质与化学物质接触会产生的化学反应,还知道了如何确定物质成

分。

　　一名大学教授在课上设计了一些基于问题的学习任务。他创作了不同的描绘学生学习过程和学习行为以及教师行为的课堂场景,然后把学生分成小组,让他们仔细分析每个场景,判断哪些学习原则最贴合所给场景。

　　探索式学习模式并不适用于所有类型的学习。如果学生缺乏相关经历或背景知识,探索式学习反而会阻碍学习(Tuovinene & Sweller, 1999)。探索式学习的教学可能也不适合于内容组织结构完善,且可以简单呈现的学习任务。学生们可以对历史事件发生的年份作探索式学习,但意义不大。如果他们最后找到的是错误答案,教师还需要把内容重教一遍,反而浪费时间。探索式学习比较适用于学习过程比较重要的学习,如能够促进激励学生学习、掌握必要技能的解决问题类的学习任务。不过,创建探索式学习环境(如种植植物)往往比较费时,实验也有不成功的可能。

　　探索式学习模式中,教师指导所占的比例极低,因而可以有效促进学生解决问题的能力培养和自我调节性学习(Hmelo – Silver, 2004),不过也正因为此,这种教学模式备受谴责。迈耶尔(2004)对20世纪50年代到80年代比较纯粹的探索式学习(指没有教师指导、基于问题的学习)和指导式学习的文献作了回顾,发现指导式学习的效果极佳。阿尔菲耶里、布鲁克斯、阿尔迪里奇和特纳鲍姆(2011)的文献回顾研究发现,指导式学习相比无人指导的探索式学习对学习结果的促进作用更为明显。

　　不过要注意这些谴责针对的是教师极少参与指导的教学模式。阿尔菲耶里等人(2011)的文献回顾研究还发现有教师指导的探索式学习相比其他学习模式更为有效。在有教师指导的探索式学习模式中,教师会做好部署安排,因此学习者不会被弃之不理、全凭自己完成学习,他们也会获得教师的帮助。这种探索式学习模式还有效利用了社会环境——建构主义的核心特征。但是,当学生掌握了一些技能,可以自我指导时,给予学生的帮助(支架)可以逐步减少至最低。在思考是否采用探索式教学模式时,教师应该综合考虑学习目标(如获取知识或掌握解决问题技能)、可用时间、学生的

认知水平等因素。

问询式教学

问询式教学是探索式学习的一种表现形式,虽然这种教学模式中教师的指导比例可以较高。这种脱胎于苏格拉底式(问答式)教学法的问询式教学模式(Collins,1977;Collins & Stevens,1983)目标为引导学生推理,推导出一般原则,然后把原则用于新的情境中。其学习结果包括:形成并检验假设、区分必要条件和充分条件、做出预测、判断什么时候需要补充信息才能做出预测。

在应用这种教学模式时,教师不断对学生提问,所提的问题往往遵循以下原则:"针对已知事实提问"、"若有不充分条件,提出反例"、"提出误导性问题"、"对缺乏充分信息的预测提出怀疑"(Collins,1977)。规则推导性问题能够帮助学生形成一般原则并运用这些原则处理具体问题。

以下是师生间的一段关于人口密度的对话(T 表示教师,S 表示学生)(Collins,1977):

T:北非的人口密度大吗?

S:北非? 我想是的。

T:嗯,尼罗河流域是的,但其他地方不是。你知道为什么吗?

S:因为地理条件不利于粮食种植?

T:因为不利于农业发展?

S:是的。

T:那这又是为什么呢?

S:为什么?

T:为什么不利于粮食种植?

S:因为气候太干燥了。

T:对。(p. 353)

虽然这种教学模式适用于一对一教学,但如果作些调整也适用于小组学习。这里有一个问题,那就是辅导人员需要受过大量训练,能够提出与学生思维水平相符的合适问题。另外,拥有良好的专业知识是解决问题技能的前提条件。学生如果对基本知识缺乏良好的理解,那么,以原则的推导和应用为目的的问询式学习模式就不太可能奏效。其他一些学生因素(如年龄、能力)同样也与问询式学习模式的结果密切相关。同其他建构主义法一样,教师必须考虑学生的学习表现以及学生能够积极参与问询过程的可能性。

讨论和辩论

当教学目标为更加深刻理解概念、了解话题具有不同层面时,课堂讨论会是有效的教学手段。讨论的话题应该选没有明确的正确答案但涉及较复杂或具有争议性问题的内容。学生们在对讨论话题有所了解的前提下进行讨论,期望他们能够在讨论结束后对讨论话题加深理解。

不同的学科都可以采用讨论教学法,如历史、文学、科学、经济学等。无论是什么话题,重要的是教师必须营造出有利于自由讨论的课堂氛围。教师可能不得不给学生设立一些规则(如,有人说话时不得打断、围绕讨论的话题展开讨论、不要对他人进行人身攻击)。如果教师是讨论的组织者,那他/她必须支持不同的观点,鼓励学生分享自己的看法,在学生违反规则时出言提醒。教师还可以让学生具体阐述他们的观点(如,"告诉我们你为什么会这么想")。

如果班级很大,小组讨论比全班一齐讨论更合适。不愿意在人多的小组中开口发言的学生可能到了人少的小组中会觉得愿意开口了。教师可以训练学生成为小组讨论的组织者。

讨论的一个变化形式是辩论,在此过程中,学生选择一个问题的某些方面进行争论。辩论小组需要做好积极准备,如果他们需要就自己的论题做简短发言,可能还需要作些演练。教师监督辩论双方遵守规则,确保所有小组成员参与其中。辩论结束后,可以组织全班一起讨论,这有利于某些观点得以强化或提出新的观点。

小结

建构主义是一种认识论，是关于学习行为本质的哲理性解释。建构主义者们不赞成存在科学真理，也不赞成人们要做的就是发现检验真理之说。他们认为知识并不是外界施加于人的，而是人的内部建构。建构主义者内部也存在分歧，有些人主张完全的自我建构，有些人主张社会中介性建构，还有些人认为建构需与现实相匹配。建构主义要求我们的教学和学习活动应该以鼓励学生积极思考为目的，从而使他们能够建构起新的知识。其中一个核心内容是人的认知活动受到自然和社会环境的制约。情境化认知这一概念强调了人和环境之间的关系。

皮亚杰的理论属于建构主义的理论范畴，它认为儿童的发展需要历经一系列有本质性飞跃的阶段：感觉运动阶段、前运思阶段、具体运思阶段和形式运思阶段。主要的发展机制是平衡，通过改变现实以适应已有认知结构（同化）或改变认知结构以接纳现实（顺应）两种方式解决认知冲突。

布鲁纳的认知发展理论讨论了学习者表达知识的不同方式：动作表达、图像表达和符号表达。他提出了螺旋式课程的概念，即随着学生的认知能力和理解能力的发展不时复习已学内容。

维果斯基的社会文化理论强调了社会环境对认知发展和学习的促进作用。社会环境借助工具——文化物体、语言、符号和社会机构等——影响认知。认知变化是利用这些工具进行社会交往并且内化和转换社会交往的结果。维果斯基理论的一个核心概念是最近发展区，指学生在受到适当指导的情形下可能达到的学习进展情况。很难评估维果斯基理论对学习的贡献，因为大多数研究新近才开展，而很多与理论相关的教育实践还没有上升为研究。反映维果斯基理论观点的应用有支架式教学、交互式教学、同伴合作和师徒式教学。

私人言语有自我调节功能，但并不具备社会交流性。维果斯基认为私人言语通过组织行为促进思维发展。儿童使用私人言语理解周围环境、克服困难。私人言语随着认知水平的发展变得隐性化（无声化），虽然显性化（有声化）的言语表达可以出现在任何年龄段。如果有声表达的内容与任务相关且不会干扰行为表现，有声表达行为可以

促进学生的学习。

维果斯基理论认为学习是一个以社会为中介的过程。儿童在与他人的社会交往中学会很多概念。营造能够促进社会交往的学习环境有助于促进学习。同伴辅助学习也属于社会中介性学习,是一种以同伴作为学习过程教学主体的教学模式。

建构主义学习环境的目的是提供丰富的体验活动,以鼓励学生投入学习。建构主义课堂的特点为以宏大的概念为主要教学内容,组织丰富的学生活动,鼓励社会性交流,采用真实性的评估方式等。教师积极鼓励学生表达自己的观点看法,与传统教学相比,建构主义教学的重点不在于浅表性的学习,而在于深层理解。APA 学习者中心原则涉及不同的层面(认知、元认知、动机、情感、发展、社会和个体差异),是建构主义学习理论的切实体现。反思性教学是一个综合考虑学生、背景、心理活动、学习、动机和自我知识等因素并在此基础上做出教学决策的过程。成为反思性教师必须积极完善个人和专业知识、规划策略和评估技能等方面的能力水平。

以建构主义理论为基础的教学方法有探索式学习、问询式教学、讨论和辩论等。探索式学习能够让学生在解决问题的过程中独立获得知识,这一学习模式要求教师精心组织学习活动,以让学生形成、检验假设,而不是简单地放任学生想干什么就干什么。问询式教学是探索式学习的一种表现形式,这一教学模式以苏格拉底式(问答式)的原则为指导,主要表现为教师对学生作大量提问。当教学目标为使学生对概念有更加深入的理解或让学生了解一个问题的多个方面时,讨论和辩论是有用的教学方法。表 8.9 总结了与建构主义相关的一些学习问题。

表 8.9 学习问题总结

学习如何发生?

建构主义认为学习者形成或建构起自己对知识和技能的理解。建构主义理论内部在环境和社会因素对于学习者建构的影响存在分歧。皮亚杰理论强调平衡,即使内部认知结构和外部现实相一致的过程。维果斯基理论则更为强调社会因素对学习的作用。

记忆如何作用?

建构主义理论对此没有直接讨论,但其基本原则,表明当学习者的知识建构对他们有意义时,他们更易于记住信息。

动机的作用?

建构主义理论侧重学习而非动机,虽然有些建构主义教育者也在书作中提到过动机。建构主义认为学习者建构动机信念的方式与他们建构学习信念的方式相同。学习者还会建构起关于学习能力以及其他学习影响因素的信念。

迁移如何发生?

同记忆一样,迁移还没有成为建构主义研究的重要内容。不过,迁移的情况应该与记忆差不多:当学习者的知识建构对他们有意义并与其他领域相链接时,迁移发生。

自我调节学习如何实现?

自我调节学习指心理机能——记忆、规划、综合、评价等——的协调。学习者利用文化工具(如语言、符号)建构意义。其中的核心内容是内化自我调节。学习者的自我调节一开始可能借鉴他人的方式,但随着学习者自我建构的实现,其自我调节变得个人化。

对教学有何启发?

教师的主要任务是营造学习环境以让学习者能够建构理解。为了达到这一目的,教师需要提供教学支持(支架),以帮助学习者在最近发展区内完成学习。教师的作用就在于提供支持性环境,促进学生学习。

扩展阅读

Brainerd, C. J. (2003). Jean Piaget, learning research, and American education. In B. J. Zimmerman & D. H. Schunk (Eds.), *Educational psychology: A century of contributions* (pp. 251 - 287). Mahwah, NJ: Erlbaum.

Brooks, J. G., & Brooks, M. G. (1999). *In search of understanding: The case for constructivist classrooms.* Alexandria, VA: Association for Supervision and Curriculum Development.

Gredler, M. E. (2012). Understanding Vygotsky for the classroom: Is it too late? *Educational Psychology Review*, 24, 113 - 131.

Karpov, Y. V., & Haywood, H. C. (1998). Two ways to elaborate Vygotsky's concept of mediation: Implications for instruction. *American Psychologist*, 53, 27 – 36.

Lutkehaus, N. C., & Greenfield, P. (2003). From the process of education to the culture of education: An intellectual biography of Jerome Bruner's contributions to education. In B. J. Zimmerman & D. H. Schunk (Eds.), *Educational psychology: A century of contributions* (pp. 409 – 429). Mahwah, NJ: Erlbaum.

Tudge, J. R. H., & Scrimsher, S. (2003). Lev S. Vygotsky on education: A cultural – historical, interpersonal, and individual approach to development. In B. J. Zimmerman & D. H. Schunk (Eds.), *Educational psychology: A century of contributions* (pp. 207 – 228). Mahwah, NJ: Erlbaum.

Vygotsky, L. (1978). *Mind in society: The development of higher psychological processes*. Cambridge, MA: Harvard University Press.

第九章　动　　机

　　凯里·唐森德是一名小学教师,她正在给学生讲退位减法。在讲退位概念时,她用到了日常举例、剪图案和操控游戏等方法来激发学生的兴趣。现在学生们正在自己的座位上做题,凯里在教室里四处走动,不时地与学生交谈,检查他们的做题情况。

　　她检查的第一个学生名叫玛格丽特,在她的印象中,玛格丽特的数学一向不好。凯里对玛格丽特说:"玛格丽特,你全部都做对了。你掌握得真不错。你应该为自己感到骄傲。我知道今年你的数学一定会棒棒的。"

　　接下来是德里克,这个孩子很容易开小差,还没做多少题就分心了。凯里对他说:"德里克,我知道你可以做得更好。看杰森做得多认真啊。(杰森和德里克是好朋友。)我知道你也可以表现得一样棒,把这些题全部做完做对。加油!"

　　杰拉德总喜欢表现得比别人好。看到凯里走过来,他对凯里说:"唐森德女士,看我做得不错吧,比他们都好。"凯里说:"是的,你表现得很棒。不过不要老想着别人做得怎么样,把注意力放在自己身上。看,你现在会做这些题了,几周前你还不会呢。你真的进步了不少。"

　　接下来凯里朝艾米走去,她看到艾米正在玩,完全没在做题。"艾米,你为什么没在认真做题?"艾米回答说:"我不喜欢这些题。我想在电脑上做。"凯里说:"会有机会的。我知道这些题对你不难的,所以让我们在下课前做完,好吗?我想当你看到自己做题有多厉害时会喜欢上减法的。"

　　马特喜欢学习,是个很用功的孩子。当凯里走到他的课桌跟前时,看到他正在认

真做题。不过有些题做错了。凯里指出他哪些题做对了，哪些题做错了，然后对马特说："马特，你学习非常用功。我知道，只要你坚持把这些题全做完，就能够掌握退位减法。我相信很快你就会发现这些题一点不难。"

凯里一直都在帮助罗莎塔树立准确完成作业的目标。罗莎塔的目标是作业准确率达到至少80%，而早前罗莎塔的作业准确率只有30%左右。凯里检查了下她的做题情况，对她说："罗莎塔，我真为你感到骄傲。你做了10题，有8题是对的，所以你实现你的目标了！看到你自己的进步了吧？你的数学进步很大！"

我们可以从本书中了解人类学习——无论学习的是什么——大多有一些共性特征。学习的起点是学习者带到情境中的知识和技能，他们在学习过程中对情境化知识和技能进行扩充和提升。学习包含注意、感知、演练、组织、阐述、存储和提取等认知策略和行为。

本章讨论动机——一个与学习密切相关的话题。动机是观察、维系目的性行为的过程（Schunk，Meece，& Pintrich，2014）。这是一个认知性定义，因为它假定学习者有树立目标并运用认知过程（如规划、监控）和认知行为（如坚持、努力）以实现目标的行为表现。虽然我们也会回顾动机的行为主义观点，但本章主要讨论的认知理论下的动机。

跟学习行为一样，我们也不可能对动机作直接观察，而只能参考任务选择、努力程度、坚持的态度和目标性活动等行为参数做出推断。动机是一个解释性的概念，它帮助我们理解人们为什么会有这样或那样的行为表现（Graham & Weiner，2012）。

虽然有些简单学习对动机的要求不高，甚至可以在缺乏动机的前提下完成，但大多数学习是动机作用的结果。受到动机作用学习的学生会把注意力积极投入到学习上，并积极参与知识演练、将所学新知识与已学旧知识相联系、提问等活动任务（Schunk & Zimmerman，2008）。当他们遇到困难时，不会想到放弃，而是会投入更多精力和努力去克服困难。即使没有被要求完成任务，他们也会主动选择去完成；他们会把空闲时间花在阅读感兴趣的资料、做题和完成电脑项目上。简而言之，动机使得学

生投入能够促进学习的活动中。教师知道动机对于学习的重要性,会——正如开头小剧场中所展示的那样——想方设法提升学生的学习动机。

本章首先梳理关于动机的一些历史性观点,然后介绍动机的认知性观点。我们会解释一些核心的动机行为并讨论其在学习中的应用。涉及内容包括成就动机理论、归因理论、社会认知理论、目标理论、控制知觉、自我概念、内部动机等。最后,本章讨论动机理论在教育中的实际应用。

当学完本章,你应该可以:

■ 讨论历史性动机理论的主要原则:内驱力、条件作用、认知一致性、人文主义原则等;

■ 概述动机性理论模式并介绍其构成要素;

■ 介绍成就动机理论模式的主要特征;

■ 讨论韦纳归因理论的原因维度及其对成就情境的作用;

■ 解释目标、预期、社会比较和自我概念如何影响动机;

■ 区分学习(过程)和行为表现(产出结果)目标取向,并讨论它们如何影响动机和学习;

■ 定义内部动机,解释影响内部动机的变量以及内部动机对学习的影响,讨论奖励影响内部动机的条件;

■ 区分个人兴趣和情境兴趣,解释它们与动机和学习的关系;

■ 介绍关于情感影响动机和学习的主要研究发现;

■ 讨论成就动机理论、归因理论和目标取向理论在教育中的应用。

背景和假设

历史观点

虽然历史性动机理论涉及一些与当代动机理论无关的变量,但前者还是为后者奠定了基础。此外,历史性动机理论中有些观点主张与当代动机理论息息相关。

有一些早期观点认为动机主要出于本能反应。例如,动物行为学家们赞成达尔文

的进化论,认为本能关系到生物体的生存,具有重要意义。生物体在体内积蓄能量然后在有利于物种生存的行为中自我释放。还有理论强调个人对自我平衡——即最佳生理状态——的渴求。第三种理论是享乐论——人类渴望追求愉悦而不愿遭受痛苦的观点。这些理论观点对人类动机有一定的解释力,但其解释力比较局限,不足以涵盖范围广泛的动机行为,特别是那些学习过程中的动机行为。对这些理论观点感兴趣的读者可参阅其他文献资料(Schunk, et al., 2014;Weiner, 1992)。

有三种历史性动机理论与学习息息相关,分别是:内驱力理论、条件作用理论和认知一致性理论。

内驱力理论。内驱力理论原本是一种生理学理论,但后来其内涵扩大,也涵盖了心理需求。伍德沃思(1918)把内驱力定义为人寻求维持身体自我平衡的内部力量。当人或动物失去某种重要物质(如食物、空气、水)时,会触发内驱力,促使人或动物做出反应,而当获得该物质时,内驱力消退。

前人做过很多研究以检验内驱力理论的真实性,这些研究大多以实验室动物为研究对象(Richter, 1927;Woodworth & Schlosberg, 1954)。在这些实验中,动物们往往会在一段时间内无法获得食物或水,然后对它们争取得到食物或水的行为做出评估。例如,不给老鼠东西吃,时间有长有短,然后把它们关在迷宫里。研究人员记录它们跑到迷宫终点得到食物的时间。意料之中地,反应强度(跑动的速度)与前期强化的次数和不给喂食的时间(以两到三天为上限)成正比,超过两三天这个上限,反应强度下降,因为老鼠变得越来越虚弱。

赫尔(1943)进一步扩大了内驱力理论的内涵,提出生理缺陷是内驱力作用的首要需求,这些需求激发内驱力以减少需求量。内驱力(D)是赋予人和动物能量并促使他/它们采取行动的动机力量。需求满足得到强化的行为导致内驱力消退。这一过程可表示为:

需求→内驱力→行为

动机是"习得性/习惯性动作或行为的开端"(Hull, 1943, p. 226)。赫尔认为人或动物的先天行为通常用以满足首要需求,只有当先天行为无法实现这一目的时,才会产生学习行为。学习是个人适应环境以确保生存的一种行为。

赫尔还提出了二级强化物的存在,因为很多行为并不以满足首要需求为目标。刺激情境(如为了挣钱工作)与原强化物(如用钱买食物)相配对时,就获得了二级强化能力。

受赫尔理论的影响,很多人开始研究内驱力理论(Weiner, 1992)。不过,虽然内驱力理论被用来解释动机行为,但其最适用的似乎还是生理的即时需求,比如人在沙漠中迷了路,其最关心的是食物、水和休憩之所。对于大多数人类动机行为,内驱力理论都不能给出令人满意的解释。需求并不总是会触发以减少需求为目标的内驱力。例如,正在赶写逾期的学期论文的学生可能会感到十分饥饿,但他们不一定就会停下手头纸笔大吃一顿,因为完成重要任务的渴望超过了生理需求。反过来,内驱力也会在没有生物需求的情形下存在。例如,性虽然不是生存的迫切需求,但性的内驱力也会导致淫乱行为的产生。

内驱力理论可以解释一些有近期目标性的行为,但很多人类行为是远期目标性的,如找工作、获得大学学位、周游世界等。在努力实现远期目标的过程中,人们不可能总是保持一个比较高的内驱力水平,他们往往会经历高、中、低动机的不同阶段。高内驱力对于长期行为,特别是复杂任务行为没有帮助(Boradhusrt, 1957;Yerkes & Dodson, 1908)。简而言之,内驱力理论无法对学习动机行为做出充分的解释。

条件作用理论。条件作用理论(第三章)从反应的角度解释动机,这种反应可以是刺激性反应(经典条件作用理论),也可以是无刺激性反应(操作性条件作用理论)。在经典条件作用理论模式中,无条件刺激(UCS)的动机属性通过反复配对被导入条件刺激(CS),当条件刺激在缺乏无条件刺激的状态下引发条件性反应(CR)时,就产生了条件反射。这是一种消极的动机观点,因为这意味着一旦条件反射形成,只要出现条件性刺激,就一定会引发条件性反应。而我们在第三章讨论过,条件反射并不是一个自动化的过程,而是取决于传递给个人的关于出现条件性刺激时无条件刺激出现概率的相关信息。

在操作性条件作用理论中,动机行为指反应速度的提高或出现刺激时反应的出现概率增加。斯金纳(1953)认为伴随反应一起出现的内部活动对于行为解释没有意义。但事实上,了解个人当下所处的环境以及历史背景是了解行为产生原因的必要条件。我们

说一个学生"有动机",但这并不能对他出色的学习表现做出解释。这名学生之所以学习出色,可能是因为前期出色表现的强化,也可能是因为当前环境给予了有效强化。

大量证据表明强化物对人们的行为有影响,但真正影响人们行为的并不是强化作用,而是人们对强化作用的信念。人们之所以参与活动,是因为他们相信自己可以在活动中获得强化,并且认为这种强化十分重要(Bandura,1986)。当强化历史和当前信念相冲突时,人们会选择按照信念行事(Brewer,1974)。而条件作用理论忽略了认知因素,所以对于人类动机行为的解释是不完整的。

认知一致性理论。认知一致性理论认为动机是认知和行为交互作用的结果。这一理论也是一种以自我平衡为核心的理论,它指出,当元素彼此冲突时,需要力求认知和行为彼此相一致才能解决问题。这一理论范畴有两大著名的理论:平衡论和失谐论。

海德(1964)的平衡论指出我们倾向于在人、情境和事件三者之间求得认知平衡。一个基本情境包含三个要素,它们之间的关系可以呈正,也可以呈负。

例如,假设三个要素分别是珍妮斯(教师)、艾希莉(学生)和化学(学科)。当所有元素之间的关系呈正时,就实现了平衡:艾希莉喜欢珍妮斯,艾希莉喜欢化学,艾希莉认为珍妮斯也喜欢化学。一种关系呈正、两种关系呈负时,平衡依然存在:艾希莉不喜欢珍妮斯,艾希莉不喜欢化学,艾希莉认为珍妮斯喜欢化学(图9.1)。

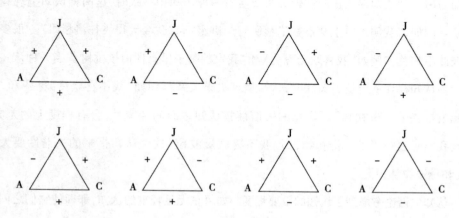

图9.1 平衡论的预设情况

注:J表示珍妮斯(化学教师);A表示艾希莉(学生);C表示化学(学科)。符号" + "和" – "

分别表示"喜欢"和"不喜欢"。因此,上排最左边的平衡状态可表示为:艾希莉喜欢珍妮斯,艾希莉喜欢化学,艾希莉认为珍妮斯喜欢化学。

当一种关系呈负,两种关系呈正(艾希莉喜欢珍妮斯,艾希莉不喜欢化学,艾希莉认为珍妮斯喜欢化学)或者三种关系都呈负时,就出现了认知失衡。平衡论的假设是当三者处于平衡时,其状态保持不变,但事实上,人们总是会试图(在认知和行为上都会)解决引起失衡的冲突。例如,艾希莉可能会做出如下决定:因为她喜欢珍妮斯,而珍妮喜欢化学,所以化学可能不是那么糟糕的一门课(即艾希莉会改变她对化学的看法)。

人们会努力纠正认知失衡的状态,这从直观上来讲是可能的,但平衡论也存在问题。它认为人们会努力恢复平衡状态,但却没有提到人们会怎么做。艾希莉可能会改变她对化学的看法,但她也可能会在不喜欢化学和不喜欢珍妮斯之间建立平衡。此外,平衡论也没有充分认识到失衡关系的重要意义。当自己所看重的人和情境之间呈现不平衡时,人们会十分在意,但如果他们对涉及的构成要素并不看重时,可能并不会想着要去恢复它们之间的平衡。

费斯汀格(1957)提出了认知失谐论,这一理论主张个人会努力维持信念、态度、观点和行为之间的一致性关系。认知之间的关系有三种:和谐、不相关和失谐。当某种认知与另一种认知存在正向逻辑关联或与另一种认知相一致时,这两种认知呈现和谐关系。例如,"我明天早上9点在洛杉矶有个讲座"和"我今天得飞往洛杉矶"。很多信念彼此不相关。例如"我喜欢巧克力"和"我家的院子里有棵山核桃树。"当一种认知与另一种认知存在逆向逻辑关联时,认知呈现失谐关系。例如"我不喜欢黛波拉"和"我给黛波拉买了一份礼物"。认知的失谐性指认知之间的冲突性,会有程度上的差异。假设我给黛波拉买了一份礼物,那"我不喜欢黛波拉"这个认知带来的失谐性要大于"我和黛波拉认识"。

认知失谐论考虑到了认知的重要程度。如果是无足轻重的认知,那即使它们之间存在很大的不一致性,也不会产生太严重的失谐。如果我不是很在意汽车颜色的话,那"黄色不是我喜欢的颜色"和"我的汽车是黄色的"这两个认知之间的失谐性不会太大。

可以有多种方式降低认知的失谐性：

■ 改变不一致的认知（"可能我实际上是喜欢黛波拉的。"）

■ 对认知进行定性（"我不喜欢黛波拉的原因是 10 年前她问我借了 100 元钱，但一直没还。但自那以后她变了很多，可能不会再那么做了。"）

■ 降低认知的重要性（"我送黛波拉礼物不是什么大事；我因为这样或那样的原因给很多人都送过礼物。"）

■ 改变行为（"我以后不会再送黛波拉礼物了。"）

失谐论可以启发我们如何解决认知冲突（Aronson，1966）。失谐状态能够促使我们采取行动这一观点十分具有吸引力。失谐论是关于冲突性认知处理的理论，其内涵并不仅限于平衡论所提及的三者关系。但失谐论和平衡论有一些共通的问题。失谐这个概念过于笼统模糊，很难给予实证检验。如欲预测特定情境中的若干认知是否相冲突，这是一件比较困难的事，因为它们必须是清晰且重要的认知。另外，失谐论无法预测失谐状态能否减退——通过调整行为或调整想法。这些问题表明我们需要有更多的关于人类动机的理论解释。感兴趣的读者可以参阅舒尔茨和莱珀（1996）的相关文献，他们提出了一个理论模式，不仅弥合了失谐论研究的结果分歧，而且还把认知失谐和其他动机因素联系了起来。

人文主义理论

人文主义学习理论很大程度上具有建构主义的性质（第八章），强调了认知和情感作用。这些理论从人们做出选择并寻求生活控制等角度讨论人的能力和潜能。

人文主义理论者们做出一些假设（Schunk，et al.，2014），其中之一就是人的研究应该是一种整体的研究：为了了解他人，我们必须研究他们的行为、想法和情感（Weiner，1992）。人文主义者非常排斥行为主义者的研究方法——后者研究的是个体对不连续刺激做出的反应，而人文主义者强调个体的自我意识。第二个假设是人类的选择、创造性和自我实现都是重要的研究领域（Weiner，1992）。为了了解人，研究者们不应该以动物为研究对象，而应该以心理机能良好并且渴望创造力、渴望最大程度发挥自己才能和潜力的人为研究对象。动机对于基本需求的满足具有重要意义，但当人们的奋斗目标是最大程度发掘自己的潜能时，人们可以做出更有价值的选择。有名的人

文主义理论有阿伯拉罕·马斯洛的理论和卡尔·罗杰斯的理论。

需求的层次。马斯洛(1968,1970)认为人类行为是受到目标驱使的行为统一体。人的行为可以同时行使多个功能:例如,参加宴会既可以满足自我体面的需求,又可以满足社会交往的需求。马斯洛认为条件作用理论忽略了人类行为的复杂性。说人之所以在宴会上与人攀谈、社交是因为他/她以前受到这种行为的强化,并没有考虑到社交对于当前的他/她的重要作用。人类行为大多是为了满足需求,需求具有层次性(图9.2)。必须先充分满足低等需求,高等需求才能对行为产生影响。生理需求是最低等的一类需求,涉及诸如食物、空气和水等基本生存条件。大多数人在大多数时间内都能满足这类需求,但当这类需求无法获得满足时,其影响力会非常大。接下来是安全需求,即对环境安全性的需要。当出现突发情况时,安全需求成为主导性需求:人们面对洪灾时为了活命会甘愿舍弃价值连城的个人财物;存钱、拼命保住工作、买保险等行为也是为了满足安全需求。

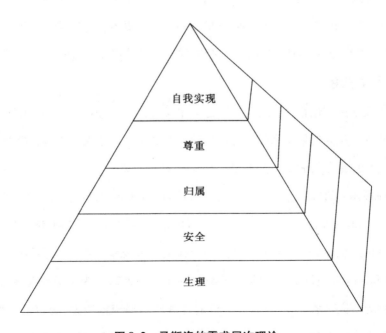

自我实现

尊重

归属

安全

生理

图9.2 马斯洛的需求层次理论

来源:Maslow, Abraham H. , Frager, Robert D. , Fadiman, James,《动机与人格》,第三版,©

1987. 获得培生教育集团(上萨德尔里弗,新泽西州)许可的改编权和电子复印权。

当生理需求和安全需求得到充分满足后,归属(爱)需求成为重要的需求内容。这类需求包括与他人建立亲密关系、归属于某些团体、有亲密和相熟的朋友。归属感的实现方式包括婚姻、承诺、志愿小组服务、俱乐部活动、教堂活动等。处于第四层次的需求是尊重需求,由自我尊重和他人尊重两部分组成。这类需求主要表现在成就、自立、胜任工作、获得他人赏识等方面。

前四类需求属于剥夺性需求:当这些需求无法获得满足时,就会导致需求缺乏,从而激励人们积极实现这些需求。最高层次的需求是自我实现需求,这类需求主要表现为渴望获得自己能力范围内所能实现的一切。到了这个层次,行为的激励机制不再是需求缺乏,而是对个人发展的渴望。

当健康的人们已经充分满足了对安全、归属感、爱、尊重和自我尊重的基本需求后,对自我实现[包括不断实现潜能、能力和天赋;完成使命(也叫命运或天命);获得对本我的深刻了解并愿意接受本我;不断实现人的机体的统一、整合或协同]的渴望成为了他们的主要激励机制(Maslow, 1968, p. 25)。

绝大部分人都可以跨越需求缺乏阶段,而向自我实现阶段发起冲击,但极少有人能够真正达到这个阶段——约只有1%的人(Goble, 1970)。自我实现有各种表现形式。

> 自我实现需求的表现形式当然因人而异。这个人的自我实现需求表现为渴望成为一名理想的母亲,那个人可能表现在运动能力方面,还有一个人可能表现在画画或发明创造上。这个层次需求的个体差异最明显。(Maslow, 1970, p. 46)

实现目标的强大渴望是自我实现需求的又一个表现形式(实际应用9.1)。马斯洛曾经对他的朋友和历史人物作过非正式研究,结果发现实现了自我实现目标的个人往往表现出如下特征:对现实有更清楚的认识;对(自我、他人和自然)的接受度更大;做

事自觉性更高;侧重于问题解决;对个人空间的要求比较高,不喜与他人过多交往;做事独立,不愿跟风;怀有一颗感恩的心,情感丰富;巅峰体验(失去自我意识)更为频繁;对人类的认同感更强(Maslow,1968)。

实际应用9.1

马斯洛的需求层次理论

马斯洛的需求层次理论可以帮助教师理解学生需求,营造合适环境以促进学习。如果在学生的生理或安全需求没有获得满足的情况下要求他们对课堂教学感兴趣是极不现实的想法。孩子们没吃早餐就到校,或者吃午餐的钱还没着落,这种情况下他们是不可能全心投入学习任务的。教师可以和辅导员、校领导和社会义工等合力对这些孩子的家庭施以援手,或帮助这些孩子获得享受免费就餐或餐费减免等优惠。

有些学生很容易因为干扰(如动作、噪声)而无法专注于学习。这时教师可以约见家长谈谈孩子的家庭里是不是出了什么事。家庭环境中的不稳定因素可能会导致孩子的安全需求——对学习安全感的渴望——无法获得满足。教师可以督促家长为孩子营造一个良好的居家学习环境,可以教学生掌握对抗干扰的技能(如集中注意力于学习的方法)。

有些中学会存在流氓团伙的暴力欺凌现象。如果学生们害怕自己会受到身体侵害或经常受到骚扰胁迫他们加入团伙,肯定不可能把注意力投入到学习中。这时教师和学校行政可以和学生、家长、社会机构和执法机构联手采取有效措施消除这些安全问题。这些问题是营造有利的学习环境所必须要解决的问题。当营造了合适的环境以后,教师应该设计合适的教学活动以促进学生良好地完成学习任务。

当自我实现的个人在解决重要问题时,他们会从外部环境中寻找问题的起源并竭

尽全力找到解决问题的方法。他们还对实现目标的方式方法表示出极大兴趣。结果（纠正错误或解决某个问题）和实现结果的手段（实际所付出的努力）同等重要。

马斯洛的需求层次理论是理解行为的一个指导性原则,具有广泛适用性。它表明在学生的生理或安全需求没有得到满足前,期望学生能好好学习是不现实的。需求层次理论为教育者了解学生行为提供了理论依据。教育者强调智力发展,但很多青少年渴望的是归属感和尊重。

马斯洛需求层次理论也存在若干不足,不足之一在于概念模糊:关于需求缺乏的内涵并未得到清晰的阐述。对于一个人而言是需求缺乏的内容,对于另一个人而言可能就不是了。第二个不足在于,低层需求并不总是比高层需求来得强烈,例如有很多人愿意以自身安全为代价帮助他人脱离危险。第三个不足是关于自我实现个人素质特征的研究结果多有矛盾(Petri,1986)。自我实现可以有多种表现形式,可以表现在工作、学校和家庭等不同领域。但关于其具体表现形式以及受哪些因素影响尚不清楚。不过虽然有这些不足,马斯洛需求层次理论所提出的人们的目标在于获得效能感并过上实现自我的生活是很多动机理论的核心主张(Schunk,et al.,2014)。

实现趋向。卡尔·罗杰斯是一名著名的心理治疗师,他创立了以当事人为中心的心理疗法。罗杰斯(1963)认为生活是一个个人发展或实现圆满的持续性过程。这一过程——即实现趋向——具有动机性,并且很可能与生俱来(Rogers,1963)。他认为这个动机是其他动机因素(如饥渴)的基础。实现趋向以实现个人发展、自立、不受外部力量制约为导向。

> 总而言之,我们所打交道的是一个动机性的有机体,这个有机体总是力图"达到某个目标",总是在努力实现目标。所以我重申……我的观点:人类有机体有一个中心能量源;我们可以把这个能量源理解为实现以有机体的维持和改善为目标的趋向。(Rogers,1963,p.6)

环境可以影响实现趋向。随着发展,个人对自身以及自身机能(自我经历)的认识

日益清晰。这一认识在与环境或重要他人的交互作用中形成自我概念（（Rogers，1965）。自我认知的发展产生积极关怀——尊重、喜爱、温暖、同情和认可等情感——需求。当我们认为他人对我们的情感是上述情感时，我们就会自我感知到获得了积极关怀。这是一种交互性的关系：人们自我感知到满足了他人对积极关怀的需求，同时也满足了自己对积极关怀的需求。

人们还有积极自我关怀——从自我经历中获得的积极关怀——的需求（Rogerse，1959）。当人们获得他人的积极关怀时，开始对自身产生一种积极的态度，这时人们的积极自我关怀意识开始树立。其中一个核心内容是获得无条件积极关怀——在没有附带条件的情况下获得的价值认同感。世上绝大多数父母对自己孩子的感受就属于无条件积极关怀，虽然父母并不总是觉得自己孩子的表现令人满意或对孩子的行为表示认同，但无论何时孩子在他们的心目中都是最重要的存在，他们接受（"奖赏"）孩子的一切。获得无条件积极关怀的人会认为自己非常重要，即便他们的行为会受他人失望。当人们开始接受自己的经历，并且他们的自我感知和所获得的他人反馈相一致时，其实现趋向意识开始增强。

当人们获得的是条件化关怀——因某些行为而获得的关怀时，就会产生问题。人们会依据条件而做出行为，他们会尽力做出在他们看来能够获得更多关怀的行为而尽力避免获得较少关怀的行为。条件化关怀会引发压力，因为人们只有做出恰当行为时才能感到获得认同和重视。

罗杰斯和教育。罗杰斯（1969；Rogers & Freiberg，1994）在他的《学习自由》一书中讨论过教育问题。有意义的体验式学习与人的完整发展密切相关，它需要有个人的积极参与（包含学习者的认知和情感因素），是一种主动（学习动力来自于学习者自身）的学习模式，具有渗透性（影响学习者的行为、态度和性格），由学习者自我评估（评估标准为是否实现需求或目标）。意义化学习是无意义学习的相对存在，后者表现为学习者不愿在学习上投入时间和精力，是一种被动的学习模式，不会对学习者的众多方面产生影响，学习者不会根据是否满足需求对其做出评估。

学生相信意义化学习能够促进他们的个人发展。学习需要学习者的积极参与，需

要学习者的自我批评和自我评价,需要学习者怀有学习很重要的信念。罗杰斯认为能够传授的学问意义不大。教师的主要职责不在于传授学问,而在于充当组织者的角色,能够创造以重要知识学习为目标的课堂氛围,帮助学生明确目标。作为组织者的教师对学习资源做出安排,以促进学习行为的发生,并作为学习资源的一部分与学生分享心得体会。

组织者的任务不是花很多时间写备课笔记,而是应该给学生提供合适的应用资源以实现他们的需求。最好能够与学生订立个人契约,以保证所有学生同一时间能够学习相同内容。但在目标设定和时间安排等方面,合同应该给予学生充分的自由(即自我管理)。不过这种自由也不应该强迫学生接受;如果学生希望更多获得教师的教导,则应该满足他们的要求。罗杰斯提倡教师较多运用问询、模拟、自我评价等方式给予学生自由。实际应用9.2就人文主义原则的应用给出了一些建议。

实际应用9.2

人文主义教学

人文主义原则与课堂教学密切相关。以下是一些可用于指导教学目标确立和教学实践的重要人文主义原则:

- 给予学生积极关怀。
- 将学生和学生的行为表现相区别。
- 给予学生不同选择和机会以鼓励学生的个人发展。
- 提供丰富资源,给予积极鼓励,以此促进学习。

安伯登先生在与托尼——他美国历史课上的一名学生,也是闻名远近的捣蛋鬼——打交道的过程中用到了所有这四个原则。其他教师告诉了安伯登先生很多关于托尼调皮捣蛋的行为,但是他注意到托尼对美国历史有很好的了解。他没有受到其他人对托尼评价的影响,上课时会不时叫他起来回答问题,给他提供了很多项目机会

和资源,并对他给予表扬以强化他对历史课的兴趣。学期结束时,他辅导托尼参加了州举办的竞赛型历史展览,获得了第二名的好成绩。

罗杰斯的理论被广泛用于心理治疗,这一心理疗法侧重于帮助人们积极迎接挑战,最大化地发挥他们的潜力,这对于动机和学习具有重要意义。不过,这一理论的阐述比较笼统,若干内容的意思不是很清楚。此外,关于教师如何帮助学生树立起自我关怀也没有给出清晰的阐述。不过,虽然存在这些问题,罗杰斯的理论还是为教师提供了一些可以借鉴的原则,以有效促进学习者的动机。罗杰斯理论中的很多观点可见于其他理论中。

动机性学习模式

本章的核心观点是动机与学习密切相关。动机和学习彼此影响。学生的动机可能影响他们的学习效果和学习方式;反过来,随着学生学习日益进步、感觉自己的技能日益熟练,他们会受到动机的驱动继续学习。

表9.1列出了动机和学习之间的关系(Schunk, et al., 2014;Schunk, 1995),这只是一项一般性的描述,不具有任何理论意义。动机性学习模式是认知性的理论模式,因为它认为动机很大程度上根源于人的思想和信念。这一模式由三个阶段构成:任务前阶段、任务中阶段和任务后阶段。这样的阶段划分易于我们讨论动机在学习过程中的不同作用。

表9.1　动机性学习模式

任务前	任务中	任务后
目标	教学因素	归因
预期	教师反馈	目标
自我效能	材料	预期
结果	设备	价值判断

价值判断	背景因素	情感
情感	同伴	需求
需求	环境	社会支持
社会支持	个人因素	
	知识建构	
	技能掌握	
	自我调节	
	活动任务选择	
	努力	
	坚持	

任务前阶段。有几个因素影响学生学习的初始动机。学生们怀着不同的目标开始学习任务,如掌握所学内容、好好表现、第一个完成等等。

不是所有目标都跟学习有关。温泽尔(1992,1996)指出学生的目标有些是社会性的,这些目标与他们的学习性目标相结合。例如,在小组任务中,马特可能想掌握所学内容,但也想和艾米成为朋友。

学生的学习预期也各不相同。第四章讨论过,预期包括学习能力(自我效能)和学习结果感知(效果预期)两部分。学生的学习价值判断——学习的重要性——也存在差别。我们随后会讨论到有各种不同的价值判断。

学生的学习情感也不尽相同。他们可能对学习感到兴奋,或紧张或无感。这些情感与学生的需求紧密相关,这在有些理论中是一个重要参数。

最后,我们认为学生生活中获得的社会支持也不同。社会支持指学生从学校教师或同伴处获得的支持帮助,也包括来自家长和学生生活中重要他人的帮助和鼓励。学生往往需要获得他人时间、钱财、精力、交通等方面的帮助。

任务中阶段。教学、背景(社会/环境性)、个人因素共同作用于学习过程。教学因素包括教师、反馈方式、学习材料和设备(如技术手段)等。虽然这些因素一般被认为是影响学习的因素,但它们也会影响动机。例如,教师反馈能够起到鼓励或打击的效

果;教学可以起到澄清或混淆的作用;学习材料可能会带来成功经历次数的多少之别。

背景因素包括社会资源和环境资源。地点、时间段、干扰事由、温度、正在发生的事件等因素可以促进也可以阻碍学生的学习动机。很多研究者著书立说讨论了情境因素对学习动机的巨大影响(Ames, 1992a; Meece, 1991, 2002)。学生与同伴能力的社会比较直接影响他们的学习动机。

个人因素指与学习相关的其他一些因素,包括知识建构和技能掌握、自我调节因素(第十章)、动机性参数(如活动任务的选择、努力、坚持等)。学生对自身学习行为的评价认知,以及对教学、背景和个人影响因素的认知,会影响他们后续学习的动机。

任务后阶段。任务后阶段指学习任务完成后的时间段,也包括学生在任务过程中停下做出思考的自我反思阶段。任务前阶段的一些重要因素同样也是自我反思阶段的重要因素,除此以外还有一个重要因素是归因——关于结果缘由的认知。所有这些因素形成一个循环体,对后续动机和学习产生影响。认为自己正朝着学习目标不断前进、正在为获得成功积极努力的学生更易于保持学习自我效能、结果预期、价值判断和积极情绪。教师反馈等教学相关因素为目标进展和结果预期提供信息。因此,期望自己表现优异、能够获得积极结果的学生更易于受到动机作用投入后续学习,因为他们相信自己正在进步,并且可能借助有效的学习策略继续取得进步。

成就动机

成就动机的相关研究对教学和学习具有重要意义。成就动机指力图变得能够胜任对努力程度要求较高的任务(Elliot & Church, 1997)。穆雷(1938)把成就动机和其他促成个人发展的生理性和心理性需求做了区分。行为动机源于满足需求的渴望。关于成就动机有大量的研究,其结果对学习具有重要启示。

穆雷(1936)提出了主题统觉测试法(TAT)来研究人的性格变化。TAT法采用的是一种心理投射技术,在测试中,受试者观看一系列意义含糊的图片,然后就每张图片编造一个故事或回答一系列问题。麦克莱兰和他的同伴对TAT法作了一些改良,用以评估成就动机(McClelland, Atkinson, Clark, & Lowell, 1953)。研究者向受试展示一组

图片——图片中的人处于不明情境中,然后向受试提问——"图片上正在发生什么事?""是什么导致了这个情况?""需要怎么办?""接下来会发生什么?"。接着,他们根据不同标准对受试的回答进行打分,从而对受试的成就动机程度进行量化。虽然很多实验研究都采用了 TAT 法,这种研究方法也存在一些弊端,如可信度低、与其他成就标准测量关联度低等。为了解决这些问题,研究者提出了其他关于成就动机的测量方法(Weiner,1992)。

下节讨论成就动机理论的历史理论基础及当代理论观点。

期望—价值理论

约翰·阿特金森(1957;Atkinson & Birch,1978;Atkinson & Feather,1966;Atkinson & Raynor,1974,1978)提出了成就动机的期望—价值理论。期望—价值理论的基本观点是行为取决于人依据行为表现对实现某种特定结果(如目标、强化物)的期望以及对结果重要性的认知。人对实现不同结果的可能性做出判断。人们对不太可能实现的行为缺乏动机,所以对于被认定为无法实现的结果不会强求。不过,如果人们认为结果无关紧要,即便预期行为会产生积极结果,也不会促使人们行动。只有当这个结果具有意义并且人们相信结果可以达成时,人们才会受到动机驱动付诸行动。

阿特金森提出成就行为表示了趋近趋势(期待成功)和回避趋势(害怕失败)之间的冲突。成就行为既有成功的可能,也有失败的可能。这一数学模式的核心概念如下:趋近成就相关目标的趋势(T_s)、避免失败的趋势(T_{af})、成就动机结果(T_a)。T_s 是成功动机(M_s)、成功主观可能性(P_s)、成功吸引价值(I_s)三者的函数:

$$T_s = M_s : P_s : I_s$$

阿特金森认为(成就动机)是个人为了获得成功而具有的相对稳定的性格品质,P_s(个人关于实现目标可能性大小的估测)与 I_s 成反比:相比简单任务,困难任务对于人的激励性更大。在完成困难任务的过程中人可能获得更大的自豪感。

类似地,避免失败的趋势(T_{af})是避免失败动机(M_{af})、失败可能性(P_f)、逆失败吸引价值($-I_f$)的积性函数:

$$T_{af} = M_{af} : P_f : (-I_f)$$

成就动机结果(T_a)可表示为:

$$T_a = T_s - T_{af}$$

需要注意的是,只有对成功的高度期待并不能保证成就行为的实现,同时还必须考虑失败动机的强度。促成动机行为实现的理想情形是成功的期待值高而同时失败的害怕值低(实际应用 9.3)。

实际应用 9.3

成就动机

成就动机理论对于教学和学习有重要启示。如果一项作业被认为难度过大,则学生们可能会因为失败害怕值高而成功期待值低而根本不想完成或半途而废。因此降低失败害怕值而提高成功期待值有助于增强动机,其实现方式包括向学生传达积极的学习预期、精心安排任务以使学生能够在合理努力的范围内成功完成任务。任务过于简单也不好:学生们如果觉得学习材料过于简单,可能会觉得学习很无聊。开头小剧场中的艾米似乎就对作业不感兴趣。如果教学内容没有经过精心安排以满足学生的不同需求,则学生不会表现出我们希望他们能够表现出的成就行为。

小学教师发现很多学生的乘法学习有困难。他们可能需要花费大量时间掌握乘法口诀,并通过演算练习来强化新概念(如除法)的学习。如果是在一个非威胁性的课堂环境中成功完成这些任务,能够提升学生的成功期待值,降低失败害怕值。而那些已经熟练掌握乘法、知道除法的解题步骤、能够很好理解乘法和除法关系的学生,可能就不需要花很多的课堂时间在复习上,可以简单地帮他们复习一下然后教他们一些稍微复杂的技能,这有助于保持学习的挑战性并促成理想的成就动机。

大学教授在布置长篇论文或研究报告前可以先熟悉学生的研究领域知识以及写作技巧,这会有所帮助。学生的背景因素(如所上中学的类型、以前教师的期望和指导)可能影响学生对完成如此高难度任务的信心。教授还可以在课堂上示范如何写研

究报告和论文。首先,学生们可以先完成短篇写作和研究报告评论。然后教授可以对学生写作给出详细反馈。随着学期进度的展开,可以加大作业难度。这一方法有助于提高成功期待值,降低失败害怕值,两者合力有助于促进成就动机,激励学生树立难度更高的目标。

这一理论模式认为成就动机结果值高的学生会选取中等难度的任务;即他们相信能够实现并且能够带来成就感的任务。这些学生会尽量避免成功完成可能性较低的高难度任务,同时也会尽量避免较易成功但满足感较低的简单任务。而成就动机结果值低的学生则更容易选择要么难度较低,要么难度较高的任务。针对难度较低任务,学生可以无需付出多少努力就成功完成任务。而针对难度较高任务,虽然完成的可能性极低,但学生会为自己的失败找到借口——任务太难,没有人能够成功完成。这一借口给了这些学生一个不付出努力的理由——即便付出再多努力也不太可能成功完成任务。

不过,关于成就动机程度和任务难度偏好之间关系的研究给出了矛盾性的结果(Cooper, 1983;Ray, 1982)。库尔和布莱肯辛普(1979a, 1979b)做了关于任务难度的研究,让受试不断选择任务。他们认为对失败的恐惧感会随着任务的成功完成而有所降低,因此他们提出假设:简单任务的选取会随时间呈下降趋势。他们预计这一变化为在 $M_{af} > M_s$ 的受试学生中表现最为明显。研究结果发现无论是 $M_{af} > M_s$ 的受试学生,还是 $M_s > M_{af}$ 的学生,他们呈现出的变化趋势是向困难任务倾斜,但没有证据表明这一倾斜趋势在 $M_{af} > M_s$ 的受试学生中表现得更为显著。

这些研究结果可以从不同的角度解读。不断成功有助于树立起能力认知(自我效能),于是人们觉得自己有能力完成难度较高任务,因此选择难度较高任务的可能性增大。简而言之,人们关于简单或困难任务的选择有多种原因,而阿特金森的理论过于强调了成就动机的重要性。

经典成就动机理论已经衍生了大量研究(Trautwein et al., 2012)。影响广泛的成

就动机理论的一个问题在于,它在不同成就领域的作用方式不一。一般来讲,学生们学习某些学科的动机会大于另外一些学科。既然成就动机会随着学科领域的变化而变化,那么这样一个普遍性的属性因素是否能有效预测人们在特定情境中的成就行为就值得商榷了。有些理论家(Elliot & Church, 1997; Elliot & Harackiewicz, 1996)提出将经典理论和目标理论相结合;本章后面会对此加以介绍。

成就动机的当代理论模式

当代成就动机理论强调需求、内驱力和强化物,与经典成就动机理论相比有着较大差异。阿特金森和其他学者脱离了简单的刺激—反应(S→R)模式来研究动机,提出了一个更为复杂的动机认知模式。他们侧重于人的认知和信念对行为的影响,把动机研究的重心从内在需求和环境因素转移到了个人的主观世界层面。

当代成就动机理论的一个重大贡献在于,既重视成功预期也重视任务重要性认知对成就的影响。这一理论体系强调了主观能动性的重要作用,同时把其他一些认知因素(如目标、能力认知)也并入进来。这一理论体系还意识到人们依据当前情境认知调整动机,强调了背景因素对成就动机的影响。

本节讨论当代成就动机理论的一种模式,下节介绍另一种当代成就动机理论模式——自我价值理论。这两种理论模式共同代表了当代成就动机理论融入多方面因素以提升成就动机理论的富有意义的努力。

图9.3展示的是当代成就动机理论模式(Eccles, 1983, 2005; Wigfield, 1994; Wigfield, Byrnes, & Eccles, 2006; Wigfield & Cambria, 2010; Wigfield & Eccles, 1992, 2000, 2002; Wigfield, Tonks, & Eccles, 2004; Wigfield, Tonks, & Klauda, 2009)。这一模式较为复杂。我们这里只介绍与当前讨论较为相关的内容。感兴趣的读者可以参阅艾克尔斯(2005)和上面所列出的文献资料以对这一理论模式作更多深入了解。

如图所示,成就行为可以通过预期和价值判断等因素进行预测。价值判断指对任务重要性的认知,即关于人为什么要完成任务的信念。价值是以下这个问题的回答之一:"我为什么要完成这项任务?"(Eccles, 2005)。关于这个问题的回答可能包括兴趣和积极情感(如,"我喜欢这个任务,想去做")、重要性认知(如"完成任务对我以后会

有帮助")、成本认知(如"完成任务会占用我弹吉他的时间")等。开头小剧场中,艾米对作业任务持负面情绪和低值判断。

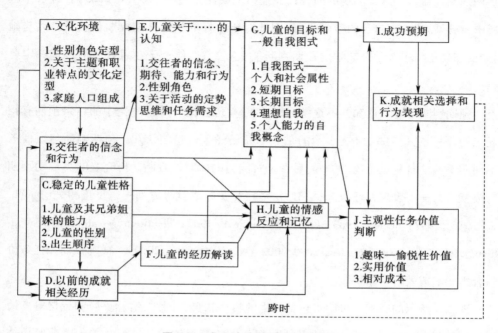

图9.3　成就动机的当代理论模式

来源:"Subjective task value and the Eccles et al. model of achievement – related choices", J. S. Eccles, 2005, p. 1006. In A. J. Elliott & C. S. Dweck (Eds.), *Handbook of competence and motivation* (pp. 105 – 121). 版权 © 2005 吉尔福德出版公司。经授权使用。

任务的整体价值判断取决于四大因素。实现价值指对成功完成任务的重要性判断,例如,因为任务涵盖了关于自我的重要信息,所以很有挑战性,或者为实现成就和社会需求提供了机会。内在或兴趣价值指人可以从任务中获得的内在的即时愉悦感。这一因素与本章后面讨论的内在动机大致同义。实用价值指与未来目标相关的任务重要性判断(如,修读一门课是因为这门课是实现职业目标的必要门槛)。最后是成本判断,指对完成任务过程中所包含的负面因素的认知判断(Wigfield & Eccles, 1992)。当人们着手完成一项任务时,不可能再同时完成其他任务,因此会有一些成本因素的

考量(如学习性和社会性成本)。

预期因素指个人对成功完成任务可能性的认知;即对他们完成任务质量的认知。预期判断是对以下这个问题的回答:"我能够完成任务吗?"(Eccles,2005)在开头小剧场中,玛格丽特觉得自己的数学不好,因此对于学好数学的预期判断值较低。而与她相反,杰拉德似乎对学好数学的预期判断值很高,虽然他过于在意自己的表现一定要超过他人。

预期判断与能力认知并不是一回事,倒是与班杜拉(1986)理论中的结果预期有相通之处,因为它是前瞻性的,表示的是人对完成任务质量的认知。预期判断与因任务不同而不同的自我概念也不一样,后者是对能力的即时性判断。研究表明高成功预期与成就行为——表现在任务选择、努力、坚持和实际成就等方面——呈正相关(Bandura,1986,1997;Eccles,1983;Eccles & Wigfield,1985;Trautwein, et al.,2012;Wigfiled,1994;Wigfield & Eccles,2000,2002;Wigfiled et al.,2009)。成功预期和任务价值合力影响成就行为结果。

图9.3所示的其他动机因素包括学生的目标和自我图式、情感反应和记忆等。情感反应和记忆指学习者对任务或其他相似任务的情感体验。学习者关于以前经历体验的回忆可能会引发他们对完成任务做出预判,从而激发这些反应。如果以前的经历体验不理想,则可能导致学生生成逃避任务、价值认知度低等反应。

目标和自我图式包括学生的短期和长期目标以及反映他们信念和自我概念的自我图式。学生对于自己是什么样的人以及自己想成为什么样的人(可能自我和理想自我)有自己的认识和判断。理想自我——即想成为什么样的人——包含了对性格和身份以及生理优势、运动能力、学习能力和社交能力等自我概念内容(Eccles,2005)。

目标是学生努力想要实现的内容的认知呈现,分短期目标(如"这次考试得A")和长期目标(如"成为大学教授")。目标受到自我概念和自我图式的制约。例如,自我图式表现为想从事服务行业以帮助他人的学生,他们的长期目标可能为成为教师、医生或社会工作者。

目标和自我图式受学生任务需求认知——即学生对任务难度及其他属性(如任务

的趣味性)的判断——的影响。任务难度认知相对而言因任务不同而有所变化,如学习不同科目(英语、生物学)的难度认知系数是不相等的。

另外一个因素是学生的社会和文化环境认知,具体包括他们对交往者(如父母、教师、同伴)所持信念的认知以及对社会角色(性别角色、关于活动的定势思维)的认知和理解。父母或教师的信念和行为会对学生产生影响,但隶属社会环境的这些内容同样会受到学生环境认知的介入调和。例如,一名具有种族背景的学生可能不会在课堂上感受到对他/她的偏见。即便存在偏见,也不一定就会影响到他的动机信念,因为他没有感知到偏见。

其他影响因素还包括学习者的个性和经历,他们的文化和社会环境——包括一般文化和社会环境、性别和文化定型、家庭人口组成等。这些外部因素构成了学习者完成不同任务以及动机影响的背景因素。这些背景因素既为学习者的信念和行为实现提供机会,同时也带来制约。因此,虽然这一理论模式强调了学生如何通过社会认知活动建构动机信念,但可以看出学生的动机信念是建立在更大范围的社会和文化背景层面上的,这些社会和文化背景构成了学习者的世界。

艾克尔斯和韦格费尔德等人的研究对当代成就动机理论模式所呈现的关系给予了佐证。这些研究采用了剖面和纵向相结合的研究方式,对小学高年级和初中学生的信念和成就行为作了历时分析。研究的整体发现是,预期和具有任务特异性的自我概念是环境背景和成就行为之间的调和剂,这与理论模式所揭示的关系是一致的。另一个发现是预期和认知参与及成就行为之间密切相关,价值因素是学生选择的重大影响因素(Schunk et al.,2014)。这些发现具有良好的普遍适用性,因为研究受试是真实课堂中的学生,对他们进行了长期的跟踪研究(Eccles,1983,2005;Wigfield, et al.,2006)。今后研究所面临的挑战是对各个因素之间的作用关系作更加深入的研究,了解这些因素随着课堂背景和学生相关因素(如发展状态、能力水平、性别)的变化会呈现出何种变化趋势。

家庭影响

成就动机对儿童家庭因素有很大依赖性这种说法有一定道理。早期曾有学者对

父母与儿子的交流方式作过研究(Rosen & D'Andrade, 1959)。研究给受试男孩布置任务,父母可以自由与孩子沟通。结果发现与成就动机低男孩的父母相比,成就动机高男孩的父母与孩子的交流更频繁,奖惩措施更多,并且对孩子的期待值也更高。研究者由此得出结论:家长希望孩子良好表现的压力对成就动机的影响比家长渴望孩子独立对成就动机的影响要大。

不过,有其他研究表明家庭影响的作用并不是自动化的过程。例如,斯蒂佩克和雷恩(1997)发现虽然经济条件不佳的学龄前儿童的认知措施评分低于经济条件良好的学龄前儿童,但也有研究者发现这两组儿童之间在动机措施方面没有差异。当家长极少介入儿童的学习时,儿童的成就动机会受到影响(Ratelle, Guay, Larose, &Senécal, 2004)。如果儿童与父母的情感联系不稳定,儿童会表现出较大的完美主义倾向(Neumeister & Finch, 2006)。

家庭对儿童的动机行为有影响,但要区分哪些父母行为能够起到促进成就动机的作用却是一件非常复杂的事,因为家长对待孩子的行为林林总总。判断哪些行为影响力最大也很困难。因此,家长可以鼓励孩子好好表现,向孩子传递他们的高期待值,适时给予奖惩,以积极的情感做出回应(温暖、宽容),鼓励孩子独立。这些行为的施行者也可以是教师或孩子生活中的重要他人,这就更加加剧了判断家庭影响实质的难度。另外一点是父母和孩子之间的影响是相互的(Meece, 2002)。当家长对孩子预先表现出的倾向持鼓励态度时,家长对孩子的成就行为起到促进作用;例如,孩子在与同伴的交流过程中树立起了独立意识,因而受到了父母的表扬。

自我价值理论

阿特金森的理论认为成就行为是期待成功和害怕失败这两种情感较量的结果。从直观上看,这个观点很有吸引力。我们开始一份新工作或修读一门较难课程时,内心会忐忑不安,既有因可能成功而获得的满足感,也有对可能失败的焦虑。

自我价值理论把情感因素和认知因素相结合优化了这一观点(Covington, 1992, 1998, 2004, 2009; Covington & Beery, 1976; Covington & Dray, 2002)。这一理论认为成功是具有重要价值意义的行为,而失败或关于曾经失败的想法则应尽量避免,因为

这意味着能力水平低。人们都想自己在他人的眼里是能干的,但失败会带来自己的存在毫无价值的观感。为了保持自我价值感,个人必须抱有自己能力很强的信念并证明给他人看。

避免失败的一个方法是追求较易成功的简单目标。另一个方法是欺骗,虽然欺骗行为会带来很多问题。例如,香农可以抄伊冯的答案,但如果伊冯的答案很多都是错的,那香农的答案也会跟着错。香农还可能抄答案的时候被教师逮个正着。还有一个方法是避开负面环境。相信自己可能某门课过不了的学生可以放弃;好多门课都没过的学生可以选择退学。

不过奇怪的是,学生会通过有意的失败行为避开关于自己能力水平低的认知。例如,一个人可以挑战困难目标,这意味着失败的可能性加大(Covington,1984)。再如,树立高目标是一个重要的价值行为,如果高目标没有实现并不自然就表示能力低。还有一个可能的策略是把失败归结于努力程度不够:如果环境能够促使一个人付出更大努力,那么他/她可能已经成功了。凯根本没有认真学习,特别是她可能同时还要上班,学习时间不够,这种情况下就不能因为凯考试没通过而认为她能力不行。

付出努力有风险。付出很多努力而结果成功了,能够保持能力认知,但付出很多努力结果却失败了则意味着能力低下。不付出努力同样有风险,因为教师总是强调努力的重要性,批评不努力的学生(Weiner & Kukla,1970)。努力是一把"双刃剑"(Covington & Omelich,1979)。借口能够帮助学生保持能力认知。例如:"如果我好好学习,应该会表现得更好。""我还不够努力(事实上这个学生已经非常努力了)。""很不幸——我把学习材料搞错了。"

自我价值理论认为能力认知是动机的主要影响因素。研究表明,能力认知与学生的成功期待、动机和成就行为正相关(Eccles & Wigfield,1985;Wigfiled, et al.,2009)。不过,主要是西方国家对这一影响因素的作用呈肯定态度。跨文化研究表明中国和日本等国的学生比美国学生更加看重努力对成功的作用影响(Schunk, et al.,2014)。

自我价值理论的另外一个问题是能力认知只是动机众多影响因素中的一个。自我价值认知与学生成长息息相关。比起年幼的学生,年长的学生会更加认同能力对成

就行为的影响(Harari & Covington,1981;Schunk,et al.,2014)。幼儿无法对努力和能力做出清晰区分(Nicholls,1978,1979)。约8岁时,儿童开始能够区分这两个概念,并意识到自己的行为表现并不一定就是能力的反映。而随着生长发育,学生们开始日益看重能力,否定努力(Harari & Covington,1981)。在开头小剧场中,马特学习很用功,他还没有努力意味着能力低下的意识。但教师和青春期学生之间可能会存在认识上的摩擦,教师强调认真努力,而学生(认为努力意味着能力低下)不愿意认真努力。因此成熟的观点应该是成功是能力、努力和其他因素(如策略选用得当)综合作用的结果。不过,除了这些不足以外,自我价值理论对能力及其负面作用的阐述具有较大的普适性。

任务投入和自我介入

成就动机理论把关注点从一般的成就动机转移到了具有任务特定性的信念上。本章后面会讨论目的理论,这一理论强调了目标、能力认知、成就背景中的动机模式等因素的作用。本节我们讨论任务投入和自我介入,这两种动机模式与成就动机行为过程有着很深的渊源(Schunk,et al. 2014)。

任务投入认为学习是目标。任务投入学生的关注重点是任务的相关需求,如解决问题、解方程式、写读书报告等。学习的重要性体现在目标上。与之相反,自我介入是一种自我关注模式。自我介入学生的关注重点是不让自己显得能力低下。学习的重要性不是体现在目标上,而是体现在学习是一种避免显得能力低下的手段(Nicholls,1983,1984)。

任务投入和自我介入模式反映了关于能力和努力的不同理念(Jagcacinski & Nicholls,1984,1987)。自我介入学生认为能力(ability)是才能(capacity)的同义词。能力是经与他人比较评估而获得的一个相对固定的属性。努力的作用很有限;努力只能在能力的限定范围内促进行为表现。只有当他人需要付出更多努力才能获得同等表现,或他人同等程度的努力获得的表现稍逊时,通过努力获得的成功才意味着能力强。而任务投入学生认为能力是学习的近义词,更多的努力可以促进能力的提高。当学生付出更多努力获得成功时,他们会感觉自己的能力提高了,因为学习是他们的目标,完

成目标意味着收获了更大的能力。当学生们的当前表现比起以前的表现有所进步时，他们也会产生更大的效能感。

自我介入和任务投入模式并不是固定不变的，会受到背景因素的影响（Nicholls，1979，1983）。自我介入受到竞争的影响而有所提升，因为竞争会形成关于自己能力与他人能力的自我评估。学生往往会互相竞争以赢得教师的关注、优待和分数等。中小学生往往会根据能力差异分成不同的阅读和数学教学小组；中学生实行跟踪学习。教师的讲课方式（如"这次的学习任务有点难，你们中有些人可能学起来会有困难"）和反馈（如"马库斯，快点完成作业，其他同学都完成了"）都可以在不经意间树立起学生的自我介入意识。

任务投入可以通过学习情境的改变而得以提高。学生评估自己是否进步的依据不是他人，而是自己以前的表现。任务投入还可以通过合作性学习（第八章）得到提升。例如，艾姆斯（1984）发现在竞争背景中学生更看重能力，认为其是竞争结果的决定性因素，但在非竞争（即合作或个体）背景中则更看重努力。

归因理论

大多数认知动机理论的核心论点是人们力图能够掌控生活中的重要方面（Schunk & Zimmerman，2006）。这一论点涵盖了控制点——即对反应是否影响结果实现的一般性预期——的理念（Rotter，1966）。人们可能会认为结果的产生与他们的行为无关（外部控制点）或与他们的行为有关（内部控制点）。

其他研究者提出控制点依据情境的变化而变化（Phares，1976）。有些学生认为自己无力控制学习结果的好坏但能较大程度控制自己在某节课上的表现，这种情况并不罕见，因为教师和同伴能够帮助他们，而且他们喜欢上课的内容。

控制点是成就背景中的一个重要内容，因为人们形成预期信念进而影响行为。相比认为自己的行为对结果影响较小的学生，认为自己能控制学习结果的学生往往会更积极地投入学习任务，甘愿为之付出努力、坚持不懈，而努力和坚持反过来促进成就行为（Lefcourt，1976；Phares，1976）。

不过,无论控制点属于一般特性还是情境化特性,都涵盖了结果预期(关于个人行为预期结果的信念;第四章)的理念。结果预期影响成就行为。学生不愿意完成任务可能是因为他们不认为自己能有出色的表现,能够产生理想的结果(消极的结果预期)。例如,有学生会觉得教师不喜欢自己,无论自己表现如何出色,都得不到教师的肯定。但积极的结果预期也并不一定就会产生高动机(Bandura,1982b,1997)。学生可能会认为,认真学习能够帮助自己获得高分,但如果他们对自己是否能有认真学习的态度都心存怀疑,也就不会真心用功了。

虽然表面看来关系不大,但事实上自我效能和结果预期是密切相关的两个概念(Bandura,1986,1997)。认为自己能够表现出众(高自我效能)的学生会期待自己的出色表现(积极的结果预期)能够获得来自教师的积极反应。反过来,结果能够证明自我效能的真实性,因为从结果可以看出一个人是否具有成功的能力(Schunk & Pajars,2005,2009)。

朴素行为分析论

一般认为归因理论的奠基人是海德(1958),他把他的理论称为朴素行为分析论。这里的朴素指普通人对行为的客观决定因素缺乏认识。海德尔的理论探讨了普通人认为的重要生活事件的促成因素。

海德提出人们把原因归结为内部或外部因素,他把这些因素分别称为有效个人力量和有效环境力量,其关系可表示如下:

$$结果 = 个人力量 + 环境力量$$

内部原因是个人内部的因素:需求、愿望、情感、能力、意图和努力等。个人力量包括两个因素:力量和动机。力量指涉能力;而动机(努力尝试)指涉动机和执行力:

$$结果 = 努力尝试 + 力量 + 环境$$

力量和环境共同构成能为因素,这一因素加上努力因素可用来解释结果。一个人的力量(或能力)是环境的反映。贝斯是否能游到湖对岸取决于贝斯的游泳能力与湖的相关属性(水流、宽度和气温)之间的相对关系。同样,杰森考试能不能过也取决于他的能力和考试难度之间的相对关系,以及他的学习意图和努力程度。假设能力足以

压倒环境力量,则努力程度影响结果。

虽然海德提出了一个关于人们如何认知重要生活事件的理论框架,但这一框架并没有给研究者留下多少研究空间以验证这些假设是否成立。后来的研究者对他的理论作了更清晰的阐述,形成了一些假设,并进行了归因性研究以验证这些假设的真伪。

成就的归因理论

探究成就行为的原因会导出如下问题:"我的社会研究学考试为什么考得好(不好)?""我的生物学为什么得了 A(D)?"韦纳和其同事的研究为成就归因理论的提出提供了实证基础(Graham & Weiner, 2012;Weiner, 1979, 1985, 1992, 2000, 2004, 2005, 2010;Weiner et al., 1971;Weiner, Graham, Taylor, & Meyer, 1983;Weiner & Kukla, 1970)。本节讨论韦纳理论中与动机性学习相关的部分内容。

成因。在海德理论的基础上,韦纳等人(1971)提出学生的学习结果很大程度归因于能力、努力、任务难度和运气等因素。他们认为这些因素具有一般概括性,无论什么结果都可以把其中的一到两个因素作为主要原因。例如,如果卡拉数学考试得了 A,她可能会把这个结果主要归功于能力("我数学学得好")和努力("为了考试我认真复习"),可能还部分归因于任务难度("考试不太难"),可能还有一点点运气("有几道题我猜对了";表9.2)。

表9.2 数学考试成绩的归因分析示例

成绩	归因	举例
	能力	"我数学好。"
	努力	"为了考试我认真复习。"
高	能力 + 努力	"我的数学好,考试前也认真复习。"
	任务难度低	"考试很简单。"
	运气	"我运气不错;我考前复习的内容全考到了。"

	能力	"我数学不好。"
	努力	"我没有好好复习。"
低	能力＋努力	"我数学不好,也没有好好复习。"
	任务难度高	"考试太难了;没有人可以考好。"
	运气	"我运气很背;考前复习的内容全没考到。"

韦纳等人(1971)并不是在说,能力、努力、任务难度和运气是学生可以用来解释结果的唯一原因,而是指它们是学生可以用来解释成就结果的常规原因。有研究者找到了其他一些归因因素,包括人(如教师、学生)、情绪、劳累、疾病、个性、外表等(Frieze,1980;Frieze,Francis,& Hanusa,1983)。在韦纳等人(1971)提出的四大原因中,运气是最不重要的一个,虽然在某些情况下运气很重要(如机遇游戏)。弗里茨等人(1983)指出任务情形和特定的归因模式相关。考试的归因主要是努力,而艺术项目则主要归因于能力和努力。在开头小剧场中,我们可以猜测玛格丽特会把她的困难归结于自己的能力水平差,而马特则会把他的成功归结为努力程度高。

原因层面。在海德(1958)和罗特(1966)的理论基础上,韦纳等人(1971)首次提出促成结果的原因主要包括两个层面:(1)个人层面的内部或外部因素;(2)时间层面的相对稳定或不稳定因素(表9.3)。能力是一个内部的相对稳定因素。努力是内部不稳定因素;一个人的工作态度可以时认真,时不认真。任务难度是一个外部的相对稳定因素,因为任务情况不会一时一个样;运气是一个外部不稳定因素———一个人的运气可以一时很好,一时很背。

表9.3　促成结果的时间层面原因

	内部		外部	
	稳定	不稳定	稳定	不稳定
可控	典型性努力	即时性努力	教师偏见	他人的帮助
不可控	能力	情绪	任务难度	运气

韦纳(1979)增加了第三个层面:个人可控和不可控因素(表9.3)。虽然努力通常

被视为内部的不稳定(即时性努力)因素,但似乎同时存在一个普遍性的努力因素(典型性努力):人们可以是典型的懒人或工作狂。努力被认为是可控的;情绪因素(包括劳累和疾病)则是不可控因素。表9.3中的划分有一些问题(例如,把努力划分为即时性努力和典型性努力是否有用;外部因素是否可控),但它为我们的研究和归因性干预项目提供了一个框架。

人们借助情境提示做出归因定性,情境提示的含义是他们从以往的经历中摸索出来的(Weiner, et al. , 1971)。能力归因的显著提示为成功来之较易或成功出现在学习的早期阶段,以及成功次数多。关于运动技能,一个重要的努力提示是体能的消耗。而对于认知任务,当我们需要付出脑力或长期坚持才能获得成功时,付出归因变得明显可见。任务难度提示包括任务的相关属性;例如,阅读篇幅较短或词汇比较简单的文章相比阅读篇幅较长或词汇较难的文章要简单。任务难度还可以通过社会规范予以判断。如果全班同学都考试不及格,这一结果较大可能应该归因于任务难度太大;但如果全班同学都得了A,那这结果可能可以归因于任务难度低。运气的一个显著提示是结果的无规律性;学生的素质(能力)或态度(努力)与他们的行为结果没有明显关联。

归因性结果。归因影响后续的成功结果、成就行为和情感反应预期(Graham & Weiner, 2012; Graham & Williams, 2009; Weiner, 1979, 1985, 1992, 2000)。稳定性被认为是成功预期的影响因素。假定任务情况保持不变,相比成功的不稳定因素(即时性努力、运气等),成功的稳定因素(能力高、任务难度低等)应该能够产生更高的对未来成功结果的预期。学生可能不确定自己是否能够坚持不懈地付出成功所需要努力或自己以后是否也会一样走运。相比因努力不够或运气不佳等原因造成的失败,因为能力低下或任务难度高导致的失败结果可能会导致对未来成功的预期下降。学生可能会认为只要付出更多努力就会有更好的结果,或者自己以后就转运了。

原因的可控性被认为会影响情感反应。如果导致结果的原因是内部原因而非外部原因,在一个人经历成功(失败)过后会获得更大的自豪(羞耻)感。如果学生认为自己的成功是基于自身原因(能力、努力)而非外部原因(教师的帮助、任务难度低),他们

获得的自豪感更强。

控制性有不同的作用影响(Weiner,1979)。控制感能够促进参与学习任务的意愿,面对困难时愿意付出努力并持之以恒,还能促进成就行为(Schunk & Zimmerman,2006)。认为自己无力控制学习结果的学生对成功的预期值低,成功动机值也低(Licht & Kistner,1986)。研究者们发现,若把失败归因于能力低下——属于不可控因素——的学生一年后的课堂参与度降低(Glasgow,Dornbusch,Troyer,Steinberg,& Ritter,1997)。

个体差异。有些研究表明归因结论会因为性别和种族背景而有所变化(Graham & williams,2009)。关于性别,一个普遍性的发现(也有例外)是对于数学和科学等学科,女孩的成功预期值低于男孩(Bong & Clark,1999;Meece,2002;Meece & Courtney,1992;Meece,Parsons,Kaczala,Goff,& Futterman,1982)。开头小剧场中的玛格丽特就是一个很好的例子。尚不清楚的是这一差异是否受到不同归因结论——如归因理论推测出的结论——的影响。有研究者发现女性更倾向于把成功归结为外部因素(如运气好、任务难度低)或不稳定因素(如努力程度),而把失败归结为内部因素(如能力低下;Eccles,1983;Wolleat,Pedro,Becker,& Fennema,1980);而其他研究也得出了相似的结果(Diener & Dweck,1978;Dweck & Repucci,1973)。艾克尔斯(1983)认为因为受试、所用仪器设备和研究方法的差异,很难对这一研究结果做出定性。

关于种族差异,有早期研究指出,非裔美国学生对努力因素的使用率和系统化程度低于英裔美国学生,前者更加倾向于外部归因,侧重外部控制(Friend & Neale,1972;Weiner & Peter,1973)。格拉哈姆(1991,1994)对这些以及其他一些发现作了回顾并得出结论:虽然很多研究结果显示非裔美国学生更加侧重外部因素——这是因为研究者没有对社会阶层做出控制,这些研究中的非裔美国学生受试几乎都有着较低的社会经济背景。在控制了社会阶层的影响后,研究者发现即使存在种族差异,其差异性也很小(Graham,1994;Pajares & Schunk,2001),有些研究者甚至发现非裔美国学生更倾向于把失败归结为努力程度低——一个适应性更好的归因模式(Graham & Long,1986;Hall,Howe,Merkel,& Lederman,1986)。

凡·拉尔(2000)发现非裔美国大学生有侧重外部归因的倾向;但是,这些学生同

时对成功有着高预期,觉得自己的努力程度并没有获得相应的报答(即负面结果预期)。这一低成就结果中包含高成功预期的看来似乎相互矛盾的结论也见于其他研究发现(Graham & Hudley, 2005)。总之,关于成就信念种族差异的研究并没有得出可靠的差异结论(Graham & Taylor, 2002),而这些不一致的结果需要作进一步的研究才能得出可靠的结论。

归因理论对动机理论、研究和实践都产生了重要的影响。为了保证动机状态达到理想水平,学生需要就成就行为的结果做出归因分析。关于能力、努力和策略的重要性、重要他人的作用等错误判断可能导致动机和学习水平降低。

社会认知理论为动机理论提供了另一个重要的认知视角,第四章已经花了大量篇幅讨论动机和学习,下节讨论影响深远的社会认知过程理论。

社会认知过程

虽然不同的动机理论或多或少都与学习相关,但动机和学习的关系是社会认知理论的主要内容(Bandura, 1986, 1997; Pajares, 1996; Pajares & Schunk, 2001, 2002; Pintrich, 2000a, 2000b, 2003; Schunk, 2012; Schunk & Pajares, 2005, 2009; Schunk & Zimmerman, 2006)。学习过程中具有重要意义的社会认知动机过程有目标和预期、社会比较和自我概念。

目标和预期

目标和目标进展的自我评估能够有效促进动机(Bandura, 1977b, 1986, 1991; Schunk & Ertmer, 2000; Schunk & Pajares, 2009; Zimmerman, 2000; 第四章)。如果人们感知到目标和行为表现之间存在负差距,会引发驱动力的变化。在朝着目标努力的过程中,人们会关注目标的进展情况,保持实现目标的动机。在开头小剧场中罗莎塔的目标进展情况应该能帮助她树立起自我效能并保持动机。

目标树立需要与结果预期和自我效能共同发挥作用。人们依据他们认为能够帮助自己实现目标的方式行事。如果想让目标影响行为,必须树立起自己的行为能够实现目标的自我效能感(第四章)。凯里的目标之一就是帮助玛格丽特树立起自我效能。

玛格丽特可能极想获得教师的肯定（目标），认为如果自己主动让教师检查并且答案全对就可以实现这一目标（积极结果预期）。但如果她怀疑自己没有给出正确答案的能力（低自我效能），可能就不会主动提出让教师检查自己的答案。

与认为强化是反应增强剂（第三章）的条件作用理论观点不同，班杜拉（1986）认为强化告知人们可能的行为结果，并激励他们按照自己认为能够带来积极结果的方式做出行为。人们基于经历形成预期，但还有一个重要的动机来源是社会比较。

社会比较

社会比较是把自己和他人进行比较的过程（Wheeler & Suls, 2005）。费斯廷格（1954）提出当行为的客观标准不清晰或不可得时，人们通过与他人比较评估自己的能力和观点。他还提出最准确的自我评估方式是选择能力或评估内容项相近的人作比较。观察者和示范者越是相类，观察者相似行为的社会恰适性越高，行为带来相似结果的可能性越大（Schunk, 1987）。开头小剧场中的杰拉德就采用了社会比较法，他把自己的进步情况和班上同学作比较。

如果示范者和观察者能力相近，有助于促进学习（Braaksma, Rijlaarsdam, & van Bergh, 2002）。这在很大程度上归功于替代结果的动机效应，而这种动机效应取决于自我效能。观察相似他人获得成功能够增强观察者的自我效能，激励他们做出尝试，因为他们会觉得如果他人能够成功，自己也可以。凯里把德里克和杰森作比较，是希望德里克的行为能够有所改善。观察相似他人失败会让人们觉得自己也缺乏能力，无法获得成功，从而打消他们想实施相同行为的念头。当个人经历困难、怀疑自己能够表现出色时，相似性的影响作用特别大（实际应用9.4）。

实际应用9.4

社会比较

教师可以运用社会比较激励学生认真完成布置的任务，优化任务表现。一名二年

级教师正在辅导阅读小组,她对学生的良好表现给予了表扬,这就向学生强调了期待行为,并帮助学生树立起实施期待行为的自我效能。她可以说:

■ "艾德里安安安静静地坐着等所有人读完,这种行为我真的特别喜欢。"

■ "卡丽句子读得很清晰,我们都能听得很清楚,我很喜欢。"

观察同学获得成功能够让其他学生也树立起自己也能获得成功的信心。教师可以叫一名学生到黑板上写出所列单词的缩写。因为同组的学生能力相当,所以这名学生的成功表现也能增强其他学生的自我效能。

游泳教练在安排练习和模拟比赛时,可以依据天赋和技能掌握情况把学员分组,把技能掌握相当的学生分在一组,这样教练在开展改善动作和提高速度的训练活动时可以采用社会比较法。教练可以说:

■ "丹在水中游动的时候,腿部略有弯曲,大力拍水。大家看下这个动作使得丹可以借力往前游。做得很棒,丹!"

■ "乔尔的手形成环状,就好像船桨一样,拉着他在水中往前游。做得很棒!"

教师和教练在运用社会比较法时应该具有准确的判断力。充当示范的学生必须能够成功,而且他人应该能看到自己与示范者在重要特质方面实力相当。如果他人觉得自己与示范者差距很大(特别是在某些重要能力方面)或者示范者没有能够成功,社会比较对观察者就起不到激励的作用。

发展状态是社会比较中的一个重要内容。比较信息应用的能力取决于较高水平的认知发展和比较性评估的经验积累。费斯廷格的理论假设可能并不适用五六岁以下的儿童,因为他们还不具备把两个及以上元素联系起来思考的能力,他们这时的意识是自我中心式的——"自我"是所有认知的中心(Higgins, 1981;第八章)。当然,这并不是说幼儿不能对自己和他人作比较评估,而只是他们的这种行为不是自发性的。小学阶段的儿童对比较日益感兴趣,到四年级的时候,他们会经常性地利用比较来形成关于自己能力的自我评价(Ruble, Boggiano, Feldman, & Loebl, 1980;Ruble, Feld-

man，& Boggiano，1976）。

社会比较的意义和作用随着发展水平的提高而有所变化，特别是当孩子入学以后。学龄前儿童的社会比较较为外显（如奖励的数量）。还有一种社会比较表现为对比自己和他人哪些方面相当，哪些方面存在差距，并渴望与他人竞争来证明自己比他人优秀（如杰拉德），但这种比较不涉及自我评价（如"我是将军；比上尉级别高"；Mosatche & Bragioner，1981）。随着年龄渐长，社会比较的内容转向完成任务（Rube，1983）。一年级新生会作同伴比较——其目的往往是为了从同伴那获得正确答案。把比较信息告诉幼儿能够促进实现目的的动机。相比比较信息，直接给出成人对儿童能力的评价（如"你可以做得更好"）对儿童的自我评价影响更大。

比较以前和当前的行为表现（历时比较）并发现有所进步，能够有效增强自我效能和动机。不过，虽然幼儿已具备该能力，他们可能不太会用。R. 巴特勒（1998）发现，4—8 岁的孩子，其历时比较的能力随着年龄的增长而提高，但孩子大多只关注最后的结果。当孩子们的表现超越同伴时，他们会经常作社会比较，并对自己的表现做出较高评价。巴特勒的研究结果表明教师需要帮助孩子作历时比较，如展示给孩子看他们以前的作业，指出哪些地方进步了，就像凯里对杰拉德、马特和罗莎塔所做的那样。

自我概念

维度和发展。自我概念指一个人的自我认知集合，有如下特点：(1)通过环境体验和对环境的解释而形成；(2)受强化和重要他人评价的影响很大（Shavelson & Bolus，1982）。自我概念是由自信、自尊、自我概念稳定性和自我提炼等要素构成的一个多维度的组合体（Pajares & Schunk，2001，2002；Schunk & Pajares，2009）。自尊是一个人的自我价值认知，即一个人是否接受、尊重自己。自尊是自我概念的评价性要素。自信指一个人相信自己能够产生结果、实现目标或有效完成任务的程度（与自我效能的概念相似）。自尊和自信相互关联。相信自己能够完成任务能够提升自尊，而自尊感强可能会激励人挑战困难任务，而如果最后获得成功又会增强自信。

自我概念稳定性指改变自我概念的难易程度。稳定性部分取决于信念的成形程度。信念随着人的成长和相似经历的不断反复而提炼成形。到了青少年时期，个人已

经形成相对完整的自我认知,涉及智力、社交能力和运动能力等方面。与个人信念相冲突的简单经历不会有太大影响,但是当人们的自我认知形成不力时——通常是由于缺乏经验,自我概念很容易会被修改。

自我概念的发展是一个从具体到抽象的过程。幼儿对自己的认知是具体化的;他们从外形、行为、姓名、所有物等方面定义自己,他们不懂得区分行为和行为所体现的能力或个人特征。他们也还没有意识到人的性格是持久恒定的,因为他们的自我概念是散乱的。但随着成长和教育的引导,他们会慢慢形成较为抽象的自我概念。当他们能够区分行为背后的性格特征和能力时,他们的自我概念变得更加有序而复杂。

随着成长发育,孩子们形成分化的自我概念。虽然大多数研究者提出存在一般性自我概念,但证据表明人的自我概念是层次性的((Marsh & Shavelson, 1985; Pajares & Schunk, 2001, 2002; Schunk & Pajares, 2005, 2009; Shavelson & Bolus, 1982)。一般性自我概念位于最顶端,下面是各个分区的具体化自我概念。具体行为的自我认知影响分区的自我概念(如数学、社会研究),而这些分区的自我概念组合起来构成整个学习区块的自我概念。例如,查普曼和汤恩曼(1995)发现儿童的阅读自我概念由阅读能力认知、阅读难度认知和阅读态度等方面组成。一般性自我概念由学习、社会、情感和生理等领域的自我认知构成。维斯波尔(1995)对艺术领域做了研究,发现有证据表明自我概念的多层面性特点,但没有充分证据表明自我概念的层次性特点。

有助于形成自我概念的经历体验源自个人行为和替代性(示范性)经历(Schunk & Pajares, 2005, 2009)。社会比较具有重要意义,尤其是在学习环境中(参见本章前面的讨论)。大鱼小池效应正是这一观点的体现(Marsh & Hau, 2003):竞争氛围浓郁学校就读学生(其同伴智商较高)的自我概念相比竞争氛围较淡学校就读学生要低。马什和哈乌对来自26个国家的学生做了研究,结果证明了这一效应。研究还发现加入优秀小组可能会导致自我概念低下(Trautwein, Lüdtke, Marsh, & Nagy, 2009)。

还有证据表明自我概念不是被动形成的,而是一个不断协调个人内部活动和人际

活动的动态结构(Cantor & Kihlstrom,1987)。马库斯及其同事(Markus & Nurius,1986;Markus & Wurf,1987)提出自我概念由基于经历形成的自我图式或一般化认知所构成。这些图式对个人和社会信息进行处理,其中学习图式负责处理认知信息。自我概念的多层面性特点,正体现在了工作性自我概念——即任何时候都在头脑中处于活跃状态的自我图式(当前可获得的自我知识)——这一说法中。因此,存在一个稳定的核心(一般性)的自我概念,这个核心的自我概念为众多按领域划分的可以变化的自我概念所包围。

自我概念和学习。自我概念与学校学习正相关的观点从直观上讲是有道理的。对自己的学习能力有信心并且自我价值感强的学生会表现出更浓厚的学习兴趣和动机,这会促进他们的学习表现,而学习表现好反过来又证明他们的学习自信并不是盲目的,因而获得较高的自尊感。

可惜的是这些观点主张并不总是与研究结果相一致。维利(1979)回顾了大量研究,发现学习表现测量值(平均绩点)和自我概念测量值之间的广义相关性为 $r = +.30$,这是一个中度正相关值,表明学习表现和自我概念有直接联系。关联性并不揭示因果关系,所以我们无法确定是自我概念影响学习表现、学习表现影响自我概念、两者互为影响,还是两者都受第三方因素(如家庭因素)的影响。维利还发现当采用自我概念的标准化测量方法时相关性增强,而当采用研究者自行设定的测量方法时,相关性减弱。学习表现和学习自我概念之间的相关性高于学习表现和整体自我概念之间的相关性,这也再次证明了自我概念的层次性特点。与学习表现相关性最高的是领域性自我概念(如,英语或数学领域;Schunk & Pajares,2009)。

我们可以做出合理假设:自我概念和学习相互影响。考虑到自我概念的一般性特点,要改变自我概念,短期干预效果不大,但特定领域的干预可能改变领域性的自我概念,进而逐级往上影响较高层次的自我概念。

研究文献支持这一假设。研究所发现的自我概念和学习表现之间的中度相关性因为使用一般化的自我概念测量法而存在,但是当领域性自我概念测量值与该领域的表现作对比时,其相关性强且呈正相关(Pajares & Schunk,2001,2002;Schunk & Pa-

jares, 2005, 2009)。随着自我概念变得越来越具体,它与自我效能也越来越相近,而有大量证据表明我们可以通过自我效能预测学习表现(Bandura, 1997;Pajares, 1996;Schunk, 1995;Schunk & Pajares, 1009;第四章)。

本章中的很多建议都是针对影响自我概念而做出的。奥·玛拉、马什、克雷文和德布斯等人(2006)在回顾关于自我概念干预的研究时发现领域性干预对自我概念的影响大于旨在提升一般性自我概念的干预。教师展示给学生看他们有学习能力而且在特定领域已经取得进步,给出积极反馈,有效利用榜样示范,最低限度弱化负面的社会比较,这些措施都有助于树立学生的自我概念(见第四章关于增强自我效能方法的讨论)。

总而言之,社会认知理论强调目标、预期、社会比较和自我概念等内容,为我们了解动机提供了一个非常有用的视角。实际应用 9.5 给出了一些社会认知过程理论在课堂教学中的应用案例。我们现在讨论目标导向,这一概念与社会认知过程理论息息相关。

实际应用 9.5

社会认知过程

学生带着基于以往经历、个人素质和社会支持机制而形成的学习自我效能感踏入学习世界的大门。如果教师对学生有良好的了解,并综合运用各种教育实践活动,能够促进学生的动机和学习表现。

如果教学设计能够让学生理解、掌握所学内容,有助于树立学生的学习自我效能。有些学生可能适合团体化教学,有些学生可能适合小组学习。假设一名大学英文教授的讲课内容是关于莎士比亚的主要作品,他/她可以先介绍莎士比亚的生平及其在文学界的地位,然后把学生分成小组,让他们回顾并讨论所讲的内容。这个过程既能够帮助适合团体化教学的学生也能够帮助适合小组学习的学生树立起自我效能。

随着讲课的深入,教授开始介绍莎士比亚写作生涯的主要阶段,教授应该对学生的活动、练习和作业等及时给予反馈。可以通过小测验或自我检查式作业,评估学生在关于莎士比亚的基本事实和作品的掌握等方面是否有所进步。如果有个别学生对莎士比亚作品的理解有较大进步时,可以在论文后面写上评论意见或在课堂讨论期间作口头点评。

教授应该鼓励学生分享他们在理解莎士比亚戏剧过程中的收获和困难。他/她可以引导学生成为戏剧分析和讨论过程中的榜样示范,相比具有深厚的莎士比亚研究背景的教授给学生讲如何理解莎士比亚的作品,这种做法更能促进学生的自我效能。

在帮助学生确立学习并理解莎士比亚及其作品的目标时,教授可以帮助每位学生把重点放在短期的具体化目标上。例如,教授可以让学生读一本主要作品的某个部分,写一篇评论,然后相互讨论。把内容分解成短小片段有助于树立起最终全部掌握的自我效能。针对学生的评论给出意见,比让学生读完几部作品然后再给予奖励的做法,对学生的帮助更大。作品解读比作品阅读难度大得多,对学生在难度较大作业上所取得的进步给予奖励的做法有助于增强学生的自我效能。

目标导向

目标导向是学生者投入学习任务的因由(Anderman, Austin, & Johnson, 2002)。目标导向是目标理论中的主要动机因素,它对其他理论认为重要的众多因素作了整合(Schunk et al., 2014)。这一理论提出目标和目标导向、预期、归因、能力概念、社会和自我比较、成就行为之间存在重要关联(Anderman & Wolters, 2006;Elliot, 2005;Maehr & Zusho, 2009;Meece, Anderman, & Anderman, 2006;Pintrich, 2000a, 2000b;Pintrich & Zusho, 2002;Weiner, 1990)。

虽然目标理论和目标设立理论有一定的相似性(Bandura, 1988;Locke & Latham, 1990, 2002;第四章),但也存在重要差异。教育和发展心理学家创立了目标理论用以解释、预测学生的成就行为,而目标设立理论则是借鉴了不同学科——包括社会心理

学、管理学、临床和健康心理学等——而形成的一种理论。目标设立理论更加侧重于目标的确立和调整以及目标各个属性(如具体性、难度、相近性)在激发和引导行为过程中的作用。目标理论在解释目标性行为时会综合考虑一系列因素,其中有些因素与目标并不直接相关(如与他们的比较)。而目标设立理论主要考虑的是行为的影响因素,其范围比较局限。

目标导向的分类

目标理论强调不同目标影响成就情境中的行为表现(Anderman & Wolters, 2006; Elliot, 2005; Maehr & Zusho, 2009; Meece et al., 2006; Pintrich, 2003)。研究者们已经分辨出几种不同的导向(Elliot & McGregor, 2001; Elliot & Thrash, 2001)。

学习性目标导向和表现性目标导向之间存在较大差异(Dweck, 1991, 1999, 2002; Dweck & Leggett, 1988; Elliott & Dweck, 1988; Schunk, 1996; Schunk & Swartz, 1993a, 1993b; 图 9.4)。学习性目标指学生需要掌握的知识、行为、技能、策略等内容;表现性目标指学生完成的任务。文献资料中提到的概念上与学习性目标相近的目标包括掌握性目标、任务投入性目标和任务焦点式目标(Ames & Archer, 1988; Butler, 1992; Meece, 1991; Nicholls, 1984);与表现性目标相近的目标有自我介入性目标和能力焦点式目标。开头小剧场中,在马特的身上可以看到学习性目标导向,而杰拉德的身上则主要体现了表现性目标导向。

虽然这些目标导向相互关联(如学习有助于提高行为表现的效率),但这些目标对成就行为和学习的重要性主要体现在它们对学习者信念和认知过程的影响上(Pintrich, 2000a)。学习性目标导向把学生的注意力投入到能够帮助他们掌握能力、提高技能的学习过程和策略上(Ames, 1992a)。任务焦点激励行为的产生,引导并保持注意力投入具有重要学习意义的任务方面。以学习性目标为导向的学生感到自己有能力可以实现目标,并有动力积极参与任务性活动(如努力、坚持、运用有效策略等; Bandura, 1986; Schunk & Pajares, 2009)。当学生努力完成任务并评估取得的进步时,自我效能得以证实(Wentzel, 1992)。技能习得过程中的进步认知和继续学习的自我效能有助于保持动机、促进技能性的行为表现(Schunk, 1996; 图 9.4a)。学习性目标和

内在动机正相关(Spinath & Steinmayr, 2012)。从相关性角度来看,以学习性目标为导向的学生持成长心态——关于个人素质和能力可以通过努力得以发展的信念(Dweck, 2006)。

学习性目标→自我效能→动机自我调节→进步认知→成就收获

图9.4a　学习性目标对动机的影响

相反,表现性目标导向把注意力投入到完成任务上(图9.4b)。这些目标并不强调完成任务的过程及所需要的策略的重要性,也不会增强技能掌握的自我效能(Schunk & Swartz, 1993a, 1993b)。学生在完成任务的过程中不会把现在和以前的行为表现作对比以判断自己是否有所进步。表现性目标促使学生把自己的任务完成情况和他人与对比以判断有无进步。社会比较会导致遇到困难的学生产生较低的能力认知,从而对任务动机产生负面影响(Schunk, 1996)。竞争能够促进学生树立表现性目标(Murayama & Elliot, 2012),这一点不奇怪。以表现性目标为导向的学生持固定心态——关于个人素质和能力比较局限、无法有较大改变的思想(Dweck, 2006)。

表现性目标→任务参与→社会比较→能力评估

图9.4b　表现性目标对动机的影响

研究结果证明了这些观点(Rolland, 2012)。米斯、布鲁门菲尔德和霍伊尔(1988)基于科学课程研究发现强调任务掌握性目标的学生报告自己的认知参与度更高,主要表现为自我调节性活动(如重读不理解的内容)。内在动机(本章后面讨论)与强调学习和理解的目标正相关。

艾略特和德维克(1988)或者一边强调发展能力的学习性目标,或者一边强调能干

表现的表现性目标教学,与此同时他们给予孩子反馈,指出孩子能力的高低。结果表现学习性目标孩子会主动选择挑战性任务并积极运用解决问题策略以此来提高能力,获得高能力反馈的表现性目标孩子会坚持完成任务但同时会避免很容易出错的挑战性任务,而获得低能力反馈的表现性目标孩子会选择简单任务,面对错误采取逃避态度,负面情绪较浓。

申克和赖斯(1989)在阅读理解教学的过程中发现对于阅读技巧欠缺的孩子来说,相比做出优秀表现的一般性目标,过程性目标(如学会使用理解策略)和产出性(表现性)目标(如回答问题)更能促进自我效能;不过,过程性目标和产出性目标的情况并无差别。申克和赖斯(1991)还发现相比过程性目标和产出性目标,把学会运用策略的过程性目标和目标进展反馈相结合的做法更有助于促进自我效能和技能掌握。这两个研究表明对于存在阅读问题的学生,如果没有进展反馈,学习性目标的效力不一定就大于表现性目标。

申克和斯沃茨(1993a, 1993b)给普通班和天才班的孩子规定了学会运用段落写作策略的过程性目标或段落写作的产出性(表现性)目标。有半数过程性目标学生会定期收到关于策略学习进展情况的反馈。申克和斯沃茨发现过程性目标 + 反馈模式是最有效的模式,而相比产出性目标,过程性目标(无论是有反馈还是没有反馈)对成就结果的促进作用更大。

申克(1996)还做过一个针对四年级学生学习分数的研究,他在教学和实践的同时还给学生规定了学习性目标(如学会如何解题)或表现性目标(如解题)。在第一个实验中,每个目标组有半数学生对自己的解题能力给予评价。结果发现有自我评价和没有自我评价的学习性目标和有自我评价的表现性目标相比没有自我评价的表现性目标更能促进自我效能、技能学习动机和任务导向。在第二个实验中,每个目标组的全体学生对自己的技能学习进步情况做出评价。结果发现学习性目标比表现性目标更能促进动机和成就结果。这些发现与申克和厄特门(1999)以大学生为对象的研究结果如出一辙,研究发现当学生接收的目标为过程性(学习性)目标并能评价自己的学习进展情况时,电脑技巧应用的自我效能得以增强。

研究者对掌握性—表现性二分式目标导向的差异做了研究（Elliot，2005；Elliot & McGregor，2001；Elliot & Thrash，2001；Maehr & Zusho，2009）。林宁布林克和平特里奇（2002）提出可以把趋近或回避作为掌握性目标和表现性目标的分类标准，并提出假设：目标产生不同的情感反应。趋近式掌握性目标可以产生积极情感，而回避式掌握性目标和回避式表现性目标可能产生负面情感。他们并没有讨论情感对目标选择和目标结果的作用，但入学动机的情感结果具有重要意义（Meyer & Turner，2002）。穆拉亚玛和艾略特（2012）发现竞争能够促进趋近式表现性目标和回避式表现性目标，这两类目标对成就行为的作用互为相反：前者促进成就行为，后者阻扰成就行为。不过，也有证据表明趋近式表现性目标和回避式表现性目标高度相关（Linnenbrink – Garcia，et al.，2012）。

目标导向在自我调节学习过程中起着非常关键的作用（第十章），因为它们为学习者解释、应对事件提供了一个框架（Dweck & Leggett，1988；Meece，1994）。已经树立并保持高度学习自我效能的学生，其成功预期更高，学习控制认知更强，学习内在兴趣更浓（Covington，1992；Eccles，1983；Harter & Connell，1984）。哈拉克威茨、巴伦、塔乌、卡特尔和艾略特（2000）发现掌握性目标有利于估测大学生的即时性和长期性学科兴趣，而表现性目标有利于估测成绩的高低。当学生们相信只要努力就可以提高能力时会更容易采纳任务性/学习性目标导向（Dweck & Leggett，1988；Meece，1994；Nicholls & Miller，1984）。珀迪、哈蒂和道格拉斯（1996）发现对于澳大利亚和日本学生，把学习理解为一个理解知识的过程能够促进学习策略的运用，而与这种累积式的能力认知不同，持固定心态的学生认为只能在有限范围内提高能力，当能力变得固化时，努力的重要性下降。

成就目标模式还能促进自我调节性学习（Zimmerman & Gleary，2009）。相比做出强调表现性目标的做法，向学生做出强调学习性目标导向的反馈能够促进自我效能、动机、自我调节活动和成就行为（Schunk & Swartz，1993a，1993b）。成就目标影响学生的任务坚持度和努力度（Elliott & Dweck，1988；Stipek & Kowalski，1989）。当能力认知低的表现性目标导向学生开始看到失败的苗头时就会出现表现的严重下滑（Meece，

1994）；但是，对于学习性目标导向的孩子（无论其能力认知高低）和能力认知高的表现性目标导向的孩子不会产生这般结果。艾姆斯和阿切尔（1988）发现，课堂掌握性（学习性）目标导向与学生的学习策略、有效运用和努力归因报告呈正相关。

研究表明成就目标影响学生的学习方式和学习内容（Dweck & Master, 2008）。学习性导向的学生会运用深层处理策略，这些策略能够促进概念理解，要求一定的认知处理（Graham & Golan, 1991；Nolen, 1988, 1996；Pintrich & Garcia, 1991）。而自我导向目标模式与演练和记忆等短期的、表层的处理策略相关（Graham & Golan, 1991；Meece, 1994）。

家庭和学校因素也会影响学习性目标导向对自我调节学习的作用。强调自我提高、发现新信息和学习内容有用的学习情境对学习性目标导向有促进作用（Ames & Archer, 1988；Graham & Golan, 1991；Jagacinski & Nicholls, 1984）。而人际竞争、心智技能测试、规范化评估等做法能够促进表现性目标。默多克和安德曼（2006）发现作弊行为多与表现性目标有关，而以掌握性目标为导向的学生作弊可能性较小。

简而言之，有证据表明，相比表现性目标导向，学习性目标导向更能促进成就动机、信念和技能掌握，虽然表现性目标与成绩相关。我们现在思考一下可以对此做出解释的相关机制。

能力概念认知

德维克及其同事提出目标导向与个人的智力或能力本质认知模式密切相关（Dweck, 1991, 1999, 2006；Dweck & Leggett, 1988；Dweck & Master, 2008；Dweck & Molden, 2005）。德维克（1991, 2006）提出了两种智力或能力理论：实体理论和增量理论。持实体理论（或固定心态）的人认为智力或能力是相对固定的，具有稳定性，不会随着时间和任务情形的变化而变化。努力能够帮助个体达到极限，但努力带来的进步不可能突破极限。困难是障碍，会降低学生的自我效能，导致他们运用无效策略，容易放弃或三心二意。

与之相反，持增量理论（或成长心态）的人把智力或能力大致等同于学习。学生相信智力会因为经验、努力和学习等因素变化提升。智力的上限——如果有的话——足

够高,不会打击个人只要更加发奋努力就可以提高智力的信心。在这里,困难是挑战,如果学生积极努力,持之以恒,运用有效策略,可以有效增强自我效能。

也有例外,持成长(增量)心态的学生可能会坚信学习能够提高自己的整体能力,因此可能会容易以学习性目标为导向。而持固定(实体)心态的学生可能不会以学习性目标为导向,因为他们认为学习并不能提高他们的整体能力水平。这些观点获得了实证研究的证明（Dweck, 1991, 1999, 2006；Dweck & Molden, 2005）。

研究还表明能力、动机和成就结果的概念认知之间有着重要的联系。伍德和班杜拉(1989)让成人受试参与管理性决策,告诉他们决策能力是固定的(反映了他们的基本认知能力)或增量变化的(可以通过实践获得发展)。这些能力认知往往分别与自我导向和任务导向相关联（Dweck & Leggett, 1988；Jagacinski & Nicholls, 1984；Nicholls, 1983）。结果发现增量性决策者保持了高度的自我效能,树立起挑战性目标,有效运用规则,表现更为出色;而实体性受试的自我效能呈现下降趋势。乔登、班杜拉、班尼菲尔德(1991)以大学生为受试的关于运动任务的研究得出了相似的结果。被引导相信行为表现是可习得技能的受试,其自我效能有增强的趋势,而被引导相信行为表现是固有能力反映的受试,其自我效能完全没有增强,技能和兴趣度几乎没有改善,自我反应消极。

内隐理论

建构主义理论(第八章)关注动机的多个层面,包括认知层面和情感层面。很多当代学习和动机理论的一个核心观点,同时也是契合建构主义理念的一个观点是人们对问题——如怎么学习、哪些因素促成学习成就表现、动机如何影响行为表现等——秉持内隐理论。学习和思维发生在学习者认知信念的背景前提下,而学习者的认知信念因为个人、社会和文化因素的作用而有所差异（Greeno, 1989；Moll, 2001）。

研究表明关于学习、思维和能力等的内隐理论影响学生的学习态度、学习表现以及关于课堂内外成功行为影响因素的看法（Duda & Nicholls, 1992；Dweck, 1999, 2006；Dweck & Leggett, 1988；Dweck & Molden, 2005；Nicholls, Cobb, Wood, Yackel, & Patashnick, 1990；Yeager & Dweck, 2012）。前面我们讨论了固定心态和成长心态会

对学生的动机产生不同的影响。还有证据表明内隐理论和心态会影响学习者处理信息的方式(Graham & Golan, 1991)。认为自己有能力掌控学习结果(成长心态)的学生会愿意付出更多心力投入学习,做更多演练,运用组织策略及其他策略以提高学习质量。相反,持固定心态的学生可能不愿意付出同等程度的努力。

　　学生对课堂学习的看法存在差异。尼科尔斯和桑基尔德森(1989)发现小学生认为实际问题类学习(如数学逻辑、自然事实等)比规范性知识类学习(如拼写、加法表示法)更为重要。学生还认为说教式教学模式更适用于规范性内容的教学,而不太适用于逻辑和事实类内容的教学。尼科尔斯、帕塔什尼克和诺能(1985)发现中学生对哪些活动能够促成成功有明确的看法。学习过程中集中注意力于掌握任务的做法与学生所持有的成功取决于学习兴趣、努力程度、理解(与记忆相对)和协作的认知呈正相关。

　　内隐理论可能随着儿童的社会接触而逐渐形成。德韦克(1999)发现3岁半大的儿童身上已然能看到内隐理论的苗头。早期儿童的社会接触对象主要是重要他人,他们从重要他人那里获得关于对错、好坏等的认知。就这样,通过他人的言传身教和自己的观察,儿童慢慢形成了关于是非好坏的内隐理论。在完成成就性任务时,他人的表扬和批评影响他们对成败结果产生原因的认知(如"你很努力,做得很好","你不行")。与其他认知一样,这些认知也是基于不同的情境背景形成,教师和家长会强调促成成就行为的不同因素(努力和能力)。到入学时,儿童已经构建起了广泛的可以覆盖大多数情境的内隐理论。向学习者强调努力、策略运用和他人帮助有助于获得成功能够帮助学习者树立起成长心态(Yeager & Dweck, 2012)。

　　关于内隐理论的研究表明学习不只是建立关于学习内容的记忆网络那么简单。同样重要的还有学生在经验的作用下对概念性理解的提炼、修正、组合和阐述。这些理解受个人信念的支配,其内容包括知识是否有用、与个人的其他知识有何关联、适用于哪些情境等问题的认知。

内在动机

　　内在动机指参与活动的渴望,但这种渴望不是来自于明显的奖励,而在于参与活

动本身（Deci，1975）。内在动机与外在动机——即参与活动以实现某个目的的渴望，参与活动是实现目的的手段——相对。内在动机和外在动机并不是一个统一体的两端；两者之间并不是自然的你高我就低的对应关系（Lepper，Corpus，& Iyengar，2005）。对于任何活动，个体的内在动机和外在动机可以都很高，也可以都很低，还可能出现一个一般另外一个低的情况。

有研究表明学习兴趣与认知处理和成就行为呈正相关（Alexander & Murphy，1998；Schiefele，1996，2009），但这些研究其实低估了内在动机对学习的重要性。本节讨论内在动机，尤其与学习相关的内在动机。

早期观点

内在动机的早期观点认为内在动机是效能动机、掌控动机、失谐和激励机制的反映。

效能动机。在一篇具有理论奠基意义的论文中，怀特(1959)把效能动机定义为：

> 适当性或能力，其同义词有才能、效能、精通度、技能等。因此这是一个合适的用词，可用以描述以下内容：领悟和探索、爬和走、注意和感知、语言和思维、操控和改变环境，所有这些都促成了一个有效的或有能力的与环境的互动。行为具有导向性、选择性和持续性等特点，行为的持续不在于它可以满足原始驱动——事实上只有当行为接近完善时才能实现这一目标，而在于它满足了人的应对环境的内在需求。（pp. 317 – 318）

当幼儿与引起他们关注的环境互动时，他们身上就体现了效能动机。幼儿会伸手抓住一个物体，把它翻转过来，然后再推开，以显示自己对物体的掌控。效能动机在幼儿阶段是无差异的；它针对环境的所有方面。而随着幼儿的成长，动机慢慢变得具体。入学儿童开始展现出对不同学科成就行为的效能动机。

当生物性动机获得满足后，才出现效能动机；效能动机的出现也会促进后续需求的满足。把罐盖打开一开始满足了效能动机，但把罐盖打开以后孩子发现罐子里有饼

干。这个发现可以在以后用到以满足饥饿需求。

掌控动机。效能动机的概念直观上很有吸引力,但其过于笼统,限制了其成因及行为解释效力的探讨空间。如何影响这个整体性的概念从而提高学习动机只能是一个未解之谜。

哈特(1978,1981)试图找出效能动机的前因后果,他创立了掌控动机理论。怀特只对成功感兴趣,而哈特把成功和失败都纳入了研究范畴。此外,哈特还强调了社交媒介和奖励的作用、儿童内化掌握性目标并建立自我奖励系统的过程、效能动机的重要关联因素(如能力和掌控认知)等内容。

掌控动机理论中与成功相关部分的讨论同怀特的观点大致相同。效能动机引发掌握性尝试。怀特认为这种动机是一般无差异的,但哈特对它作了区域化划分(如学校、同伴、教练)。大多数行为与具有最佳挑战性的任务相关,成功带来内在愉悦感和能力、掌控认知,而这些反过来增强效能动机。

同样重要的还有社交媒介。掌握性尝试的积极强化是树立和保持动机的必要条件。这种强化大多来自于主要看护者,最后自我奖励系统得以内化,使得儿童的掌握性尝试获得自我强化。儿童通过观察他人实现掌握性目标,而随着儿童的成长,他们的内化日益完善。研究结果支持这些观点,研究表明来自重视学习机会和活动家庭的儿童表现出更高的学习内在动机(Gottfried,Fleming,& Gottfried,1998)。

当社会环境满足儿童的自然需求时,产生积极结果。不成功的掌握性尝试和无反应环境导致能力认知低下、控制点外向化、产生焦虑情绪等。当儿童日益依赖他人树立目标、确定奖励机制时,效能动机下降。

研究支持掌控动机理论的很多观点。例如,内在动机与能力和内部控制认知正相关(Harter,1981;Harter & Connell,1984)。社会性示范者是掌握性行为和学习的重要来源(Bandura,1986,1997;Schunk,1987)。能力认知与内在动机正相关(Gottfried,1985,1990)。虽然社交媒介很重要,但研究者发现了其他促进掌握性行为发展的途径,包括确立学习目标、提供归因反馈、传授自我调节策略等(Ames,1992a;Pintrich & Schrauben,1992;Schunk,1995;Zimmerman,2000;Zimmerman & Cleary,2009)。不

过,关于掌控动机理论的教学启发——例如,如何通过教学让学生对学习采取内在动机导向——还没有引起足够重视。

失谐和激励。有些研究者提出内在动机反映了人对适量环境刺激的内在需求。亨特(1963)指出探索性行为和好奇心受到内在驱动,源于以前经历和新信息的不一致(失谐)。人们从环境中提取信息,并把它与内部表征相比对。当输入信息和内部知识或预期出现失谐时,人们受到内在驱动对这种失谐状态加以弥合。亨特提出适度的失谐状态是必要的,如果没有适度的失谐,人们会对导致这一状态的情境进行探索,而过多失谐则会带来挫败感,诱发减轻这种挫败感的内驱力。虽然亨特的观点很有直观优势,但也遭到不少非议,如“适度失谐”一说过于模糊,难以判断多大程度的失谐才能激发动机(Deci,1975)。

伯莱恩(1960,1963)提出了相似的假设,认为适度的生理性失谐(对神经系统的刺激)是必要的。如果失谐值过低,人们会受到内在驱动抬高这个值;而当失谐值过高,人们也会受到驱动降低这个值。伯莱恩的“激励潜力”可理解为是一个与亨特的心理性失谐大致相当的概念,只不过它强调的是生理性失谐。新奇性、模糊性、不一致性等刺激属性影响激励机制,激励人们对物体做出探索。

激励和失谐等概念具有直观合理性,但适度激励或失谐等说法过于模糊,难以判断需要达到一个怎样的度才能刺激动机作用。从实际角度来说,我们知道新奇性能够提升学生的兴趣,但怎样的一个度算是适度? 过多会导致挫败感,会让学生产生逃避心理,引起学习兴趣下降。

掌控认知

内在动机认知理论无一例外认为任务参与和结果的掌控认知是一个重要的影响因素(Schunk & Zimmerman,2006)。掌控认知还是习得性无助信念体系——一个关于动机相关行为的心理学理论——的核心内容。

控制信念。人们可能会觉得自己对多数情境有着或多或少的控制力。班杜拉(1986;第四章)把自我效能和结果预期作了区分;前者指学习或行为能力认知,后者是指行为结果认知。掌控认知(或能动性)对两者都具有重要意义。认为自己能够掌控

学习和行为以及行为结果的人能动性较强,相比那些对能力和行为结果掌控感小的个体,他们更愿意主动开始并保持目的导向性行为。

斯金纳、威尔鲍姆和康奈尔(1990)区分了三种形式的有利于形成掌控认知的信念。策略信念指对影响成功因素的预期(如能力、努力、他人、运气、未知因素等)。能力信念指能力、努力、他人、运气等个人能力。例如,"对我来说,获得高分的最好办法就是用功读书"是策略信念;"我不能让自己看起来太过用功"是能力信念。控制信念是在不涉及具体手段的前提下对学校优异表现可能性的预期(如"只要我想就可以有好的在校表现")。

斯金纳等人(1990)的研究表明这三大信念通过增强或减弱学习参与积极性影响学习表现,教师通过应变(清晰连贯的指导意见和反馈)和涉入(对资源感兴趣并把资源奉献给学生)。

还有证据表明,当人们认为自己有能力控制环境时,对厌恶性刺激的容忍度上升,行为水平提高。在早期研究中,格拉斯和辛恩格(1972)让成人在完成任务的过程中定时听到响亮烦人的噪声。无控制组受试不能控制噪声,实验人员告诉直接控制组受试他们只要按下按钮噪声就会停止,但建议他们不到万不得已不要按下按钮。还有一组受试是间接控制组,实验人员告诉他们按下按钮会发出信号,到时有人会停止噪声;但同样建议他们不到万不得已不要这么做。研究结果发现控制认知(直接或间接)组受试的坚持时间和错误率都要比无控制认知组受试表现出色得多。相比无控制认知组受试,控制认知组受试觉得噪声没有那么令人讨厌。这些结果表明有能动性或控制感的学生能够更好地应对困难,并最终获得成功。

习得性无助。习得性无助是一种因曾经经历的不可控性而产生动机、认知活动和情感等方面障碍的心理状态(Maier & Seligman, 1976; Peterson, 2000; Seligman, 1975, 1991)。习得性无助是一种心理现象,它强调控制认知的重要性,对内在动机有重要启发。习得性无助源于反应和结果相互独立的认知。

无助感是在实验室研究中被发现的,实验中的狗在遭受无法逃脱的打击后被送到另外一个地方,在那里它们只要跳过一个障碍物就可以不再受到打击。但先前的打击

经历让小狗形成了条件反射:它们在新的环境中几乎没有做出任何逃脱打击的尝试,而是被动地承受打击。但那些先前没有遭受过无法逃脱打击的狗则很容易就学会了逃脱打击。

无助的一个表现是被动。当人们认为自己无力控制环境时,会什么都不做。无助感还会阻碍学习。人和动物如果暴露在不可控环境中会永远无法学会适应性反应或其学会适应性反应的速度要落后于没有暴露在不可控环境中的人和动物。先前的不可控环境可能一开始会让人做出积极反应力图扭转,但慢慢地行为的力度会越来越弱。无助感会破坏很大程度上取决于控制认知的内在动机。

塞利格曼最开始提出的习得性无助理论后来加入了归因理论进行了重新建构(Abramson, Seligman, & Teasdale, 1978)。新的理论模式提出结果解释(归因)影响未来结果以及结果反应预期。解释围绕三个层面展开:稳定—不稳定、全局—具体、内部—外部。把负面结果归因于稳定因素的人(如"我做什么事总会迟到"),相比把负面结果归因于不稳定因素的人(如"天气不好的时候我会迟到")更有可能对未来持消极态度,预期有不利的事情发生。原因因素可以影响生活的很多方面(全局),也可以只影响一个方面(具体)。学生们可能会认为自己缺乏能力,所有学科都学不好,也可能会认为自己只有一门学科学不好。全局性归因更可能产生无助感。负面结果的原因可以是个人内部原因(智商低),也可以是外部原因(测试不公平)。内部归因更容易产生无助感。整体而言,较易产生无助感的人是那些对负面结果做出内部性、全局性和稳定性归因的人(如"我的学习表现很差,因为我不是很聪明")。

很多有学习障碍的学生身上都表现出习得性无助和内在动机低等特点,消极信念与糟糕的学习表现不断地交互作用,形成一个恶性循环(Licht & Kistner, 1986)。因为种种原因,学生失败后开始怀疑自己的学习能力,觉得学习成功是不可控的。这些信念让他们产生挫败感,学会了轻易放弃。而不努力、不坚持又会带来失败的后果,从而进一步强化了他们的消极信念。最后,学生把自己的成功归因为外部原因;例如,任务很简单,自己运动好,因为有教师的帮助等,而把失败归因于自己能力低下,是一个内部的、全局的、稳定的归因,对自我效能、动机和成就行为产生负面影响(Nolen - Hoeks-

ema, Girgus, & Seligman, 1986)。在开头小剧场中,玛格丽特可能就是一个习得性无助的受害者。

与常规的学习者相比,有学习障碍的学生对成功预期低,认为自己能力不强,把能力欠缺视为失败行为的原因(Chapman, 1988;Harris, Graham, & Mason, 2006;Palmer, Drummond, Tollison, & Zinkgraff, 1982)。这类学生往往不会把失败归因为努力程度不够(Pearl, Bryan, & Donohue, 1980)。他们遇到困难时很容易就会放弃,把自己的成败归因为不可控因素,结果控制认知低(Licht & Kistner, 1986)。

德韦克把习得性无助和成就动机理论相结合(Dweck, 1986, 1999;Dweck & Leggett, 1988)。无助学生往往表现出自我介入,他们的学习目标就是完成任务,避免他人对自己的能力做出负面评价。他们往往持固定心态,认为智力是一个稳定属性(Dweck, 2006)。他们不愿接受挑战,在面对困难时不会坚持,能力认知低,甚至很多人在完成任务时会有很重的焦虑感(Diener & Dweck, 1978)。与此相反,掌握性导向的学生更有可能持成长心态,表现出任务投入的成就行为模式。他们认为智力是可以提高的,他们的目标是通过学习提高自己的能力。他们对自己的学习能力认知高,有强大的内在动机去学习和寻求挑战,面对困难任务时有坚持下去的恒心和毅力。

有效的教学环境能够帮助有学习障碍的学生规避或克服这种恶性循环(Friedman & Medway, 1987)。归因反馈能够改变学生的适应不良性成就信念和行为。此外,教师需要给学生布置他们能够完成的任务,并给予突显他们进步的反馈(Schunk, 1995;Stipek, 2002)。斯蒂佩科和科瓦尔斯基(1989)发现对不重视努力重要性的孩子采用教学任务策略能够提高他们的学习表现。

自主决定

德西及其同仁(Deci, 1980;Deci & Moller, 2005;Deci & Ryan, 1991;Grolnick, Gurland, Jacob, & Decourcey, 2002;Reeve, Deci, & Ryan, 2004;Ryan, Connell, & Deci, 1985;Ryan & Deci, 2000, 2009)提出内在动机是人的内在需求,源于婴儿时期,是对能力和自主决定——"利用个人意志的过程"的无差异化需求(Deci, 1980, p. 26)。随着儿童的成长,内在动机变得差异化,涉及具体领域(运动、学习),在此过程中,环境

因素影响差异化导向。

自主决定理论提出内在动机受三个基本的内在心理性需求影响：能力、自主性和关联性。能力需求与怀特（1959）的环境掌握需求（效能动机）相类似。人们有感觉自己能力出众、能够与他人、任务和活动以及更大范围的社会环境成功互动的需求。自主需求指环境互动过程中的控制感和能动感（Ryan & Deci，2000），这与内部控制点的概念相类似。关联性指归属团体的需求，也被称为归属需求。

内在动机是"人在与环境互动关系中感觉自己有能力、可以实现自主决定的需求"（Deci，1980，p. 27）。内在动机需求会激活人的意志，人的这种意志借助内在动机提供的能量满足需求、解决与竞争性需求的冲突、或抑制需求。当个体按自我意志行事时，内在动机获得满足。这是一个受到内在驱动的自主决定的过程，而不是表现行为背后的潜在需求。一个人可能有学习的内在需求，可以表现为读书、浏览网页等。当他/她决定读哪些书、浏览哪些网页以及什么时候读书和浏览网页时，内在动机获得满足，虽然真正的阅读和浏览可能会带来进一步的满足。

这种自主决定观点强调社会价值和道德观念的内化。社会包含很多无法满足儿童自主决定需求的外部奖励和控制，但这些外部奖励和控制可能会带来良好的行为表现和社会机能。随着儿童的成长，这些外部动力可以变成儿童自我调节体系的一个内化组成部分（第十章）。

动机是一个统一体：内在动机和外在动机位于两端，中间是最初受到外部驱动但变得内化且现在可以自主决定的行为。例如，学生们可能想逃避一些学习任务，但他们还是本份地完成任务以赢得奖励，逃开教师的惩罚。随着技能的发展和学生们相信自己的能力有所提高，他们会对学习产生控制感和自主决定感。

德西的理论观点很发人深思，引发了大量研究，同时对教育实践也有重要启发，因为它强调了自主决定在学习中的重要作用。德西的理论中有些内容阐述不够清晰，但研究者们正在开展研究以对这些观点做出验证（Reeve，et al.，2004）。

奖励和内在动机

内在动机还有一个理论模式，是由莱帕和霍德尔（1989）提出的，他们提出了四个

内在动机源:挑战、好奇心、控制和幻想。本章前面的讨论全部支持前三个内在动机源的重要性。幻想(如角色扮演、模拟)同样能够促进内在动机。

我们一般认为内在动机都呈现出增强的态势,但事实上内在动机也会减弱。研究表明参与具有内在趣味性的活动以获得外部奖励会破坏内在动机(Deci, Koestner, & Ryan, 1999, 2001; Lepper, Corpus, & Iyengar, 2005; Lepper, Henderlong, & Gingras, 1999)。这一发现对于以奖励为重的教学实践有重要启发。

当受到内在驱动时,人们出于内在原因参与活动。奖励来自于任务的完成情况;任务既是手段,也是结果。内在动机的奖励可以是能力和控制感、自我满足感、任务成功、因任务表现而生出的自豪感等。

西卡森特米哈伊(1975)对内在动机性活动的参与情况进行了研究,发现受试的表现呈现出全心投入或流动的趋势。流动是一个个人化的过程,是突生性动机作用的结果,这种动机是人在与环境的互动过程中因发现了新的目标和奖励而生成的动机(Csikszentmihalyi & Rathunde, 1993; Meyer & Turner, 2002)。

外在动机指出于外部原因参与活动。这个活动是实现某种结果的手段,包括物体、分数、反馈或表扬、能够参与另一项活动等。如果学生希望学习表现出色主要是为了让父母高兴、赢得高分或获得教师的肯定,那他们就是受到了外部动机的驱动。

我们参与活动大多是内部原因和外部原因共同作用的结果。很多学生想要获得学习效能感和体验因工做出色而滋生的自豪感等,但他们同时可能也想要获得教师的肯定和好的分数。奖励并不天然就是外在动机因素。德西(1975)认为奖励有信息性和控制性两个方面。奖励体系最初可能基于两个目的:传递关于个人能力的信息或者控制某人的行为,这两者(信息或控制)中相对突出的那个方面影响后续行为。如果突出的是提示成功表现的信息方面,则应该能促进效能感的生成,而如果突出的是控制方面,则会使得奖励认知成为引发行为的原因。

例如,假设在课堂奖励体系中,学生完成的任务越多,获得的分数就越多。虽然学生参与任务的目的是赢取分数(因为分数可以用来兑换特权福利),但分数会传递给他们关于自己能力的信息:赢取的分数越多,他们的能力越强。但是如果教师给予分数

仅仅是为了让学生打发时间,而对学习或输出结果毫不在意,那任务就会被主要当成是达到目的的一个手段。这时分数与能力毫无关系;学生们更有可能把奖励当成是控制他们任务参与的手段。因此,单单因为学生完成某项任务就给予可预期的有形奖励会降低内在动机(Cameron & Pierce,1994,2002)。

莱帕(1983;Lepper et al.,1999)提出奖励认知影响学生的内在动机;即动机主要是个人参与任务认知的结果。当外部条件变得显著清晰、足以解释行为时,个体把自己的行为归因于这些外部条件。如果外部条件被认为不够显著清晰或心理上不足以对行为做出解释,人们更有可能把自己的行为归因于他们的渴望或个性特征。

有一个经典实验(Lepper,Greene, & Nisbett,1973),实验先对学龄前儿童在自由游戏时段的表现作了观察,然后选出了那些花很多时间在画画上的儿童作为研究对象,把他们分成了三组。对预料获奖组的儿童,每当他们画完一幅画,就给他们颁发一张表现优异的证书。未预料获奖组的儿童,他们不知道自己可以获得证书,他们画完一幅画后意外地获得证书。无奖组的儿童不知道自己可以获得证书,也没有因为画画表现而获得证书。两周后,再次观察这些孩子在自由游戏时间段的表现。结果发现预料获奖组的儿童在实验后花在画画上的时间要比实验前花在画画上的时间短得多,而另两组儿童没有显著变化。另外,预料获奖组的儿童花在画画上的时间要少于另两组儿童。这表明重要的不是奖励本身,而是奖励的依附意义。

莱帕等人(1973)提出了过度合理化假设:在活动明显成为实现目的手段(奖励)的前提下参与具有内在趣味性的活动会降低以后对同一活动的兴趣。过度合理化假设已经获得实验性研究结果的支持,这些研究涉及不同的任务,其受试涵盖各个年龄段(Lepper, et al.,1999;Lepper & Hodell,1989)。

奖励对行为表现的作用并不全是负面的。当奖励与个人的实际表现相关联,而且传递出个人正在进步的信息时,能够帮助学习者发展技能、树立自我效能、培养兴趣。相比仅仅因为参与任务就给予奖励或不给予奖励的做法,根据孩子完成的学习任务量给予奖励能够增强他们的自我效能和动机,促进技能掌握(Schunk,1983e)。班杜拉和申克曾经做过一个减法教学项目研究,他们发现高自我效能与学生后来在解决算术题

上所表现出的内在兴趣正相关。

因此,当奖励传递出个人学有所获的信息时,能够增强自我效能和内在动机。作为奖励的一种表现形式,分数的作用机制同是如此。分数提高表明个人的学科表现有所改善,从而会促进继续学习的自我效能和动机。不过,有研究表明儿童学习的内在动机随着成长呈下降趋势(Lepper, Sethi, Dialdin, & Drake, 1997),虽然也有研究表明兴趣和自我效能在中小学生身上呈现正相关的态势(Tracey, 2002)。实际应用 9.6 介绍了增强保持内在动机的若干方法。

实际应用 9.6

内在动机

内在动机包括控制和能力认知。个体通过掌控困难处境发展能力认知。如果小学教师想帮助学习迟缓者在规定时间内完成布置任务,可以先以奖励(外在动机)的方式开始,然后注意培养学生完成任务的自豪感(内在动机)。最开始的时候,教师对学生完成量有所增加的情况给予奖励,具体奖励方式可以是上网时间、口头表扬、给家长的留言条等。慢慢地教师可以间歇性地给予奖励,然后逐步减少奖励的频率,以让学生把关注焦点落到任务表现上。能够在合适时间段内完成任务向学生传递了关于自己能力和环境控制力的相关信息。当因成功完成任务而滋生的自豪感成为奖励内容时,学生们会受到内在驱动继续完成新的学习任务。

激励中学生和大学生好好学习的主要动机是高分(外在动力)。教师和教授可以尝试让学生明白讲课内容和外部现实世界之间的关联性,并把学生的学习表现和他们能够在外部世界取得成功的能力相挂钩。教师可以激励学生为了学习和能够更好迎接未来挑战(内在动力)而学习,让学生知道化学、物理和生物等学科并不是他们在人工实验室里学习的枯燥乏味的学科,它们与我们的衣食、言行和日常生活息息相关。教师教育课程可以组织实地考察(实习),让学生有机会观察教学和学习原则在实际教

学中的应用。学习价值认知的提升有助于增强学生学习的内在动机。

兴趣和情感

兴趣指对某一活动行为的喜爱和意识性参与（Schraw & Lehman，2001）。情感是一个广义的表述，既包括一般情绪，也包括具体感受（Forgas，2000）。学生的兴趣和情感与动机和学习密切相关，有不同的作用方式。

个人兴趣和情境兴趣

研究者通常把兴趣分为个人兴趣和情境兴趣。个人兴趣是个人的相对稳定的属性或特征，而情境兴趣是对任务或活动短时感兴趣的心理状态（Krapp，Hidi，& Renninger，1992；Schiefele，2009）。虽然两种兴趣都以任务或活动为目标，但比起情境兴趣，个人兴趣更加分散且有持续性。因此，一名学生对舞蹈产生个人兴趣，而另一名学生会对一堂舞蹈课或一项舞蹈活动产生情境兴趣。

兴趣与动机密切相关。对活动有兴趣的学生会更有动力参与活动并有坚持的恒心和毅力（Schunk，et al.，2014）。大学生对课程内容的初始兴趣能够有效预测若干学期以后他们掌握性目标的进展情况和兴趣的持续度（Harackiewicz，Durik，Barron，Linnenbrink – Garcia，& Tauer，2008）。

兴趣还能够促进学习。研究者发现个人兴趣和情境兴趣都与注意力、记忆、理解、深层认知处理和成就行为等学习行为正相关（Hidi，2000；Hidi & Harackiewicz，2000；Trautwein，Lüdtke，Marsh，Köller，& Baumert，2006）。这个结论甚至在学龄前儿童身上就有所体现，我们可以从他们对活动的兴趣度有效预测出以后他们对这些活动的注意投入、识别和记忆等情况（Renninger & Wozniak，1985）。

虽然幼儿也有个人兴趣，但这些个人兴趣可能是从最初的情境兴趣发展而来。希迪和雷宁格（2006）提出了一个关于兴趣发展的四阶段理论模式：诱发情境兴趣、维系情境兴趣、萌发个人兴趣、发展个人兴趣。这一理论模式表明教师应该努力挖掘教学内容或教学话题的情境兴趣，慢慢地这种情境兴趣会发展为个人兴趣。教师可能通过

设计有趣的活动、把教学内容和实际应用相联系、注意教学技术手段的多样化等措施来达到这一目的。创造情境兴趣比试图培养所有学生的个人兴趣并在规划单元教学时满足不同的个人兴趣要简单得多（Hidi & Harackiewicz, 2000）。

创造情境兴趣和维系情境兴趣之间也存在差异。米切尔（1993）发现关于中学的数学课,小组任务、智力游戏和电脑技术等手段能够有效激发学生兴趣,但不一定能维系兴趣。情境兴趣需要通过意义化活动和学生积极参与学习任务才能得以维系。兴趣的维系是情境兴趣发展为个人兴趣的必要条件。

情绪

情感由心情和情绪组成。心情是指没有明显诱因、较少含有认知内容的情感状态,具有强度低、分散和持续性强等特点。情绪是一种历时较短、比较强烈的情感现象,往往有明显的诱因（Forgas, 2000）。因此,我们可以说杰克的心情很好或很不好,或者杰克的物理考试得了 D,情绪不佳。

佩克朗（1992）提出了成就相关情绪的划分,这类情绪与动机息息相关。情绪可以分为积极情绪（如自豪感）和消极情绪（如失望）。这两种情绪状态都可以出现在完成任务的过程中（过程相关;如喜悦或无聊）,可以是前瞻性的（向前看,如希望或焦虑）,也可以是后瞻性的（向后看,如放松或悲伤）。

佩克朗（1992）还提出情绪能够影响内在动机。积极情绪——如在任务过程中感到愉悦或预期能带来愉悦——能够增强学生的内在动机,而负面情绪（如无聊）则会降低内在动机。有研究结果支持这些假设（Schunk, et al. , 2014）。这些假设观点对于学习的启发在于教师可以通过营造和维持积极情绪氛围增强学生的内在动机,提高他们的任务参与和学习参与度（Rolland, 2012）。研究表明五、六年级学生的成就行为可以通过课堂情绪氛围做出推测,这一关系受到学生学习参与度的影响（Reyes, Brackett, Rivers, White, & Salovey, 2012）。

引发教育工作者广泛兴趣的一个话题是考试焦虑。考试焦虑是个体对评估性情境的一种正常反应。当考试焦虑过深,影响学生的思维和行为表现时,就成为一个问题（Zeidner, 1998）。

大量研究表明考试焦虑对学习和成就行为有负面影响(Zeidner, 1998)。这一点不奇怪。焦虑情绪会影响注意力,因为消极想法可能会分散学生的注意力,使他们无法专注于学习。考试焦虑度高的学生之所以会这样,部分原因可能也在于他们的学习和考试策略不当。他们没有认真学习,也不知道为什么要参加考试。因此,他们的焦虑情绪导致考试结果不理想,从而使问题变得更加严重。这类学生往往会陷入恶性循环:不当策略造成表现不佳,表现不佳又会带来更大的焦虑,导致他们继续沿用不当策略、表现不佳。

因此,教师应该降低对考试的重视度,这有助于减轻学生的焦虑情绪。教师还可以告诉学生有效的学习和考试策略,中学和大学一般会开设学习技能课程,会包括这些内容。当学生在学习过程中或因为考试产生焦虑时,教师还可以教学生一些放松技巧(如呼吸运动),这也被证明是有效措施(Zeidner, 1998)。

教学应用

本章所讨论的内容可以衍生广泛的教学应用。与学习密切相关的三大应用为:成就动机训练、归因矫正项目和目标导向。

成就动机训练

成就动机训练的目的是让学生形成成就动机高学习者所具有的思想和行为机制(de Charms, 1968, 1984)。德·查姆斯(1976)先对教师进行预备训练,然后教师辅导学生,帮助学生树立起对自己学习结果负责的个人责任机制。

教师预备训练包括学习动机的自我研究、现实目标确立、目标实现具体方案规划、目标进展评估等内容。学生动机与学习内容紧密结合。课堂活动包括学习目标的自我研究、成就动机思考、自我概念发展、现实目标设立、个人责任机制确立等内容。例如,在以目标设立教学为目的的拼写活动中,学生可以选择拼写简单词汇,还是中等难度词汇,还是高难度词汇。关于个人责任机制教学,教师让学生写一个关于自己成就行为的小故事,然后组织课堂评比。结果表明这些做法能够有效增强教师和学生的动机,阻断学习表现较差学生与同伴差距日益扩大的趋势,学生旷课和迟到的现象也有所好转。

　　需要注意的是必须把成就动机教学和学习内容有机联系,而不要把成就动机教学作为附加的特殊内容学习。后面这种做法有很大风险,表现在学生可能无法理解如何把成就动机原则应用于其他学习内容。

　　阿尔德曼(1985,1999)提出了几个成就动机教学的相关要素。其中一个要素是让教师辅导学生设立现实目标并就学生的目标进展情况给予反馈。另一个要素是关于审视个人的学习目标、建立个人责任机制的自我研究。有一系列问题可以帮助学生审视自己对任务和目标的看法(如学习 vs. 取悦他人)。归因训练(下面讨论)也是一个相关要素。个人责任机制教学的一个途径是帮助学生树立起努力决定结果的意识,不要在他们失败或把自己的成功归因于运气时加以指责。随着学生的成功经历,他们继续学习的自我效能会得到增强,对学习的控制更强。

　　阿尔德曼(1985)在高中女生体育课上将这些理念付诸实施。上课第一天,学生们对自己的健康、体能状况、不同活动的能力和兴趣等问题做了自我评估,并确立了体能训练目标。她们每周完成不同活动项目的自我测试(如有氧运动、灵活性、力量和姿态)。到第一个评分周期结束时,学生们确立期末考试目标。她们可以通过不同的训练方式完成有氧目标(跑步、走路、跳绳)。教师会与学生一一交流,以评估她们的目标是否现实,如果目标不现实,提出修改建议。学生们制订训练计划,每周至少训练 3次,训练时间为 9 周,并对训练情况作记录。期末考试结束后,学生们再对自己的进步情况作自我评估。阿尔德曼指出:"对教师来说,学生们最后的自我评估中最令人感触的评论是:'我学会了确立目标,然后努力去实现目标。'"(p.51)

归因矫正项目

　　归因矫正项目的目的是通过改变学生的成败归因信念增强他们的动机。学生在学习新的内容时往往会感觉有困难。有些学习者把这些问题归因为自己能力弱(如开头小剧场中的玛格丽特)。如果学生认为自己不具备成功表现所必需的能力,对待任务的态度就不会很积极,从而阻碍他们的技能发展。研究者找出抱有这种归因信念的学生,然后训练他们把失败归因于可控因素(如努力程度低、策略运用不当),而非能力弱。努力是研究者特别关注的一个归因:认为自己之所以失败很大程度上是因为能力

低下的学生可能不会愿意付出很多努力以争取成功。因为努力是个人可以控制的因素,因此让学生相信先前的困难是自己不够努力的结果能够促使他们更加认真努力,期望这会带来良好的结果(实际应用9.7)。

实际应用9.7

归因反馈

把学生的成功归因为努力有助于促进学生的成就预期和行为,但反馈必须真实可信。当学生做乘法难题遇到困难时,教师可以引用以往学生的成功举例,并给出归因反馈,以帮助学生树立学习信心。如果学生已经掌握了加法和乘法的概念和运算规则,教师可以说:"我知道这些新题看上去很难,但你可以做出来的,因为所有的知识点你都已经掌握了。你只需要用心想一想,就可以了。"

学生解题的时候,教师可以不时插入一些类似的评论:

■ "你做得很棒。你完成第一步了。我现在相信乘法口诀你已经全部掌握了。继续加油!"

■ "哇!看哪!你做得好快。你知道你可以的,因为你一直都很用功。"

■ "你做出来!你做对了,因为你用心去做了。"

护理课教师应该就未来护士们的临床操作和与病人有效沟通等方面做出积极准确的反馈。例如,当学生画出验血流程图后,教师可以说:

■ "我很高兴你对血液的处理完全正确,遵循了安全流程。你知道怎么做。"

■ "你开始前向病人解释流程,做得非常好。你很擅长向他人做出解释!"

■ "你镇定自若地完成了整个流程,还面带微笑。你很有做护士的天赋。"

这些话反映了对学生能力的积极归因反馈,能够增强学生后续学习的自我效能和动机。

德韦克在早期研究中找了成功期望低、成就行为因为经历失败而愈趋糟糕（如努力程度低、缺乏毅力）的学生作为受试。德韦克让受试孩子做算术题（有些题目不可解）以评估他们在经历失败后的表现倒退程度。孩子们大多把失败归因于能力弱。在训练过程中，孩子们每次做题都会设定一个标准值。对部分（唯成功组）孩子，他们的标准值与他们在预备测试中所体现出的能力水平相当或略低。对归因再培训组的孩子，他们的做题标准值大多数时候也与能力相当或略低，但有时高于能力水平。这些孩子做题失败时，会被告知他们努力程度不够。在后续测试中，唯成功组孩子的失败后表现持续倒退，而归因再培训组的孩子情况相比要好一些。唯成功组孩子仍一心觉得自己能力低；归因再培训组的孩子开始认为努力程度低是造成失败的主要原因。

德韦克没有对自我效能或成功预期做出评估，所以结果预期归因的效果无法确定。不过有研究表明学生学会把失败归因于努力程度低能够增强努力归因、预期和成就行为（Horner & Gaither, 2004；Robertson, 2000；Schunk, 2008）。

把学生的成功归因于努力的反馈还能够促进成就预期和行为（Schunk, 1982a；Schunk & Cox, 1986；Schunk & Rice, 1986）。在减法教学研究中，申克（1982a）发现相比把孩子们今后的成就行为与努力相联系（如"你需要努力一点"）或不做出努力反馈，把孩子们先前的成就行为和努力相联系（如"你一直都很努力"）能够促进任务动机、能力认知和技能掌握。为了让努力反馈见效，学生们必须相信反馈是真实可信的。当学生们真的只要付出努力就能取得成功时——就像在学习的早期阶段，反馈就是真实可信的。开头小剧场中凯里教师向德里克、艾米和马特都给予了努力反馈。

努力反馈对有学习障碍的学生特别有效。申克和寇克斯（1986）以有学习障碍的中学生为受试，研究中受试学生接受减法培训，并做相关练习。有些学生在培训前半段获得努力反馈（"你一直都很用功"），有些学生在后半段获得努力反馈，还有学生全程没有获得努力反馈。结果发现不管是前半段还是后半段给予反馈，相比不给予反馈，这两种情形都促进了学生的自我效能、动机和技能掌握。前半段反馈还增强了学生对成功的努力归因信念。对于存在学习障碍的学生来说，不管是对以前还是以后成

功行为的努力反馈都是真实可信的。

归因偏好随着人的成长而变化（Sigelman，2012）。幼儿把成功归因为努力，但到了 8 岁的时候他们开始形成区别性的能力认知，这一过程会一直持续到 12 岁（Nicholls，1978，1979；Nicholls & Miller，1984）。能力归因变得日益重要，而努力归因的影响力呈现弱化趋势（Harari & Covington，1981）。在算术教学和实践研究项目中，申克（1983a）发现，把孩子先前的成功归因为能力（如"你的能力很强"），相比做出努力反馈或能力＋努力（联合）反馈更能促进学生的能力和技能认知。获得努力反馈或能力＋努力反馈的孩子会比获得能力反馈的学生更加看重努力因素，从而弱化能力的影响。采用相似研究方法的后续研究（Schunk，1984b）发现不管在学习后期阶段是否继续给予能力反馈，在学习早期阶段对学生的成功行为做出能力反馈相比早期努力反馈更能促成成就行为。

课堂活动组织也能传递归因信息（Ames，1992a，1992b；见第十一章）。竞争分数和其他奖励的学生更有可能互相比较能力。在竞争环境中取得成功的学生更有可能把成功归因为能力；失败的学生会认为自己之所以会失败是因为欠缺成功所必需的能力。这些会引发自我投入动机状态。学生开始问自己："我聪明吗？"（Ames，1985）。

另一方面，合作性或个人主义奖励机制会最大程度地缩小能力差距。合作机制强调每位学生的努力，每位学生都需要完成任务的某个方面并在这个方面对小组成员负有引导之责，并且小组因为集体表现而获得奖励。而在个人主义奖励机制中，学生对比自己当前的表现和先前的表现。个人主义奖励机制的学生把关注焦点落在努力（"我足够努力了吗？"）以及促进成就行为的学习策略（"我怎样才能做到"）上。

目标导向

目标理论和研究提出了若干建议帮助教师培养学生的成效性学习目标导向。教师可以帮助学生纠正关于自己能力有限或者努力是增强动机有效手段的信念。如果学生的进步反馈能够告知他们的技能有了多大程度的提高（即他们掌握了多少学习内容），再加上有信息表明他们的努力对学习的帮助，就可以帮助学生树立起成长心态，增进自我效能，激励学生进一步完善技能。

　　另外一个建议是可以设计更多合作性学生活动。杜达和尼科尔斯(1992)发现无论是体育运动还是学校作业,任务导向(成长心态模式)都与高中生的成功取决于努力和同伴合作的信念息息相关,而自我导向(固定心态模式)则与成功源于能力高和试图超越他人的心态相关。目标导向和成功信念与能力认知没有必然联系。能力认知与满足感密切相关,这在体育运动和学校作业领域都有所体现,但前者比后者明显;目标导向情况相反。

　　可以通过帮助学生确立学习目标树立学习目标导向。教师可以强调掌握技能、学习新策略、思考解决问题方法等内容,而无视完成任务、比其他同学更快完成作业、做完检查等目标。作业也是一种学习;当学生练习技能时,教师可以强调为什么要练习(如延迟遗忘),告诉学生熟练表现表明已经掌握了技巧(即技能掌握模式中的练习重塑)。实际应用9.8给出了关于慢慢向学生灌输任务导向、能力增长信念和学习目标焦点的若干建议。

实际应用9.8

目标导向

　　在课堂教学中灌输学习目标导向能够培养学生的自我效能,促进学习。卡太诺女士是一名小学教师,她要给孩子们讲乘法,她可以在开头对孩子们说:"同学们,今天我们要学习数的累加,这可以让你们成为更棒的数学生。"然后她可以强调技能的掌握("通过今天的学习,你们会知道怎样把数相累加")、新策略的学习("我们会用到这些操作来帮我们找到不同的把数累加相乘的方法")、解决问题方法的思考("我希望所有人都能积极开动脑筋,看看有哪些数字累加结果为20")。很重要的一点是要强调这些目标,而不要强调完成任务和比他人先完成等目标。

　　大组、小组或两人合作解决问题有助于减少竞争压力,促使学生把注意力更多投入学习而非放在竞争任务上。教师在给法律系学生上课时可以让他们两人一组,一起

找出儿童虐待案例,可以用以下的话鼓励他们——"我希望你们认真学习怎么样调查案例。我希望你们能够起草一份中肯扼要、直截了当的开庭词。"这些话能够让学生的注意力落在手头任务的目标上;学生可以对着这些话评估自己的学习进展。

小结

动机是诱发、维系目标性行为的过程。早期的动机理论有内驱力理论、条件作用理论、认知一致性理论和人文主义理论。这些理论无不增进了我们对动机的理解,但无一能够对人类动机行为做出令人满意的解释。当代理论认为动机是人的认知过程的反映,虽然这些理论对不同认知的重要性观点不一。动机学习理论模式认为动机贯穿于整个学习过程,包括学习前、学习中和学习后。

成就动机理论提出,成就需求是促使个体在成就背景中竭尽所能的一般性动机。成就行为表示了渴望成功和害怕失败之间的情感冲突。当代成就动机理论强调学习者的成功预期及其对学习价值或重要性的认知。自我价值理论认为成就行为是学生努力保护关于自己和他人高能力认知的结果。还有研究者侧重任务投入和自我投入等动机状态。

归因理论融合了罗特的控制点理论和海德的朴素行为分析理论中的众多内容。韦纳的归因理论是一种涉及成就背景的理论,从三个层面对归因进行了分组:内部—外部、稳定—不稳定、可控—不可控。归因是一个重要概念,它们影响成就信念、情绪和行为。

社会认知过程理论的核心内容有目标和预期、社会比较和自我概念。人们确立目标并按他们认为有助于实现目标的方式行事。人们对照目标比较自己的行为表现,发现有所进步,获得自己可以有所提高的自我效能感。动机的形成在于相信自己的行为能够实现目标结果(积极的结果预期),相信自己可以学会或做出行为(高自我效能)。与他人的社会比较是一个重要的形成结果和效能预期的信息渠道。研究表明自我概念具有层次性,涵盖不同层面,是一个自我认知从具体到抽象的发展过程。自我概念

和学习互相影响。

目标导向是学生参与任务的因由。学习者的目标导向可以是学习性(掌握性)的,也可以是表现性(侧重能力)的。学习性目标更加侧重技能和学习所需能力,当学生意识到自己的进步时,他们的自我效能和动机得到增强。表现性目标可能不会对进步有同等关注,但会促成社会比较,从而增强动机。目标导向与反映实体(固定心态模式)或增量(成长心态模式)的能力认知密切相关。

内在驱动行为本身即是目的,而外在驱动行为是实现目的的手段。研究者提出幼儿有理解和控制环境的内在动机,随着他们的成长和学习,这种内在动机变得越来越具体化。哈特的理论强调了社交媒介和能力认知的重要作用。还有理论提出内在动机取决于适度水平的心理或生理失谐需求。很多理论认为人有控制生活重要方面的渴望。当人们认识到反应和结果之间不存在依存关系时,会产生习得性无助现象,表现为动机、学习和情绪缺陷。自主决定理论提出内在动机受三个基本内在心理需求的影响:能力、自主性和关联性。

关于奖励对内在动机的影响已经有了大量研究。当奖励被认为是控制行为的因素时,任务投入奖励会削弱内在动机;针对表现情况所给予的奖励能够传递能力信息,有助于促进学生的自我效能、兴趣和技能掌握。

兴趣——即对某一活动行为的喜爱和意识性参与,能够影响动机和学习。个人兴趣是一个以具体活动或话题为目标的稳定的个人因素,而情境兴趣是由环境的具体特征引发的暂时性兴趣。兴趣发展理论模式提出个人兴趣由初始的情境兴趣发展而来。情感由心情和情绪两部分组成。心情是没有具体诱因、含有较少认知内容的情感状态,具有低强度、分散等特点。情绪较为强烈,历时较短。它们往往有具体的诱因,可以是积极也可以是消极的,可以出现在任务参与过程的前、中、后阶段。有种情绪——考试焦虑——如果过度,会对动机和学习产生负面影响。

成就动机、归因和目标导向等理论有着重要的教学应用启发。成就动机项目旨在培养学生学习和出色完成成就任务的渴望。归因矫正项目以改变学生错误的失败归因为目标,例如从能力归因转为努力归因。针对先前成功行为的归因反馈能够促进自

我效能、动机和技能掌握。教师可以教学生确立学习目标,并及时做出关于目标进展的反馈,以此来培养学生的成效目标导向。

扩展阅读

Dweck, C. S. (2006). *Mindset: The new psychology of success.* New York, NY: Random House.

Eccles, J. S. (2005). Subjective task value and the Eccles et al. model of achievement – related choices. In A. J. Elliot & C. S. Dweck (Eds.), *Handbook of competence and motivation* (pp. 105 – 121). New York, NY: Guilford Press.

Elliot, A. J. (2005). A conceptual history of the achievement goal construct. In A. J. Elliot & C. S. Dweck (Eds.), *Handbook of competence and motivation* (pp. 52 – 72). New York, NY: Guilford Press.

Hidi, S., & Renninger, K. A. (2006). The four – phase model of interest development. *Educational Psychologist*, 41, 111 – 127.

Pintrich, P. R. (2003). A motivational science perspective on the role of student motivation in learning and teaching contexts. *Journal of Educational Psychology*, 95, 667 – 686.

Reeve, J., Deci, E. L., & Ryan, R. M. (2004). Self-determination theory: A dialectical framework for understanding socio-cultural influences on student motivation. In D. M. McInerney & S. Van Etten (Eds.), *Big theories revisited* (pp. 31 – 60). Greenwich, CT: Information Age Publishing.

Weiner, B. (2005). Motivation from an attributional perspective and the social psychology of perceived competence. In A. J. Elliot & C. S. Dweck (Eds.), *Handbook of competence and motivation* (pp. 73 – 84). New York, NY: Guilford Press.

第十章　自我调节学习

金姆·多诺拉是一名高二学生,辅导员康妮·史密斯正在和她谈话。金姆学习很吃力,门门功课不是 C 就是 D。但康妮知道这应该不是她的真实能力。金姆家里事很多,她很难在家里安心学习。她们两人谈话就是为了商讨有什么办法可以帮金姆提高学习成绩。

金姆:我不知道;我上的那些课都很不一样。代数、化学、历史:它们毫无共通之处。

康妮:嗯,我同意你说的这些都是不同的科目,但我们来想一想。是不是每门课都有教材?

金姆:是的。

康妮:那对于教材,你要做什么?

金姆:读?

康妮:是的,要读。所有教材都要读,对吗?

金姆:对,但有不同的读法。数学书是一种读法,化学书是另外一种读法,换成历史书又不一样了。

康妮:是的,我明白。金姆,我们学校很多学生觉得这些课难。我们有在校学生助教。我想给你每门课找个助教。助教会告诉你每门课该怎么学。我们回到这些课程的共通之处。我正在大学进修,了解了一些适用一般学习的策略,你的这些课都能用得上。我想把这些策略教给你。

金姆:有哪些?

康妮:比如在阅读过程中不时作自我检查,以确定自己理解了。还有其他一些策略,例如确立目标、做笔记、善于归纳等。这些都是一般技巧。你可以学习下这些技巧,然后试着用于你的课程学习。我会帮你的。

金姆:你觉得我还有希望吗? 我的分数都要让我父母抓狂了。

康妮:如果我觉得你没有希望了,就不会跟你说这些了。我们现在就开始吧!

前面的章节我们讨论了适用于不同场合不同内容的学习行为。例如,榜样示范、编码和元认知等适用于多数学习情形;而不只限于某些学习者或学科。这也正是在上面小剧场中康妮所要表达的意思。

这些以及其他学习行为是自我调节——即个体自我生成的以系统实现目标为导向的认知、情感和行为——的重要组成部分(Sitzmann & Ely, 2011; B. Zimmerman, 2000)。自我调节包括确立目标、运用并调整策略以实现目标、维持动机以及积极的学习情绪和信念、利用社会和环境资源实现目标等过程(Lord, Diefendorff, Schmidt, & Hall, 2010; B. Zimmerman, 2000)。本章讨论自我调节学习,即学习过程中的自我调节行为,其目的是实现达到目标水平的成就行为(Sitzmann & Ely, 2011)。

自我调节学习研究最初是成人和儿童发展心理学研究的衍生物(Zimmerman, 2001)。早期研究大多在临床背景下开展,研究者们帮助参与者纠正一些障碍性行为,如暴力倾向、成瘾问题、性异常、人际冲突、家校行为问题等(Mace & West, 1986)。后来,自我调节的理论和研究拓展到了学习和成就行为领域(Zimmerman & Schunk, 2001)。

自我调节学习是一个随着学生的学习行为不断变化的动态过程(Sitzmann & Ely, 2011)。本章阐述的一个主要观点是自我调节学习有不同的表现形式。自我调节学习主要表现在行为上,个体调节其行为以专注于目标的实现。但它同时也包括认知、动机和情感等内容。因此,学习者需要保持学习自我效能感,认可学习的价值,相信自己的行为会带来积极结果,并保持积极的情绪状态(如,对自己所做的事乐在其中)。

学习者的自我调节行为和策略有一般(适用多数学习情形)和具体(适用于特定学习情形)之分。这一区分在开头小剧场中已有所阐述。有些自我调节行为,如目标确立和目标进展评估等具有一般适用性,而有些则只适用于特定任务(如用二次方程公式解二次方程)。

本书前面章节所讨论的理论很多涵盖自我调节学习的内容,本章重在对各种自我调节学习理论做出阐释。近年来,研究者们日益重视动机行为的自我调节,研究课题包括阅读、写作、数学、科学、体育和音乐等不同领域的自我调节学习(Bembenutty,Cleary, & Kitsantas, 2013)。

学完本章后,你应该可以:

■ 讨论各种自我调节学习理论的共性认识;

■ 定义并举例说明自我监控、自我指导和自我强化等行为;

■ 讨论自我调节社会认知阶段的各种行为:预见判断、表现/意志控制、自我反思;

■ 从信息处理角度解释自我调节学习,并举例说明擅长学习者的自我调节策略;

■ 从建构主义角度讨论自我调节学习,介绍学生内隐理论的作用;

■ 讨论动机和自我调节学习的关系,解释动机因素(如自我效能、目标、价值判断)与自我调节如何相关联;

■ 设计可以帮助学生提高学习表现的方案;

■ 解释自我调节学习和写作的关系以及技术手段对自我调节学习的作用。

共性认识

学术领域的自我调节学习理论和研究受到不同学科——包括管理学、教育学、心理学(如组织心理学、临床心理学和认知心理学等)的影响。不同的自我调节学习理论存在较大差异,但也有一些共性认识。其一是自我调节学习是个体的行为、认知、元认知、动机等积极参与学习和表现的过程(Zimmerman, 2001)。其二是自我调节学习是一个由反馈环路构成的动态循环过程(Lord, et al., 2010)。自我调节学习者确立目标,并对目标进展情况做出元认知监控。他们对监控和外部反馈做出不同形式的反应

以实现目标,如变得更加努力、改变策略等。目标实现又会促使他们确立新的目标。其三,目标确立通过引导学生将注意力投入目标性行为和任务相关策略运用激发自我调节学习(Sitzmann & Ely,2011)。相比以实施任务为导向的目标,掌握技能、提高能力等目标更能激发自我调节学习(Schunk & Swartz,1993a)。最后一个共性认识是都强调动机因素——即个人为什么选择自我调节并坚持付出努力。动机因素对学习有重要意义(Schunk & Zimmerman,2008)。

基于各种理论和研究,西茨曼和伊利(2011)提出了一个自我调节学习理论框架,由三个部分组成。调节介质诱发目标性的自我调节学习,调节机制促进目标的有效进展,调节评估提供进展的评估信息、影响后续行为。西茨曼和伊利的理论框架包含一个调节介质(目标水平)、六个调节机制(注意力、元认知策略、时间管理、环境组织、动机和努力)、两个调节评估(归因和自我效能)。本章所讨论的自我调节行为是一个广义概念,涵盖了所有具有潜在相关性的行为。

近年来,研究者们开始关注团体的自我调节发展(Hadwin,Järvelä,& Miller,2011;Järvelä & Hadwin,2013)。联合调节指社会背景下人们自我调节能力的协调(Hadwin,et al.,2011;Volet,Vauras,& Salonen,2009)。学习者共同应用技能和策略发展新的或拓展自我调节能力,这些能力被认为对团体或个体有益。参与者的自我调节学习彼此影响。虽然整个背景和学习具有社会属性,但其结果表现为个体化学习。

社会共同调节指以实现共同结果为目的的相互依存的调节行为(Hadwin,et al.,2011)。合作背景中的学习者为了实现自我调节学习团体的目标而贡献自己的技能。虽然本章的讨论重点是个体自我调节学习,但其中涉及的很多原则同样适用于联合调节和社会共同调节性学习,这两种模式在教育学习环境中也时有出现。

行为主义自我调节

自我调节学习的行为理论视角与斯金纳的理论主张有很大渊源(Mace,Belfiore,& Hutchinson,2001;第三章)。研究者们参考了他的操作性条件作用理论把操作性条件反射原理用于不同的情境中(如临床、学术),研究对象既有成人,也有儿童,目的在

于减轻、纠正障碍性行为（Zimmerman，2001）。

行为研究大多呈现出一些较为明显的特点。研究受试较少，有时甚至只有一名受试。研究往往会对受试作一段时间的跟踪研究，以确定在干预作用下出现了哪些行为变化。结果测试参数为障碍行为及控制行为发生的频率和持续时间。

行为理论提出自我调节包括对不同行为做出选择以及因倾向迟发性（往往意义更大）强化而延迟即时性强化。人们的自我调节行为始于决定对哪些行为做出调节，然后确立行为发生的分辨性刺激，做出必要的自我引导，并监控行为表现以判断目标行为是否出现。这个阶段往往还包括自我记录行为发生的频率或持续时间。当目标行为出现时，人们对自我强化做出管理。这里的自我监控、自我引导和自我强化是自我调节的三个核心环节，我们下面逐一介绍。

自我监控

自我监控指有意将注意力投入行为某些方面的过程，往往伴随行为频率和持续时间的记录（Mace，et al.，2001；Mace & Kratochwill，1988）。只有当人们意识到自己在做什么的时候，才能对自己的行为做出调节。行为评估可以涉及质量、速率、数量和原创性等方面。在写学期论文时，学生们可能会不时评估自己的论文，判断论文是否重点突出、能否在规定期限内完成、篇幅会不会太长或太短、是否阐述了自己的想法等。人的自我监控可以涉及不同领域，包括运动技能（如 100 米短跑的速度）、艺术（如水墨画创作的原创性）、社会行为（如社会性交流的多少）。

学生需要通过学习掌握自我监控的方法（Belfiore & Hornyak，1998；Lan，1998；Ollendick & Hersen，1984；实际应用 10.1）。这些方法包括叙述、频率计算、持续时间测量、时间采样测量、行为评分、行为跟踪和归档记录（Mace，Belfiore，& Shea，1989）。叙述指对行为及其发生背景做出文字描述。叙述可以是具体性的，也可以是开放式的。频率计算指对一定时间内特定行为发生次数的自我记录（如学生在 30 分钟课堂作业练习时间内在座位上转过身去的次数）。持续时间测量记录的是一定时间内行为发生的时长（如 30 分钟内学生花在学习上的时间）。时间采样测量把一段时间分成更短的时间段，记录每个时间段内行为发生的频率。30 分钟学习时间可以分成六个 5 分

钟;每 5 分钟学生记录该时间段内自己是否都在学习。行为评分是对一定时间内行为发生频率的估算(如经常、有时、从不)。行为跟踪和归档记录是与其他评估情况无关的永久性记录(如,浏览网页的页数、正确解决问题的数量等)。

实际应用 10.1

自我监控

自我监控能够帮助学生清楚意识到自己的行为并帮助他们评价并改善行为。在特殊教育班上,自我监控能够帮助学生提高任务表现,特别是当自我监控与目标确立相结合时。教师可以给学生发表格,把表格分成小格,每小格表示一小段时间(如 10 分钟)。当学生在座位上或在讲台上独自完成任务时,可以每 10 分钟做下提示。当听到提示时,学生们可以在表中记录他们正在做的事——写作、阅读、白日梦、对同学演讲等。教师可以帮助每位学生确定他们被期望完成的一天的任务量,以此作为目标,这种做法能够促进学生的行为表现。

教师需要认真选择向自我监控学生做出时间提示的方式。响铃可能会影响其他同学,还可能会让人注意到有困难的学生,引起尴尬。教师可以让自我监控学生坐在离自己较近的位置上,这样每到提示时间的时候,就可以轻轻地敲下学生的桌子或者以其他安静的方式告知学生时间。

高中教师往往都会遇到班上有几个问题学生不愿完成布置的作业和规定材料的阅读。教师可能需要与这些学生作一对一的谈话,帮助他们确立养成成效性学习习惯的现实目标,并对目标进展做出评估。教师可以让学生记录自己在既定时间内完成的阅读量(页数)、学习笔记和写作量等。学生可以利用这些目标和计时器监控自己的目标进展情况。

特劳特博士是一名大学教师,他的班上有几名学生第一篇论文的完成情况比较糟糕。虽然他给予了大量的指导,但很明显这些学生并没有按照他所说的步骤一步步在

规定期限内完成论文。所以写第二篇论文的时候,他先和这些学生作了一对一的谈话,制订了完成论文的项目和时间检查表。他每周跟学生见一次面,让学生针对检查表汇报自己的论文完成情况。这种做法为学生提供了可以用来自我监控所有课程作业完成情况的方法。

___

在没有自我记录的情况下,可能出现关于成败的选择性记忆。我们的结果信念不一定是实际结果的真实反映(如,我们以为的自己的表现可能要比实际表现好。)自我记录法可能会起到出人意料的效果。有学习障碍的学生如果对自己的学习情况作记录,可能会发现自己一半以上的学习时间都浪费在了与学习全然无关的事情上。

关于自我监控,有两个重要准则:规律性和相近性(Bandura,1986)。规律性指连续而不是间歇的监控行为。例如,每天记录,而不是每周花一天时间记录。非规律性的观察结果往往具有误导性。相近性指行为监控应该发生在行为发生后不久,间隔时间不能过长。我们最好在行为发生当时就记录下来,而不是等到一天结束时再来记录。

自我监控法让学生担负起了评估行为的责任(Belfiore & Hornyak,1998)。这些方法往往会带来明显的行为改善,被称为反应性效应。自我监控性反应是行为的结果,同其他结果一样,它们也会影响后续反应。自我记录是即时性反应,可以干预协调先前行为和以后结果的关系(Mace & West,1986)。自我监控课堂作业完成情况的学生能够获得即时性的强化刺激,对课堂作业和后续结果(如教师的表扬和好的分数)的关联性进行干预协调。

研究支持自我监控行为有助于促进成就结果的观点。桑格茨基、帕特森和莱珀(1978)让一组学生定期监控自己在数学课上的表现,记录自己对学习材料的学习情况,第二组学生设立每天的表现目标,第三组学生既作自我监控,又设立目标。结果发现自我监控使得学生花在学习任务上的时间延长,而且数学表现有所提高;目标设定效果不明显。如果希望目标设定对行为表现产生影响,学生首先需要知道怎样设立不

失挑战但又可以达成的目标。

申克(1983d)给没有能在课堂上掌握减法运算的学生作了减法的教学辅导和练习训练。第一组学生(自我监控)每次辅导结束时总结回顾自己的表现,并记录他们完成习题册的页数。第二组(外部监控)学生每次辅导结束时由成人总结回顾他们的表现并记录完成习题册的页数。第三组(无监控)学生接受教学辅导,但不作自我监控也没有人对他们做出监控。结果发现,自我监控和外部监控组学生的自我效能、技能掌握和坚持毅力都要优于无监控组学生,而自我监控组和外部监控组的结果相当。监控效果与学生在教学过程中的表现无关,因为三组学生完成的习题册页数没有明显差别。是监控行为本身增强了学生们的学习进步认知和自我效能,这与监控主体是谁无关。

雷德、特劳特和史沃茨(2005)对有关自我调节干预促进任务行为和学习表现、减轻注意力缺陷和多动症儿童的破坏性行为的文献资料做了回顾,发现自我监控(单独或与自我强化联合)往往能够形成有效干预。

自我指导

自我指导是一个建立分辨性刺激,为促成强化的自我调节反应创造条件的过程(Mace, et al., 1989)。这里所说的自我指导跟自我指导性训练不是一回事(Meichenbaum, 1977;第四章)。有一类自我指导是对环境做出安排以生成分辨性刺激。学生意识到自己第二天需要复习课堂笔记可能会在上床睡觉前写张留言条提醒自己。留言条就是复习的提示线索,增强了强化(即测验得高分)的可能性。另外一类自我指导是以陈述(规则)形式构成引导行为的分辨性刺激。这类自我指导包含在自我指导训练过程中。

策略指导是一个有效增进阅读能力较弱学生的理解能力和自我效能的方法。申克和赖斯(1986,1987)教接受阅读纠正训练的学生在阅读理解性文章的时候使用以下自我指导策略:

我得做什么?(1)读题。(2)阅读文章找到与问题最相关的内容。(3)思考细节有哪些共通之处。(4)思考什么标题比较合适。(5)如果我不知道问题的答

案,重新读过。(Schunk & Rice, 1987, pp. 290 – 291)

孩子们在运用这些策略阅读文章前先大声说出每个步骤。

自我指导陈述法已被广泛用于学术、社会和运动技能的教学。陈述法对于有学习障碍或注意力缺陷的学生特别有帮助。做出口头陈述能够帮助学习者集中注意力于任务上。以下是为改善一名学习障碍学生的书写而设计的自我指导流程(Kosiewicz, Hallahan, Lloyd, & Graves, 1982):

(1)大声说出要写的单词。(2)说出第一个音节。(3)指出该音节中的每个字母,每个字母说三遍。(4)一边写一边重复每个字母。(5)对于每个完成的音节重复步骤(2)至(5)。

这个流程就写在学生的座位卡片上。在训练过程中,这名学生完成步骤后就会受到表扬。而当学生掌握了整个流程后,表扬中止,但学生会继续按流程行事,书写质量也有了改善。

自我强化

自我强化指个体依据自己的目标反应表现做出强化的行为,能够增强以后的反应概率(Mace, et al., 1989)。第三章我们讨论过,强化物是依据其效果定义的。我们举个例子来说明。假设米奇采用了分数奖励法来激励自己读地理书:每读一页地理书米奇就奖励自己一分。他每周都做统计,如果这周的分数比上周多了5%,他就会获得周五30分钟的自由活动时间。至于这个安排是否起到了自我强化的作用,只有当我们知道他是否经常赢得自由活动时间才好做出判断。如果他经常赢得自由活动时间(也就是说,随着学期的进展他的表现有所改善),则我们可以说这个强化行为对他的学习行为产生了调节作用。

大量研究表明强化关联行为能够促进学习表现(Bandura, 1986),但关于自我强化的效果是否大于外部作用的强化行为(如教师做出的强化行为)尚不清楚。自我强化

研究往往存在一些问题(Brigham,1982)。在学习场合中,强化关联行为的发生背景往往包括指导和规则。学生的学习行为往往是教师要求的结果,而不是他们自愿选择的结果。学生们坚持学习,主要原因是教师的课堂控制以及学生们害怕受到惩罚,而不是因为强化的作用。

自我强化被认为是自我调节行为的有效构成要素,但强化行为比起强化主体(自己还是他人)更为重要。虽然自我强化可能会促使行为长期得以保持,但在掌握自我调节技能前,显性强化可能更加重要。

行为理论已被广泛用于自我调节行为教学。自我监控、自我指导和自我强化是学生可以学习掌握的自我调节行为。但行为主义理论没有考虑认知和情感因素,从而限制了其对自我调节学习的适用性,因为学习所需的自我调节不仅仅体现在行为层面;例如,学生们还必须设立目标并维持学习的自我效能感。这些是社会认知自我调节理论的核心内容,也是我们接下来要讨论的内容。

社会认知影响

理论框架

社会认知理论已被广泛用于自我调节学习(Bandura,1997,2001;Pintrich,2004;Pintrich & Zusho,2002;Schunk,2012;B. Zimmerman,2000;Zimmerman & Schunk,2004)。其中一个重要因素就是学习者选择(Zimmerman,1994,1998,2000;表10.1)。这并不表示学习者总是能够有效利用可能选择,特别是当他们因为不确定该做什么而去问教师时。不过,当任务各个方面得到控制时,我们可以说学习受到了"外部控制"或"他人控制"。教师限制了方法、结果和其他条件的情形就属于这类控制。自我调节的可能性因为学习者可能有的选择而有所不同。

表 10.1　学习者选择和自我调节行为

选择	自我调节行为
参与选择	目标、自我效能、价值判断

方法选择	策略使用、放松措施
结果选择	自我监控、自我判断
社会和自然环境选择	组织环境、寻求帮助

表 10.1 所示的是学习者可能有的选择情况及一些相应的自我调节行为。一个选择是参与选择。这取决于学习者的目标、价值判断、自我效能等行为。学习者还可以选择学习方法;例如,采用什么策略、焦虑时用什么方法放松心情等。第三种选择是结果选择:学习者想要实现那种结果? 在完成任务的过程中,学习者监控自己的行为表现,判断自己的表现是否正朝着结果实现的方向前进。最后,学习者可以选择完成任务的社会和自然环境。这可能需要学习者组织环境使之为学习服务,并在需要时寻求帮助。

在某些课堂环境中,学习者不太可能做出自我监控。假设教师布置学生就某个话题写一篇 10 页长的论文,要求双倍行距打印,至少有 10 处引用,3 周内完成,可在媒体中心或回家独立完成。如果教师对论文格式有进一步的要求,那教师决定了这项作业任务的绝大部分内容。

假设基姆想学弹吉他。他选择参与这项任务。他选择的方法是找教师教。他每周上一次课,每次课 45 分钟,每天练习一个小时。他的目标是能够在公共场合演奏。他晚上在家刻苦练习。除了吉他教师,他还找了一位会弹吉他的朋友帮忙,会请教他关于指位和校音方面的技术问题。基姆几乎控制了整个学习过程,实现了最大程度的自我调节。

有很多情况不像以上这两种情况那么极端。教师可能会布置论文作业,但会给学生几个题目让他们选择。学生们还可以自己决定使用哪些资源、在哪里写、论文写多少页等。高中毕业项目往往会有一些要求限定(如研究文论、口头陈述),但其他内容学生可以自己选择(如研究课题、使用道具等)。因此,这不是一个关于是否存在自我调节的问题,而是一个关于自我调节的度的问题。

旨在促进学生自我调节的干预措施往往侧重一个或多个自我调节行为,并给予学

生行为指导和练习机会。大量证据表明教学干预能够促进自我调节能力的提高（Schunk & Ertmer, 2000；Schunk & Zimmerman, 1994, 1998, 2008）。

自我调节行为

社会认知自我调节理论的早期应用表现为对三种行为的研究,这三种行为分别为:自我观察(或自我监控)、自我判断、自我反应(Bandura, 1986;表10.2)。这三种行为与行为理论中的三种行为相类似:自我监控、自我指导和自我强化。

表 10.2 自我调节行为

自我观察	自我判断	自我反应
规律性	标准种类	评估性动机
相近性	目标属性	有形动机因素
自我记录	目标的重要性	
	归因	

学生们参与学习活动往往是为了实现某些目标,如掌握知识和解决问题策略、完成作业和实验等,他们记住这些目标,对感知的进步做出观察、判断和反应,这些行为并不是互相排斥而是互相作用的。

自我观察。自我观察指对照标准对观察到的个人行为做出判断并给予积极或消极反馈的行为。人们的评价和反应为观察相同行为或他人行为奠定基础。这些行为总是在一定的环境中完成的(Zimmerman, 1989, 1990, 2000)。学生们判断自己的学习进步还不够,可能会向教师求助,从而导致学习环境的改变。反过来,教师可能会采取更加有效的策略指导学生,因而促进了学生的学习。环境影响(如教师)能够促进自我调节能力的发展这个观点具有重要意义,因为教育者们主张学生的自我调节技能可以通过教学而习得(Schunk & Zimmerman, 1994, 1998, 2008)。

自我观察的概念与自我监控相似,常被认为是自我调节指导的组成部分(Lan, 1998;Zimmerman, Bonner, & Kovach, 1996);但是仅凭自我观察本身往往无法实现行

为的长期自我调节。必须引入目标实现标准和目标进展评估准则。

自我判断。自我判断指参照目标对比个人行为表现水平的行为。自我判断的参照依据包括自我评价标准、目标属性、目标实现的重要性、归因等。

自我评价标准分为绝对标准和规范标准。绝对标准是固定的，而规范标准则是基于他人的行为表现形成的标准。学生们的目标如果是在 30 分钟内读完 6 页，会把自己的表现情况同这一绝对标准做对比。评分体系通常属于绝对标准（如 A = 90—100 分、B = 80—89 分）。

规范性标准往往通过观察榜样示范而形成（Bandura，1986）。对自己的行为表现和他人的行为表现作社会比较是判断行为是否妥当并对自己的行为表现做出自我评价的重要途径。当绝对标准不存在或不清晰时，作社会比较的可能性增大（Festinger，1954）。学生们有无数机会把自己的行为表现和同伴的行为表现作比较。绝对标准和规范性标准往往同时采用，如当学生有 30 分钟的时间完成 6 页的阅读任务时，他们会不时与同伴比较以判断谁会第一个完成。

标准具有告知和激励的功能。参照标准、比较行为表现，能够告知目标的进展情况。10 分钟读完 3 页的学生会意识到自己只用了不到一半的时间就完成了一半的阅读量，这种自己进展很快的信念会增强他们的自我效能，并因而保持完成任务的动机。最好的比较对象是能力相近的他人，而不是能力差距明显（高或低）的他人（Schunk，1987）。

申克（1983b）对除法训练项目中通过社会比较得到的标准信息和目标设定得到的标准信息作了比较研究。研究中有半数孩子每次上课时教师会给出具体的行为表现目标，而另外半数孩子没有具体目标只有建议让他们好好表现。设定目标的孩子又分成两组，一组被告知能力相近孩子已经完成的除法题目数（与设定目标相当），告诉他们目标是可以实现的。另一组孩子则没有给出比较信息。结果显示目标能够增强自我效能；比较信息能够促进动机。既获得目标信息又获得比较信息孩子的技能掌握情况最出色。

戴维德森和史密斯（1982）让孩子们分别观察能力出众成人、能力相当同伴和能力

较弱幼儿完成任务的情况,任务标准有的严格有的宽松。结果发现观察标准宽松榜样的孩子对自己低分表现的宽容度大于观察严格标准榜样的孩子。孩子的自我奖励标准低于成人的自我奖励标准,但高于幼儿的自我奖励标准。榜样和观察者的年龄相当这一特点会让孩子们相信适宜同伴的标准同样也适宜自己。

榜样示范观察影响自我效能和成就行为(第四章)。齐默曼和林格尔(1981)让孩子观察成人榜样玩解环类的智力游戏,榜样用于解环的时间有的长,有的短,但最后都没有成功,他们在解环的过程中会有声表达出自己或自信或悲观的情绪。结果显示观察长期充满悲观情绪榜样的孩子其效能判断标准降低。当观察者遭遇困难或对自己的表现持怀疑态度时,与自己情况相似的榜样示范者影响力特别强(Schunk & Hanson,1985;Schunk,Hanson,& Cox,1987)。

目标属性——特定性、相近性和困难度——对于长期任务具有特别重要的意义(第四章)。对于没有信心高质量完成学期论文的学生,教师可以帮助他们把任务分解成若干短期目标(如选定课题、开展背景研究、撰写大纲等)。学习者会相信自己能够完成这些子目标,而每个子目标的完成能够促进他们完成高质量学期论文的自我效能。具体举例见实际应用10.2。

实际应用10.2

目标设定和自我调节

目标设定是保证长期任务成功完成的有效策略。很多学生对于既要设计展示又要完成研究论文的项目很是忐忑,怀疑自己能否顺利完成。教师可以把任务分解成短期目标来帮助学生。如果学生有6周的时间完成项目,他们的第一项任务(第一周)可以是研究确定项目题目。第二周可以做调研完成论文大纲。提交完大纲并获得教师的反馈意见后,他们可以花两周的时间完成初稿并构思展示内容。教师可以跟进学生的进展情况并及时给予反馈。最后两周学生修改论文并完成展示设计。

法学专业学生在准备模拟法庭时需要学习分析大量的标志性案例。法学教授可以让学生树立切实目标并帮助他们做好学习安排，这个过程可以贯穿整个学期。学生设立在规定时间内研究完大类案例（如家庭纠纷、商务纠纷、私人纠纷和国际纠纷的相关案例）的目标，在每个大类案例范围内再划分子目标，如私人纠纷可以细分为所有权和财产权纠纷、个人合同纠纷和按照损害轻重给予赔偿等内容。

让学生设立学习目标能够增强他们实现目标的意志（Locke & Latham，1990，2002）和自我效能（Schunk，1990）。申克（1985）在关于学习障碍学生的数学减法学习研究中发现了支持这个观点的证据。研究中有些孩子每堂课都设立关于做减法题的目标，有些孩子由教师给出程度相当的目标，还有些孩子只听课没有目标。结果发现自我设定目标组的孩子比他人设定目标组的孩子对实现目标的预期更高。与其他两组孩子相比，自我设定目标组的孩子自我效能最高，技能掌握情况最好。

自我判断在一定程度上是目标实现重要性的反映。当个体不太在乎自己的行为表现时，就不会对自己的行为表现做出评估，也不会努力想改善自己的表现（Bandura，1986）。人们因为认为目标重要才会对自己的学习进展做出评估。有些情况下，人们一开始并不看重的目标会因为自己获得积极能力反馈而变得日益看重。刚开始学钢琴的孩子可能并没有什么既定目标（如弹琴技巧变得高超）。但随着他们的技巧变得越来越娴熟，会慢慢开始有目标（如学会弹一首特定的曲目），并参照这些目标判断自己的进步。

归因（对结果产生原因的认识；第九章）和目标进展判断能够影响自我效能、动机、成就和情感反应（Schunk，2001，2008）。认为自己没有取得较大目标进展的学生可能会把自己的行为表现归因于能力低，这会对他们的预期和行为产生负面影响。而把自己的行为表现不好归因于不够努力或学习策略选用不当的学生可能会相信自己只要更加努力或换一个学习策略就可以取得更好的表现（Schunk，2008）。当学习者把自己的行为表现归因为能力和努力等因素而非外部因素时，会对自己的表现产生更大的自

豪感（Weiner，1985）。当他们认为自己的失败是因为个人因素而不是自己无法控制的环境因素造成时，他们对自己会有更高的要求。

归因反馈能够促进自我调节学习（Schunk，2008）。当被告知自己如果更加努力就可以取得更好结果时，个体会被激励付出更多努力，因为这个反馈意见传递出了自己有能力这个信息（Andrews & Debus，1978；Dweck，1975；Schunk，2008）。把以前的成功归因为努力的反馈支持学生的自我进步认知，促使他们保持动机，增强他们继续学习的自我效能（Schunk，1982a；Schunk & Cox，1986）。

归因反馈的时间点很重要。早期成功构成了能力归因的显性提示，把早期成功和能力相联系的反馈（如"一点不错，你很擅长这个"）能够增强学习效能。不过，很多时候，早期成功的努力性反馈更为可信，因为当学生能力不足时他们只能通过努力获取成功。而随着学生能力的提高，能力反馈对自我效能的促进作用更加明显（Schunk，1983a）。

自我反应。对目标进展的自我反应能够激励行为（Bandura，1986；Zimmerman & Schunk，2004）。自己正不断取得进步的认知以及预期目标实现可能带来的满足感能够增强自我效能，保持动机。如果个体认为自己有能力取得进步，负面评价不会削弱动机（Schunk，1995）。当学生认为虽然自己不够努力，只要付出更多努力就能取得进步时，会获得自我效能感，重新审视自己的努力度。如果学生认为自己能力不足，不管自己如何努力都不可能成功，动机不会增强（Schunk，1982a，2008）。

自我行为表现评价指导能够促进动机；认为自己的表现能够改善的人会更有坚持的恒心并愿意付出更多努力（Kanfer & Gaelick，1986）。进步认知是相对目标而形成的；相同的行为表现可以有不同的评价。有些学生对功课得 B 可能已经很满意，但有些学生会对这个结果感到失望，因为他们的目标是 A。假设学生都觉得自己有能力取得进步，这种情况下，高目标对努力和坚持的促进作用大于低目标（Bandura & Cervone，1983）。

人们往往会依据目标进展情况给予自己有形的奖励，如休息放松、买新衣服、晚上与朋友外出聚餐等。增强动机的不是实际发生的结果，而是对行为结果的预期（Ban-

dura, 1986)。虽然课程结束时才知道分数,但学生会设立课程学习的子目标,并对照目标给予自己奖惩。

有形结果也会影响自我效能。基于实际行为表现的外部奖励增强自我效能。告诉学生他们能够凭借自己的行为表现获得奖励会让他们滋生学习的自我效能感(Schunk, 1995)。而后来的奖励结果证实了这一自我效能感是有据可依的,因为奖励代表了进步。不与行为表现挂钩的奖励(如只看花在任务上的时间而不考虑行为表现给予奖励)会带来消极的自我效能信息;学生们可能会从中得出自己能力不行因此教师对自己的学习结果没有抱太大希望的结论(Schunk, 1983e)。

自我调节学习的循环性

社会认知理论认为,个人、行为和环境等因素不断地交互作用(Bandura, 1986, 1997; Pintrich & Zusho, 2002; B. Zimmerman, 2000, 2001; Zimmerman & Schunk, 2004;第四章)。自我调节学习是一个循环的过程,因为在学习过程中个人、行为和环境因素不断变化,需要加以监控,而监控行为反过来又导致个体策略、认知、情感和行为的变化。

齐默曼(1998, 2000)的三阶段自我调节学习模式正体现了这一循环特征(图 10.1)。这一模式还对任务参与的传统观点作了拓展,补充了任务参与前、后的自我调节。预见判断阶段先于实际表现阶段,是行为的准备阶段。表现(意志)控制阶段是学习过程中的一个阶段,对注意力和行为产生影响。自我反思阶段发生在行为表现之后,人们对自己的努力做出回应(Zimmerman & Schunk, 2004)。

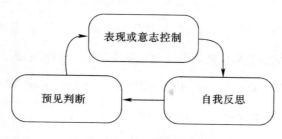

图 10.1　自我调节学习模式

来源:Zimmerman, B. J., (1988). "Developing Self - Fulfilling Cycles of Academic Regula-

tion：An Analysis of Exemplary Instructional Models，in D. H. Schunk and B. J. Zimmerman（eds）.，*Self - Regulating Learning*：*From Teaching to Self Reflective Practice*（pp. 3）. ：Guilford Press.

不同阶段会有不同的自我调节行为。在预见判断阶段，人们设定目标、进行策略规划、对实现目标产生自我效能感。在表现控制阶段，人们实施影响动机和学习行为的学习策略，观察并记录自己的行为表现。而在自我反思阶段，学习者对自己的行为表现做出评估(下节讨论)和归因分析，然后再回到预见判断和表现控制阶段。有证据表明学生学会三个阶段的自我调节对于策略性思考和归因有积极意义（Cleary，Zimmerman，& Keating，2006；Di Benedetto & Zimmerman，2010）。

平特里奇(2000b)的社会认知模式由四个阶段组成：预见判断、计划和激活阶段；监控阶段；调节阶段；反应和反思阶段。每个阶段的自我调节涉及认知、动机、情感、行为和环境等方面。在预见判断阶段，学习者确立目标并激活内容性知识和元认知知识。这一阶段的动机因素有目标导向、自我效能、任务难度、价值和兴趣认知等。任务参与过程中的监控和调节阶段涉及元认知意识和认知、动机、情感监控；行为(如努力、时间管理)；环境(如条件变化)；学习策略、管理动机、自我调节行为、调整任务或环境等。在完成任务后，学习者对自己的行为表现做出认知判断和归因分析并对任务和环境做出评价，然后再返回预见判断阶段。

自我评价。有效的自我调节需要有目标和动机（Bandura，1986；B. Zimmerman，2000）。学生需要对他们的行为以及行为背后的成就认知、信念、意图和情感等因素做出调节。成就信念的自我监控能够促使学生坚持学习并促进成就行为，这个观点已为研究所证实（Schunk & Zimmerman，1994，2008；B. Zimmerman，2000；Zimmerman，et al.，1996；Zimmerman & Martinez - Pons，1992）。

有效的自我调节行为能够使学习者产生自我调节学习和表现的自我效能（Caprara，et al.，2008；Pajares，2008；Schunk，2012；Zimmerman，Bandura，& Martinez -

Pons，1992）。研究表明自我调节学习的自我效能与学生的学习表现和成绩显著正相关（Caprara，et al.，2008）。

　　能力和进步表现的自我评价对技能掌握有着极其重要的意义。自我评价指对当前表现的自我判断，该判断通过比照目标和自我反应形成。积极的自我评价使学习者产生学习效能并受到激励继续认真投入学习，因为他们相信自己有能力取得更大进步（Schunk & Pajares，2009）。不过，如果学生相信自己有能力取得成功只是当前的策略不够有效，即使关于进步的自我判断较低、自我反应比较消极，也不一定会削弱自我效能和动机（Bandura，1986）。这类学生可能会改变自我调节行为，变得更加努力，学习毅力更强，会调整策略，积极向教师和同伴求助（Schunk，2001；Zimmerman & Martinez – Pons，1992）。

　　关于能力和技能掌握进步情况的自我评价会影响成就结果这个假设已为研究所证实（Schunk & Ertmer，2000）。对孩子的数学技巧和写作技巧学习的研究（Schunk & Hanson，1985；Schunk，et al.，1987）表明在指导之前做出的学习和技巧提高自我效能评估能够准确预估学生的动机和技能掌握情况。

　　班杜拉和瑟冯（1983）的研究表明目标和自我评价反馈对大学生的运动技能表现有促进作用。还有相似研究表明学生对自己的表现越不满意而其自我效能越高，则后续努力的程度越高（Bandura & Cervone，1986）。瑟冯、基万尼和伍德（1991）发现给学习者设定目标能够增强自我效能和行为自我评价的效果。

　　学生对能力的自我评价并不是自发形成的。突显进步的一个做法是让学生定期评估自己的进步表现。能力的显性自我评估也是一种自我监控行为，因为学生如果想知道自己是否有所进步必然要关注自己现在的表现并与以前的表现作比较。因此，这样一种自我监控行为突显了进步，能够提高自我效能，促使学习者继续自我调节以促进技能发展。怀特、科叶尔加德和哈金斯（1995）发现自我评价能够增强目标对行为表现的促进作用。

　　申克（1996）开展了两个关于目标和自我评价对成就结果影响的研究。研究内容为四年级学生的分数学习和练习情况。学生们被分成两组，一组的目标是学会解题步

骤(过程性目标),还有一组的目标是给出答案(产出性目标)。在第一个研究中,每个目标组都有半数学生对自己的解题能力做出评估。结果发现过程性目标组(无论有自我评估还是无自我评估)和有自我评估的产出性目标组学生的自我效能、技能掌握、自我引导和任务导向都要优于无自我评估的产出性目标组学生。在第二个研究中,每个目标组的所有学生都对自己的技能学习情况做出评估。结果发现过程性目标组学生的动机和成就表现,优于产出性目标组的学生。

申克和厄特曼(1999)对目标和自我评价如何影响自我效能、成就、自我报告能力及自我调节策略做了研究,研究内容为大学本科生上完三节辅导课后完成计算机项目的情况。学生们被分成两组,一组的目标是学会计算机应用的过程性目标,另一组的目标是实现计算机应用的产出性目标。在第一个研究中,每个目标组都有一半学生在上完第二节课后对自己的学习进步做出评估,结果显示过程性目标组的学生自我效能更高,学习进步自我判断更好,自我调节能力和策略应用表现更佳;表明自我评价促进了自我效能。在第二个研究中,自我评估组学生每次上完课后对自己的进步情况做出评估。结果表明频发式的自我评估没有在过程性目标组和产出性目标组之间显现出明显的差异结果。综上所述,这些结果表明非频发式自我评估与学习过程性目标形成有益互补,而频繁自我评估的作用超过过程性目标的作用,能够促进所有学生的成就表现。

让学生自我监控自己的行为表现并评估学习能力或进步情况能够告诉学生他们的能力提高了,这一认知会增强他们的自我效能,促使他们自我调节学习。如果学生没有形成评价技能或学习进步的习惯,可能需要对他们进行自我评价的指导并给予大量实践的机会。实际应用10.3给出了关于在学习情境中融入自我评价的做法。

实际应用10.3

自我评价与学习的结合

关于进步和学习的自我评价教学针对学龄前儿童和幼儿园小朋友就可以开展。

教师一开始可以使用简单的自我检查任务作为教学内容,例如可以让孩子们把各种形状的积木拼搭成更大的形状(长方形、正方形、三角形、六角形等)。把小积木拼搭成形状的不同方法可以画在卡片上并放到活动中心的信封袋里。可以给小学高年级的学生一张任务表,上面有一些动手任务,表的反面标有任务的答案以方便学生检查自己的答案。

对于再大些的学生,自我检查可以与他们的日常活动相结合。教师还可以教学生利用预备测验和模拟测验评估自己的学习情况;例如,关于单词拼写和数学知识的学习。初高中学生模拟测验的复杂度和覆盖面要求可以有所提高,好让他们清楚要完全掌握单元学习目标需要达到哪些要求。

学习策略。开头小剧场强调了学习策略的重要性。自我调节学习者相信学习的精通程度是一种策略控制行为,影响成就行为(Zimmerman & Martinez – Pons, 1992)。社会认知理论认为自我调节策略受学生自我信念体系的影响。自我调节学习者的元认知清楚自我调节行为和学习结果之间存在策略性关系,这些学习者具有策略应用的自我效能,有明确的学习目标,能够控制沮丧想法和焦虑情绪,知道学习策略应用能够帮助自己更好地实现目标(Zimmerman, 1989, 1990, 2000, 2001, 2008; Zimmerman & Cleary, 2009)。对学习充满信心的学生会选取他们认为有效的学习策略,监控自己的行为表现,当发现策略无效时及时做出调整。

研究表明自我效能与自我效能策略的有效应用正相关(Pajares, 2008; Pintrich & Zusho, 2002; Zimmerman et al. , 1992; Zimmerman & Cleary, 2009; Zimmerman & Martinez – Pons, 1990)。一系列研究结果支持学习过程中调整目标和策略是有效的做法(Kitsantas & Zimmerman, 1998; Zimmerman & Kitsantas, 1996, 1997)。特别是,随着学习的进步,将过程性(策略)目标转换为产出性(结果)目标能够促进自我调节学习。下节对学习策略做深入讨论。

社会—自我交互作用

自我调节学习的动态性在社会和自我因素的交互作用过程中表现得更加明显(Schunk，1999；Schunk & Zimmerman，1997；表 10.3)。在学习的初始阶段,学习者观察社会榜样示范的学习效果最佳,然后在合适的引导和反馈作用下,学习者慢慢初步掌握技能。随着能力的提高,学习者开始进入自我控制阶段,他们的行为可以和技能的内部表征相匹配。最后,学习者能够进行自我调节,进一步完善技能,选定新的目标。

表 10.3　社会和自我因素对自我调节学习的影响

发展水平	社会影响	自我影响
观察	榜样示范、语言描述	
效仿	社会引导和反馈	
自我控制		内部标准、自我强化
自我调节		自我调节行为、自我效能信念

社会和自我因素的交互作用有助于促进自我调节行为的内化。内化指学习者的这些行为成为其自我调节系统的一个组成部分。他们在自己认为合适的时候利用这些因素,并根据任务和环境要求的变化做出调整。如果学习者在开始学习前已经掌握了一些技能,可能可以跳过某些早期阶段,但基于这个次序的教学策略可以有效帮助学习者发展技能和自我调节能力(Zimmerman & Kitsantas，2005)。

信息处理

信息处理理论也有涉及自我调节学习的讨论,自我调节学习信息处理理论在原来理论模式的基础上加入了认知和动机性自我调节行为。本节讨论自我调节学习信息处理理论模式以及学习策略——自我调节学习信息处理理论的重要内容——的相关研究和应用。

自我调节学习模式

信息处理理论认为学习是长期记忆中的信息编码过程（第五、六章）。学习者激活长期记忆的相关部分并将新知识和工作记忆中的已有信息相联系。经过有序组织的意义化信息更容易与已有知识相结合，也更容易被记住。

自我调节学习的概念与元认知意识或元认知大致相当（Gitomer & Glaser，1987），是个体监控、引导、调节目标性行为的过程（Paris & Paris，2001）。这一认知包括任务知识（如学什么、什么时候学、怎么学）以及个人能力、兴趣和态度等自我认知。自我调节学习要求学习者具备扎实的知识储备，包括任务要求、个人素质、完成任务策略等。

元认知意识还包括程序性知识或产出性知识，这些知识通过学习者监控自己的学习水平、判断何时改变任务策略、评估是否做好测试准备等方式调节学习行为。自我调节（元认知）行为受到学习者的引导。他们控制知识的建构和处理。自我调节的基本（高级）单元是解决问题产出系统，这里要解决的问题是实现目标，监控行为旨在确定学习者是否取得进步。这一系统对照标准比较目前情况并努力缩短两者差距。

解决问题产出系统的早期模式是米勒、盖兰特和普利波罕姆（1960）的测试—操作—测试—退出（TOTE）模式。开始的测试阶段对照标准比较当前情况。如果两者相同，则不产生后续行为。但如果两者不匹配，控制转为操作模式，学习者调整行为以弥合两者间的差距。到了第二个测试阶段，学习者参照标准对事物形成新的认知，如果新认知和标准相一致，学习者退出该模式，但如果两者不相一致，学习者继续调整行为、做出比较。

对此我们可以举例说明。假设丽莎正在读一本经济学方面的书，她不时停下来归纳总结读过的内容。她先从长期记忆中提取与所读内容相关的信息，然后把信息和充分归纳的内部标准作比较。这个标准可能具有很强的规则性（如准确、全面），这些规则是在丰富的归纳总结的基础上提炼出来的。假设丽莎的总结与她的内部标准相一致，那她继续往下读。但如果两者不相一致，丽莎会对出现问题的地方（第二段的理解）做出判断并采取纠正策略（重读第二段）。

韦恩和哈德温（1998，2008；Winne，2001，2011）提出了与教学高度相关的自我调

节学习信息处理模式(Greene & Azevedo, 2007)。该模式包括三个必要阶段(任务定性、目标和计划、策略研究)和一个机动阶段(调整)。

在第一个阶段,学习者对任务相关的条件信息做出处理,以明确任务的性质(Winne, 2001)。主要有两类信息:任务条件信息和认知条件信息。任务条件信息指学习者通过解读外部环境(如教师的作业要求)获得的信息。认知条件信息指学习者从长期记忆中提取出来的信息,包括自己以前完成任务的表现和动机因素(如能力认知、归因等)。在第二个阶段,学习者确定目标和实现目标的计划。这个计划包含相关的学习策略。随着这些策略开始投入应用,学习者跨入第三阶段(策略研究)。在第四个阶段,学习者基于对自己成功表现的评估调整计划。这个阶段是机动性的;如果原来的计划奏效,就没有调整计划的必要。

每个阶段都存在信息处理和信息产物(新信息)的建构。信息处理过程对已有信息进行处理,其过程可归纳为 SMART:搜寻(searching)、监控(monitoring)、组合(assembling)、演练(rehearsing)、转化(translating)。任务处理需要借助图式或脚本,每个脚本有五个槽条需要填补,这五个槽条可表示为 COPES:条件(conditions)、操作(operations)、产出(products)、评价(evaluations)、标准(standards)。用形象一点的话来说,这些是学生所要"应对"的学习要素(Winne, 2001)。信息处理结果参照标准做出判断,这些评估(如正中目标、偏高)信息成为引入新条件以支撑学生学习行为的基础。

该理论模式的重要性主要体现在它的发展和应用与学习内容密切相关,而且它涵盖了动机因素。这些动机因素与认知因素相结合对某个自我调节图式或脚本是否有用做出判断。这一理论模式是对侧重认知因素的传统及当代信息处理理论模式(第五、六章)的一大推进。大量研究支持动机因素对自我调节学习具有重要意义的主张(Zimmerman & Schunk, 2001)。

还有其他一些自我调节信息处理理论模式(Carver & Scheier, 1998),但这些理论侧重的是学习策略,我们下面予以讨论。

学习策略

学习策略是以成功实现任务表现为目的的认知计划(Pressley, et al., 1990;Wein-

stein & Mayer, 1986)。策略指实现选择组织信息、练习学习材料、把新材料与记忆信息相联系、强化材料的意义性等行为的方法。策略还包括创造并维持积极学习氛围的技巧——例如,克服考试焦虑、增强自我效能、认识学习的价值意义、形成积极的结果预期和态度等(Weinstein & Mayer, 1986)。策略应用是自我调节学习的一个重要组成部分,因为策略能够让学习者更好掌控信息处理过程(Winne, 2001)。开头小剧场中康妮向金姆强调了学习策略对她的课程学习的重要性。

学习策略能够起到辅助信息编码的作用。因此,学习者一开始就会关注到任务相关信息,并把信息从感官收录系统输送到工作记忆。学习者还会激活长期记忆中的相关知识。学习者在工作记忆中建立新信息和旧知识之间的联结(链接),并把这些链接整合到长期记忆网络中。

在形成学习策略时,学习者首先从目标、目标相关情境因素、重要个人特性、具有潜在实用性的自我调节学习方法等方面分析行为或环境。然后学习者形成策略并付诸行动,监控目标进展,当策略无法实现目标进展时对策略做出调整。指导策略实施的是元认知知识,包括了解策略应用的必要性、策略为什么重要、什么时候以及怎样应用策略等。自我调节学习方法指包含在实现目标策略中的具体程序或技巧。这些方法列在了表 10.4 中,我们随后讨论。学习方法相辅相成(Weinstein & Mayer, 1986)。例如,阐述信息的方法往往也会同时对信息进行演练和组织。信息组织方法可以缓解我们的学习压力,帮助我们应对焦虑情绪。不同方法适用不同的任务。演练适用简单信息的记忆,而组织则更适用于理解(见实际应用 10.4)。

表10.4 学习方法

方法	示例
演练	逐字重复信息
	画线
	归纳

阐述	利用意象
	利用记忆法:缩略法、组句法、叙事性故事法、字钩法、位置法、关键词法等
	提问
	笔记
组织	利用记忆法
	组合
	列提纲
	画思维导图
监控	自我提问
	重读
	检查一致性
	解释
情感	应对焦虑
	保持积极信念:自我效能、结果预期、态度
	营造积极的范围
	管理时间

实际应用 10.4

学习方法

学习方法适用于任何教育程度的学习者。小学教师可以利用押韵或朗朗上口的儿歌教学生掌握字母("字母歌")。他们可以利用学生熟悉的单词来帮助学生掌握东南西北(如将方位词这样排列:北 north、东 east、西 west、南 south,提取其首字母拼成"news(新闻)"一词)。

对于高年级的学生,教师可以向他们展示如何对学习材料——教材、课堂笔记、网络阅读等——作有序组织——以及如何通过新的笔记把各种渠道信息整合起来。

缩略法和图示法可以帮助医学专业学生记忆人体部位术语。学生们在学习不同

情形的适用药物时,可以让他们按药物的名称、适用情况、副作用等分类,能够帮助他们掌握相关知识。

　　田类项目教练可以让跳远和撑杆跳高组的学生闭上眼睛,慢慢想象完成跳跃时身体的每个动作,以此来帮助他们完成动作。通过动作想象,学生能够集中注意力于自己需要提高的具体动作上。实跳动作一忽而过,很难留意自己做了什么,但意象法可以让动作慢速呈现。

　　大学教师可以利用记忆法,通过好记的短语或缩略词帮助学生记住持相近观点的心理学家。例如,几个行为主义理论大师可以记成:"The（Thorndike 桑代克）Sisters（Skinner 斯金纳）Won't（Watson 沃生）Play（Palvov 巴甫洛夫）Together（Tolman 托尔曼）（这个英文句子的意思为姐妹们不在一起玩）。"学生们先记句子,再记名字。

演练。逐字重复信息、画线、归纳总结等都是演练的不同变化形式。自我复述信息——大声地、小声地(低声私语)、无声地——是硬性记忆的有效方法。例如,简娜的学习目标是记住 50 个州的首府的名字,她可以先说一个州名,然后报出该州的首府。演练还能够帮助学习者记住歌词、诗句以及外文单词的英文翻译等。

　　不过,演练是一种机械重复信息的方法,没有把信息与已知信息相联系,也没有对信息作层次性或其他形式的组织,因此,长期记忆无法对演练信息作意义化的存储,一段时间后的提取会变得困难。

　　演练也适用于复杂学习,但这种演练不能只满足于信息的机械重复。其中一种有用的演练方式是画线(高亮显示)。这种方法是学生常用的一种方法,如果运用得当能够促进学习效果(Snowman,1986)。但是画线的信息量过大时,画线也就失去了意义,因为不重要信息和重要信息难以区分彼此了。因此画线内容应该是与学习目标关系最密切的要点。

　　归纳法是另一种常用的演练方式,学生们用自己的话(口头或文字)表达文章的主要意思。和画线法一样,归纳如果包含太多信息也失去效果(Snowman,1986)。限定

学生总结的长度可以迫使他们找出主要思想。

帕林斯卡和布朗（1984）提出的交互教学法认为归纳是促进阅读理解能力的影响途径（第七章）。交互教学是基于维果斯基（1978）的最近发展区理论——即学生在恰当的教学条件下所能掌握的知识量——提出的一种教学模式（第八章）。整个教学过程以教师的教学行为为起点，然后学生和教师共同实施行为，再变成学生慢慢承担更多责任，实现教学互长。

帕林斯卡和布朗教孩子们归纳、提问、阐述和预测等学习技巧。孩子们不时对所读的文章内容作归纳总结，像教师一样就文章大意提问，对文中不够清晰的地方做出阐释，并预测接下来的情节内容。读者需要注意这些技巧不仅仅适用于阅读理解教学，同样也是有效的跨学科（如科学、数学、社会研究等）的解决问题方法。

阐述。阐述（意象、记忆法、提问、笔记）是对信息的拓展，通过增补信息使学习内容变得更有意义。意象（第五、六章）增补的是心理画面。例如萝卜的定义是一种双年生芥花类植物，叶片多绒可食，根茎成圆形、色浅多汁，可作为蔬菜食用。我们可以通过硬记性演练记住萝卜的定义，也可以观察萝卜的图片，在脑中形成与定义相关联的心理意象，从而对萝卜的定义做出阐述。

记忆法是常用的阐述技巧。记忆法可以把新信息与我们的已知信息相联系，使信息变得更有意义。记忆法有不同的形式（表10.4）。

缩略法是把识记内容的第一个字母组合成一个有意义单词的方法。例如"HOMES"是北美五大湖（Huron 休伦湖、Ontario 安大略湖、Michigan 密歇根湖、Erie 伊利湖、Superior 苏必利尔湖）的首字母缩写；"ROY G. BIV"是光谱颜色的首字母缩写（Red 赤、Orange 橙、Yellow 黄、Green 绿、Blue 蓝、Ingigo 青、Violet 紫）。组句记忆法是把识记内容的首字母和句子单词的首字母相联系的记忆法。例如："Every Good Boy Does Fine"（每个好男孩儿都做得不赖）是高音谱调（E、G、B、D、F）的组句记忆法；"My Very Educated Mother Just Served Us Nectarines"（我那受过良好教育的母亲刚为我们端上了油桃）是太阳系八大行星（Mercury 水星、Venus 金星、Earth 地球、Mars 火星、Jupiter 木

星、Saturn 土星、Uranus 天王星、Neptune 海王星）的组句记忆法。

还可以把所学内容编成段落或叙述性故事记忆。这种记忆法比较适合识记内容较多的情况（如美国的 50 个州的首府）。用于记忆的首字母缩写、句子和故事可以是他人所给，也可以学生自编，效果相当（Snowman，1986）。

字钩法需要学习者先记住一组押韵的带有整数名称的物体：如 one – bun（一个小圆面包），two – shoe（两只鞋），three – tree（三棵树），four – door（四扇门），five – hive（五个蜂窝），six – sticks（六根棍棒），seven – heaven（七个天堂），eight – gate（八个大门），nine – wine（九瓶酒），ten – hen（十只母鸡）。然后学习者对每个识记内容项生成意象并与相应物体意象相关联。假设琼要去杂货店买东西（黄油、牛奶、苹果），她可以想象一个涂有黄油的小圆面包、鞋子里的牛奶、长在树上的苹果。她回忆背诵过的押韵儿歌及其搭配，就能记起要买哪些东西了。这个记忆技巧需要学习者对押韵内容有较好的掌握。

在使用位置记忆法时，学习者先想象一个熟悉的场景（如家里的一个房间），然后想象在房间里走动，走到一个代表性物体前就停下来。所要识记的每个新物体都在心里与房间里的一个物体相配对。假设房间里有（依经过的次序）桌子、台灯、电视机等物品，再用上面举过的琼去杂货店买东西的例子，琼可以先想象桌子上的黄油、奶白色的台灯、电视机顶部的苹果。她在心里回忆在房间里走动的路线，每次停步看到的物品，这样就能想起要买的东西了。

阿特金森（1975；Atkinson & Raugh，1975）提出了适用外语单词学习的关键词记忆法。例如，pato（发"poto"的音）是一个西班牙语单词，意思是"鸭子"。学习者可以先想一个与 pato 发音相近的英文单词（pot，意思为壶），然后把 pot 的意象和外文单词的英文意思相联系（"鸭子"），例如，鸭子头上顶着一只壶。当学习者看到 pato 这个单词时，就会想起头上顶着一只壶的鸭子这个意象。不过，虽然关键词记忆法已被证实能够促进儿童和青少年的自我调节学习（de Bruin，Thiede，Camp，& Redford，2011），但对于幼儿，必须告诉他们关键词并给出揭示关键词和反应联系的图片，否则这种记忆

法对幼儿无效。

这些记忆法技巧包含了学习策略的相关内容,如演练、把新信息和已有知识相联系等。有非正式证据表明大多数学生都有自己偏好的记忆策略,其中很多用到了记忆法。有实验对受过记忆法辅导和没有受过记忆法辅导学生的记忆表现做了对比,结果发现记忆法教学对学习有促进作用(Weinstein & Mayer, 1986)。学生们必须清楚知道怎么使用这些技巧,这往往需要辅导才能实现。

阐述法对于复杂学习任务同样有用。例如,提问法要求学习者在阅读过程中不时停下来对自己提问。为了实现较高层次的学习结果,学习者可能会问:"这个信息与作者前面讨论的内容有何关系?"(综合)或"这个想法在学校场合可以如何付诸实施?"(应用)

我们可能认为提问能够增进理解,但研究结果并没有对此给予有力支持(Snowman, 1986)。事实上,如果想要提问法发挥作用,提出的问题必须与学习的目标结果相关。如果问题只涉及一些浅表性的事实类知识,就无法起到增进理解的作用。很可惜,大多数研究使用的都是少于1500字的短文,对于年龄较大的学生,最好选用较长的文章。对于小学阶段的孩子,重复阅读法或复述(演练)法的效果与提问法相当。这可能是因为儿童知识有限,还无力提出高质量的问题。

笔记也是阐述法的一个具体表现,要求学习者对文中最重要的内容做出有意义的解释。笔记法和归纳法相似,其区别在于前者不限于即时可得的信息。在笔记过程中,学生把新的文本内容和其他信息作意义化的整合,不过笔记不能是对文本信息的摘抄。摘抄原文是演练的一种形式,可以促进记忆,但跟阐述性质不同。笔记的目的在于阐述(整合、应用)信息。学生通常需要接受笔记训练才能有效掌握这种学习策略。当笔记内容与学习目标相关时,笔记效果最好。

组织。组织技巧包括记忆法、组合、列提纲、画思维导图等。记忆法对信息做出阐述和组织,使之变得有意义。例如,缩略记忆法把信息组织成一个有意义的单词。在演练或采用记忆法之前,信息还可以先作组合处理。学生在学习哺乳动物的相关内容

时,可以先把动物按常规分类(猿类、猫科动物等)进行组合,然后再作演练或采用记忆法记忆。学习者对信息的组织能够帮助学习者有效记忆信息;学习者先记起信息的组织模式,然后再记起个体信息(Weinstein & Mayer, 1986)。

组织技巧适用于复杂材料的学习。其中一个常用的组织技巧是列提纲,即学习者列出文本标题的做法。列提纲能够增进理解,但和其他学习方法一样,学生需要接受相关训练。适宜的教学文本最好满足以下条件:标题不直接出现在文本中或标题出现在文本的空白处,同时文本中还穿插了一些标题(黑体或斜体标注)。还有一种训练方法是让学生分析中心句和论点。在学生不能很好理解这种学习技巧的前提下让他们列出文章的提纲并不能起到促进学习的作用。

画思维导图也是一种组织技巧,能够帮助学习者厘清文本结构。这种技巧需要学习者识别文本的重要内容并弄清楚它们的内部联系。学习者找出文本中的重要概念或观点,做出分类整理,然后梳理内部关系。思维导图的本质因内容和内部关系的不同而有所差异。以下是思维导图教学的适用步骤(McNeil, 1987):

■ 讨论段落中各句彼此如何关联,是否符合以下的句子内部关系:大意、举例、对比、时间关系、推论。

■ 通过段落示例展示如何界定句子的内部关系。

■ 指导学生分析句子关系并让学生解释为什么。

■ 让学生对所给段落作独立分析。当学生掌握这些基本技能后,换用更为复杂的文本材料(多段落文本、故事或章节的节选等),并引入新的句子内部关系(如过渡)。

思维导图是一个与命题网络相似的概念,因为思维导图显示的是思想内容的层次结构,最上面是主要思想或上位概念,下面是分论点、举例、下位概念等。图中可以用线条连接相关部分,表明它们之间存在某种关系,例如相对概念之间可以画上线条以为表示。图10.2是认知概念思维导图的一个示例。

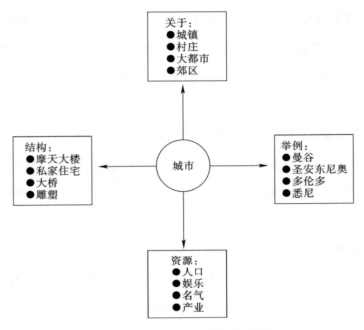

图 10.2　关于"城市"的认知导图

　　研究表明思维导图对增进理解的作用有大有小（Snowman，1986）。有些关系的识别（大意—举例）很容易掌握，但有些关系的识别（如因果关系）难度稍大。学生往往较难把各节或各段的思想内容联系起来。所以在教学生画思维导图时，可以先让他们画出每节或每段的导图，然后再把导图整合起来。思维导图训练对于不善于整合思想内容的学生特别有帮助（Holley，Dansereau，McDonald，Garland，& Collins，1979）。

　　监控。监控能够帮助学习者判断自己是否把陈述性知识和程序性知识恰当用于所学内容，评估自己是否真正理解所学内容，确定自己所用策略是否有效还是需要更换更好策略，知道为什么策略运用能够促进学习。理解监控是策略教学项目的主要内容（Baker & Brown，1984；Borkowski & Cavanaugh，1979；Paris，Lipson，& Wixson，1983）。自我提问、重新阅读、检查一致性、做出解释等都是具体的监控措施。格林尼和阿泽维多（2009）设计了一个超媒体学习环境对中小学生做了研究，结果发现监控行为（如自我提问）能够有效增进学生对复杂科学课题的理解。

　　有些文本材料会给出关于文本内容的问题让学生思考,在读文本的过程中回答问题的学生行为就是自我提问。当没有给出问题时,学生们需要自己生成问题。在训练学生的提问能力时,教师可以引导阅读的学生不时停下来向自己提出一系列问题(谁、什么、何时、哪里、为什么、怎么样等)。

　　重复阅读往往与自我提问交叉使用;当学生回答不出课文问题或对自己的理解不确定时,可以采用重复阅读法。检查一致性指判断文本是否具有内部一致性,即文本内容是否相互矛盾、结论是否能从已讨论的内容中自然得出。如果认为文本材料不一致,意味着需要重复阅读以判断作者的观点是否前后不一、读者是否没能真正理解内容。学生在阅读过程中不时停下来对内容做出解释,是一个检查自己理解水平的行为。如果能够对内容做出解释,就意味着没有重复阅读的必要(Paris & Oka,1986)。

　　一个有效的监控教学模式是梅肯鲍姆(1986)的自我指导训练模式(第四章)。这个模式把认知榜样示范、理解自我检查的有声表达和必要的纠正措施结合起来,构成了系统性的理解训练模式。在辅导接受矫正训练的阅读者时,教师可以大声说出以下的话(Meichenbaum & Asarnow,1979):

　　　　我知道在开始读故事前还有读故事的过程中必须牢记三点。一是问自己故事的重要内容是什么。讲了什么故事? 二是抓住故事的重要细节。重要事件的先后顺序是一个特别重要的细节。三是知道故事人物是怎么想的? 为什么? 所以,抓住大意。观察先后顺序。知道人物的感受以及为什么。(p.17)

　　学生们先大声说出这番话,然后逐步过渡到无声状态,使之内化。为了提醒学习者应该怎么思考,教师可以把要点写在展板上(如抓大意、观察顺序、了解人物感受及原因)。温斯勒和纳格利里(2003)发现5—17岁的儿童解决问题策略有声表达呈现出从显性(大声)到部分隐性(低语)再到全隐性(无声)的轨迹,这为自我指导训练方式的渐进变化提供了支持。

　　情感方法。情感方法能够营造有利的学习心理氛围(Weinstein & Mayer,1986)。

这些方法帮助我们应对焦虑,形成积极信念(如自我效能、结果预期、态度等),树立目标,固定学习时间和地点,最大程度减少分心的可能性(如定下不打电话、不看电视等规则)。

情感技巧帮助学习者把注意力集中在任务的重要方面并保持专注,能够促使他们有效管理时间,最大程度减轻焦虑。自我有声表达能够让学生专注于学习任务。在开始学习任务时,学生可以对自己说:"任务可能会很难。我需要专心听讲。"当他们发现自己有所分心时,可以想:"不要再想_____。我要专心听课。"

目标设定是有效的时间管理策略(第四章)。学习者确立学习的整体目标,把整体目标分解成短期目标,定期评估目标进展情况,这些都是自我调节学习的行为。自己正在取得进步这个信念能促进学生继续学习的自我效能(Schunk,1995)。因测试、分数和失败而引起的焦虑会干扰学习。总是担心自己可能会失败的学生会浪费学习时间,一再怀疑自己的能力。减轻焦虑项目采用系统脱敏、榜样示范和引导性自我交谈等方法。榜样示范者表达积极的成就信念(如"我知道如果我用功,就可以考得很好")而非消极信念(如"我考试过不了")。

应对性榜样示范者开始也有很重的焦虑情绪,但他们采用有效的自我调节学习方法,坚持不懈,最后表现有所改善,他们的这种转变具有重要的治疗意义(Schunk,1987)。

对于有考试心理障碍的学生,传授应试技巧的培训项目可能有所帮助(Kirkland & Hollandsworth,1980)。这些项目的主要内容为教学生把考试分成若干部分,给每部分限定做题时间,一道题不要耗时太多。教师可以教学生掌握一些放松技巧以及重新投入考试的方法,以攻克考试过程中的负面情绪。考试表现和信念互相影响。考试成功的体验能够促使学生产生自己能考好的自我效能,而自我效能反过来促成有效学习和更好的表现。

策略指导的有效性。近年来,策略指导研究势头迅猛(Corno,2008)。哈蒂、毕格斯和珀迪(1996)对旨在改善学生学习表现的干预措施做了广泛的研究,得出了大多数干预措施行之有效的结论,还获得了近迁移的证据。为了实现迁移,学生必须了解策

略生效的条件。最理想的自我调节策略指导项目与学习内容紧密结合,并在支持学生自我调节学习的课堂情境中实施(Butler, 1998a, 1998b; Perry, 1998; Winne & Hadwin, 2008)。

与学习的其他方面一样,当学习方法对学生有意义并且他们认为这些方法有重要价值时,策略指导能起到最大效果。研究文献中也有很多策略指导项目取得即时效果但持续性不强或迁移脱离学习情境的例子(Borkowski & Cavanaugh, 1979; Borkowski, Johnston, & Reid, 1987)。儿童策略指导项目的对象往往存在产出性缺陷(他们不懂运用策略)和应用性缺陷(他们会运用策略但没有达到促进行为表现的目的;Schwenck, Bjorklund, & Schneider, 2007)。

普莱斯利等人(Harris & Pressley, 1991; Pressley, Harris, & Marks, 1992; Pressley et al., 1990)提出在设计、实施策略指导项目时需要考虑几个因素。不能强迫学生学习运用策略;策略教学应该帮助学生理解策略的意义并能投入实践。

> 好的策略指导向学生传递这样一个信息:学生能够控制他们的学习表现,创造性地运用传授给他们的认知策略能够在很大程度上帮助实现这个目标。好的策略指导鼓励学生反思,提供强大工具帮助学习者通过反思掌握文本大意、形成写作反思机制以及关于是否以及如何利用已知策略应对新情境的反思决策机制。
> (Pressley & McCormick, 1995, p. 515)

当策略指导凸显学习和策略应用的建构主义本质时,可能会取得较好效果(Goldin-Meadow, Alibali, & Church, 1993; Paris & Paris, 2001; 第八章)。关键的一点是学生受到驱动从所接收的输入信息中建构理解。高质量教学提供丰富的输入信息和理解建构情境,从而促进建构的完成。在开头小剧场中,康妮希望金姆最后能够调适策略以使策略对她发挥最大效力。

普莱斯利等人(1992)提出了策略指导的若干步骤(表10.5)。一次不介绍太多策略,这样不会给学生带来太大负荷,同时也有利于策略整合、揭示策略之间的相互联

系。针对不同任务的分散式练习能够促进迁移和保持。不能低估教师榜样示范的重要性,我们必须谨记示范作用受到规则的制约;学生不是机械地模仿榜样示范者的行为,他们学习策略以及策略调整(Rosenthal & Zimmerman,1978)。要鼓励学生利用策略,必须向学生强调策略的重要性。教师可以向学生展示策略运用有助于改善行为表现,以此来增强学生对策略重要性的认知。

表 10.5　策略指导的步骤

一次不介绍太多策略

设计针对不同任务的分散式练习

让教师成为榜样示范者

向学生强调策略运用的重要性

创造迁移机会

保持学生动机

鼓励习惯性反思和计划

反馈和个人化教学具有重要意义:教师应该针对学生的需求和发展差异给予反馈,教师和学生合力形成策略理解。例如,坎恩特瑞尔、阿尔玛思、卡特、林恩塔玛和马登(2010)发现,有一个阅读策略指导项目提高了六年级学生的阅读表现,但对九年级学生效果不大,这可能是因为项目策略的适用对象是存在缺陷的不成熟阅读者。阿泽维多、格林和穆斯(2007)发现给大学生安排一个助教督促学生运用策略(即鼓励学生激活已有知识、做好时间规划、监控目标进展、多做归纳总结、利用记忆法)能够促进学生的自我调节学习。教师和学生还必须创造迁移机会,具体实现方式包括讨论、鼓励性措施、调整策略适应新任务的实践练习等。保持学生动机——特别是凸显策略学习的有利性——十分有必要。最后,教师应该鼓励习惯性反思和计划。他们示范如何反思,提供机会让学生思考问题,营造重视反思的氛围,让学生明白学习并不仅仅是完成作业或知道正确答案。

建构主义

建构主义研究者也对自我调节学习做出了讨论,这似乎也是很自然的事,因为建构主义理论的一个主要内容就是学习者建构知识以及获取和应用知识的途径。建构主义自我调节学习讨论有不同的理论来源,包括认知—发展理论(第八章)、当代认知理论先锋流派(如格式塔心理学、记忆;第五章)和维果斯基的理论(Paris & Byrnes, 1989;第八章)。无论其理论源于何种流派,建构主义自我调节理论有一些基本主张,具体见表10.6(Paris & Byrnes, 1989)。

表 10.6 自我调节学习的建构主义主张

- 人有寻求信息的内在动机
- 理解高于所得信息
- 心理表征随着人的成长发展而变化
- 人的理解水平呈现渐进式的发展
- 人的学习行为受到发展因素的制约
- 反思和重新建构刺激学习

这些主张背后有两大主要论点:一是社会文化因素具有重要影响;二是人们形成关于自身、他人以及需求管理方法的内隐理论。我们下面对此加以讨论。

社会文化影响

维果斯基(1978)的人类发展建构主义理论十分契合自我调节学习的理念(第八章)。维果斯基认为人和他们的文化环境构成一个交互作用的社会制度。出现在儿童环境中的人们通过交流和行为教会儿童掌握能力所需要的工具(如语言、符号)。学习者在社会制度中借助这些工具发展高水平的认知机能,例如概念习得和解决问题的能力。维果斯基用了高阶心理机能这个表述,意思是这是一个受到意识引导的思考过程。自我调节学习正是一种高阶心理机能(Henderson & Cunningham, 1994)。

自我调节学习包括记忆、计划、综合和评估等心理行为的协调(Henderson & Cunningham, 1994)。这些经过协调的行为并不能脱离其形成的背景而作用,事实上,个体

的自我调节行为反映的正是个体所属文化中被认为重要并且通过教学获得的那些行为。

维果斯基认为人能慢慢控制自己的意识性行为（即人学会自我调节）。影响自我调节的主要机制是语言和最近发展区（ZPD；见第八章）。

柯普（1982）提出了一个理解言语自我调节机能发展的有用理论框架。她认为自我调节是一个从回应他人要求向利用言语和其他认知工具计划、监控、引导个人行为的过渡。

自我调节还要求学习者清楚知道社会接纳行为（Henderson & Cunningham，1994）。行为的意义取决于背景和用于描述行为的工具（语言、符号）。通过与最近发展区成人的互动交流，儿童实现行为从受他人调节到行为受自己调节（自我调节）的过渡。

沃茨（1979）提出了与社会背景中社会团体责任程度相对应的交互主体性四阶段论。最初儿童不能理解成人的话语或手势，因此不存在交互主体性。随着儿童的成长以及成人对儿童情境的敏感度增加，成人和儿童之间产生了共同的情境理解，虽然成人仍然是调节行为的主体。到了第三个阶段，儿童掌握了言语和行为之间的关系并对任务承担责任。在这一阶段，私人言语被广泛用于行为的自我调节。随着言语内化成为自我引导的思想，交互主体性变得完整，出现了独立的自我调节行为。内化是自我调节行为应用的关键所在（Schunk，1999）。实际应用10.5给出了若干内化的示例。

实际应用10.5

促进内化

学生自我调节学习的影响因素大多来源于他们身处的社会环境，例如教师向学生解释并演示具体策略以让他们用于学习便是如此。但正如本章理论所揭示的那样，学生不是被动地接收这些外部输入信息，他们会把这些外部信息转化为影响个人自我调节的相关因素。随着学习者的技能发展，原本社会—自我的单向过程变成了一个双向

的交互过程,学习者对环境做出调整、促进自我学习。其中一个核心过程是信息内化。内化后的自我调节行为为学习者所掌控,而未被内化的行为则为他人所掌控。内化行为的心理表征为思想、信念、程序、策略等。虽然学习可以在没有内化的情况下发生(如教师引导学生的行为),但技能的长期发展需要突破当前学习环境的限制,这就要求必须内化。内化的结果就是生成了一系列自我调节影响因素,学习者利用这些因素促进自我动机和学习。

考森先生想帮助学生内化拼写规则。例如,他教学生口诀:"字母 I 一般出现在字母 E 的前面,除非 I 和 E 前面有字母 C,这时 I 跟在 E 的后面;又或者 E、I 连写读若字母 A,比如单词 Neighbor 或 Weigh 中就是这样的情况,此时 I 也跟在 E 的后面。"他在列举含有 ie 或 ei 的单词示例时,让学生大声说出儿歌,当学生习惯之后,他又让学生低声说出儿歌,最后变成对着自己无声说出儿歌。关于其他拼写规则他也采用了相同的方法,教学生内化这些规则,好让他们在碰到不同的拼写单词时可以自动生成这些规则。

德威特洛尼女士不想学生觉得历史课就是关于史实的机械记忆。她希望学生能够掌握历史分析的技巧。她教学生在分析历史事件时提哪些问题:发生了什么? 谁是可以左右时局的人? 有哪些诱因? 如果诱因有所变化,事件结果可能会有哪些不同? 刚开始的时候她要求学生在分析事件时写下这些问题的答案。随着学生慢慢掌握了历史分析的技能,她让学生在表达相同信息内容的前提下自行形成策略。当学生把策略用于分析历史事件以及选举、经济、战争等时事时,他们实现了策略的内化。

莫诺维妮博士在给本科生上教育心理学课的时候把自我调节学习策略作为教学重点,希望他们能够在学习课程内容时运用这些策略。例如,她教学生怎么在文中有效画线标注信息、怎么归纳章节内容、怎么安排学习时间、怎么营造有效的学习环境。每个学生针对章节制定学习计划,她看过后给出反馈,并让学生在学期中根据计划的有效性评估修改计划。期末目标是学生能够实施计划并根据学习要求适时调整计划(如需要上网搜集资料)。

需要注意的是即便成人或教师不再出现，儿童的自我调节行为仍然可能受到成人或教师的影响。虽然儿童的行为受到自我调节，但本质上是他人影响的内化性调节。儿童往往会重复成人所用的词汇。但到一定时候，儿童会建构起自己的自我调节行为，这个行为会带上浓厚的个人色彩。

内隐理论

内隐理论（第八、九章）是建构主义学习、认知和动机理论的内在属性。学生们甚至会建构自我调节学习理论。这些理论与关于他人及他人世界的理论同时存在，因此自我调节学习理论具有高度的情境化特点（Paris，Byrnes，& Paris，2001）。

有一类主流内隐理论侧重讨论儿童的学习能力信念。有学习障碍并把这些问题归因为能力差的儿童往往表现出较低的成功动机。而只要努力就能成功、学习能够提高能力等信念与有效的自我调节学习正相关。成长心态（能力可以提高的信念）肯定设立目标（学习目标）、掌握性策略、积极预期等自我调节行为（Burnette，O'Boyle，VanEpps，Pollack，& Finkel，2013）。

儿童还会以同伴为参照形成自我能力认知。他们通过与相近他人的社会比较判断自我能力以及自己在班上所处的位置。他们还开始按学科评估自己的能力，判断自己的阅读、数学等学科的学习能力。

在这些信念的基础上，儿童形成不同领域的成功归因理论。有些自我调节策略具有普遍适用性，如笔记、演练等，但有些自我调节策略只适用于特定领域。但重点不在于策略是否真的有效，因为策略是建构的产物，往往带有误导性。

学习者还会形成关于自己学习能动性和掌控性的认知。这种为了实现目标结果而采取行动的能力正是社会认知理论（Bandura，1997）和建构主义理论（Martin，2004）的核心所在。不过，班杜拉认为自我效能是能动性的主要影响因素，而建构主义理论则更为强调学习者在自然和社会文化环境中的行为表现（Martin，2004）。学习者可能会产生极大的自我效能感（第四章），相信自己能够成功完成学习任务，也可能对自己的学习能力深表怀疑。同样，这些认知信念可能符合实际也可能不符合实际。例如，有研究表明儿童在得知自己数学题的解题情况很糟糕（错误很多甚至全错）的前提

下可能仍然会对自己的解题能力很有信心（Bandura & Schunk，1981）。自我效能判断和实际表现是否相符，取决于很多因素（Bandura，1997；Schunk & Pajares，2009）。

还有一类内隐理论侧重教学和学习任务（Paris et al.，2001）。这些理论侧重教学内容和所讲授的技能以及掌握这些内容和技能所必需的条件。学生的学习目标可能与教师和家长的目标并不一致。例如，教师和家长可能希望学生的学习表现出众，但学生的目标可能是结交朋友、不惹麻烦。对于具体学科（如阅读），学生的目标可能就是理解课文或能够读出书页上的单词。对于写作课，他们的目标可能就是完成书上的填空练习或能写小故事。

因此，自我调节学习是一个个体建构关于自我、他人和环境认知（如能力、努力等）的过程。这些认知部分通过他人的直接引导建构而成，但大多通过反思自己的行为表现、环境作用和他人反应建构而成。这些认知建构需要借助工具（语言、符号）在社会环境中完成，通常有赖于最近发展区内的指导。

自我调节学习的目标是让学生建构起学生自我身份属性的认知。学生的信念受父母、教师、同伴等人的影响，可能涉及性别、文化和种族背景等固定思维。帕里斯等人（2001）提出身份属性和自我调节学习相脱节是可能的，因为从学生的成就行为可以看出学生认为自己是什么样的人或自己想成为什么样的人。策略教学不能脱离学生的目标、角色和身份等因素。换而言之，自我调节学习与个人发展密切相关。

儿童受到内在驱动建构解释框架来理解自己的学习行为（Paris, et al.，2001）。成功的学习行为帮助他们建构起能力、任务和自我认知，这些认知能够促进学习以及学习策略的适应性应用。但如果失败，他们可能会建构起不恰当的目标和策略。总而言之，自我调节学习很大程度上依赖于儿童对自我和成就任务的认知（Dweck & Master，2008）。

动机和自我调节学习

动机和自我调节学习关系密切（Pintrich，2003；Wolters，2003）。获得实现目标动力的人会积极参与他们认为对自己有所帮助的自我调节活动（如组织演练学习内容、

监控学习进展、调整策略)。反过来,学生也会对学习动机做出自我调节,学有所获的认知能够帮助他们保持实现新目标的动机和自我调节行为(Schunk & Ertmer, 2000)。因此,动机和自我调节学习互相影响。

很多理论模式对动机和自我调节的关系作了清晰阐述(Pintrich, 2000b; Vollmeyer & Rheinberg, 2006; B. Zimmerman, 2000)。平特里奇的理论模式与动机密切相关,因为这一模式认为动机是学习者设立、实现目标的根源,同时也是他们自我调节的重点。在齐默曼的理论模式中,动机贯穿所有阶段:预见判断(如自我效能、结果预期、兴趣、价值判断、目标导向)、表现监控(如集中注意力、自我监控)和自我反思(如目标进展的自我评估、因果归因)。沃尔特斯的研究还提供了更多证据证明动机和自我调节之间的关联性(1998, 1999; Wolters, Yu, & Pintrich, 1996)。这些研究中,研究者们试图找出保持理想任务动机的策略(如付出努力、坚持、增加任务的趣味性、自我奖励)和学习过程中的自我调节策略应用(如演练、阐述、计划、监控、组织)之间的关系。结果表明学习者的动机调节行为能够反映他们的自我调节行为。学习目标导向和自我效能、任务重要性认知和成就行为正相关。

正日益受到研究者关注的自我调节学习的一个方面是意志,我们下节讨论。有研究者认为意志是包含动机和其他认知行为的自我调节系统的一个组成部分(Corno, 1993, 2001, 2008; Snow, 1989)。还有很多其他动机因素也因为其在自我调节学习中的重要作用引起了研究者的关注——例如,目标属性、目标导向、自我效能、兴趣、价值判断、自我图式和寻求帮助(Schunk & Zimmerman, 2008)。我们已经在第九章中讨论了目标属性(Zimmerman, 2008)、目标导向(Fryer & Elliot, 2008)、自我效能(Schunk & Pajares, 2009)、兴趣(Hidi & Ainley, 2008)和归因(Schunk, 2008)的作用。本节我们讨论意志、价值判断、自我图式和寻求帮助等因素。

意志

意志一直都是研究者感兴趣的话题。早期的心理学家参考柏拉图和亚里士多德的论著(第一章)认为人的思想由知识(认知)、感受(情感)、意愿(动机)等构成。意愿反映人的渴望、需求或目的;意志是采纳意愿的行为(Schunk, Meece, & Pintrich,

2014)。

关于意志是独立行为还是其他心理活动的衍生物,哲学家和心理学家各执一词、莫衷一是。冯特(第一章)认为意志是人类行为的核心内容,具有独立性,伴随注意、认知等行为发生,帮助把想法和情感转化为行动。詹姆斯(1890,1892)也认为意志是把意图转化为行动的过程,当出现不同意图时,意志的作用力最大。意志通过激活意图行为的心理表征执行意图行为,成为行为的指引。

阿赫(1910)开创性地开展了意志的实验性研究。他认为意志是实施实现目标行为的过程。这是对动机的狭义理解,因为它没有考虑人们形成目标并努力实现目标的行为(Heckhausen,1991;Schunk,et al.,2014)。把目标转化为行动的行为被称为确定趋势行为;它们与已有的联结趋势竞争转化为行动的可能性,即使行动与已有联结相冲突。

当代意志研究的理论基础是赫克豪森(1991)和库尔(1984)的行为控制理论。他们区分了先决性处理行为(决策和目标设立过程中的认知行为)和后决性处理行为(目标设定完成后的行为)。先决性分析包含决策行为,具有动机意义;后决性分析针对的是目标行为,是意志的体现。意志可以协调目标和实现目标行为之间的关系。学生一旦从计划和目标设定阶段转入计划实施阶段,表明他们已经下定决心,会通过自我调节行为保护目标,而不会再对目标进行斟酌或修改(Corno,1993,2001,2008)。

学者们存在争议的另外一个问题是动机和意志是不同的行为还是后者是前者的一个组成部分。不过,区分先决性行为和后决性行为很有意义。行为研究中的有些动机结果并不适用学习过程。行为选择是一个常见结果,但学生的学校学习任务很多不是选择的结果。学生基本没有先决性处理的自由,而后决性行为的自由度又太大,特别是当完成任务或应对干扰的方法极为多样化时。选择是自我调节学习的一个重要内容(Zimmerman,1994,1998,2000),但即使学生对是否完成学习任务没有选择权,他们依然有很多选择。意志行为很可能指导并控制信息处理、情感以及实现目标的行为(Corno,1993)。

科尔诺和同事(1989,1993,1994,2001,2008;Corno & Kanfer,1993;Corno &

Mandinach,2004)发表了大量著作阐述意志在自我调节过程中的作用:

> 意志可以被看成是一个由心理控制行为构成的动态系统,这些行为保证在出现个人或环境干扰时学习者能够集中注意力,继续朝着目标努力,从而促进学习和行为表现。(Corno,1993,p. 16)

在自我调节学习过程中有必要区分意志的两个机制:行动控制和意志风格(Corno,1994)。行动控制机制指具有潜在可调适性的调控技巧或策略。这个机制涵盖以增强自我调节为目的的干预行为的核心内容,包括元认知监控(自我观察)、自我管理、重新设计任务、情感控制策略、环境资源管理等。库尔(1985)提出了意志策略分类法;科尔诺(1993)讨论了动机控制策略和情感控制策略。有很多实例可以证明行动控制策略训练项目的有效性(Corno,1994)。

第二个机制是意志风格,指意志的稳定性、个体差异等属性,与行动控制过程所包含的具体技能和策略相对。意志风格与人的个性因素相关,这些个性因素相对稳定,不太会因为学习行为而有所改变——例如冲动性、责任心、依赖性等性格特征(Snow,1989)。科尔诺(1994)引用了一些研究,这些研究结果表明这些性格特征可能产生不同的学习结果。

认为意志是一个独立概念有其有利的一面。但把目标设定和目标实施区分开来也有问题,这个问题已经为研究所证实——研究结果表明学习者在完成任务过程中会调整或设立新的目标(Locke & Latham,1990;Zimmerman,2008)。另一个问题是归因和自我效能等动机性行为与意志有何关系。关于这方面的研究仍在持续进行中。

价值判断

动机的一个与自我调节学习相关的重要内容是学生对学习行为的价值判断(Wigfield,Hoa,& Klauda,2008;第九章)。认为所学知识不重要的学生缺乏改善或自我调节学习行为的动力(Wigfield,Tonks,& Eccles,2004)。

韦格菲尔德(1994;Wigfield,et al.,2008)讨论了价值判断促进自我调节学习的

作用机制。价值判断与坚持、选择、行为表现等成就行为密切相关,与很多自我调节行为——自我观察、自我评价、目标设定——呈正相关。例如,认为历史很重要的学生会认真准备历史考试,确立学习目标,监控学习进展,遇到障碍不会屈服,会根据需要调整学习策略。但如果学生觉得历史一点不重要,可能就不会出现这些行为。

研究支持价值判断与认知学习策略的有效运用、自我调节学习认知和学习表现相关的观点(Pintrich & de Groot, 1990; Wigfield, 1994; Wigfield, et al., 2004, 2008)。例如,珀凯和布鲁门菲尔德(1990)发现学生对数学的重要性认知会导致不同的认知策略运用,而策略运用反过来影响数学的学习表现。韦格菲尔德(1994)发现任务的价值判断与意志行为控制策略正相关(Kuhl, 1985)。

不过,可惜的是,研究发现儿童对学习任务的重要性认知随着年龄的增大呈下降趋势(Eccles & Midgley, 1989)。很多促进学生学习动机的举措与任务重要性认知直接相关,这些举措包括向学生展示学习任务对他们的生活有何意义以及学习可以如何帮助他们实现人生目标等。在开头小剧场中,金姆可能并没有意识到学习课程的重要性,但康妮想要鼓励她,告诉她策略运用能够改善她的学习表现,这可能可以增加她对课程学习重要性的认知。教师应该把提高价值认知和课程规划相结合,以确保能够促进学生的自我调节学习。

自我图式

自我图式是"持久性目标、期望、动机、恐惧和威胁的认知呈现"(Markus & Nurius, 1986, p. 954)。自我图式包括能力、意志和个人能动性的认知和情感评估,它们本质上是不同情境下的自我认识——即关于我们是什么样的人的认识。自我图式的理论重要性表现在它们很可能是协调情境—行为链接的重要因素。个体行为部分是基于他们的自我认知。自我概念由多个自我图式构成,在特定时间只有其中一部分处于活跃状态。那些任何时间都活跃的自我图式被称为工作自我概念。自我图式涉及不同的层面——情感(自我认知被认为重要或不重要)、时间(经历生成过去、现在和未来的自我概念)、自我效能(关于我们能做什么以实现自我的信念)、价值(在个体心目中自我的重要性或中心地位)等。

可能自我是一种有序的知识结构,能够实现各种动机信念的更高层次联结(Garcia & Pintrich,1994)。因此,目标是重要的动机行为,而自我图式是连接各种目标的有序知识结构。自我图式能够使动机和策略运用相联结。如果个人形成关于自己可以成为什么样的人、可以做什么的理念,那可能自我就可以引导行为。

可能自我在自我调节学习过程中起着重要作用,因为自己可以成为什么样的人的理念是自我调节行为的内部原动力(Garcia & Pintrich,1994)。个体调节学习和行为表现是为了成为正面的可能自我而不想成为负面的可能自我。学生们为了实现自我、保护自我价值感而自我调节动机。

寻求帮助

寻求帮助是一种自我调节社会环境以促进学习的方式。当自我调节学习者遇到困难并认为有需要时,会寻求帮助(Newman,2000,2002,2008)。特别值得一提的是,成就表现高的学习者通常会向教师和同伴求助(Zimmerman & Martinez-Pons,1990)。

纽曼(1994)提出了一个适应性求助模式,包含以下内容:

■ 学生因为不能理解而启动适应性求助模式;

■ 学生思考求助的必要性、求助内容以及向谁求助;

■ 学生选择最适合当前情境的方式表达求助需求;

■ 求助者接受、对待帮助的方式能够最大程度保证以后的求助行为获得成功。

求助是一个相对复杂的行为,其涵盖的内容不仅仅是开口提出求助请求,其中也牵涉到动机因素。有很多学者对动机行为——尤其是自我效能和目标设定——与求助行为之间的关系做了研究。结果表明学习自我效能高的学生比学习自我效能低的学生有更强的求助意愿(Ryan,Gheen,& Midgley,1998)。任务目标导向学生寻求帮助是为了保证行为的正确性,而自我投入学生寻求帮助是为了掌握自己行为与他人行为的比较情况(Newman & Schwager,1992;Ryan,et al.,1998)。

这个研究表明不同的动机模式会诱发不同的求助方式。对于自我调节学习,适应性最强的求助方式是能够给出学习和进展反馈的方式。如果求助能够帮助学生发展学习技能,教师可以鼓励学生多多寻求帮助。

教学应用

就像其他技能一样，自我调节技能也可以通过学习获得（Zimmerman，2000）。有效的自我调节技能教学方法包括让学生观察社会榜样、教他们运用信息策略、给予练习机会和纠正性反馈、帮助他们评价学习目标和进展（Schunk & Ertmer，2000）。很重要的一点是学生需要内化学习环境中的各种社会影响，使它们成为自我调节行为的一部分（Schunk，1999）。

本章讨论的自我调节学习原则全都适用教学实践，其中最有效的实践应用是把自我调节行为和学习指导相结合，有三个领域与此关系尤为密切：学术研究、写作、数学。

学术研究

很多学生非常抵触学术研究。研究者们对学生在学术研究过程中的自我调节学习行为做了研究。研究成果有旨在帮助学生培养研究习惯的出版物（Kiewra & Dubois，1998；Weinstein & Hume，1998；Zimmerman，et al.，1996），也有与学术课程内容相结合的有效的研究课程（Hofer，Yu，& Pintrich，1998；Lan，1998）。我们可以通过策略和时间管理指导培训提高学生的学术研究能力。

策略指导。研究者对策略指导之于学术研究的影响做了研究。戴瑟罗（1978；Dansereau et al.，1979）开发了一个针对大学生的策略指导项目。这些研究者对主要策略——直接用于学习内容的策略和支持策略——能够帮助学习者营造并维持有利的学习心理氛围的策略作了区分。支持策略包括情感策略和监控、纠正主要应用策略的策略。

合格的学术研究要求学生能够理解、记忆、提取并利用信息。在戴瑟罗的学习策略项目中，学生通过标注重点、在不看原文的前提下回忆所学内容、消化拓展信息以及复习等方式训练理解能力。拓展信息指创建记忆网络连接，把信息与长期记忆中的其他信息相关联。学生学会自我提问："假设你可以和作者对话。你想问什么问题？你有什么批判性意见？""学习内容可以怎么应用？""如果想学习内容变得更易理解、更有趣，你会怎么做？"这个项目也包含了支持策略的相关内容，如目标设立、注意力管理、

监控和问题诊断等。学生学会制定时间安排表,确立每日、每周以及更长远的目标。他们监控学习进展,当行为表现与预期不符时,对行为或目标做出调整。注意力管理主要训练学生处理挫败、焦虑、愤怒等情绪的能力。鼓励学生采用自我谈话的方式,让他们在放松的状态下想象焦虑的情形,帮助他们能够自如应对焦虑(第三章)。监控和问题诊断要求学生预先判断自己会在文中什么地方停顿或评估自己的理解水平。每到一个停顿点,学生对自己的理解水平做出评估,并在必要时采取补救措施(如重读)。这个策略指导项目的反馈意见显示它改善了学生的学术研究行为和态度(Dansereau,et al.,1979)。

戴瑟罗(1988)还对这个项目作了一些调整用于合作学习训练。两位学生一组,完成一篇长 2,500 字的文章,每个学生轮流读 500 字左右。每次由一位学生负责复述,口头归纳所读部分的主要内容,另一位学生的任务是聆听同伴的复述、指出复述有误的地方、通过添加意象和已有知识链接阐述知识。戴瑟罗指出这种合作学习模式对学习和迁移的促进作用大于个体学习。

时间管理。不同理论背景的研究者越来越对学生计划、管理学术研究时间的认知和行为过程感兴趣(Winne,2001;Zimmerman,Greenberg,& Weinstein,1994)。有效的时间管理能够促进学习和成就表现。布林顿和泰瑟(1991)发现从大学生的短期计划时间管理安排和时间态度能够有效推断出他们的绩点表现。有效的时间利用部分是学生目标设定和计划行为的结果(Weinstein & Mayer,1986)。这些行为反过来促使学生实施诸如目标进展自我监控等自我调节行为。时间是自我调节的一个重要方面,也可以是行为表现的结果(如花多少时间在任务上)。

不良的时间管理可能反映了几个方面的问题(Zimmerman,et al.,1994)。当学生没有恰当地自我观察、自我评估、自我反馈行为结果时,可能会产生不良的时间管理。当学生没有充分利用日历、闹钟等计划辅助工具时,可能也会导致时间管理不善。目标不切实际、自我效能低、把学习困难归因于能力低、觉得策略不重要等也会影响时间管理(Zimmerman,1998;Zimmerman,et al.,1994)。学生可以学会更有效地管理时间。韦尼斯坦、帕尔默和舒尔特(1987)把时间管理列入了学习和研究策略目录(LAS-

SI)——一个诊疗性的关于学生的策略性、目标性学习的自我报告式测评项目,其关注重点为与学习表现相关且能够矫正的想法、态度、信念和行为。完成 LASSI 或类似测评往往可以有效地知道学生有哪些学习问题。

提高时间利用效率的培训项目往往涉及以下题目:成为策略性学习者;目标设定和自我管理的作用;时间管理计划;笔记、听讲、画线、归纳、压力应对等研究策略;组织学习情境。

一个重要的学习时间问题是,学生通常意识不到自己是怎么花费时间的。为了让学生对此有所了解,可以布置他们记录时间日志,为期一周,以显示他们完成每项任务花了多少时间。一般学生会对自己浪费的时间大吃一惊。培训指导必须有针对消除或减少时间浪费的处理方法。

另一个常见问题是学生对任务需要花费多少时间没有概念。有名学生告诉我说她觉得自己需要两个小时左右读完教育心理学书上的八章内容。15 分钟读完一章,没有停顿,这个阅读速度够快!一个有效的练习是让学生估计不同任务需要花费的时间,然后让他们记录实际所用时间,并与估计时间相对照,看看这两个时间是否一致。

学生往往喜欢多变的工作环境。他们可能会想在存在潜在干扰——有朋友、电话、广播、电视、冰箱等——的场所学习。有些学生喜欢在有轻音乐或些许噪声的背景下学习,但如果干扰太大或存在太多潜在干扰项,基本上没有人能够在这样的环境中专心学习。因此,让学生完成学习偏好环境和实际学习环境的情况登记会是一个不错的方法,能够帮助学生判断是否需要换个环境。

写作

与其他形式的学习一样,写作能力的发展也受到动机和自我调节的影响(Cutler & Graham, 2008; Graham, 2006)。布鲁宁和霍恩(2000)把写作能力的发展描述为是一个"需要不断监控任务目标进展的高度动态化的解决问题过程"(p. 25)。写作的认知模式含有动机和自我调节行为(Hayes, 2000; Magnifico, 2010)。在这个过程中,学生运用认知和元认知策略积极处理信息。

目标设定、策略运用、目标进展自我监控或自我评估是重要的自我调节行为

(Schunk，1995)。针对小学生的写作干预研究的元认知分析结果表明策略指导、目标设定、自我评估等行为会产生积极影响(Graham，McKeown，Kiuhara，& Hanks，2012)。针对青少年学生的元分析同样表明了关于写作的策略指导和目标设定的有效性(Graham & Perin，2007)。齐默曼和基茨安塔斯(1999)发现从过程性目标(按照策略步骤完成写作任务)转为结果性目标(句子中的单词数)的高中生相比单一追求过程性目标或结果性目标的高中生表现出更高的写作修改技巧、自我效能和写作兴趣。这些结果表明随着技能发展,学生的关注重点可以从遵从策略指导转到策略运用所产生的结果(如少犯错)上。虽然我们还需要更多研究,才能对教学对写作动机的影响做出阐述,但使用真实性的写作任务、营造支持性的写作环境(如任务需要一定努力,但具有完成的可行性)可以增强动机已经是定论。

克拉森(2002)对写作自我效能的研究文献作了回顾,大多数研究发现自我效能与写作表现密切相关。有研究发现自我效能存在性别差异,男生的自我效能判断高于女生,虽然实际表现没有差别。营造有利于提高自我效能的课堂氛围有助于提高写作能力。布鲁恩斯坦和格拉瑟(2011)发现自我调节学习增强了四年级学生的写作自我效能。

写作很费心思,对注意力控制、自我监控、意志力控制等都有所要求。格拉哈姆和哈里斯(2000)发现自我调节对写作的影响表现在两个方面。其一是自我调节行为(如计划、监控、评估)就像一块块积木,需要拼搭起来完成写作任务。其二,这些行为会带来写作策略的调整,产生更长远的影响。因此,成功规划能够增加其以后的适用可能性并树立起写作的自我效能,而这些反过来又会对动机和以后的写作产生积极影响。在写作作业的背景下教学生自我调节技能能够促进成就和动机(Graham & Harris，2000；Schunk & Swartz，1993a，1993b)。从学生学习日志写作中所体现的学习策略(特别是组织和阐述)的性质和数量,可以有效推断他们的数学学习表现(Glogger，Schwonke，Holzäpfel，Nückles，& Renkl，2012)。

自我调节策略发展模式已被广泛用于写作(Baker，Chard，Ketterlin－Geller，Apichatabutra，& Doabler，2009；Glaser & Brunstein，2007；Graham，Harris，MacArthur，&

Schwartz，1998；Harris & Graham，1996；Zito，Adkins，Gavins，Harris，& Graham，2007）。这个模式综合利用了写作策略教师示范、同伴合作小组练习、单独练习等教学方法,学生获得的帮助（支架）逐步减少。这个模式已被成功用于有写作障碍、学习障碍、注意力缺陷/多动症学生的教学（Harris，Graham，& Mason，2006，2013；Reid & Lienemann，2006）。模式涵盖的策略既有一般策略,也特定适用性的具体策略（在开头小剧场中有所强调）,除此以外,还包含了动机因素（如自我强化）。德·拉·帕兹（2005）发现将该模式用于具有不同文化背景的学生能够提高他们的议论文写作技巧。

　　鉴于写作涉及语言,是个人想法和认知活动的反映,因此写作已被认为是提高学习能力和学习表现的有效方法。这种"以写促学"的理念倡导要让学生进行不同学科的写作。班格特—卓恩斯、赫利和韦尔金森（2004）对以写促学干预研究的文献做了回顾,发现这些干预措施对学生整体学习表现有一些促进作用。他们还发现督促学生在写作过程中反思知识和学习过程有助于促进学习。这些结果表明以写促学是促进学科性自我调节学习的有效途径。实际应用10.6列出了自我调节学习在写作领域的一些应用案例。

实际应用10.6

写作

　　教师可以将自我调节行为和写作课程相结合。尼克娜女士是一名三年级教师,她想布置学生写一段关于暑假经历的话。她可以先让学生分享他们的暑假经历,这个可以布置成集体任务。

　　分享结束后,她可以和孩子们合力完成一份关于自己暑假经历的段落写作,从规划到写作再到校改,都是和孩子们一起完成。这项练习可以强调好的段落写作有哪些重要因素、写作过程中包含哪些自我调节行为等。

　　然后学生们可以两个一组,互相交流自己的暑假经历。分享交流可以启发学生写

什么内容。交流结束后,孩子们开始下笔写自己的暑假经历。学生们可以利用自己列出的信息形成段落句子,写完后和同伴交换互看。同伴针对段落表达的清晰度和语法等方面给出反馈,然后再拿给学生修改。

负责高中年鉴编写工作的教师可以把自我调节行为和年鉴编写相结合。教师和学生见面时,可以一起商讨年鉴编排和所涵盖的话题(如学校焦点新闻、体育、俱乐部)以及年鉴各部分的责任人等问题。然后学生确立目标并规定时间,开始以小组的形式完成写稿,并参照教师的反馈意见做出修改。

史密森博士辅导班上学生完成第一篇研究论文。她先让每名学生选好题目,写出基本提纲,列出可能的参考资源,然后和学生一对一见面辅导写作策略。这些完成后,学生开始写初稿,这个阶段她较为关注开头和结尾部分。等她看完学生初稿后再次与学生一对一面谈,讨论论文初稿,指出论文的进展情况,并指导学生按照论文要求完成定稿。

技术

我们已经在第七章讨论过技术对学习的影响,事实上,技术对自我调节学习也有影响。学习环境中技术手段的应用可能包含各种自我调节行为,如计划、知识激活、元认知监控等(Azevedo, Moos, Johnson, & Chauncey, 2010)。教师在在线课程和混合课程的教学过程中利用技术手段能够帮助学生掌握自我调节技能。

在线课程和混合课程教师可以利用的技术手段非常丰富,包括功能齐全的学习管理系统、讨论板、聊天室、博客、网络会议、维基、社交网络平台、云处理技术、虚拟世界、移动技术等(Kitsantas, Dabbagh, Huie, & Dass, 2013)。

可以和多数技术手段相结合的自我调节行为是目标设定。在网上发布作业、指导学生使用讨论板能够促进目标设定,学习管理系统中的合作和交流工具同样可以起到这个效果(Kitsantas, et al., 2013)。良好的时间管理是学生实现目标的必要条件之一,能够自动提醒到期日期、定时提醒学生应该完成多少作业量的日历工具有助于培

养学生的时间管理习惯。

教会学生如何有效使用在线资源并提供练习机会能够增强学生在线课程和混合课程学习的自我效能(Kitsantas, et al., 2013)。在课程中保持学习自我效能感能够促进动机和成就表现(Schunk & Pajares, 2009)。

技术工具还能够帮助学生在学习过程中掌握并更加有效地运用策略,既包括环境组织和专注于任务等一般策略,也包括只针对所学内容的特定策略。经过精心设计的在线学习环境能够促使学生有效使用策略,如可以提醒学生到时停下来对已学过的内容做出归纳总结。本章讨论了自我监控在自我调节学习中的重要作用。在线学习环境可以帮助学生实现自我监控,例如学生可以方便地利用在线成绩记录功能追踪自己的学习进展情况。格德斯(2009)发现相比较少使用在线成绩记录功能的学生,较常使用在线成绩记录功能的学生课程成绩更高,报告自己的学习目标导向更强。

学生可以采用同样的方式监控学习进展并定期做出评估;即学习进展达到还是没有达到设定的目标。学习管理系统还可以定时提醒学生对学习进展情况做出自我评估。在线日志已被证明能够有效促进学生反思学习目标并做出适时调整(Campbell, 2009)。

学习管理系统可以让教师实现个性化教学。他们可以在线展示学生的学习组织可以借鉴的材料、检查学生完成的作业、在线提问并接收反馈。这种支架式教学能够帮助学生更好地自我调节学习(Kitsantas, et al., 2013)。

此外,学习管理系统还很方便教师做出修改调整。例如,教师可以发送电子邮件给学生,提醒他们作业提交的截止时间以及作业要求。没有按时提交作业的学生会受到催交提醒通知。对于长篇作业(如研究论文),教师可以在任意时间发送邮件提醒学生任务完成进度。教师还可以针对作业完成的不同阶段提出可行的自我调节策略建议。这些建议虽然很简单也不占用什么时间,但对学生完善自我调节学习技能大有帮助。

小结

自我调节学习指学习者系统调动思想、情感和行为以实现学习目标的认知、元认知、动机和情感活动。自我调节学习是学习过程中学习者所采用的自我调节行为,目标是期望达到的成就水平。

自我调节学习是成人和儿童自我控制发展心理学研究的衍生物。早期自我调节研究大多为临床研究,研究者对参与者进行培训以纠正暴力倾向、成瘾、性异常、人际冲突、家校行为不当等障碍性行为。近年来,研究者的研究开始拓展至学术型学习和成就表现以及团组自我调节学习等领域。共同调节指社会背景下人们自我调节能力的协调;社会共享性调节指合作情境中以实现共同结果为目标的调节行为,这些行为具有相互依存性。

自我调节学习理论有一些共性认识。第一个共识是自我调节学习是一个学习者积极调动行为、认知、元认知和动机等因素参与学习和行为表现的过程。第二个共识是自我调节学习是一个由反馈回路构成的动态循环过程。自我调节学习者设定目标并对目标进展做出元认知监控。他们对自我监控以及外部反馈做出不同方式的回应以实现目标,如更加努力或改变策略等。目标实现促使他们设定新的目标。第三,目标设定通过引导个体专于目标性活动和相关策略应用激发自我调节学习。最后,自我调节学习强调动机——即人为什么选择自我调节学习并保持这种行为。自我调节学习是一个不断变化的动态过程。它包含学习者的一系列选择,如是否参与自我调节学习、采用哪种方法、希望实现什么样的结果、在什么样的社会和自然环境中自我调节等。自我调节学习也是一个行为过程,个体调节自己的行为为实现目标服务。个体还对认知和情感因素做出调节。在学习过程中,他们自我调节认知、动机、情感等因素,具体表现为保持学习自我效能、重视学习内容、对学习结果有积极预期、评估目标进展、判断策略有效性并适时做出调整、保持积极情绪等。

众多学习理论都对自我调节学习有所阐述。行为理论强调刺激和反应情境,认为学习者受到努力的强化。行为理论的自我调节活动包括自我监控、自我指导和自我强化。学习者决定调节哪些行为,设置分辨性刺激诱发调节行为,根据需要接受指导,监

控行为表现,当行为符合标准时实施强化。行为主义原则对自我调节学习有一定启发,但因为忽略了认知和情感层面,对自我调节的阐述有较大局限性。

传统的自我调节学习社会认知理论认为自我调节由自我观察、自我判断、自我反应等行为构成。学生抱着不同的目标投入学习,如掌握知识和技能、完成作业等。在目标的作用下,他们观察、判断并对感知到的目标进展做出反馈。这一传统观点后来有所拓展,开始注重自我调节的循环性,并把任务参与前后的行为也纳入了研究范畴。这个循环过程反映了社会认知理论强调个人、行为和社会/环境因素交互作用的观点。预见判断阶段是先于实际表现的行为预备阶段,包含目标设定、策略选择、学习自我效能评估等行为。表现控制阶段包含学习过程中发生的影响注意力和行动的行为,如策略运用和进展监控等。自我反思阶段出现在任务中断以及任务完成后,学习者通过设定新目标、调整策略、分析结果归因等行为对努力做出反馈。

信息处理理论认为自我调节学习是元认知意识的反映。自我调节要求学习者对任务要求、个人特性、任务策略等有较好理解。元认知意识还包括程序性知识。自我调节的基本内容可能表现为解决问题机制,这里的问题是实现目标和监控检查进展,以判断学习是否正在进行。传统的信息处理研究侧重认知因素,但研究者越来越关注动机因素。

建构主义理论认为自我调节学习是记忆、计划、评估、综合等心理机制相协调的过程。学习者利用语言、符号等文化工具构建学习内容和情境意义。其中一个核心内容是自我调节行为的内化;虽然学习者通过外部环境掌握自我调节策略,但他们会对策略做出调整以实现策略在个人自我调节系统中的运用。

自我调节学习和动机息息相关。目标设定、自我效能、结果预期等行为是重要的动机行为,影响自我调节学习。反过来,有效的自我调节学习能够激励学习者设立新目标并继续投入学习。学生还可以自我调节学习动机。研究者对意志在成就行为实现过程中的作用做了研究。自我调节学习过程中的动机因素还包括价值判断、目标导向、自我图式、寻求帮助等。

学习者可以像掌握其他技能一样掌握自我调节技能,成为更好的自我调节学习

者。有效的教学模式首先考虑社会(环境)影响,如教师示范讲解、演示自我调节策略等。随着学生的实践和技能掌握,他们会以个性化的方式转化这些社会影响并内化成为个人自我调节系统的组成部分。自我调节学习原则已被广泛用于学术研究、写作等领域。技术手段丰富的学习环境可以帮助学生发展自我调节技能。

扩展阅读

Azevedo, R., Moos, D. C., Johnson, A. M., & Chauncey, A. D. (2010). Measuring cognitive and meta-cognitive regulatory processes during hypermedia learning: Issues and challenges. *Educational Psychologist*, 45, 210 – 223.

Corno, L. (2008). Work habits and self-regulated learning: Helping students to find a "will" from a "way." In D. H. Schunk & B. J. Zimmerman (Eds.), *Motivation and self-regulated learning: Theory, research, and applications* (pp. 197 – 222). New York, NY: Taylor & Francis.

Henderson, R. W., & Cunningham, L. (1994). Creating interactive sociocultural environments for self-regulated learning. In D. H. Schunk & B. J. Zimmerman (Eds.), *Self-regulation of learning and performance: Issues and educational applications* (pp. 255 – 281). Hillsdale, NJ: Erlbaum.

Mace, F. C., Belfiore, P. J., & Hutchinson, M. M. (2001). Operant theory and research on self-regulation. In B. J. Zimmerman & D. H. Schunk (Eds.), *Self-regulated learning and academic achievement: Theoretical perspectives* (2nd ed., pp. 39 – 65). Mahwah, NJ: Erlbaum.

Sitzmann, T., & Ely, K. (2011). A meta-analysis of self-regulated learning in work-related training and educational attainment: What we know and where we need to go. *Psychological Bulletin*, 137, 421 – 442.

Winne, P. H., & Hadwin, A. F. (2008). The weave of motivation and self-regulated learning. In D. H. Schunk & B. J. Zimmerman (Eds.), *Motivation and self-regulated*

learning: *Theory*, *research*, *and applications* (pp. 297 - 314). New York, NY: Taylor & Francis.

Zimmerman, B. J. (2000). Attaining self-regulation: A social cognitive perspective. In M. Boekaerts, P. R. Pintrich, & M. Zeidner (Eds.), *Handbook of self-regulation* (pp. 13 - 39). San Diego, CA: Academic Press.

第十一章　环境影响

在本科生的教师教育课上,理查德博士正和学生讨论学生厌学问题。这些学生正在初高中实习。理查德博士问学生他们觉得为什么有这么多中学生厌学。

坦雅:我觉得他们的心思都在其他事情上。他们喜欢和朋友、伙伴还有女孩一起出门玩,一点没想着学习。

瑞克:课太无趣了。好多教师上课就是站在讲台前自己滔滔不绝地讲。学生们都没有说话或走动的机会。我不喜欢这样的课。

杰娜:可能还有来自家庭的原因。有很多父母对教育不够重视。孩子的学习表现对他们来说并不重要。

艾莱克:还可能跟他们的朋友有关。如果跟你一起玩的都是些品学兼优的人,那你也会进步,但如果你接触的人都觉得学习没出息,那你肯定也会有一样的想法。这不就是榜样示范作用吗?

史蒂芬诺:还不光是同伴的问题。孩子们生活的社区环境也有很大影响。我实习学校所在的社区人员素质都不高,他们大多没有受过良好教育,在这样的环境中孩子不可能有好的榜样。

勒妮:孩子的文化背景大相径庭。我最近在电视节目中听过一个故事,讲述了不同文化对待读书的态度是不一样的。像这种情况教师能做什么?

理查德博士:你们说得都很好。所有你们提到的都是学生厌学的可能影响因素。的确,有些因素比较好改变,有些因素却不太容易。作为教师,你们可以控制课堂的趣

味性,但你们还可以在父母、同伴、社区和文化信念等方面做出努力。我们接下来要讨论的就是这些。你们可以想想实习中有没有碰到过相关的例子。

本书讨论了很多学习原则。我们可能会想当然地认为这些原则在不同环境中的作用模式是一致的,不太会受到环境因素的影响。但事实并非如此。学习原则并不能脱离环境而作用。相反,它们在特定环境中发挥作用,受到环境的制约。

虽然所有学习理论都对环境因素有所论述,但有些理论(如建构主义理论;第八章)特别强调环境的影响。跨文化比较研究发现相同因素对学习和发展的影响存在文化差异性,揭示了学习环境理论存在的合理性。不过,即便在相同的社会环境中,人的发展和学习模式也是千差万别(Meece, 2002)。显然,社会实践也会影响学习。

环境有很多定义。在人类发展层面,布朗芬布伦纳(1979)提出了一个环境理论模式,该模式由三个同心圆构成,最里面是学校、同伴、家庭三个相互交叠的圆,中间重合的部分是个人;在这外面是邻里、大家庭、社区、教堂、工作场所、大众媒体等构成的大圆;最外围的圆包含法律、文化价值观、政治和经济体制、社会习俗等内容。每个层面的变化都会影响到其他层面。例如,儿童的生理变化会引起社交团体的变化,而社交团体又受到文化价值观的影响。这个模式揭示了人类发展的复杂性,也暗示了不同年龄段学生学习行为的复杂性。

本书中的环境指个体身处的社会群体或学习环境(Cole, 2010)。社会群体指同在某些制度化环境——如学校、课堂、工作场合——中的人。当代研究者对不同的社会群体做了研究,如学习者群体、实践群体(Brown & Campione, 1996; Lave & Wenger, 1991)。研究者认为学习研究不能在控制化的环境中开展,因为学习不仅包括技能习得,而且还包括群体成员身份属性的发展(Lave, 1993)。一个人的身份属性能够激励学习并赋予学习意义。

本章讨论影响学生在校学习表现的环境因素。很多影响因素跟教师、课堂、学校等相关。但有很多环境因素是学校以外的因素。近年来,研究日益发现父母、同伴、社区以及文化等因素对学生学习、动机和自我调节有重要影响。教育者需要尽可能对这

些因素有所了解以便能够有效利用它们为学生营造有利的校内和校外学习环境。

本章首先讨论影响学生学习的校内环境因素:教师、课堂和学校。校内因素具体包括课堂组织和安排、师生互动、教师期望、教师支持、发展适宜性教学、学校过渡、学校氛围等。接着讨论同伴、家庭、社区、文化等因素在学习过程中的作用。如果读者对前面章节讨论的学习原则有较好理解,将有助于他们实现学习原则和环境影响因素的结合,知道如何更好运用学习原则以促进学生学习。

学完本章后,你应该可以:

■ 讨论组织、管理、目标等因素如何影响学习环境对教学和学习的有效性;

■ 解释师生互动相关因素——包括教师反馈、支持、期望等——如何影响学生的学习动机和行为;

■ 解释什么是发展适宜性教学以及学校教育阶段过渡为何会影响教学和学习;

■ 解释同伴榜样示范和同伴网络如何影响学生学习;

■ 讨论社会经济状况、家庭环境、家长参与、媒体影响与发展和学习的关系;

■ 解释社区地理位置及社会参与度和学生学习及成就信念之间的关系;

■ 解释相同或不同文化背景学生差异如何影响他们的信念、行为和学习;

■ 解释师生互动、学习风格和家校共建研究文献的教学启示。

教师、课堂和学校

关于学生学习环境影响的讨论应该从教师、课堂和学校开始,因为这些是学生学习生活中的核心因素。本节讨论该层面的几个具体因素:有效的学习环境、师生互动、发展适宜性教学、学校教育阶段过渡、课堂和学校氛围。

有效的学习环境

有效的学习环境能够促进学生学习,营造有效的学习环境是教师的主要职责。有效的学习环境要求良好的教学组织和管理以及 TARGET(任务、权威、肯定、分组、评估、时间)的有机统一(Levin & Nolan,2000;Meece,Anderman,& Anderman,2006)。本节将逐一讨论这些内容。

组织。组织指活动设计、学生分组、表现评估、权威树立及保持、时间安排等任务活动的形成机制(Stipek,1996)。课堂学习环境的良好组织能够促进学习。很多研究者和教育者认为环境是一个复杂概念,在理解学习时需要考虑很多因素(Marshall & Weinstein,1984;Roeser,Urdan,& Stephens,2009)。

组织的一个重要属性是维度(Rosenholtz & Simpson,1984)。单维课堂活动较少,涉及的学生能力比较有限。多维课堂活动较为丰富,学生能够展现多元化能力和行为。多维课堂契合了建构主义学习理念(第八章)。

能够反映课堂维度的参数有任务结构的差异性、学生自主性、分组模式、正式表现评估的显著性等(表11.1)。单维课堂的任务结构呈现无差异性。所有学生完成相同或相近任务,教学使用的材料和方法比较有限(Rosenholtz & Simpson,1984)。结构无差别性程度越高,学生日常活动的行为表现就越可能趋同,学生与他人做社会比较以确定自己位置的可能性就越大。当学生同时完成不同任务时,结构变得差异化(课堂也变得多维化)。

表11.1 维度特性

特性	单维	多维
任务结构差异性	无差异化;学生完成相同任务	差异化;学生完成不同任务
学生自主性	低;学生基本没有选择	高;学生有选择
分组模式	全班化;学生按能力分组	个别化;学生不按能力分组
表现评估	学生表现评分基于相同任务;评分不公开;社会比较较多	学生表现评分基于不同任务;评分不公开;社会比较较少

学生自主性指学生对做什么、什么时候做、怎么做的自由选择度。当学生自主性较低时,课堂呈单维化,这会遏制学生的自我调节和动机。多维课堂给学生提供了更多选择,能够增强学生的内部动机。

关于分组模式,当学生完成全班性活动或按能力分组时,社会比较行为变得极为明显。而当学生完成个人任务或组内成员能力参差不齐时,社会比较则不那么明显。

分组影响动机和学习；如果分组长期保持不变且学生知道不管他们表现如何都不会换组，分组的影响会更为显著且长久。

正式表现评估显著性指评分的公开性。在单维课堂中，学生的评分是基于相同任务，分数是公开的，每个人都知道分数的分布情况。那些分数较低的学生可能会缺乏进步动力。而当评分不再公开，或分数是基于不同的项目任务（就像多维课堂）时，评分能够激励更大比例的学生好好学习，尤其是那些觉得自己正在不断进步、有能力继续争取优异学习表现的学生（Schunk, Meece, & Pintrich, 2014）。

单维课堂中学生的行为表现能见度较高（Rosenholtz & Rosenholtz, 1981），能够促进表现优异的学生好好学习，但对其他学生往往会带来负面影响。相比而言，多维课堂能够激励更多学生，因为多维课堂的任务差异性更大，学生的自主性更强，分组多不以能力为限，评分更加灵活多样且不予公开。

管理。良好的组织能够营造有效的学习环境，但学习也离不开良好的管理。管理指教师创造条件以促使学生表现得当以及学习行为发生的方式。有效的课堂管理者能够保证规则和流程的有效制定，他们通过组织活动保证学生积极参与学习活动并有所收获。这些活动能够有效预防纪律问题的发生。当出现问题时，好的管理者能够迅速公正地解决问题，而不会影响到其他学生。这些行为有利于促进学习（Levin & Nolan, 2000）。

管理行为可以分为主动性行为和应对性行为。主动性行为指积极预防纪律问题发生的教师行为；应对性行为指处理出现问题，让不遵守课堂纪律的学生迅速重新投入学习以最大程度减少对他人影响的教师行为。课堂管理既需要主动性管理行为，也需要应对性管理行为。

库宁（1977）的研究——他的研究具有深远影响——发现较少出现问题、学生学习投入度较高的课堂和问题较多、学生学习投入度较低的课堂相比，一个重要区别在于教师是否主动采取措施预防问题的发生。主动性行为包括教师随时了然课堂上的一切情况；能够一心二用，同时关注不止一个问题；确保课堂活动有序进行；确保学生专注于任务；保持课堂活跃；让学生没有机会违纪等。我们还可以再加上增强学生的学

习自我效能(第四章);帮助学生形成积极的结果预期(第四章);提高学生的学习价值认知(第九章);培养学生的学习兴趣(第九章);营造积极的课堂氛围(稍后讨论),以促进学生的学习动机。库宁发现有效实施课堂管理的教师在运用应对性管理技巧时表达明确(点名违纪学生、说清楚违纪行为)、态度坚决(处理问题时说一不二,直到违纪行为停止才罢休)。

良好的课堂管理还要求教师制定相关规则和流程,并向学生清楚表达对他们的期望。新学年伊始是制定规则和流程的最佳时机,学生可以一早就获知规则和流程的相关内容。制定规则和流程的过程大致如下:向学生描述并演示希望行为;让学生反复演练行为;给出学生行为是否得当的反馈;必要时给出改善的建议(Emmer, Evertson, & Worsham, 2000;Evertson, Emmer, & Worsham, 2000)。

教师对学生的课堂行为表现有较高期望并且将此明确告知学生的做法具有重要意义,这已为很多研究所证实(Emmer, et al., 2000;Evertson, et al., 2000;Levin & Nolan, 2000)。有效的课堂管理者希望学生遵守规则,坚决不接受违反规则的推托之辞。教师主动营造一个高效高能的课堂环境是良好课堂管理的重点。规则、流程和期望都是以预防问题、促进学生学习为目标的主动性管理技巧。

目标。除了良好的课堂组织和管理外,有效的学习环境还包含其他能够有效促进学习和动机的因素,这些因素可以用缩略词目标来表示:任务(task)设计、权威(authority)树立、肯定(recognition)学生、分组(grouping)安排、评估(evaluation)实践、时间(time)分配(Epstein, 1989;表 11.2)。

表 11.2 影响学习和动机的目标因素

因素	特性
任务	学习活动和作业设计
权威	学生充当领导角色、独立开展及控制学习活动的程度
肯定	奖励、激励、表扬等的正式和非正式应用
分组	个人、小组、大组

| 评估 | 监控、评估学习的方法 |
| 时间 | 工作量的恰适性、教学进度、完成任务的时间分配 |

任务指学习活动和作业的设计。第九章讨论了促使学生树立掌握性(学习性)目标导向的任务组织方法——例如,增加学习的趣味性、设计多样化且富有挑战性的任务、帮助学生设立切实目标、帮助学生发展组织管理等策略性技能(Ames,1992a,1992b)。任务结构是维度的一个区分标准。单维课堂中的学生学习相同材料,完成相同作业,所以能力差异会导致学习和动机层面的差异。而在多维课堂中,不是所有学生同时完成相同任务,因此他们作社会比较的机会较少。

权威指学生是否能充当领导角色、在学习活动中表现出独立性和控制性。教师可以让学生参与决策,给他们选择机会,让他们充当领导,教会他们自主学习的相关技能。允许学生获得一定程度权威性的课堂,学生的自我效能往往较高。

肯定指奖励、激励、表扬等措施的正式和非正式应用,对动机性学习有重要影响(Schunk,1995)。艾姆斯(1992a,1992b)提出教师可以通过以下方式帮助学生树立掌握性(学习性)目标导向:肯定学生的进步、成功、努力和自我调节行为;让所有学生都有获得奖励的机会;不采用公开化的方式肯定学生;不对学生做比较、不强调他人的难处。

分组侧重学生与他人合作共事的能力。如果教师能在课堂组织中尽可能采用异质性的合作小组和同伴互动方式,能够保证学生的能力差异不会导致学习和动机层面的差异。小组任务形式对学习表现欠佳的学生特别有帮助,小组的成功他们也有份参与,这种认知会促进他们的自我效能。小组任务还能够让更多学生担负起学习责任,避免出现少数人完成所有工作的情形。与此同时,个体任务也很重要,因为它能清晰揭示学习者的学习进步情况。

评估指监控和评价学生学习的方法,如评估学生进步和掌握情况、给学生提供改善任务表现的机会(如学生可以为了拿高分修改论文)、采用多样化的评估方式、评估不予公开等。虽然学校一般都采用标准评分制度(学生互相比较),但这种标准化比较

会削弱学习表现欠佳学生及其同伴的自我效能。

时间包括工作量的恰适性、教学进度、完成任务时间分配等内容（Epstein，1989）。对有困难的学生根据情况调整时间或任务要求，准许他们自行制定学习计划表，能够有效促进他们的学习和动机。监督学生的时间管理能够减轻学生完成任务的焦虑情绪、促进学习自我效能和自我调节行为（Schunk & Pajares，2009；第十章）。实际应用11.1给出了目标课堂实际应用的案例。

实际应用11.1

课堂中的目标

在单元教学中融入目标能够促进学生学习和动机。安德希尔女士是一名小学教师，她最近一个单元的教学内容是沙漠。她准备了讲课内容，同时也让学生参与了备课过程。她组织的教学活动包括：成立学习中心、布置阅读和研究任务、组织大组和小组讨论、设计单元前和单元后测试以及各种检查学生掌握情况的任务。全班同学还帮着她一起组织了去博物馆参观（博物馆有一个沙漠专区），确定了小组研究课题的题目，讨论决定怎样在教室里建一个沙漠角。安德希尔女士和学生一起制定了单元学习任务的日历和时间表。这些融入了任务、权威、肯定、分组、评估和时间六个目标要素。

师生互动

一般来讲，教师和学生在课堂上互动频繁。例如，教师给出指导意见、提问、给出反馈、回答学生问题、纠正学生的不良行为、给予学生必要的帮助等。教师和学生的互动方式受到教师关于其教学能力以及学生学习能力认知的影响（Davis，2003）。教师与学生的互动会对学生的学习和动机产生重要影响（Martin & Dowson，2009；Wentzel，2010）。本节讨论影响师生互动的三个因素：教师反馈、教师支持、教师期望。

教师反馈。教师给予学生的反馈有各种形式。其中之一就是对学生作业的准确性提出表现性反馈（如"你是对的"），可能还会带有纠正信息（如"试试这个公式"）。表现性反馈具有信息功能，因为学生可以从中了解自己的学习进步情况。关于准确性和策略运用信息的反馈（"你是对的。你的做题步骤掌握得不错。"）能够帮助学生树立自我效能和动机，促使他们继续努力学习。

当学生犯错时，重新施教、指导学生订正答案是促进学习的有效途径（Rosenshine & Stevens, 1986）。这些纠正性反馈传递出这样的信息：学生运用更加有效的策略可以取得更好的学习表现，因此可以增强学生的自我效能和动机。

教师一般给予的是动机性反馈。其中一种是归因性动机反馈——教师把学生的学习表现归因为一个或多个原因（如"你做得对，你真的很用功"）。第九章中我们讨论过能让学生觉得可信的归因反馈是有效的动机促成因素。另一种动机反馈间接给出社会比较信息（如"看坦雅多棒！你也可以的"）。指出相近他人的行为表现可以增强观察者的自我效能和动机（Schunk & Pajares, 2009）。

第三种动机性反馈是劝说性反馈，如"我知道你可以学会的"。这种间接性的自我效能信息可以增强学生的自我效能，但前提是学生后续要有成功表现。最后，教师还可以针对学生使用策略的有效性给出反馈（如"瞧，你使用了我们讨论的方法，现在做得多棒！"）。有效策略能够促进学习，因为它们反映了有用的学习原则，能够帮助学生专注于学习任务。如果反馈提示学生采用不同策略就可以有更好的表现，会促使学生这么去做。

教师支持。教师支持指向师生关系的社会、心理和情感层面。教师支持影响课堂氛围；例如，关心学生、以学生为中心、行事民主的教师能够营造积极的学习氛围。

教师支持是一个复杂问题。科尼利厄斯—怀特（2007）对关于教师互动风格（如同理心、关心、真诚、鼓励、考虑学生差异）对学生认知和情感表现结果影响的研究作了元认知分析。情感表现结果包括学生动机、自我效能、满意度、参与度和社会联系等。结果发现整体相关性为 $+0.35$，这是一个中度正相关值，表明如果教师营造支持性学习环境，学生的学习动机较强，学习专注度高，能够取得更好的学习表现。

　　另外一个重要内容是教师指导小组活动的表现。有效教学要求教师能够实现学生自主管理和课堂组织之间的平衡（Davis，2003）。给予有力的情感和教学支持的教师能够对师生关系、学生学习态度、学生成就行为——包括那些学习表现极差的学生——产生积极影响（Hamre & Pianta，2005；Sakiz，2011）。相比不以学习者为中心的课堂，在以学习者为中心课堂氛围中学习的学生学习兴趣更大、学习表现更佳（Daniels，Kalkman，& McCombs，2001）。简而言之，虽然教学内容和教学方法是学习的重要影响因素，但师生关系也是一个关键因素。

　　教师期望。影响学生学习表现的另外一个师生关系相关因素是教师期望，这也是多年来研究的热点课题。理论和研究表明教师对学生的期望影响教师的行为表现以及学生的动机和学习表现（Cooper & Good，1983；Cooper & Tom，1984；Dusek，1985；Jussim，Robustelli，& Cain，2009；Rosenthal，2002）。

　　研究者对教师期望研究的关注源于罗森塔尔和雅各布森（1968）的一项研究，他们在新学年开始前对小学生作了非语言智商测试，然后告诉教师测试结果可以告知哪些学生的智力会在一年的学习中有所发展。研究者其实是随机指定了全校20%的学生作为目标对象，然后他们把这些学生的名单提交给了教师。教师并不知道其中的陷阱：测试并不能反映智力发展情况，所提交的学生名单跟测试结果没有丝毫关系。教师正常进行教学，然后一学期后、一年后、两年后再对这些学生进行测。前两项测试中，目标学生的任课教师知道学生名单，但在最后一项测试中，目标学生的任课教师并不知道学生名单。

　　研究结果显示一年后，目标学生和受控学生（那些不认为智力会有所发展的学生）的智力呈现出显著差别；尤其是一、二年级的学生。但到了第二年，低年级目标学生相对受控学生不再具有优势，但是高年级目标学生相对受控学生的优势呈现出扩大化趋势。学习表现普通学生呈现出的差异相比学习表现优异或学习表现欠佳学生更加明显。阅读能力测试也获得了相似的结果。整体而言，目标学生和受控学生在阅读能力和智力测试上的差异很小。

　　罗森塔尔和雅各布森（1968）据此得出了教师期望具有自我实现预言功能的结论，

因为学生的成就表现与教师期望息息相关。他们提出这在低龄儿童身上表现得更为明显,因为低龄儿童与教师的联系更为密切。而高龄儿童换了新教师后可能会有更好的作用表现。

这个研究引起了很大争议,研究理念和方法备受质疑,很多研究者试图复制这个研究但很多没有成功(Cooper & Good, 1983;Jussim, et al., 2009)。不过,教师期望是一个切实存在的因素,已被证实与学生的各种表现结果相关。以下是对教师期望自我实现预言机制的阐释:

■ 首先,教师持有错误期望。

■ 这些期望使得教师对高期望值学生和低期望值学生做出差别对待。

■ 最后,学生对差别对待的反应结果坐实了原本错误的期望(Jussim, et al., 2009)。

教师在学习早期阶段基于与学生的初始互动和学生记录对学生形成期望。然后教师会对符合期望的学生做出差别对待。教师行为获得学生的回应,例如,友好对待学生的教师也会获得学生的友好对待。学生行为与教师行为和期望形成互补和强化。变化度低、期望值合理的期望效果最为明显。当期望合理或虽然不合理但可以调整时,学生行为能够达到期望或者对期望做出调整。但当期望不合理或不易变化时,学生行为会呈现趋低态势,与期望相一致。

教师形成期望后,会在氛围态度、语言输入、语言输出、反馈等方面传递给学生(Rosenthal, 1974)。氛围态度体现在微笑、点头、眼神交流、支持性和友好的行为举止等方面。教师对高期望值学生的态度会比期望值低的学生友好(Cooper & Tom, 1984)。语言输入——学习新内容的机会或学习内容的难度——也会因为期望值的高低而有所不同:教师抱有高期望值的学生有更多的机会接触、学习新的内容,学习内容的难度可能会更高。语言输出指学习交流的次数和长度。教师与他们抱有高期望值学生的交流高于低期望值的学生(Brophy & Good, 1974)。他们还会对自己抱有高期望值学生表现出坚持的态度,会通过提出或阐释问题促使学生给出答案。反馈指表扬、批评等措施的使用。教师会更多表扬他们抱有高期望值的学生而更多批评低期望

值的学生(Cooper & Tom, 1984)。

不过,虽然这些现象都真实存在,教师群体也会出现较大分化(Schunk, et al., 2014)。大多数教师会对学习表现欠佳者给予鼓励,以上面提到的对待优秀学生的态度对待他们(如以表扬为主、给他们更多回答问题的机会等)。适度合理的教师期望能促进学生的学习。教师应该根据学生的前期表现对学习内容和提问的难度做出调整。教师在设计教学方案时还应该考虑不同学生的能力差异,以他们都需要付出努力才能掌握学习内容为准则。极度不合理的期望可信度低,对学习的影响往往较弱。多数小学教师(其期望效果最明显)对学生抱有积极期望,提供很多成功机会,多以表扬为主(Brophy & Good, 1974)。

学生很可能会建构起关于教师认知和期望的内隐理论。但这些理论认知会对学生的成就行为产生怎样的影响并不好说。他人对我们期望的认知可能促进("她觉得我可以,我要试试")或打击("她觉得我做不到,我就不试了")我们的学习积极性,还可激发我们与理论认知背道而驰的行为("她觉得我不行,我一定要证明给她看我可以")。最好的做法是期望所有学生都可以做到,并对他们给予支持,这可以帮助学生建构起合理的自我期望。实际应用11.2给出了一些向学生传达积极期望的建议。

实际应用11.2

教师期望

教师对学生的期望会对师生互动产生积极或消极影响。以下做法可以促成积极效果:

- 执行规则时公平公正,一以贯之。
- 假定所有学生都能掌握所学内容,并把这种期望传递给学生。
- 不基于行为表现无关因素(如性别、种族、家庭背景)对学生形成差异化期望。
- 不接受关于表现不佳的任何借口。

■ 意识到学生的能力极限是一个未知数并且与学习无关。

一位大学教授告诉全班学生,他们这学期需要完成很多写作任务。有些学生看上去很担心,教授向他们保证他们可以做到。"我们会一起提高写作能力。我知道你们有些人可能在高中阶段没有接触太多写作,但我会帮助你们每个人,我相信到学期结束的时候你们的写作能力会有很大提高。"

有位学生课后找到教授,告诉他自己以前上的是特殊教育班:"我甚至都写不好一个句子,我觉得你很难帮助我提高写作能力。"教授听了回答他说:"嗯,写作训练从句子开始是个不错的选择。我们周三早上见。"

发展适宜性教学

学生学习的一个重要环境影响是发展适宜性教学,即与学生的发展水平相匹配(一致)的教学实践(Eccles & Midgley, 1989)。这个主张听起来很简单,但事实上教学活动和学生的发展水平多有不符。教学活动可能只限于机械讲课,把知识灌输给学生(就像开头小剧场中描绘的一样)。教学内容的呈现方式往往让学生难以对它们作有效处理,处理结果甚至可能与教师所希望的完全不同。

例如,很多高中生都会上微积分预修课程。课程的很多内容十分抽象(如二次曲线、三角函数关系、函数极限)。虽然高中生的能力水平已经达到皮亚杰提出的形式操作层次且呈现出不断增长的趋势,也具备了处理抽象内容的认知能力,但很多学生主要还是处于具象操作思维层次。如果对所学的微积分知识教师不给出具体的参照内容,就会造成学习内容和学生思维水平之间的不匹配。因此有这么多学生觉得微积分课程太难也就不足为奇了,这个反过来又会削弱学生的数学自我效能以及后续学习的动机。

发展适宜性教学有几大认知基础。第一,学生基于以往经历和现有图式建构知识。知识的传播不是一种自发行为;学习过程是通过知识建构和与当前心理结构相整合而实现的。这就要求教学计划有助于形成这样的知识建构。皮亚杰(第八章)提出

了积极探索的概念,是与探索式学习和小组项目等教学方法(正是开头小剧场中里奇希望看到的教学模式))相对应的一个概念。

第二,社会环境非常重要。这点在维果斯基的理论中阐述得很清楚(第八章)。儿童在与他人的互动中接收到与自己相异的观点和想法;这个过程使得皮亚杰提出的认知平衡状态受到冲击(Meece,2002)。随之产生的认知冲突被很多发展理论认为是学习的动力所在。

第三,当所学内容刚好超出学生当前的理解水平时,冲突产生。这会形成最近发展区(第八章),学习者在最近发展区内通过认知冲突、反思、概念重组等形式实现学习(Meece,2002)。当所学内容超出学生当前的理解水平太多时,冲突较小;当所学内容与学生当前的理解水平相当时,冲突同样较小。

最后,发展适宜性教学需要积极探索和动手活动相结合。布鲁纳的理论(第八章)提出实践性学习先于图像和符号学习发生。虽然儿童学习很大程度上来源于他们的经历实践,但实践性学习对于所有发展水平的儿童都有益。对于学习电脑技能的学生,有效的学习方式是观察教师演示(图像)和讲解(符号)外加自己上机操作(实践)。

发展适宜性课堂是什么样的?米斯(2002)提出了若干做法,详见表11.3。实际应用11.3也给出了一些关于发展适宜性教学的课堂应用。

表11.3　发展适宜性教学实践

■ 教师组织学习环境,环境包括成人、其他儿童、材料,以及儿童可以参与积极探索和互动的机会

■ 儿童从大量活动中选择自己想参与的活动

■ 儿童积极参与自我调节学习

■ 儿童大多数时间完成小组或个人任务

■ 儿童完成具体的实践性活动

■ 教师积极监控学生的学习进步情况以确保持续性投入

■ 教师关注学生的学习过程,不一味坚持唯一的正确答案

实际应用 11.3

发展适宜性教学

学生在发展适宜性教学课堂中学习效果最佳。从学龄前阶段开始,教师就应该确保学生有机会接触不同的教学环境,以找到最适合每个孩子发展水平的教学模式。

汤姆森女士是一名幼儿园教师。在上磁铁这个单元内容时,她设立了一个学习站,学生可以在这里自由摆弄各种形状和大小的磁铁。她还把学生分成小组,让他们一起分析能被磁铁吸住和不能被磁铁吸住的物体有何不同。她辅导每个小组完成关于可磁吸物体差异的分析表。故事课上,她给学生读了关于磁铁用途的故事;在她读书的过程中,每个学生手上都拿着一个磁铁和一些物体以做实验。她给学生布置的家庭作业是每个学生第二天带两样物体到教室,一个能被磁铁吸住,一个不能被磁铁吸住。第二天学生分小组对这些物体进行测试并讨论为什么;在小组讨论过程中,她在教室里四处走动,并与每个小组交流。

教育阶段过渡

教育阶段过渡对学生学习产生重大影响。在美国的教育制度中,当孩子升学或课程和学习活动出现重大转变时,形成自然过渡;例如幼儿园升小学、小学升初中、初中升高中、高中升大学等。

过渡具有重要意义,因为它们会对学生的上学习惯和思维方式产生影响,还跟学生当时的发展状况息息相关(Eccles & Midgley, 1989)。例如,小学升初中对于所有学生来说都是很大的一个转变,会带来很多困扰,但因为这个年龄段的孩子正处于发育期,正经历着重大的生理变化,对自我和外表有着极大的不安全感,因此这个过渡阶段对他们来说显得尤为迷茫困扰。过渡性因素和学生的发展状况相互影响。发展状况决定过渡是否顺利,而过渡相关因素也会影响学生的个人、社会和认知发展(Wigfield

& Wagner, 2005）。

小学升初中问题特别多（Eccles & Midgley, 1989；Wigfield, Byrnes, & Eccles, 2006）。这个过渡阶段正处在青少年生长发育期，他们的生理正经历重大变化，随之带来个人和社会性层面的一些变化。此外，学校和班级结构还有所学学科也有了很大变化。在小学阶段，孩子们一天内的多数时间接触的教师和同伴都是固定的，而且只有一位教师。教师对待孩子的态度通常很是友好关爱。教师实施的是个体化教学，教师会追踪并报告孩子们各科的学习情况。全班学生的能力水平差异比较明显，从学习障碍学生到特别聪明的学生都有。

但是，初中学生每上一门课就换个班级，所以会接触到不同的教师和同伴。教师和学生的关系往往不够亲近，即使有也只限于极个别学生。教师实施的是全班化教学，个体化教学的情况较为少见。成绩——不管是基于绝对标准还是规范标准——反映的不是个体进展情况，也不会作公开通报。如果班上学生通过选拔而来，他们之间的能力水平差距会很小。整体而言，与小学相比，初中班级的组织结构更加正式，人际关系不如小学那么亲近，评价体系和竞争性更强（Meece, 2002）。艾克尔斯和同事（Eccles & Midgley, 1989；Eccles, Midgley, & Adler, 1984；Wigfield, et al. , 2006）提出这些结构和课程设置变化会带来学生成就表现信念和动机的变化，而且往往是负向性的变化。开头小剧场中讨论了学生的厌学问题，这对学生的动机和学习产生负面影响。

学校过渡带来的困扰可以得到改善。初中的办学设置应该能有助于实现顺利过渡。虽然除了年级，有些初中和高中在办学设置上差别不大（六至八年级属初中、七至九年级属高中），但也有很多初中会安排学生一天大部分时间在一起，实行教师团队教学（如，四个教师为一个团队，分别负责语言艺术、社会研究、数学和科学课程的教学），以此来实现小学到初中的顺利过渡。这样一来，教师虽有变化，但同伴多数不变。这些教师共同完成一个完整的课程体系。实现小学到初中顺利过渡的努力还表现在个人进步情况的通报。同伴间评价性比较的减少有助于减轻青少年在这个年龄段对自我的过度关注。实际应用11.4给出了减轻教育阶段过渡问题的一些建议。

实际应用 11.4

教育阶段过渡

从一个教育阶段过渡到另一个教育阶段对很多学生来说是一件很困难的事。学生的能力和社会情感发展水平参差不齐,应对结构性变化的能力也各不相同。小学升初中问题会特别多。

阿普尔顿女士是一名教初中六年级社会研究课程的教师。她知道学生习惯了一个教师上很多门课的教学模式,所以她跟教五年级的教师一起设计了一些活动(如使用作业记录本)来帮助学生适应不同班级以及需要记住并完成不同课程作业的变化。她还在开学时花了不少时间辅导学生准备作业本以及整理教材。午餐时还有放学后,她都留出时间接待具有过渡适应问题的学生并给予指导。

瓦纳曼女士是一名高中九年级科学教师,她向其他八年级科学教师咨询了关于课堂作业和家庭作业布置、考试、评分、迟交作业处理、作业补交等问题的相关规定,在她的九年级班上借鉴了其中有些规定,好让学生产生熟悉感,不会因为升入高年级感到焦虑因而影响学习。

课堂和学校氛围

课堂和学校氛围对学生的学习和成就表现有重要影响(Bryk, Sebring, Allensworth, Luppescu, & Easton, 2010;Lee & Shute, 2010)。氛围指与课堂和学校环境相关的气氛、基调或文化等因素(Wolters & Gonzalez, 2008)。氛围源于课堂或学校的共识性理解和交流、常规的实践行为和众所接受的习惯等。它是教师、学生、课程和其他重要环境因素共同作用的产物。TARGET 六要素(见本章上文讨论)很多都是氛围相关内容。本节讨论与学习相关的氛围的三个情感层面要素:集体归属感、友爱和礼貌、安全感。

集体归属感。集体归属感指个人形成自己归属于某个团体或组织的意识,具有集体归属感的个人认同团体的目标和价值观,感受到团体成员互相关心互相帮助。李、布莱克和史密斯(1993)指出集体归属感对于注重团体成员社会关系质量的学校组织有着重要意义。他们发现如果学校行政、教师和学生三方关系融洽、互相尊重、互相关爱,学校教师和学生往往会有出色的表现。

诺丁斯(1992)提出关爱他人是一种重要品质,应该在学校各个层面的关系中予以倡导,并成为课堂教学的重要内容。关于学生辍学和学习表现不佳等研究文献也显示那些被迫辍学的学生提到缺乏教师关爱是他们离开学校的一个重要原因(Connell, Halpern-Felsher, Clifford, Crichlow, & Usinger, 1995;Lee & Smith, 1999;National Research Council, 2004;Natriello, 1986;Rumberger & Lim, 2008)。

德西和莱恩(1991)提出所有人都有获得归属感或与他人关联感的基本需求,支持或满足这种需求的组织结构能够增强组织成员的内部动机,促使他们更加积极融入组织(见第九章)。从各种研究文献中可以看到学生的学校归属感对他们的学习、动机、学校活动参与、学习表现等起到促进作用(Connell, et al., 1995;Juvonen, 2006;Osterman, 2000;Voelkl, 1997)。学校归属感对于新入学或学校学生背景多元化的学生来说特别重要(Eccles & Roeser, 2011;Garcia-Reid, Reid, & Peterson, 2005)。

友爱和礼貌。关爱他人、待人彬彬有礼是课堂和学校人际关系的重要内容。研究表明如果教师和行政关系融洽、互相尊重,学校的行政工作会更加高效(Lee, et al., 1993)。布莱克等人(2010)把学校层面的这种关系概括为关系性信任,认为这种信任是开展教学实践以促进学生学习参与度和成就表现的关键所在。此外,教师之间友好融洽的人际关系有助于促进教学合作,使教师获得更大的满足感(Lee, et al., 1993)。

上文讨论过,学生感受到的来自教师的关爱、支持和尊重能够促进学生的学习、动机和成就表现(Wentzel, Battle, Russel, & Looney, 2010)。李等人(1993)提出,关心他人或创建一个友爱集体会对所有学生——包括那些面临辍学可能的学生——带来积极影响。关于初中生的研究表明相比小学生,初中生的官僚作风浓厚、人际交往淡泊、师生之间的积极互动较少。这些差异会导致小升初学生的学习动机下降(Eccles,

Midgley, Wigfield, Reuman, Mac Iver, & Feldlaufer, 1993)。

布洛菲和古德(1986)对教学研究文献作了回顾,指出课堂的情绪氛围(指教师批评和师生感情不和的情况)往往与学生的学习表现息息相关。负面的情绪氛围会导致学生学习表现不佳,但温和的情绪氛围不一定就会促进学生的学习表现。中立的情绪氛围对学生学习表现的促进作用与温和的情绪氛围持平。不过,总体来说,研究表明积极的师生互动能够为学校全体成员营造一个良好氛围。

安全感。安全感指个体敢于冒险以及能安心表达不同意见的感受。鉴于近年来校园暴力事件时有发生,安全感还包括人身安全有所保障、不用担心会遭到人身伤害。

尽管过去几十年社会各界采取了众多措施加强校园安全,但仍有很大比例的美国公立学校学生(20%—30%)报告说自己在上学期间曾经至少参与过一次打架或欺凌事件(Simone, Zhang, & Truman, 2010)。校园人身安全或心理健康问题对学生的学校环境认知、学生的学校活动参与、学习和学习表现有重要影响(Crosnoe, Johnson, & Elder, 2004; Eccles & Roeser, 2011; Wentzel, et al., 2010)。因此,学校需要为全体员工和学生营造一个安全的环境,这个具有重要意义。

同伴

关于同伴对学习、动机和其他成就行为影响的研究越来越普及(Ladd, Herald - Brown, & Kochel, 2009; Wentzel, 2005)。本节介绍关于同伴和学习、同伴交际网络的作用、同伴对学校适应和辍学影响的相关理论和研究。

同伴和学习

同伴的影响主要通过榜样示范作用——即观察一个或多个榜样示范而产生的行为、认知和情感变化——予以实现(Schunk, 2012;第四章)。榜样示范有三个重要功能,分别是:抑制/脱抑制、刺激反应生成、观察性学习。

观察榜样示范能够加强或弱化对观察者实施某些行为的抑制作用。当榜样示范者因为实施某些行为受到惩罚时,其抑制观察者行为的作用增强,观察者不太可能实施相同行为,因为他们相信如果自己实施相同行为也会受到惩罚。当榜样示范者没有

因为实施行为受到惩罚或因此获得奖励时,其抑制观察者行为的作用弱化,观察者很可能实施相同行为。在这些情况中,榜样示范者传递出关于行为结果的相关信息,示范产生动机效应。

刺激反应生成作用指示范行为成为促使观察者实施相同行为的社会动力。与抑制和脱抑制作用一样,刺激反应行为也可以习得;榜样示范者传递信息,对观察者同样产生动机效应。刺激反应生成的一个例子是穿衣风格。想获得同伴群体认同的学生可能会跟风群体其他成员的穿衣风格。

刺激反应行为一般是中性行为,无关好坏,但抑制/脱抑制行为往往是受到规则制约或为道德或法律所不容的行为。一名学生走在楼道里,看到一群同学正在往教室里看,这时他/她可能会也停下来往教室里看。这是刺激反应生成作用。当教师训斥一名违纪学生,其他同学看到并且停止了违纪行为,这个是抑制作用。违纪行为不是无关好坏的中性行为;而是被遏制发生的行为。另外一个差异是抑制和脱抑制作用往往包含情感因素(如紧张、狂喜),而刺激反应生成作用则很少包含情感因素。

观察者实施新的行为,新行为在榜样示范之前——即使在动机刺激下——不可能发生,这时就产生了观察性学习效应(Schunk, 2012)。观察性学习拓展了基于反应实施和强化的学习范围和效率。

观察性学习由注意、记忆、产出和动机等因素构成。受到激励学习示范行为的观察者会关注示范者,记住示范行为,必要时实施示范行为,并且这么做的动机强大。

榜样示范的这三个作用在学生身上清晰可见,可以用来解释同伴对学生学习和成就行为的影响。阿尔特玛特和波梅兰茨(2003)发现好朋友的报告卡分数有高度的一致性。如果一个孩子的同伴都很喜欢上学,积极参与各项学习活动,这些榜样示范者会对这个孩子的学习表现和动机产生积极影响。而如果同伴们对学习持消极态度,老是旷课不好好学习,那么会对孩子的学习表现和动机产生消极影响(Ladd, et al., 2009)。

榜样示范者的相似性会影响观察者的自我效能。观察相近他人(如同伴)的成功表现能够增强观察者的自我效能并激励他们完成学习任务,他们会觉得,如果他人可

以成功,自己也可以。如果观察的是他人的失败行为,会让观察者觉得自己缺乏成功的能力,从而打击他们尝试任务的积极性。当学生不确定自己是否有实施行为的能力、对任务不够熟悉、判断自我效能的参考信息不足或因为以前的困难经历而对自己产生自我怀疑时,榜样示范的相似性影响最大(Bandura, 1986; Schunk, 2012)。

拥有良性同伴关系学生的学习表现往往较好,并且具有持续性(Wentzel, 2005)。琼斯、奥德利 - 彼得罗夫斯基和基弗(2012)发现十年级学生的数学自我概念和他们对同伴学习行为的认知相一致。教师也会发现,班上受欢迎的学生往往具备一些良好的学习素质(如学习表现良好、自信),而受欢迎度不高或受到同学排斥的学生学习表现较差。

温策尔(2005)提出了一个解释同伴关系对学习潜在影响的社会能力模式,这里的社会能力指帮助、分享、合作、杜绝问题行为等能力。这些行为包含能够促进学习者学习和智力发展的自我调节行为(如目标设定、自我监控;见第十章)(Wentzel, 2005)。

研究表明学校归属感能够促使学生积极参与学校活动(Juvonen, 2006; Osterman, 2000)。这种归属感还能帮助学生抵制抑郁和未婚先孕等非学习性危险行为(Anderman, 2002)。鉴于这些研究结果,课堂社会氛围往往包含同伴支持、关心和鼓励等内容。学生对同伴的情感和学习支持认知与好几个成就相关行为正相关,包括掌握性目标、自我调节策略选择、课堂参与和学习等(Patrick, Ryan, & Kaplan, 2007)。支持性的同伴关系为学习者提供了一个坚实可靠的基础,促使他们积极投入学习,敢于冒险而不惧怕他人嘲笑。

同伴交际网络

研究者对同伴交际网络——即学生打交道的同伴群体——的作用做了研究。同伴交际网络成员会在很多方面相似(Cairns, Cairns, & Neckerman, 1989),这就增加了榜样示范影响的可能性(Schunk, 1987)。交际圈决定了学生社会交往的机会以及参加活动的渠道(Ryan, 2000)。而随着待在一起的时间越来越长,交际圈成员的行为习惯会越来越相像。

基德曼(1993; Kindermann, McCollam, & Gibson, 1996; Sage & Kindermann, 1999)

对儿童(四至五年级)和青少年(九至十二年级)的同伴选择和交往动机做了研究。结果显示青少年同伴交际网络的情况比儿童同伴交际网络的情况复杂。儿童的同伴交际网络基本都是双人向;交际网络的平均人数为 2.2 人。大规模的交际网络比较少见。而青少年的同伴交际网络多为双人向和三人向,但也有较大规模的交际网络(平均为 3.2 人)。在儿童和青少年中都发现部分学生没有交际网络。

基德曼的研究还发现了性别差异。儿童交际网络一般都由同性构成。而青少年的交际网络有些会出现异性。虽然教师报告说不同年级学生建构交际网络的动机相当,但学生报告说他们的交际网络动机随着年级的升高呈现下降趋势。高年级学生的交际网络动机低于低年级学生。

个人学习动机评分和同伴群体动机评分的对比研究表明学习动机较强的九年级学生,其同伴交际网络规模较大。学习动机不强的青少年学生,其同伴交际网络中同学的比例较小。学生的动机评分不因学年和年级变化呈现差异。

有证据表明不同同伴群体有不同的动机选择和社交模式。可以根据学年开始时儿童的同伴群体成员构成预测儿童以后的学习动机表现。同伴交际网络中是否有跨年级成员也会带来一定影响。如果学习动机较强的同伴群体中有跨年级成员,学生的学习动机会持续增强。而如果学习动机不强的同伴群体没有跨年级成员,则学生的学习动机会持续下降。

塞吉和基德曼(1999)发现同伴群体会依据同伴行为是否合乎群体规范对同伴行为表示认同或不认同。学习动机较强的学生,其同伴群体往往学习动机也较强,他们的积极学习行为得到群体的认可。学习动机不强的学生,其同伴群体的学习动机往往也不强;对他们积极学习行为的认可主要来自教师。与学习动机强群体交往的儿童,其学习表现会产生积极变化;而来自学习动机不强群体的儿童,其学习表现呈现负面变化的趋势。对于青少年学生而言,有跨年级同伴的群体影响最大。

基德曼(2007)发现六年级同伴群体成员的学习(行为和情感)表现具有趋同性,并且这种趋同性会保持不变,即使群体成员出现变动时也是如此。如果一开始同伴群体学习态度积极,那这种积极态度会持续甚至增强;而如果同伴群体学习态度不积极,则

学生也会表现得不积极。

其他研究也有类似的发现(Ryan,2000)。莱恩(2001)发现学生在新学年开始时,会和有着相似动机信念的同伴组成同伴交际网络。同伴群体对群体成员施加影响,使得群体成员变得越来越趋同。同伴群体社交带来的影响取决于结果的本质。同伴群体影响学生的学习内在兴趣和学习表现(成绩),但学生对学习实用价值的认知(对学习任务有用性的认知)与同伴影响关系不大,与学年开始时同伴群体的选择关系更大。

斯滕伯格、布朗和多恩布什(1996)的历时研究为这些发现提供了证据支持。斯滕伯格等人对高中生进行了为期三年(从高一到高三)的跟踪研究,他们以高中入学时学习能力(成绩)相当但交往群体(志同道合的同学,有一些共性特征,但彼此不是朋友)不同的学生为受试,想知道这些学生的学习表现是否保持稳定。结果表明交往群体对受试的学习表现和违法行为表现有影响。如果交往人员学习导向比较强,则学生高中阶段的学习表现比较优秀。如果交往人员经常发生违纪违规行为,则学生发生违纪违规行为(行为问题较多,更容易吸毒酗酒)的可能性较大。如果交往人员较为遵纪守法,则学生不太可能出现违纪违规情况。

斯滕伯格等人还发现了同伴压力对很多行为——包括学习动机和学习表现——影响的发展模式。同伴压力从幼儿时期开始持续上升,到八、九年级的时候达到高峰,到了高中阶段开始下降。影响作用最大的年龄段大致为12—16岁。值得玩味的是正是在这个年龄段家长对孩子生活的介入开始减弱。对于六到十年级的青少年,家长角色开始退化,同伴的角色日益重要,因此他们特别容易受到同伴压力的影响。

斯滕伯格等人还发现家长往往会给孩子设置好发展轨道,给他们设定目标,让他们加入各种团体,参加各种活动。因此,那些希望孩子好好学习的家长会让孩子参加学习性活动。如果孩子接触的同伴群体也有很强的学习导向,则同伴影响与家长影响互为补充。但如果孩子接触的同伴群体对学习不感兴趣,则孩子可能会受到这些同伴的影响,出现学习退步等情况。

同伴和学校适应性

学校适应性往往依据学生的学习进步或成就表现做出界定(Birch & Ladd,1996)。

广义上的适应性不仅包括学生的进步和成就表现,而且包括他们对学校、焦虑、孤独、社会支持、学习动机等的态度,如投入、回避、缺席(Birch & Ladd, 1996; Roeser, Eccles, & Strobel, 1998)。

融入指学生和同伴、教师关系的融洽度。莱恩和帕维尔森(1991)认为能够促使学生和他人融洽相处的学习环境可以提高学生的学习表现。研究表明孩子的孤独感和社会不满情绪与他们的学习表现负相关(Galanaki & Kalantzi – Azizi, 1999)。

贝恩特和基弗(1992)发现同伴压力会影响学生的适应性,并且同伴压力的积极影响大于消极影响。同伴影响对消极行为、吸毒酗酒、不良学习表现等行为有抑制作用,而对亲社会行为、良好的学习行为和学习动机有促进作用(Berndt & Keefe, 1996)。同伴关系会影响学生是否能够顺利完成小升初的过渡。贝恩特、霍金斯和乔(1999)发现在过渡阶段拥有优质同伴的学生,其领导力和社交能力会有较大提高,但如果学生稳定交往的同伴有较多的行为问题,则学生在过渡阶段也会出现较多的行为问题。

研究者发现交往同伴具有积极品质的儿童和青少年在行为的亲社会性、受欢迎度、自尊心、情绪问题、对待学校的态度、学校表现等方面都优于其他学生(Berndt & Keefe, 1996)。温策尔、巴利和卡德维尔(2004)发现同伴的亲社会行为能够预测学生的亲社会行为,这是因为同伴表现会带来学生实施亲社会行为的目标变化。如果同伴具有消极品质,则会导致学生课堂投入度低,做出破坏性行为。有趣的是,同伴的数量与学校适应性关系不大,这意味着同伴关系质量的影响力大于数量。

学校适应性差还可能导致辍学,这也正是当下很多学校面临的一个主要问题,已经成为了一个重要的社会问题(Rumberger, 2010)。很多研究者对学生的早期学习表现、社会经济状况、家庭等因素影响做了研究,但同伴也是影响因素之一。关联感能够促进动机和学习,学生与同伴的关系正是这种影响的一个组成部分。

海默尔、康姆弗特、肖纳特–莱克尔、米克道格尔(1996)提出学生融入学校、参与学校活动的程度部分取决于学校环境能够在多大程度上让学生产生自主性和关联感认知(第九章),这种认知会影响学生的能力认知(自我效能;第四章)和学习表现。海默尔等人(1996)提出同伴影响主要表现在四个方面。第一个方面是同伴群体的前社

会认可度。相比受到同伴认可的学生,受到同伴排斥的学生会出现更多的适应性问题。研究还表明相比社会认可度大的学生,不被同伴接受认可的学生辍学率较大(Hymel, et al., 1996；Jimerson, Egeland, Sroufe, & Carlson, 2000)。

第二个方面是社会孤立与融入的对立。不是所有遭到社会性排斥的学生都会辍学。其中一个更为重要的决定因素是学生对自己遭到同伴群体排斥或孤立的认知。虽然遭到排斥但没有形成这种认知的学生辍学率不大。

第三个方面是同伴的负面影响。同伴群体会影响学生的动机和学习(Newman, 2000)。辍学学生其交往的同伴群体往往存在辍学风险(Cairns, et al., 1989)。有时甚至会出现整个同伴群体全体辍学的情况。即使学生没有遭到社会孤立,同伴的负面影响也依然存在。

最后,暴力倾向和反社会性行为也会导致辍学。相比正常毕业的学生,辍学学生给教师和同伴的印象是他们比较容易实施暴力行为(Farmer, et al., 2003；Hymel, et al., 1996)。不良的同伴关系和高中辍学率之间有很强的关联性,这个结论最早可追溯到小学阶段(Jimerson et al., 2000)。关于适应性和学习关系的研究能够增进我们对这一关系的了解,并为教育者提供可能的指导方案,以改善学生的适应性、降低辍学率。

家庭

有几个影响学习的环境因素和家庭环境相关。虽然常识告诉我们家庭对儿童的成长和学习有重大影响,但有些学者认为家庭的作用被夸大了(Harris, 1998)。不过,研究日益表明家庭产生影响,而且往往还是重要影响(Collins, Maccoby, Steinberg, Hetherington, & Bornstein, 2000；Masten & Coatsworth, 1998)。其中一些会对学习产生重要影响的因素有社会经济状况、家庭环境、父母参与和电子媒体。

社会经济状况

定义。社会经济状况(SES)有不同的定义方式,但常规的定义包含社会状况(地位、级别)和经济性指标(财富、教育)。很多研究者在定义社会经济状况时主要考虑三

个指标：家庭的富裕程度、家长的受教育程度、家长的职业（Sirin，2005）。研究者们越来越强调资本概念（资源、资产）（Bradley & Corwyn，2002）。资本包括财经类或实物类资源（如收入和资产）、人力或非实物类资源（如教育程度）、社会资源（如人脉资源）（Putnam，2000）。所有这些因素都会对孩子的学习产生影响。

不管社会经济状况如何定义，我们都需要记住这是一个描述性因素，而不是一个解释性因素（Schunk，et al.，2014）。我们说学生学习有困难是因为他们家庭经济条件不好并不能说明为什么他们会有学习上的困难，而只是表示穷苦家庭的条件状况可能跟学生的学习困难有关。事实上，并不是所有来自穷苦家庭的孩子都有学习困难，有很多成功人士就是穷苦家庭出身。因此，我们讨论社会经济状况和学习之间的关系，在此基础上再来分析具体的原因，这样会更有意义。

社会经济状况和学习。很多关联性研究结果表明家境贫穷、父母教育程度低和孩子发展缓慢、学习表现不佳有一定关系（Bradley & Corwyn，2002）。不过具体是社会经济状况的哪个方面与此相关尚不是很清楚。

家庭资源是重要的影响因素。父母教育程度低、经济不富裕、社会关系弱的家庭无法提供能够促进学生认知发展和学习的众多资源。例如，相比来自穷苦家庭的学生，来自富裕家庭的学生更有能力使用电脑、获得所需书籍、玩游戏、外出旅游、参加文化活动。这些以及其他资源能够促进学生的认知发展和学习。

另外一个重要因素是社会交往。学校和课堂营造的是以中产阶级为导向的环境，有一些既定的规则和流程需要孩子们遵守，不然他们无法取得成功（如投入注意力、完成任务、学校、与人合作）。社会经济状况较差家庭的社会交往可能无法为孩子适应这些情况做好充分准备（Schunk，et al.，2014）。因此，社会经济状况较差家庭出身的孩子可能会有更多的纪律和行为方面的问题，从而无法专心学习。

社会经济状况还跟学校出勤情况和入学时间长短有关（Bradley & Corwyn，2002）。社会经济状况和学生的学校表现正相关（Sirin，2005），是辍学率的重要参考指标之一。社会经济状况较差家庭出身的孩子可能无法理解学习的意义（Meece，2002）；他们意识不到教育程度和工作、收入和生活方式之间的正相关关系。他们会被辍学所能产生

的即时性短期效益(如全职工作能挣到的钱)所吸引,而忽视潜在的长期效益。他们的家庭环境中可能并没有积极榜样示范给他们看学习的益处,父母也不会鼓励他们不要辍学。

社会经济状况和认知发展之间的关系似乎有点复杂,有些因素产生直接影响,有些因素产生间接影响(Bradley & Corwyn, 2002)。其预估性还可能因为群体的不同而有所差异。例如,社会经济状况对白人学生学习表现的预估性要高于少数族裔背景的学生(Sirin, 2005)。社会经济状况已经被认为是一个造成白人学生和少数族裔背景学生之间学习表现差距的重要因素。白人孩子和西班牙裔美国孩子在幼儿园和一年级的差距有所缩小(可能是因为西班牙裔美国孩子的英语语言能力有了较大提高),一直到五年级都保持相对稳定;但到五年级以后差距开始拉大(Reardon & Galindo, 2009)。

虽然物质、人力和社会资本的作用比较明显,但其他因素也会产生间接影响。例如,大家庭对于孩子的认知发展和学习并没有必然的正面或负面影响,但如果家境比较贫穷,家庭规模大会起到负面影响,这是因为本来已极为有限的资源还要在多个孩子之间分配。

研究文献表明,对社会经济状况较差家庭出身的孩子进行早期教育干预对于他们做好入学准备有重要意义。最著名的一个早期教育干预项目就是启智计划,这是一个由联邦政府资助的针对美国贫困家庭学龄前儿童(3—5 岁)的教育项目。项目为学龄前儿童提供丰富的教育体验机会以及社会、医疗、营养方面的服务等。很多项目还包括家长教育和参与内容(Washington & Bailey, 1995)。

启智计划的早期评估显示从孩子的智力测试结果看项目对孩子的智力发展产生短期效果。另外,参加项目的孩子幼儿园和一年级的认知测试表现优于没有参加项目的孩子(Lazar, Darlington, Murray, Royce, & Snipper, 1982)。虽然参加启智项目的孩子到了 10—17 岁时这种优势就不复存在,但关于项目有效性的其他考核结果表明相比没有参加项目的孩子,参加项目的孩子留级、接受特殊教育、高中辍学率较低(Lazar, Darlington, Murray, Royce, & Snipper, 1982)。给启智项目任教教师提供教学培训和专业发展机会能够提高孩子解决社会问题的能力(Bierman, et al., 2008)。

家庭因素会影响参加启智项目孩子的行为表现。罗宾逊、兰兹、温伯格、雷米和雷米(2002)从参加全国启智/公立学校早期儿童过渡示范项目的 5400 名孩子中找出了三年级末学习表现居前 3% 的孩子。与其余孩子相比,这些孩子的家庭资源(资本)条件较好。此外,这些家庭的父母对孩子的态度也更为积极,对孩子的学习进步给予更多的支持和鼓励,也更乐意参加孩子学校的志愿者活动。教师报告这些孩子学习积极性更高。虽然孩子们的动机因素评分没有显示明显差异,但前 3% 的孩子中学习表现不好的人数比例低于其余孩子。因此,对于低收入家庭和普通大众来说,父母支持和家庭资源与孩子的学习表现和动机之间正相关。

鉴于启智计划的成功,各州纷纷开展了针对 3—4 岁儿童的幼儿园前教育项目,这些项目由公立学校资助,旨在减少低年级学生学习不合格人数的比例(Clifford, Early, & Hill, 1999)。项目多数都是半天性的,在师生比例、社会经济和种族背景、项目质量、课程设置等方面存在差异。这些项目的早期评估效果令人欣慰。参加项目的孩子在语言和数学技能标准化测试中的表现有所提高(FPG 儿童发展研究所,2005)。不过项目的长期效果还不得而知。

针对低收入家庭孩子的一个非常有效的学龄前教育项目是佩里高瞻学前项目。这个项目始于 1962 年,比启智项目还要早。在这个为期两年的项目中,3—4 岁的孩子接受半天以皮亚杰理论原理为基础的认知训练(Oden, Schweinhart, & Weikart, 2000)。教师每周还对每对母子做长达 90 分钟的家访,对课堂活动做出回顾并讨论在家可以进行哪些类似教育活动。长达 25 年的历时研究数据表明该项目提高了孩子的学习表现、缩短了孩子接受特殊教育的年限、降低了孩子留级的可能性、延长了孩子的入学时间(Oden et al. , 2000; Schweinhart & Weikart, 1997)。

不过,可惜的是,随着孩子的年龄增长,这些早期干预项目的效果并不一定能持续,但是也有一些令人激动的结果。坎普贝尔、庞格罗、米勒－约翰逊、伯奇纳和雷米(2001)对启蒙项目——一个针对低收入家庭孩子的全日制的融教育和保育为一体的干预项目——作了评估,发现这个干预项目的效果一直持续到了最后一次评估时——当时很多孩子已满 21 岁。因为这个项目的历时性特点(项目从参与者还是婴儿的时

候就开始了),很难判断项目对参与者的学习促进作用始于何时、作用方式为何。社会经济状况成了研究热点,相信我们以后一定会对社会经济状况因素对学习的影响有更好的了解。

家长参与

哈瑞斯(1998)提出父母对儿童婴幼期后发展的影响不大,认为同伴的影响作用更大;但是,有大量证据表明父母在儿童婴幼期以后发展过程中仍然有着重要影响(Vandell,2000)。本节讨论家长参与在儿童认知发展和学习过程中的作用。

家长参与可以是家内参与,也可以是家外参与,如参加学校和社会活动。研究表明家长参与学校活动对孩子、教师以及学校都会产生积极影响(Englund, Luckner, Whaley, & Egeland, 2004;Gonzalez – DeHass, Willems, & Doan Holbein, 2005;Hill & Craft, 2003;Sénéchal & LeFevre, 2002)。这些影响可能会因群体的不同而有所差异;家长参与对白人学生的影响大于对少数族裔背景学生(Lee & Bowen, 2006)。

上文指出,家长参与的影响之一就是家长可以引导孩子参与团体和活动,给孩子的发展指明方向(Steinberg, et al. , 1996)。希望孩子能够认真学习的家长会带孩子参加学习性活动。

范和陈(2001)对家长参与和孩子学习表现关系的研究作了元认知分析。结果显示家长对孩子学习表现的期望与孩子的实际认知发展呈正相关。当学习表现是整体性评估(如平均绩点)而不是学科性评估(如某门课的)时,相关性最大。还有证据表明当家长高度参与社区活动时,家长参与对孩子发展的影响作用最大(Collins, et al. , 2000)。

家长参与是影响孩子自我调节的重要因素,而自我调节是认知发展的核心。斯特莱特、内切尔、西尔斯和侯克 – 斯尼克斯(2001)发现,家长的辅导及辅导方式与孩子在学校的自我调节学习密切相关。家长以孩子能够理解的方式对孩子作元认知指导,这些孩子的课堂监控、参与和元认知交谈等行为要比其他孩子更胜一筹。上课时孩子是否积极认真听讲也跟家长辅导是否能让孩子理解有关。斯特莱特等人提出家长辅导有助于创造合适条件让孩子发展自我调节能力。实际应用11.5给出了一些家长辅导

孩子的建议。

实际应用 11.5

家长参与

　　麦高文小学在开学初开设了一个家长室。学校教师在这里跟学生家长见面,告诉家长他们可以怎么样参与到孩子的教学过程中来。教师希望能够有家长志愿者参与以下活动:学校学习、校外学习、课程规划。参与学校学习的家长志愿者每周抽出半天时间走进课堂,协助小组和个人完成学习任务。校外学习家长志愿者陪同学生参加实地考察并组织、协助孩子完成社区项目(如识别学校附近的树木种类)。课程规划组的家长志愿者定期和教师见面,教师告诉他们即将要开讲的单元内容,邀请家长参与教学活动设计。麦高文小学的目标是每个孩子至少有一位家长或监护人能够参与这些活动。

　　家长还可以是历史课的珍贵资源,因为他们可能亲身经历过课本上讲的某些重要历史事件。萨克奇先生在开学初就跟学生家长联系,告诉他们上课时要讲的过去几年发生一些历史事件(如越南战争、柏林墙的倒塌、世贸中心恐怖袭击等)。他希望每个家庭能够就其中至少一个事件提供帮助,例如请家长走进课堂跟孩子们讨论(关于历史事件他们记得些什么、为什么事件具有重要意义、事件对他们的生活有怎样的影响等)。如果对同一历史事件有不止一个家庭申请,萨克奇先生会请他们一起走进课堂跟孩子们分享。对于某些较为久远的历史事件(如经济大萧条、“二战”、艾森豪威尔任总统期间美国的情况等),如果有孩子的祖父母辈亲身经历过而且还健在,他也会邀请他们来跟孩子们分享自己的经历。学生成立了一个网站,登载一些重要事件讲解以及父母和祖父母对这些事件的分享。

关于少数族裔背景孩子和穷苦家庭孩子的研究证实了家长参与对孩子发展的积极影响(Hill & Craft, 2003；Masten & Coatsworth, 1998；Masten, et al., 1999)。能够带来积极影响的一些家长参与方式包括：与学校积极沟通孩子的学习情况、参与学校管理、向孩子灌输学习有用论、强调努力的重要性、期望孩子有良好的学习表现、监督或帮助孩子完成作业或课题。米利奥提斯、塞斯玛和玛斯腾(1999)发现，当离开无家可归者收容所以后，家长对孩子教育的关心和参与是预测孩子学习表现的重要指标之一。

研究者对父母教养方式对孩子发展的影响做了研究。鲍姆林德(1989)区分了三种类型的父母：权威型、独裁型和迁就型。权威型父母带给孩子温情和支持。他们对孩子要求较高(如期望孩子学习优异)，但同时会通过良好沟通和解释、鼓励孩子自立等方式给予孩子支持，帮助他们实现目标。独裁型父母对孩子十分严格，常常以威压人。他们对待孩子态度粗暴，也不会积极回应孩子的需求。迁就型父母比较关心孩子，对孩子需求做出积极回应，但对孩子要求不高(如期望)，对孩子的不良行为比较宽容。毫不意外，很多研究发现权威型父母和学生的学习表现呈正相关(Spera, 2005)。

最热衷教育过程中社区和家长参与的学者是詹姆斯·考默。考默及其同事在两个学校开展了学校发展项目(SDP)，现在参与项目的学校已经超过500所。

SDP项目(也叫考默项目)是基于表11.4所列的理论原则设计开展的项目(Comer, 2001；Comer & Haynes, 1999；Emmons, Comer, & Haynes, 1996)。学生需要和成人进行积极交流，因为这有助于他们形成自己的行为。学生发展规划应该由专业人员和社区成员合力完成。

表11.4　学校发展项目的理论原则

- 学生行为是学生与自然、社会、心理环境互动的产物
- 学生需要和成人进行积极互动才能获得充分发展
- 成人以学生为中心做出规划和合作能够促进积极互动
- 学生发展规划应该由专业人员和社区成员合力完成

　　SDP 项目的三个指导性原则分别是一致性、合作性和无过错性（Schunk，et al.，2014）。决议必须全员通过，以避免在重要问题上出现分歧。合作性指要有团队意识。无过错性指每个人都对变化负责。

　　学校教职工和社区成员组成不同的团队。学校规划和管理团队由相关校长、教师、家长和辅助人员组成，负责活动规划和统筹。家长团队负责邀请家长参与学校的各类活动。学生和人员支持团队负责全校的预防事务和个别问题学生事务。

　　SDP 项目的核心是综合课程、教学、评估、社会和学习氛围、信息分享等因素做出整体性学校规划。项目规划组织性活动，涉及学习、社会氛围、员工发展、公共关系等方面。学习规划和管理团队确定学校发展项目的先后顺序并予以协调。

　　考默及其同事报告 SDP 项目对学生的学习表现产生了重大影响（Haynes，Emmons，Gebreyesus，& Ben‐Avie，1996）。参与项目学校学生的学习表现有较大提升，在阅读、数学和语言技能等方面的表现常常优于当地其他学校的学生。库克、墨菲和亨特（2000）对芝加哥的 10 所内城区学校作了历时四年的研究以评估 SDP 项目的实效性。他们以五到八年级的学生作为研究对象，结果发现在过去的几年里，参与 SDP 项目学校学生的阅读和数学能力发展高于控制学生。库克等人（1999）发现参与 SDP 项目的学校有些并没有全力贯彻项目，因而限制了学生的发展。无论是否参与 SDP 项目，这个项目有很多做法能够有效促进学生的认知发展和学习，值得借鉴。

电子媒体

　　电子媒体的出现始于 20 世纪中期，当时电视变得普及。近年来，电子媒体的潜在影响随着电视节目（如有线频道）、视听播放设备、收音机、电子游戏设备、电脑（如应用程序、因特网）、手持设备（如手机、IPad）等的普及而变得日益深远。孩子每天花在电子媒体上的时间多得令人担忧。2005 年，6 岁以下孩子每天花在电子媒体上的时间平均为 2.25 个小时（Roberts & Foehr，2008）。2004 年，8—18 岁孩子报告自己每天花在电子媒体上的时间平均达 8 小时，花在自己身上的时间约占 6 小时（这意味着约有25% 的时间他们同时使用超过一种电子设备——多任务处理；Roberts & Foehr，2008）。

　　研究者还对孩子接触电子媒体的潜在方式和孩子的认知发展、学习以及成就表现

之间的关系做了研究。大多数研究研究的是孩子看电视与认知发展和成就表现之间的关系,结果发现孩子看电视时间的长短和他们的学习表现无关或呈负相关(Schmidt & Vandewater, 2008),即使呈负相关,其相关性也很弱。但这些结果具有误导性,因为这个关系可能并不是线性的。与不看电视相比,每周适度看电视(1—10 小时)与学生的学习表现正相关,而过度看电视与学生的学习表现负相关。

此外,我们也很难对看电视和学习表现之间的关系做出阐述,数据信息表明两者相互关联,但无法判断因果关系。可以有多种因果解释。可能过度看电视使得学生无心也没有时间完成学习任务和作业,因此导致学生学习表现下降。也可能是因为有学习问题的学生原本学习动机就不大,因此更容易沉迷于电视。看电视和学习表现之间的关系还可能受到第三方因素的影响,如社会经济状况。来自较低阶层家庭的孩子往往看电视的时间较长,学习表现较差(Kirkorian, Wartella, & Anderson, 2008)。

幼儿是否能从电视中学有所获还取决于他们与电视人物互动以及关于人物在电视屏幕外真实存在的信念。关于电视人物是否真实存在的认知,关系到孩子是否相信电视人物具有社会相关性、是可靠的信息来源(Richert, Robb, & Smith, 2011)。

关于看电视时间长短和学习表现之间关系的研究没有考虑孩子所看的电视节目内容。电视节目多种多样;有些节目具有教育性,有些节目纯粹是为了娱乐甚至含有暴力内容。研究的一个常规结论是观看教育性节目和学习表现正相关,而观看娱乐性节目与学习表现负相关(Kirkorian et al., 2008)。这个结论跟看电视时间长短的研究结论相一致,因为看电视时间适度的学生观看的多为教育性节目,而看电视时间过长的学生观看的多为娱乐性节目。关联性研究已经表明观看《芝麻街》和入学准备等呈正相关(Kirkorian, et al., 2008)。恩内默瑟和施耐德(2007)发现在控制智力、社会积极状况和阅读能力的前提下,6 岁孩子观看娱乐节目的时间长短和他们 9 岁时的阅读能力呈负相关。观看教育类节目和阅读表现正相关。还有研究发现教育类节目能够帮助来自社会经济状况低下家庭的有辍学危险的孩子做好阅读准备(Linebarger & Piotrowski, 2010),特别是当节目内容和能够帮助学生掌握节目内容的学习策略(如把一个单词拆分成音节,然后再组合成词)相结合时。

关于互动性媒体(如电子游戏、因特网)和学习表现之间关系研究的结果比较复杂。有研究表明电脑使用和学习表现之间呈正相关,而电子游戏和学习表现之间呈负相关(Kirkorian, et al., 2008)。关于观看电视的研究结果也同样适用于其他媒体;即教育性内容与学习表现正相关,娱乐性内容与学习表现负相关。

关于认知能力发展,研究发现相比视频学习,婴幼儿基于真实经历体验的学习效果更好,这种现象被称为视频缺陷现象,但到3岁时,这种现象开始消失,3岁以后孩子的视频学习和真实经历学习效果相当(Kirkorian, et al., 2008)。这可能是因为幼儿对对话不感兴趣,无法整合跨屏幕出现的信息——因为屏幕转换太快。但这不意味着看电视与幼儿的注意力发展负相关。同样,关键在所观看节目的性质。相比娱乐性节目,教育类节目已被证明能切实帮助儿童发展注意力(Kirkorian, et al., 2008)。

有研究对电子媒体和空间技能发展之间的关系做了研究。这类研究大多以电子游戏为研究内容。有证据表明电子游戏对空间推理和解决问题技能有短期促进作用(Schmidt & Vandewater, 2008)。不过,长期作用取决于学生是否会把这些技能泛化至游戏以外的学习环境。迄今还没有证据证明存在这样的迁移(Schmidt & Vandewater, 2008)。电子游戏与男生的暴力行为增加相关(Hofferth, 2010)。

家长和其他成人能够有效控制电子媒体对儿童学习和认知发展的影响。成人可以对儿童接触的媒体以及接触媒体的时间做出控制。这种控制能够保证孩子花在媒体上的时间适度如每周1—10小时(Schmidt & Vandewater, 2008)。此外,家长陪同孩子一起观看也是一个关键因素。当孩子使用电子媒体时成人可以与媒体做出互动(如陪孩子一起看电视),在观看同时指出节目中的重要内容,把这些内容和孩子学过的内容相关联,这样能够增强电子媒体的有效性。有研究发现和孩子一起观看对孩子的学习和注意力发展有帮助(Kirkorian, et al., 2008)。

总而言之,很明显电子媒体的使用和儿童的学习、成就表现和认知发展密切相关。不过,很难判断其中的因果关系,因为数据信息只揭示相关性,还有一些潜在的中介因素。内容是一个极为重要的因素。适量观看教育类节目对孩子发展有所裨益,但娱乐类节目完全无益,这个结论同样适用其他形式的媒体(Kirkorian, et al., 2008)。成人

陪孩子一起观看能够进一步增强教育类节目的积极影响。游戏可能对空间和解决问题技能有所促进,但没有研究结果表明孩子会把这些技能迁移至学术性学习中。电子媒体是重要的学习手段,但同其他教学方法一样,它们的应用必须顺应一定的教学原理才能获得应有效果。实际应用11.6给出了电子媒体的一些实用案例。

实际应用11.6

电子媒体

在开学初召开的家长会上,四年级教师西莫尼安先生介绍了家长可以在哪些方面给予孩子帮助。他介绍了一些研究发现:每周适度观看教育类电视节目(不超过10小时)对孩子有利。使用其他教育类媒体(如电脑)效果相似。他建议家长监督孩子使用电子媒体的情况。他还演示了家长陪孩子一起观看电视节目时可以怎样跟孩子互动。西莫尼安先生还播放了儿童节目的片段,演示家长可以问哪些问题。后来跟家长一对一见面时他会询问家长的执行情况。

沃鲁斯基女士是一名中学科学教师,她给学生布置了观看科普电视节目(如PBS)的作业。学生每看完一个节目就要写一篇短文回答她预先给出的问题。她觉得这些作业能够让学生关注节目中与课程相关的内容,从而促进学生的学习。

社区

影响学生学习的环境因素很多跟社区有关。虽然大家普遍认同社区对学生学习有所影响,但直到近来还没有关于这个课题的体系化研究。不过,令人欣慰的是,这个课题正日益受到研究者的关注。本节讨论跟学校所在地址和学校参与相关的环境因素。

地理位置

学校的自然(地理)位置会影响学生的学校体验。美国学生所上学校多在市区或郊区(Provasnik, et al., 2007)。比较这两类学校的学生,可以发现市区学校的学生往往在标准化测试表现、上学出勤率、完成高中阶段学习率、大学升学率等方面落后于郊区学校的学生。

市区学校有很多方面对学习构成挑战(Bryk, et al., 2010)。市区学校往往规模比较大,校内少数族裔背景学生、来自非英语国家的学生和来自低收入家庭的学生比例较高。市区学校的学生还可能面临校园安全、优质师资缺乏、教师旷课和人事变动等方面的问题(国家研究委员会,2004)。这些以及其他因素会使得学生面临学习表现不佳、无心上学和受教育程度低方面的问题。正是因为这些原因,市区学校往往是教育改革的重点对象(Balfanz, Herzog, & Mac Iver, 2007; Bryk et al., 2010; Legters, Balfanz, Jordan, & McPartland, 2002; National Research Council, 2004)。

乡村学校往往不是全国性学校改革重点关注的对象,但这类学校也面临着无法满足学生学习需求的问题。全美有三分之一的公立学校位于郊区(Provasnik, et al., 2007)。乡村学生的贫困率比城市学生要高,而且这种贫困往往具有世代性和长期性,主要集中在偏远地区的种族群体身上。像市区学校的学生一样,乡村学校的学生也会有经济上的困难,但他们同时还经受着地理位置偏僻、资源有限、家长受教育程度低、师资不足等方面的困难。贫困地区的乡村学生辍学率较高(Provasnik, et al., 2007)。

研究者关于学校地理位置对学生学习影响的研究能够促使我们思考社会资源、社会价值观和社会规范等因素如何影响学生就学,特别是与学习和动机相关的一些因素——包括参与度、归属感、自我效能、上学重要性认知等。随着国家层面数据的大量获得,必然能推动研究者对该课题做出进一步研究,帮助我们获得消除学校地理因素对学生教学结果潜在负面影响的有效方法。

社区参与

今天研究者对教育过程中的社区参与产生了新的兴趣,但其实这并不是一个新的话题。很多学校尝试在教学过程中以各种方式融入社区因素。社区内的社会机构(如

家庭、学校、教堂、工作场所)被认为是社区的社会资本(Israel & Beaulieu, 2004),有助于减轻家庭和学校资源有限的问题。例如,研究表明参与学校的课外活动对学生的教育期望有积极影响,特别是对那些渴望和学校建立密切联系的学生(Finn, 1989)。

社区参与的方式很多。本章前面讨论过,最常见的一种方式是家长志愿者,他们参与学校事务、积极承担家长会工作、协助学校的课外活动、帮助组织活动等。社区成员可以受邀来学校给孩子作报告、参观课堂等。

研究表明为了提高学生的动机、学习和成就表现,社区参与必然不能仅限于协助学校辅导学生和实地参观考察等内容。很重要的一点是社区成员能够加入学校董事会,参与学校管理,支持学校改革。学校管理层面的社区参与是 SPD 学校发展项目的重要内容(Comer, 2001)。旨在提高芝加哥地区小学办学质量的改革项目使得学校学生取得了重大学习进步,其中社区—学校的共同管理功不可没(Bryk, et al., 2010)。

参与的另一种方式是让学生融入社区,例如学生进行实地参观考察等。如果学习目标明确且教师的准备工作比较充分(如提供相关信息,设计动手性活动等)——有助于学生减少实地参观活动的陌生感,帮助学生把注意力集中到学习目标上——实地参观是很有效的教学方法(Pugh & Bergin, 2005)。学校通常和社区企业合作开展学徒计划,学生接受企业流程的相关培训。各类社区机构为放假学生开设了相关项目;如美国男/女童子军、基督教青年会(YMCA)/基督教女青年会(YWCA)、4 – H 俱乐部等。近年来,社区赞助的机构组织范围已经有了较大扩展,包括少年棒球联盟团队、足球团队、教堂青年团体等。在图书馆、博物馆和社区中心也都设立了青年项目。

很多学校都开设了跟学习紧密相关的学前项目和课后辅导项目。联邦政府拨款资助的 21 世纪社区学习中心项目实现了学校和非营利性社区机构的合作,为学生提供了一个安全、没有毒品侵害、有人看管的校外环境。这些项目很多都有学习辅导内容,还有拓展兴趣和娱乐活动等(Mahoney, Parente, & Zigler, 2010)。

学生能否从这些校外活动中受益取决于项目质量及其内容(国家医学研究委员会 & 研究所,2002)。如果社区性项目具有以下特点:安全、体系性强、有培养技能的机会、呈现支持性关系、有积极的社会规范、能获得归属感、实现家庭、学校和社区的统

一,那么这些项目会对学生的发展结果、学习和成就表现、对学校的态度、课堂行为等产生积极影响(国家医学研究委员会 & 研究所,2002)。校外活动如果能和学习内容相联系、促使学生对学校产生认同感,则收效最大(Valentine, Cooper, Bettencourt, & DuBois, 2002)。这些活动能够改善学生的信念(如自我效能),进而提高学生的动机和学习(Schunk & Pajares, 2009)。参与优质的社区或学校项目对于来自低收入家庭的孩子特别有帮助(Mahoney, et al. , 2005)。

文化

当今社会正变得日益多元化,学校也是如此。跟学生文化背景相关的环境因素会对学生的学习和其他教学结果产生影响。

文化指一个群体共享的规范、传统、行为、语言和认知(King, 2002)。文化差异不仅存在于不同的群体中,也会存在于同一群体内部。导致文化差异的因素很多,包括种族、社会经济状况、家庭环境、群体身份属性和经历等。当学生觉得自己跨越不同群体时,还会受到不同文化的影响。

研究者对文化背景对学生学习、动机和其他结果表现的影响做了研究,但很多研究并没有发现它们之间有太大关联,即便有也微乎其微。文化因素是控制因素,所以研究往往发现不了什么文化差异;也就是说,研究者对文化因素的影响作了统计学控制,以便研究其他因素对教学结果的影响。文化属性和差异往往被当成了一回事,研究者对数据信息做出笼统的阐释(Portes, 1996)。

探讨潜在的动机和学习文化差异具有重要意义。这类研究能增进我们对这个课题的理解并为背景多元学生教学工作的开展奠定基础。有研究表明本书讨论的很多研究发现适用不同的文化背景,但事实并非总是如此。因此,我们不应该想当然地认为以西方文化背景学生为研究对象得出的结论,同样适用其他文化背景的学生。

例如,关于目标导向(第九章),我们可能会问其他文化背景的学生是否也会想在他人面前表现出有能力、想比同伴表现好、有学习和社会目标。麦克伦尼、辛克利、道森、范艾顿(1998)对三组澳大利亚高中生的掌握性目标、表现性目标和社会性目标作

了评估,这三组学生分别为英裔澳人、澳大利亚土著和澳大利亚移民。结果显示三组学生的目标信念相当。三组学生最为重视的都是掌握性目标,都认为社会性目标和表现性目标相对次要。但论其影响作用,对英裔澳人和澳大利亚移民组学生的影响较大;澳大利亚土著学生则不太相信他们的成功依赖于掌握性目标和表现性目标需求的满足。相比其他两组学生,澳大利亚土著学生的社会导向较强,个人导向较弱。

这些发现可以从文化的角度做出解释。很多澳大利亚土著学生的家庭十分重视传统观念(如等级关系、社会关怀等)。因此,这些学生也会更加看重这些目标,这也在情理之中。对于教育的启发是针对这些学生(以及其他情况相似的学生)的教学应该融入更多社会关联性活动(如合作学习)。但这不是说掌握性目标就不重要;麦克伦尼等人(1998)发现所有组别的学生都有掌握性目标导向。教师可以积极探索合适的方式实现这两种目标导向的有机结合。

金洛、库尔兹－寇斯特斯和戈德曼－弗拉瑟(2001)也对跨文化差异做了研究,他们对比了学龄前儿童的欧洲裔美籍妈妈和华裔美籍妈妈的归因(第九章)信念。研究者发现华裔美籍妈妈们更加看重努力因素。在关于入学准备的测试中,华裔美籍儿童在准备度和自主性方面得分高于欧洲裔美国儿童。虽然数据显示的只是相关性,并不能揭示因果关系,但结果显示在孩子入学前妈妈们的归因信念的确存在文化差异,意味着孩子入学后的归因信念会对他们的动机和学习产生影响。

进一步的文化研究有助于我们更好理解关于学习的历史文献。我们有必要检验学习原理在跨文化情境中是否保持一致,以便对所有情境和文化背景下的学习行为有更好的理解(McInerney,2008)。

我们必须牢记任何文化内部都存在差异(Zusho & Clayton,2011)。此外,文化转变——人的一生中总难免会经历——是社会因素和文化规范相融合的产物(Gauvain & Munroe,2012)。因此,比较不同文化背景的学习者并讨论文化差异往往具有误导性。可惜的是,这种情况常常发生,如有大量研究对东西方文化做出对比。即便能够发现差异,也很难判断是什么因素造成这些差异。为了更好理解不同文化以及相同文化背景学习者的学习差异,研究者需要更多关注环境因素,包括那些跟经历、场合以及个人

生态环境相关的环境因素（Zusho & Clayton，2011）。

教学应用

师生互动是有效教学和学习的重要影响因素。这种互动关系随着学生的能力发展而有所变化。新奇有趣的展示、没有太多不必要的干扰，就可以抓住幼儿的注意力。有身体动作、时间不长的活动任务可以保持儿童的注意力。实物和视觉呈现（如操作演示、图片）对低年级学生有所帮助。教师需要告诉学生所学知识跟学生已经掌握的知识有何关联。教师应该鼓励学生使用提纲和图片等方式组织信息。开头小剧场告诉我们让学习变得有意义——如把它和实际经历相联系——有助于学生建立记忆网络。互动形式还包括反馈和课堂氛围的营造。

反馈。罗森夏恩和史蒂芬斯（1986）提出教师应该就学生的行为表现给予反馈（如"对"、"好"），当学生犯错时，教师告诉学生该如何改正，但不要解释得过于详细，以此鼓励学生自己反思错误。当出现大量学生无法理解所讲内容时，教师应该安排重新讲课。在给低年级学生讲评错题时，教师讲评的时间不宜过长（30秒以下），不要讲得太细，给出一些提示或简单提问引导学生得出正确答案即可。讲评时间过长会分散其他学生的注意力。

重新讲课、引导学生得出正确答案都是成就学习的有效方法（Rosenshine & Stevens，1986）。简单提问、给出提示有助于保证交流时间不会过长。当很多学生出错时重新讲课是很好的方法。告诉学生他们的答案是对的，会起到激励作用，因为这个反馈表明学生的能力正在增强，他们有能力应对下一步的学习（Schunk，1995）。如果错误反馈后面接着给出改正建议，也有助于学生树立自我效能。经常性反馈对低年级学生有帮助。

相类似地，奖励、目标、合同等互动方式也必须和学生的学习进步相联系。例如，与学习进步相联系的奖励有助于学生树立自我效能（Schunk，1983e）。对于儿童，短期任务的进步表现比较明显。与行为表现水平无关的参与性奖励会带来负面的效能信息。学生会怀疑自己是否有能力表现得更好。

课堂氛围。上面讨论过，教师应该营造一个有利于互动的课堂氛围。师生互动关

系中的情感元素对学生具有重要意义。教师关爱学生、对学生保持高度关注的积极的课堂氛围能够促进小学生的成就表现和自我调节（Pianta, Belsky, Vandergrift, Houts, & Morrison, 2008）。

勒温、利比特和怀特的经典研究（1939）表明民主（合作）领导式课堂是有效的课堂管理方式。教师和学生相互合作，教师鼓励学生完成学习任务，提出问题，让学生表达自我观点。虽然独裁式课堂（教师制定严格的规章制定和流程，并严格要求学生执行）能够提高学生的成就表现，但学生往往焦虑感比较强，当教师不在场时，学生的表现有所下降。教师较少干预课堂的放任性课堂则会导致时间白白浪费、学生行为没有目标性等弊端。民主领导式课堂鼓励学生的独立性和能动性，即使教师不在场也会有较好的学习表现。

师生互动通常还包含表扬和批评。表扬是比作业正确和行为恰当等简单反馈更高一级的反馈，它传递出的是教师的积极情感以及学生行为价值的相关信息（Brophy, 1981）。因此，教师说"完全正确，你做得很好"就是一个既有行为表现反馈（"完全正确"）和表扬（"你做得很好"）的反馈意见。

布洛菲（1981）对关于教师表扬的研究文献作了回顾，发现教师表扬并不总是会起到强化期望行为的作用（第三章），因为教师常常不是针对学生的反应行为做出的表扬，很多时候，教师表扬具有偶发性和笼统性，往往没有特定的由头，多为基于教师对学生表扬需求认知而做出的行为。很多研究也表明表扬与学生学习表现的关联性并不大。表扬的效果可能还跟学生的社会经济状况和能力水平息息相关。对于小学低年级学生，表扬和社会经济状况和能力低下学生的学习表现有些微的正相关关系，但和社会经济状况和能力较高学生的学习表现呈些微的负相关或无关（Brophy, 1981）。

到了高年级，表扬的强化作用开始转弱。约8岁时，孩童开始有愉悦成人的意识，使得表扬的作用转强；但这种愉悦他人的意识会随着孩子的成长趋弱。表扬还会带来一些无意的影响。表扬传递的是关于教师信念的信息，所以教师对学生的成功表现给予表扬可能意味着他们没有对学生的学习表现抱有太高期望，因而学生可能会认为教师觉得自己能力差，这种认知会对动机和学习产生负面影响（Weiner, Graham, Taylor,

& Meyer, 1983)。

当与学习进步表现相联系时,表扬向学生证明了他们关于自己能力有所提高的信念是对的,因此自我效能和学习动机得以增强。随意性的表扬不传递与能力相关的信息,对行为表现的影响有限(Schunk & Pajares, 2009)。

批评是关于希望学生能够规避的行为信息。批评("我对你很失望")和行为表现反馈("这是错的")不是一回事。批评不一定会带来负面影响。批评对学生学习表现的影响取决于批评在多大程度上让学生觉得自己有能力,只要付出更多努力或采用更加有效的策略就可以获得更好的表现。因此,像"我对你很失望,但我知道只要你更加努力,你可以做得更好"这样的表述可能会激励学生学习,因为它包含了积极的自我效能信息。跟表扬的情况一样,批评的影响作用会受到其他因素的干预。有研究表明较易受到批评的对象为男生、非裔美国学生、教师期望值低的学生和社会经济状况低下的学生(Brophy & Good, 1974)。

作为一种辅助学习的动机性技巧,批评可能并不是一个好的选择,因为它的作用很不确定。幼儿可能会把教师的批评错误理解为教师不喜欢自己或教师很刻薄。而有些学生则会正确对待教师的批评。不过,总体而言,我们建议教师多给学生积极反馈,告诉学生应该如何改善表现,少对学生表现做出批评。实际应用 11.7 给出了学习过程中表扬和批评的实际应用案例。

实际应用 11.7

表扬和批评

教师在和学生互动的过程中给予的表扬和批评意见会影响学生的学习表现。教师在使用表扬和批评策略时必须谨慎小心,要记住批评的作用很不确定,一般而言少用为好。

简明直接、与具体行为表现相联系的表扬会带来积极影响。例如,教师如果要表

扬学生安静地坐在座位上、注意力集中、当天作业完成的正确率高，不应该说"你今天的表现很棒"（太笼统），而应该说："我真的很喜欢你在座位上认真完成数学作业的样子。你的除法题全做对了，你的努力获得了相应的回报。做得很好!"

班上在讨论某个章节，有位学生回答了一个问题，这时教师需要告诉学生为什么说他/她回答得很好。教师不能简单地说"回答得不错"，而应该再加上"你很好地概括了本章的要点"。

在使用批评策略时，应该让学生感受到自己有能力、可以表现得更好。例如，假设一名学习能力很强的本科生提交了一份质量较差的研究报告，报告没有按要求完成，教授可以对他说："约翰，我对你的这份报告非常失望。你是班上最好的学生之一，你上课总是很积极，考试成绩也都很出色。我知道你有能力完成一份高质量的报告。我希望你再多花点时间好好修改。"

学习风格

考虑学生的不同学习风格有助于更有效地开展发展适宜性教学。学习风格（也被称为认知风格或智力风格）是学生在信息感知、组织、处理和记忆等方面表现出的较为稳定的个人属性（Shipman & Shipman，1985）。风格是人们偏好的信息和任务处理模式（Sternberg & Grigorenko，1997；Zhang & Sternberg，2005）。虽然有学者质疑是否真的存在信息风格（Riener & Willingham，2010），但我们需要注意风格和能力并不是等同的概念，这点很重要。能力指人们学习、使用技能的能力；风格则是人们处理、应用信息的习惯行为模式。

风格表现为一个人处理不同任务过程中所偏好的组织和处理信息模式（Dunn & Honigsfeld，2013）。风格影响人的认知、情感和行为，是人的认知、情感和社会机制的有机统一（Messick，1994），继而带来学习和不同教学方式接受性方面的差异（Messick，1984）。

本节讨论三种风格（场依存性—独立性、归类、认知节奏），这三种风格有着扎实的研究基础和重要的教育启示意义。其他风格还包括平衡或锐化（模糊或突显刺激差

异)、冒险或谨慎(抓住机会实现目标的高意愿或低意愿)、感官形态偏好(行动性或动作性、图标性或视觉性、符号性或听觉性)(Sternberg & Grigorenko, 1997)。《迈尔斯—布里格斯类型指标》是常用的风格分类目录(Myers & McCaulley, 1988),该目录声称能鉴别个人寻求学习环境并关注环境因素的各种偏好方式。其四个维度分别为外倾—内倾、感觉—直觉、思维—情感、判断—感知。读者可以参阅章和斯滕伯格(2005)的著作以获得对其他认知风格的深度了解。

风格可以告诉我们关于认知发展的重要信息。我们还可以把风格和更大层面的行为模式相关联以研究人的性格发展(如迈尔斯—布里格斯类型指标)。教育者研究学生的风格以确定发展适宜性教学模式并教会学生适应性更强的风格以促进学习和动机。风格还和大脑发展和机能密切相关(第二章)。

场依存性—独立性。场依存性—独立性(也叫心理分化、综合和分析机制)指个人依赖或受刺激或事件发生之情境或知觉场干扰的程度(Sternberg & Grigorenko, 1997)。这个概念由维特金提出并做了研究以为验证(1969;Witkin, Moore, Goodenough, & Cox, 1977)。

有各种方法检测人对知觉环境的依存性。其中一种检测方法是框棒测试,测试要求被测者在一个倾斜的亮框内把一根倾斜的亮棒调节到垂直于地面的位置,被测者所在的房间一片漆黑,没有任何其他的知觉提示物。场依存性最初的定义是仅凭被测者对垂直的内在标准就能把亮棒调节到垂直状态。其他检测方法还包括嵌入图形测试,测试要求被测者找出嵌在复杂图形中的简单图形;身体调节测试,测试要求被测者坐在倾斜房间中的一张倾斜椅子上,把椅子调节到垂直状态。可以轻松找出图形或调节到垂直位置的被测者被认为是场依存者(实际应用11.8)。

实际应用11.8

学习风格

为了保证发展适宜性教学,小学教师应该在设计课题活动时考虑学生的认知差

异，尤其是幼儿的场依存性（全局性思维）大于场独立性（分析性思维）。对于低年级小学生，教师应该以注重全局性理解的活动为主，同时兼顾分析性思维活动。

例如，班纳女士在讲社区单元时，她和她的三年级学生可以先讨论社区的整体概念以及社区的所有人员和场所（全局性思考）。然后学生可以制作家、学校、教堂、商店等的模型——激发分析性思考——并把这些模型陈列在平面图上，以获得社区的整体图景（全局性思考）。学生还可以思考社区人员及其主要特征（分析性思考），然后以木偶戏的形式把他们的交往模式表演出来，其中不需要过于纠结行为是否准确（全局性思考）。班纳女士还可以展示一张真正的城市地图，让学生有一个整体的了解（全局性思考），然后可以让学生在地图上找出他们所在的社区（分析性思考）。

中学教师在规划教学方案时同样可以考虑到学生的风格差异。在讲"二战"时，提格先生可以兼顾全局性思考和分析性思考，带领学生讨论"二战"的一般性问题和爆发原因，列出重要的"二战"事件和人物。学生活动可以包括讨论导致"二战"爆发的重要因素（全局性思考）、画出重要战役和其他重要事件的时间表（分析性思考）。如果提格先生只侧重一种风格，知识处理和建构模式相异的学生可能会怀疑自己理解所学内容的能力，从而对他们的自我效能和学习动机产生负面影响。

幼儿的场依存性较强，但自上幼儿园以后直到青春期，场独立性开始变强。儿童的个人偏好会随着时间的沉淀变得稳定。关于性别差异的情况不是很清楚。虽然有数据表明年龄较大男生比年龄较大女生的场依存性强，但也有研究表明女生的场依存性比男生强。另外，这些差异反映的是认知风格还是跟测试表现相关的其他因素（如主动—被动）也不清楚。

场依存者对社会环境的敏感度和关注度更高，因此他们更擅长带有社会性内容的学习；不过，当学习内容引起场独立学习者的关注时，他们也能轻松掌握这些内容。场独立学习者对教师的表扬和批评意见较为敏感。当学习内容缺乏组织性时，场独立学习者更倾向于对它们进行有序组织；而场依存者会遵循原本的内容结构学习。对于缺

乏组织性的内容,场依存学习者可能会处于劣势。场依存学习者善于利用学习情境中的显著特征进行学习,而场独立学习者还会考虑那些不太显著的提示信息。当相关和不相关属性对比出现时,场独立学习者概念性学习的优势比较明显。

这些差异意味着教师应该调整教学模式以实现发展适宜性教学的目标。如果场依存学习者没有留意到提示信息,教师应该想办法突显这些信息以帮助学生识别概念的相关特征。这对于处于起步阶段的阅读者来说特别重要,因为他们关注的重点是字母特征。场依存学习者在阅读早期阶段遇到的问题更多。

归类风格。归类风格指参照相关标准确认物体彼此相似的认知模式(Sigel & Brodzinsky,1977)。归类风格通过分组任务进行测评,被测者必须在感知相似的基础上把物体分成不同组别。这不是一项例行公事式的任务,因为物体的分类方式多种多样。被测者可能会从一堆动物图片中选出猫、狗、兔子作为一组,理由是它们都是哺乳动物、有皮毛、会跑等。归类风格揭示了个人所偏好的信息组织模式。

归类风格有三种类型,分别是关系型、描述型和分类型(Kagan, Moss, & Sigel, 1960)。关系型(情境型)风格按照某一主题或功能(如空间、时间)关联相关物体;描述型(分析型)风格指根据某个细节或物理属性对相似物体进行分组;分类型(推断型)风格把物体作为一个上位概念的举例进行分类。上述那个例子中,"哺乳动物""皮毛""跑"分别反映了分类型、描述型和关系型风格。

幼儿园孩子的归类风格倾向描述型;但主题性的关系式回应也较为普遍(Sigel & Brodzinsky,1977)。研究者发现描述型和分类型归类风格随着人的成长发展呈现上升趋势,而关系型风格则呈现下降趋势。

风格和学习表现息息相关,但其因果关系不明(Shipman & Shipman,1985)。例如,阅读需要用到分析性关系认知(如细节辨识);但是,辨识的类别结果和辨识能力一样重要。学生学习的是前者。风格和学习表现相互影响。某些认知风格能够促成更好的学习表现,而由此获得的奖励、进步认知和自我效能反过来也会强化风格的恪守。

认知节奏。卡根对认知(概念、回应)节奏作了大量研究(1966)。在研究归类的过程中卡根发现有些孩子反应速度快,而有些孩子思考的东西较多,反应时间较长。认

知节奏指"在反应不确定情境中做出停顿并反思假设和结果正确性"的意愿(Shipman & Shipman, 1985, p. 251)。

卡根设计了相似图形匹配测试(MFF),对儿童作了测试。MFF是一个标准化匹配测试项目,共有12项内容,测试中每个图形配有六个可能的匹配项,其中一个匹配度最高。因变量为每项内容第一反应时间和全部错误率。结果发现思考型儿童的时间得分高于平均值(用时长),错误率得分低于平均值(错误率低);冲动型儿童的测试结果与此相反。另外两组儿童的情况分别为快—准确(两个数值均低于平均值)和慢—不准确(两个数值均高于平均值)。

随着儿童的成长他们的思考能力越来越强,尤其是在入学的早期阶段(Sigel & Brodzinsky, 1977)。有证据表明男生和女生的思考能力发展不同步,女生早于男生。有研究对测试评分结果作了为期两年的跟踪研究,发现评分结果显示出稳定的中等程度的正相关关系(Brodzinsky, 1982; Messer, 1970)。

节奏差异和智力评分无关,但和学校表现相关。麦瑟(1970)发现留级学生比正常升级学生好冲动。思考型学生在中等难度的感知型和概念性的解决问题任务上,以及分析推理型任务上的表现较好(Shipman & Shipman, 1985)。思考型认知模式和散文阅读、序列复述和空间透视等任务正相关(Sigel & Brodzinsky, 1977)。相比思考型学生,冲动型学生往往注意力不够集中,更容易受干扰,做事往往想着赶快完成,行为标准和掌握性动机较低(Sternberg & Grigorenko, 1997)。鉴于认知节奏和学习密切相关,很多学者提出教育的目标之一就是训练孩子遇事不冲动。梅肯鲍姆和古德曼(1971;第四章)发现自我指导训练能够降低冲动型儿童的犯错率。思考型认知风格的榜样示范加上学生实践和积极反馈能够有效纠正冲动型儿童的认知风格。

认知风格对教学和学习具有重要意义,在此前提下,涌现出了相当数量的发展研究,其目的在于帮助教育工作者在教学实践中贯彻这些研究发现,实现发展适宜性教学。例如,视觉—空间型学习者比较适合图形展示类教学方法(Vekiri, 2002)。不过,从研究文献中总结出具有教学参考意义的结论并不容易。认知风格和能力之间的区分并不明显,也备受争议(Tiedemann, 1989);场依存性可能和智力的某些方面是等同

的(Sternberg & Grigorenko，1997)。研究者对信息处理过程以及人的性格组成的认知风格构成做了研究(Messick，1994；Sternberg & Grigorenko，1997；Zhang & Sternberg，2005)。

理想的情况是教学环境和学习者的认知风格相匹配；但是，这种匹配常常无法实现。一方面，学习者可能需要根据教学的实际条件——包括学习内容和教学方法等——调整风格和偏好的行为模式。自我调节方法(第十章)能够帮助学习者根据教学条件的变化做出调整。另一方面，也可以调整教学条件以满足个体差异，为存在能力和风格差异的全体学生提供平等的学习机会(Snow，Corno，& Jackson，1996)。教师可以控制教学环境的诸多方面以适应学生的个体差异。这些方面包括组织结构(全班、小组、个人)、常规和补充学习材料、技术手段应用、反馈类型、学习材料的呈现方法(触觉、听觉、视觉)等。教师在给掌握新内容有困难的学生补习时可以做出适当的调整。

家长和家庭参与

从本章的讨论中我们可以看到，家长和其他家庭成员可以对孩子的学习产生直接影响，例如他们可以辅导孩子做作业、学习，并提出建议。但他们还可以对孩子的学习产生间接影响；例如他们可以引导孩子参加他们希望孩子参加的活动，接触他们希望孩子接触的人。本节讨论家长参与在教学过程中的实际应用。

一种情况是家长和他人鼓励孩子积极参加活动，这些活动的参与者大多抱有积极的学习信念(如自我效能)、表现出积极的行为(如认真学习)，例如学校俱乐部、运动队、音乐团体等。学生如果希望一直参与这些活动，必须保持出众的学习成绩，这能够促使学生培养良好的时间管理和学习技巧。家长和其他家庭成员可能无法控制孩子结交哪些朋友，但他们可以引导孩子接触重视学习和成绩的群体。

如果家长和家庭成员帮助孩子确定学习任务、制定合适的时间计划表，会对孩子的学习起到促进作用。目标设定研究强调了现实性目标的重要性(Locke & Latham，2002)。家长可以制定执行方案。例如，让孩子在晚饭前写下他们晚上需要完成的作业，然后制定一个大致的完成作业的时间表。孩子可能对完成作业所需的时间盲目乐

观,家长可以帮助他们设定合乎实际的时间限定,孩子则在完成作业的过程中可以不时加以对照。进步认知能够帮助孩子树立学习的自我效能。

家长积极参与学校活动也很重要。这么做的家长向孩子传达了这样一种态度:学校很重要,他们愿意挤出时间参加这些活动。关于活动重要性的认知是一个重要的动机因素;动机能够促进学习表现(Schunk & Pajares, 2009)。随着年龄的增长,孩子们可能不希望父母过于公开化介入学校事务,但家长还是可以有很多参与学校活动且不太引人注目的方式(如参加家长教师协会会议、学校演出、运动会等)。

有限且含有丰富教育性内容的媒体活动对学生的学习有益。家长陪同孩子观看电视节目也会有所帮助。在一同观看的过程中,家长可以和孩子讨论节目内容、提出相关问题以促进孩子的思考(如"你觉得她为什么那么做?")。跟孩子一起观看电视还传达了这样一种态度:节目很有意义,家长认为学习很重要,所以他们抽出时间通过观看节目进行学习。家长可以查看电视节目单,圈出一些具有重要教育意义的节目,规划好时间跟孩子一起观看。

在孩子不上学的时间段里(如暑假),家长和家庭参与显得尤为重要。这种时候孩子可能没有学习收获,也缺乏学习动机,特别是当要做的事情很多、时间显得不够用时。这时家长可以跟孩子谈心,看有没有什么办法可以不中断学习。设定一些目标(如读完几本书)能够帮助学生保持学习关注度和学习动机。

小结

学习环境,即学生所在的社区或学习环境,对学生学习有重要影响。环境因素包含教师、课堂、学校、同伴、家庭、社区和文化等。教师有义务营造有效的学习环境以保证教学和学习顺利进行。良好的课堂组织和管理能够增强学习环境的有效性。TAR-GET 六要素也非常重要:任务、权威、认同、分组、评估和时间。

课堂的另一个重要方面是教师和学生的交流互动。为了促进师生积极互动以及学生动机和学习,教师应该给予能够反映学生进步情况的反馈以及改进方法,支持学生的学习行为,并在所有学生都能学好的认知前提下对学生持有合理期望。

同伴对学生的成就信念、动机和学习有重要影响。同伴的影响主要通过榜样示范实现,有抑制/脱抑制、刺激反应生成和观察性学习等作用机制。榜样示范者的相似性能够促进其影响作用,同伴相似的背景和经历会影响观察者的动机和学习。

同伴交际网络,即学生交往接触的同伴群体,是学生的集合构成,这些学生在很多方面相近。交际网络确定了学生社会交往的机会,使学生能够观察他人互动并参与社交活动。同伴交际网络成员会随着时间变得越来越趋同。家长可以引导孩子参加一些活动,这些活动的参与者有着相近的关于学习重要性的认知信念。

家庭对学习的影响表现在社会经济状况(SES)、家庭环境、家长参与和电子媒体等方面。社会经济状况和孩子的学校交往情况、上学出勤率、入学时间长短等息息相关。社会经济状况良好的家庭拥有更多资本,并能为孩子提供更多更好的机会。对社会经济状况较差家庭的早期干预有助于为孩子入学做好准备。家庭环境影响在婴幼儿时期表现最为显著。随着孩子慢慢长大,他们的社交网络有所扩展,同伴的影响越来越重要。家长可以引导孩子参加某些群体和活动以此为孩子确定发展方向。家长对孩子的期望与他们的学习表现正相关。考默的学校发展项目请家长和社区成员参与学校规划。孩子的学习也可以通过电子媒体实现,适度接触教育类媒体能够促进学生的认知发展和成就表现。家长和看护者陪同孩子一起观看媒体节目有助于促进孩子的学习。

家庭是影响孩子动机和学习的关键因素。权威型家长对孩子的学习起到促进作用,他们给予孩子指导,对孩子做出限制,帮助孩子养成自我管理习惯,树立他们对自己行为负责的意识。家庭参与对孩子教育具有重要意义。如果家庭资源丰富、家长对孩子教育起到协助作用,会对孩子的学习和成就表现产生积极影响。

社区影响因素包括地理位置和社区参与等。学生所在的社区资源和教育活动丰富,能够促进学生的学习。社区成员可以通过参加学校活动和社区参观等形式参与教育。学校可以和社区机构建立合作关系以增强社区的参与性,这点很重要。

学生的学习和成就表现往往体现文化差异。必须对学生的不同文化态度、信念和行为模式做出研究以确定差异产生的原因。同一文化内部也存在明显差异,因此跨文

化差异的笼统结论可能具有误导性。明确文化差异后,可以开展相应项目激发学生的学习潜力,会让不同文化背景的学生受益。

重要的教学实践应用主要体现在师生互动、学习风格和家长/家庭参与等方面。教师给予有效反馈、营造积极课堂氛围——包括表扬和批评的有效运用——能够促进学生的动机和学习。学生有自己偏好的学习风格。教师在教学过程中可以考虑学生的认知风格差异,保证信息呈现方式以及教学活动的多元化。家长可以参加学生的学校活动,保证学生完成学习任务,协助学生制定学习计划,监督学生的媒体使用情况以确保媒体学习手段对学生学习有积极影响,从而参与学生的校内和校外学习过程。

扩展阅读

Bradley, R. H., & Corwyn, R. F. (2002). Socio-economic status and child development. *Annual Review of Psychology*, 53, 371 – 399.

Cole, M. (2010). Education as an intergenerational process of human learning, teaching, and development. *American Psychologist*, 65, 796 – 807.

Comer, J. P. (2001, April 23). Schools that develop children. *The American Prospect*, 30 – 35.

Cornelius – White, J. (2007). Learner-centered teacher-student relations are effective: A meta-analysis. *Review of Educational Research*, 77, 113 – 143.

Kirkorian, H. L., Wartella, E. A., & Anderson, D. R. (2008). Media and young children's learning. *The Future of Children*, 18(1), 39 – 61.

Rumberger, R. (2010). *Why students drop out of school and what can be done about it.* Cambridge, MA: Harvard University Press.

Sternberg, R. J., & Grigorenko, E. L. (2005). Are cognitive styles still in style? *American Psychologist*, 52, 700 – 712.

第十二章　后　　续

　　此外的场景和本书第一章开头小剧场的场景一样——罗斯·尼兰德教授为研究生开设的学习和认知课程。在那个小剧场中,三名学生——杰瑞·肯德尔、马特·鲍尔斯、特丽莎·帕塞拉——课后找到他,因为他们不知道面对这么多学习理论该怎么办:是认定其中一种理论,还是博采众长、对全部理论都有所涉猎。罗斯建议他们不用过于在意自己认同哪个理论流派,而是应该思考自己对学习的定义以及对哪类学习感兴趣。现在一学期的课程学完了,最后一堂课结束后,这三名学生又找到了罗斯教授。

　　罗斯:来,告诉我,你们觉得这门课上得怎么样?

　　杰瑞:尼兰德教授,我们想说你的课太棒了!你让我们思路大开,让我们知道有这么多问题需要思考。这门课对教育专业的学生来说太有用了!

　　罗斯:谢谢你的评价!很少有学生会对大学教师的课给予这样高的评价。我问一下,你们现在对自己感兴趣的学习领域所适用的学习理论有想法了吗?

　　马特:我教高中数学。对我来说,建构主义理论很能说明问题,尤其是关于学生记忆网络建构一说。我知道了这些内容对于解决问题有多么重要。

　　特丽莎:我跟很多有学习和行为问题的学生打交道。社会认知理论强调榜样示范和自我效能,对学生的学习和行为问题很有解释力。这些孩子受到同伴的影响较大,很多都缺乏效能感,觉得自己学不好。

　　杰瑞:我觉得学习动机的作用非常重要。兴趣、价值判断、目标等概念对我的教学很有启发。我会对自己的言行对学生动机和学习的影响多加留意。

　　罗斯:我很高兴听到你们这么说。你们已经找到了自己的兴趣所在,也找到了可供借鉴的理论学说。随着理论学习的深入和对教学实践的反思,你们可以不断对自己的想法做出修正。祝好运!

　　关于教育学习理论的学习已接近尾声。正如罗斯·尼兰德教授所建议以及他的学生所做的那样,是时候梳理下你对学习的理解和认识了。如果你对学习有了明确的理解,相关的理论流派和学说会自然而然地浮现出来。你接下来要做的就是梳理你对学习的理解和认识,然后分析这些理解和认识如何和理论学说相统一。

学习相关问题

　　一个值得借鉴的做法是思考第一章中提出的六个学习问题以及其他问题。作为入门者的你可以紧密联系你的工作实际做出思考。你的教学对象可能是儿童、青少年或成人;你的教学场所可能是学校,也可能是其他地方;你的学生可能具有正常的学习能力,也可能不具有;你所教的学科内容可能五花八门。你可以在联系实际情况的前提下思考以下问题。

学习如何发生?

　　这是理解学习的一个核心问题。学习者怎样从无所知过渡到有所知状态?学习行为有些属于内在行为(如信念、认知),有些是外在行为(如指导和环境影响)。对你来说,哪些行为比较重要?结合学习者、教学内容和场合等因素进行思考。学习者具备哪些条件?教学内容是事实性的还是需要推理?怎么学最好?有哪些重要的教学变量?例如,学生是跟教师学还是跟同伴学效果好?是独自学还是小组学效果好?还有哪些环境因素能够促进学习(如图表、技术手段、讨论)?结合你的学习环境写下你对学习的理解以及你认为的重要学习行为。

记忆如何作用?

　　一些具体的问题包括:学生需要记住多少内容?记忆内容对学生的工作记忆和长期记忆会造成多大的负担(即认知负荷)?有什么方法可以对记忆内容做出有序组织

以方便记忆？不同的教学内容，其记忆内容的多少以及认识负荷的种类、程度都有所差异。结合你的实际写下你对记忆作用的看法。

动机有哪些作用？

在没有动机作用的情况下学习也会发生，但动机能够促进学习。在你所处的情境中，学生的学习动机重要吗？如果重要的话，有哪些方法可以帮助学生产生动机？你会使用奖励还是目标策略？有哪些方法可以提高学生的学习自我效能？如何保证学生对成功和困难做出功能性归因？如何帮助学生提高对学习重要性的认知？如果你的学习环境中存在社会比较，它会对动机产生怎样的影响？结合你的实际写下你对动机作用的看法。

迁移如何产生？

迁移是一项非常重要的内容，因为如果没有迁移，所有的学习都只能局限于某一学科和场合。我们希望学生能够把他们所学到的知识迁移到其他学科和场合。在你所处的情境中，可以采用哪些方法促进学生技能、策略和信念等的迁移？学生自己能够判断所学内容在其他场合如何应用吗，还是需要指导？如果是后者，你会怎么做？直接告诉学生在其他情况下怎么应用，策划活动让学生在其中获得所学知识的崭新应用，同其他教师合作，还是其他？结合你的实际写下促进迁移的做法。

自我调节学习如何开展？

自我调节学习是重要的教育目标，但在教学实践中往往没有引起足够的重视，其表现就是学生的学习选择太少。你希望学习者发展自我调节技能吗？在你所处的情境中，自我调节学习重要吗？如果重要，你觉得自我调节学习有哪些重要构成元素？如何才能把这些元素和教学相结合？在你的情境中有阻碍自我调节学习的因素存在吗？如果有，可以如何最小化它们的影响？结合你的实际写下你对自我调节学习的看法。

对教学有何启示？

在解答完上述五个问题后，你对第六个问题的回答也就自然形成了。你对学习行为、记忆、动机、迁移和自我调节学习的看法会启发你形成可用于学习者的教学策略。

这些启发涉及教学的不同方面,如教学内容的组织、教学内容的呈现方式、技术手段的应用、学生分组、学生活动、反馈和评价形式等。结合你的实际写下你认为有效的教学方法。

学习相关理论

当你完成了前面章节的学习后,你会知道自己的观点看法在哪些方面与本书所讨论的各种学习理论相一致。虽然本书讨论了众多学习理论,但其实我们可以很简单地把它们归为四大类(注意会有重叠的现象):条件作用理论、社会认知理论、认知信息处理理论和建构主义理论。

条件作用理论

条件作用(行为)理论侧重环境因素。行为是环境因素作用的结果。学习是条件作用所产生的行为转变。为了促进学习,你可以建构环境,促使学生对环境做出正确反应并强化这些反应。学习材料的组织非常重要,因为学习必须分解成细微步骤才能保证学生做出正确反应。虽然学生有自己的想法和信念,但这些并不是理解学习的必要条件。

社会认知理论

社会认知理论认为学习可以通过实践和观察他人实现。讲解并示范技能和策略的榜样示范者能有效促进学习。学习可以不需要强化。强化是一种反馈,告知学生任务完成的正确性并激励他们继续努力,取得更好的表现。动机促进学习。能够起到促进学习之作用的重要的个人因素包括自我效能、结果预期、目标、价值判断、自我调节行为等。

信息处理理论

信息处理理论认为学习是记忆网络形成的过程。信息被注意、感知、转移到工作记忆,最后与长期记忆中的信息相联系。组织、阐述、演练等行为有助于建构记忆网络。信息处理理论与大脑研究的结果高度一致,其重点在于信息的获取、存储和提取,对动机行为的关注度不高。

建构主义理论

跟社会认知理论和信息处理理论一样,建构主义理论本质上也属于认知理论的范畴,只是这个理论流派更加强调学习者的知识和信念建构。这类理论认为学习是学习者从环境中吸收信息,并将之和当前知识相结合的过程。强调社会交往的教学环境有助于学习者的知识建构。

结语

除了学习核心问题以及不同理论对学习的阐述,还有其他一些因素需要考虑以形成你自己对学习的理解。这些因素因情境不同而不同。例如,我们知道发展因素会限制学生的学习能力。适合成人的学习方法和理念并不一定适合儿童。如果你所在的学习环境中技术手段丰富,你还需要考虑怎么利用这些技术手段以实现最好的学习效果。如果学生的认知能力有限,你需要思考在这种情况下应该如何调整教学方案。

当你建构自己的学习理论时,需要记住这不是一件一劳永逸的事。学习理论的形成是一个建构和修正的过程。第一章中指出过,我们通过研究检验理论假设是否成立。如果理论假设没有获得研究结果的支持,那么该理论需要重新审核并做出必要的修正。你的学习理论也是如此。你可能持有一系列理念,但随后发现有些理念并没有产生预期的学习行为或效果,这时你需要重新思考你所持理念的合理性。

祝愿你的后续工作一切顺利。当学完本书后,你会对如何提高你的教学和学生学习有更清晰的认识。这种认识必将影响你以及你的学生的生活!

术语表

顺应　改变内部结构以与外部现实相一致的过程。

累积　依据已有图式编码新信息的过程。

成就动机　在需要付出努力的活动中试图表现出具有能力的心态。

行为　产生某种结果的动作组合。

行为控制　具有潜在可调整性的自我调节的意识性技能和策略。

行为控制理论　强调行为的意识作用的理论。

激活水平　记忆信息快速处理或可能快速处理的程度;处于活跃状态的信息可以很快被提取。

实现倾向　产生其他动机,以个人发展、自主和脱离外部控制为目标的内部动机。

调整　参见**平衡**。

调整性教学　调整制度、课程或个人课堂等教学环境因素以适应重要个体差异,从而保证全体学生获得平等学习机会的教学模式。

先行组织者　帮助连接新知识和旧知识的方法,通常表现为上课开始时教师做出的概括性表述。

情感　发散性情绪和具体情感的泛称。

情感性学习技巧　学习策略的一个具体步骤,其目的在于通过帮助学习者应对焦虑情绪、发展积极信念、设定学习目标、确定学习场所和时间、最大程度减少干扰等方式营造一个有利于学习的心理氛围。

能动性　相信自己可以对重要生活事件实施有效控制的信念。

组块 信息的意义化组合。

经典作用反射 巴甫洛夫理论的概括表述,该理论的主要观点是某个中性刺激通过与无条件刺激的反复配对成为诱发某个反应的条件。

闭环理论 一种运动技能学习理论,认为人们通过实践和反馈获得运动动作的知觉痕迹。

认知行为矫正 把学习者的想法(内隐和外显)作为分辨性和强化性刺激的行为矫正技巧。

认知一致性 认为人有追求行为和认知一致性需求的观点。

认知建构主义 参见**辩证性建构主义**。

认知失谐 认知冲突造成的心理压力,会导致认知减退。

认知负荷 信息处理系统,特别是工作记忆(WM)承受的负担。

认知地图 由实现目标行为预期所组成的内部图式。

认知示范 榜样示范者做出的解释和示范,包含榜样示范者关于实施特定行为想法和原由的口头陈述。

认知风格 参见**学习风格**。

认知(反应)节奏 指在反应不确定情况下愿意停顿并反思信息准确性的认知风格。

认知理论 认为学习是基于信息处理的知识和认知结构获取的理论。

教师集体效能 学校教师关于全体教师的努力对学生产生积极影响的认知。

考默项目 参见**学校发展项目**。

比较性组织者 先行组织者的一种类型,通过和熟悉内容的类比比较引入新内容的组织者模式。

理解 赋予语言(文字或口头)信息意义并用以实现特定目标的过程。

理解监控 一种认知行为,其目的在于判断学习者是否将已有知识恰当应用于所学内容、评估学习者是否理解所学内容、确定策略是否有效抑或需要调换更好的策略、知道策略运用为何有助于促进学习。监控行为包括自我提问、重复阅读、阐释、检查一致性等。

计算机化（计算机辅助）教学　一种互动式教学模式，计算机系统向学生提供信息和反馈，并接收学生输入。

计算机化学习环境　使用计算机技术实现多元化教学的环境，这些技术包括模拟、计算机辅助教学、超媒体/多媒体等。

计算机化学习　计算机辅助的学习模式。

计算机中介传播（CMS）　帮助学习者实现相互交流的技术手段应用（如远程教育、电脑会议）。

概念　有共同特征（重要属性）的实物、符号或事件的标签化组合。

概念性学习　辨别属性、将这些属性泛化至新举例、区分样例和非样例的学习行为。

能力概念　学习者关于智力（能力）本质及其发展的信念/理论。

具体操作阶段　皮亚杰认知发展阶段理论中的第三个阶段，大致涵盖 7—11 岁的年龄段。

条件性知识　关于何时使用陈述性和程序性知识及其重要性的知识。

条件性关怀　基于特定行为的关怀。

条件反应（CR）　条件性刺激诱发的反应。

条件刺激（CS）　刺激的一种类型，反复与无条件刺激配对后能够诱发与无条件反应相似的条件反应。

条件作用理论　参见**行为理论**。

学习条件　促使学习行为发生的环境因素，由内部条件（学习者必须具备的技能和认知处理能力）和外部条件（辅助学习者认知行为的环境刺激）构成。

连接主义　桑代克理论的术语表达，该理论认为学习是感官体验（刺激或事件的感知）和神经冲动（表现为行为）之间形成联结的过程。

连接主义模式　计算机模拟学习行为的模式，在此过程中，学习和神经系统处理相联系，神经冲动通过突触被激发形成联结。

固化　神经（突触）联结稳定、强化的过程。

建构主义　主张学习发生在特定情境中、学习者通过情境经历形成或建构所学内容并

理解所学内容的理论学说。

建构主义理论 参见**建构主义**。

情境 学习者所处的社会或学习环境。

接近性(接近性条件作用) 格思里理论的基本原则,认为学习是反应和刺激或情境紧凑配对的结果。

关联契约 教师和学生之间就学生必须完成任务以获得特定强化物而达成的文字或口头协议。

持续性强化 对全部反应的强化。

控制(执行)过程 负责处理系统信息流动管理的认知行为。

合作性学习 学生团体合作完成任务的模式,这个任务学生独立完成难度较大,其目的为发展学生的合作能力。

应对型榜样示范者 榜样示范者的一种,最先和观察者一样对任务表现出担忧和能力不足,但慢慢表现有所改善,树立起关于自我能力的自我信心。

胼胝体 人脑中连接左右半球的纤维束。

关联研究 研究者试图找到变量间自然存在关系的研究。

皮层 参见**大脑皮层**。

皮质醇 体内激素的一种,婴儿体内皮质醇含量超标会延缓他们的大脑发育。

创造力 获得新颖想法、解决问题方案或对个人和社会群体有价值且适宜产品的行为。

批判性思维 对该做什么或该信什么的认知思考行为。

文化 群体共享的规范、传统、行为、语言和认知等内容。

陈述性知识 关于某物是什么的知识;关于事实、信念、条理清晰的篇章和故事事件的知识。

解码 破译文字符号或实现字音相匹配的过程。

演绎推理 从具体细节中得出一般规则的过程。

深层结构 言语意义及语言句法。

树突　负责接收信息的包裹在神经元外部的呈细长形的脑组织。

描述性研究　参见**定性研究**。

发展　呈现出有序性的对生存具有促进意义的人的历时性变化。

发展状态　个体现有的发展能力所能达到的水平。

发展适宜性教学　与学生的发展水平相匹配的教学模式。

辩证建构主义　建构主义理论的一种,认为知识来源于个人和环境的有机互动。

对话　完成学习任务过程中两个及以上学习者的交谈。

双耳分听　同时收听两种言语输入的行为。

区分性任务结构　课堂组织的一种模式,学生有不同的学习任务和学习材料,或按学生的实际需求采用不同的教学方法。

直接观察　被观察的行为示例。

探索式学习　归纳推理的一种形式,学习者通过动手性体验形成、检验假设,在此基础上获得知识的过程。

分辨　根据不同刺激做出不同反应。

分辨性刺激　操作性条件作用模式中驱使个体做出反应的刺激。

脱抑制　参见**抑制/脱抑制**。

远程学习(教育)　教学行为发生在一地,然后被传送到一个或多个偏远地区学生的教学模式;可能具有双向互动性。

区域特定性　离散的陈述性和程序性知识结构。

多巴胺　一种化学性的神经递质,可以使大脑对毒品和酒精产生的愉悦效果变得更加敏感。

驱动力　激励、驱使个人实施行为的内部动力。

双重编码理论　认为长期记忆知识由言语系统(语言表达知识)和意象系统(存储视觉和空间信息)两个部分组成的理论。

信息处理双向记忆模式　参见**信息处理双向存储(双向)记忆模式**。

持续时间测评　一定时期内行为发生的时长。

动态视觉呈现 视频或动画等能够显示变化过程的视觉呈现模式。

回响 声音的感官记忆。

EEG 脑电图仪的英文缩写；可用于监测神经元移动所生成的电路图以发现大脑是否异常。

效能动机（掌握性动机） 与环境有效互动并对环境的重要方面做出有效控制的动机。

效能期望 参见**自我效能**。

自我投入 一种动机状态，主要特征为沉浸于学习任务、渴望自己不会显得无能、认为学习是实现不让自己显得无能这一目标的手段。

自我中心 不会从他人角度思考问题的认知表现。

遗觉表象 意象分片段呈现、消失的图像记忆。

阐述 对新信息做出补充或与已知信息相联系的新信息扩展过程。

教学阐述理论 教学内容呈现的一种手段，学习者先学习一般观点，然后学习具体细节，最后再通过回顾和实践等形式回到一般观点的过程。

电子化学习 基于电子化技术手段的学习。

电子公告板（会议） 发布消息、参与讨论（聊天群）的电子化技术手段。

电子媒体 借助电视、手机、电子游戏、在线社交网络和电邮等电子化技术手段作用的媒体。

情绪 一种历时短暂、有具体针对性的强烈情感。

经验主义 认为经验是知识唯一来源的理论主张。

亲历性学习 基于实际行为表现的学习。

动作表达 基于运动反应的知识表达方式。

编码 把新的输入信息输送至信息处理系统并为信息的长期记忆存储做好准备的过程。

编码特定性假设 一种理论假设，认为当提取提示和编码过程中的提示相一致时长期记忆的信息提取效果最佳。

内源性建构主义 建构主义理论的一种，认为人的内部结构建构与已有结构无关，跟

环境信息没有直接关联。

实体理论 认为能力表现的是人较少能够掌控的固定特征的理论。

情景记忆 关于具体时间、地点、人物和事件的记忆,具有个人性和自传性特点。

认识论 关于知识起源、本质、局限性和方法的研究。

平衡 获得最佳平衡状态的生物驱动力;通过同化和顺应两个互为补充的行为过程实现。

事件相关电位 个体参与不同任务时监测到的脑电波变化。

诱发电位 参见**事件相关电位**。

执行行为 参见**控制(执行)行为**。

外源性建构主义 建构主义理论的一种,认为知识获取是外部世界结构的重新建构。

预期—价值理论 关于行为是人对特定结果的价值判断,以及实施行为就能实现结果期望产物的理论主张。

实验研究 研究者系统性地改变条件(自变量)并观察结果变化(因变量)的研究。

专家 在某一领域掌握较高水平能力的个人。

专家系统 安装了大量知识库系统、能够充分解决问题并给予辅导的电脑系统。

阐释性组织者 对新内容做出概念解释和概括的先行组织者形式。

阐释性教学 演绎性的教学策略,学习内容经过有序组织以有意义的方式呈现,先作整体性讲解,再讲具体内容。

消退 在无条件刺激作用下反复呈现条件刺激而导致的条件反应强度减弱或消失现象。

外在(外源性)认知负荷 非重要内容、干扰以及教学呈现难度等因素带给信息处理系统(特别是工作记忆)的负担。

外在动机 为了获取某个结果(奖励)而参与任务的动机。

促进者 管理资源、与学生分享感受和想法以促进学生学习的人员。

疲劳行为矫正法 通过反复呈现把实施行为的提示转变为不实施行为的提示以矫正行为的方法。

失败恐惧 因为预期的失败结果而回避成就目标的倾向。

特征分析理论 一种感知理论,认为学习者学习刺激的重要特征,这些特征以意象或语言编码的形式存储在长期记忆中并与环境输入信息相比对。

场依存性/独立性 一种认知风格,指学习者依赖或受到刺激或事件情境干扰的程度。也称为全局性和分析性机制。

场预期 两个刺激,或刺激、反应和刺激之间的关系认知。

实地研究 在受试者生活、工作、上学的地方开展的研究。

图形—背景关系 参见**格式塔原则**。

过滤(瓶颈)理论 一种注意理论,认为未被感知信息只在感官收录系统中予以处理。

第一信号系统 参见**初级信号**。

流动 完全投入活动的状态。

fMRI 参见**磁共振功能影像**。

遗忘 因为干扰或提示不当而造成的记忆信息丢失或无法记忆起信息的现象。

形式运思阶段 皮亚杰认知发展阶段理论的第四个阶段,其涵盖年龄段约从 11 岁到成人。

自由记忆信息 可以以任何次序出现的刺激记忆。

频率统计 一定时期内行为发生的频率。

额叶 负责处理记忆、计划、决策、目标设立和创造力相关信息的脑叶部分;也包括管理肌肉动作的初级运动皮层。

行为的功能分析 判断行为是哪个外部因素作用结果的过程。

功能固着 无法感知情境中物体的不同用途或元素新构成的现象。

磁共振功能影像(fMRI) 监测脑力任务实施(会激发神经元、引起血液流动)过程中大脑磁电流量的技术手段;把监测到的图像和大脑处于不活跃状态时的图像作比较以显示作用部位。

功能主义 认为生命有机体的心理活动和行为有助于他们适应环境的理论主张。

游戏 把学习内容和体育运动、历险或幻想等形式相联系以营造愉快的学习环境的活

动。

一般技能　适用于众多领域的技能(如目标设定)。

泛化　新的刺激引发反应或在与初始学习环境不同的环境中做出反应的现象。另见

　　迁移。

概括性强化物　可与一个以上一级或二级强化物相配对的二级强化物。

生成—测试策略　个人生成(想出)可能的问题解决办法并检验其有效性的解决问题

　　策略。

相关认知负荷　内在认知负荷负荷和基于情境因素的必要外在认知负荷的集合。

格式塔原则　**图形—背景关系原则**:知觉场由基于背景的图形构成。**接近性原则**:知

　　觉场的组成元素按空间或时间的接近性相组合。**相似性原则**:知觉场元素按大小或

　　颜色相似度相组合。**同向原则**:视觉上图案或流动方向相同的知觉场元素被感知为

　　一个图形。**简单性原则**:人们以简单、规律的形式组织知觉场。**闭合性原则**:人们会

　　对不完整的图案或经历做出补充使之变得完整。

格式塔心理学　强调感官体验组织的感知和学习心理学理论。

胶质细胞　负责神经元营养供给和清洁的脑细胞。

全局性和分析性机制　参见**场依存性和场独立性**。

目标　学习者有意实施(实现)的行为(结果)。

目标导向　参与学习任务的因由。

目标设定　确立行为目的标准或目标的过程。

语法　约束语言构成的深层的抽象规则。

分组结构　与学生的目标实现情况相关联的教学方法。**合作性分组**——积极关联;**竞

　　争性分组**——消极关联;**个人化分组**——无关联。

习惯　基于很多提示形成的行为。

享乐主义　人追求愉悦而避免痛苦的哲学状态。

启发法　个人运用能导出解决办法的原则(经验法则)解决问题的方法。

高阶条件作用　把条件刺激和一个新的中性刺激相配对使前者对后者产生条件作用

的现象。

爬山效应 参见**前进模式**。

海马体 负责即时过往记忆并促使长期记忆中信息确立的大脑结构。

整体性 我们必须综合研究人的行为、想法和情感而不能作孤立研究的观点主张。

稳态 最佳心理状态。

期望成功 基于成功可能性的主观估计以成就表现为目标的倾向。

人文主义理论 强调人的选择以及控制生活能力的理论。

超媒体 参见**多媒体**。

下丘脑 控制稳态保持所需的人体机能的自主神经系统的组成部分,同时参与人的情感反应。

假设 可以经实证检验的假定性观点。

图像 对视觉输入信息的感官记忆。

图像表达 以心理意象方式呈现知识的表达模式。

相同元素论 认为反应能否在学习情境以外的情境中发生取决于两种情境共同元素(刺激)数量的理论主张。

模仿 复制被观察他人行为以及口头表达的行为。

内隐理论 学生对自己、他人及其所处环境的信念。

不匹配反应行为矫正法 把不希望发生行为提示和与不希望发生反应不相匹配的反应(无法同时出现的反应)相配对,以此来矫正行为的方法。

增量学习 学习会随着行为的不断重复而慢慢变得固定的观点(桑代克理论的示例)。

增量理论 认为能力是一种技能,可以通过学习得到提高的理念。

归纳推理 基于具体示例形成一般规则的过程。

信息处理 认知活动的有序排列和执行。

抑制 在巴甫洛夫的理论中指一种中性激发源,它与产生条件反射的激发源作用轨迹相对,能减弱条件反应的强度或使条件反应消失。

抑制和脱抑制 通过观察榜样示范者行为引起的后果而对以前习得行为的抑制效果

予以强化或弱化的机制。

问询式教学　苏格拉底式的教学法,具体包括学习者形成并检验假设、区分必要条件和充分条件、做出预设、确定是否需要更多信息。

顿悟　突然性的感知、想出解决办法、或从不会状态过渡到会的状态。

本能　自发性的行为或能力。

教学质量　教学在多大程度上以高效有趣、节约资源的方式促进了学生的学习表现和学习态度。

支架式教学　参见**支架**。

教学自我效能　关于自己促进学生学习的能力认知。

智力风格　参见**学习风格**。

兴趣　喜欢、愿意参与活动的状态。

干预　阻断激活信息在记忆网络间传送的行为。

间歇性强化　对部分但非全部反应的强化。

内化　把从社会环境中获取的信息转化为自我调节控制机制的行为。

互联网　计算机网络的国际性连接。

间隔强化安排　强化取决于特定时间段后发生的初次反应。

面试　一方(面试方)提出问题或供讨论的观点,另一方(回应方)做出口头回答的情境。

内在认知负荷　因所学知识的不可变属性而对信息处理系统(特别是工作记忆)造成的负担。

内在动机　在除了活动本身外没有明显奖励的前提下参与活动(活动既是手段也是目的)的意愿。

内省　自我分析的一种形式,个体对接触物体或事件后的即时感知做出口头汇报。

不可逆性　行为一旦做出即无法改变的认知信念。

关键词法　记忆法的一种,学习者对与所学单词发音相似的单词形成意象并将意象与所学单词意思相关联的方法。

实验室研究 在控制情境中开展的研究。

潜在学习 在缺乏目标或强化的情况下从环境互动中产生的学习。

偏侧化 参见**定位化**。

失用律 练习律的组成内容项,认为当情境和反应之间的链接一段时间不出现时反应变弱。

效果律 链接强度受到情境反应结果的影响:满意结果强化反应;致恼结果弱化反应。桑代克最后对效果律作了修正,提出致恼结果不会弱化反应。

练习律 不断重复反应(无反应)产生学习(不学习)的现象。桑代克最后摒弃了这一定律。

准备律 有机体准备好做出行为时,做出行为令人满意,而不做出行为令人生恼。但有机体没有准备好做出行为时,迫使有机体做出行为会带来恼怒情绪。

使用律 练习律的组成内容项,认为当情境和反应之间的链接实现时反应变强。

习得性无助 一种心理状态,指学习者因为以前有过失控(行为和结果之间缺乏相关性)体验而产生的动机、认知和情感层面的波动。

学习 经由实践或其他形式的体验而产生的行为或以特定方式施行行为能力上的一种持久性改变。

学习目标 获取知识、行为、技能或策略的目标。

学习层次 层次性的智力技能。

学习方法 实现学习目标所要用到的学习策略中的具体流程或技巧。

学习策略 以管理学习任务、产生成功的任务表现为目标的系统性计划。

学习风格 学习者在信息感知、组织、处理、记忆等方面表现出的稳定的个体性差异。

处理水平(深度) 依据信息接收的处理方式而非处理位置生成的记忆的概念化程度。

线性项目 所有学生按相同先后次序完成学习内容的教学规划方案。

定位化 大脑的不同半球或不同部位控制不同功能的现象。

控制点 对结果实行一般化控制的动机概念;个体会认为结果与他们的行为方式(外部控制)无关或与他们的行为(内部控制)高度相关。

长期记忆(LTM)　与知识的永久性存储相对应的信息处理阶段。

导图法　学习者找出重点内容并揭示它们内在关系的学习技巧。

掌握性学习　以学生展示较高水平成就表现为目标的系统性的教学规划方案,具体包括明确掌握定义、制定掌握性计划、实施掌握性教学、评估掌握结果等过程。

掌握型示范者　在示范过程中展示出完美表现以及高度自信的榜样示范者。

掌握性动机　参见**效能动机**。

一致依存行为　与示范者行为相一致(相同)、依赖于示范者行为(受示范者行为诱发)的行为。

意义接受学习　在学习材料以最后形式呈现并与学生已有知识相联系的情况下学习观点、概念和原则的现象。

手段一目的分析　解决问题的一种策略,学习者将当前情境和目标相比较,判断两者间的差别,设立消除其中一个差别的子目标,实践实现目标的行为,反复这个过程直到目标最终实现。

介入　搭建外部现实和心理活动之间的连接桥梁并影响心理活动发展的机制。

心智训练　关于某些学科学习相比其他学科学习更加有助于增强心理机能的理论主张。

心理意象　空间知识的心理呈现,包含被呈现物体或事件的物理属性。

指导　将技能和策略传授给学生或在咨询和训练背景中出现其他专业人士的情境。

元认知　对个人的认知活动做出的有意的意识性控制。

位置记忆法　将记忆信息和熟悉情境的位置相配对的记忆法。

模拟　参见**模仿**。

递减模式　从较大加数开始数出较小数字的计数方式。

记忆法　一种将学习内容和已知信息相关联使之变得有意义的学习方法。

示范作用　因观察一个或多个榜样示范者产生的行为、认知和情感变化。

宏观行为　具有目标性的行为组合。

心情　通常没有具体前因的分散性的一般感受。

动机性学习　以获取新知识、技能和策略而不仅仅以完成活动为目标的动机。

动机　诱发并保持目标性活动的过程。

动机状态　由情感、认知和行为构成的复杂的神经联结。

运动　肌肉收缩产生的分散行为。

MRI　磁共振影像的英文缩写;通过无线电波产生的大脑信号图像诊断肿瘤、损伤和其他病变的技术。

多维课堂　活动丰富、可以适应学生多样化能力的课堂形式。

多媒体　把电脑和影视、视频、音频、音乐和文本等媒体资源相结合的技术。

髓鞘　轴突外层的脑组织,有促进信号传送的功能。

朴素行为分析　普通人解释行为的方式。

叙述　对行为及其发生背景的文字描述。

近红外光学剖析图　可以诊断高阶大脑功能的非侵袭性技术,在此过程中,近红外光辐射到头皮并渗入其中,然后反射到大脑皮层上,最后经由头皮传回。

负强化物　经反应移除后会增强情境反应发生可能性的刺激。

负迁移　增加后续学习难度的先前学习。

网络　长期记忆中的相关命题组合。

网络化　不同地点的计算机彼此之间以及与中心的外围设备相连接的机制。

神经集群　通过突触彼此相联结的神经元组合。

神经元　负责信息在肌肉和器官间传送和接收的脑细胞。

神经科学　研究神经系统和学习及行为之间关系的科学。

学习神经科学　参见**神经科学**。

神经递质　沿大脑轴突传递到下一个细胞树突的化学性分泌物。

NIR - OT　参见**近红外光学剖析图**。

无意义音节　不构成单词的三个字母(辅—元—辅)组合。

新手　对某一领域有所熟悉但表现不佳的人。

新手—专家法　分析学习表现的一种方法,该方法将熟练掌握技能的个体(专家)的行

为和自述想法同技能掌握不够熟练个体(新手)的行为和自述想法作比较从而确定使用哪种有效手段能帮助新手达到专家水平。

观察性学习 学习者通过观察榜样示范者表现出新行为模式的现象;该行为在观察榜样示范作用前不可能出现,即便观察者受到有效动机性刺激的作用。

枕叶 主要负责视觉信息处理的脑叶。

在线社交媒体 用于合作、交流和传播信息的因特网工具。

操作性行为 对环境产生影响的行为。

操作性条件作用 根据刺激性反应的情况给予强化以增强反应发生概率的现象。

操作性定义 按照评估性操作或流程对现象做出的定义。

口头回应 口头提出问题或给出问题的回答。

结果预期 关于希望可能结果的信念。

过度合理化 在特定条件——这些条件使得任务参与成为实现目标的显著手段——下发生的任务活动结束后内在兴趣(动机)减弱的现象。

联想配对学习 在呈现刺激的情况下回忆刺激—反应项反应的学习现象。

范式 研究模板。

顶叶 负责触感的脑叶;有助于确定人体位置并和视觉信息相整合。

解析 把感知到的语音信息分解成意义单位的心理活动。

参与者示范 一种心理疗法(由班杜拉提出),具体包括榜样示范者给予示范、患者和治疗师合作表现、辅助措施渐次减少、患者做出掌握性表现等步骤。

模式识别 参见**感知**。

同伴合作 一种学习模式,该模式中学生合作完成学习任务,他们在此过程中的社会交流起到教学作用。

同伴辅导 掌握某技能的学生向没有掌握技能学生传授技能的现象。

字钩法 一种记忆技巧,学习者记住一组与整数相押韵的物体(如 one 是 bun,two 是 shoe),然后对每个学习内容项形成意象,并将该意象和相应的实物意象相关联。在回忆时,学习者回忆押韵内容及其联想链接。

控制感知　人能影响任务参与和结果的信念。

自我效能认知　参见**自我效能**。

感知　识别感官输入并使之意义化的过程。

表现目标　完成某项任务的目标。

PET 扫描　正电子发射断层扫描的简称;能够监测心理活动产生的伽马射线并生成大
　　脑活动的整体图像。

相位序列　在赫伯的理论中指一系列细胞集群。

似动现象　由于光的短时间隔而产生的物体似乎在动的知觉现象。

音素　语音的最小单位。

可塑性　大脑因为经历和体验的作用而发生结构性和功能性变化的能力。

积极关怀　尊重、喜欢、关心、同情和接受等情感。

正强化物　反应后呈现能够增强该情境反应发生可能性的刺激。

积极自我关怀　基于自我经历生成的积极关怀。

正迁移　以往学习促进后续学习的现象。

决策后过程　目标设立完成后的认知活动。

前额叶皮层　脑额叶的前端部分。

皮墨克原则　认为参与价值认可度较高活动能够强化参与价值认可度较低活动的原
　　则。

前运思阶段　皮亚杰认知发展阶段理论的第二个阶段,约从 2 岁到 7 岁。

首因效应　记得表单上前几项内容的倾向。

初级运动皮层　控制人体动作的大脑部位。

一级强化　满足生理需求的行为结果。

初始信号　作为条件性刺激、产生条件性反应的环境性事件。

私人事件　只有个体能够获取的想法或情感。

私人言语　具有自我调节功能但不具社会交流性的言语现象。

前摄干扰　旧的学习使得新的学习难度变大的现象。

问题 个人试图实现目标,并且必须找到实现目标方法的情境。

解决问题 没有实现目标的自动化解决办法而必须付出努力的行为。

问题空间 解决问题的背景,包括起始状态、目标状态、由子目标构成并需要操作应用的可能解决途径等内容。

程序性知识 关于怎么做的知识:运用算术和法则、识别概念、解决问题等。

过程—结果研究 把教学过程中的变化和学生产出或结果相联系的研究。

产出 把事件的视觉和符号性概念转化为行为的过程。

产出缺陷 无法生成与能够促进行为表现的任务相关的口头陈述的现象。

产出系统(产出) 关于条件—行为序列(规则)的记忆网络,条件指激活系统的环境因素,行为指发生的活动。

产出性思维 参见**解决问题**。

程序性教学(PI) 依据行为学习原则开发的教学材料。

命题 可以判断对错的最小单位的信息。

命题网络 由信息节点或信息位构成的长期记忆中彼此连接的关联结构。

原型 存储在记忆中的抽象形式,包含刺激的基本要素,在感知过程中与环境输入相比照。

惩罚 通过消除反应的正强化物或呈现负强化物以减少刺激反应概率的现象。

目的行为主义 托尔曼理论的术语表达,该理论强调大量(宏观)目的性行为的研究。

定性研究 基于课堂观察、利用已有记录、访谈、有声思考等研究方法对数据信息做出深度和质化分析和解释的研究。

调查问卷 被调查者回答关于他们想法和行为选项或问题的研究方法。

他人评定 学生对行为表现的质量和数量做出的评估。

比率性强化安排 基于反应次数的强化安排。

理性主义 知识源于无关感官的理性的理论主张。

准备度 儿童在发展的不同阶段能够做出行为或学会知识的状态。

推理 生成和评估逻辑论断的心理活动。

近因效应 忆起表单上最后内容项的倾向。

交互式教学 指教师和学生之间的互动式对话,教师先示范行为,然后教师和学生轮流充当教师。

反思性教学 综合考虑学生、背景、心理活动、学习和动机、自我知识等因素的教师决策机制。

演练 对自己大声或轻声重复信息的方式。

强化 导致反应增强的任何刺激或事件。

强化历史 个体以前被强化实施相同或相似行为的程度。

强化理论 参见**行为理论**。

强化刺激 操作性条件作用模式中基于反应的刺激,能够增强以后分辨性刺激出现情况下反应发生的概率。

相对主义 一种理论主张,认为所有形式的知识都是合理的,因为知识是学习者建构的产物,特别是当知识反映社会共识时。

再学习 对已经学过的内容进行第二次或再次学习。

研究 旨在获得概括性知识或促进此过程的系统性调查。

资源分配 认为注意力是有限资源,因为动机和自我调节作用在不同任务间做出分配的学习模式。

应答型行为 诱发性刺激所产生的反应。

诱发反应 观察者的已习得行为受榜样示范者行为激发的机制。

反应节奏 参见**认知(反应)节奏**。

重组 形成新图式的过程。

保持 信息的记忆存储。

网状结构 负责调控自动神经系统功能、控制感官输入、参与意识活动的大脑部位。

倒摄干扰 新的学习使得旧知识和技能记忆的难度变大的现象。

可逆性 逆序操作的认知能力。

餍足 导致反应减退的强化作用。

积存数值 再学习所需时间或尝试次数与初始学习所需时间或尝试次数的比例。

支架 控制超出学习者能力范畴任务元素的行为,使得学习者能够集中注意力于并掌握那些可以快速掌握的任务特征。

强化安排 实施强化的时间安排。

图式 对大批量信息进行有序组织使之成为有意义体系的认知结构。

图式理论 解释图式如何发展(由相关信息构成的有序的记忆结构)的理论。

学校发展项目 社区和家长参与学校活动的制度,强调共识性、合作性和无过错性。

脚本 经常重复发生事件的心理表象。

二级信号系统 人类用以交流、可以成为条件刺激的文字和其他语言特征。

二级强化 行为结果(如钱)和一级强化物(如食物)相配对构成强化的过程。

自我实现 实现自我或成为最好自己的渴望;马斯洛层次需求理论中最高一级的需求。

自我概念 个人的自我认知集成,在环境体验以及环境解释过程中形成并受到强化以及重要他人评价的影响。

自信 个人相信自己能够实现积极结果和目标、有效完成任务的程度(是**自我效能**的近似概念)。

自主性 能力发展目标,表现出从无区别性到特定领域区别性的趋势。

自我效能(效能预期) 关于自己组织并实践学习或实施合乎要求行为所必需行为的能力信念。

自尊 个人的自我价值认知;个人对自我的接受和尊重。

自我评价 自我判断(将当前行为和目标相对照)和对这些判断做出自我反应(判断行为是否有意义还是无法接受等)的过程。

自我评价标准 人们用于评价自己行为的标准。

自我指导 在学习情境中,个体产生分辨性刺激并为促成强化反应做好准备的过程。

自我指导训练 由认知示范、显性指导、显性自我指导、减弱性显性自我指导、隐形自我指导等步骤构成的指导流程。

自我判断 将个人表现水平和目标相比较的行为。

自我示范 通过观察自己的行为表现而产生的行为、思想和情感变化。

自我监控（自我观察、自我记录） 有意关注自己行为的某些方面，往往有频率或强度记录行为。

自我反应 将自己行为和目标相对照后产生的信念和行为变化。

自我调节（自我调节学习） 学生自己激活并维系以实现学习目标为导向的行为、认知和情感的过程。

自我强化 个体做出反应后通过相关处理获得强化（增强反应可能性的）的过程。

自我报告 人们关于自己的判断和陈述。

自我图式 关于持久性目标、期望、目的和恐惧的表达，包含能力、意志和个人能动性的认知和情感评价。

自我价值 关于个人价值的认知，很大程度上取决于自我能力认知。

语义记忆 关于环境中一般信息和概念且不受特定个人或背景制约的记忆。

敏感期 某类能力发展迅速的时期。

感觉运动阶段 皮亚杰认知发展阶段理论的第一个阶段，约从出生到 2 岁。

感官收录 信息处理的一种状态，具体流程包括接收输入信息、把信息短时保留在感官中、把信息输送到工作记忆中。

序列学习 按照刺激呈现的次序做出回忆的学习行为。

行为塑造 不断趋近希望能够实现的行为速率或形式的区别性强化。

短期记忆（STM） 参见工作记忆。

模仿 无法在学习环境中展现的真实或虚幻场景。

情境认知（学习） 思维在特定的自然和社会环境中产生的观念。

社会认知理论 强调社会环境在学习过程中发挥重要作用的认知理论。

社会比较 将自己的信念和行为同他人作对比的行为。

社会建构主义 建构主义理论的一种，强调个人的社会交流对技能和知识习得有重要意义。

社会介入学习 受到社会文化环境影响的学习模式。

社会经济状况(SES) 个人资本(资源、资产)的术语表达。

具体技能 只适用特定领域的技能(如减法中的退位)。

脊髓 负责大脑和人体其他部位连接的中枢神经系统组成部分。

螺旋式课程 在学生已经掌握知识的基础上有所提升的课程模式,课程涉及相同的话题,但复杂度逐步增强。

自发恢复 在条件刺激消失一段时间后重新出现的情况下,产生的条件反应突然再现的现象。

扩散激活 因为工作记忆中的相关内容而导致长期记忆命题激活的现象。

类固醇 激素的一种,可以影响性发育和压力反应等功能。

刺激性记忆 人们完成任务然后回忆不同时间点想法的研究模式;研究过程可能会录像。

刺激—反应(S-R)理论 强调刺激和反应之间联系的学习理论。

策略价值信息 将策略运用和进步表现相关联的信息。

结构主义 认为心智由思想联结构成,心智复杂性的研究要求把联结分解成单个想法才能实现的理论主张。

渐次趋近 参见**行为塑造**。

求和模式 计算时先算第一个加数再算第二个加数的算法。

表层结构 言语和语言句法。

三段论 由若干前提和一个含有**所有**、**全不**、**某些**字样的结论构成的演绎推理性问题。

符号表达 借助符号系统(如语言、数学符号)的知识表达模式。

突触 大脑轴突和树突的交汇点。

突触间隙 释放神经递质的轴突和树突之间的空隙。

同步学习 实时性互动。

系统脱敏法 通过将威胁性刺激和缓解性提示相配对以消除恐惧的治疗方法。

白板 学习者的原始状态(空板)。

TARGET　课堂动机因素的缩写:任务、权威、认可、分组、评估和时间。

任务投入　认为学习是目标并把注意力集中在任务而非自己身上的行为模式。

技术　使学习者投入学习的设计和环境。

模板匹配　认知理论的一种,认为人们将模板(刺激的微型样板)存储在记忆中并在认知过程中把这些模板和环境刺激相比较。

颞叶　负责听觉信息处理的脑叶。

致畸原　引发发育胚胎或胎儿畸形的外源性物质。

测试效应　测试或测验对学习和记忆产生的积极效应。

丘脑　负责把感官输入信息(除了嗅觉信息)输送到大脑皮层的大脑部位。

理论　可用以解释现象的具有科学可接纳性的原理。

有声思维　参与者在实施任务过程中大声说出想法、行动和感受的研究方法。

三项关联　操作性条件反射的基本作用模式:分辨性刺激为反应发生做好准备,然后受到强化刺激的作用。

行为矫正阈值法　在待矫正反应处于低水平值时引入提示并逐步增强提示强度直到提示显示达到最高值,从而矫正行为的方法。

学习所需用时　学生学习某项任务所需要投入的时间。

(强化)暂停　将个体从强化情境中移除的现象。

时间抽样测量　关于较长时期间隔过程中行为发生频率的测量。

学习用时　投入学习所花费的时间。

工具　文化中的物体、语言和社会机构等内容。

自上而下处理模式　刺激的模式识别方式,其具体过程包括形成关于背景的意义表征、产生后续行为预期、将刺激特征和预期相比较以证明预期实现或没有实现。

痕迹减退　刺激随着时间从感官收录系统中消失的现象。

迁移(泛化)　以新的方式或在新的情境中应用技能或知识的现象。

转化　把想法变为文字的写作层面。

三元交互　行为、环境因素、认知及其他个人因素三者间的交互作用(因果关系)。

试误　做出反应然后体验结果的学习方式。

调试　依据不同背景调整、完善图式的行为。

辅导　一人或多人成为另一人的指导者,特别是关于特定学科或出于特定目的的指导。

信息处理的双向存储(双向)记忆模式　关于记忆包含不同的处理阶段并有两个主要信息存储区(短期记忆和长期记忆)的理论观点。

R 型行为　参见**操作性行为**。

S 型行为　参见**回应性行为**。

无条件积极关怀　在没有任何条件的前提下认为有重要价值并给予认同的态度。

无条件反应(UCR)　无条件刺激诱发的反应。

无条件刺激(UCS)　可诱发有机体做出自然反应的刺激。

无区分性任务结构　所有学生完成相同或相似任务、教学材料或方法比较有限的课堂情境。

单维课堂　活动较少且只涉及有限学生能力的课堂。

单一理论　认为所有信息都以语言密码的形式在长期记忆中呈现的理论。

非学习　参见**遗忘**。

应用　对经过解析的声音模式的使用(如存储在记忆中、对问题做出回应、寻找更多信息)。

应用缺陷　无法运用自己所知道策略的现象。

价值判断　关于学习重要性或有用性的认知。

言语行为　因为他人行为而产生并且保持的口头反应。

替代性学习　在不做出明显行为的情况下发生的学习,如通过观察真实或符号性的榜样示范者的示范行为进行的学习。

视频缺陷　幼儿观看视频学习比实际体验学习效果差的现象。

虚拟现实　一种电脑化技术,包含输入和输出终端,可以使学生在虚假环境中做出与在现实世界中相同的体验和互动。

视觉皮层 大脑的枕叶。

可视化 图表、逼真示意图、图片等包含符号或图形的非语言性展示。

意志 使用意愿的行为;管理行为实施以实现目标的过程。

意志风格 个人在意志层面体现出的稳定差异。

韦尼克区 位于大脑左半球跟言语理解和言语表达时的正确句法使用密切相关的部位。

意愿 反映人的渴望、需求或目标等的心理内容。

样例 逐步解决问题的方法,可能含有示意图。

后退模式 解决问题的策略之一,该模式从目标入手,思考有哪些子目标是实现目标所必需的以及应该如何实现这些子目标,直到初始状态实现。

前进模式 解决问题的策略之一,该模式从初始问题状态入手,决定怎么做出调整以向目标推进。

工作记忆(WM) 与意识相对应的信息处理阶段,即特定时刻某人意识到的内容。

工作自我概念 指那些任何时候都处于活跃状态的自我图式;当下可以获取的自我知识。

书面回应 完成测试、测验、家庭作业、学期论文、报告和电脑文档等任务的行为表现。

X 射线 一种高频电磁波,可用以诊断固态人体结构是否出现病变。

零迁移 学习对后续学习没有明显影响的现象。

最近发展区(ZPD) 在恰当的教学条件下学生学习所能达到的程度。

参考文献

Abramson, L. Y. , Seligman, M. E. P. , & Teasdale, J. D. (1978). Learned helplessness in humans: Critique and reformulation. *Journal of Abnormal Psychology*, *87*, 49 – 74.

Ach, N. (1910). *Uber den Willensakt und das Temperament* [On the will and the temperament]. Leipzig, Germany: Quelle & Meyer.

Ackerman, S. (1992). *Discovering the brain*. Washington, DC: National Academy Press.

Adams, J. A. (1971). A closed-loop theory of motor learning. *Journal of Motor Behavior*, *3*, 111 – 150.

Adesope, O. O. , & Nesbit, J. C. (2012). Verbal redundancy in multimedia learning environments: A meta-analysis. *Journal of Educational Psychology*, *104*, 250 – 263.

Akamatsu, T. J. , & Thelen, M. H. (1974). A review of the litera-ture on observer characteristics and imitation. *Developmental Psychology*, *10*, 38 – 47.

Alderman, M. K. (1985). Achievement motivation and the pre-service teacher. In M. K. Alderman & M. W. Cohen (Eds.), *Motivation theory and practice for preservice teachers* (pp. 37 – 51). Washington, DC: ERIC Clearinghouse on Teacher Education.

Alderman, M. K. (1999). *Motivation for achievement: Possibilities for teaching and learning*. Mahwah, NJ: Erlbaum.

Alexander, J. E. , Carr, M. , & Schwanenflugel, P. J. (1995). Development of metacognition in gifted children: Directions for future research. *Developmental Review*, *15*, 1 – 37.

Alexander, P. A. , & Murphy, P. K. (1998). Profiling the differ-ences in students' knowledge, interest, and strategic planning. *Journal of Educational Psychology*, *90*, 435 – 447.

Alexander, P. A. , Schallert, D. L. , & Reynolds, R. E. (2009). What is learning anyway? A topographical perspective considered. *Educational Psychologist*, *44*, 176 – 192.

Alfieri, L. , Brooks, P. J. , Aldrich, N. J. , & Tenenbaum, H. R. (2011). Does discovery-based instruction enhance learning? *Journal of Educational Psychology*, *103*, 1 – 18.

Altermatt, E. R. , & Pomerantz, E. M. (2003). The development of competence-related and motivational beliefs: An investi-gation of similarity and influence among friends. *Journal of Educational Psychology*, *95*, 1 – 13.

American Psychological Association. (1992). Special issue: Reflections on B. F. Skinner and psychology. *American Psychologist*, *47*, 1269 – 1533.

American Psychological Association. Work Group of the Board of Educational Affairs. (1997). *Learner-centered psychological principles*. Washington, DC: Author.

Ames, C. (1984). Competitive, cooperative, and individualistic goal structures: A cognitive-motivational analysis. In R. Ames & C. Ames (Eds.), *Research on motivation in education* (Vol. 1,

pp. 177 – 208). New York, NY: Academic Press.

Ames, C. (1985). Attributions and cognitions in motivation theory. In M. K. Alderman & M. W. Cohen (Eds.), *Motivation theory and practice for preservice teachers* (pp. 16 – 21). Washington, DC: ERIC Clearinghouse on Teacher Education.

Ames, C. (1992a). Achievement goals and the classroom motivational climate. In D. H. Schunk & J. L. Meece (Eds.), *Student perceptions in the classroom* (pp. 327 – 348). Hillsdale, NJ: Erlbaum.

Ames, C. (1992b). Classrooms: Goals, structures, and student mo-tivation. *Journal of Educational Psychology*, *84*, 261 – 271.

Ames, C., & Archer, J. (1988). Achievement goals in the classroom: Student learning strategies and motivation processes. *Journal of Educational Psychology*, *80*, 260 – 267.

Anand, P. G., & Ross, S. M. (1987). Using computer-assisted instruction to personalize arithmetic materials for elemen-tary school children. *Journal of Educational Psychology*, *79*, 72 – 78.

Anderman, E. M. (2002). School effects on psychological out-comes during adolescence. *Journal of Educational Psychology*, *94*, 795 – 809.

Anderman, E. M., Anderman, L. H., Yough, M. S., & Gimbert, B. G. (2010). Value-added models of assessment: Implications for motivation and accountability. *Educational Psychologist*, *45*, 123 – 137.

Anderman, E. M., Austin, C. C., & Johnson, D. M. (2002). The development of goal orientation. In A. Wigfield & J. S. Eccles (Eds.), *Development of achievement motivation* (pp. 197 – 220). San Diego, CA: Academic Press.

Anderman, E. M., & Wolters, C. A. (2006). Goals, values, and af-fects: Influences on student motivation. In P. A. Alexander & P. H. Winne (Eds.), *Handbook of educational psychology* (2nd ed., pp. 369 – 389). Mahwah, NJ: Erlbaum.

Anderson, J. R. (1980). Concepts, propositions, and schemata: What are the cognitive units? In J. H. Flowers (Ed.), *Nebraska Symposium on Motivation*, *1980* (Vol. 28, pp. 121 – 162). Lincoln: University of Nebraska Press.

Anderson, J. R. (1982). Acquisition of cognitive skill. *Psychological Review*, *89*, 369 – 406.

Anderson, J. R. (1983). A spreading activation theory of memory. *Journal of Verbal Learning and Verbal Behavior*, *22*, 261 – 295.

Anderson, J. R. (1984). Spreading activation. In J. R. Anderson & S. M. Kosslyn (Eds.), *Tutorials in learning and memory: Essays in honor of Gordon Bower* (pp. 61 – 90). San Francisco, CA: Freeman.

Anderson, J. R. (1990). *Cognitive psychology and its implications* (3rd ed.). New York, NY: Freeman.

Anderson, J. R. (1993). Problem solving and learning. *American Psychologist*, *48*, 35 – 44.

Anderson, J. R. (1996). ACT: A simple theory of complex cogni-tion. *American Psychologist*, *51*, 355 – 365.

Anderson, J. R. (2000). *Learning and memory: An integrated approach* (2nd ed.). New York, NY: Wiley.

Anderson, J. R., Bothell, D., Byrne, M. D., Douglass, S., Lebiere, C., & Qin, Y. (2004). An integrated theory of the mind. *Psychological Review*, *111*, 1036 – 1060.

Anderson, J. R. , Fincham, J. M. , & Douglass, S. (1997). The role of examples and rules in the acquisition of a cognitive skill. *Journal of Experimental Psychology*: *Learning*, *Memory*, *and Cognition*, *23*, 932 – 945.

Anderson, J. R. , Reder, L. M. , & Lebiere, C. (1996). Working mem-ory: Activation limitations on retrieval. *Cognitive Psychology*, *30*, 221 – 256.

Anderson, J. R. , Reder, L. M. , & Simon, H. A. (1996). Situated learning and education. *Educational Researcher*, *25*(4), 5 – 11.

Anderson, L. W. (1976). An empirical investigation of individual differences in time to learn. *Journal of Educational Psychology*, *68*, 226 – 233.

Anderson, L. W. (2003). Benjamin S. Bloom: His life, his works, and his legacy. In B. J. Zimmerman & D. H. Schunk (Eds.), *Educational psychology*: *A century of contributions* (pp. 367 – 389). Mahwah, NJ: Erlbaum.

Anderson, R. C. (1982). Allocation of attention during reading. In A. Flammer & W. Kintsch (Eds.), *Discourse processing* (pp. 292 – 305). Amsterdam, The Netherlands: North Holland.

Anderson, R. C. , & Pichert, J. W. (1978). Recall of previously unre-callable information following a shift in perspective. *Journal of Verbal Learning and Verbal Behavior*, *17*, 1 – 12.

Anderson, R. C. , Reynolds, R. E. , Schallert, D. L. , & Goetz, T. E. (1977). Frameworks for comprehending discourse. *American Educational Research Journal*, *14*, 367 – 381.

Andersson, U. , & Lyxell, B. (2007). Working memory deficit in children with mathematical difficulties: A general or specific deficit? *Journal of Experimental Child Psychology*, *96*, 197 – 228.

Andre, T. (1986). Problem solving and education. In G. D. Phye & T. Andre (Eds.), *Cognitive classroom learning*: *Understanding*, *thinking*, *and problem solving* (pp. 169 – 204). Orlando, FL: Academic Press.

Andrews, G. R. , & Debus, R. L. (1978). Persistence and the causal perception of failure: Modifying cognitive attributions. *Journal of Educational Psychology*, *70*, 154 – 166.

Antonenko, P. , Paas, F. , Grabner, R. , & van Gog, T. (2010). Using electroencephalography to measure cognitive load. *Educational Psychology Review*, *22*, 425 – 438.

Armstrong, D. G. , & Savage, T. V. (2002). *Teaching in the second-ary school*: *An introduction* (5th ed.). Upper Saddle River, NJ: Merrill/Prentice Hall.

Aronson, E. (1966). The psychology of insufficient justification: An analysis of some conflicting data. In S. Feldman (Ed.), *Cognitive consistency*: *Motivational antecedents and behav-ioral consequences* (pp. 109 – 133). New York, NY: Academic Press.

Asher, J. W. (2003). The rise to prominence: Educational psychol-ogy 1920 – 1960. In B. J. Zimmerman & D. H. Schunk (Eds.), *Educational psychology*: *A century of contributions* (pp. 189 – 205). Mahwah, NJ: Erlbaum.

Ashton, P. T. (1985). Motivation and the teacher's sense of ef-ficacy. In C. Ames & R. Ames (Eds.), *Research on motivation in education*. *Vol. 2*: *The classroom milieu* (pp. 141 – 171). Orlando, FL: Academic Press.

Ashton, P. T. , & Webb, R. B. (1986). *Making a difference*: *Teachers' sense of efficacy and student achievement*. New York, NY: Longman.

Assor, A. , & Connell, J. P. (1992). The validity of students' self-reports as measures of performance affecting self-appraisals. In D. H. Schunk & J. L. Meece (Eds.), *Student perceptions in*

the classroom (pp. 25 – 47). Hillsdale, NJ: Erlbaum.

Atkinson, J. W. (1957). Motivational determinants of risk-taking behavior. *Psychological Review*, *64*, 359 – 372.

Atkinson, J. W., & Birch, D. (1978). *Introduction to motivation* (2nd ed.). New York, NY: D. Van Nostrand.

Atkinson, J. W., & Feather, N. T. (1966). *A theory of achievement motivation*. New York, NY: Wiley.

Atkinson, J. W., & Raynor, J. O. (1974). *Motivation and achieve-ment*. Washington, DC: Hemisphere.

Atkinson, J. W., & Raynor, J. O. (1978). *Personality, motivation, and achievement*. Washington, DC: Hemisphere.

Atkinson, R. C. (1975). Mnemotechnics in second-language learn-ing. *American Psychologist*, *30*, 828 – 921.

Atkinson, R. C., & Raugh, M. R. (1975). An application of the mne-monic keyword method to the acquisition of a Russian vocabu-lary. *Journal of Experimental Psychology: Human Learning and Memory*, *104*, 126 – 133.

Atkinson, R. C., & Shiffrin, R. M. (1968). Human memory: A pro-posed system and its control processes. In K. W. Spence & J. T. Spence (Eds.), *The psychology of learning and motivation: Advances in research and theory* (Vol. 2, pp. 89 – 195). New York, NY: Academic Press.

Atkinson, R. C., & Shiffrin, R. M. (1971). The control of short-term memory. *Scientific American*, *225*, 82 – 90.

Atkinson, R. K., Derry, S. J., Renkl, A., & Wortham, D. (2000). Learning from examples: Instructional principles from the worked examples research. *Review of Educational Research*, *70*, 181 – 214.

Atkinson, R. K., & Renkl, A. (2007). Interactive example-based learning environments: Using interactive elements to encour-age effective processing of worked examples. *Educational Psychology Review*, *19*, 375 – 386.

Atkinson, R. K., Renkl, A., & Merrill, M. M. (2003). Transitioning from studying examples to solving problems: Effects of self-explanation prompts and fading worked-out steps. *Journal of Educational Psychology*, *95*, 774 – 783.

Austin, J. L. (1962). *How to do things with words*. Oxford, England: Oxford University Press.

Ausubel, D. P. (1963). *The psychology of meaningful verbal learn-ing: An introduction to school learning*. New York, NY: Grune & Stratton.

Ausubel, D. P. (1968). *Educational psychology: A cognitive view*. New York, NY: Holt, Rinehart & Winston.

Ausubel, D. P. (1977). The facilitation of meaningful verbal learn-ing in the classroom. *Educational Psychologist*, *12*, 162 – 178.

Ausubel, D. P. (1978). In defense of advance organizers: A reply to the critics. *Review of Educational Research*, *48*, 251 – 257.

Ausubel, D. P., & Robinson, F. G. (1969). *School learning: An introduction to educational*

psychology. New York, NY: Holt, Rinehart & Winston.

Ayllon, T., & Azrin, N. (1968). *The token economy: A motiva-tional system for therapy and rehabilitation.* New York, NY: Appleton-Century-Crofts.

Azevedo, R. (2005a). Computer environments as metacognitive tools for enhancing learning. *Educational Psychologist, 40*, 193 – 197.

Azevedo, R. (2005b). Using hypermedia as a metacognitive tool for enhancing student learning? The role of self-regulated learning. *Educational Psychologist, 40*, 199 – 209.

Azevedo, R. (2009). Theoretical, conceptual, methodological, and instructional issues in research on metacognition and self-regulated learning: A discussion. *Metacognition & Learning, 4*, 87 – 95.

Azevedo, R., & Cromley, J. G. (2004). Does training on self-regulated learning facilitate students' learning with hypermedia? *Journal of Educational Psychology, 96*, 523 – 535.

Azevedo, R., Greene, J. A., & Moos, D. C. (2007). The effect of a human agent's external regulation upon college students' hy-permedia learning. *Metacognition & Learning, 2*, 67 – 87.

Azevedo, R., Guthrie, J. T., & Seibert, D. (2004). The role of self-regulated learning in fostering students' conceptual understand-ing of complex systems with hypermedia. *Journal of Educational Computing Research, 30*, 85 – 109.

Azevedo, R., Moos, D. C., Johnson, A. M., & Chauncey, A. D. (2010). Measuring cognitive and metacognitive regulatory processes during hypermedia learning: Issues and challenges. *Educational Psychologist, 45*, 210 – 223.

Baddeley, A. D. (1978). The trouble with levels: A reexamina-tion of Craik and Lockhart's framework for memory research. *Psychological Review, 85*, 139 – 152.

Baddeley, A. D. (1992). Working memory. *Science, 255*, 556 – 559.

Baddeley, A. D. (1998). *Human memory: Theory and practice* (Rev. ed.). Boston, MA: Allyn and Bacon.

Baddeley, A. D. (2001). Is working memory still working? *American Psychologist, 56*, 851 – 864.

Baddeley, A. D. (2012). Working memory: Theories, models, and controversies. *Annual Review of Psychology, 63*, 1 – 29.

Bailey, T. (1993). Can youth apprenticeship thrive in the United States? *Educational Researcher, 22*(3), 4 – 10.

Baker, L. (1989). Metacognition, comprehension monitoring, and the adult reader. *Educational Psychology Review, 1*, 3 – 38.

Baker, L., & Brown, A. L. (1984). Metacognitive skills and read-ing. In P. D. Pearson (Ed.), *Handbook of reading research* (pp. 353 – 394). New York, NY: Longman.

Baker, S. K., Chard, D. J., Ketterlin-Geller, L. R., Apichatabutra, C., & Doabler, C. (2009). Teaching writing to at-risk students: The quality of evidence for self-regulated strategy development. *Exceptional Children, 75*, 303 – 318.

Balcetis, E., & Dunning, D. (2006). See what you want to see: Motivational influences on visual perception. *Journal of Personality and Social Psychology, 91*, 612 – 625.

Balfanz, R., Herzog, L., & Mac Iver, D. (2007). Preventing student disengagement and

keeping students on the graduation path in urban middle-grades schools: Early identification and effective interventions. *Educational Psychologist*, *42*, 223 – 235.

Ball, D. L., Lubienski, S. T., & Mewborn, D. S. (2001). Mathematics. In V. Richardson (Ed.), *Handbook of research on teaching* (4th ed., pp. 433 – 456). Washington, DC: American Educational Research Association.

Bandura, A. (1969). *Principles of behavior modification*. New York, NY: Holt, Rinehart & Winston.

Bandura, A. (1973). *Aggression: A social learning analysis*. Englewood Cliffs, NJ: Prentice Hall.

Bandura, A. (1977a). Self-efficacy: Toward a unifying theory of behavioral change. *Psychological Review*, *84*, 191 – 215.

Bandura, A. (1977b). *Social learning theory*. Englewood Cliffs, NJ: Prentice Hall.

Bandura, A. (1981). Self-referent thought: A developmental analy-sis of self-efficacy. In J. H. Flavell & L. Ross (Eds.), *Social cogni-tive development: Frontiers and possible futures* (pp. 200 – 239). Cambridge, England: Cambridge University Press.

Bandura, A. (1982a). The self and mechanisms of agency. In J. Suls (Ed.), *Psychological perspectives on the self* (Vol. 1, pp. 3 – 39). Hillsdale, NJ: Erlbaum.

Bandura, A. (1982b). Self-efficacy mechanism in human agency. *American Psychologist*, *37*, 122 – 147.

Bandura, A. (1986). *Social foundations of thought and action: A social cognitive theory*. Englewood Cliffs, NJ: Prentice Hall.

Bandura, A. (1988). Self-regulation of motivation and action through goal systems. In V. Hamilton, G. H. Bower, & N. H. Frijda (Eds.), *Cognitive perspectives on emotion and mo-tivation* (pp. 37 – 61). Dordrecht, The Netherlands: Kluwer Academic.

Bandura, A. (1991). Self-regulation of motivation through antici-patory and self-reactive mechanisms. In R. A. Dienstbier (Ed.), *Nebraska Symposium on Motivation*, *1990* (Vol. 38, pp. 69 – 164). Lincoln, NE: University of Nebraska Press.

Bandura, A. (1993). Perceived self-efficacy in cognitive develop-ment and functioning. *Educational Psychologist*, *28*, 117 – 148.

Bandura, A. (1994). Social cognitive theory and the exercise of control over HIV infection. In R. DiClemente & J. Peterson (Eds.), *Preventing AIDS: Theories and methods of behavioral interventions* (pp. 25 – 59). New York, NY: Plenum.

Bandura, A. (1997). *Self-efficacy: The exercise of control*. New York, NY: Freeman.

Bandura, A. (2001). Social cognitive theory: An agentic perspec-tive. *Annual Review of Psychology*, *52*, 1 – 26.

Bandura, A. (2005). The primacy of self-regulation in health promo-tion. *Applied Psychology: An International Review*, *54*, 245 – 254.

Bandura, A. (2006). Toward a psychology of human agency. *Perspectives on Psychological Science*, *1*, 164 – 180.

Bandura, A., & Adams, N. E. (1977). Analysis of self-efficacy theory of behavioral change. *Cognitive Therapy and Research*, *1*, 287 – 308.

Bandura, A. , Adams, N. E. , & Beyer, J. (1977). Cognitive processes mediating behavioral change. *Journal of Personality and Social Psychology*, *35*, 125 – 139.

Bandura, A. , Barbaranelli, C. , Caprara, G. V. , & Pastorelli, C. (1996). Multifacted impact of self-efficacy beliefs on academic functioning. *Child Development*, *67*, 1206 – 1222.

Bandura, A. , Barbaranelli, C. , Caprara, G. V. , & Pastorelli, C. (2001). Self-efficacy beliefs as shapers of children's aspirations and career trajectories. *Child Development*, *72*, 187 – 206.

Bandura, A. , & Bussey, K. (2004). On broadening the cognitive, motivational, and sociostructural scope of theorizing about gender development and functioning: Comment on Martin, Ruble, and Szkrybalo (2002). *Psychological Bulletin*, *130*, 691 – 701.

Bandura, A. , & Cervone, D. (1983). Self-evaluative and self-efficacy mechanisms governing the motivational effects of goal systems. *Journal of Personality and Social Psychology*, *45*, 1017 – 1028.

Bandura, A. , & Cervone, D. (1986). Differential engagement of self-reactive influences in cognitive motivation. *Organizational Behavior and Human Decision Processes*, *38*, 92 – 113.

Bandura, A. , & Jeffery, R. W. (1973). Role of symbolic coding and rehearsal processes in observational learning. *Journal of Personality and Social Psychology*, *26*, 122 – 130.

Bandura, A. , Ross, D. , & Ross, S. A. (1963). Imitation of film-mediated aggressive models. *Journal of Abnormal and Social Psychology*, *66*, 3 – 11.

Bandura, A. , & Schunk, D. H. (1981). Cultivating competence, self-efficacy, and intrinsic interest through proximal self-motivation. *Journal of Personality and Social Psychology*, *41*, 586 – 598.

Bandura, A. , & Walters, R. H. (1963). *Social learning and person-ality development.* New York: Holt, Rinehart & Winston.

Bangert, R. L. , Kulik, J. A. , & Kulik, C. C. (1983). Individualized systems of instruction in secondary schools. *Review of Educational Research*, *53*, 143 – 158.

Bangert-Drowns, R. L. , Hurley, M. M. , & Wilkinson, B. (2004). The effects of school-based writing-to-learn interventions on academic achievement: A meta-analysis. *Review of Educational Research*, *74*, 29 – 58.

Bargh, J. A. , & Ferguson, M. J. (2000). Beyond behaviorism: On the automaticity of higher mental processes. *Psychological Bulletin*, *126*, 925 – 945.

Barnett, S. M. , & Ceci, S. J. (2002). When and where do we apply what we learn? A taxonomy for far transfer. *Psychological Bulletin*, *128*, 612 – 637.

Barrouillet, P. , Portrat, S. , & Camos, V. (2011). On the law relat-ing processing to storage in working memory. *Psychological Review*, *118*, 175 – 192.

Bartlett, F. C. (1932). *Remembering: A study in experimental and social psychology.* Cambridge, England: Cambridge University Press.

Bartlett, T. (2012, February 10). The sad saga of "little Albert" gets far worse for a researcher's reputation. *The Chronicle of Higher Education*, *58*(23), A26.

Basden, B. H. , Basden, D. R. , Devecchio, E. , & Anders, J. A. (1991). A developmental comparison of the effectiveness of encoding tasks. *Genetic, Social, and General Psychology Monographs*, *117*, 419 – 436.

Baumrind, D. (1989). Rearing competent children. In W. Damon (Ed.), *Child development today and tomorrow* (pp. 349 – 378). San Francisco, CA: Jossey-Bass.

Beal, C. R., & Belgrad, S. L. (1990). The development of mes-sage evaluation skills in young children. *Child Development*, *61*, 705 – 712.

Beaudoin, M., & Desrichard, O. (2011). Are memory self-efficacy and memory performance related? A meta-analysis. *Psychological Bulletin*, *137*, 211 – 241.

Beck, H. P., Levinson, S., & Irons, G. (2009). Finding little Albert: A journey to John B. Watson's infant laboratory. *American Psychologist*, *64*, 605 – 614.

Becker, W. C. (1971). *Parents are teachers: A child management program.* Champaign, IL: Research Press.

Begley, S. (2007, January 29). How the brain rewires itself. *Time*, *169*, 72 – 74, 77, 79.

Belfiore, P. J., & Hornyak, R. S. (1998). Operant theory and appli-cation to self-monitoring in adolescents. In D. H. Schunk & B. J. Zimmerman (Eds.), *Self-regulated learning: From teaching to self-reflective practice* (pp. 184 – 202). New York, NY: Guilford Press.

Bellini, S., & Akullian, J. (2007). A meta-analysis of video mod-eling and video self-modeling interventions for children and adolescents with autism spectrum disorders. *Exceptional Children*, *73*, 264 – 287.

Belmont, J. M. (1989). Cognitive strategies and strategic learning: The socio-instructional approach. *American Psychologist*, *44*, 142 – 148.

Bembenutty, H., Cleary, T. J., & Kitsantas, A. (Eds.). (2013). *Applications of self-regulated learning across diverse dis-ciplines: A tribute to Barry J. Zimmerman.* Charlotte, NC: Information Age Publishing.

Benight, C. C., & Bandura, A. (2004). Social cognitive theory of posttraumatic recovery: The role of perceived self-efficacy. *Behaviour Research and Therapy*, *42*, 1129 – 1148.

Benjamin, L. T., Jr. (1988). A history of teaching machines. *American Psychologist*, *43*, 703 – 712.

Benjamin, L. T., Jr. (2000). The psychological laboratory at the turn of the 20th century. *American Psychologist*, *55*, 318 – 321.

Benjamin, L. T., Jr., Durkin, M., Link, M., Vestal, M., & Acord, J. (1992). Wundt's American doctoral students. *American Psychologist*, *47*, 123 – 131.

Bereiter, C. (1994). Constructivism, socioculturalism, and Popper's World 3. *Educational Researcher*, *23*(7), 21 – 23.

Berk, L. E. (1986). Relationship of elementary school children's private speech to behavioral accompaniment to task, atten-tion, and task performance. *Developmental Psychology*, *22*, 671 – 680.

Berlyne, D. E. (1960). *Conflict, arousal, and curiosity.* New York, NY: McGraw-Hill.

Berlyne, D. E. (1963). Motivational problems raised by explor-atory and epistemic behavior. In S. Koch (Ed.), *Psychology: A study of a science* (Vol. 5, pp. 284 – 364). New York, NY: McGraw-Hill.

Bernard, R. M., Abrami, P. C., Borokhovski, E., Wade, C. A., Tamim, R. M., Surkes, M. A., & Bethel, E. C. (2009). A meta-analysis of three types of interaction treatments in distance education. *Review of Educational Research*, *79*, 1243 – 1289.

Bernard, R. M., Abrami, P. C., Lou, Y., Borokhovski, E., Wade, A., Wozney, L., Wallet, P. A., Fiset, M., & Huang, B. (2004). How does distance education compare with

classroom instruction? A meta-analysis of the empirical literature. *Review of Educational Research*, *74*, 379 – 439.

Berndt, T. J., Hawkins, J. A., & Jiao, Z. (1999). Influences of friends on adjustment to junior high school. *Merrill-Palmer Quarterly*, *45*, 13 – 41.

Berndt, T. J., & Keefe, K. (1992). Friends' influence on adoles-cents' perceptions of themselves at school. In D. H. Schunk & J. L. Meece (Eds.), *Student perceptions in the classroom* (pp. 51 – 73). Hillsdale, NJ: Erlbaum.

Berndt, T. J., & Keefe, K. (1996). Friends' influence on school adjustment: A motivational analysis. In J. Juvonen & K. R. Wentzel (Eds.), *Social motivation: Understanding children's school adjustment* (pp. 248 – 278). Cambridge, England: Cambridge University Press.

Bernier, M., & Avard, J. (1986). Self-efficacy, outcome, and attrition in a weight-reduction program. *Cognitive Therapy and Research*, *10*, 319 – 338.

Betz, N. E., & Hackett, G. (1981). The relationship of career-related self-efficacy expectations to perceived career options in college women and men. *Journal of Counseling Psychology*, *28*, 399 – 410.

Betz, N. E., & Hackett, G. (1983). The relationship of mathemat-ics self-efficacy expectations to the selection of science-based college majors. *Journal of Vocational Behavior*, *23*, 329 – 345.

Bierman, K L., Domitrovich, C. E., Nix, R. L., Gest, S. D., Welsh, J. A., Greenberg, M. T., Blair, C., Nelson, K. E., & Gill, S. (2008). Promoting academic and social-emotional school readiness: The Head Start REDI Program. *Child Development*, *79*, 1802 – 1817.

Binney, R., & Janson, M. (Eds.). (1990). *Atlas of the mind and body*. London, England: Mitchell Beazley.

Birch, S. H., & Ladd, G. W. (1996). Interpersonal relationships in the school environment and children's early school adjustment: The role of teachers and peers. In J. Juvonen & K. R. Wentzel (Eds.), *Social motivation: Understanding children's school adjustment* (pp. 199 – 225). Cambridge, England: Cambridge University Press.

Black, J. B. (1984). Understanding and remembering stories. In J. R. Anderson & S. M. Kosslyn (Eds.), *Tutorials in learning and memory: Essays in honor of Gordon Bower* (pp. 235 – 255). San Francisco, CA: Freeman.

Block, J. H., & Burns, R. B. (1977). Mastery learning. In L. S. Shulman (Ed.), *Review of research in education* (Vol. 4, pp. 3 – 49). Itasca, IL: Peacock.

Blok, H., Oostdam, R., Otter, M. E., & Overmaat, M. (2002). Computer-assisted instruction in support of beginning read-ing instruction: A review. *Review of Educational Research*, *72*, 101 – 130.

Bloom, B. S. (1976). *Human characteristics and school learning*. New York, NY: McGraw-Hill.

Bloom, B. S., Hastings, J. T., & Madaus, G. F. (1971). *Handbook on formative and summative evaluation of student learning*. New York, NY: McGraw-Hill.

Bong, M., & Clark, R. (1999). Comparisons between self-concept and self-efficacy in academic motivation research. *Educational Psychologist*, *34*, 139 – 154.

Borkowski, J. G., & Cavanaugh, J. C. (1979). Maintenance and generalization of skills and

strategies by the retarded. In N. R. Ellis (Ed.), *Handbook of mental deficiency, psychological theory and research* (2nd ed., pp. 569 – 617). Hillsdale, NJ: Erlbaum.

Borkowski, J. G., Johnston, M. B., & Reid, M. K. (1987). Metacognition, motivation, and controlled performance. In S. J. Ceci (Ed.), *Handbook of cognitive, social, and neuropsychological aspects of learning disabilities* (Vol. 2, pp. 147 – 173). Hillsdale, NJ: Erlbaum.

Borowsky, R., & Besner, D. (2006). Parallel distributed processing and lexical-semantic effects in visual word recognition: Are a few stages necessary? *Psychological Review, 113*, 181 – 195.

Bourne, L. E., Jr. (1992). Cognitive psychology: A brief overview. *Psychological Science Agenda, 5(5)*, 5, 20.

Bousfield, W. A. (1953). The occurrence of clustering in the recall of randomly arranged associates. *Journal of General Psychology, 49*, 229 – 240.

Bousfield, W. A., & Cohen, B. H. (1953). The effects of reinforce-ment on the occurrence of clustering in the recall of randomly arranged associates. *Journal of Psychology, 36*, 67 – 81.

Bouton, M. E., Nelson, J. B., & Rosas, J. M. (1999). Stimulus generalization, context change, and forgetting. *Psychological Bulletin, 125*, 171 – 186.

Bower, G. H., & Hilgard, E. R. (1981). *Theories of learning* (5th ed.). Englewood Cliffs, NJ: Prentice Hall.

Bower, G. H., & Morrow, D. G. (1990). Mental models in narrative comprehension. *Science, 247*, 44 – 48.

Bowers, J. S. (2009). On the biological plausibility of grandmother cells: Implications for neural network theories in psychology and neuroscience. *Psychological Review, 116*, 220 – 251.

Braaksma, M. A. H., Rijlaarsdam, G., & van den Bergh, H. (2002). Observational learning and the effects of model-observer simi-larity. *Journal of Educational Psychology, 94*, 405 – 415.

Bradley, R. H., & Corwyn, R. F. (2002). Socioeconomic status and child development. *Annual Review of Psychology, 53*, 371 – 399.

Brainerd, C. J. (2003). Jean Piaget, learning research, and American education. In B. J. Zimmerman & D. H. Schunk (Eds.), *Educational psychology: A century of contributions* (pp. 251 – 287). Mahwah, NJ: Erlbaum.

Bransford, J. D., & Johnson, M. K. (1972). Contextual prerequi-sites for understanding: Some investigations of comprehension and recall. *Journal of Verbal Learning and Verbal Behavior, 11*, 717 – 726.

Bransford, J. D., & Schwartz, D. L. (1999). Rethinking transfer: A simple proposal with multiple implications. In A. Iran-Nejad & P. D. Pearson (Eds.), *Review of research in education* (Vol. 24, pp. 61 – 100). Washington, DC: American Educational Research Association.

Bransford, J. D., & Stein, B. S. (1984). *The IDEAL problem solver: A guide for improving thinking, learning, and creativity.* New York: Freeman.

Bransford, J. D., Stein, B. S., Vye, N. J., Franks, J. J., Auble, P. M., Mezynski, K. J., & Perfetto, G. A. (1982). Differences in ap-proaches to learning: An overview. *Journal of Experimental Psychology: General, 111*, 390 – 398.

Bredo, E. (1997). The social construction of learning. In G. Phye (Ed.), *Handbook of academic learning: The construction of knowledge* (pp. 3 – 45). New York: Academic Press.

Bredo, E. (2003). The development of Dewey's psychology. In B. J. Zimmerman & D. H. Schunk (Eds.), *Educational psychology: A century of contributions* (pp. 81 – 111). Mahwah, NJ: Erlbaum.

Bredo, E. (2006). Conceptual confusion and educational psychol-ogy. In P. A. Alexander & P. H. Winne (Eds.), *Handbook of edu-cational psychology* (2nd ed., pp. 43 – 57). Mahwah, NJ: Erlbaum.

Brewer, W. F. (1974). There is no convincing evidence for oper-ant or classical conditioning in adult humans. In W. B. Weimer & D. S. Palermo (Eds.), *Cognition and the symbolic processes* (pp. 1 – 42). Hillsdale, NJ: Erlbaum.

Brewer, W. F., & Treyens, J. C. (1981). Role of schemata in mem-ory for places. *Cognitive Psychology*, *13*, 207 – 230.

Brigham, T. A. (1982). Self-management: A radical behavioral per-spective. In P. Karoly & F. H. Kanfer (Eds.), *Self-management and behavior change: From theory to practice* (pp. 32 – 59). New York: Pergamon.

Britton, B. K., & Tesser, A. (1991). Effects of time-management practices on college grades. *Journal of Educational Psychology*, *83*, 405 – 410.

Broadbent, D. E. (1958). *Perception and communication.* London, England: Pergamon.

Broadhurst, P. L. (1957). Emotionality and the Yerkes-Dodson Law. *Journal of Experimental Psychology*, *54*, 345 – 352.

Brody, G. H., & Stoneman, Z. (1985). Peer imitation: An examina-tion of status and competence hypotheses. *Journal of Genetic Psychology*, *146*, 161 – 170.

Brodzinsky, D. M. (1982). Relationship between cognitive style and cognitive development: A 2-year longitudinal study. *Developmental Psychology*, *18*, 617 – 626.

Bronfenbrenner, U. (1979). *The ecology of human development: Experiments by nature and design.* Cambridge, MA: Harvard University Press.

Brooks, J. G., & Brooks, M. G. (1999). *In search of understand-ing: The case for constructivist classrooms.* Alexandria, VA: Association for Supervision and Curriculum Development.

Brophy, J. E. (1981). Teacher praise: A functional analysis. *Review of Educational Research*, *51*, 5 – 32.

Brophy, J. E., & Good, T. L. (1974). *Teacher-student relationships: Causes and consequences.* New York, NY: Holt, Rinehart & Winston.

Brophy, J. E., & Good, T. L. (1986). Teacher behavior and student achievement. In M. L. Wittrock (Ed.), *Handbook of research on teaching* (3rd ed., pp. 328 – 375). New York, NY: Macmillan.

Brown, A. L. (1980). Metacognitive development and reading. In R. J. Spiro, B. C. Bruce, & W. F. Brewer (Eds.), *Theoretical issues in reading comprehension* (pp. 453 – 481). Hillsdale, NJ: Erlbaum.

Brown, A. L., & Campione, J. C. (1996). Psychological theory and the design of innovative learning environments: On pro-cedures, principles, and systems. In L. Schauble & R. Glaser (Eds.), *Innovations in learning: New environments for educa-tion* (pp. 289 – 325). Hillsdale, NJ: Erlbaum.

Brown, A. L., Palincsar, A. S., & Armbruster, B. B. (1984). Instructing comprehension-fostering activities in interactive learning situations. In H. Mandl, N. L. Stein, & T. Trabasso (Eds.), *Learning and comprehension of text* (pp. 255 – 286). Hillsdale, NJ: Erlbaum.

Brown, G. D. A., Neath, I., & Chater, N. (2007). A temporal ratio model of memory. *Psychological Review*, *114*, 539 – 576.

Brown, I., Jr., & Inouye, D. K. (1978). Learned helplessness through modeling: The role of perceived similarity in com-petence. *Journal of Personality and Social Psychology*, *36*, 900 – 908.

Brown, J. (1968). Reciprocal facilitation and impairment of free recall. *Psychonomic Science*, *10*, 41 – 42.

Brown, J. S. (2006, September/October). New learning envi-ronments for the 21st century: Exploring the edge. *Change*, *38*, 18 – 24.

Brown, J. S., & Burton, R. R. (1978). Diagnostic models for pro-cedural bugs in basic mathematical skills. *Cognitive Science*, *2*, 155 – 192.

Brown, S. C., & Craik, F. I. M. (2000). Encoding and retrieval of information. In E. Tulving & F. I. M. Craik (Eds.), *The Oxford handbook of memory* (pp. 93 – 108). New York: Oxford University Press.

Bruner, J. S. (1960). *The process of education.* New York, NY: Vintage.

Bruner, J. S. (1961). The act of discovery. *Harvard Educational Review*, *31*, 21 – 32.

Bruner, J. S. (1964). The course of cognitive growth. *American Psychologist*, *19*, 1 – 15.

Bruner, J. S. (1966). *Toward a theory of instruction.* New York, NY: Norton.

Bruner, J. S. (1984). Vygotsky's zone of proximal development: The hidden agenda. In B. Rogoff & J. V. Wertsch (Eds.), *Children's learning in the "zone of proximal development"* (pp. 93 – 97). San Francisco, CA: Jossey-Bass.

Bruner, J. S. (1985). Models of the learner. *Educational Researcher*, *14*(6), 5 – 8.

Bruner, J. S., Goodnow, J., & Austin, G. A. (1956). *A study of thinking.* New York, NY: Wiley.

Bruner, J. S., Olver, R. R., & Greenfield, P. M. (1966). *Studies in cognitive growth.* New York, NY: Wiley.

Bruning, R. H., Dempsey, M., Kauffman, D. F., McKim, C., & Zumbrunn, S. (2013). Examining dimensions of self-efficacy for writing. *Journal of Educational Psychology*, *105*, 25 – 38.

Bruning, R. H., & Horn, C. (2000). Developing motivation to write. *Educational Psychologist*, *35*, 25 – 37.

Bruning, R. H., Schraw, G. J., & Norby, M. M. (2011). *Cognitive psychology and instruction* (5th ed.). Boston, MA: Pearson Education.

Brunstein, J. C., & Glaser, C. (2011). Testing a path-analytic me-diation model of how self-regulated writing strategies improve fourth graders' composition skills: A randomized controlled trial. *Journal of Educational Psychology*, *103*, 922 – 938.

Brunton, M. (2007, January 29). What do babies know? *Time*, *169*, 94 – 95.

Bryan, J. H., & Bryan, T. H. (1983). The social life of the learning disabled youngster. In J. D. McKinney & L. Feagans (Eds.), *Current topics in learning disabilities* (Vol. 1, pp. 57 – 85). Norwood, NJ: Ablex.

Bryk, A. S., Sebring, P. B., Allensworth, E., Luppescu, S., & Easton, J. Q. (2010). *Organizing schools for improvement: Lessons from Chicago.* Chicago, IL: University of Chicago Press.

Burnette, J. L., O'Boyle, E. H., VanEpps, E. M., Pollack, J. M., & Finkel, E. J. (2013). Mind-sets matter: A meta-analytic review of implicit theories and self-regulation. *Psychological Bulletin, 139*, 655 – 701.

Butler, A. C., Godbole, N., & Marsh, E. J. (2013). Explanation feedback is better than correct answer feedback for promoting transfer of learning. *Journal of Educational Psychology, 105*, 290 – 298.

Butler, D. L. (1998a). The strategic content learning approach to promoting self-regulated learning: A report of three studies. *Journal of Educational Psychology, 90*, 682 – 697.

Butler, D. L. (1998b). A strategic content learning approach to promoting self-regulated learning by students with learning disabilities. In D. H. Schunk & B. J. Zimmerman (Eds.), *Self-regulated learning: From teaching to self-reflective practice* (pp. 160 – 183). New York, NY: Guilford Press.

Butler, R. (1992). What young people want to know when: Effects of mastery and ability goals on interest in different kinds of so-cial comparisons. *Journal of Personality and Social Psychology, 62*, 934 – 943.

Butler, R. (1998). Age trends in the use of social and temporal comparison for self-evaluation: Examination of a novel devel-opmental hypothesis. *Child Development, 69*, 1054 – 1073.

Byrnes, J. P. (2001). *Minds, brains, and learning: Understanding the psychological and educational relevance of neuroscientific research.* New York, NY: Guilford Press.

Byrnes, J. P. (2012). How neuroscience contributes to our un-derstanding of learning and development in typically develop-ing and special-needs students. In K. R. Harris, S. Graham, & T. Urdan (Eds.), *APA educational psychology handbook. Vol. 1: Theories, constructs, and critical issues* (pp. 561 – 595). Washington, DC: American Psychological Association.

Byrnes, J. P., & Fox, N. A. (1998). The educational relevance of research in cognitive neuroscience. *Educational Psychology Review, 10*, 297 – 342.

Cairns, R. B., Cairns, B. D., & Neckerman, J. J. (1989). Early school dropout: Configurations and determinants. *Child Development, 60*, 1437 – 1452.

Calfee, R., & Drum, P. (1986). Research on teaching reading. In M. C. Wittrock (Ed.), *Handbook of research on teaching* (3rd ed., pp. 804 – 849). New York, NY: Macmillan.

Cameron, J., & Pierce, W. D. (1994). Reinforcement, reward, and intrinsic motivation: A meta-analysis. *Review of Educational Research, 64*, 363 – 423.

Cameron, J., & Pierce, W. D. (2002). *Rewards and intrinsic mo-tivation: Resolving the controversy.* Westport, CT: Bergin & Garvey.

Campbell, C. (2009). Middle years students' use of self-regulating strategies in an online journaling environment. *Educational Technology & Society, 12*(3), 98 – 106.

Campbell, F. A., Pungello, E. P., Miller-Johnson, S., Burchinal, M., & Ramey, C. T. (2001). The development of cognitive and aca-demic abilities: Growth curves from an early childhood edu-cational experiment. *Developmental Psychology, 37*, 231 – 242.

Campbell, G. (2006, September/October). Education, informa-tion technologies, and the augmentation of human intellect. *Change, 38*, 26 – 31.

Campione, J. C., Brown, A. L., Ferrara, R. A., & Bryant, N. R. (1984). The zone of proximal development: Implications for individual differences and learning. In B. Rogoff & J. V. Wertsch (Eds.), *Children's learning in the "zone of proximal development"* (pp. 77 – 91). San Francisco, CA: Jossey-Bass.

Cantor, N., & Kihlstrom, J. F. (1987). *Personality and social intel-ligence.* Englewood Cliffs, NJ: Prentice Hall.

Cantrell, S. C., Almasi, J. F., Carter, J. C., Rintamaa, M., & Madden, A. (2010). The impact of a strategy-based intervention on the comprehension and strategy use of struggling adolescent read-ers. *Journal of Educational Psychology, 102*, 257 – 280.

Caprara, G. V., Barbaranelli, C., Borgogni, L., & Steca, P. (2003). Efficacy beliefs as determinants of teachers' job satisfaction. *Journal of Educational Psychology, 95*, 821 – 832.

Caprara, G. V., Fida, R., Vecchione, M., Del Bove, G., Vecchio, G. M., Barbaranelli, C., & Bandura, A. (2008). Longitudinal analysis of the role of perceived self-efficacy for self-regulated learning in academic continuance and achievement. *Journal of Educational Psychology, 100*, 525 – 534.

Carlson, R., Chandler, P., & Sweller, J. (2003). Learning and under-standing science instructional material. *Journal of Educational Psychology, 95*, 629 – 640.

Carney, R. N., & Levin, J. R. (2002). Pictorial illustrations still im-prove students' learning from text. *Educational Psychology Review, 14*, 5 – 26.

Carpenter, P. A., Miyake, A., & Just, M. A. (1995). Language comprehension: Sentence and discourse processing. *Annual Review of Psychology, 46*, 91 – 120.

Carr, M. (2012). Critical transitions: Arithmetic to algebra. In K. R. Harris, S. Graham, & T. Urdan (Eds.), *APA educational psy-chology handbook. Vol. 3: Application to learning and teach-ing* (pp. 229 – 255). Washington, DC: American Psychological Association.

Carr, N. (2011). *The shallows: What the Internet is doing to our brains.* New York, NY: Norton.

Carroll, J. B. (1963). A model of school learning. *Teachers College Record, 64*, 723 – 733.

Carroll, J. B. (1965). School learning over the long haul. In J. D. Krumboltz (Ed.), *Learning and the educational process* (pp. 249 – 269). Chicago, IL: Rand McNally.

Carroll, J. B. (1989). The Carroll model: A 25-year retrospective and prospective view. *Educational Researcher, 18*(1), 26 – 31.

Carroll, W. R., & Bandura, A. (1982). The role of visual monitoring in observational learning of action patterns: Making the unob-servable observable. *Journal of Motor Behavior, 14*, 153 – 167.

Carver, C. S., & Scheier, M. F. (1998). *On the self-regulation of be-havior.* New York, NY: Cambridge University Press.

Ceci, S. J. (1989). On domain specificity . . . More or less general and specific constraints on cognitive development. *Merrill-Palmer Quarterly, 35*, 131 – 142.

Centre for Educational Research and Innovation. (2007). *Understanding the brain: The birth of a learning science.* Paris, France: Organisation for Economic Co-operation and Development.

Cervone, D., Jiwani, N., & Wood, R. (1991). Goal setting and the differential influence of self-regulatory processes on complex decision-making performance. *Journal of Personality and Social*

Psychology, *61*, 257 – 266.

Chan, W. , Lau, S. , Nie, Y. , Lim, S. , & Hogan, D. (2008). Organizational and personal predictors of teacher commit-ment: The mediating role of teacher efficacy and identifica-tion with school. *American Educational Research Journal*, *45*, 597 – 630.

Chapman, J. W. (1988). Learning disabled children's self-concepts. *Review of Educational Research*, *58*, 347 – 371.

Chapman, J. W. , & Tunmer, W. E. (1995). Development of young children's reading self-concepts: An examination of emerging subcomponents and their relationship with reading achieve-ment. *Journal of Educational Psychology*, *87*, 154 – 167.

Chartrand, T. L. , & Bargh, J. A. (1999). The chameleon effect: The perception-behavior link and social interaction. *Journal of Personality and Social Psychology*, *76*, 893 – 910.

Chen, Z. (1999). Schema induction in children's analogical prob-lem solving. *Journal of Educational Psychology*, *91*, 703 – 715.

Cherry, E. C. (1953). Some experiments on the recognition of speech with one and two ears. *Journal of the Acoustical Society of America*, *25*, 975 – 979.

Chi, M. T. H. , Bassok, M. , Lewis, M. W. , Reimann, P. , & Glaser, R. (1989). Self-explanations: How students study and use ex-amples in learning to solve problems. *Cognitive Science*, *13*, 145 – 182.

Chi, M. T. H. , Feltovich, P. J. , & Glaser, R. (1981). Categorization and representation of physics problems by experts and nov-ices. *Cognitive Science*, *5*, 121 – 152.

Chi, M. T. H. , & Glaser, R. (1985). Problem-solving ability. In R. J. Sternberg (Ed.), *Human abilities: An information-processing approach* (pp. 227 – 250). New York, NY: Freeman.

Chi, M. T. H. , Glaser, R. , & Farr, M. J. (Eds.). (1988). *The nature of expertise*. Hillsdale, NJ: Erlbaum.

Chi, M. T. H. , Glaser, R. , & Rees, E. (1982). Expertise in problem solving. In R. J. Sternberg (Ed.), *Advances in the psychology of human intelligence* (Vol. 1, pp. 7 – 75). Hillsdale, NJ: Erlbaum.

Chi, M. T. H. , & VanLehn, K. A. (2012). Seeing deep structure from the interactions of surface features. *Educational Psychologist*, *47*, 177 – 188.

Chiesi, H. L. , Spilich, G. J. , & Voss, J. R. (1979). Acquisition of domain-related information in relation to high and low domain knowledge. *Journal of Verbal Learning and Verbal Behavior*, *18*, 257 – 274.

Chinn, C. A. , & Samarapungavan, A. (2009). Conceptual change— multiple routes, multiple mechanisms: A commentary on Ohlsson (2009). *Educational Psychologist*, *44*, 48 – 57.

Chomsky, N. (1957). *Syntactic structures*. The Hague, The Netherlands: Mouton.

Clark, H. H. , & Clark, E. V. (1977). *Psychology and language: An introduction to psycholinguistics*. New York, NY: Harcourt Brace Jovanovich.

Clark, H. H. , & Haviland, S. E. (1977). Psychological processes as linguistic explanation. In R. O. Freedle (Ed.), *Discourse pro-duction and comprehension* (pp. 1 – 40). Norwood, NJ: Ablex.

Clark, J. M. , & Paivio, A. (1991). Dual coding theory and educa-tion. *Educational Psychology Review*, *3*, 149 – 210.

Clark, K. (2008, January 21). New answers for e-learning. *U. S. News & World Report*, *144*, 46, 48 – 50.

Cleary, T. J., Zimmerman, B. J., & Keating, T. (2006). Training physical education students to self-regulate during basketball free throw practice. *Research Quarterly for Exercise and Sport*, *77*, 251 – 262.

Clifford, R. M., Early, D. M., & Hill, T. (1999). About a million chil-dren in school before kindergarten. *Young Children*, *54*, 48 – 51.

Cobb, P. (1994). Where is the mind? Constructivist and sociocul-tural perspectives on mathematical development. *Educational Researcher*, *23*(7), 13 – 20.

Cobb, P., & Bowers, J. (1999). Cognitive and situated learning perspectives in theory and practice. *Educational Researcher*, *28*(2), 4 – 15.

Cofer, C. N., Bruce, D. R., & Reicher, G. M. (1966). Clustering in free recall as a function of certain methodological variations. *Journal of Experimental Psychology*, *71*, 858 – 866.

Cohen, E. G. (1994). Restructuring the classroom: Conditions for productive small groups. *Review of Educational Research*, *64*, 1 – 35.

Cole, M. (2010). Education as an intergenerational process of human learning, teaching, and development. *American Psychologist*, *65*, 796 – 807.

Collie, R. J., Shapka, J. D., & Perry, N. E. (2012). School climate and social-emotional learning: Predicting teacher stress, job satisfaction, and teaching efficacy. *Journal of Educational Psychology*, *104*, 1189 – 1204.

Collins, A. (1977). Processes in acquiring knowledge. In R. C. Anderson, R. J. Spiro, & W. E. Montague (Eds.), *Schooling and the acquisition of knowledge* (pp. 339 – 363). Hillsdale, NJ: Erlbaum.

Collins, A., & Loftus, E. F. (1975). A spreading-activation theory of semantic processing. *Psychological Review*, *82*, 407 – 428.

Collins, A., & Quillian, M. R. (1969). Retrieval time from semantic memory. *Journal of Verbal Learning and Verbal Behavior*, *8*, 240 – 247.

Collins, A., & Stevens, A. L. (1983). A cognitive theory of in-quiry teaching. In C. M. Reigeluth (Ed.), *Instructional-design theories and models: An overview of their current status* (pp. 247 – 278). Hillsdale, NJ: Erlbaum.

Collins, J. L. (1982, March). *Self-efficacy and ability in achieve-ment behavior*. Paper presented at the annual meeting of the American Educational Research Association, New York, NY.

Collins, W. A., Maccoby, E. E., Steinberg, L., Hetherington, E. M., & Bornstein, M. H. (2000). Contemporary research on parent-ing: The case for nature and nurture. *American Psychologist*, *55*, 218 – 232.

Comer, J. P. (2001, April 23). Schools that develop children. *The American Prospect*, 30 – 35.

Comer, J. P., & Haynes, N. M. (1999). The dynamics of school change: Response to the article, "Comer's School Development Program in Prince George's County, Maryland: A theory-based evaluation," by Thomas D. Cook et al. *American Educational Research Journal*, *36*, 599 – 607.

Connell, J. P., Halpern-Felsher, B., Clifford, E., Crichlow, W., & Usinger, P. (1995). Hanging in there: Behavioral, psychologi-cal, and contextual factors affecting whether African-

American adolescents stay in school. *Journal of Adolescent Research*, *10*, 41 – 63.

Cook, T. D., Habib, F., Phillips, M., Settersten, R. A., Shagle, S. C., & Degirmencioglu, S. M. (1999). Comer's School Development Program in Prince George's County, Maryland: A theory-based evaluation. *American Educational Research Journal*, *36*, 543 – 597.

Cook, T. D., Murphy, R. F., & Hunt, H. D. (2000). Comer's School Development Program in Chicago: A theory-based evaluation. *American Educational Research Journal*, *37*, 535 – 597.

Cooper, A. J. R., & Monk, A. (1976). Learning for recall and learn-ing for recognition. In J. Brown (Ed.), *Recall and recognition* (pp. 131 – 156). London: Wiley.

Cooper, H. M., & Good, T. L. (1983). *Pygmalion grows up: Studies in the expectation communication process.* New York: Longman.

Cooper, H. M., Robinson, J. C., & Patall, E. A. (2006). Does home-work improve academic achievement? A synthesis of research, 1987 – 2003. *Review of Educational Research*, *76*, 1 – 62.

Cooper, H. M., & Tom, D. Y. H. (1984). Teacher expectation re-search: A review with implications for classroom instruction. *Elementary School Journal*, *85*, 77 – 89.

Cooper, L. A., & Shepard, R. N. (1973). Chronometric studies of the rotation of mental images. In W. G. Chase (Ed.), *Visual information processing* (pp. 95 – 176). New York, NY: Academic Press.

Cooper, R. P., & Shallice, T. (2006). Hierarchical schemas and goals in the control of sequential behavior. *Psychological Review*, *113*, 887 – 916.

Cooper, W. H. (1983). An achievement motivation nomological network. *Journal of Personality and Social Psychology*, *44*, 841 – 861.

Corballis, M. C. (2006). Language. In K. Pawlik & G. d'Ydewalle (Eds.), *Psychological concepts: An international historical per-spective* (pp. 197 – 221). New York, NY: Psychology Press.

Cornelius-White, J. (2007). Learner-centered teacher-student rela-tionships are effective: A meta-analysis. *Review of Educational Research*, *77*, 113 – 143.

Corno, L. (1989). Self-regulated learning: A volitional analysis. In B. J. Zimmerman & D. H. Schunk (Eds.), *Self-regulated learn-ing and academic achievement: Theory, research, and practice* (pp. 111 – 142). New York: Springer-Verlag.

Corno, L. (1993). The best-laid plans: Modern conceptions of voli-tion and educational research. *Educational Researcher*, *22*(2), 14 – 22.

Corno, L. (1994). Student volition and education: Outcomes, in-fluences, and practices. In D. H. Schunk & B. J. Zimmerman (Eds.), *Self-regulation of learning and performance: Issues and educational applications* (pp. 229 – 251). Hillsdale, NJ: Erlbaum.

Corno, L. (2001). Volitional aspects of self-regulated learning. In B. J. Zimmerman & D. H. Schunk (Eds.), *Self-regulated learning and academic achievement: Theoretical perspectives* (2nd ed., pp. 191 – 225). Mahwah, NJ: Erlbaum.

Corno, L. (2008). Work habits and self-regulated learning: Helping students to find a "will" from a "way." In D. H. Schunk & B. J. Zimmerman (Eds.), *Motivation and self-regulated learning: Theory, research, and applications* (pp. 197 – 222). New York, NY: Taylor & Francis.

Corno, L., & Kanfer, R. (1993). The role of volition in learning and performance. In L. Darling-Hammond (Ed.), *Review of re-search in education* (Vol. 19, pp. 301 – 341). Washington,

DC: American Educational Research Association.

Corno, L. , & Mandinach, E. B. (2004). What we have learned about student engagement in the past twenty years. In D. M. McInerney & S. Van Etten (Eds.), *Big theories revisited* (pp. 299 – 328). Greenwich, CT: Information Age.

Courage, M. L. , & Setliff, A. E. (2009). Debating the impact of tele-vision and video material on very young children: Attention, learning, and the developing brain. *Child Development Perspectives*, *3*, 72 – 78.

Covey, S. R. (1989). *The seven habits of highly effective people: Restoring the character ethic.* New York, NY: Simon and Schuster.

Covington, M. V. (1984). The self-worth theory of achievement motivation: Findings and implications. *Elementary School Journal*, *85*, 5 – 20.

Covington, M. V. (1992). *Making the grade: A self-worth perspec-tive on motivation and school reform.* Cambridge, England: Cambridge University Press.

Covington, M. V. (1998). *The will to learn: A guide for motivating young people.* New York, NY: Cambridge University Press.

Covington, M. V. (2004). Self-worth theory goes to college: Or do our motivation theories motivate? In D. M. McInerney & S. Van Etten (Eds.), *Big theories revisited* (pp. 91 – 114). Greenwich, CT: Information Age.

Covington, M. V. (2009). Self-worth theory: Retrospection and prospects. In K. R. Wentzel & A. Wigfield (Eds.), *Handbook of motivation at school* (pp. 141 – 169). New York, NY: Routledge.

Covington, M. V. , & Beery, R. G. (1976). *Self-worth and school learning.* New York, NY: Holt, Rinehart & Winston.

Covington, M. V. , & Dray, E. (2002). The developmental course of achievement motivation: A need-based approach. In A. Wigfield & J. S. Eccles (Eds.), *Development of achievement mo-tivation* (pp. 33 – 56). San Diego, CA: Academic Press.

Covington, M. V. , & Omelich, C. L. (1979). Effort: The double-edged sword in school achievement. *Journal of Educational Psychology*, *71*, 688 – 700.

Cowan, N. , Hismjatullina, A. , AuBuchon, A. M. , Saults, J. S. , Horton, N. , Leadbitter, K. , & Towse, J. (2010). With develop-ment, list recall includes more chunks, not just larger ones. *Developmental Psychology*, *46*, 1119 – 1131.

Cowan, N. , Rouder, J. N. , Blume, C. L. , & Saults, J. S. (2012). Models of verbal working memory capacity: What does it take to make them work? *Psychological Review*, *119*, 480 – 499.

Cowey, A. (1998). Localization of brain function and cortical maps. In R. L. Gregory (Ed.), *The Oxford companion to the mind* (pp. 436 – 438). Oxford, England: Oxford University Press.

Cox, B. D. (1997). The rediscovery of the active learner in adaptive contexts: A developmental-historical analysis of transfer of train-ing. *Educational Psychologist*, *32*, 41 – 55.

Craig, S. D. , Chi, M. T. H. , & VanLehn, K. (2009). Improving classroom learning by collaboratively observing human tu-toring videos while problem solving. *Journal of Educational Psychology*, *101*, 779 – 789.

Craik, F. I. M. (1979). Human memory. *Annual Review of Psychology*, *30*, 63 – 102.

Craik, F. I. M. , & Lockhart, R. S. (1972). Levels of processing: A framework for memory

research. *Journal of Verbal Learning and Verbal Behavior*, *11*, 671 – 684.

Craik, F. I. M. , & Tulving, E. (1975). Depth of processing and the retention of words in episodic memory. *Journal of Experimental Psychology*: *General*, *104*, 268 – 294.

Crisafi, M. A. , & Brown, A. L. (1986). Analogical transfer in very young children: Combining two separately learned solutions to reach a goal. *Child Development*, *57*, 953 – 968.

Crosnoe, R. , Johnson, M. K. , & Elder, G. H. (2004). School size and the interpersonal side of education. *Social Science Quarterly*, *85*, 1259 – 1274.

Crowley, K. , & Siegler, R. S. (1999). Explanation and generaliza-tion in young children's strategy learning. *Child Development*, *70*, 304 – 316.

Csikszentmihalyi, M. (1975). *Beyond boredom and anxiety*. San Francisco, CA: Jossey-Bass.

Csikszentmihalyi, M. , & Rathunde, K. (1993). The measurement of flow in everyday life: Toward a theory of emergent motivation. In J. E. Jacobs (Ed.), *Nebraska symposium on motivation 1992* (Vol. 40, pp. 57 – 97). Lincoln: University of Nebraska Press.

Cummins, D. D. , Kintsch, W. , Reusser, K. , & Weimer, R. (1988). The role of understanding in solving word problems. *Cognitive Psychology*, *20*, 405 – 438.

Cuny, H. (1965). *Pavlov*: *The man and his theories* (P. Evans, Trans.). New York, NY: Paul S. Eriksson.

Cutler, L. , & Graham, S. (2008). Primary grade writing instruc-tion: A national survey. *Journal of Educational Psychology*, *100*, 907 – 919.

Daniels, D. H. , Kalkman, D. L. , & McCombs, B. L. (2001). Young children's perspectives on learning and teacher practices in dif-ferent classroom contexts: Implications for motivation. *Early Education and Development*, *12*, 253 – 273.

Dansereau, D. F. (1978). The development of a learning strate-gies curriculum. In H. F. O'Neil, Jr. (Ed.), *Learning strategies* (pp. 1 – 29). New York, NY: Academic Press.

Dansereau, D. F. (1988). Cooperative learning strategies. In C. E. Weinstein, E. T. Goetz, & P. A. Alexander (Eds.), *Learning and study strategies*: *Issues in assessment*, *instruction*, *and evalua-tion* (pp. 103 – 120). San Diego, CA: Academic Press.

Dansereau, D. F. , McDonald, B. A. , Collins, K. W. , Garland, J. , Holley, C. D. , Diekhoff, G. M. , & Evans, S. H. (1979). Evaluation of a learning strategy system. In H. F. O'Neil, Jr. , & C. D. Spielberger (Eds.), *Cognitive and affective learning strat-egies* (pp. 3 – 43). New York, NY: Academic Press.

Darwin, C. J. , Turvey, M. T. , & Crowder, R. G. (1972). An auditory analogue of the Sperling partial report procedure: Evidence for brief auditory storage. *Cognitive Psychology*, *3*, 255 – 267.

Daugherty, M. , & White, C. S. (2008). Relationships among private speech and creativity in Head Start and low-socioeconomic status preschool children. *Gifted Child Quarterly*, *52*, 30 – 39.

Davelaar, E. J. , Goshen-Gottstein, Y. , Ashkenazi, A. , Haarmann, H. J. , & Usher, M. (2005). The demise of short-term memory re-visited: Empirical and computational investigations of recency effects. *Psychological Review*, *112*, 3 – 42.

Davidson, E. S. , & Smith, W. P. (1982). Imitation, social compari-son, and self-reward. *Child Development*, *53*, 928 – 932.

Davis, H. A. (2003). Conceptualizing the role and influence of student-teacher relationships on children's social and cognitive development. *Educational Psychologist*, *38*, 207 – 234.

Debowski, S., Wood, R. E., & Bandura, A. (2001). Impact of guided exploration and enactive exploration on self-regulatory mechanisms and information acquisition through electronic search. *Journal of Applied Psychology*, *86*, 1129 – 1141.

de Bruin. A. B. H., Thiede, K. W., Camp, G., & Redford, J. (2011). Generating keywords improves metacomprehension and self-regulation in elementary and middle school children. *Journal of Experimental Child Psychology*, *109*, 294 – 310.

de Charms, R. (1968). *Personal causation: The internal affective determinants of behavior.* New York, NY: Academic Press.

de Charms, R. (1976). *Enhancing motivation: Change in the class-room.* New York, NY: Irvington.

de Charms, R. (1984). Motivation enhancement in educational set-tings. In R. Ames & C. Ames (Eds.), *Research on motivation in education* (Vol. 1, pp. 275 – 310). Orlando, FL: Academic Press.

Deci, E. L. (1975). *Intrinsic motivation.* New York, NY: Plenum.

Deci, E. L. (1980). *The psychology of self-determination.* Lexington, MA: D. C. Heath.

Deci, E. L., Koestner, R., & Ryan, R. M. (1999). A meta-analytic re-view of experiments examining the effects of extrinsic rewards on intrinsic motivation. *Psychological Bulletin*, *125*, 627 – 668.

Deci, E. L., Koestner, R., & Ryan, R. M. (2001). Extrinsic rewards and intrinsic motivation in education: Reconsidered once again. *Review of Educational Research*, *71*, 1 – 27.

Deci, E. L., & Moller, A. C. (2005). The concept of competence: A starting place for understanding intrinsic motivation and self-determined extrinsic motivation. In A. J. Elliot & C. S. Dweck (Eds.), *Handbook of competence and motivation* (pp. 579 – 597). New York, NY: Guilford Press.

Deci, E. L., & Ryan, R. M. (1991). A motivational approach to self: Integration in personality. In R. A. Dienstbier (Ed.), *Nebraska symposium on motivation 1990* (Vol. 38, pp. 237 – 288). Lincoln: University of Nebraska Press.

DeGrandpre, R. J. (2000). A science of meaning: Can behav-iorism bring meaning to psychological science? *American Psychologist*, *55*, 721 – 739.

de Jong, P. F. (1998). Working memory deficits of reading dis-abled children. *Journal of Experimental Child Psychology*, *70*, 75 – 96.

de Jong, T., & van Joolingen, W. R. (1998). Scientific discovery learn-ing with computer simulations of conceptual domains. *Review of Educational Research*, *68*, 179 – 201.

De La Paz, S. (2005). Effects of historical reasoning instruction and writing strategy mastery in culturally and academically diverse middle school classrooms. *Journal of Educational Psychology*, *97*, 139 – 156.

DeLeeuw, K. E., & Mayer, R. E. (2008). A comparison of three measures of cognitive load: Evidence for separable mea-sures of intrinsic, extraneous, and germane load. *Journal of Educational Psychology*, *100*, 223 – 234.

Dempster, F. N. , & Corkill, A. J. (1999). Interference and inhibition in cognition and behavior: Unifying themes for educational psychology. *Educational Psychology Review*, *11*, 1 – 88.

Dermitzaki, I. (2005). Preliminary investigation of relations be-tween young students' self-regulatory strategies and their metacognitive experiences. *Psychological Reports*, *97*, 759 – 768.

Dewey, J. (1896). The reflex arc concept in psychology. *Psychological Review*, *3*, 357 – 370.

Dewey, J. (1900). Psychology and social practice. *Psychological Review*, *7*, 105 – 124.

Dewsbury, D. A. (2000). Introduction: Snapshots of psychology circa 1900. *American Psychologist*, *55*, 255 – 259.

DiBenedetto, M. K. , & Zimmerman, B. J. (2010). Differences in self-regulatory processes among students studying sci-ence: A microanalytic investigation. *International Journal of Educational and Psychological Assessment*, *5*(1), 2 – 24.

Dick, W. , & Carey, L. (1985). *The systematic design of instruction* (2nd ed.). Glenview, IL: Scott, Foresman.

DiClemente, C. C. (1981). Self-efficacy and smoking cessation maintenance: A preliminary report. *Cognitive Therapy and Research*, *5*, 175 – 187.

DiClemente, C. C. (1986). Self-efficacy and the addictive behav-iors. *Journal of Social and Clinical Psychology*, *4*, 302 – 315.

DiClemente, C. C. , Prochaska, J. O. , & Gilbertini, M. (1985). Self-efficacy and the stages of self-change in smoking. *Cognitive Therapy and Research*, *9*, 181 – 200.

Diener, C. I. , & Dweck, C. S. (1978). An analysis of learned helpless-ness: Continuous changes in performance, strategy, and achieve-ment cognitions following failure. *Journal of Personality and Social Psychology*, *36*, 451 – 462.

Dietrich, A. , & Kanso, R. (2010). A review of EEG, ERP, and neuroimaging studies of creativity and insight. *Psychological Bulletin*, *136*, 822 – 848.

Dijksterhuis, A. , & Aarts, H. (2010). Goals, attention, and (un) con-sciousness. *Annual Review of Psychology*, *61*, 467 – 490.

Dillon, A. , & Gabbard, R. (1998). Hypermedia as an educational technology: A review of the quantitative research litera-ture on learner comprehension, control, and style. *Review of Educational Research*, *68*, 322 – 349.

Dimmitt, C. , & McCormick, C. B. (2012). Metacognition in edu-cation. In K. R. Harris, S. Graham, & T. Urdan (Eds.), *APA educational psychology handbook. Vol. 1: Theories, constructs, and critical issues* (pp. 157 – 187). Washington, DC: American Psychological Association.

Dinsmore, D. L. , Alexander, P. A. , & Loughlin, S. M. (2008). Focusing the conceptual lens on metacognition, self-regulation, and self-regulated learning. *Educational Psychology Review*, *20*, 391 – 409.

DiPardo, A. , & Freedman, S. W. (1988). Peer response groups in the writing classroom: Theoretic foundations and new direc-tions. *Review of Educational Research*, *58*, 119 – 149.

Dowrick, P. W. (1983). Self-modelling. In P. W. Dowrick & S. J. Biggs (Eds.), *Using video: Psychological and social applications* (pp. 105 – 124). Chichester, England: Wiley.

Dowrick, P. W. (1999). A review of self modeling and related in-terventions. *Applied & Preventive Psychology*, *8*, 23 – 39.

Dragoi, V. , & Staddon, J. E. R. (1999). The dynamics of operant conditioning. *Psychological Review*, *106*, 20 – 61.

Driver, R. , Asoko, H. , Leach, J. , Mortimer, E. , & Scott, P. (1994). Constructing scientific knowledge in the classroom. *Educational Researcher*, *23*(7), 5 – 12.

Duchastel, P. , & Brown, B. R. (1974). Incidental and relevant learning with instructional objectives. *Journal of Educational Psychology*, *66*, 481 – 485.

Duda, J. L. , & Nicholls, J. G. (1992). Dimensions of achievement motivation in schoolwork and sport. *Journal of Educational Psychology*, *84*, 290 – 299.

Duell, O. K. (1986). Metacognitive skills. In G. D. Phye & T. Andre (Eds.), *Cognitive classroom learning: Understanding, thinking, and problem solving* (pp. 205 – 242). Orlando: Academic Press.

Duncan, R. M. (1995). Piaget and Vygotsky revisited: Dialogue or assimilation? *Developmental Review*, *15*, 458 – 472.

Duncker, K. (1945). On problem-solving (L. S. Lees, Trans.). *Psychological Monographs*, *58* (5, Whole No. 270).

Dunham, P. (1977). The nature of reinforcing stimuli. In W. K. Honig & J. E. R. Staddon (Eds.), *Handbook of operant behavior* (pp. 98 – 124). Englewood Cliffs, NJ: Prentice Hall.

Dunn, R. , & Honigsfeld, A. (2013). Learning styles: What we know and what we need. *The Educational Forum*, *77*, 225 – 232.

Dusek, J. B. (Ed.). (1985). *Teacher expectancies.* Hillsdale, NJ: Erlbaum.

Dweck, C. S. (1975). The role of expectations and attributions in the alleviation of learned helplessness. *Journal of Personality and Social Psychology*, *31*, 674 – 685.

Dweck, C. S. (1986). Motivational processes affecting learning. *American Psychologist*, *41*, 1040 – 1048.

Dweck, C. S. (1991). Self-theories and goals: Their role in motivation, personality, and development. In R. A. Dienstbier (Ed.), *Nebraska Symposium on Motivation*, *1990* (Vol. 38, pp. 199 – 235). Lincoln: University of Nebraska Press.

Dweck, C. S. (1999). *Self-theories: Their role in motivation, per-sonality, and development.* Philadelphia, PA: Taylor & Francis.

Dweck, C. S. (2002). The development of ability conceptions. In A. Wigfield & J. S. Eccles (Eds.), *Development of achievement motivation* (pp. 57 – 88). San Diego, CA: Academic Press.

Dweck, C. S. (2006). *Mindset: The new psychology of success.* New York, NY: Random House.

Dweck, C. S. , & Leggett, E. L. (1988). A social-cognitive approach to motivation and personality. *Psychological Review*, *95*, 256 – 273.

Dweck, C. S. , & Master, A. (2008). Self-theories motivate self-reg-ulated learning. In D. H. Schunk & B. J. Zimmerman (Eds.), *Motivation and self-regulated learning: Theory, research, and applications* (pp. 31 – 51). New York, NY: Taylor & Francis.

Dweck, C. S. , & Molden, D. C. (2005). Self-theories: Their impact on competence motivation and acquisition. In A. J. Elliot & C. S. Dweck (Eds.), *Handbook of competence and motivation* (pp. 122 – 140). New York, NY: Guilford Press.

Dweck, C. S. , & Repucci, N. D. (1973). Learned helplessness and reinforcement

responsibility in children. *Journal of Personality and Social Psychology*, 25, 109 – 116.

Ebbinghaus, H. (1964). *Memory: A contribution to experimental psy-chology.* New York, NY: Dover. (Original work published 1885)

Eby, L. T., Rhodes, J. E., & Allen, T. D. (2007). Definition and evolution of mentoring. In T. D. Allen & L. T. Eby (Eds.), *The Blackwell handbook of mentoring: A multiple perspectives approach* (pp. 7 – 20). Malden, MA: Blackwell.

Eccles, J. S. (1983). Expectancies, values, and academic behaviors. In J. T. Spence (Ed.), *Achievement and achievement motiva-tion* (pp. 75 – 146). San Francisco, CA: Freeman.

Eccles, J. S. (2005). Subjective task value and the Eccles et al. model of achievement-related choices. In A. J. Elliot & C. S. Dweck (Eds.), *Handbook of competence and motivation* (pp. 105 – 121). New York, NY: Guilford Press.

Eccles, J. S., & Midgley, C. (1989). Stage-environment fit: Developmentally appropriate classrooms for young adoles-cents. In C. Ames & R. Ames (Eds.), *Research on motivation in education* (Vol. 3, pp. 139 – 186). San Diego, CA: Academic Press.

Eccles, J. S., Midgley, C., & Adler, T. F. (1984). Grade-related changes in the school environment: Effects on achievement motivation. In J. Nicholls (Ed.), *Advances in motivation and achievement* (Vol. 3, pp. 283 – 311). Greenwich, CT: JAI Press.

Eccles, J. S., Midgley, C., Wigfield, A., Reuman, D., Mac Iver, D., & Feldlaufer, H. (1993). Negative effects of traditional middle schools on students' motivation. *Elementary School Journal*, 93, 553 – 574.

Eccles, J. S., & Roeser, R. W. (2011). Schools as developmen-tal contexts during adolescence. *Journal of Research on Adolescence*, 21, 225 – 241.

Eccles, J. S., & Wigfield, A. (1985). Teacher expectations and stu-dent motivation. In J. B. Dusek (Ed.), *Teacher expectancies* (pp. 185 – 226). Hillsdale, NJ: Erlbaum.

Efklides, A. (2006). Metacognitive experiences: The missing link in the self-regulated learning process. A rejoinder to Ainley and Patrick. *Educational Psychology Review*, 18, 287 – 291.

Elkind, D. (2004). The problem with constructivism. *The Educational Forum*, 68, 306 – 312.

Elliot, A. J. (2005). A conceptual history of the achievement goal construct. In A. J. Elliot & C. S. Dweck (Eds.), *Handbook of competence and motivation* (pp. 52 – 72). New York, NY: Guilford Press.

Elliot, A. J., & Church, M. A. (1997). A hierarchical model of ap-proach and avoidance achievement motivation. *Journal of Personality and Social Psychology*, 72, 218 – 232.

Elliot, A. J., & Harackiewicz, J. M. (1996). Approach and avoid-ance achievement goals and intrinsic motivation: A media-tional analysis. *Journal of Personality and Social Psychology*, 70, 461 – 475.

Elliot, A. J., & McGregor, H. A. (2001). A 2 x 2 achievement goal framework. *Journal of Personality and Social Psychology*, 80, 501 – 519.

Elliot, A. J., & Thrash, T. M. (2001). Achievement goals and the hierarchical model of achievement motivation. *Educational Psychology Review*, 13, 139 – 156.

Elliott, E. S., & Dweck, C. S. (1988). Goals: An approach to mo-tivation and achievement. *Journal of Personality and Social Psychology*, 54, 5 – 12.

Ellis, S. , & Rogoff, B. (1982). The strategies and efficacy of child versus adult teachers. *Child Development*, *53*, 730 – 735.

Elstein, A. S. , Shulman, L. S. , & Sprafka, S. A. (1978). *Medical problem solving*. Cambridge, MA: Harvard University Press.

Emmer, E. T. , Evertson, C. , & Worsham, M. E. (2000). *Classroom management for secondary teachers* (5th ed.). Boston, MA: Allyn & Bacon.

Emmons, C. L. , Comer, J. P. , & Haynes, N. M. (1996). Translating theory into practice: Comer's theory of school reform. In J. P. Comer, N. M. Haynes, E. T. Joyner, & M. Ben-Avie (Eds.), *Rallying the whole village: The Comer process for reforming education* (pp. 27 – 41). New York, NY: Teachers College Press.

Englund, M. M. , Luckner, A. E. , Whaley, G. J. L. , & Egeland, B. (2004). Children's achievement in early elementary school: Longitudinal effects of parental involvement, expectations, and quality of assistance. *Journal of Educational Psychology*, *96*, 723 – 730.

Ennemoser, M. , & Schneider, W. (2007). Relations of television viewing and reading: Findings from a 4-year longitudinal study. *Journal of Educational Psychology*, *99*, 349 – 368.

Ennis, R. H. (1987). A taxonomy of critical thinking dispositions and abilities. In J. B. Baron & R. J. Sternberg (Eds.), *Teaching thinking skills: Theory and practice* (pp. 9 – 26). New York, NY: Freeman.

Epstein, J. L. (1989). Family structures and student motivation: A developmental perspective. In C. Ames & R. Ames (Eds.), *Research on motivation in education* (Vol. 3, pp. 259 – 295). San Diego, CA: Academic Press.

Erickson, F. (1986). Qualitative methods in research on teaching. In M. C. Wittrock (Ed.), *Handbook of research on teaching* (3rd ed. , pp. 119 – 161). New York, NY: Macmillan.

Ericsson, K. A. , Krampe, R. T. , & Tesch-Römer, C. (1993). The role of deliberate practice in the acquisition of expert performance. *Psychological Review*, *100*, 363 – 406.

Ertmer, P. A. (1999). Addressing first- and second-order barriers to change: Strategies for technology integration. *Educational Technology Research & Development*, *47*, 47 – 61.

Ertmer, P. A. , Driscoll, M. P. , & Wager, W. W. (2003). The legacy of Robert Mills Gagné. In B. J. Zimmerman & D. H. Schunk (Eds.), *Educational psychology: A century of contributions* (pp. 303 – 330). Mahwah, NJ: Erlbaum.

Estes, W. K. (1970). *Learning theory and mental development*. New York, NY: Academic Press.

Estes, W. K. (1997). Processes of memory loss, recovery, and dis-tortion. *Psychological Review*, *104*, 148 – 169.

Evans, R. B. (2000). Psychological instruments at the turn of the century. *American Psychologist*, *55*, 322 – 325.

Evenson, D. H. , Salisbury-Glennon, J. D. , & Glenn, J. (2001). A qualitative study of six medical students in a problem-based curriculum: Toward a situated model of self-regulation. *Journal of Educational Psychology*, *93*, 659 – 676.

Evertson, C. , Emmer, E. T. , & Worsham, M. E. (2000). *Classroom management for elementary teachers* (5th ed.). Boston, MA: Allyn & Bacon.

Eysink, T. H. S. , de Jong, T. , Berthold, K. , Kolloffel, B. , Opfermann, M. , & Wouters, P. (2009). Learner performance in multimedia learning arrangements: An analysis across instructional approaches. *American Educational Research Journal*, *46*, 1107 – 1149.

Fabos, B. , & Young, M. D. (1999). Telecommunication in the classroom: Rhetoric versus reality. *Review of Educational Research*, *69*, 217 – 259.

Falmagne, R. J. , & Gonsalves, J. (1995). Deductive inference. *Annual Review of Psychology*, *46*, 525 – 559.

Fan, X. , & Chen, M. (2001). Parental involvement and students' ac-ademic achievement: A meta-analysis. *Educational Psychology Review*, *13*, 1 – 22.

Farmer, T. W. , Estell, D. B. , Leung, M. C. , Trotte, H. , Bishop, J. , & Cairns, B. D. (2003). Individual characteristics, early ado-lescent peer affiliations, and school dropout: An examination of aggressive and popular group types. *Journal of School Psychology*, *41*, 217 – 232.

Farnham-Diggory, S. (1992). *Cognitive processes in education* (2nd ed.). New York, NY: HarperCollins.

Faw, H. W. , & Waller, T. G. (1976). Mathemagenic behaviours and efficiency in learning from prose materials: Review, cri-tique and recommendations. *Review of Educational Research*, *46*, 691 – 720.

Feldon, D. F. (2007). Cognitive load and classroom teaching: The double-edged sword of automaticity. *Educational Psychologist*, *42*, 123 – 137.

Feltz, D. L. , Chase, M. A. , Moritz, S. E. , & Sullivan, P. J. (1999). A conceptual model of coaching efficacy: Preliminary inves-tigation and instrument development. *Journal of Educational Psychology*, *91*, 765 – 776.

Ferster, C. S. , & Skinner, B. F. (1957). *Schedules of reinforcement.* New York, NY: Appleton-Century-Crofts.

Festinger, L. (1954). A theory of social comparison processes. *Human Relations*, *7*, 117 – 140.

Festinger, L. (1957). *A theory of cognitive dissonance.* Stanford, CA: Stanford University Press.

Fillmore, L. W. , & Valadez, C. (1986). Teaching bilingual learners. In M. W. Wittrock (Ed.), *Handbook of research on teaching* (3rd ed. , pp. 648 – 685). New York, NY: Macmillan.

Finn, J. D. (1989). Withdrawing from school. *Review of Educational Research*, *59*, 117 – 142.

Fiorella, L. , & Mayer, R. E. (2012). Paper-based aids for learn-ing with a computer-based game. *Journal of Educational Psychology*, *104*, 1074 – 1082.

Fish, M. C. , & Pervan, R. (1985). Self-instruction training: A po-tential tool for school psychologists. *Psychology in the Schools*, *22*, 83 – 92.

Flavell, J. H. (1985). *Cognitive development* (2nd ed.). Englewood Cliffs, NJ: Prentice Hall.

Flavell, J. H. , Friedrichs, A. G. , & Hoyt, J. D. (1970). Developmental changes in memorization processes. *Cognitive Psychology*, *1*, 324 – 340.

Flavell, J. H. , Green, F. L. , & Flavell, E. R. (1995). Young chil-dren's knowledge about thinking. *Monographs of the Society for Research in Child Development*, *60*(1) (Serial No. 243).

Flavell, J. H. , & Wellman, H. M. (1977). Metamemory. In R. B. Kail, Jr. , & J. W. Hagen (Eds.), *Perspectives on the development of memory and cognition* (pp. 3 – 33). Hillsdale, NJ: Erlbaum.

Fletcher, S. , & Mullen, C. A. (Eds.). (2012). *The SAGE handbook of mentoring and coaching in education.* Thousand Oaks, CA: SAGE.

Floden, R. E. (2001). Research on effects of teaching: A con-tinuing model for research on teaching. In V. Richardson (Ed.), *Handbook of research on teaching* (4th ed. , pp. 3 – 16). Washington, DC: American Educational Research Association.

Forgas, J. (2000). The role of affect in social cognition. In J. Forgas (Ed.), *Feeling and thinking: The role of affect in social cogni-tion* (pp. 1 – 28). New York, NY: Cambridge University Press.

FPG Child Development Institute. (2005). *Early developments. NCEDL pre-kindergarten study, 9* (1). Chapel Hill, NC: Author. Available online at: http://www. fpg. unc. edu/ ~ ncdel.

Franks, J. J. , & Bransford, J. D. (1971). Abstraction of visual pat-terns. *Journal of Experimental Psychology, 90*, 65 – 74.

Frauenglass, M. H. , & Diaz, R. M. (1985). Self-regulatory functions of children's private speech: A critical analysis of recent challenges to Vygotsky's theory. *Developmental Psychology, 21*, 357 – 364.

Friedman, D. E. , & Medway, F. J. (1987). Effects of varying per-formance sets and outcome on the expectations, attributions, and persistence of boys with learning disabilities. *Journal of Learning Disabilities, 20*, 312 – 316.

Friend, R. , & Neale, J. (1972). Children's perceptions of success and failure: An attributional analysis of the effects of race and social class. *Developmental Psychology, 7*, 124 – 128.

Frieze, I. H. (1980). Beliefs about success and failure in the class-room. In J. H. McMillan (Ed.), *The social psychology of school learning* (pp. 39 – 78). New York: Academic Press.

Frieze, I. H. , Francis, W. D. , & Hanusa, B. H. (1983). Defining suc-cess in classroom settings. In J. M. Levine & M. C. Wang (Eds.), *Teacher and student perceptions: Implications for learning* (pp. 3 – 28). Hillsdale, NJ: Erlbaum.

Fryer, J. W. , & Elliot, A. J. (2008). Self-regulation of achieve-ment goal pursuit. In D. H. Schunk & B. J. Zimmerman (Eds.), *Motivation and self-regulated learning: Theory, research, and applications* (pp. 53 – 75). New York: Taylor & Francis.

Fuchs, D. , Fuchs, L. S. , Mathes, P. G. , & Simmons, D. C. (1997). Peer-assisted learning strategies: Making classrooms more re-sponsive to diversity. *American Educational Research Journal, 34*, 174 – 206.

Fuchs, L. S. , Fuchs, D. , Finelli, R. , Courey, S. J. , & Hamlett, C. L. (2004). Expanding schema-based transfer instruction to help third graders solve real-life mathematical problems. *American Educational Research Journal, 41*, 419 – 445.

Fuchs, L. S. , Fuchs, D. , Prentice, K. , Burch, M. , Hamlett, C. L. , Owen, R. , Hosp, M. , & Jancek, D. (2003). Explicitly teaching for transfer: Effects on third-grade students' mathematical prob-lem solving. *Journal of Educational Psychology, 95*, 293 – 305.

Fukkink, R. G. , Trienekens, N. , & Kramer, L. J. C. (2011). Video feedback in education and training: Putting learning in the pic-ture. *Educational Psychology Review, 23*, 45 – 63.

Furth, H. G. (1970). *Piaget for teachers.* Englewood Cliffs, NJ: Prentice Hall.

Fuson, K. C. (1979). The development of self-regulating aspects of speech: A review. In G.

Zivin (Ed.) , *The development of self-regulation through private speech* (pp. 135 – 217) . New York, NY: Wiley.

Fyfe, E. R. , Rittle-Johnson, B. , & DeCaro, M. S. (2012) . The effects of feedback during exploratory mathematics problem solving: Prior knowledge matters. *Journal of Educational Psychology*, *104*, 1094 – 1108.

Gage, N. L. (1978) . *The scientific basis of the art of teaching*. New York, NY: Teachers College Press.

Gagné, R. M. (1984) . Learning outcomes and their effects: Useful categories of human performance. *American Psychologist*, *39*, 377 – 385.

Gagné, R. M. (1985) . *The conditions of learning* (4th ed.) . New York, NY: Holt, Rinehart & Winston.

Gagné, R. M. , & Briggs, L. J. (1979) . *Principles of instructional design* (2nd ed.) . New York, NY: Holt, Rinehart & Winston.

Gagné, R. M. , & Dick, W. (1983) . Instructional psychology. *Annual Review of Psychology*, *34*, 261 – 295.

Gagné, R. M. , & Glaser, R. (1987) . Foundations in learning re-search. In R. M. Gagné (Ed.) , *Instructional technology: Foundations* (pp. 49 – 83) . Hillsdale, NJ: Erlbaum.

Gaillard, V. , Barrouillet, P. , Jarrold, C. , & Camos, V. (2011) . Developmental differences in working memory: Where do they come from? *Journal of Experimental Child Psychology*, *110*, 469 – 479.

Gais, S. , & Born, J. (2004) . Declarative memory consolida-tion: Mechanisms acting during human sleep. *Learning and Memory*, *11*, 679 – 685.

Galanski, E. , & Kalantzi-Azizi, A. (1999) . Loneliness and social dissatisfaction: Its relation with children's self-efficacy for peer interaction. *Child Study Journal*, *29*, 1 – 22.

Garcia, T. , & Pintrich, P. R. (1994) . Regulating motivation and cognition in the classroom: The role of self-schemas and self-regulatory strategies. In D. H. Schunk & B. J. Zimmerman (Eds.) , *Self-regulation of learning and performance: Issues and educational applications* (pp. 127 – 153) . Hillsdale, NJ: Erlbaum.

Garcia-Reid, P. , Reid, R. J. , & Peterson, N. A. (2005) . School en-gagement among Latino youth in an urban middle school con-text. *Education and Urban Society*, *37*, 257 – 275.

Gauvain, M. , & Munroe, R. L. (2012) . Cultural change, human activity, and cognitive development. *Human Development*, *55*, 205 – 228.

Gazzaniga, M. , Bogen, J. , & Sperry, R. (1962) . Some functional effects of sectioning the cerebral commissures in man. *Proceedings of the National Academy of Science*, *USA*, *48*, 1765 – 1769.

Gazzaniga, M. , Ivry, R. , & Mangun, R. (1998) . *Cognitive neurosci-ence*. New York, NY: Norton.

Geary, D. C. (1995) . Reflections of evolution and culture in chil-dren's cognition: Implications for mathematical development and instruction. *American Psychologist*, *50*, 24 – 37.

Geary, D. C. (2011) . Cognitive predictors of achievement growth in mathematics: A 5-year longitudinal study. *Developmental Psychology*, *47*, 1539 – 1552.

Geary, D. C. , Hoard, M. K. , Byrd-Craven, J. , Nugent, L. , & Numtee, C. (2007) .

Cognitive mechanisms underlying achievement def-icits in children with mathematical learning disability. *Child Development*, *78*, 1343 – 1359.

Geddes, D. (2009). How am I doing? Exploring on-line guidebook monitoring as a self-regulated learning practice that impacts academic achievement. *Academy of Management Learning & Education*, *8*, 494 – 510.

Gentner, D. , Loewenstein, J. , & Thompson, L. (2003). Learning and transfer: A general role for analogical encoding. *Journal of Educational Psychology*, *95*, 393 – 408.

George, T. R. , Feltz, D. L. , & Chase, M. A. (1992). Effects of model similarity on self-efficacy and muscular endurance: A second look. *Journal of Sport and Exercise Psychology*, *14*, 237 – 248.

Gersten, R. , Chard, D. J. , Jayanthi, M. , Baker, S. K. , Morphy, P. , & Flojo, J. (2009). Mathematics instruction for students with learning disabilities: A meta-analysis of instructional compo-nents. *Review of Educational Research*, *79*, 1202 – 1242.

Geschwind, N. (1998). Language areas in the brain. In R. L. Gregory (Ed.), *The Oxford companion to the mind* (pp. 425 – 426). Oxford, England: Oxford University Press.

Gibson, S. , & Dembo, M. H. (1984). Teacher efficacy: A construct validation. *Journal of Educational Psychology*, *76*, 569 – 582.

Gick, M. L. , & Holyoak, K. J. (1980). Analogical problem solving. *Cognitive Psychology*, *12*, 306 – 355.

Gick, M. L. , & Holyoak, K. J. (1983). Schema induction and ana-logical transfer. *Cognitive Psychology*, *15*, 1 – 38.

Ginsburg, H. , & Opper, S. (1988). *Piaget's theory of intellectual development* (2nd ed.). Englewood Cliffs, NJ: Prentice Hall.

Ginsburg-Block, M. D. , Rohrbeck, C. A. , & Fantuzzo, J. W. (2006). A meta-analytic review of social, self-concept, and behavioral outcomes of peer-assisted learning. *Journal of Educational Psychology*, *98*, 732 – 749.

Gitomer, D. H. , & Glaser, R. (1987). If you don't know it, work on it: Knowledge, self-regulation and instruction. In R. E. Snow & M. J. Farr (Eds.), *Aptitude, learning, and instruction* (Vol. 3, pp. 301 – 325). Hillsdale, NJ: Erlbaum.

Glaser, C. , & Brunstein, J. C. (2007). Improving fourth-grade stu-dents' composition skills: Effects of strategy instruction and self-regulation procedures. *Journal of Educational Psychology*, *99*, 297 – 310.

Glaser, R. (1990). The reemergence of learning theory within in-structional research. *American Psychologist*, *45*, 29 – 39.

Glasgow, K. L. , Dornbusch, S. M. , Troyer, L. , Steinberg, L. , & Ritter, P. L. (1997). Parenting styles, adolescents' attributions, and educational outcomes in nine heterogeneous high schools. *Child Development*, *68*, 507 – 529.

Glass, D. C. , & Singer, J. E. (1972). *Urban stress: Experiments on noise and social stressors.* New York, NY: Academic Press.

Glogger, I. , Schwonke, R. , Holzäpfel, L. , Nückles, M. , & Renkl, A. (2012). Learning strategies assessed by journal writing: Prediction of learning outcomes by quantity, quality, and

combinations of learning strategies. *Journal of Educational Psychology*, *104*, 452 – 468.

Glover, J. A., Plake, B. S., Roberts, B., Zimmer, J. W., & Palmere, M. (1981). Distinctiveness of encoding: The effects of para-phrasing and drawing inferences on memory from prose. *Journal of Educational Psychology*, *73*, 736 – 744.

Goble, F. G. (1970). *The third force: The psychology of Abraham Maslow*. New York, NY: Grossman.

Goddard, R. D., Hoy, W. K., & Woolfolk Hoy, A. (2000). Collective teacher efficacy: Its meaning, measure, and impact on student achievement. *American Educational Research Journal*, *37*, 479 – 507.

Goddard, R. D., Hoy, W. K., & Woolfolk Hoy, A. (2004). Collective efficacy beliefs: Theoretical developments, empirical evidence, and future directions. *Educational Researcher*, *33*(3), 3 – 13.

Godden, D. R., & Baddeley, A. D. (1975). Context-dependent memory in two natural environments: On land and underwa-ter. *British Journal of Psychology*, *66*, 325 – 332.

Godding, P. R., & Glasgow, R. E. (1985). Self-efficacy and out-come expectations as predictors of controlled smoking status. *Cognitive Therapy and Research*, *9*, 583 – 590.

Goldin-Meadow, S., Alibali, M. W., & Church, R. B. (1993). Transitions in concept acquisition: Using the hand to read the mind. *Psychological Review*, *100*, 279 – 297.

Gonzalez-DeHass, A. R., Willems, P. P., & Doan Holbein, M. F. (2005). Examining the relationship between parental involvement and stu-dent motivation. *Educational Psychology Review*, *17*, 99 – 123.

Gopnik, A., & Wellman, H. M. (2012). Reconstructing constructiv-ism: Causal models, Bayesian learning mechanisms, and the theory theory. *Psychological Bulletin*, *138*, 1085 – 1108.

Gottfried, A. E. (1985). Academic intrinsic motivation in elemen-tary and junior high school students. *Journal of Educational Psychology*, *77*, 631 – 645.

Gottfried, A. E. (1990). Academic intrinsic motivation in young elementary school children. *Journal of Educational Psychology*, *82*, 525 – 538.

Gottfried, A. E., Fleming, J. S., & Gottfried, A. W. (1998). Role of cognitively stimulating home environment in children's academic intrinsic motivation: A longitudinal study. *Child Development*, *69*, 1448 – 1460.

Gould, D., & Weiss, M. (1981). The effects of model similarity and model talk on self-efficacy and muscular endurance. *Journal of Sport Psychology*, *3*, 17 – 29.

Grabe, M. (1986). Attentional processes in education. In G. D. Phye & T. Andre (Eds.), *Cognitive classroom learning: Understanding, thinking, and problem solving* (pp. 49 – 82). Orlando, FL: Academic Press.

Grabe, M., & Grabe, C. (1998). *Learning with Internet tools: A primer*. Boston, MA: Houghton Mifflin.

Graesser, A. C., Conley, M. W., & Olney, A. (2012). Intelligent tu-toring systems. In K. R. Harris, S. Graham, & T. Urdan (Eds.), *APA educational psychology handbook. Vol. 3: Application to learning and teaching* (pp. 451 – 473). Washington, DC: American Psychological Association.

Graham, S. (1991). A review of attribution theory in achievement contexts. *Educational Psychology Review*, *3*, 5 – 39.

Graham, S. (1994). Motivation in African Americans. *Review of Educational Research*, *64*, 55 – 117.

Graham, S. (2006). Writing. In P. A. Alexander & P. H. Winne (Eds.), *Handbook of educational psychology* (2nd ed., pp. 457 – 478). Mahwah, NJ: Erlbaum.

Graham, S., & Golan, S. (1991). Motivational influences on cog-nition: Task involvement, ego involvement, and depth of in-formation processing. *Journal of Educational Psychology*, *83*, 187 – 194.

Graham, S., & Harris, K. R. (2000). The role of self-regulation and transcription skills in writing and writing development. *Educational Psychologist*, *35*, 3 – 12.

Graham, S., & Harris, K. R. (2003). Students with learning dis-abilities and the process of writing: A meta-analysis of SRSD studies. In H. L. Swanson, K. R. Harris, & S. Graham (Eds.), *Handbook of learning disabilities* (pp. 323 – 344). New York: Guilford Press.

Graham, S., Harris, K. R., MacArthur, C. A., & Schwartz, S. S. (1998). Writing instruction. In B. Y. L. Wong (Ed.), *Learning about learning disabilities* (2nd ed., pp. 391 – 424). New York: Academic Press.

Graham, S., & Hudley, C. (2005). Race and ethnicity in the study of motivation and competence. In A. J. Elliot & C. S. Dweck (Eds.), *Handbook of competence and motivation* (pp. 392 – 413). New York: Guilford Press.

Graham, S., & Long, A. (1986). Race, class, and the attributional process. *Journal of Educational Psychology*, *78*, 4 – 13.

Graham, S., McKeown, D., Kiuhara, S., & Harris, K. R. (2012). A meta-analysis of writing instruction for students in the elemen-tary grades. *Journal of Educational Psychology*, *104*, 879 – 896.

Graham, S., & Perin, D. (2007). A meta-analysis of writing instruction for adolescent students. *Journal of Educational Psychology*, *99*, 445 – 476.

Graham, S., & Taylor, A. Z. (2002). Ethnicity, gender, and the de-velopment of achievement values. In A. Wigfield & J. S. Eccles (Eds.), *Development of achievement motivation* (pp. 121 – 146). San Diego, CA: Academic Press.

Graham, S., & Weiner, B. (2012). Motivation: Past, present, and future. In K. R. Harris, S. Graham, & T. Urdan (Eds.), *APA educational psychology handbook. Vol. 1: Theories, constructs, and critical issues* (pp. 367 – 397). Washington, DC: American Psychological Association.

Graham, S., & Williams, C. (2009). An attributional approach to moti-vation in school. In K. R. Wentzel & A. Wigfield (Eds.), *Handbook of motivation at school* (pp. 11 – 33). New York, NY: Routledge.

Gray, C. R., & Gummerman, K. (1975). The enigmatic eidetic image: A critical examination of methods, data, and theories. *Psychological Bulletin*, *82*, 383 – 407.

Gredler, M. E. (2009). Hiding in plain sight: The stages of mas-tery/self-regulation in Vygotsky's cultural-historical theory. *Educational Psychologist*, *44*, 1 – 19.

Gredler, M. E. (2012). Understanding Vygotsky for the classroom: Is it too late? *Educational Psychology Review*, *24*, 113 – 131.

Green, C. D. (2009). Darwinian theory, functionalism, and the first American psychological

revolution. *American Psychologist*, *64*, 75 – 83.

Greene, J. A. , & Azevedo, R. (2007). A theoretical review of Winne and Hadwin's model of self-regulated learning: New perspectives and directions. *Review of Educational Research*, *77*, 334 – 372.

Greene, J. A. , & Azevedo, R. (2009). A macro-level analysis of SRL processes and their relations to the acquisition of a so-phisticated mental model of a complex system. *Contemporary Educational Psychology*, *34*, 18 – 29.

Greeno, J. G. (1989). A perspective on thinking. *American Psychologist*, *44*, 134 – 141.

Greeno, J. G. , & the Middle School Mathematics Through Applications Project Group (1998). The situativity of knowing, learning, and research. *American Psychologist*, *53*, 5 – 26.

Gregory, S. (2013, April 15). Practice, made perfect? An amateur's golf quest sheds light on how we learn. *Time*, *181*, 56 – 57.

Griffin, M. M. (1995). You can't get there from here: Situated learning, transfer, and map skills. *Contemporary Educational Psychology*, *20*, 65 – 87.

Grolnick, W. S. , Gurland, S. T. , Jacob, K. F. , & Decourcey, W. (2002). The development of self-determination in middle child-hood and adolescence. In A. Wigfield & J. S. Eccles (Eds.), *Development of achievement motivation* (pp. 147 – 171). San Diego: Academic Press.

Grossen, B. (1991). The fundamental skills of higher order think-ing. *Journal of Learning Disabilities*, *24*, 343 – 353.

Gunnar, M. R. (1996). *Quality of care and buffering of stress physiology: Its potential for protecting the developing human brain.* Minneapolis: University of Minnesota Institute of Child Development.

Gupta, P. , & Cohen, N. J. (2002). Theoretical and computational analysis of skill learning, repetition priming, and procedural memory. *Psychological Review*, *109*, 401 – 448.

Guskey, T. R. , & Passaro, P. D. (1994). Teacher efficacy: A study of construct dimensions. *American Educational Research Journal*, *31*, 627 – 643.

Guthrie, E. R. (1930). Conditioning as a principle of learning. *Psychological Review*, *37*, 412 – 428.

Guthrie, E. R. (1940). Association and the law of effect. *Psychological Review*, *47*, 127 – 148.

Guthrie, E. R. (1942). Conditioning: A theory of learning in terms of stimulus, response, and association. In N. B. Henry (Ed.), *The psychology of learning: The forty-first yearbook of the National Society for the Study of Education* (Part II, pp. 17 – 60). Chicago: University of Chicago Press.

Guthrie, E. R. (1952). *The psychology of learning* (Rev. ed.). New York, NY: Harper & Brothers.

Guthrie, E. R. (1959). Association by contiguity. In S. Koch (Ed.), *Psychology: A study of a science* (Vol. 2, pp. 158 – 195). New York, NY: McGraw-Hill.

Guthrie, J. T. , Wigfield, A. , Barbosa, P. , Perencevich, K. C. , Taboada, A. , Davis, M. H. , Scafiddi, N. T. , & Tonks, S. (2004). Increasing reading comprehension and engagement through concept-oriented reading instruction. *Journal of Educational Psychology*, *96*, 403 – 423.

Guthrie, J. T. , Wigfield, A. , & Perencevich, K. C. (Eds.). (2004). *Motivating reading*

comprehension: *Concept-oriented reading instruction*. Mahwah, NJ: Erlbaum.

Guthrie, J. T. , Wigfield, A. , & VonSecker, C. (2000). Effects of in-tegrated instruction on motivation and strategy use in reading. *Journal of Educational Psychology*, *92*, 331 – 341.

Hackett, G. , & Betz, N. E. (1981). A self-efficacy approach to the career development of women. *Journal of Vocational Behavior*, *18*, 326 – 339.

Hadwin, A. F. , J. rvel. , S. , & Miller, M. (2011). Self-regulated, co-regulated, and socially shared regulation of learning. In B. J. Zimmerman & D. H. Schunk (Eds.), *Handbook of self-regulation of learning and performance* (pp. 65 – 83). New York, NY: Routledge.

Halgren, E. , & Marinkovic, K. (1995). Neurophysiological net-works integrating human emotions. In M. S. Gazzaniga (Ed.), *The cognitive neurosciences* (pp. 1137 – 1151). Cambridge, MA: MIT Press.

Hall, V. , Howe, A. , Merkel, S. , & Lederman, N. (1986). Behavior, motivation, and achievement in desegregated junior high school science classes. *Journal of Educational Psychology*, *78*, 108 – 115.

Hall, V. C. (2003). *Educational psychology from* 1890 *to* 1920. *In B. J. Zimmerman & D. H. Schunk* (*Eds.*), *Educational psy-chology*: *A century of contributions* (pp. 3 – 39). Mahwah, NJ: Erlbaum.

Hallahan, D. P. , Kneedler, R. D. , & Lloyd, J. W. (1983). Cognitive behavior modification techniques for learning disabled chil-dren: Self-instruction and self-monitoring. In J. D. McKinney & L. Feagans (Eds.), *Current topics in learning disabilities* (Vol. 1, pp. 207 – 244). Norwood, NJ: Ablex.

Halliday, A. M. (1998). Evoked potential. In R. L. Gregory (Ed.), *The Oxford companion to the mind* (pp. 231 – 233). Oxford, England: Oxford University Press.

Halpern, D. F. (1998). Teaching critical thinking for transfer across domains. *American Psychologist*, *53*, 449 – 455.

Halpern, D. F. , & Hakel, M. D. (2003). Applying the science of learning to the university and beyond: Teaching for long-term retention and transfer. *Change*, *35*(4), 36 – 41.

Halpern, D. F. , Hansen, C. , & Riefer, D. (1990). Analogies as an aid to understanding and memory. *Journal of Educational Psychology*, *82*, 298 – 305.

Hamilton, R. J. (1985). A framework for the evaluation of the effectiveness of adjunct questions and objectives. *Review of Educational Research*, *55*, 47 – 85.

Hamre, B. K. , & Pianta, R. C. (2005). Can instructional and emo-tional support in the first-grade classroom make a difference for children at risk of school failure? *Child Development*, *76*, 949 – 967.

Hancock, C. R. (2001). The teaching of second languages: Research trends. In V. Richardson (Ed.), *Handbook of re-search on teaching* (4th ed. , pp. 358 – 369). Washington, DC: American Educational Research Association.

Hannus, M. , & Hyönä, J. (1999). Utilization of illustrations dur-ing learning of science textbook passages among low- and high-ability children. *Contemporary Educational Psychology*, *24*, 95 – 123.

Harackiewicz, J. M. , Barron, K. E. , Tauer, J. M. , Carter, S. M. , & Elliot, A. J. (2000).

Short-term and long-term consequences of achievement goals: Predicting interest and performance over time. *Journal of Educational Psychology*, *92*, 316 – 330.

Harackiewicz, J. M., Durik, A. M., Barron, K. E., Linnenbrink-Garcia, L., & Tauer, J. M. (2008). The role of achievement goals in the development of interest: Reciprocal relations between achievement goals, interest, and performance. *Journal of Educational Psychology*, *100*, 105 – 122.

Harari, O., & Covington, M. V. (1981). Reactions to achievement behavior from a teacher and student perspective: A develop-mental analysis. *American Educational Research Journal*, *18*, 15 – 28.

Hardiman, P. T., Dufresne, R., & Mestre, J. P. (1989). The relation between problem categorization and problem solving among experts and novices. *Memory & Cognition*, *17*, 627 – 638.

Harlow, S., Cummings, R., & Aberasturi, S. M. (2006). Karl Popper and Jean Piaget: A rationale for constructivism. *The Educational Forum*, *71*, 41 – 48.

Harris, B. (1979). Whatever happened to Little Albert? *American Psychologist*, *34*, 151 – 160.

Harris, J. A. (2006). Elemental representations of stimuli in asso-ciative learning. *Psychological Review*, *113*, 584 – 605.

Harris, J. R. (1998). *The nurture assumption: Why children turn out the way they do.* New York, NY: Free Press.

Harris, K. R., & Graham, S. (1996). *Making the writing process work: Strategies for composition and self-regulation.* Cambridge, MA: Brookline Books.

Harris, K. R., Graham, S., & Mason, L. H. (2006). Improving the writing, knowledge, and motivation of struggling young writers: Effects of self-regulated strategy development with and without peer support. *American Educational Research Journal*, *43*, 295 – 340.

Harris, K. R., Graham, S., & Santangelo, T. (2013). Self-regulated strategies development in writing: Development, implemen-tation, and scaling up. In H. Bembenutty, T. J. Cleary, & A. Kitsantas (Eds.), *Applications of self-regulated learning across diverse disciplines: A tribute to Barry J. Zimmerman* (pp. 59 – 87). Charlotte, NC: Information Age.

Harris, K. R., & Pressley, M. (1991). The nature of cognitive strat-egy instruction: Interactive strategy construction. *Exceptional Children*, *57*, 392 – 404.

Harter, S. (1978). Effectance motivation reconsidered: Toward a developmental model. *Human Development*, *21*, 34 – 64.

Harter, S. (1981). A model of mastery motivation in children: Individual differences and developmental change. In W. A. Collins (Ed.), *Aspects on the development of competence: The Minnesota symposia on child psychology* (Vol. 14, pp. 215 – 255). Hillsdale, NJ: Erlbaum.

Harter, S., & Connell, J. P. (1984). A comparison of children's achievement and related self-perceptions of competence, control, and motivational orientation. In J. G. Nicholls (Ed.), *Advances in motivation and achievement* (Vol. 3, pp. 219 – 250). Greenwich, CT: JAI Press.

Hartley, E. T., Bray, M. A., & Kehle, T. J. (1998). Self-modeling as an intervention to increase student classroom participation. *Psychology in the Schools*, *35*, 363 – 372.

Hattie, J. (2012). Know thy impact. *Educational Leadership*, *70*(1), 18 – 23.

Hattie, J., Biggs, J., & Purdie, N. (1996). Effects of learning skills interventions on student learning: A meta-analysis. *Review of Educational Research*, *66*, 99 – 136.

Hattie, J., & Timperley, H. (2007). The power of feedback. *Review of Educational Research*,

77, 81 – 112.

Haviland, S. E. , & Clark, H. H. (1974). What's new? Acquiring new information as a process in comprehension. *Journal of Verbal Learning and Verbal Behavior*, *13*, 512 – 521.

Hayes, J. R. (2000). A new framework for understanding cog-nition and affect in writing. In R. Indrisano & J. R. Squire (Eds.), *Perspectives on writing: Research, theory, and practice* (pp. 6 – 44). Newark, DE: International Reading Association.

Hayes-Roth, B. , & Thorndyke, P. W. (1979). Integration of knowledge from text. *Journal of Verbal Learning and Verbal Behavior*, *18*, 91 – 108.

Haynes, N. M. , Emmons, C. L. , Gebreyesus, S. , & Ben-Avie, M. (1996). The School Development Program evaluation process. In J. P. Comer, N. M. Haynes, E. T. Joyner, & M. Ben-Avie (Eds.), *Rallying the whole village: The Comer process for reforming edu-cation* (pp. 123 – 146). New York: Teachers College Press.

Heatherton, T. F. (2011). Neuroscience of self and self-regulation. *Annual Review of Psychology*, *62*, 363 – 390.

Hebb, D. O. (1949). *The organization of behavior: A neuropsycho-logical theory.* New York, NY: Wiley.

Heckhausen, H. (1991). *Motivation and action.* Berlin: Springer-Verlag.

Hegarty, M. , Mayer, R. E. , & Monk, C. A. (1995). Comprehension of arithmetic word problems: A comparison of successful and unsuccessful problem solvers. *Journal of Educational Psychology*, *87*, 18 – 32.

Heidbreder, E. (1933). *Seven psychologies.* New York, NY: Appleton-Century-Crofts.

Heider, F. (1946). Attitudes and cognitive organization. *Journal of Psychology*, *21*, 107 – 112.

Heider, F. (1958). *The psychology of interpersonal relations.* New York: Wiley.

Hélie, S. , & Sun, R. (2010). Incubation, insight, and creative problem solving: A unified theory and a connectionist model. *Psychological Review*, *117*, 994 – 1024.

Henderson, J. G. (1996). *Reflective teaching: The study of your constructivist practices* (2nd ed.). Englewood Cliffs, NJ: Merrill/ Prentice Hall.

Henderson, R. W. , & Cunningham, L. (1994). Creating interactive sociocultural environments for self-regulated learning. In D. H. Schunk & B. J. Zimmerman (Eds.), *Self-regulation of learn-ing and performance: Issues and educational applications* (pp. 255 – 281). Hillsdale, NJ: Erlbaum.

Hennessey, B. A. , & Amabile, T. M. (2010). Creativity. *Annual Review of Psychology*, *61*, 569 – 598.

Henson, R. K. (2002). From adolescent angst to adulthood: Substantive implications and measurement dilemmas in the development of teacher efficacy research. *Educational Psychologist*, *37*, 137 – 150.

Hickendorff, M. , van Putten, C. M. , Verhelst, N. D. , & Heiser, W. J. (2010). Individual differences in strategy use on division problems: Mental versus written computation. *Journal of Educational Psychology*, *102*, 438 – 452.

Hidi, S. E. (1995). A reexamination of the role of attention in learning from text. *Educational Psychology Review*, *7*, 323 – 350.

Hidi, S. (2000). An interest researcher's perspective: The effects of extrinsic and intrinsic

factors on motivation. In C. Sansone & J. Harackiewicz (Eds.), *Intrinsic and extrinsic motivation: The search for optimal motivation and performance* (pp. 309 – 339). San Diego, CA: Academic Press.

Hidi, S. E., & Ainley, M. (2008). Interest and self-regulation: Relationships between two variables that influence learning. In D. H. Schunk & B. J. Zimmerman (Eds.), *Motivation and self-regulated learning: Theory, research, and applications* (pp. 77 – 109). New York, NY: Taylor & Francis.

Hidi, S., & Harackiewicz, J. (2000). Motivating the academically unmotivated: A critical issue for the 21st century. *Review of Educational Research*, *70*, 151 – 179.

Hidi, S., & Renninger, K. A. (2006). The four-phase model of inter-est development. *Educational Psychologist*, *41*, 111 – 127.

Higgins, E. T. (1981). Role taking and social judgment: Alternative developmental perspectives and processes. In J. H. Flavell & L. Ross (Eds.), *Social cognitive development: Frontiers and possible futures* (pp. 119 – 153). Cambridge, England: Cambridge University Press.

Highet, G. (1950). *The art of teaching.* New York, NY: Vintage.

Hilgard, E. R. (1956). *Theories of learning* (2nd ed.). New York, NY: Appleton-Century-Crofts.

Hilgard, E. R. (1996). Perspectives on educational psychology. *Educational Psychology Review*, *8*, 419 – 431.

Hill, N. E., & Craft, S. A. (2003). Parent-school involvement and school performance: Mediated pathways among socioeconom-ically comparable African American and Euro-American families. *Journal of Educational Psychology*, *95*, 74 – 83.

Hirsch, E. D., Jr. (1987). *Cultural literacy: What every American needs to know.* New York, NY: Houghton Mifflin.

Hirt, E. R., Erickson, G. A., & McDonald, H. E. (1993). Role of expectancy timing and outcome consistency in expectancy-guided retrieval. *Journal of Personality and Social Psychology*, *65*, 640 – 656.

Hitchcock, C. H., Dowrick, P. W., & Prater, M. A. (2003). Video self-modeling intervention in school-based settings, *Remedial and Special Education*, *24*, 36 – 45, 56.

Hmelo-Silver, C. E. (2004). Problem-based learning: What and how do students learn? *Educational Psychology Review*, *16*, 235 – 266.

Hofer, B. K., Yu, S. L., & Pintrich, P. R. (1998). Teaching college students to be self-regulated learners. In D. H. Schunk & B. J. Zimmerman (Eds.), *Self-regulated learning: From teaching to self-reflective practice* (pp. 57 – 85). New York: Guilford Press.

Hofferth, S. L. (2010). Home media and children's achievement and behavior. *Child Development*, *81*, 1598 – 1619.

H. ffler, T. N. (2010). Spatial ability: Its influence on learning with visualizations—a meta-analytic review. *Educational Psychology Review*, *22*, 245 – 269.

Hogan, D. M., & Tudge, J. R. H. (1999). Implications of Vygotsky's theory for peer learning. In A. M. O'Donnell & A. King (Eds.), *Cognitive perspectives on peer learning* (pp. 39 – 65). Mahwah, NJ: Erlbaum.

Holland, J. G. (1992). Obituary: B. F. Skinner (1904 – 1990). *American Psychologist*, *47*,

665 – 667.

Holland, J. G. , & Skinner, B. F. (1961). *The analysis of behavior.* New York, NY: McGraw-Hill.

Holley, C. D. , Dansereau, D. F. , McDonald, B. A. , Garland, J. C. , & Collins, K. W. (1979). Evaluation of a hierarchical map-ping technique as an aid to prose processing. *Contemporary Educational Psychology, 4,* 227 – 237.

Hollis, K. L. (1997). Contemporary research on Pavlovian condi-tioning: A "new" functional analysis. *American Psychologist, 52,* 956 – 965.

Holyoak, K. J. (1984). Mental models in problem solving. In J. R. Anderson & S. M. Kosslyn (Eds.), *Tutorials in learning and memory: Essays in honor of Gordon Bower* (pp. 193 – 218). San Francisco: Freeman.

Holyoak, K. J. , & Thagard, P. (1997). The analogical mind. *American Psychologist, 52,* 35 – 44.

Hom, H. L. , Jr. , & Murphy, M. D. (1985). Low need achievers' performance: The positive impact of a self-determined goal. *Personality and Social Psychology Bulletin, 11,* 275 – 285.

Homme, L. , Csanyi, A. P. , Gonzales, M. A. , & Rechs, J. R. (1970). *How to use contingency contracting in the classroom.* Champaign, IL: Research Press.

Hopkins, S. L. , & Lawson, M. J. (2002). Explaining the acquisition of a complex skill: Methodological and theoretical consider-ations uncovered in the study of simple addition and the mov-ing-on process. *Educational Psychology Review, 14,* 121 – 154.

Horner, S. L. (2004). Observational learning during shared book reading: The effects on preschoolers' attention to print and let-ter knowledge. *Reading Psychology, 25,* 1 – 22.

Horner, S. L. , & Gaither, S. M. (2004). Attribution retraining in-struction with a second-grade class. *Early Childhood Education Journal, 31,* 165 – 170.

Horowitz, F. D. (1992). John B. Watson's legacy: Learning and environment. *Developmental Psychology, 28,* 360 – 367.

Hübner, R. , Steinhauser, M. , & Lehle, C. (2010). A dual-stage two-phase model of selective attention. *Psychological Review, 117,* 759 – 784.

Hull, C. L. (1943). *Principles of behavior: An introduction to be-havior theory.* New York, NY: Appleton-Century-Crofts.

Humphrey, G. (1921). Imitation and the conditioned reflex. *Pedagogical Seminary, 28,* 1 – 21.

Hunt, E. (1989). Cognitive science: Definition, status, and ques-tions. *Annual Review of Psychology, 40,* 603 – 629.

Hunt, J. McV. (1963). Motivation inherent in information process-ing and action. In O. J. Harvey (Ed.), *Motivation and social interaction* (pp. 35 – 94). New York, NY: Ronald Press.

Hunt, M. (1993). *The story of psychology.* New York, NY: Doubleday.

Hymel, S. , Comfort, C. , Schonert-Reichl, K. , & McDougall, P. (1996). Academic failure and school dropout: The influence of peers. In J. Juvonen & K. R. Wentzel (Eds.), *Social motivation: Understanding children's school adjustment* (pp. 313 – 345). Cambridge, England: Cambridge University Press.

Hyslop-Margison, E. J. , & Strobel, J. (2008). Constructivism and education:

Misunderstandings and pedagogical implications. *The Teacher Educator*, 43, 72 – 86.

Isaksen, S. G., & Gaulin, J. P. (2005). A reexamination of brain-storming research: Implications for research and practice. *Gifted Child Quarterly*, 49, 315 – 329.

Israel, G. D., & Beaulieu, L. J. (2004). Investing in communities: Social capital's role in keeping youth in school. *Journal of the Community Development Society*, 34(2), 35 – 57.

Jacoby, L. L., Bartz, W. H., & Evans, J. D. (1978). A functional approach to levels of processing. *Journal of Experimental Psychology: Human Learning and Memory*, 4, 331 – 346.

Jagacinski, C. M., & Nicholls, J. G. (1984). Conceptions of ability and related affects in task involvement and ego involvement. *Journal of Educational Psychology*, 76, 909 – 919.

Jagacinski, C. M., & Nicholls, J. G. (1987). Competence and affect in task involvement and ego involvement: The impact of social comparison information. *Journal of Educational Psychology*, 79, 107 – 114.

Jairam, D., & Kiewra, K. A. (2010). Helping students soar to success on computers: An investigation of the SOAR study method for computer-based learning. *Journal of Educational Psychology*, 102, 601 – 614.

James, W. (1890). *The principles of psychology* (Vols. I & II). New York, NY: Henry Holt.

James, W. (1892). *Psychology: Briefer course*. New York, NY: Henry Holt.

Järvelä, S., & Hadwin, A. F. (2013). New frontiers: Regulating learning in CSCL. *Educational Psychologist*, 48, 25 – 39.

Jensen, E. (2005). *Teaching with the brain in mind* (2nd ed.). Alexandria, VA: ASCD.

Jimerson, S. Egeland, B., Sroufe, A. A., & Carlson, B. (2000). A prospective longitudinal study of high school dropouts ex-amining multiple predictors across development. *Journal of School Psychology*, 38, 525 – 549.

Johnson, C. I., & Mayer, R. E. (2009). A testing effect with mul-timedia learning. *Journal of Educational Psychology*, 101, 621 – 629.

Johnson, W. B. (2007). *On being a mentor: A guide for higher education faculty*. Mahwah, NJ: Erlbaum.

Johnson-Laird, P. N. (1972). The three-term series problem. *Cognition*, 1, 57 – 82.

Johnson-Laird, P. N. (1985). Deductive reasoning ability. In R. J. Sternberg (Ed.), *Human abilities: An information-processing approach* (pp. 173 – 194). New York: Freeman.

Johnson-Laird, P. N. (1999). Deductive reasoning. *Annual Review of Psychology*, 50, 109 – 135.

Johnson-Laird, P. N., Byrne, R. M. J., & Schaeken, W. (1992). Propositional reasoning by model. *Psychological Review*, 99, 418 – 439.

Johnson-Laird, P. N., Byrne, R. M. J., & Tabossi, P. (1989). Reasoning by model: The case of multiple quantification. *Psychological Review*, 96, 658 – 673.

Jonassen, D. H. (1996). *Computers in the classroom: Mind tools for critical thinking*. Englewood Cliffs, NJ: Merrill/Prentice Hall.

Jonassen, D. H., & Hung, W. (2006). Learning to troubleshoot: A new theory-based design architecture. *Educational Psychology Review*, 18, 77 – 114.

Jonassen, D. H., Peck, K. L., & Wilson, B. G. (1999). *Learning with technology: A*

constructivist perspective. Upper Saddle River, NJ: Merrill/Prentice Hall.

Jones, M. H., Audley-Piotrowski, S. R., & Kiefer, S. M. (2012). Relationships among adolescents' perceptions of friends' behaviors, academic self-concept, and math performance. *Journal of Educational Psychology, 104,* 19 – 31.

Jourden, F. J., Bandura, A., & Banfield, J. T. (1991). The impact of conceptions of ability on self-regulatory factors and motor skill acquisition. *Journal of Sport and Exercise Psychology, 8,* 213 – 226.

Joussemet, M., & Koestner, R. (1999). Effect of expected re-wards on children's creativity. *Creativity Research Journal, 12,* 231 – 239.

Jussim, L., Robustelli, S. L., & Cain, T. R. (2009). Teacher ex-pectations and self-fulfilling prophecies. In K. R. Wentzel & A. Wigfield (Eds.), *Handbook of motivation at school* (pp. 349 – 380). New York, NY: Routledge.

Just, M. A., & Carpenter, P. A. (1992). A capacity theory of comprehension: Individual differences in working memory. *Psychological Review, 99,* 122 – 149.

Justice, E. M., Baker-Ward, L., Gupta, S., & Jannings, L. R. (1997). Means to the goal of remembering: Developmental changes in awareness of strategy use-performance relations. *Journal of Experimental Child Psychology, 65,* 293 – 314.

Juvonen, J. (2006). Sense of belonging, social relationships, and school functioning. In P. A. Alexander & P. H. Winne (Eds.), *Handbook of educational psychology* (2nd ed., pp. 255 – 274). Mahwah, NJ: Erlbaum.

Kagan, J. (1966). Reflection-impulsivity: The generality and dy-namics of conceptual tempo. *Journal of Abnormal Psychology, 71,* 17 – 24.

Kagan, J., Moss, H. A., & Sigel, I. E. (1960). Conceptual style and the use of affect labels. *Merrill-Palmer Quarterly, 6,* 261 – 278.

Kail, R. (2002), Developmental change in proactive interference. *Child Development, 73,* 1703 – 1714.

Kail, R. B., Jr., & Hagen, J. W. (1982). Memory in childhood. In B. B. Wolman (Ed.), *Handbook of developmental psychology* (pp. 350 – 366). Englewood Cliffs, NJ: Prentice Hall.

Kalyuga, S. (2007). Enhancing instructional efficiency of interac-tive e-learning environments: A cognitive load perspective. *Educational Psychology Review, 19,* 387 – 399.

Kalyuga, S., Renkl, A., & Paas, F. (2010). Facilitating flexible problem solving: A cognitive load perspective. *Educational Psychology Review, 22,* 175 – 186.

Kanfer, F. H., & Gaelick, L. (1986). Self-management methods. In F. H. Kanfer & A. P. Goldstein (Eds.), *Helping people change: A textbook of methods* (3rd ed., pp. 283 – 345). New York, NY: Pergamon.

Kanfer, R., & Ackerman, P. L. (1989). Motivation and cognitive abilities: An integrative/aptitude-treatment interaction approach to skill acquisition. *Journal of Applied Psychology, 74,* 657 – 690.

Kanfer, R., & Kanfer, F. H. (1991). Goals and self-regulation: Applications of theory to work settings. In M. L. Maehr & P. R. Pintrich (Eds.), *Advances in motivation and achievement* (Vol. 7, pp. 287 – 326). Greenwich, CT: JAI Press.

Kardash, C. A. M. , Royer, J. M. , & Greene, B. A. (1988). Effects of schemata on both encoding and retrieval of information from prose. *Journal of Educational Psychology*, *80*, 324 – 329.

Karoly, P. , & Harris, A. (1986). Operant methods. In F. H. Kanfer & A. P. Goldstein (Eds.), *Helping people change: A textbook of methods* (3rd ed. , pp. 111 – 144). New York, NY: Pergamon.

Karpicke, J. D. , & Grimaldi, P. J. (2012). Retrieval-based learning: A perspective for enhancing meaningful learning. *Educational Psychology Review*, *24*, 401 – 418.

Karpov, Y. V. , & Haywood, H. C. (1998). Two ways to elaborate Vygotsky's concept of mediation: Implications for instruction. *American Psychologist*, *53*, 27 – 36.

Kartal, G. (2010). Does language matter in multimedia learning: Personalization principle revisited. *Journal of Educational Psychology*, *102*, 615 – 624.

Katona, G. (1940). *Organizing and memorizing*. New York, NY: Columbia University Press.

Katzir, T. , & Paré-Blagoev, J. (2006). Applying cognitive neurosci-ence research to education: The case of literacy. *Educational Psychologist*, *41*, 53 – 74.

Kauffman, D. F. (2004). Self-regulated learning in web-based en-vironments: Instructional tools designed to facilitate cognitive strategy use, metacognitive processing, and motivational be-liefs. *Journal of Educational Computing Research*, *30*, 139 – 161.

Kauffman, D. F. , Ge, X. , Xie, K. , & Chen, C. H. (2008). Prompting in web-based environments: Supporting self-monitoring and problem solving skills in college students. *Journal of Educational Computing Research*, *38*, 115 – 137.

Keen, R. (2011). The development of problem solving in young children: A critical cognitive skill. *Annual Review of Psychology*, *62*, 1 – 21.

Keeney, T. J. , Cannizzo, S. R. , & Flavell, J. H. (1967). Spontaneous and induced verbal rehearsal in a recall task. *Child Development*, *38*, 953 – 966.

Keller, F. S. , & Ribes-Inesta, E. (1974). *Behavior modification: Applications to education*. New York, NY: Academic Press.

Kempermann, G. , & Gage, F. (1999, May). New nerve cells for the adult brain. *Scientific American*, *280*(6), 48 – 53.

Kerst, S. M. , & Howard, J. H. , Jr. (1977). Mental comparisons for ordered information on abstract and concrete dimensions. *Memory & Cognition*, *5*, 227 – 234.

Khemlani, S. , & Johnson-Laird, P. N. (2012). Theories of the syllogism: A meta-analysis. *Psychological Bulletin*, *138*, 427 – 457.

Kiewra, K. A. , & Dubois, N. F. (1998). *Learning to learn: Making the transition from student to life-long learner*. Boston: Allyn & Bacon.

Kindermann, T. A. (1993). Natural peer groups as contexts for individual development: The case of children's motivation in school. *Developmental Psychology*, *29*, 970 – 977.

Kindermann, T. A. (2007). Effects of naturally existing peer groups on changes in academic engagement in a cohort of sixth grad-ers. *Child Development*, *78*, 1186 – 1203.

Kindermann, T. A. , McCollam, T. L. , & Gibson, E. , Jr. (1996). Peer networks and students' classroom engagement during child-hood and adolescence. In J. Juvonen & K. R. Wentzel (Eds.), *Social motivation: Understanding children's school adjustment* (pp. 279 – 312). Cambridge,

England: Cambridge University Press.

King, E. W. (2002). Ethnicity. In D. L. Levinson, P. W. Cookson, Jr., & A. R. Sadovnik (Eds.), *Education and sociology: An ency-clopedia* (pp. 247 – 253). New York, NY: Routledge.

King, J., & Just, M. A. (1991). Individual differences in syntactic processing: The role of working memory. *Journal of Memory and Language*, *30*, 580 – 602.

Kinlaw, C. R., Kurtz-Costes, B., & Goldman-Fraser, J. (2001). Mothers' achievement beliefs and behaviors and their children's school readiness: A cultural comparison. *Applied Developmental Psychology*, *22*, 493 – 506.

Kintsch, W. (1974). *The representation of meaning in memory.* Hillsdale, NJ: Erlbaum.

Kintsch, W. (1979). On modeling comprehension. *Educational Psychologist*, *14*, 3 – 14.

Kintsch, W., & van Dijk, T. A. (1978). Toward a model of text comprehension and production. *Psychological Review*, *85*, 363 – 394.

Kirkland, K., & Hollandsworth, J. G. (1980). Effective test taking: Skills-acquisition versus anxiety-reduction techniques. *Journal of Consulting and Clinical Psychology*, *48*, 431 – 439.

Kirkorian, H. L., Wartella, E. A., & Anderson, D. R. (2008). Media and young children's learning. *The Future of Children*, *18*(1), 39 – 61.

Kirschner, F., Paas, F., & Kirschner, P. A. (2009). A cognitive load approach to collaborative learning: United brains for complex tasks. *Educational Psychology Review*, *21*, 31 – 42.

Kirschner, P. A., Sweller, J., & Clark, R. E. (2006). Why minimal guidance during instruction does not work: An analysis of the failure of constructivist, discovery, problem-based, experiential, and inquiry-based teaching. *Educational Psychologist*, *41*, 75 – 86.

Kirschner, P. A., & Karpinski, A. (2010). Facebook and academic performance. *Computers in Human Behavior*, *26*, 1237 – 1245.

Kitsantas, A., Dabbagh, N., Huie, F. C., & Dass, S. (2013). Learning technologies and self-regulated learning: Implications for practice. In H. Bembenutty, T. J. Cleary, & A. Kitsantas (Eds.), *Applications of self-regulated learning across diverse disciplines: A tribute to Barry J. Zimmerman* (pp. 325 – 354). Charlotte, NC: Information Age.

Kitsantas, A., & Zimmerman, B. J. (1998). Self-regulation of mo-toric learning: A strategic cycle view. *Journal of Applied Sport Psychology*, *10*, 220 – 239.

Klahr, D., & Simon, H. A. (1999). Studies of scientific discov-ery: Complementary approaches and convergent findings. *Psychological Bulletin*, *125*, 524 – 543.

Klassen, R. (2002). Writing in early adolescence: A review of the role of self-efficacy beliefs. *Educational Psychology Review*, *14*, 173 – 203.

Klauer, K. J., & Phye, G. D. (2008). Inductive reasoning: A training approach. *Review of Educational Research*, *78*, 85 – 123.

Klausmeier, H. J. (1990). Conceptualizing. In B. F. Jones & L. Idol (Eds.), *Dimensions of thinking and cognitive instruction* (pp. 93 – 138). Hillsdale, NJ: Erlbaum.

Klausmeier, H. J. (1992). Concept learning and concept teaching. *Educational Psychologist*, *27*, 267 – 286.

Koffka, K. (1922). Perception: An introduction to the Gestalt-theorie. *Psychological Bulletin*, *19*, 531 – 585.

Koffka, K. (1924). *The growth of the mind* (R. M. Ogden, Trans.). London, England: Kegan Paul, Trench, Trubner.

Koffka, K. (1926). Mental development. In C. Murchison (Ed.), *Psychologies of 1925* (pp. 129 – 143). Worcester, MA: Clark University Press.

Köhler, W. (1925). *The mentality of apes* (E. Winter, Trans.). New York, NY: Harcourt, Brace & World.

Köhler, W. (1926). An aspect of Gestalt psychology. In C. Murchinson (Ed.), *Psychologies of 1925* (pp. 163 – 195). Worcester, MA: Clark University Press.

Köhler, W. (1947). *Gestalt psychology: An introduction to new con-cepts in modern psychology.* New York: Liveright. (Reprinted 1959, New American Library, New York)

Kolodner, J. L. (1997). *Educational implications of analogy: A view from case-based reasoning.* American Psychologist, *52*, 57 – 66.

Kopp, C. B. (1982). Antecedents of self-regulation: A develop-mental perspective. *Developmental Psychology*, *18*, 199 – 214.

Kosiewicz, M. M., Hallahan, D. P., Lloyd, J., & Graves, A. W. (1982). Effects of self-instruction and self-correction pro-cedures on handwriting performance. *Learning Disability Quarterly*, *5*, 71 – 78.

Kosslyn, S. M. (1980). *Image and mind.* Cambridge, MA: Harvard University Press.

Kosslyn, S. M. (1984). Mental representation. In J. R. Anderson & S. M. Kosslyn (Eds.), *Tutorials in learning and memory: Essays in honor of Gordon Bower* (pp. 91 – 117). San Francisco, CA: Freeman.

Kosslyn, S. M. (1988). Aspects of a cognitive neuroscience of mental imagery. *Science*, *240*, 1621 – 1626.

Kosslyn, S. M., & Pomerantz, J. P. (1977). Imagery, propositions, and the form of internal representations. *Cognitive Psychology*, *9*, 52 – 76.

Kounin, J. S. (1977). *Discipline and group management in class-rooms.* Huntington, NY: Krieger.

Kovalchick, A., & Dawson, K. (Eds.). (2004a). *Education and technology: An encyclopedia* (Vol. 1). Santa Barbara, CA: ABC-CLIO.

Kovalchick, A., & Dawson, K. (Eds.). (2004b). *Education and technology: An encyclopedia* (Vol. 2). Santa Barbara, CA: ABC-CLIO.

Kozulin, A. (1986). The concept of activity in Soviet psychology: Vygotsky, his disciples and critics. *American Psychologist*, *41*, 264 – 274.

Kramarski, B., & Mevarech, Z. R. (2003). Enhancing mathemati-cal reasoning in the classroom: The effects of cooperative learning and metacognitive training. *American Educational Research Journal*, *40*, 281 – 310.

Krämer, N. C., & Bente, G. (2010). Personalizing e-learning. The social effects of pedagogical agents. *Educational Psychology Review*, *22*, 71 – 87.

Krapp, A., Hidi, S., & Renninger, K. A. (1992). Interest, learn-ing, and development. In K. A. Renninger, S. Hidi, & A. Krapp (Eds.), *The role of interest in learning and development* (pp. 3 – 25). Hillsdale, NJ: Erlbaum.

Kubovy, M. , & van den Berg, M. (2008). The whole is equal to the sum of its parts: A probabilistic model of grouping by prox-imity and similarity in regular patterns. *Psychological Review*, *115*, 131 – 154.

Kuhl, J. (1984). Volitional aspects of achievement motivation and learned helplessness: Toward a comprehensive theory of ac-tion control. In B. A. Maher (Ed.), *Progress in experimental per-sonality research* (Vol. 13, pp. 99 – 171). New York: Academic Press.

Kuhl, J. (1985). Volitional mediators of cognition-behavior consis-tency: Self-regulatory processes and action versus state orienta-tion. In J. Kuhl & J. Beckmann (Eds.), *Action control: From cog-nition to behavior* (pp. 101 – 128). New York: Springer-Verlag.

Kuhl, J. , & Blankenship, V. (1979a). Behavioral change in a constant environment: Shift to more difficult tasks with con-stant probability of success. *Journal of Personality and Social Psychology*, *37*, 549 – 561.

Kuhl, J. , & Blankenship, V. (1979b). The dynamic theory of achievement motivation: From episodic to dynamic thinking. *Psychological Review*, *86*, 141 – 151.

Kuhn, D. (1999). A developmental model of critical thinking. *Educational Researcher*, *28*(2), 16 – 25, 46.

Kulik, C. C. , Kulik, J. A. , & Bangert-Drowns, R. L. (1990). Effectiveness of mastery learning programs: A meta-analysis. *Review of Educational Research*, *60*, 265 – 299.

Kulik, J. A. , Kulik, C. C. , & Cohen, P. A. (1980). Effectiveness of computer-based college teaching: A meta-analysis of findings. *Review of Educational Research*, *50*, 525 – 544.

Ladd, G. W. , Herald-Brown, S. L. , & Kochel, K. P. (2009). Peers and motivation. In K. R. Wentzel & A. Wigfield (Eds.), *Handbook of motivation at school* (pp. 323 – 348). New York: Routledge.

Lajoie, S. P. (2003). Transitions and trajectories for studies of ex-pertise. *Educational Researcher*, *32*(8), 21 – 25.

Laming, D. (2010). Serial position curves in free recall. *Psychological Review*, *117*, 93 – 133.

Lampert, M. (1990). When the problem is not the question and the solution is not the answer: Mathematical knowing and teaching. *American Educational Research Journal*, *27*, 29 – 63.

Lan, W. Y. (1998). Teaching self-monitoring skills in statistics. In D. H. Schunk & B. J. Zimmerman (Eds.), *Self-regulated learn-ing: From teaching to self-reflective practice* (pp. 86 – 105). New York, NY: Guilford Press.

Lange, P. C. (1972). What's the score on: Programmed instruction? *Today's Education*, *61*, 59.

Langer, J. A. , & Applebee, A. N. (1986). Reading and writing instruction: Toward a theory of teaching and learning. In E. Z. Rothkopf (Ed.), *Review of research in education* (Vol. 13, pp. 171 – 194). Washington, DC: American Educational Research Association.

Larkin, J. H. , McDermott, J. , Simon, D. P. , & Simon, H. A. (1980). Models of competence in solving physics problems. *Cognitive Science*, *4*, 317 – 345.

Larrauri, J. A. , & Schmajuk, N. A. (2008). Attentional, associa-tive, and configural mechanisms in extinction. *Psychological Review*, *115*, 640 – 676.

Larreamendy-Joerns, J. , & Leinhardt, G. (2006). Going the distance with online education.

Review of Educational Research, *76*, 567 – 605.

Lattal, K. A. (1992). B. F. Skinner and psychology: Introduction to the special issue. *American Psychologist*, *47*, 1269 – 1272.

Lauer, P. A., Akiba, M., Wilkerson, S. B., Apthorp, H. S., Snow, D., & Martin-Glenn, M. L. (2006). Out-of-school-time pro-grams: A meta-analysis of effects for at-risk students. *Review of Educational Research*, *76*, 275 – 313.

Lave, J. (1993). Situating learning in communities of practice. In L. B. Resnick, J. M. Levine, & S. D. Teasley (Eds.), *Perspectives on socially shared cognition* (pp. 63 – 82). Washington, DC: American Psychological Association.

Lave, J., & Wenger, E. (1991). *Situated learning: Legitimate pe-ripheral participation*. New York, NY: Cambridge University Press.

Lazar, I., Darlington, R., Murray, H., Royce, J., & Snipper, A. (1982). Lasting effects of early education: A report from the Consortium for Longitudinal Studies. *Monograph of the Society for Research in Child Development* (Serial no. 195).

Leask, J., Haber, R. N., & Haber, R. B. (1969). Eidetic imag-ery in children: II. Longitudinal and experimental results. *Psychonomic Monograph Supplement*, *3*(3, Whole No. 35).

Ledford, J. R., & Wolery, M. (2013). Peer modeling of academic and social behaviors during small-group direct instruction. *Exceptional Children*, *79*, 439 – 458.

Lee, F. J., & Anderson, J. R. (2001). Does learning a complex task have to be complex? A study in learning decomposition. *Cognitive Psychology*, *42*, 267 – 316.

Lee, H., Plass, J. L., & Homer, B. D. (2006). Optimizing cognitive load for learning from computer-based science simulations. *Journal of Educational Psychology*, *98*, 902 – 913.

Lee, J., & Bowen, N. K. (2006). Parent involvement, cultural capi-tal, and the achievement gap among elementary school chil-dren. *American Educational Research Journal*, *43*, 193 – 218.

Lee, J., & Shute, V. J. (2010). Personal and social-contextual fac-tors in K – 12 academic performance: An integrative perspective on student learning. *Educational Psychologist*, *45*, 185 – 202.

Lee, V. E., Bryk, A. S., & Smith, J. B. (1993). The organiza-tion of effective secondary schools. In L. Darling-Hammond (Ed.), *Review of research in education* (Vol. 19, pp. 171 – 267). Washington, DC: American Educational Research Association.

Lee, V. E., & Smith, J. B. (1999). Social support and achievement for young adolescents in Chicago: The role of school academic press. *American Educational Research Journal*, *36*, 907 – 945.

Leeper, R. (1935). A study of a neglected portion of the field of learning—The development of sensory organization. *Pedagogical Seminary and Journal of Genetic Psychology*, *46*, 41 – 75.

Lefcourt, H. M. (1976). *Locus of control: Current trends in theory and research*. Hillsdale, NJ: Erlbaum.

Legters, N. E., Balfanz, R., Jordan, W. J., & McPartland, M. M. (2002). *Comprehensive reform for urban high schools: A tal-ent development approach*. New York, NY: Teachers College Press.

Lehmann, M., & Hasselhorn, M. (2010). The dynamics of free re-call and their relation to rehearsal between 8 and 10 years of age. *Child Development*, *81*, 1006 – 1020.

Lemonick, M. D. (2003, February 17). A twist of fate. *Time*, *161*, 48 – 58.

Lemonick, M. D. (2007a, January 29). The flavor of memories. *Time*, *169*, 102 – 104.

Lemonick, M. D. (2007b, July 16). The science of addiction. *Time*, *170*, 42 – 48.

Lemonick, M. D., & Dorfman, A. (2006, October 9). What makes us different? *Time*, *168*, 44 – 50, 53.

Lent, R. W., Brown, S. D., & Hackett, G. (2000). Contextual sup-ports and barriers to career choice: A social cognitive analysis. *Journal of Counseling Psychology*, *47*, 36 – 49.

Lepper, M. R. (1983). Extrinsic reward and intrinsic motivation: Implications for the classroom. In J. M. Levine & M. C. Wang (Eds.), *Teacher and student perceptions: Implications for learn-ing* (pp. 281 – 317). Hillsdale, NJ: Erlbaum.

Lepper, M. R., Corpus, J. H., & Iyengar, S. S. (2005). Intrinsic and extrinsic motivational orientations in the classroom: Age differences and academic correlates. *Journal of Educational Psychology*, *97*, 184 – 196.

Lepper, M. R., Greene, D., & Nisbett, R. E. (1973). Undermining children's intrinsic interest with extrinsic rewards: A test of the "overjustification" hypothesis. *Journal of Personality and Social Psychology*, *28*, 129 – 137.

Lepper, M. R., Henderlong, J., & Gingras, I. (1999). Understanding the effects of extrinsic rewards on intrinsic motivation—uses and abuses of meta-analysis: Comment on Deci, Koestner, and Ryan (1999). *Psychological Bulletin*, *125*, 669 – 676.

Lepper, M. R., & Hodell, M. (1989). Intrinsic motivation in the classroom. In C. Ames & R. Ames (Eds.), *Research on moti-vation in education* (Vol. 3, pp. 73 – 105). San Diego, CA: Academic Press.

Lepper, M. R., Sethi, S., Dialdin, D., & Drake, M. (1997). Intrinsic and extrinsic motivation: A developmental perspective. In S. S. Luthar, J. A. Burack, D. Cicchetti, & J. R. Weisz (Eds.), *Developmental psychopathology: Perspectives on adjustment, risk, and disorder* (pp. 23 – 50). New York, NY: Cambridge University Press.

Lesgold, A. M. (1984). Acquiring expertise. In J. R. Anderson & S. M. Kosslyn (Eds.), *Tutorials in learning and memory: Essays in honor of Gordon Bower* (pp. 31 – 60). San Francisco, CA: Freeman.

Lesgold, A. M. (2001). The nature and methods of learning by doing. *American Psychologist*, *56*, 964 – 973.

Levin, J., & Nolan, J. F. (2000). *Principles of classroom manage-ment: A professional decision-making model*. Boston, MA: Allyn & Bacon.

Lewin, K., Lippitt, R., & White, R. K. (1939). Patterns of aggressive behavior in experimentally created "social climates." *Journal of Social Psychology*, *10*, 271 – 299.

Licht, B. G., & Kistner, J. A. (1986). Motivational problems of learning-disabled children: Individual differences and their im-plications for treatment. In J. K. Torgesen & B. W. L. Wong (Eds.), *Psychological and educational perspectives on learning disabilities* (pp. 225 – 255). Orlando, FL: Academic Press.

Linebarger, D. L., & Piotrowski, J. T. (2010). Structure and strat-egies in children's educational television: The roles of pro-gram type and learning strategies in children's learning. *Child Development*, *81*, 1582 – 1597.

Linn, M. C., & Eylon, B. (2006). Science education: Integrating views of learning and

instruction. In P. A. Alexander & P. H. Winne (Eds.), *Handbook of educational psychology* (2nd ed., pp. 511 – 544). Mahwah, NJ: Erlbaum.

Linnenbrink, E. A., & Pintrich, P. R. (2002). Achievement goal theory and affect: An asymmetrical bi-directional model. *Educational Psychologist*, *37*, 69 – 78.

Linnenbrink-Garcia, L., Middleton, M. J., Ciani, K. D., Easter, M. A., O'Keefe, P. A., & Zusho, A. (2012). The strength of the rela-tion between performance-approach and performance-avoid-ance goal orientations: Theoretical, methodological, and in-structional implications. *Educational Psychologist*, *47*, 281 – 301.

Lirgg, C. D., & Feltz, D. L. (1991). Teacher versus peer models revisited: Effects on motor performance and self-efficacy. *Research Quarterly for Exercise and Sport*, *62*, 217 – 224.

Locke, E. A., Frederick, E., Lee, C., & Bobko, P. (1984). Effect of self-efficacy, goals, and task strategies on task performance. *Journal of Applied Psychology*, *69*, 241 – 251.

Locke, E. A., & Latham, G. P. (1990). *A theory of goal setting and task performance.* Englewood Cliffs, NJ: Prentice Hall.

Locke, E. A., & Latham, G. P. (2002). Building a practically useful theory of goal setting and task motivation: A 35-year odyssey. *American Psychologist*, *57*, 705 – 717.

Locke, E. A., Shaw, K. N., Saari, L. M., & Latham, G. P. (1981). Goal setting and task performance: 1969 – 1980. *Psychological Bulletin*, *90*, 125 – 152.

Lockhart, R. S., Craik, F. I. M., & Jacoby, L. (1976). Depth of pro-cessing, recognition and recall. In J. Brown (Ed.), *Recall and recognition* (pp. 75 – 102). London, England: Wiley.

Logan, G. D. (2002). An instance theory of attention and memory. *Psychological Review*, *109*, 376 – 400.

Lord, R. G., Diefendorff, J. M., Schmidt, A. M., & Hall, R. J. (2010). Self-regulation at work. *Annual Review of Psychology*, *61*, 543 – 568.

Lovaas, O. I. (1977). *The autistic child: Language development through behavior modification.* New York, NY: Irvington.

Love, S. Q. (1983). *Prediction of bulimic behaviors: A social learning analysis.* Unpublished doctoral dissertation, Virginia Polytechnic Institute and State University.

Luchins, A. S. (1942). Mechanization in problem solving: The ef-fect of Einstellung. *Psychological Monographs*, *54*(6, Whole No. 248).

Luria, A. R. (1961). *The role of speech in the regulation of nor-mal and abnormal behavior* (J. Tizard, Trans.). New York, NY: Liveright.

Lutkehaus, N. C., & Greenfield, P. (2003). From *The process of education* to *The culture of education*: An intellectual biog-raphy of Jerome Bruner's contributions to education. In B. J. Zimmerman & D. H. Schunk (Eds.), *Educational psychology: A century of contributions* (pp. 409 – 430). Mahwah, NJ: Erlbaum.

Maag, J. W. (2001). Rewarded by punishment: Reflections on the disuse of positive reinforcement in schools. *Exceptional Children*, *67*, 173 – 186.

Mabbott, D. J., & Bisanz, J. (2003). Developmental change and individual differences in children's multiplication. *Child Development*, *74*, 1091 – 1107.

MacDonald, M. C., Just, M. A., & Carpenter, P. A. (1992). Working memory constraints on

the processing of syntactic ambiguity. *Cognitive Psychology*, *24*, 56 – 98.

Maccoby, E. E. , & Jacklin, C. N. (1974). *The psychology of sex dif-ferences*. Stanford, CA: Stanford University Press.

Mace, F. C. , Belfiore, P. J. , & Hutchinson, J. M. (2001). Operant theory and research on self-regulation. In B. J. Zimmerman & D. H. Schunk (Eds.), *Self-regulated learning and academic achievement: Theoretical perspectives* (2nd ed. , pp. 39 – 65). Mahwah, NJ: Erlbaum.

Mace, F. C. , Belfiore, P. J. , & Shea, M. C. (1989). Operant theory and research on self-regulation. In B. J. Zimmerman & D. H. Schunk (Eds.), *Self-regulated learning and academic achieve-ment: Theory, research, and practice* (pp. 27 – 50). New York: Springer-Verlag.

Mace, F. C. , & Kratochwill, T. R. (1988). Self-monitoring: Applications and issues. In J. Witt, S. Elliott, & F. Gresham (Eds.), *Handbook of behavior therapy in education* (pp. 489 – 502). New York: Pergamon.

Mace, F. C. , & West, B. J. (1986). Unresolved theoretical issues in self-management: Implications for research and practice. *Professional School Psychology*, *1*, 149 – 163.

Maddux, J. E. (1993). Social cognitive models of health and ex-ercise behavior: An introduction and review of conceptual is-sues. *Journal of Applied Sport Psychology*, *5*, 116 – 140.

Maddux, J. E. , Brawley, L. , & Boykin, A. (1995). Self-efficacy and healthy behavior: Prevention, promotion, and detection. In J. E. Maddux (Ed.), *Self-efficacy, adaptation, and adjustment: Theory, research, and application* (pp. 173 – 202). New York: Plenum.

Maehr, M. L. , & Zusho, A. (2009). Achievement goal theory: The past, present, and future. In K. R. Wentzel & A. Wigfield (Eds.), *Handbook of motivation at school* (pp. 77 – 104). New York: Routledge.

Maes, S. , & Gebhardt, W. (2000). Self-regulation and health be-havior: The health behavior goal model. In M. Boekaerts, P. R. Pintrich, & M. Zeidner (Eds.), *Handbook of self-regulation* (pp. 343 – 368). San Diego: Academic Press.

Maes, S. , & Karoly, P. (2005). Self-regulation assessment and in-tervention in physical health and illness: A review. *Applied Psychology: An International Review*, *54*, 245 – 277.

Mager, R. (1962). *Preparing instructional objectives*. Palo Alto, CA: Fearon.

Magnifico, A. M. (2010). Writing for whom? Cognition, motivation, and a writer's audience. *Educational Psychologist*, *45*, 167 – 184.

Mahoney, J. L. , Lord, H. , & Carryl, E. (2005). An ecological analy-sis of after-school program participation and the development of academic performance and motivational attributes for disad-vantaged children. *Child Development*, *76*, 811 – 825.

Mahoney, J. L. , Parents, M. E. , & Zigler, E. F. (2010). After-school program participation and children's development. In J. L. Meece & J. S. Eccles (Eds.), *Handbook of research on schools, schooling, and human development* (pp. 379 – 397). New York: Routledge.

Maier, S. F. , & Seligman, M. E. P. (1976). Learned helplessness: Theory and evidence. *Journal of Experimental Psychology*, *105*, 3 – 46.

Manderlink, G. , & Harackiewicz, J. M. (1984). Proximal versus dis-tal goal setting and intrinsic motivation. *Journal of Personality and Social Psychology*, *47*, 918 – 928.

Mandler, J. M. (1978). A code in the node: The use of a story schema in retrieval. *Discourse*

Processes, *1*, 14 – 35.

Mandler, J. M., & Johnson, N. S. (1976). Some of the thousand words a picture is worth. *Journal of Experimental Psychology: Human Learning and Memory*, *2*, 529 – 540.

Mandler, J. M., & Ritchey, G. H. (1977). Long-term memory for pictures. *Journal of Experimental Psychology: Human Learning and Memory*, *3*, 386 – 396.

Marcovitch, S., Boseovski, J. J., Knapp, R. J., & Kane, M. J. (2010). Goal neglect and working memory capacity in 4- to 6-year-old children. *Child Development*, *81*, 1687 – 1695.

Markman, A. B. (1999). *Knowledge representation*. Mahwah, NJ: Erlbaum.

Markus, H., & Nurius, P. (1986). Possible selves. *American Psychologist*, *41*, 954 – 969.

Markus, H., & Wurf, E. (1987). The dynamic self-concept: A social psychological perspective. *Annual Review of Psychology*, *38*, 299 – 337.

Marsh, H. W., & Hau, K. (2003). Big-fish-little-pond effect on aca-demic self-concept: A cross-cultural (26-country) test of the negative effects of academically selective schools. *American Psychologist*, *58*, 364 – 376.

Marsh, H. W., & Shavelson, R. (1985). Self-concept: Its multi-faceted, hierarchical structure. *Educational Psychologist*, *20*, 107 – 123.

Marshall, H. H., & Weinstein, R. S. (1984). Classroom factors affect-ing students' self-evaluations: An interactional model. *Review of Educational Research*, *54*, 301 – 325.

Martin, A. J., & Dowson, M. (2009). Interpersonal relationships, motivation, engagement, and achievement: Yields for theory, current issues, and educational practice. *Review of Educational Research*, *79*, 327 – 365.

Martin, J. (2004). Self-regulated learning, social cognitive theory, and agency. *Educational Psychologist*, *39*, 135 – 145.

Mashburn, A. J., Justice, L. M., Downer, J. T., & Pianta, R. C. (2009). Peer effects on children's language achievement during pre-kindergarten. *Child Development*, *80*, 686 – 702.

Maslow, A. H. (1968). *Toward a psychology of being* (2nd ed.). New York, NY: Van Nostrand Reinhold.

Maslow, A. H. (1970). *Motivation and personality* (2nd ed.). New York, NY: Harper & Row.

Mason, L. H. (2004). Explicit self-regulated strategy develop-ment versus reciprocal questioning: Effects on expository reading comprehension among struggling readers. *Journal of Educational Psychology*, *96*, 283 – 296.

Masten, A. S., & Coatsworth, J. D. (1998). The development of competence in favorable and unfavorable environments: Lessons from research on successful children. *American Psychologist*, *53*, 205 – 220.

Masten, A. S., Hubbard, J. J., Gest, S. D., Tellegen, A., Garmezy, N., & Ramirez, M. (1999). Competence in the context of adversity: Pathways to resilience and maladaptation from childhood to late adolescence. *Development and Psychopathology*, *11*, 143 – 169.

Matlin, M. W. (2009). *Cognition* (7th ed.). Hoboken, NJ: Wiley.

Mautone, P. D., & Mayer, R. E. (2001). Signaling as a cogni-tive guide in multimedia learning. *Journal of Educational Psychology*, *93*, 377 – 389.

Mautone, P. D., & Mayer, R. E. (2007). Cognitive aids for guiding graph comprehension.

Journal of Educational Psychology, *99*, 640 – 652.

Mayer, R. E. (1984). Aids to text comprehension. *Educational Psychologist*, *19*, 30 – 42.

Mayer, R. E. (1985). Mathematical ability. In R. J. Sternberg (Ed.), *Human abilities: An information-processing approach* (pp. 127 – 150). New York, NY: Freeman.

Mayer, R. E. (1992). *Thinking, problem solving, cognition* (2nd ed.). New York, NY: Freeman.

Mayer, R. E. (1996). Learners as information processors: Legacies and limitations of educational psychology's second metaphor. *Educational Psychologist*, *31*, 151 – 161.

Mayer, R. E. (1997). Multimedia learning: Are we asking the right questions? *Educational Psychologist*, *32*, 1 – 19.

Mayer, R. E. (1999). *The promise of educational psychology: Learning in the content areas*. Upper Saddle River, NJ: Merrill/ Prentice Hall.

Mayer, R. E. (2003). E. L. Thorndike's enduring contributions to educational psychology. In B. J. Zimmerman & D. H. Schunk (Eds.), *Educational psychology: A century of contributions* (pp. 113 – 154). Mahwah, NJ: Erlbaum.

Mayer, R. E. (2004). Should there be a three-strikes rule against pure discovery learning? The case for guided methods of in-struction. *American Psychologist*, *59*, 14 – 19.

Mayer, R. E. (2012). Information processing. In K. R. Harris, S. Graham, & T. Urdan (Eds.), *APA educational psychology handbook. Vol. 1: Theories, constructs, and critical issues* (pp. 85 – 99). Washington, DC: American Psychological Association.

Mayer, R. E., & Chandler, P. (2001). When learning is just a click away: Does simple user interaction foster deeper un-derstanding of multimedia messages? *Journal of Educational Psychology*, *93*, 390 – 397.

Mayer, R. E., Dow, G. T., & Mayer, S. (2003). Multimedia learning in an interactive self-explaining environment: What works in the design of agent-based microworlds? *Journal of Educational Psychology*, *95*, 806 – 813.

Mayer, R. E., Fennell, S., Farmer, L., & Campbell, J. (2004). A per-sonalization effect in multimedia learning: Students learn bet-ter when words are in conversational style rather than formal style. *Journal of Educational Psychology*, *96*, 389 – 395.

Mayer, R. E., Heiser, J., & Lonn, S. (2001). Cognitive constraints on multimedia learning: When presenting more material results in less understanding. *Journal of Educational Psychology*, *93*, 187 – 198.

Mayer, R. E., & Johnson, C. I. (2008). Revising the redundancy principle in multimedia learning. *Journal of Educational Psychology*, *100*, 380 – 386.

Mayer, R. E., & Moreno, R. (2003). Nine ways to reduce cognitive load in multimedia learning. *Educational Psychologist*, *38*, 43 – 52.

Mayer, R. E., Moreno, R., Boire, M., & Vagge, S. (1999). Maximizing constructivist learning from multimedia communi-cations by minimizing cognitive load. *Journal of Educational Psychology*, *91*, 638 – 643.

Mayer, R. E., Sobko, K., & Mautone, P. D. (2003). Social cues in multimedia learning: Role of speaker's voice. *Journal of Educational Psychology*, *95*, 419 – 425.

Mayrath, M. C. , Nihalani, P. K. , & Robinson, D. H. (2011). Varying tutorial modality and interface restriction to maximize transfer in a complex simulation environment. *Journal of Educational Psychology*, *103*, 257 – 268.

McClelland, D. C. , Atkinson, J. W. , Clark, R. A. , & Lowell, E. L. (1953). *The achievement motive.* New York, NY: Appleton-Century-Crofts.

McCloskey, M. , & Kaiser, M. (1984). The impetus impulse: A me-dieval theory of motion lives on in the minds of children. *The Sciences*, *24*(6), 40 – 45.

McCullagh, P. (1993). Modeling: Learning, developmental, and so-cial psychological considerations. In R. N. Singer, M. Murphey, & L. K. Tennant (Eds.), *Handbook of research on sport psychol-ogy* (pp. 106 – 126). New York, NY: Macmillan.

McDougall, W. (1926). *An introduction to social psychology* (Rev. ed.). Boston, MA: John W. Luce.

McInerney, D. M. (2008). The motivational role of cultural dif-ferences and cultural identity in self-regulated learning. In D. H. Schunk & B. J. Zimmerman (Eds.), *Motivation and self-regulated learning: Theory, research, and applications* (pp. 369 – 400). New York, NY: Taylor & Francis.

McInerney, D. M. , Hinkley, J. , Dowson, M. , & Van Etten, S. (1998). Aboriginal, Anglo, and immigrant Australian students' motivational beliefs about personal academic success: Are there cultural differences? *Journal of Educational Psychology*, *90*, 621 – 629.

McKeachie, W. J. (1990). Learning, thinking, and Thorndike. *Educational Psychologist*, *25*, 127 – 141.

McNeil, J. D. (1987). *Reading comprehension: New directions for classroom practice* (2nd ed.). Glenview, IL: Scott, Foresman.

McVee, M. B. , Dunsmore, K. , & Gavelek, J. R. (2005). Schema theory revisited. *Review of Educational Research*, *75*, 531 – 566.

Medin, D. L. , Lynch, E. B. , & Solomon, K. O. (2000). Are there kinds of concepts? *Annual Review of Psychology*, *51*, 121 – 147.

Meece, J. L. (1991). The classroom context and students' motiva-tional goals. In M. L. Maehr & P. R. Pintrich (Eds.), *Advances in motivation and achievement* (Vol. 7, pp. 261 – 285). Greenwich, CT: JAI Press.

Meece, J. L. (1994). The role of motivation in self-regulated learn-ing. In D. H. Schunk & B. J. Zimmerman (Eds.), *Self-regulation of learning and performance: Issues and educational applica-tions* (pp. 25 – 44). Hillsdale, NJ: Erlbaum.

Meece, J. L. (2002). *Child and adolescent development for educa-tors* (2nd ed.). New York, NY: McGraw-Hill.

Meece, J. L. , Anderman, E. M. , & Anderman, L. H. (2006). Classroom goal structure, student motivation, and academic achievement. *Annual Review of Psychology*, *57*, 487 – 504.

Meece, J. L. , Blumenfeld, P. C. , & Hoyle, R. H. (1988). Students' goal orientations and cognitive engagement in classroom ac-tivities. *Journal of Educational Psychology*, *80*, 514 – 523.

Meece, J. L. , & Courtney, D. P. (1992). Gender differences in stu-dents' perceptions: Consequences for achievement-related choices. In D. H. Schunk & J. L. Meece (Eds.), *Student percep-tions in the classroom* (pp. 209 – 228). Hillsdale, NJ: Erlbaum.

Meece, J. L. , & Miller, S. D. (2001). A longitudinal analysis of el-ementary school students' achievement goals in literacy activi-ties. *Contemporary Educational Psychology*, 26, 454 – 480.

Meece, J. L. , Parsons, J. E. , Kaczala, C. M. , Goff, S. B. , & Futterman, R. (1982). Sex differences in math achievement: Towards a model of academic choice. *Psychological Bulletin*, 91, 324 – 348.

Meichenbaum, D. (1977). *Cognitive behavior modification: An in-tegrative approach.* New York, NY: Plenum.

Meichenbaum, D. (1986). Cognitive behavior modification. In F. H. Kanfer & A. P. Goldstein (Eds.), *Helping people change: A textbook of methods* (3rd ed. , pp. 346 – 380). New York, NY: Pergamon.

Meichenbaum, D. , & Asarnow, J. (1979). Cognitive-behavior mod-ification and metacognitive development: Implications for the classroom. In P. C. Kendall & S. D. Hollon (Eds.), *Cognitive be-havioral interventions: Theory, research, and procedures* (pp. 11 – 35). New York, NY: Academic Press.

Meichenbaum, D. , & Goodman, J. (1971). Training impulsive children to talk to themselves: A means of developing self-control. *Journal of Abnormal Psychology*, 77, 115 – 126.

Merrill, P. F. (1987). Job and task analysis. In R. M. Gagné (Ed.), *Instructional technology: Foundations* (pp. 141 – 173). Hillsdale, NJ: Erlbaum.

Messer, S. (1970). Reflection-impulsivity: Stability and school fail-ure. *Journal of Educational Psychology*, 61, 487 – 490.

Messick, S. (1984). The nature of cognitive styles: Problems and promise in educational practice. *Educational Psychologist*, 19, 59 – 74.

Messick, S. (1994). The matter of style: Manifestations of per-sonality in cognition, learning, and teaching. *Educational Psychologist*, 29, 121 – 136.

Meyer, D. E. , & Schvaneveldt, R. W. (1971). Facilitation in rec-ognizing pairs of words: Evidence of a dependence between retrieval operations. *Journal of Experimental Psychology*, 90, 227 – 234.

Meyer, D. K. , & Turner, J. C. (2002). Discovering emotion in classroom motivation research. *Educational Psychologist*, 37, 107 – 114.

Mickelson, R. (1990). The attitude-achievement paradox among Black adolescents. *Sociology of Education*, 63, 44 – 61.

Miliotis, D. , Sesma, A. , Jr. , & Masten, A. S. (1999). Parenting as a protective process for school success in children from home-less families. *Early Education & Development*, 10, 111 – 133.

Miller, G. A. (1956). The magical number seven, plus or minus two: Some limits on our capacity for processing information. *Psychological Review*, 63, 81 – 97.

Miller, G. A. (1988). The challenge of universal literacy. *Science*, 241, 1293 – 1299.

Miller, G. A. , Galanter, E. , & Pribham, K. H. (1960). *Plans and the structure of behavior.* New York, NY: Holt, Rinehart & Winston.

Miller, N. E. , & Dollard, J. (1941). *Social learning and imitation.* New Haven, CT: Yale University Press.

Mitchell, M. (1993). Situational interest: Its multifaceted structure in the secondary school

mathematics classroom. *Journal of Educational Psychology*, *85*, 424 – 436.

Molfese, D. L. , Key, A. F. , Kelly, S. , Cunningham, N. , Terrell, S. , Ferguson, M. , Molfese, V. J. , & Bonebright, T. (2006). Below-average, average, and above-average readers engage different and similar brain regions while reading. *Journal of Learning Disabilities*, *39*, 352 – 363.

Moll, L. C. (2001). Through the mediation of others: Vygotskian research on teaching. In V. Richardson (Ed.), *Handbook of re-search on teaching* (4th ed. , pp. 111 – 129). Washington, DC: American Educational Research Association.

Moore, M. T. (1990). Problem finding and teacher experience. *Journal of Creative Behavior*, *24*, 39 – 58.

Moors, A. , & De Houwer, J. (2006). Automaticity: A theoreti-cal and conceptual analysis. *Psychological Bulletin*, *132*, 297 – 326.

Moos, D. C. , & Azevedo, R. (2009). Learning with computer-based learning environments: A literature review of computer self-efficacy. *Review of Educational Research*, *79*, 576 – 600.

Moray, N. , Bates, A. , & Barnett, T. (1965). Experiments on the four-eared man. *Journal of the Acoustical Society of America*, *38*, 196 – 201.

Moreno, R. , & Mayer, R. E. (2000). Engaging students in active learning: The case for personalized multimedia messages. *Journal of Educational Psychology*, *92*, 724 – 733.

Moreno, R. , & Mayer, R. E. (2004). Personalized messages that promote science learning in virtual environments. *Journal of Educational Psychology*, *96*, 165 – 173.

Moreno, R. , & Mayer, R. E. (2007). Interactive multimodal learning environments. *Educational Psychology Review*, *19*, 309 – 326.

Moreno, R. , Ozogul, G. , & Reisslein, M. (2011). Teaching with concrete and abstract visual representations: Effects on stu-dents' problem solving, problem representations, and learning perceptions. *Journal of Educational Psychology*, *103*, 32 – 47.

Morgan, P. L. , & Fuchs, D. (2007). Is there a bidirectional relation-ship between children's reading skills and reading motivation? *Exceptional Children*, *73*, 165 – 183.

Morris, C. D. , Bransford, J. D. , & Franks, J. J. (1977). Levels of processing versus transfer-appropriate processing. *Journal of Verbal Learning and Verbal Behavior*, *16*, 519 – 533.

Morris, E. K. (2003). B. F. Skinner: A behavior analyst in educa-tional psychology. In B. J. Zimmerman & D. H. Schunk (Eds.), *Educational psychology: A century of contributions* (pp. 229 – 250). Mahwah, NJ: Erlbaum.

Morse, W. H. , & Kelleher, R. T. (1977). Determinants of reinforce-ment and punishment. In W. K. Honig & J. E. R. Staddon (Eds.), *Handbook of operant behavior* (pp. 174 – 200). Englewood Cliffs, NJ: Prentice Hall.

Mosatche, H. S. , & Bragonier, P. (1981). An observational study of social comparison in preschoolers. *Child Development*, *52*, 376 – 378.

Moscovitch, M. , & Craik, F. I. M. (1976). Depth of processing, retrieval cues, and uniqueness of encoding as factors in recall. *Journal of Verbal Learning and Verbal Behavior*, *15*, 447 – 458.

Moshman, D. (1982). Exogenous, endogenous, and dialectical constructivism. *Developmental*

Review, *2*, 371 – 384.

Motl, R. W., Dishman, R. K., Saunders, R. P., Dowda, M., & Pate, R. R. (2007). Perceptions of physical and social environ-ment variables and self-efficacy as correlates of self-reported physical activity among adolescent girls. *Journal of Pediatric Psychology*, *32*, 6 – 12.

Motl, R. W., Dishman, R. K., Ward, D. S., Saunders, R. P., Dowda, M., Felton, G., & Pate, R. R. (2005). Perceived physical environ-ment and physical activity across one year among adolescent girls: Self-efficacy as a possible mediator? *Journal of Adolescent Health*, *37*, 403 – 408.

Mueller, C. G. (1979). Some origins of psychology as science. *Annual Review of Psychology*, *30*, 9 – 29.

Mullen, C. A. (2005). *Mentorship primer*. New York, NY: Peter Lang.

Mullen, C. A. (2011). Facilitating self-regulated learning using men-toring approaches with doctoral students. In B. J. Zimmerman & D. H. Schunk (Eds.), *Handbook of self-regulation of learning and performance* (pp. 137 – 152). New York, NY: Routledge.

Muller, U., Sokol, B., & Overton, W. F. (1998). Reframing a con-structivist model of the development of mental representation: The role of higher-order operations. *Developmental Review*, *18*, 155 – 201.

Multon, K. D., Brown, S. D., & Lent, R. W. (1991). Relation of self-efficacy beliefs to academic outcomes: A meta-analytic investi-gation. *Journal of Counseling Psychology*, *38*, 30 – 38.

Murayama, K., & Elliot, A. J. (2012). The competition-performance relation: A meta-analytic review and test of the opposing pro-cesses model of competition and performance. *Psychological Bulletin*, *138*, 1035 – 1070.

Murayama, K., Pekrun, R., Lichtenfeld, S., & vom Hofe, R. (2013). Predicting long-term growth in students' mathematics achieve-ment: The unique contributions of motivation and cognitive strategies. *Child Development*, *84*, 1475 – 1490.

Murdock, T. B., & Anderman, E. M. (2006). Motivational perspec-tives on student cheating: Toward an integrated model of aca-demic dishonesty. *Educational Psychologist*, *41*, 129 – 145.

Murray, D. J., Kilgour, A. R., & Wasylkiw, L. (2000). Conflicts and missed signals in psychoanalysis, behaviorism, and Gestalt psy-chology. *American Psychologist*, *55*, 422 – 426.

Murray, H. A. (1936). Techniques for a systematic investigation of fantasy. *Journal of Psychology*, *3*, 115 – 143.

Murray, H. A. (1938). *Explorations in personality*. New York, NY: Oxford University Press.

Muth, K. D., Glynn, S. M., Britton, B. K., & Graves, M. F. (1988). Thinking out loud while studying text: Rehearsing key ideas. *Journal of Educational Psychology*, *80*, 315 – 318.

Myers, I. B., & McCaulley, M. H. (1988). *Manual: A Guide to the Development and Use of the Myers-Briggs Type Indicator*. Palo Alto, CA: Consulting Psychologists.

Myers, M., II, & Paris, S. G. (1978). Children's metacognitive knowledge about reading. *Journal of Educational Psychology*, *70*, 680 – 690.

Nairne, J. S. (2002). Remembering over the short-term: The case against the standard model. *Annual Review of Psychology*, *53*, 53 – 81.

Nandagopal, K., & Ericsson, K. A. (2012). Enhancing students' performance in traditional education: Implications from the expert performance approach and deliberate practice. In K. R.

Harris, S. Graham, & T. Urdan (Eds.), *APA educational psy-chology handbook. Vol. 1: Theories, constructs, and critical issues* (pp. 257 – 293). Washington, DC: American Psychological Association.

National Governors Association Center for Best Practices and Council of Chief State School Officers (2010). *Common Core State Standards for English language arts and mathematics.* Washington, DC: Author.

National Research Council (2000). *How people learn: Brain, mind, experience, and school.* Washington, DC: National Academy Press.

National Research Council (2004). *Engaging schools: Fostering high school students' motivation to learn.* Washington, DC: National Academy Press.

National Research Council and Institute of Medicine. (2002). *Community programs to promote youth development.* Washington, DC: National Academy Press.

Natriello, G. (1986). *School dropouts: Patterns and policies.* New York: Teachers College Press.

Neisser, U. (1967). *Cognitive psychology.* Englewood Cliffs, NJ: Prentice Hall.

Nelson, T. O. (1977). Repetition and depth of processing. *Journal of Verbal Learning and Verbal Behavior, 16*, 151 – 171.

Nesbit, J. C., & Adesope, O. O. (2006). Learning with concept and knowledge maps: A meta-analysis. *Review of Educational Research, 76*, 413 – 448.

Neumeister, K. L. S., & Finch, H. (2006). Perfectionism in high-ability students: Relational precursors and influences on achievement motivation. *Gifted Child Quarterly, 50*, 238 – 251.

Neuringer, A., & Jensen, G. (2010). Operant variability and volun-tary action. *Psychological Review, 117*, 972 – 993.

Newcombe, N. S., Ambady, N., Eccles, J., Gomez, L., Klahr, K., Linn, M., Miller, K., & Mix, K. (2009). Psychology's role in mathematics and science education. *American Psychologist, 64*, 538 – 550.

Newell, A., & Simon, H. A. (1972). *Human problem solving.* Englewood Cliffs, NJ: Prentice Hall.

Newman, R. S. (1994). Adaptive help seeking: A strategy of self-regulated learning. In D. H. Schunk & B. J. Zimmerman (Eds.), *Self-regulation of learning and performance: Issues and educa-tional applications* (pp. 283 – 301). Hillsdale, NJ: Erlbaum.

Newman, R. S. (2000). Social influences on the development of children's adaptive help seeking: The role of parents, teachers, and peers. *Developmental Review, 20*, 350 – 404.

Newman, R. S. (2002). What do I need to do to succeed . . . when I don't understand what I'm doing!?: Developmental influences on students' adaptive help seeking. In A. Wigfield & J. S. Eccles (Eds.), *Development of achievement motivation* (pp. 285 – 306). San Diego, CA: Academic Press.

Newman, R. S. (2008). The motivational role of adaptive help seeking in self-regulated learning. In D. H. Schunk & B. J. Zimmerman (Eds.), *Motivation and self-regulated learning: Theory, research, and applications* (pp. 315 – 337). New York, NY: Taylor & Francis.

Newman, R. S., & Schwager, M. T. (1992). Student perceptions and academic help-seeking. In D. H. Schunk & J. L. Meece (Eds.), *Student perceptions in the classroom* (pp. 123 – 146). Hillsdale, NJ: Erlbaum.

Nicholls, J. G. (1978). The development of the concepts of ef-fort and ability, perception of

academic attainment, and the understanding that difficult tasks require more ability. *Child Development*, *49*, 800 – 814.

Nicholls, J. G. (1979). Development of perception of own attain-ment and causal attribution for success and failure in reading. *Journal of Educational Psychology*, *71*, 94 – 99.

Nicholls, J. G. (1983). Conceptions of ability and achievement moti-vation: A theory and its implications for education. In S. G. Paris, G. M. Olson, & H. W. Stevenson (Eds.), *Learning and motiva-tion in the classroom* (pp. 211 – 237). Hillsdale, NJ: Erlbaum.

Nicholls, J. G. (1984). Achievement motivation: Conceptions of ability, subjective experience, task choice, and performance. *Psychological Review*, *91*, 328 – 346.

Nicholls, J. G., Cobb, P., Wood, T., Yackel, E., & Patashnick, M. (1990). Assessing students' theories of success in mathematics: Individual and classroom differences. *Journal for Research in Mathematics Education*, *21*, 109 – 122.

Nicholls, J. G., & Miller, A. T. (1984). Reasoning about the ability of self and others: A developmental study. *Child Development*, *55*, 1990 – 1999.

Nicholls, J. G., Patashnick, M., & Nolen, S. B. (1985). Adolescents' theories of education. *Journal of Educational Psychology*, *77*, 683 – 692.

Nicholls, J. G., & Thorkildsen, T. A. (1989). Intellectual conven-tions versus matters of substance: Elementary school students as curriculum theorists. *American Educational Research Journal*, *26*, 533 – 544.

Nielsen, M. (2006). Copying actions and copying outcomes: Social learning through the second year. *Developmental Psychology*, *42*, 555 – 565.

Noddings, N. (1992). *The challenge to care in schools*. New York, NY: Teachers College Press.

Nokes, J. D., Dole, J. A., & Hacker, D. J. (2007). Teaching high school students to use heuristics while reading historical texts. *Journal of Educational Psychology*, *99*, 492 – 504.

Nolen, S. B. (1988). Reasons for studying: Motivational orien-tations and study strategies. *Cognition and Instruction*, *5*, 269 – 287.

Nolen, S. B. (1996). Why study? How reasons for learning in-fluence strategy selection. *Educational Psychology Review*, *8*, 335 – 355.

Nolen-Hoeksema, S., Girgus, J. S., & Seligman, M. E. P. (1986). Learned helplessness in children: A longitudinal study of depression, achievement, and explanatory style. *Journal of Personality and Social Psychology*, *51*, 435 – 442.

Norman, D. A. (1976). *Memory and attention: An introduction to human information processing* (2nd ed.). New York, NY: Wiley.

Norman, D. A., & Rumelhart, D. E. (1975). *Explorations in cogni-tion*. San Francisco: Freeman.

Nussbaum, E. M., & Kardash, C. M. (2005). The effects of goal instructions and text on the generation of counterarguments during writing. *Journal of Educational Psychology*, *97*, 157 – 169.

Nussbaum, J., & Novick, N. (1982). Alternative frameworks, con-ceptual conflict, and accommodation: Toward a principled teaching strategy. *Instructional Science*, *11*, 183 – 200.

Oberauer, K., & Lewandowsky, S. (2008). Forgetting in immediate serial recall: Decay, temporal distinctiveness, or interference? *Psychological Review*, *115*, 544 – 576.

O'Day, E. F. , Kulhavy, R. W. , Anderson, W. , & Malczynski, R. J. (1971). *Programmed instruction: Techniques and trends.* New York, NY: Appleton-Century-Crofts.

Oden, S. , Schweinhart, L. , & Weikart, D. (2000). *Into adulthood: A study of the effects of Head Start.* Ypsilanti, MI: High/Scope Educational Research Foundation.

O'Donnell, A. M. (2006). The role of peers and group learn-ing. In P. A. Alexander & P. H. Winne (Eds.), *Handbook of educational psychology* (2nd ed. , pp. 781 – 802). Mahwah, NJ: Erlbaum.

O'Donnell, A. M. (2012). Constructivism. In K. R. Harris, S. Graham, & T. Urdan (Eds.), *APA educational psychology handbook. Vol. 1: Theories, constructs, and critical issues* (pp. 61 – 84). Washington, DC: American Psychological Association.

O'Donnell, A. M. , Dansereau, D. F. , & Hall, R. H. (2002). Knowledge maps as scaffolds for cognitive processing. *Educational Psychology Review, 14*, 71 – 86.

Ohlsson, S. (1993). The interaction between knowledge and prac-tice in the acquisition of cognitive skills. In S. Chipman & A. L. Meyrowitz (Eds.), *Foundations of knowledge acquisition: Cognitive models of complex learning* (pp. 147 – 208). Boston: Kluwer.

Ohlsson, S. (1996). Learning from performance errors. *Psychological Review, 103*, 241 – 262.

Ohlsson, S. (2009). Resubsumption: A possible mechanism for conceptual change and belief revision. *Educational Psychologist, 44*, 20 – 40.

O'Leary, K. D. , & Drabman, R. (1971). Token reinforcement pro-grams in the classroom: A review. *Psychological Bulletin, 75*, 379 – 398.

Ollendick, T. H. , & Hersen, M. (1984). *Child behavioral assess-ment: Principles and procedures.* New York, NY: Pergamon.

O'Mara, A. J. , Marsh, H. W. , Craven, R. G. , & Debus, R. L. (2006). Do self-concept interventions make a difference? A synergistic blend of construct validation and meta-analysis. *Educational Psychologist, 41*, 181 – 206.

Ornstein, R. (1997). *The right mind.* Orlando, FL: Harcourt Brace.

Osborn, A. F. (1963). *Applied imagination.* New York, NY: Scribner's.

Osterman, K. (2000). Students' need for belonging in the school community. *Review of Educational Research, 70*, 323 – 367.

Overskeid, G. (2007). Looking for Skinner and finding Freud. *American Psychologist, 62*, 590 – 595.

Pass, F. , van Gog, T. , & Sweller, J. (2010). Cognitive load theory: New conceptualizations, specifications, and integrated research perspectives. *Educational Psychology Review, 22*, 115 – 121.

Packer, M. J. , & Goicoechea, J. (2000). Sociocultural and construc-tivist theories of learning: Ontology, not just epistemology. *Educational Psychologist, 35*, 227 – 241.

Padilla, A. M. (2006). Second language learning: Issues in re-search and teaching. In P. A. Alexander & P. H. Winne (Eds.), *Handbook of educational psychology* (2nd ed. , pp. 571 – 591). Mahwah, NJ: Erlbaum.

Paivio, A. (1970). On the functional significance of imagery. *Psychological Bulletin, 73*, 385 – 392.

Paivio, A. (1971). *Imagery and verbal processes.* New York, NY: Holt, Rinehart & Winston.

Paivio, A. (1978). Mental comparisons involving abstract attri-butes. *Memory & Cognition*, 6, 199 – 208.

Paivio, A. (1986). *Mental representations: A dual-coding ap-proach*. New York, NY: Oxford University Press.

Pajares, F. (1996). Self-efficacy beliefs in achievement settings. *Review of Educational Research*, 66, 543 – 578.

Pajares, F. (1997). Current directions in self-efficacy research. In M. Maehr & P. R. Pintrich (Eds.), *Advances in motivation and achievement* (Vol. 10, pp. 1 – 49). Greenwich, CT: JAI Press.

Pajares, F. (2003). William James: Our father who begat us. In B. J. Zimmerman & D. H. Schunk (Eds.), *Educational psychology: A century of contributions* (pp. 41 – 64). Mahwah, NJ: Erlbaum.

Pajares, F. (2008). Motivational role of self-efficacy beliefs in self-regulated learning. In D. H. Schunk & B. J. Zimmerman (Eds.), *Motivation and self-regulated learning: Theory, research, and applications* (pp. 111 – 139). New York, NY: Taylor & Francis.

Pajares, F., & Schunk, D. H. (2001). Self-beliefs and school suc-cess: Self-efficacy, self-concept, and school achievement. In R. J. Riding & S. G. Rayner (Eds.), *Self-perception* (pp. 239 – 265). Westport, CT: Ablex.

Pajares, F., & Schunk, D. H. (2002). Self and self-belief in psy-chology and education: A historical perspective. In J. Aronson (Ed.), *Improving academic achievement: Impact of psychologi-cal factors on education* (pp. 3 – 21). San Diego, CA: Academic Press.

Palincsar, A. S., & Brown, A. L. (1984). Reciprocal teaching of com-prehension-fostering and comprehension-monitoring activities. *Cognition and Instruction*, 1, 117 – 175.

Palmer, D. J., Drummond, F., Tollison, P., & Zinkgraff, S. (1982). An attributional investigation of performance outcomes for learning-disabled and normal-achieving pupils. *Journal of Special Education*, 16, 207 – 219.

Papini, M. R., & Bitterman, M. E. (1990). The role of contingency in classical conditioning. *Psychological Review*, 97, 396 – 403.

Paris, S. G., & Byrnes, J. P. (1989). The constructivist approach to self-regulation and learning in the classroom. In B. J. Zimmerman & D. H. Schunk (Eds.), *Self-regulated learning and academic achievement: Theory, research, and practice* (pp. 169 – 200). New York: Springer-Verlag.

Paris, S. G., Byrnes, J. P., & Paris, A. H. (2001). Constructing theo-ries, identities, and actions of self-regulated learners. In B. J. Zimmerman & D. H. Schunk (Eds.), *Self-regulated learning and academic achievement: Theoretical perspectives* (2nd ed., pp. 253 – 287). Mahwah, NJ: Erlbaum.

Paris, S. G., Lipson, M. Y., & Wixson, K. K. (1983). Becoming a strategic reader. *Contemporary Educational Psychology*, 8, 293 – 316.

Paris, S. G., & Oka, E. R. (1986). Children's reading strategies, metacognition, and motivation. *Developmental Review*, 6, 25 – 56.

Paris, S. G., & Paris, A. H. (2001). Classroom applications of re-search on self-regulated learning. *Educational Psychologist*, 36, 89 – 101.

Patrick, H., Ryan, A. M., & Kaplan, A. (2007). Early adolescents' perceptions of the

classroom social environment, motivational beliefs, and engagement. *Journal of Educational Psychology*, *99*, 83 – 98.

Paul, A. M. (2010, October 4). The womb. Your mother. Yourself. *Time*, *176*, 50 – 55.

Pavlov, I. P. (1927). *Conditioned reflexes* (G. V. Anrep, Trans.). London: Oxford University Press.

Pavlov, I. P. (1928). *Lectures on conditioned reflexes* (W. H. Gantt, Trans.). New York: International.

Pavlov, I. P. (1932a). Neuroses in man and animals. *Journal of the American Medical Association*, *99*, 1012 – 1013.

Pavlov, I. P. (1932b). The reply of a physiologist to psychologists. *Psychological Review*, *39*, 91 – 127.

Pavlov, I. P. (1934). An attempt at a physiological interpretation of obsessional neurosis and paranoia. *Journal of Mental Science*, *80*, 187 – 197.

Pearl, R. A., Bryan, T., & Donahue, M. (1980). Learning dis-abled children's attributions for success and failure. *Learning Disability Quarterly*, *3*, 3 – 9.

Pekrun, R. (1992). The impact of emotions on learning and achievement: Towards a theory of cognitive/motivational mediators. *Applied Psychology: An International Review*, *41*, 359 – 376.

Péladeau, N., Forget, J., & Gagné, F. (2003). Effect of paced and unpaced practice on skill application and retention: How much is enough? *American Educational Research Journal*, *40*, 769 – 801.

Pellegrino, J. W. (1985). Inductive reasoning ability. In R. J. Sternberg (Ed.), *Human abilities: An information-processing approach* (pp. 195 – 225). New York, NY: Freeman.

Pellegrino, J. W., Baxter, G. P., & Glaser, R. (1999). Addressing the "two disciplines" problem: Linking theories of cognition and learn-ing with assessment and instructional practice. In A. Iran-Nejad & P. D. Pearson (Eds.), *Review of Research in Education* (Vol. 24, pp. 307 – 353). Washington, DC: American Educational Research Association.

Perfetti, C. A., & Lesgold, A. M. (1979). Coding and comprehen-sion in skilled reading and implications for reading instruction. In L. B. Resnick & P. A. Weaver (Eds.), *Theory and practice of early reading* (pp. 57 – 84). Hillsdale, NJ: Erlbaum.

Perkins, D. N., & Salomon, G. (1989). Are cognitive skills context-bound? *Educational Researcher*, *18*(1), 16 – 25.

Perry, D. G., & Bussey, K. (1979). The social learning theory of sex differences: Imitation is alive and well. *Journal of Personality and Social Psychology*, *37*, 1699 – 1712.

Perry, N. E. (1998). Young children's self-regulated learning and contexts that support it. *Journal of Educational Psychology*, *90*, 715 – 729.

Peterson, C. (2000). The future of optimism. *American Psychologist*, *55*, 44 – 55.

Peterson, L. R., & Peterson, M. J. (1959). Short-term retention of individual verbal items. *Journal of Experimental Psychology*, *58*, 193 – 198.

Petri, H. L. (1986). *Motivation: Theory and research* (2nd ed.). Belmont, CA: Wadsworth.

Phares, E. J. (1976). *Locus of control in personality*. Morristown, NJ: General Learning Press.

Phelps, E. A. (2006). Emotion and cognition: Insights from stud-ies of the human amygdala.

Annual Review of Psychology, *57*, 27 – 53.

Phillips, D. C. (1995). The good, the bad, and the ugly: The many faces of constructivism. *Educational Researcher*, *24*(7), 5 – 12.

Phillips, J. L., Jr. (1969). *The origins of intellect: Piaget's theory.* San Francisco, CA: Freeman.

Phye, G. D. (1989). Schemata training and transfer of an intel-lectual skill. *Journal of Educational Psychology*, *81*, 347 – 352.

Phye, G. D. (1990). Inductive problem solving: Schema induce-ment and memory-based transfer. *Journal of Educational Psychology*, *82*, 826 – 831.

Phye, G. D. (1992). Strategic transfer: A tool for academic problem solving. *Educational Psychology Review*, *4*, 393 – 421.

Phye, G. D. (1997). Inductive reasoning and problem solving: The early grades. In G. D. Phye (Ed.), *Handbook of academic learning: The construction of knowledge* (pp. 451 – 471). San Diego, CA: Academic Press.

Phye, G. D. (2001). Problem-solving instruction and problem-solv-ing transfer: The correspondence issue. *Journal of Educational Psychology*, *93*, 571 – 578.

Phye, G. D., & Sanders, C. E. (1992). Accessing strategic knowl-edge: Individual differences in procedural and strategy trans-fer. *Contemporary Educational Psychology*, *17*, 211 – 223.

Phye, G. D., & Sanders, C. E. (1994). Advice and feedback: Elements of practice for problem solving. *Contemporary Educational Psychology*, *19*, 286 – 301.

Piaget, J. (1952). *The origins of intelligence in children.* New York, NY: International Universities Press.

Piaget, J. (1962). *Play, dreams and imitation.* New York, NY: Norton.

Piaget, J. (1970). Piaget's theory. In P. Mussen (Ed.), *Carmichael's manual of child psychology* (3rd ed., Vol. 1, pp. 703 – 732). New York, NY: Wiley.

Piaget, J., & Inhelder, B. (1969). *The psychology of the child.* New York, NY: Basic Books.

Pianta, R. C., Belsky, J., Vandergrift, N., Houts, R., & Morrison, F. J. (2008). Classroom effects on children's achievement trajec-tories in elementary school. *American Educational Research Journal*, *45*, 365 – 397.

Pianta, R. C., & Hamre, B. K. (2009). Conceptualization, measure-ment, and improvement of classroom processes: Standardized observation can leverage capacity. *Educational Researcher*, *38*, 109 – 119.

Pine, D. S. (2006). A primer on brain imaging in developmen-tal psychopathology: What is it good for? *Journal of Child Psychology and Psychiatry*, *47*, 983 – 986.

Pintrich, P. R. (2000a). Multiple goals, multiple pathways: The role of goal orientation in learning and achievement. *Journal of Educational Psychology*, *92*, 544 – 555.

Pintrich, P. R. (2000b). The role of goal orientation in self-regulated learning. In M. Boekaerts, P. R. Pintrich, & M. Zeidner (Eds.), *Handbook of self-regulation* (pp. 451 – 502). San Diego, CA: Academic Press.

Pintrich, P. R. (2003). A motivational science perspective on the role of student motivation in learning and teaching contexts. *Journal of Educational Psychology*, *95*, 667 – 686.

Pintrich, P. R. (2004). A conceptual framework for assessing motivation and self-regulated learning in college students. *Educational Psychology Review*, *16*, 385 – 407.

Pintrich, P. R., & De Groot, E. V. (1990). Motivational and self-regulated learning components of classroom academic perfor-mance. *Journal of Educational Psychology*, *82*, 33 – 40.

Pintrich, P. R., & Garcia, T. (1991). Student goal orientation and self-regulation in the college classroom. In M. L. Maehr & P. R. Pintrich (Eds.), *Advances in motivation and achievement* (Vol. 7, pp. 371 – 402). Greenwich, CT: JAI Press.

Pintrich, P. R., Marx, R. W., & Boyle, R. A. (1993). Beyond cold conceptual change: The role of motivational beliefs and class-room contextual factors in the process of conceptual change. *Review of Educational Research*, *63*, 167 – 199.

Pintrich, P. R., & Schrauben, B. (1992). Students' motivational beliefs and their cognitive engagement in classroom academic tasks. In D. H. Schunk & J. L. Meece (Eds.), *Student perceptions in the class-room* (pp. 149 – 183). Hillsdale, NJ: Erlbaum.

Pintrich, P. R., & Zusho, A. (2002). The development of academic self-regulation: The role of cognitive and motivational factors. In A. Wigfield & J. S. Eccles (Eds.), *Development of achieve-ment motivation* (pp. 249 – 284). San Diego, CA: Academic Press.

Plato (1965). *Plato's Meno: Text and criticism* (A. Sesonske & N. Fleming, Eds.). Belmont, CA: Wadsworth.

Poag-DuCharme, K. A., & Brawley, L. R. (1993). Self-efficacy theory: Use in the prediction of exercise behavior in the com-munity setting. *Journal of Applied Sport Psychology*, *5*, 178 – 194.

Pokay, P., & Blumenfeld, P. C. (1990). Predicting achievement early and late in the semester: The role of motivation and use of learning strategies. *Journal of Educational Psychology*, *82*, 41 – 50.

Polk, T. A., & Newell, A. (1995). Deduction as verbal reasoning. *Psychological Review*, *102*, 533 – 566.

Polya, G. (1945). *How to solve it.* Princeton, NJ: Princeton University Press. (Reprinted 1957, Doubleday, Garden City, NY)

Popham, W. J. (2014). *Classroom assessment: What teachers need to know* (7th ed.). Boston, MA: Pearson Education.

Popkewitz, T. S. (1998). Dewey, Vygotsky, and the social admin-istration of the individual: Constructivist pedagogy as systems of ideas in historical spaces. *American Educational Research Journal*, *35*, 535 – 570.

Portes, P. R. (1996). Ethnicity and culture in educational psychol-ogy. In D. C. Berliner & R. C. Calfee (Eds.), *Handbook of edu-cational psychology* (pp. 331 – 357). New York, NY: Macmillan.

Posner, M. I., & Keele, S. W. (1968). On the genesis of abstract ideas. *Journal of Experimental Psychology*, *77*, 353 – 363.

Postman, L. (1961). The present status of interference theory. In C. N. Cofer (Ed.), *Verbal learning and verbal behavior* (pp. 152 – 179). New York, NY: McGraw-Hill.

Postman, L., & Stark, K. (1969). Role of response availability in transfer and interference. *Journal of Experimental Psychology*, *79*, 168 – 177.

Premack, D. (1962). Reversibility of the reinforcement relation. *Science*, *136*, 255 – 257.

Premack, D. (1971). Catching up with common sense or two sides of a generalization: Reinforcement and punishment. In R. Glaser (Ed.), *The nature of reinforcement* (pp. 121 – 150). New York: Academic Press.

Pressley, M., & Harris, K. R. (2006). Cognitive strategy instruc-tion: From basic research to classroom instruction. In P. A. Alexander & P. H. Winne (Eds.), *Handbook of educational psy-chology* (2nd ed., pp. 265 – 286). Mahwah, NJ: Erlbaum.

Pressley, M., Harris, K. R., & Marks, M. B. (1992). But good strat-egy instructors are constructivists! *Educational Psychology Review*, *4*, 3 – 31.

Pressley, M., & McCormick, C. B. (1995). *Advanced educational psychology for educators, researchers, and policymakers.* New York, NY: HarperCollins.

Pressley, M., Woloshyn, V., Lysynchuk, L. M., Martin, V., Wood, E., & Willoughby, T. (1990). A primer of research on cognitive strategy instruction: The important issues and how to address them. *Educational Psychology Review*, *2*, 1 – 58.

Provasnik, S., Kewal Ramani, A., Coleman, M. M., Gilbertson, L., Herring, W., & Xie, Q. (2007). *Status of education in rural America* (*NCES 2007-040*). Washington, DC: National Center for Education Statistics.

Pugh, K. J., & Bergin, D. A. (2005). The effect of schooling on students' out-of-school experience. *Educational Researcher*, *34*(9), 15 – 23.

Pugh, K. J., & Bergin, D. A. (2006). Motivational influences on transfer. *Educational Psychologist*, *41*, 147 – 160.

Puntambekar, S., & Hübscher, R. (2005). Tools for scaffolding students in a complex learning environment: What have we gained and what have we missed? *Educational Psychologist*, *40*, 1 – 12.

Purdie, N., Hattie, J., & Douglas, G. (1996). Student conceptions of learning and their use of self-regulated learning strategies: A cross-cultural comparison. *Journal of Educational Psychology*, *88*, 87 – 100.

Putnam, R. D. (2000). *Bowling alone: The collapse and revival of American community.* New York, NY: Simon & Schuster.

Pylyshyn, Z. W. (1973). What the mind's eye tells the mind's brain: A critique of mental imagery. *Psychological Bulletin*, *80*, 1 – 24.

Quellmalz, E. S. (1987). Developing reasoning skills. In J. B. Baron & R. J. Sternberg (Eds.), *Teaching thinking skills: Theory and practice* (pp. 86 – 105). New York: Freeman.

Radziszewska, B., & Rogoff, B. (1991). Children's guided partici-pation in planning imaginary errands with skilled adult or peer partners. *Developmental Psychology*, *27*, 381 – 389.

Ramsel, D., & Grabe, M. (1983). Attentional allocation and per-formance in goal-directed reading: Age differences in reading flexibility. *Journal of Reading Behavior*, *15*, 55 – 65.

Ratelle, C. F., Guay, F., Larose, S., & Senécal, C. (2004). Family correlates of trajectories of academic motivation during a school transition: A semiparametric group-based approach. *Journal of Educational Psychology*, *96*, 743 – 754.

Ratner, H. H., Foley, M. A., & Gimpert, N. (2002). The role of collaborative planning in children's source-monitoring errors and learning. *Journal of Experimental Child Psychology*, *81*, 44 – 73.

Ray, J. J. (1982). Achievement motivation and preferred probabil-ity of success. *Journal of Social Psychology*, *116*, 255 – 261.

Reardon, S. F., & Galindo, C. (2009). The Hispanic-White achieve-ment gap in math and reading in the elementary grades. *American Educational Research Journal*, *46*, 853 – 891.

Reder, L. M. (1979). The role of elaborations in memory for prose. *Cognitive Psychology*, *11*, 221 – 234.

Reder, L. M. (1982). Plausibility judgment versus fact retrieval: Alternative strategies for sentence verification. *Psychological Review*, *89*, 250 – 280.

Redish, A. D., Jensen, S., Johnson, A., & Kurth-Nelson, Z. (2007). Reconciling reinforcement learning models with behavioral ex-tinction and renewal: Implications for addiction, relapse, and problem gambling. *Psychological Review*, *114*, 784 – 805.

Reed, S. K. (2006). Cognitive architectures for multimedia learn-ing. *Educational Psychologist*, *41*, 87 – 98.

Reeve, J., Deci, E. L., & Ryan, R. M. (2004). Self-determination theory: A dialectical framework for understanding sociocultural influences on student motivation. In D. M. McInerney & S. Van Etten (Eds.), *Big theories revisited* (pp. 31 – 60). Greenwich, CT: Information Age.

Reid, R., & Lienemann, T. O. (2006). Self-regulated strategy de-velopment for written expression with students with attention deficit/hyperactivity disorder. *Exceptional Children*, *73*, 53 – 68.

Reid, R., Trout, A. L., & Schartz, M. (2005). Self-regulation inter-ventions for children with attention deficit/hyperactivity disor-der. *Exceptional Children*, *71*, 361 – 377.

Reigeluth, C. M. (Ed.). (1999). *Instructional design theories and models*. Mahwah, NJ: Erlbaum.

Relich, J. D., Debus, R. L., & Walker, R. (1986). The mediating role of attribution and self-efficacy variables for treatment ef-fects on achievement outcomes. *Contemporary Educational Psychology*, *11*, 195 – 216.

Renkl, A., & Atkinson, R. K. (2003). Structuring the transition from example study to problem solving in cognitive skill acquisi-tion: A cognitive load perspective. *Educational Psychologist*, *38*, 15 – 22.

Renkl, A., Hilbert, T., & Schworm, S. (2009). Example-based learning in heuristic domains: A cognitive load theory account. *Educational Psychology Review*, *21*, 67 – 78.

Renninger, K. A., & Wozniak, R. H. (1985). Effect of interest on attentional shift, recognition, and recall in young children. *Developmental Psychology*, *21*, 624 – 632.

Rescorla, R. A. (1972). Informational variables in conditioning. In G. H. Bower (Ed.), *The psychology of learning and motivation* (Vol. 6, pp. 1 – 46). New York, NY: Academic Press.

Rescorla, R. A. (1976). Pavlovian excitatory and inhibitory condi-tioning. In W. K. Estes (Ed.), *Handbook of learning and cogni-tive processes* (Vol. 2, pp. 7 – 35). Hillsdale, NJ: Erlbaum.

Rescorla, R. A. (1987). A Pavlovian analysis of goal-directed be-havior. *American Psychologist*, *42*, 119 – 129.

Resnick, L. B. (1981). Instructional psychology. *Annual Review of Psychology*, *32*, 659 – 704.

Resnick, L. B. (1985). Cognition and instruction: Recent theories of human competence. In B.

L. Hammonds (Ed.) , *Psychology and learning : The master lecture series* (Vol. 4, pp. 127 – 186). Washington, DC : American Psychological Association.

Resnick, L. B. (1989). Developing mathematical knowledge. *American Psychologist*, *44*, 162 – 169.

Reyes, M. R. , Brackett, M. A. , Rivers, S. E. , White, M. , & Salovey, P. (2012). Classroom emotional climate, student engagement, and academic achievement. *Journal of Educational Psychology*, *104*, 700 – 712.

Reynolds, R. , & Anderson, R. (1982). Influence of questions on the allocation of attention during reading. *Journal of Educational Psychology*, *74*, 623 – 632.

Rhodes, M. G. , & Tauber, S. K. (2011). The influence of delaying judgments of learning on metacognitive accuracy : A meta-ana-lytic review. *Psychological Bulletin*, *137*, 131 – 148.

Riccio, D. C. , Rabinowitz, V. C. , & Axelrod, S. (1994). Memory : When less is more. *American Psychologist*, *49*, 917 – 926.

Richert, R. A. , Robb, M. B. , & Smith, E. J. (2011). Media as social partners : The social nature of young children's learning from screen media. *Child Development*, *82*, 82 – 95.

Richland, L. E. , Morrison, R. G. , & Holyoak, K. J. (2006). Children's development of analogical reasoning : Insights from scene anal-ogy problems. *Journal of Experimental Child Psychology*, *94*, 249 – 273.

Richter, C. P. (1927). Animal behavior and internal drives. *Quarterly Review of Biology*, *2*, 307 – 343.

Riener, C. , & Willingham, D. (2010). The myth of learning styles. *Change*, *42*, 32 – 35.

Rilling, M. (1977). Stimulus control and inhibitory processes. In W. K. Honig & J. E. R. Staddon (Eds.) , *Handbook of operant behavior* (pp. 432 – 480). Englewood Cliffs, NJ : Prentice Hall.

Rips, L. J. , Shoben, E. J. , & Smith, E. E. (1973). Semantic distance and the verification of semantic relations. *Journal of Verbal Learning and Verbal Behavior*, *12*, 1 – 20.

Rissman, J. , & Wagner, A. D. (2012). Distributed representations in memory : Insights from functional brain imaging. *Annual Review of Psychology*, *63*, 101 – 128.

Rittle-Johnson, B. (2006). Promoting transfer : Effects of self-explanation and direct instruction. *Child Development*, *77*, 1 – 15.

Rittle-Johnson, B. , & Alibali, M. W. (1999). Conceptual and proce-dural knowledge of mathematics : Does one lead to the other? *Journal of Educational Psychology*, *91*, 175 – 189.

Rittle-Johnson, B. , & Star, J. (2007). Does comparing solution methods facilitate conceptual and procedural knowledge? An experimental study on learning to solve equations. *Journal of Educational Psychology*, *99*, 561 – 574.

Roberts, D. F. , & Foehr, U. G. (2008). Trends in media use. *The Future of Children*, *18* (1), 11 – 37.

Robertson, J. S. (2000). Is attribution training a worthwhile class-room intervention for K – 12 students with learning difficulties? *Educational Psychology Review*, *12*, 111 – 134.

Robinson, D. R. , Schofield, J. W. , & Steers-Wentzell, K. L. (2005). Peer and cross-age tutoring in math : Outcomes and their de-sign implications. *Educational Psychology Review*, *17*, 327 – 362.

Robinson, N. M. , Lanzi, R. G. , Weinberg, R. A. , Ramey, S. L. , & Ramey, C. T. (2002). Family factors associated with high academic competence in former Head Start children at third grade. *Gifted Child Quarterly*, *46*, 278 – 290.

Robinson, T. R. , Smith, S. W. , Miller, M. D. , & Brownell, M. T. (1999). Cognitive behavior modification of hyperactivity-impul-sivity and aggression: A meta-analysis of school-based studies. *Journal of Educational Psychology*, *91*, 195 – 203.

Roblyer, M. D. (2006). *Integrating educational technology into teaching* (4th ed.). Upper Saddle River, NJ: Merrill/Prentice Hall.

Roediger, H. L. , & Karpicke, J. D. (2006). Test enhanced learn-ing: Taking memory tests improves long-term retention. *Psychological Science*, *17*, 249 – 255.

Roeser, R. W. , Eccles, J. S. , & Strobel, K. (1998). Linking the study of schooling and mental health: Selected issues and em-pirical illustrations at the level of the individual. *Educational Psychologist*, *33*, 153 – 176.

Roeser, R. W. , Urdan, T. C. , & Stephens, J. M. (2009). School as a context of student motivation and achievement. In K. R. Wentzel & A. Wigfield (Eds.), *Handbook of motivation at school* (pp. 381 – 410). New York: Routledge.

Rogers, C. R. (1959). A theory of therapy, personality, and in-terpersonal relationships, as developed in the client-centered framework. In S. Koch (Ed.), *Psychology: A study of a science* (Vol. 3, pp. 184 – 256). New York: McGraw-Hill.

Rogers, C. R. (1963). The actualizing tendency in relation to "mo-tives" and to consciousness. In M. R. Jones (Ed.), *Nebraska symposium on motivation* (Vol. 11, pp. 1 – 24). Lincoln: University of Nebraska Press.

Rogers, C. R. (1969). *Freedom to learn.* Columbus, OH: Merrill.

Rogers, C. R. , & Freiberg, H. J. (1994). *Freedom to learn* (3rd ed.). Columbus, OH: Merrill/Prentice Hall.

Rogoff, B. (1986). Adult assistance of children's learning. In T. E. Raphael (Ed.), *The contexts of school-based literacy* (pp. 27 – 40). New York, NY: Random House.

Rogoff, B. (1990). *Apprenticeship in thinking: Cognitive develop-ment in the social context.* New York, NY: Oxford University Press.

Rohrbeck, C. A. , Ginsburg-Block, M. D. , Fantuzzo, J. W. , & Miller, T. R. (2003). Peer-assisted learning interventions with elementary school students: A meta-analytic review. *Journal of Educational Psychology*, *95*, 240 – 257.

Rohrer, D. , & Pashler, H. (2010). Recent research on human learning challenges conventional instructional strategies. *Educational Researcher*, *39*, 406 – 412.

Rohrkemper, M. M. (1989). Self-regulated learning and academic achievement: A Vygotskian view. In B. J. Zimmerman & D. H. Schunk (Eds.), *Self-regulated learning and academic achieve-ment: Theory, research, and practice* (pp. 143 – 167). New York, NY: Springer-Verlag.

Rolland, R. G. (2012). Synthesizing the evidence on classroom goal structures in middle and secondary schools: A meta-analysis and narrative review. *Review of Educational Research*, *82*, 396 – 435.

Romberg, T. A. , & Carpenter, T. P. (1986). Research on teaching and learning mathematics: Two disciplines of scientific inquiry. In M. C. Wittrock (Ed.), *Handbook of research on teaching* (3rd ed., pp. 850 – 873). New York, NY: Macmillan.

Root-Bernstein, R. S. (1988). Setting the stage for discovery. *The Sciences*, *28*(3), 26 – 34.

Rosch, E. (1973). Natural categories. *Cognitive Psychology*, *4*, 328 – 350.

Rosch, E. (1975). Cognitive representations of semantic categories. *Journal of Experimental Psychology: General*, *104*, 192 – 233.

Rosch, E. (1978). Principles of categorization. In E. Rosch & B. Lloyd (Eds.), *Cognition and categorization* (pp. 9 – 31). Hillsdale, NJ: Erlbaum.

Roscoe, R. D., & Chi, M. T. H. (2007). Understanding tutor learn-ing: Knowledge-building and knowledge-telling in peer tutors' explanations and questions. *Review of Educational Research*, *77*, 534 – 574.

Rose, S. P. R. (1998). Memory: Biological basis. In R. L. Gregory (Ed.), *The Oxford companion to the mind* (pp. 456 – 460). Oxford, England: Oxford University Press.

Rosen, B., & D'Andrade, R. C. (1959). The psychosocial origins of achievement motivation. *Sociometry*, *22*, 185 – 218.

Rosenholtz, S. J., & Rosenholtz, S. H. (1981). Classroom organization and the perception of ability. *Sociology of Education*, *54*, 132 – 140.

Rosenholtz, S. J., & Simpson, C. (1984). The formation of abil-ity conceptions: Developmental trend or social construction? *Review of Educational Research*, *54*, 31 – 63.

Rosenshine, B., & Stevens, R. (1986). Teaching functions. In M. C. Wittrock (Ed.), *Handbook of research on teaching* (3rd ed., pp. 376 – 391). New York, NY: Macmillan.

Rosenstock, I. M. (1974). The health belief model and preventive health behavior. *Health Education Monographs*, *2*, 354 – 386.

Rosenthal, R. (1974). *On the social psychology of the self-fulfilling prophecy: Further evidence for Pygmalion effects and their me-diating mechanisms*. New York, NY: MSS Modular.

Rosenthal, R. (2002). Covert communication in classrooms, clinics, courtrooms, and cubicles. *American Psychologist*, *57*, 839 – 849.

Rosenthal, R., & Jacobson, L. (1968). *Pygmalion in the classroom*. New York, NY: Holt, Rinehart & Winston.

Rosenthal, T. L., & Bandura, A. (1978). Psychological modeling: Theory and practice. In S. L. Garfield & A. E. Bergin (Eds.), *Handbook of psychotherapy and behavior change: An empiri-cal analysis* (2nd ed., pp. 621 – 658). New York, NY: Wiley.

Rosenthal, T. L., & Zimmerman, B. J. (1978). *Social learning and cognition*. New York, NY: Academic Press.

Ross, S. M., McCormick, D., Krisak, N., & Anand, P. (1985). Personalizing context in teaching mathematical concepts: Teacher-managed and computer-assisted models. *Educational Communication and Technology Journal*, *33*, 169 – 178.

Rotter, J. B. (1966). Generalized expectancies for internal versus external control of reinforcement. *Psychological Monographs*, *80*(1, Whole No. 609).

Royer, J. M. (1986). Designing instruction to produce understand-ing: An approach based on cognitive theory. In G. D. Phye & T. Andre (Eds.), *Cognitive classroom learning: Understanding, thinking, and problem solving* (pp. 83 – 113). Orlando, FL: Academic Press.

Royer, J. M., Tronsky, L. N., Chan, Y., Jackson, S. J., & Marchant, H., III. (1999). Math-fact retrieval as the cognitive mecha-nism underlying gender differences in math test performance. *Contemporary Educational Psychology*, *24*, 181 – 266.

Ruble, D. N. (1983). The development of social-comparison pro-cesses and their role in achievement-related self-socialization. In E. T. Higgins, D. N. Ruble, & W. Hartup (Eds.), *Social

cognition and social development (pp. 134 – 157). New York, NY: Cambridge University Press.

Ruble, D. N., Boggiano, A. K., Feldman, N. S., & Loebl, J. H. (1980). Developmental analysis of the role of social compari-son in self-evaluation. *Developmental Psychology*, *16*, 105 – 115.

Ruble, D. N., Feldman, N. S., & Boggiano, A. K. (1976). Social comparison between young children in achievement situa-tions. *Developmental Psychology*, *12*, 191 – 197.

Rumberger, R. W. (2010). *Dropping out of school.* Cambridge, MA: Harvard University Press.

Rumberger, R. W., & Lim, S. A. (2008). *Why students drop out of school.* Santa Barbara, CA: California Dropout Research Project. Retrieved January 10, 2010, from http://www. lmri. ucsb. edu/ dropouts

Rumelhart, D. E. (1975). Notes on a schema for stories. In D. G. Bobrow & A. M. Collins (Eds.), *Representation and un-derstanding: Studies in cognitive science* (pp. 211 – 236). New York, NY: Academic Press.

Rumelhart, D. E. (1977). Understanding and summarizing brief stories. In D. Laberge & S. J. Samuels (Eds.), *Basic processes in reading* (pp. 265 – 303). Hillsdale, NJ: Erlbaum.

Rumelhart, D. E., & McClelland, J. L. (1986). *Parallel distributed processing: Explorations in the microstructure of cognition.* Cambridge, MA: MIT Press.

Rumelhart, D. E., & Norman, D. A. (1978). Accretion, tuning, and restructuring: Three modes of learning. In J. W. Cotton & R. L. Klatzky (Eds.), *Semantic factors in cognition* (pp. 37 – 53). Hillsdale, NJ: Erlbaum.

Rundus, D. (1971). Analysis of rehearsal processes in free recall. *Journal of Experimental Psychology*, *89*, 63 – 77.

Rundus, D., & Atkinson, R. C. (1970). Rehearsal processes in free recall: A procedure for direct observation. *Journal of Verbal Learning and Verbal Behavior*, *9*, 99 – 105.

Ryan, A. M. (2000). Peer groups as a context for the socialization of adolescents' motivation, engagement, and achievement in school. *Educational Psychologist*, *35*, 101 – 111.

Ryan, A. M. (2001). The peer group as a context for the develop-ment of young adolescents' motivation and achievement. *Child Development*, *72*, 1135 – 1150.

Ryan, A. M., Gheen, M. H., & Midgley, C. (1998). Why do some students avoid asking for help? An examination of the interplay among students' academic efficacy, teachers' social-emotional role, and the classroom goal structure. *Journal of Educational Psychology*, *90*, 528 – 535.

Ryan, R. M., Connell, J. P., & Deci, E. L. (1985). A motivational analysis of self-determination and self-regulation in education. In C. Ames & R. Ames (Eds.), *Research on motivation in edu-cation* (Vol. 2, pp. 13 – 51). Orlando, FL: Academic Press.

Ryan, R. M., & Deci, E. L. (2000). Self-determination theory and the facilitation of intrinsic motivation, social development, and well-being. *American Psychologist*, *55*, 68 – 78.

Ryan, R. M., & Deci, E. L. (2009). Promoting self-determined school engagement: Motivation, learning, and well-being. In K. R. Wentzel & A. Wigfield (Eds.), *Handbook of motivation at school* (pp. 171 – 195). New York, NY: Routledge.

Ryan, R. M., & Powelson, C. L. (1991). Autonomy and related-ness as fundamental to motivation and education. *Journal of Experimental Education*, *60*, 49 – 66.

Sadoski, M., & Paivio, A. (2001). *Imagery and text: A dual coding theory of reading and writing.* Mahwah, NJ: Erlbaum.

Sage, N. A., & Kindermann, T. A. (1999). Peer networks, behav-ior contingencies, and children's engagement in the classroom. *Merrill-Palmer Quarterly*, *45*, 143 – 171.

Sagotsky, G. , Patterson, C. J. , & Lepper, M. R. (1978). Training children's self-control: A field experiment in self-monitoring and goal-setting in the classroom. *Journal of Experimental Child Psychology*, *25*, 242 – 253.

Sakitt, B. (1976). Iconic memory. *Psychological Review*, *83*, 257 – 276.

Sakitt, B. , & Long, G. M. (1979). Spare the rod and spoil the icon. *Journal of Experimental Psychology: Human Perception and Performance*, *5*, 19 – 30.

Sakiz, G. (2011). Mastery and performance approach goal ori-entations in relation to academic self-efficacy belies and aca-demic help seeking behaviors of college students in Turkey. *Educational Research*, *2*, 771 – 778.

Salden, R. J. C. M. , Koedinger, K. R. , Renkl, A. , Aleven, V. , & McLaren, B. M. (2010). Accounting for beneficial effects of worked examples in tutored problem solving. *Educational Psychology Review*, *22*, 379 – 392.

Salomon, G. (1984). Television is "easy" and print is "tough": The differential investment of mental effort in learning as a func-tion of perceptions and attributions. *Journal of Educational Psychology*, *76*, 647 – 658.

Salomon, G. , & Perkins, D. N. (1989). Rocky roads to trans-fer: Rethinking mechanisms of a neglected phenomenon. *Educational Psychologist*, *24*, 113 – 142.

Sandoval, J. (1995). Teaching in subject matter areas: Science. *Annual Review of Psychology*, *46*, 355 – 374.

Scheiter, K. , & Gerjets, P. (2007). Learner control in hypermedia environments. *Educational Psychology Review*, *19*, 285 – 307.

Schiefele, U. (1996). Topic interest, text representation, and quality of experience. *Contemporary Educational Psychology*, *21*, 3 – 18.

Schiefele, U. (2009). Situational and individual interest. In K. R. Wentzel & A. Wigfield (Eds.), *Handbook of motivation at school* (pp. 197 – 222). New York: Routledge.

Schmidt, M. E. , & Vandewater, E. A. (2008). Media and attention, cognition, and school achievement. *The Future of Children*, *18*(1), 63 – 85.

Schmidt, R. A. (1975). A schema theory of discrete motor skill learning. *Psychological Review*, *82*, 225 – 260.

Schnotz, W. , & Kürschner, C. (2007). A reconsideration of cogni-tive load theory. *Educational Psychology Review*, *19*, 469 – 508.

Schoenfeld, A. H. (2006). Mathematics teaching and learning. In P. A. Alexander & P. H. Winne (Eds.), *Handbook of educational psychology* (2nd ed. , pp. 479 – 510). Mahwah, NJ: Erlbaum.

Schraw, G. (2010). Measuring self-regulation in computer-based learning environments. *Educational Psychology Review*, *45*, 258 – 266.

Schraw, G. , & Lehman, S. (2001). Situational interest: A review of the literature and directions for future research. *Educational Psychology Review*, *13*, 23 – 52.

Schraw, G. , & Moshman, D. (1995). Metacognitive theories. *Educational Psychology Review*, *7*, 351 – 371.

Schuh, K. L. (2003). Knowledge construction in the learner-centered classroom. *Journal of Educational Psychology*, *95*, 426 – 442.

Schüler, A. , Scheiter, K. , & van Genuchten, E. (2011). The role of working memory in multimedia instruction: Is working memory working during learning from text and pictures? *Educational*

Psychology Review, *23*, 389 – 411.

Schultz, W. (2006). Behavioral theories and the neurophysiology of reward. *Annual Review of Psychology*, *57*, 87 – 115.

Schunk, D. H. (1981). Modeling and attributional effects on children's achievement: A self-efficacy analysis. *Journal of Educational Psychology*, *73*, 93 – 105.

Schunk, D. H. (1982a). Effects of effort attributional feedback on children's perceived self-efficacy and achievement. *Journal of Educational Psychology*, *74*, 548 – 556.

Schunk, D. H. (1982b). Verbal self-regulation as a facilitator of children's achievement and self-efficacy. *Human Learning*, *1*, 265 – 277.

Schunk, D. H. (1983a). Ability versus effort attributional feedback: Differential effects on self-efficacy and achievement. *Journal of Educational Psychology*, *75*, 848 – 856.

Schunk, D. H. (1983b). Developing children's self-efficacy and skills: The roles of social comparative information and goal set-ting. *Contemporary Educational Psychology*, *8*, 76 – 86.

Schunk, D. H. (1983c). Goal difficulty and attainment information: Effects on children's achievement behaviors. *Human Learning*, *2*, 107 – 117.

Schunk, D. H. (1983d). Progress self-monitoring: Effects on chil-dren's self-efficacy and achievement. *Journal of Experimental Education*, *51*, 89 – 93.

Schunk, D. H. (1983e). Reward contingencies and the de-velopment of children's skills and self-efficacy. *Journal of Educational Psychology*, *75*, 511 – 518.

Schunk, D. H. (1984a). Enhancing self-efficacy and achievement through rewards and goals: Motivational and informational ef-fects. *Journal of Educational Research*, *78*, 29 – 34.

Schunk, D. H. (1984b). Sequential attributional feedback and children's achievement behaviors. *Journal of Educational Psychology*, *76*, 1159 – 1169.

Schunk, D. H. (1985). Participation in goal setting: Effects on self-efficacy and skills of learning disabled children. *Journal of Special Education*, *19*, 307 – 317.

Schunk, D. H. (1986). Verbalization and children's self-regulated learning. *Contemporary Educational Psychology*, *11*, 347 – 369.

Schunk, D. H. (1987). Peer models and children's behavioral change. *Review of Educational Research*, *57*, 149 – 174.

Schunk, D. H. (1990). Goal setting and self-efficacy during self-regulated learning. *Educational Psychologist*, *25*, 71 – 86.

Schunk, D. H. (1995). Self-efficacy and education and instruction. In J. E. Maddux (Ed.), *Self-efficacy, adaptation, and adjust-ment: Theory, research, and applications* (pp. 281 – 303). New York, NY: Plenum.

Schunk, D. H. (1996). Goal and self-evaluative influences dur-ing children's cognitive skill learning. *American Educational Research Journal*, *33*, 359 – 382.

Schunk, D. H. (1999). Social-self interaction and achievement be-havior. *Educational Psychologist*, *34*, 219 – 227.

Schunk, D. H. (2001). Social cognitive theory and self-regulated learning. In B. J. Zimmerman & D. H. Schunk (Eds.), *Self-regulated learning and academic achievement: Theoretical perspectives* (2nd ed., pp. 125 – 151). Mahwah, NJ: Erlbaum.

Schunk, D. H. (2008). Attributions as motivators of self-regulated learning. In D. H. Schunk & B. J. Zimmerman (Eds.), *Motivation and self-regulated learning: Theory, research, and applications* (pp. 245 – 266). New York: Taylor & Francis.

Schunk, D. H. (2012). Social cognitive theory. In K. R. Harris, S. Graham, & T. Urdan (Eds.), *APA educational psychology hand-book. Vol. 1: Theories, constructs, and critical issues* (pp. 101 – 123). Washington, DC: American Psychological Association.

Schunk, D. H., & Cox, P. D. (1986). Strategy training and attri-butional feedback with learning disabled students. *Journal of Educational Psychology*, *78*, 201 – 209.

Schunk, D. H., & Ertmer, P. A. (1999). Self-regulatory processes during computer skill acquisition: Goal and self-evaluative influences. *Journal of Educational Psychology*, *91*, 251 – 260.

Schunk, D. H., & Ertmer, P. A. (2000). Self-regulation and aca-demic learning: Self-efficacy enhancing interventions. In M. Boekaerts, P. R. Pintrich, & M. Zeidner (Eds.), *Handbook of self-regulation* (pp. 631 – 649). San Diego, CA: Academic Press.

Schunk, D. H., & Gunn, T. P. (1986). Self-efficacy and skill devel-opment: Influence of task strategies and attributions. *Journal of Educational Research*, *79*, 238 – 244.

Schunk, D. H., & Hanson, A. R. (1985). Peer models: Influence on children's self-efficacy and achievement. *Journal of Educational Psychology*, *77*, 313 – 322.

Schunk, D. H., & Hanson, A. R. (1989a). Influence of peer-model attributes on children's beliefs and learning. *Journal of Educational Psychology*, *81*, 431 – 434.

Schunk, D. H., & Hanson, A. R. (1989b). Self-modeling and children's cognitive skill learning. *Journal of Educational Psychology*, *81*, 155 – 163.

Schunk, D. H., Hanson, A. R., & Cox, P. D. (1987). Peer-model attributes and children's achievement behaviors. *Journal of Educational Psychology*, *79*, 54 – 61.

Schunk, D. H., Meece, J. L., & Pintrich, P. R. (2014). *Motivation in education: Theory, research, and applications* (4th ed.). Boston, MA: Pearson Education.

Schunk, D. H., & Miller, S. D. (2002). Self-efficacy and adoles-cents' motivation. In F. Pajares & T. Urdan (Eds.), *Academic motivation of adolescents* (pp. 29 – 52). Greenwich, CT: Information Age.

Schunk, D. H., & Mullen, C. A. (2013). Toward a conceptual model of mentoring research: Integration with self-regulated learning. *Educational Psychology Review*, *25*, 361 – 389.

Schunk, D. H., & Pajares, F. (2002). The development of academic self-efficacy. In A. Wigfield & J. S. Eccles (Eds.), *Development of academic motivation* (pp. 15 – 31). San Diego, CA: Academic Press.

Schunk, D. H., & Pajares, F. (2005). Competence perceptions and academic functioning. In A. J. Elliot & C. S. Dweck (Eds.), *Handbook of competence and motivation* (pp. 85 – 104). New York, NY: Guilford Press.

Schunk, D. H., & Pajares, F. (2009). Self-efficacy theory. In K. R. Wentzel & A. Wigfield (Eds.), *Handbook of motivation at school* (pp. 35 – 53). New York, NY: Routledge.

Schunk, D. H., & Rice, J. M. (1986). Extended attributional feed-back: Sequence effects during remedial reading instruction. *Journal of Early Adolescence*, *6*, 55 – 66.

Schunk, D. H., & Rice, J. M. (1987). Enhancing comprehension skill and self-efficacy with strategy value information. *Journal of Reading Behavior*, *19*, 285 – 302.

Schunk, D. H., & Rice, J. M. (1989). Learning goals and children's reading comprehension. *Journal of Reading Behavior*, *21*, 279 – 293.

Schunk, D. H., & Rice, J. M. (1991). Learning goals and progress feedback during reading comprehension instruction. *Journal of Reading Behavior*, *23*, 351 – 364.

Schunk, D. H., & Rice, J. M. (1993). Strategy fading and progress feedback: Effects on self-

efficacy and comprehension among students receiving remedial reading services. *Journal of Special Education*, *27*, 257 – 276.

Schunk, D. H. , & Richardson, K. (2011). Motivation and self-efficacy in mathematics education. In D. J. Brahier & W. R. Speer (Eds.), *Motivation and disposition: Pathways to learning mathematics* (pp. 13 – 30). Reston, VA: National Council of Teachers of Mathematics.

Schunk, D. H. , & Swartz, C. W. (1993a). Goals and progress feedback: Effects on self-efficacy and writing achievement. *Contemporary Educational Psychology*, *18*, 337 – 354.

Schunk, D. H. , & Swartz, C. W. (1993b). Writing strategy instruc-tion with gifted students: Effects of goals and feedback on self-efficacy and skills. *Roeper Review*, *15*, 225 – 230.

Schunk, D. H. , & Zimmerman, B. J. (Eds.). (1994). *Self-regulation of learning and performance: Issues and educational applica-tions.* Hillsdale, NJ: Erlbaum.

Schunk, D. H. , & Zimmerman, B. J. (1997). Social origins of self-regulatory competence. *Educational Psychologist*, *32*, 195 – 208.

Schunk, D. H. , & Zimmerman, B. J. (Eds.). (1998). *Self-regulated learning: From teaching to self-reflective practice.* New York: Guilford Press.

Schunk, D. H. , & Zimmerman, B. J. (2006). Competence and control beliefs: Distinguishing the means and ends. In P. A. Alexander & P. H. Winne (Eds.), *Handbook of educational psychology* (2nd ed. , pp. 349 – 367). Mahwah, NJ: Erlbaum.

Schunk, D. H. , & Zimmerman, B. J. (Eds.). (2008). *Motivation and self-regulated learning: Theory, research, and applications.* New York, NY: Taylor & Francis.

Schweinhart, L. J. , & Weikart, D. (1997). *Lasting differences: The High/Scope Perry Preschool curriculum comparison study through age 23.* (Monographs of the High/Scope Educational Research Foundation, 12). Ypsilanti, MI: High/Scope Press.

Schwenck, C. , Bjorklund, D. F. , & Schneider, W. (2007). Factors influencing the incidence of utilization deficiencies and other patterns of recall/strategy-use relations in a strategic memory task. *Child Development*, *78*, 1771 – 1787.

Searle, J. R. (1969). *Speech acts.* Cambridge, England: Cambridge University Press.

Sederberg, P. B. , Howard, M. W. , & Kahana, M. J. (2008). A context-based theory of recency and contiguity in free recall. *Psychological Review*, *115*, 893 – 912.

Seidel, T. , & Shavelson, R. J. (2007). Teaching effectiveness re-search in the past decade: The role of theory and research design in disentangling meta-analysis results. *Review of Educational Research*, *77*, 454 – 499.

Seligman, M. E. P. (1975). *Helplessness: On depression, develop-ment, and death.* San Francisco, CA: Freeman.

Seligman, M. E. P. (1991). *Learned optimism.* New York, NY: Knopf.

Sénéchal, M. , & LeFevre, J. (2002). Parental involvement in the de-velopment of children's reading skill: A five-year longitudinal study. *Child Development*, *73*, 445 – 460.

Seo, K. K.-J. , Pellegrino, D. A. , & Engelhard, C. (2012). *Designing problem-driven instruction with online social media.* Charlotte, NC: Information Age.

Shanks, D. R. (2010). Learning: From association to cognition. *Annual Review of Psychology*, *61*, 273 – 301.

Shaul, M. S. , & Ganson, H. C. (2005). The No Child Left Behind Act of 2001: The federal government's role in strengthening ac-countability for student performance. In L. Parker (Ed.), *Review of Research in Education* (Vol. 29, pp. 151 – 165). Washington, DC: American Educational

Research Association.

Shavelson, R. J. , & Bolus, R. (1982). Self-concept: The interplay of theory and methods. *Journal of Educational Psychology*, *74*, 3 – 17.

Shell, D. F. , Murphy, C. C. , & Bruning, R. H. (1989). Self-efficacy and outcome expectancy mechanisms in reading and writing achievement. *Journal of Educational Psychology*, *81*, 91 – 100.

Shepard, R. N. (1978). The mental image. *American Psychologist*, *33*, 125 – 137.

Shepard, R. N. , & Cooper, L. A. (1983). *Mental images and their transformations.* Cambridge, MA: MIT Press.

Shipman, S. , & Shipman, V. C. (1985). Cognitive styles: Some con-ceptual, methodological, and applied issues. In E. W. Gordon (Ed.), *Review of research in education* (Vol. 12, pp. 229 – 291). Washington, DC: American Educational Research Association.

Shipstead, Z. , Redick, T. S. , & Engle, R. W. (2012). Is working memory training effective? *Psychological Bulletin*, *138*, 628 – 654.

Shore, N. (1997). *Rethinking the brain: New insights into early development.* New York, NY: Families and Work Institute.

Short, E. J. , Friebert, S. E. , & Andrist, C. G. (1990). Individual dif-ferences in attentional processes as a function of age and skill level. *Learning and Individual Differences*, *2*, 389 – 403.

Shuell, T. J. (1986). Cognitive conceptions of learning. *Review of Educational Research*, *56*, 411 – 436.

Shuell, T. J. (1988). The role of the student in learning from in-struction. *Contemporary Educational Psychology*, *13*, 276 – 295.

Shultz, T. R. , & Lepper, M. R. (1996). Cognitive dissonance re-duction as constraint satisfaction. *Psychological Review*, *103*, 219 – 240.

Shute, N. (2009, February). The amazing teen brain. *U. S. News & World Report*, *146*, 37 – 39.

Siegler, R. S. (1989). Mechanisms of cognitive development. *Annual Review of Psychology*, *40*, 353 – 379.

Siegler, R. S. (1991). *Children's thinking* (2nd ed.). Englewood Cliffs, NJ: Prentice Hall.

Siegler, R. S. (2000). The rebirth of children's learning. *Child Development*, *71*, 26 – 35.

Siegler, R. S. (2005). Children's learning. *American Psychologist*, *60*, 769 – 778.

Sigel, I. E. , & Brodzinsky, D. M. (1977). Individual differences: A perspective for understanding intellectual development. In H. Hom & P. Robinson (Eds.), *Psychological processes in early edu-cation* (pp. 295 – 329). New York, NY: Academic Press.

Sigelman, C. K. (2012). Rich man, poor man: Developmental differ-ences in attributions and perceptions. *Journal of Experimental Child Psychology*, *113*, 415 – 429.

Silver, E. A. (1981). Recall of mathematical problem information: Solving related problems. *Journal for Research in Mathematics Education*, *12*, 54 – 64.

Simon, H. A. (1974). How big is a chunk? *Science*, *183*, 482 – 488.

Simon, H. A. (1979). Information processing models of cognition. *Annual Review of Psychology*, *30*, 363 – 396.

Simone, R. , Zhang, L. , & Truman, J. (2010). *Indicators of school crime and safety: 2010.* Washington, DC: U. S. Department of Education, National Center for Education Statistics (NCES 2011-002). Retrieved November 14, 2011, from http://nces. ed. gov

Simpson, T. L. (2002). Dare I oppose constructivist theory? *The Educational Forum*, *66*, 347 – 354.

Sirin, S. R. (2005). Socioeconomic status and academic achieve-ment: A meta-analytic review of research. *Review of Educational Research*, *75*, 417 – 453.

Sitzmann, T. , & Ely, K. (2011). A meta-analysis of self-regulated learning in work-related training and educational attainment: What we know and where we need to go. *Psychological Bulletin*, *137*, 421 – 442.

Sivan, E. (1986). Motivation in social constructivist theory. *Educational Psychologist*, *21*, 209 – 233.

Skinner, B. F. (1938). *The behavior of organisms*. New York, NY: Appleton-Century-Crofts.

Skinner, B. F. (1953). *Science and human behavior*. New York, NY: Free Press.

Skinner, B. F. (1954). The science of learning and the art of teach-ing. *Harvard Educational Review*, *24*, 86 – 97.

Skinner, B. F. (1958). Teaching machines. *Science*, *128*, 969 – 977.

Skinner, B. F. (1961). Why we need teaching machines. *Harvard Educational Review*, *31*, 377 – 398.

Skinner, B. F. (1968). *The technology of teaching*. New York, NY: Appleton-Century-Crofts.

Skinner, B. F. (1970). B. F. Skinner: An autobiography. In P. B. Dews (Ed.), *Festschrift for B. F. Skinner* (pp. 1 – 21). New York, NY: Appleton-Century-Crofts.

Skinner, B. F. (1971). *Beyond freedom and dignity*. New York, NY: Knopf.

Skinner, B. F. (1984). The shame of American education. *American Psychologist*, *39*, 947 – 954.

Skinner, B. F. (1987). Whatever happened to psychology as the science of behavior? *American Psychologist*, *42*, 780 – 786.

Skinner, B. F. (1990). Can psychology be a science of mind? *American Psychologist*, *45*, 1206 – 1210.

Skinner, E. A. , Wellborn, J. G. , & Connell, J. P. (1990). What it takes to do well in school and whether I've got it: A process model of perceived control and children's engagement and achievement in school. *Journal of Educational Psychology*, *82*, 22 – 32.

Slavin, R. E. (1994). *Using team learning* (4th ed.). Baltimore, MD: Johns Hopkins University, Center for Research on Elementary Schools.

Slavin, R. E. (1995). *Cooperative learning* (2nd ed.). Boston, MA: Allyn & Bacon.

Slavin, R. E. , & Cheung, A. (2005). A synthesis of research on language of reading instruction for English language learners. *Review of Educational Research*, *75*, 247 – 284.

Small, G. W. , Moody, T. D. , Siddarth, P. , & Bookheimer, S. Y. (2009). Your brain on Google: Patterns of cerebral activa-tion during Internet searching. *American Journal of Geriatric Psychiatry*, *17*, 116 – 126.

Small, G. W. , & Vorgan, G. (2008). *iBrain: Surviving the tech-nological alteration of the modern mind*. New York, NY: Collins.

Smith, E. E. , & Medin, D. L. (1981). *Categories and concepts*. Cambridge, MA: Harvard University Press.

Smith, E. R. (1996). What do connectionism and social psychology offer each other? *Journal of Personality and Social Psychology*, *70*, 893 – 912.

Smith, P. L. , & Fouad, N. A. (1999). Subject-matter specific-ity of self-efficacy, outcome

expectancies, interests, and goals: Implications for the social-cognitive model. *Journal of Counseling Psychology*, *46*, 461 –471.

Smith, R. E. (1989). Effects of coping skills training on generalized self-efficacy and locus of control. *Journal of Personality and Social Psychology*, *56*, 228 – 233.

Snow, R. E. (1989). Toward assessment of cognitive and conative structures in learning. *Educational Researcher*, *18*(9), 8 – 14.

Snow, R. E., Corno, L., & Jackson, D., III. (1996). Individual dif-ferences in affective and cognative functions. In D. C. Berliner & R. C. Calfee (Eds.), *Handbook of educational psychology* (pp. 243 –310). New York, NY: Macmillan.

Snowman, J. (1986). Learning tactics and strategies. In G. D. Phye & T. Andre (Eds.), *Cognitive classroom learning: Understanding, thinking, and problem solving* (pp. 243 – 275). Orlando, FL: Academic Press.

Snyder, K. E., Nietfeld, J. L., & Linnenbrink-Garcia, L. (2011). Giftedness and metacognition: A short-term longitudinal inves-tigation of metacognitive monitoring in the classroom. *Gifted Child Quarterly*, *55*, 181 – 193.

Spanjers, I. A. E., van Gog, T., & van Merri. nboer, J. J. G. (2010). A theoretical analysis of how segmentation of dynamic visual-izations optimizes students' learning. *Educational Psychology Review*, *22*, 411 –423.

Spence, J. T. (1984). Gender identity and its implications for the concepts of masculinity and femininity. In T. B. Sonderegger (Ed.), *Nebraska Symposium on Motivation*, *1984* (Vol. 32, pp. 59 –95). Lincoln: University of Nebraska Press.

Spera, C. (2005). A review of the relationship among parenting practices, parenting styles, and adolescent school achievement. *Educational Psychology Review*, *17*, 125 – 146.

Sperling, G. (1960). The information available in brief visual pre-sentations. *Psychological Monographs*, *74*(Whole No. 498).

Spilich, G. J., Vesonder, G. T., Chiesi, H. L., & Voss, J. F. (1979). Text-processing of domain-related information for individu-als with high and low domain knowledge. *Journal of Verbal Learning and Verbal Behavior*, *18*, 275 – 290.

Spinath, B., & Steinmayr, R. (2012). The roles of competence be-liefs and goal orientations for change in intrinsic motivation. *Journal of Educational Psychology*, *104*, 1135 – 1148.

Springer, L., Stanne, M. E., & Donovan, S. S. (1999). Effects of small-group learning on undergraduates in science, mathemat-ics, engineering, and technology: A meta-analysis. *Review of Educational Research*, *69*, 21 –51.

Stein, B. S., Littlefield, J., Bransford, J. D., & Persampieri, M. (1984). Elaboration and knowledge acquisition. *Memory & Cognition*, *12*, 522 – 529.

Stein, M., & Carnine, D. (1999). Designing and delivering effec-tive mathematics instruction. In R. J. Stevens (Ed.), *Teaching in American schools* (pp. 245 – 269). Upper Saddle River, NJ: Merrill/Prentice Hall.

Stein, N. L., & Glenn, C. G. (1979). An analysis of story compre-hension in elementary school children. In R. O. Freedle (Ed.), *New directions in discourse processing* (pp. 53 – 120). Norwood, NJ: Ablex.

Stein, N. L., & Trabasso, T. (1982). What's in a story: An approach to comprehension and instruction. In R. Glaser (Ed.), *Advances in instructional psychology* (Vol. 2, pp. 213 – 267). Hillsdale, NJ: Erlbaum.

Steinberg, L. , Brown, B. B. , & Dornbusch, S. M. (1996). *Beyond the classroom*: *Why school reform has failed and what parents need to do.* New York, NY: Simon & Schuster.

Stenhoff, D. M. , & Lignugaris/Kraft, B. (2007). A review of the effects of peer tutoring on students with mild disabilities in secondary settings. *Exceptional Children*, 74, 8 – 30.

Sternberg, R. J. (1986). Cognition and instruction: Why the marriage sometimes ends in divorce. In R. F. Dillon & R. J. Sternberg (Eds.), *Cognition and instruction* (pp. 375 – 382). Orlando, FL: Academic Press.

Sternberg, R. J. , & Grigorenko, E. L. (1997). Are cognitive styles still in style? *American Psychologist*, 52, 700 – 712.

Sternberg, R. J. , & Horvath, J. A. (1995). A prototype view of ex-pert teaching. *Educational Researcher*, 24(6), 9 – 17.

Sternberg, S. (1969). Memory-scanning: Mental processes revealed by reaction-time experiments. *American Scientist*, 57, 421 – 457.

Stipek, D. J. (1996). Motivation and instruction. In D. C. Berliner & R. C. Calfee (Eds.), *Handbook of educational psychology* (pp. 85 – 113). New York, NY: Macmillan.

Stipek, D. J. (2002). Good instruction is motivating. In A. Wigfield & J. S. Eccles (Eds.), *Development of achievement motivation* (pp. 309 – 332). San Diego, CA: Academic Press.

Stipek, D. J. , & Kowalski, P. S. (1989). Learned helplessness in task-orienting versus performance-orienting testing conditions. *Journal of Educational Psychology*, 81, 384 – 391.

Stipek, D. J. , & Ryan, R. H. (1997). Economically disadvantaged preschoolers: Ready to learn but further to go. *Developmental Psychology*, 33, 711 – 723.

Strain, P. S. , Kerr, M. M. , & Ragland, E. U. (1981). The use of peer social initiations in the treatment of social withdrawal. In P. S. Strain (Ed.), *The utilization of classroom peers as behavior change agents* (pp. 101 – 128). New York, NY: Plenum.

Strecher, V. J. , DeVellis, B. M. , Becker, M. H. , & Rosenstock, I. M. (1986). The role of self-efficacy in achieving health behavior change. *Health Education Quarterly*, 13(1), 73 – 91.

Stright, A. D. , Neitzel, C. , Sears, K. G. , & Hoke-Sinex, L. (2001). Instruction begins in the home: Relations between parental instruction and children's self-regulation in the classroom. *Journal of Educational Psychology*, 93, 456 – 466.

Stull, A. T. , & Mayer, R. E. (2007). Learning by doing versus learn-ing by viewing: Three experimental comparisons of learner-generated versus author-provided graphic organizers. *Journal of Educational Psychology*, 99, 808 – 820.

Suppes, P. (1974). The place of theory in educational research. *Educational Researcher*, 3(6), 3 – 10.

Surprenant, A. M. , & Neath, I. (2009). *Principles of memory*: *Essays in cognitive psychology.* New York, NY: Taylor & Francis.

Swanson, H. L. (2008). Working memory and intelligence in chil-dren: What develops? *Journal of Educational Psychology*, 100, 581 – 602.

Swanson, H. L. (2011). Working memory, attention, and math-ematical problem solving: A longitudinal study of elemen-tary school children. *Journal of Educational Psychology*, 103, 821 – 837.

Swanson, H. L. , Howard, C. B. , & Sáez, L. (2006). Do different components of working memory underlie different subgroups of reading disabilities? *Journal of Learning Disabilities*, 39, 252 – 269.

Sweller, J. (2010). Element interactivity and intrinsic, extraneous, and germane cognitive load.

Educational Psychology Review, 22, 123 – 138.

Sweller, J., van Merri. nboer, J. J. G., & Paas, F. (1998). Cognitive architecture and instructional design. *Educational Psychology Review*, 10, 251 – 296.

Sztajn, P., Confrey, J., Wilson, P. H., & Edgington, C. (2012). Learning trajectory based instruction: Toward a theory of teach-ing. *Educational Researcher*, 41, 147 – 156.

Taatgen, N. A. (2013). The nature and transfer of cognitive skills. *Psychological Review*, 120, 439 – 471.

Tallent-Runnels, M. K., Thomas, J. A., Lan, W. Y., Cooper, S., Ahern, T. C., Shaw, S. M., & Liu, X. (2006). Teaching courses online: A review of the research. *Review of Educational Research*, 76, 93 – 135.

Tamim, R. M., Bernard, R. M., Borokhovski, E., Abrami, P. C., & Schmid, R. F. (2011). What forty years of research says about the impact of technology on learning: A second-order meta-analysis and validation study. *Review of Educational Research*, 81, 4 – 28.

Tarde, G. (1903). *The laws of imitation*. New York, NY: Henry Holt.

Tennyson, R. D. (1980). Instructional control strategies and content structure as design variables in concept acquisition using computer-based instruction. *Journal of Educational Psychology*, 72, 525 – 532.

Tennyson, R. D. (1981). Use of adaptive information for advise-ment in learning concepts and rules using computer-assisted instruction. *American Educational Research Journal*, 18, 425 – 438.

Tennyson, R. D., & Park, O. (1980). The teaching of concepts: A review of instructional design research literature. *Review of Educational Research*, 50, 55 – 70.

Tennyson, R. D., Steve, M. W., & Boutwell, R. C. (1975). Instance sequence and analysis of instance attribute representation in concept acquisition. *Journal of Educational Psychology*, 67, 821 – 827.

Terry, W. S. (2009). *Learning and memory: Basic principles, pro-cesses, and procedures* (4th ed.). Boston: Allyn & Bacon.

Tharp, R. G. (1989). Psychocultural variables and constants: Effects on teaching and learning in schools. *American Psychologist*, 44, 349 – 359.

Tharp, R. G., & Gallimore, R. (1988). *Rousing minds to life: Teaching, learning, and schooling in social context*. New York, NY: Cambridge University Press.

Thelen, M. H., Fry, R. A., Fehrenbach, P. A., & Frautschi, N. M. (1979). Therapeutic videotape and film modeling: A review. *Psychological Bulletin*, 86, 701 – 720.

Thompson, V. A., Turner, J. A. P., & Pennycook, G. (2011). Intuition, reason, and metacognition. *Cognitive Psychology*, 63, 107 – 140.

Thomson, D. M., & Tulving, E. (1970). Associative encoding and retrieval: Weak and strong cues. *Journal of Experimental Psychology*, 86, 255 – 262.

Thorndike, E. L. (1906). *The principles of teaching: Based on psy-chology*. New York, NY: A. G. Seiler.

Thorndike, E. L. (1911). *Animal intelligence: Experimental stud-ies*. New York, NY: Macmillan.

Thorndike, E. L. (1912). *Education: A first book*. New York, NY: Macmillan.

Thorndike, E. L. (1913a). *Educational psychology: Vol. 1. The orig-inal nature of man*. New York, NY: Teachers College Press.

Thorndike, E. L. (1913b). *Educational psychology: Vol. 2. The psy-chology of learning*. New

York, NY: Teachers College Press.

Thorndike, E. L. (1914). *Educational psychology: Vol. 3. Mental work and fatigue and individual differences and their causes.* New York, NY: Teachers College Press.

Thorndike, E. L. (1924). Mental discipline in high school studies. *Journal of Educational Psychology, 15*, 1 – 22, 83 – 98.

Thorndike, E. L. (1927). The law of effect. *American Journal of Psychology, 39*, 212 – 222.

Thorndike, E. L. (1932). *The fundamentals of learning.* New York, NY: Teachers College Press.

Thorndike, E. L., & Gates, A. I. (1929). *Elementary principles of education.* New York, NY: Macmillan.

Thorndike, E. L., & Woodworth, R. S. (1901). The influence of im-provement in one mental function upon the efficiency of other functions. *Psychological Review, 8*, 247 – 261, 384 – 395, 553 – 564.

Thorndyke, P. W., & Hayes-Roth, B. (1979). The use of sche-mata in the acquisition and transfer of knowledge. *Cognitive Psychology, 11*, 82 – 106.

Tiedemann, J. (1989). Measures of cognitive styles: A critical re-view. *Educational Psychologist, 24*, 261 – 275.

Timberlake, W., & Farmer-Dougan, V. A. (1991). Reinforcement in applied settings: Figuring out ahead of time what will work. *Psychological Bulletin, 110*, 379 – 391.

Titchener, E. B. (1909). *Lectures on the experimental psychology of the thought processes.* New York, NY: Macmillan.

Tolman, E. C. (1932). *Purposive behavior in animals and men.* New York, NY: Appleton-Century-Crofts. (Reprinted 1949, 1951, University of California Press, Berkeley, CA)

Tolman, E. C. (1942). *Drives toward war.* New York, NY: Appleton-Century-Crofts.

Tolman, E. C. (1949). There is more than one kind of learning. *Psychological Review, 56*, 144 – 155.

Tolman, E. C. (1951). *Collected papers in psychology.* Berkeley: University of California Press.

Tolman, E. C. (1959). Principles of purposive behavior. In S. Koch (Ed.), *Psychology: A study of a science* (Vol. 2, pp. 92 – 157). New York, NY: McGraw-Hill.

Tolman, E. C., Ritchie, B. F., & Kalish, D. (1946a). Studies in spatial learning. I. Orientation and the short-cut. *Journal of Experimental Psychology, 36*, 13 – 24.

Tolman, E. C., Ritchie, B. F., & Kalish, D. (1946b). Studies in spatial learning. II. Place learning versus response learning. *Journal of Experimental Psychology, 36*, 221 – 229.

Tolson, J. (2006, October 23). Is there room for the soul? New challenges to our most cherished beliefs about self and the human spirit. *U. S. News & World Report, 141*, 56 – 63.

Tracey, T. J. G. (2002). Development of interests and competency beliefs: A 1-year longitudinal study of fifth- to eighth-grade students using the ICA-R and structural equation modeling. *Journal of Counseling Psychology, 49*, 148 – 163.

Trautwein, U., Lüdtke, O., Marsh, H. W., K. ller, O., & Baumert, J. (2006). Tracking, grading, and student motivation: Using group composition and status to predict self-concept and interest in ninth-grade mathematics. *Journal of Educational Psychology, 98*, 788 – 806.

Trautwein, U., Lüdtke, O., Marsh, H. W., & Nagy, G. (2009). Within-school social comparison: How students perceive the standing of their class predicts academic self-concept. *Journal of Educational Psychology, 101*, 853 – 866.

Trautwein, U. , Marsh, H. W. , Nagengast, B. , Lüdtke, O. , Nagy, G. , & Jonkmann, K. (2012). Probing for the multiplicative term in modern expectancy-value theory: A latent interaction model-ing study. *Journal of Educational Psychology*, *104*, 763 – 777.

Trawick-Smith, J. (2003). *Early childhood development: A multi-cultural perspective* (3rd ed.). Upper Saddle River, NJ: Merrill/ Prentice Hall.

Treffinger, D. J. (1985). Review of the Torrance Tests of Creative Thinking. In J. Mitchell (Ed.), *Ninth Mental Measurements Yearbook* (pp. 1633 – 1634). Lincoln, NE: Buros Institute of Mental Measurement.

Treffinger, D. J. (1995). Creative problem solving: Overview and educational implications. *Educational Psychology Review*, *7*, 301 – 312.

Treffinger, D. J. , & Isaksen, S. G. (2005). Creative problem solv-ing: The history, development, and implications for gifted education and talent development. *Gifted Child Quarterly*, *49*, 342 – 353.

Treisman, A. M. (1960). Contextual cues in selective listening. *Quarterly Journal of Experimental Psychology*, *12*, 242 – 248.

Treisman, A. M. (1964). Verbal cues, language, and meaning in se-lective attention. *American Journal of Psychology*, *77*, 206 – 219.

Treisman, A. M. (1992). Perceiving and re-perceiving objects. *American Psychologist*, *47*, 862 – 875.

Treisman, A. M. , & Gelade, G. (1980). A feature-integration theory of attention. *Cognitive Psychology*, *12*, 97 – 136.

Tschannen-Moran, M. , Woolfolk Hoy, A. , & Hoy, W. K. (1998). Teacher efficacy: Its meaning and measure. *Review of Educational Research*, *68*, 202 – 248.

Tucker, D. M. , & Luu, P. (2007). Neurophysiology of motivated learning: Adaptive mechanisms underlying cognitive bias in depression. *Cognitive Therapy and Research*, *31*, 189 – 209.

Tudge, J. R. H. , & Scrimsher, S. (2003). Lev S. Vygotsky on edu-cation: A cultural-historical, interpersonal, and individual ap-proach to development. In B. J. Zimmerman & D. H. Schunk (Eds.), *Educational psychology: A century of contributions* (pp. 207 – 228). Mahwah, NJ: Erlbaum.

Tudge, J. R. H. , & Winterhoff, P. A. (1993). Vygotsky, Piaget, and Bandura: Perspectives on the relations between the social world and cognitive development. *Human Development*, *36*, 61 – 81.

Tulving, E. (1974). Cue-dependent forgetting. *American Scientist*, *62*, 74 – 82.

Tulving, E. (1983). *Elements of episodic memory*. Oxford, England: Clarendon Press.

Tuovinen, J. E. , & Sweller, J. (1999). A comparison of cognitive load associated with discovery learning and worked examples. *Journal of Educational Psychology*, *91*, 334 – 341.

Tweney, R. D. , & Budzynski, C. A. (2000). The scientific status of American psychology in 1900. *American Psychologist*, *55*, 1014 – 1017.

Ullmann, L. P. , & Krasner, L. (1965). *Case studies in behavior modification*. New York, NY: Holt, Rinehart & Winston.

Ulrich, R. , Stachnik, T. , & Mabry, J. (1966). *Control of human be-havior*. Glenview, IL: Scott, Foresman.

Underwood, B. J. (1961). Ten years of massed practice on distrib-uted practice. *Psychological Review*, *68*, 229 – 247.

Underwood, B. J. (1983). *Attributes of memory*. Glenview, IL: Scott, Foresman.

Unsworth, N. , & Engle, R. W. (2007). The nature of individual dif-ferences in working memory capacity: Active maintenance in primary memory and controlled search from secondary memory. *Psychological Review*, *114*, 104 – 132.

Valentine, C. W. (1930a). The innate base of fear. *Journal of Genetic Psychology*, *37*, 394 – 419.

Valentine, C. W. (1930b). The psychology of imitation with spe-cial reference to early childhood. *British Journal of Psychology*, *21*, 105 – 132.

Valentine, J. C. , Cooper, H. , Bettencourt, B. A. , & DuBois. D. L. (2002). Out-of-school activities and academic achievement: The mediating role of self-beliefs. *Educational Psychologist*, *37*, 245 – 256.

Valentine, J. C. , DuBois, D. L. , & Cooper, H. (2004). The rela-tion between self-beliefs and academic achievement: A meta-analytic review. *Educational Psychologist*, *39*, 111 – 133.

Vandell, D. L. (2000). Parents, peer groups, and other socializing influences. *Developmental Psychology*, *36*, 699 – 710.

van Gog, T. , Paas, F. , Marcus, N. , Ayres, P. , & Sweller, J. (2009). The mirror neuron system and observational learning: Implications for the effectiveness of dynamic visualizations. *Educational Psychology Review*, *21*, 21 – 30.

van Gog, T. , & Rummel, N. (2010). Example-based learning: Integrating cognitive and social-cognitive research perspec-tives. *Educational Psychology Review*, *22*, 155 – 174.

van Laar, C. (2000). The paradox of low academic achievement but high self-esteem in African American students: An attri-butional account. *Educational Psychology Review*, *12*, 33 – 61.

VanLehn, K. (1996). Cognitive skill acquisition. *Annual Review of Psychology*, *47*, 513 – 539.

VanLehn, K. (2011). The relative effectiveness of human tutor-ing, intelligent tutoring systems, and other tutoring systems. *Educational Psychologist*, *46*, 197 – 221.

van Merriënboer, J. J. G. , Kirschner, P. A. , & Kester, L. (2003). Taking the load off a learner's mind: Instructional design for complex learning. *Educational Psychologist*, *38*, 5 – 13.

van Merri. nboer, J. J. G. , & Sweller, J. (2005). Cognitive load the-ory and complex learning: Recent developments and future directions. *Educational Psychology Review*, *17*, 147 – 177.

Varma, S. , McCandliss, B. D. , & Schwartz, D. L. (2008). Scientific and pragmatic challenges for bridging education and neurosci-ence. *Educational Researcher*, *37*, 140 – 152.

Vekiri, I. (2002). What is the value of graphical displays in learn-ing? *Educational Psychology Review*, *14*, 261 – 312.

Vellutino, F. R. , & Denckla, M. B. (1996). Cognitive and neuro-psychological foundations of word identification in poor and normally developing readers. In R. Barr, M. L. Kamil, P. B. Mosenthal, & P. D. Pearson (Eds.), *Handbook of reading re-search* (Vol. 2, pp. 571 – 608). Mahwah, NJ: Erlbaum.

Verdi, M. P. , & Kulhavy, R. W. (2002). Learning with maps and texts: An overview. *Educational Psychology Review*, *14*, 27 – 46.

Vispoel, W. P. (1995). Self-concept in artistic domains: An ex-tension of the Shavelson, Hubner, and Stanton (1976) model. *Journal of Educational Psychology*, *87*, 134 – 153.

Voelkl, K. E. (1997). Identification with school. *American Journal of Education*, *105*, 294 – 318.

Volet, S. , Vauras, M. , & Salonen, P. (2009). Self- and social regulation in learning contexts: An integrative perspective. *Educational Psychologist*, *44*, 215 – 226.

Vollmeyer, R., & Rheinberg, F. (2006). Motivational effects on self-regulated learning with different tasks. *Educational Psychology Review*, *18*, 239 – 253.

Voss, J. F., Wiley, J., & Carretero, M. (1995). Acquiring intellectual skills. *Annual Review of Psychology*, *46*, 155 – 181.

Vygotsky, L. (1962). *Thought and language*. Cambridge, MA: MIT Press.

Vygotsky, L. (1978). *Mind in society: The development of higher psychological processes*. Cambridge, MA: Harvard University Press.

Vygotsky, L. (1987). *The collected works of L. S. Vygotsky: Vol. 1. Problems of general psychology* (R. W. Rieber & A. S. Carton, Vol. Eds.; N. Minick, Trans.). New York, NY: Plenum.

Wadsworth, B. J. (1996). *Piaget's theory of cognitive and affective development* (5th ed.). White Plains, NY: Longman.

Wallas, G. (1921). *The art of thought*. New York, NY: Harcourt, Brace, & World.

Wallis, C. (2004, May 10). What makes teens tick. *Time*, *163*, 56 – 62, 65.

Wang, S. -H., & Morris, R. G. M. (2010). Hippocampal-neurocortical interactions in memory formation, consolidation, and recon-solidation. *Annual Review of Psychology*, *61*, 49 – 79.

Washington, V., & Bailey, U. J. O. (1995). *Project Head Start: Models and strategies for the twenty-first century*. New York, NY: Garland.

Wason, P. C. (1966). Reasoning. In B. M. Foss (Ed.), *New hori-zons in psychology* (pp. 135 – 151). Harmondsworth, England: Penguin.

Wason, P. C., & Johnson-Laird, P. N. (1972). *The psychology of deduction: Structure and content*. Cambridge, MA: Harvard University Press.

Watson, J. B. (1916). The place of the conditioned-reflex in psy-chology. *Psychological Review*, *23*, 89 – 116.

Watson, J. B. (1924). *Behaviorism*. New York, NY: Norton.

Watson, J. B. (1926a). Experimental studies on the growth of the emotions. In C. Murchison (Ed.), *Psychologies of 1925* (pp. 37 – 57). Worcester, MA: Clark University Press.

Watson, J. B. (1926b). What the nursery has to say about in-stincts. In C. Murchison (Ed.), *Psychologies of 1925* (pp. 1 – 35). Worcester, MA: Clark University Press.

Watson, J. B., & Rayner, R. (1920). Conditioned emotional reac-tions. *Journal of Experimental Psychology*, *3*, 1 – 14.

Webley, K. (2013, June 17). A is for adaptive. *Time*, *181*(23), 40 – 45.

Weiner, B. (1979). A theory of motivation for some classroom ex-periences. *Journal of Educational Psychology*, *71*, 3 – 25.

Weiner, B. (1985). An attributional theory of achievement motiva-tion and emotion. *Psychological Review*, *92*, 548 – 573.

Weiner, B. (1990). History of motivational research in education. *Journal of Educational Psychology*, *82*, 616 – 622.

Weiner, B. (1992). *Human motivation: Metaphors, theories, and research*. Newbury Park, CA: Sage.

Weiner, B. (2000). Intrapersonal and interpersonal theories of motivation from an attributional perspective. *Educational Psychology Review*, *12*, 1 – 14.

Weiner, B. (2004). Attribution theory revisited: Transforming cul-tural plurality into theoretical unity. In D. M. McInerney & S. Van Etten (Eds.), *Big theories revisited* (pp. 13 – 29). Greenwich,

CT: Information Age.

Weiner, B. (2005). Motivation from an attributional perspective and the social psychology of perceived competence. In A. J. Elliot & C. S. Dweck (Eds.), *Handbook of competence and motivation* (pp. 73 – 84). New York, NY: Guilford Press.

Weiner, B. (2010). The development of an attribution-based the-ory of motivation: A history of ideas. *Educational Psychologist*, *45*, 28 – 36.

Weiner, B., Frieze, I. H., Kukla, A., Reed, L., Rest, S., & Rosenbaum, R. M. (1971). *Perceiving the causes of success and failure.* Morristown, NJ: General Learning Press.

Weiner, B., Graham, S., Taylor, S. E., & Meyer, W. (1983). Social cog-nition in the classroom. *Educational Psychologist*, *18*, 109 – 124.

Weiner, B., & Kukla, A. (1970). An attributional analysis of achievement motivation. *Journal of Personality and Social Psychology*, *15*, 1 – 20.

Weiner, B., & Peter, N. (1973). A cognitive-developmental anal-ysis of achievement and moral judgments. *Developmental Psychology*, *9*, 290 – 309.

Weinstein, C. E., & Hume, L. M. (1998). *Study strategies for life-long learning.* Washington, DC: American Psychological Association.

Weinstein, C. E., & Mayer, R. E. (1986). The teaching of learning strategies. In M. C. Wittrock (Ed.), *Handbook of research on teaching* (3rd ed., pp. 315 – 327). New York, NY: Macmillan.

Weinstein, C. E., Palmer, D. R., & Schulte, A. C. (1987). *LASSI: Learning and Study Strategies Inventory.* Clearwater, FL: H & H.

Weiss, M. R. (1983). Modeling and motor performance: A devel-opmental perspective. *Research Quarterly for Exercise and Sport*, *54*, 190 – 197.

Weiss, M. R., Ebbeck, V., & Wiese-Bjornstal, D. M. (1993). Developmental and psychological factors related to children's observational learning of physical skills. *Pediatric Exercise Science*, *5*, 301 – 317.

Weiss, M. R., & Klint, K. A. (1987). "Show and tell" in the gymna-sium: An investigation of developmental differences in model-ing and verbal rehearsal of motor skills. *Research Quarterly for Exercise and Sport*, *58*, 234 – 241.

Wellman, H. M. (1977). Tip of the tongue and feeling of knowing experiences: A developmental study of memory monitoring. *Child Development*, *48*, 13 – 21.

Wellman, H. M. (1990). *The child's theory of mind.* Cambridge, MA: MIT Press.

Wentzel, K. R. (1992). Motivation and achievement in adolescence: A multiple goals perspective. In D. H. Schunk & J. L. Meece (Eds.), *Student perceptions in the classroom* (pp. 287 – 306). Hillsdale, NJ: Erlbaum.

Wentzel, K. R. (1996). Social goals and social relationships as mo-tivators of school adjustment. In J. Juvonen & K. R. Wentzel (Eds.), *Social motivation: Understanding children's school adjustment* (pp. 226 – 247). Cambridge, England: Cambridge University Press.

Wentzel, K. R. (2005). Peer relationships, motivation, and aca-demic performance at school. In A. J. Elliot & C. S. Dweck (Eds.), *Handbook of competence and motivation* (pp. 279 – 296). New York, NY: Guilford Press.

Wentzel, K. R. (2010). Students' relationships with teachers. In J. L. Meece & J. S. Eccles (Eds.), *Handbook of research on schools, schooling, and human development* (pp. 75 – 91). New York, NY: Routledge.

Wentzel, K. R., Barry, C. M., & Caldwell, K. A. (2004). Friendships in middle school: Influences on motivation and school adjust-ment. *Journal of Educational Psychology*, 96, 195 – 203.

Wentzel, K. R., Battle, A., Russel, S. L., & Looney, L. B. (2010). Social supports from teachers and peers as predictors of ac-ademic and social motivation. *Contemporary Educational Psychology*, 35, 193 – 202.

Wertheimer, M. (1945). *Productive thinking*. New York, NY: Harper & Row.

Wertsch, J. V. (1979). From social interaction to higher psycho-logical processes: A clarification and application of Vygotsky's theory. *Human Development*, 22, 1 – 22.

Wertsch, J. V. (1984). The zone of proximal development: Some conceptual issues. In B. Rogoff & J. V. Wertsch (Eds.), *Children's learning in the "zone of proximal development"* (pp. 7 – 18). San Francisco, CA: Jossey-Bass.

Wertsch, J. V. (1985). *Culture, communication, and cognition: Vygotskian perspectives*. New York, NY: Cambridge University Press.

Wheeler, L., & Suls, J. (2005). Social comparison and self-evaluations of competence. In A. J. Elliot & C. S. Dweck (Eds.), *Handbook of competence and motivation* (pp. 566 – 578). New York, NY: Guilford Press.

White, P. H., Kjelgaard, M. M., & Harkins, S. G. (1995). Testing the contribution of self-evaluation to goal-setting effects. *Journal of Personality and Social Psychology*, 69, 69 – 79.

White R. (2001). The revolution in research on science teach-ing. In V. Richardson (Ed.), *Handbook of research on teaching* (4th ed., pp. 457 – 471). Washington, DC: American Educational Research Association.

White, R. T., & Tisher, R. P. (1986). Research on natural sciences. In M. C. Wittrock (Ed.), *Handbook of research on teaching* (3rd ed., pp. 874 – 905). New York, NY: Macmillan.

White, R. W. (1959). Motivation reconsidered: The concept of competence. *Psychological Review*, 66, 297 – 333.

Wickelgren, W. A. (1979). *Cognitive psychology*. Englewood Cliffs, NJ: Prentice Hall.

Wigfield, A. (1994). The role of children's achievement values in the self-regulation of their learning outcomes. In D. H. Schunk & B. J. Zimmerman (Eds.), *Self-regulation of learning and per-formance: Issues and educational applications* (pp. 101 – 124). Hillsdale, NJ: Erlbaum.

Wigfield, A., Byrnes, J. P., & Eccles, J. S. (2006). Development during early and middle adolescence. In P. A. Alexander & P. H. Winne (Eds.), *Handbook of educational psychology* (2nd ed., pp. 87 – 113). Mahwah, NJ: Erlbaum.

Wigfield, A., & Cambria, J. (2010). Students' achievement values, goal orientations, and interest: Definitions, development, and relations to achievement outcomes. *Developmental Review*, 30, 1 – 35.

Wigfield, A., & Eccles, J. S. (1992). The development of achieve-ment task values: A theoretical analysis. *Developmental Review*, 12, 265 – 310.

Wigfield, A., & Eccles, J. S. (2000). Expectancy-value theory of motivation. *Contemporary Educational Psychology*, 25, 68 – 81.

Wigfield, A., & Eccles, J. S. (2002). The development of com-petence beliefs, expectancies for success, and achievement values from childhood through adolescence. In A. Wigfield & J. S. Eccles (Eds.), *Development of achievement motivation* (pp. 91 – 120). San Diego, CA: Academic Press.

Wigfield, A., Hoa, L. W., & Klauda, S. L. (2008). The role of achievement values in the

regulation of achievement behav-iors. In D. H. Schunk & B. J. Zimmerman (Eds.), *Motivation and self-regulated learning: Theory, research, and applications* (pp. 169 – 195). New York, NY: Taylor & Francis.

Wigfield, A., Tonks, S., & Eccles, J. S. (2004). Expectancy value theory in cross-cultural perspective. In D. M. McInerney & S. Van Etten (Eds.), *Big theories revisited* (pp. 165 – 198). Greenwich, CT: Information Age.

Wigfield, A., Tonks, S., & Klauda, S. L. (2009). Expectancy-value theory. In K. R. Wentzel & A. Wigfield (Eds.), *Handbook of motivation at school* (pp. 55 – 76). New York, NY: Routledge.

Wigfield, A., & Wagner, A. L. (2005). Competence, motivation, and identity development during adolescence. In A. J. Elliot & C. S. Dweck (Eds.), *Handbook of competence and motivation* (pp. 222 – 239). New York, NY: Guilford Press.

Wiliam, D. (2010). Standardized testing and school accountability. *Educational Psychologist*, *45*, 107 – 122.

Williams, J. M., & Tolmie, A. (2000). Conceptual change in biol-ogy: Group interaction and the understanding of inheritance. *British Journal of Developmental Psychology*, *18*, 625 – 649.

Windholz, G. (1997). Ivan P. Pavlov: An overview of his life and psychological work. *American Psychologist*, *52*, 941 – 946.

Windschitl, M. (2002). Framing constructivism in practice as the negotiation of dilemmas: An analysis of the conceptual, pedagogical, cultural, and political challenges facing teachers. *Review of Educational Research*, *72*, 131 – 175.

Windschitl, M., & Thompson, J. (2006). Transcending simple forms of school science investigation: The impact of preser-vice instruction on teachers' understandings of model-based inquiry. *American Educational Research Journal*, *43*, 783 – 835.

Winett, R. A., & Winkler, R. C. (1972). Current behavior modifica-tion in the classroom: Be still, be quiet, be docile. *Journal of Applied Behavior Analysis*, *5*, 499 – 504.

Winn, W. (2002). Current trends in educational technology re-search: The study of learning environments. *Educational Psychology Review*, *14*, 331 – 351.

Winne, P. H. (2001). Self-regulated learning viewed from models of information processing. In B. J. Zimmerman & D. H. Schunk (Eds.), *Self-regulated learning and academic achievement: Theoretical perspectives* (2nd ed., pp. 153 – 189). Mahwah, NJ: Erlbaum.

Winne, P. H. (2011). A cognitive and metacognitive analysis of self-regulated learning. In B. J. Zimmerman & D. H. Schunk (Eds.), *Handbook of self-regulation of learning and perfor-mance* (pp. 15 – 32). New York, NY: Routledge.

Winne, P. H., & Hadwin, A. F. (1998). Studying as self-regu-lated learning. In D. J. Hacker, J. Dunlosky, & A. C. Graesser (Eds.), *Metacognition in educational theory and practice* (pp. 277 – 304). Hillsdale, NJ: Erlbaum.

Winne, P. H., & Hadwin, A. R. (2008). The weave of motiva-tion and self-regulated learning. In D. H. Schunk & B. J. Zimmerman (Eds.), *Motivation and self-regulated learning: Theory, research, and applications* (pp. 297 – 314). New York, NY: Taylor & Francis.

Winne, P. H., & Nesbit, J. C. (2010). The psychology of academic achievement. *Annual Review of Psychology*, *61*, 653 – 678.

Winsler, A., Carlton, M. P., & Barry, M. J. (2000). Age-related changes in preschool children's systematic use of private speech in a natural setting. *Journal of Child Language*, *27*, 665 –

687.

Winsler, A. , & Naglieri, J. (2003). Overt and covert verbal prob-lem-solving strategies: Developmental trends in use, aware-ness, and relations with task performance in children aged 5 to 17. *Child Development*, *74*, 659 – 678.

Wirkala, C. , & Kuhn, D. (2011). Problem-based learning in K – 12 education: Is it effective and how does it achieve its effects? *American Educational Research Journal*, *48*, 1157 – 1186.

Witkin, H. A. (1969). Social influences in the development of cog-nitive style. In D. A. Goslin (Ed.), *Handbook of socialization theory and research* (pp. 687 – 706). Chicago, IL: Rand McNally.

Witkin, H. A. , Moore, C. A. , Goodenough, D. R. , & Cox, P. W. (1977). Field-dependent and field-independent cognitive styles and their educational implications. *Review of Educational Research*, *47*, 1 – 64.

Wittwer, J. , & Renkl, A. (2010). How effective are instructional ex-planations in example-based learning? A meta-analytic review. *Educational Psychology Review*, *22*, 393 – 409.

Wolfe, P. (2010). *Brain matters: Translating research into class-room practice* (2nd ed.). Alexandria, VA: ASCD.

Wolleat, P. L. , Pedro, J. D. , Becker, A. D. , & Fennema, E. (1980). Sex differences in high school students' causal attributions of performance in mathematics. *Journal for Research in Mathematics Education*, *11*, 356 – 366.

Wolpe, J. (1958). *Psychotherapy by reciprocal inhibition*. Stanford, CA: Stanford University Press.

Wolters, C. A. (1998). Self-regulated learning and college students' regulation of motivation. *Journal of Educational Psychology*, *90*, 224 – 235.

Wolters, C. A. (1999). The relation between high school students' motivational regulation and their use of learning strategies, effort, and classroom performance. *Learning and Individual Differences*, *11*, 281 – 299.

Wolters, C. A. (2003). Regulation of motivation: Evaluating an un-deremphasized aspect of self-regulated learning. *Educational Psychologist*, *38*, 189 – 205.

Wolters, C. A. , & Daugherty, S. G. (2007). Goal structures and teachers' sense of efficacy: Their relation and associa-tion to teaching experience and academic level. *Journal of Educational Psychology*, *99*, 181 – 193.

Wolters, C. A. , & Gonzalez, A. -L. (2008). Classroom climate and mo-tivation: A step toward integration. In T. Urdan, S. Karabenick, & M. Maehr (Eds.), *Advances in motivation and achievement* (Vol. 15, pp. 493 – 519). Bingley, England: Emerald Group.

Wolters, C. A. , Yu, S. L. , & Pintrich, P. R. (1996). The relation be-tween goal orientation and students' motivational beliefs and self-regulated learning. *Learning and Individual Differences*, *8*, 211 – 238.

Wood, D. A. , Rosenberg, M. S. , & Carran, D. T. (1993). The ef-fects of tape-recorded self-instruction cues on the mathematics performance of students with learning disabilities. *Journal of Learning Disabilities*, *26*, 250 – 258, 269.

Wood, D. J. , Bruner, J. S. , & Ross, G. (1976). The role of tu-toring in problem solving. *Journal of Child Psychology and Psychiatry*, *17*, 89 – 100.

Wood, R. , & Bandura, A. (1989). Impact of conceptions of ability on self-regulatory mechanisms and complex decision-making. *Journal of Personality and Social Psychology*, *56*, 407 – 415.

Wood, W. , & Neal, D. T. (2007). A new look at habits and the habit-goal interface. *Psychological Review*, *114*, 843 – 863.

Woodward, J. , Carnine, D. , & Gersten, R. (1988). Teaching problem solving through computer simulations. *American Educational Research Journal*, *25*, 72 – 86.

Woodworth, R. S. (1918). *Dynamic psychology.* New York, NY: Columbia University Press.

Woodworth, R. S. , & Schlosberg, H. (1954). *Experimental psychol-ogy* (Rev. ed.). New York, NY: Holt, Rinehart & Winston.

Woolfolk, A. E. , & Hoy, W. K. (1990). Prospective teachers' sense of efficacy and beliefs about control. *Journal of Educational Psychology*, *82*, 81 – 91.

Woolfolk-Hoy, A. E. , Hoy, W. K. , & Davis, H. A. (2009). Teachers' self-efficacy beliefs. In K. R. Wentzel & A. Wigfield (Eds.), *Handbook of motivation at school* (pp. 627 – 653). New York, NY: Routledge.

Wouters, P. , Paas, F. , & van Merriënboer, J. J. G. (2008). How to optimize learning from animated models: A review of guide-lines based on cognitive load. *Review of Educational Research*, *78*, 645 – 675.

Wundt, W. M. (1874). *Principles of physiological psychology.* Leipzig, Germany: Engelmann.

Wurtele, S. K. (1986). Self-efficacy and athletic performance: A review. *Journal of Social and Clinical Psychology*, *4*, 290 – 301.

Wylie, R. C. (1979). *The self-concept* (Vol. 2). Lincoln: University of Nebraska Press.

Yeager, D. S. , & Dweck, C. S. (2012). Mindsets that promote resil-ience: When students believe that personal characteristics can be developed. *Educational Psychologist*, *47*, 302 – 314.

Yerkes, R. M. , & Dodson, J. D. (1908). The relation of strength of stimulus to rapidity of habit-formation. *Journal of Comparative Neurology and Psychology*, *18*, 459 – 482.

Zeidner, M. (1998). *Test anxiety: The state of the art.* New York: Plenum.

Zeiler, M. (1977). Schedules of reinforcement: The controlling variables. In W. K. Honig & J. E. R. Staddon (Eds.), *Handbook of operant behavior* (pp. 201 – 232). Englewood Cliffs, NJ: Prentice Hall.

Zepeda, S. J. , & Mayers, R. S. (2006). An analysis of research on block scheduling. *Review of Educational Research*, *76*, 137 – 170.

Zhang, L. , & Sternberg, R. J. (2005). A threefold model of intellec-tual styles. *Educational Psychology Review*, *17*, 1 – 53.

Zimmerman, B. J. (1989). Models of self-regulated learning and academic achievement. In B. J. Zimmerman & D. H. Schunk (Eds.), *Self-regulated learning and academic achievement: Theory, research, and practice* (pp. 1 – 25). New York, NY: Springer-Verlag.

Zimmerman, B. J. (1990). Self-regulating academic learning and achievement: The emergence of a social cognitive perspective. *Educational Psychology Review*, *2*, 173 – 201.

Zimmerman, B. J. (1994). Dimensions of academic self-regulation: A conceptual framework for education. In D. H. Schunk & B. J. Zimmerman (Eds.), *Self-regulation of learning and per-formance: Issues and educational applications* (pp. 3 – 21). Hillsdale, NJ: Erlbaum.

Zimmerman, B. J. (1998). Developing self-fulfilling cycles of aca-demic regulation: An analysis of exemplary instructional mod-els. In D. H. Schunk & B. J. Zimmerman (Eds.), *Self-regulated learning: From teaching to self-reflective practice* (pp. 1 – 19). New York, NY: Guilford Press.

Zimmerman, B. J. (2000). Attaining self-regulation: A social cogni-tive perspective. In M. Boekaerts, P. R. Pintrich, & M. Zeidner (Eds.), *Handbook of self-regulation* (pp. 13 – 39). San

Diego, CA: Academic Press.

Zimmerman, B. J. (2001). Theories of self-regulated learning and academic achievement: An overview and analysis. In B. J. Zimmerman & D. H. Schunk (Eds.), *Self-regulated learning and academic achievement: Theoretical perspectives* (2nd ed., pp. 1 – 38). Mahwah, NJ: Erlbaum.

Zimmerman, B. J. (2008). Goal setting: A key proactive source of academic self-regulation. In D. H. Schunk & B. J. Zimmerman (Eds.), *Motivation and self-regulated learning: Theory, research, and applications* (pp. 267 – 295). New York, NY: Taylor & Francis.

Zimmerman, B. J. (2013). From cognitive modeling to self-regulation: A social cognitive career path. *Educational Psychologist, 48*, 135 – 147.

Zimmerman, B. J., & Bandura, A. (1994). Impact of self-regula-tory influences on writing course achievement. *American Educational Research Journal, 31*, 845 – 862.

Zimmerman, B. J., Bandura, A., & Martinez-Pons, M. (1992). Self-motivation for academic attainment: The role of self-efficacy beliefs and personal goal setting. *American Educational Research Journal, 29*, 663 – 676.

Zimmerman, B. J., & Blom, D. E. (1983a). On resolving conflicting views of cognitive conflict. *Developmental Review, 3*, 62 – 72.

Zimmerman, B. J., & Blom, D. E. (1983b). Toward an empirical test of the role of cognitive conflict in learning. *Developmental Review, 3*, 18 – 38.

Zimmerman, B. J., Bonner, S., & Kovach, R. (1996). *Developing self-regulated learners: Beyond achievement to self-efficacy.* Washington, DC: American Psychological Association.

Zimmerman, B. J., & Cleary, T. J. (2009). Motives to self-regulate learning: A social cognitive account. In K. R. Wentzel & A. Wigfield (Eds.), *Handbook of motivation at school* (pp. 247 – 264). New York, NY: Routledge.

Zimmerman, B. J., Greenberg, D., & Weinstein, C. E. (1994). Self-regulating academic study time: A strategy approach. In D. H. Schunk & B. J. Zimmerman (Eds.), *Self-regulation of learn-ing and performance: Issues and educational applications* (pp. 181 – 199). Hillsdale, NJ: Erlbaum.

Zimmerman, B. J., & Kitsantas, A. (1996). Self-regulated learning of a motoric skill: The role of goal setting and self-monitoring. *Journal of Applied Sport Psychology, 8*, 60 – 75.

Zimmerman, B. J., & Kitsantas, A. (1997). Developmental phases in self-regulation: Shifting from process goals to outcome goals. *Journal of Educational Psychology, 89*, 29 – 36.

Zimmerman, B. J., & Kitsantas, A. (1999). Acquiring writing re-vision skill: Shifting from process to outcome self-regulatory goals. *Journal of Educational Psychology, 91*, 241 – 250.

Zimmerman, B. J., & Kitsantas, A. (2005). The hidden dimension of perceived competence: Self-regulated learning and practice. In A. J. Elliot & C. S. Dweck (Eds.), *Handbook of competence and motivation* (pp. 509 – 526). New York, NY: Guilford Press.

Zimmerman, B. J., & Koussa, R. (1975). Sex factors in children's observational learning of value judgments of toys. *Sex Roles, 1*, 121 – 132.

Zimmerman, B. J., & Martinez-Pons, M. (1990). Student differ-ences in self-regulated learning: Relating grade, sex, and gift-edness to self-efficacy and strategy use. *Journal of Educational Psychology, 82*, 51 – 59.

Zimmerman, B. J., & Martinez-Pons, M. (1992). Perceptions of ef-ficacy and strategy use in the self-regulation of learning. In D. H. Schunk & J. L. Meece (Eds.), *Student perceptions in the class-room* (pp. 185 – 207). Hillsdale, NJ: Erlbaum.

Zimmerman, B. J. , & Ringle, J. (1981). Effects of model persistence and statements of confidence on children's self-efficacy and prob-lem solving. *Journal of Educational Psychology*, *73*, 485 – 493.

Zimmerman, B. J. , & Schunk, D. H. (Eds.). (2001). *Self-regulated learning and academic achievement: Theoretical perspectives* (2nd ed.). Mahwah, NJ: Erlbaum.

Zimmerman, B. J. , & Schunk, D. H. (2003). Albert Bandura: The scholar and his contributions to educational psychology. In B. J. Zimmerman & D. H. Schunk (Eds.), *Educational psychol-ogy: A century of contributions* (pp. 431 – 457). Mahwah, NJ: Erlbaum.

Zimmerman, B. J. , & Schunk, D. H. (2004). Self-regulating intel-lectual processes and outcomes: A social cognitive perspec-tive. In D. Y. Dai & R. J. Sternberg (Eds.), *Motivation, emo-tion, and cognition: Integrative perspectives on intellectual functioning and development* (pp. 323 – 350). Mahwah, NJ: Erlbaum.

Zimmerman, B. J. , & Schunk, D. H. (Eds.). (2011). *Handbook of self-regulation of learning and performance.* New York, NY: Routledge.

Zimmerman, B. J. , & Tsikalas, K. E. (2005). Can computer-based learning environments (CBLEs) be used as self-regulatory tools to enhance learning? *Educational Psychologist*, *40*, 267 – 271.

Zimmerman, B. J. , & Whitehurst, G. J. (1979). Structure and func-tion: A comparison of two views of the development of lan-guage and cognition. In G. J. Whitehurst & B. J. Zimmerman (Eds.), *The functions of language and cognition* (pp. 1 – 22). New York, NY: Academic Press.

Zimmerman, C. (2000). The development of scientific reasoning skills. *Developmental Review*, *20*, 99 – 149.

Zito, J. R. , Adkins, M. , Gavins, M. , Harris, K. R. , & Graham, S. (2007). Self-regulated strategy development: Relationship to the social-cognitive perspective and the development of self-regulation. *Reading & Writing Quarterly*, *23*, 77 – 95.

Zusho, A. , & Clayton, K. (2011). Culturalizing achievement goal theory and research. *Educational Psychologist*, *46*, 239 – 260.